Pack>

【美】斯蒂芬·詹森（Stefan Jansen） 著
郭天鹏 唐丽君 贾康 译

机器学习
在算法交易中的应用

Machine Learning
for Algorithmic Trading

第 2 版
Second Edition

中国水利水电出版社
www.waterpub.com.cn
· 北京 ·

内 容 提 要

人工智能时代，数字数据的爆炸式增长推动了人们对使用机器学习（ML）的交易策略相关知识的需求。《机器学习在算法交易中的应用（第2版）》就以 Python 为基本工具，从全局、战略的视角介绍了相关的概念，以及机器学习在交易策略设计和执行中的价值及实践运用。全书分 4 部分，其中第 1 部分主要介绍基于机器学习的交易策略的基础知识，该部分内容围绕机器学习算法以及交易策略相关的数据展开，概述了如何有效捕获数据信号内容、如何准确提取特征，以及如何基于这些数据优化算法评估投资组合。第 2 部分重点阐述了在端到端工作流环境中，一些基本的监督学习、无监督学习是如何为交易策略的制定提供帮助的。第 3 部分是自然语言处理，这部分引入了无监督学习算法，力求从文本数据这种最关键的另类数据中高质量地提取信号。第 4 部分通过 TensorFlow 和 PyTorch，重点介绍深度学习和强化学习在交易策略设计中的应用。

《机器学习在算法交易中的应用（第2版）》通过大量示例，详细介绍了如何使用不同机器学习算法设计交易策略，并通过大量的数学及统计知识，帮助读者更好地理解算法调优过程及整个计算过程。特别适合想获得用于交易的机器学习算法相关知识或想设计交易策略的数据分析师、数据科学家、Python 开发人员、投资分析师或投资组合经理参考学习。

版权声明

Copyright ©Packt Publishing 2020

First published in the English language under the title 'Machine Learning for Algorithmic Trading - 2nd Ed —（9781839217715）'

Translation Copyright @2022 China Water & Power Press

All rights reserved

本书中文简体字版由 Packet Publishing 授权中国水利水电出版社在中华人民共和国境内独家出版发行。未经出版者书面许可，不得以任何方式复制或抄袭本书内容。

版权所有，侵权必究。

北京市版权局著作权合同登记号 图字：01-2021-7289

图书在版编目（CIP）数据

机器学习在算法交易中的应用 ：第2版 /（美）斯蒂芬·詹森著 ；郭天鹏，唐丽君，贾康译. -- 北京 ：中国水利水电出版社，2023.1

书名原文：Machine Learning for Algorithmic Trading -2nd Ed

ISBN 978-7-5226-0691-0

Ⅰ. ①机… Ⅱ. ①斯… ②郭… ③唐… ④贾… Ⅲ.①机器学习－应用－金融投资－研究 Ⅳ. ①F830.59-39

中国版本图书馆 CIP 数据核字（2022）第 090854 号

书　名	机器学习在算法交易中的应用（第 2 版） JIQI XUEXI ZAI SUANFA JIAOYI ZHONG DE YINGYONG(DI 2 BAN)	
作　者	[美] 斯蒂芬·詹森（Stefan Jansen） 著	
译　者	郭天鹏 唐丽君 贾康 译	
出版发行	中国水利水电出版社 （北京市海淀区玉渊潭南路 1 号 D 座　100038） 网址：www.waterpub.com.cn E-mail: zhiboshangshu@163.com 电话：（010）62572966-2205/2266/2201（营销中心）	
经　售	北京科水图书销售有限公司 电话：（010）68545874、63202643 全国各地新华书店和相关出版物销售网点	
排　版	北京智博尚书文化传媒有限公司	
印　刷	河北文福旺印刷有限公司	
规　格	190mm×235mm　16 开本　37 印张　1010 千字	
版　次	2023 年 1 月第 1 版　2023 年 1 月第 1 次印刷	
印　数	0001—4000 册	
定　价	158.00 元	

译者序

2021 年一整年，连译带校，821 页的 Machine Learning for Algorithmic Trading(Second Edition)变成了大家手中的这本《机器学习在算法交易中的应用（第 2 版）》。

因时间和水平有限，翻译时或许不能穷尽原书精要，但好在与之密切相关的交易、算法、编程等知识，学习、工作和生活中均有涉猎，不至于与原书有太大偏差。但也不敢称绝对精通，甚至我经常自嘲是"六把刀"——3 个"二把刀"。

关于交易　2015 年初夏带着不切实际的幻想进入股市，感受过更看到过数不胜数的市场毒打，万幸的是时间帮忙扛过了一切，赔率不高、胜率却还不低，虽不能精准抄底和逃顶，却还苟活在这个残酷又充满挑战、催人学习的市场。

关于算法　每个人都无法对每个算法进行实践，我也不能例外，所幸一直相信数学，尤其沉醉于拉普拉斯大神的名言："The most important questions of life are, for the most part, really only problems of probability."（生活中最重要的问题，在很大程度上，实际上只是概率问题。）机缘巧合，机器学习的各种算法几乎无一不是基于概率的，越久越觉得，一切皆可"建模"、一切皆可计算。

关于编程　曾记得启蒙时候的 C++、Java、SCILAB，也在微观物理中用 Fortrun 实现了蒙特卡罗。因为对数据的痴迷，近年来一直在学习 Python，数字世界未来已来——编写、验证、调试，操纵机器不敢妄言，与计算机说话、与数据说话技能却是每有进益。

很多时候，我们会强调"专才"的重要性，我倒是觉得 Stefan Jansen 的六柄利刃更加精彩纷呈——基础的数理、算法，计算机世界的机器学习、编程，当然还有经济、金融、统计，不一而足。

利刃 1　洞察市场之刃。第 2 章和第 3 章专门介绍市场、基本面和另类数据，整个第 3 部分引入 NLP（自然语言处理）解读以财报为代表的文本，作者没有局限于概念性的宏观、流动性和趋势，注重的是披荆斩棘、洞察市场的具体路径。

利刃 2　数据挖掘之刃。为此 Stefan Jansen 不厌其烦地用整整 5 章作为铺垫，详细解释各种数据去哪里找、怎么处理、怎么应用，怎样历经信息、数据、知识、价值 4 个阶段，在海量的、杂乱的、随机性很大的数据中淘金为宝。

利刃 3　算法交易之刃。Stefan Jansen 并不纠结 Algo、Quant 等各家之言的区别，他更在意的是基础——一如行列式、相关性、聚类，尤其难能可贵的是对数据 bug 本身的处理，这就又大大提高了本书的应用价值。

利刃 4　机器学习之刃。本书应该是交易应用型的，却堪称机器学习的百科全书——回归、朴素贝叶斯、梯度增强，基础的监督学习、无监督学习看第 2 部分，复杂一点的强化学习看第 4 部分，场景、模型、算法、代码……一应俱全。

利刃 5　人机交互之刃。 好的交易系统是什么？是风险防控，机器的冷血博弈需要交易者的底线思维来弥补，量化常受诟病也多囿于此，趋势、信号、滑点……不知疲倦的机器当然计算得更好，交易者的输入却也必不可少，可以是判断，甚至可以是感觉。

利刃 6　触类旁通之刃。 这是大 A 的天花板——快一步镰刀、慢一步韭菜，概念轮动如电风扇，但广义地说，市场不会错，这又何曾不是一种阿尔法？书里有算法、有代码、更有思想——努力挖掘、验证、更新阿尔法因子和因子组合，谋取超额收益。

我怀着无比崇敬的心情翻译完本书，切实体会到 Stefan Jansen 专业、丰富和深厚的知识储备，这使其能够对交易、对算法、对数据、对程序、对决策手到擒来、融会贯通。

市场有风险，入市需谨慎，但愿我的 3 个"二把刀"能够为你执取六柄利刃略尽绵薄之力。属意交易，不止交易，更愿身为小韭菜的我们不逡巡于交易，跟着机器学习算法、跟着 Python 语言，触类旁通到大数据的、AI 的、无限交融的时代。

郭天鹏

前　言

如果你正在阅读这部分内容，恭喜你！你可能已经意识到机器学习已经成为许多行业的一种战略能力，当然也包括投资行业。使用复杂模型处理海量信息本就是投资行业的本质特征之一，机器学习的兴起，以及与之密切相关的大数据的爆炸式增长，无疑为投资行业注入了新的能量。这些变化为量化投资开辟了新的天地，也推动了数据科学应用的飞速发展。

现代社会中的交易范围越来越广，从股票、政府债券到大宗商品、房地产等，不一而足。这意味着大量新的另类数据的影响可能会超过市场和基本面数据，而后者是以前的模型的关键（过去大多数分析工作的中心）。

你可能还注意到，无论是对个人还是对团队，机器学习和数据科学的成功应用还需要统计理论、信息与计算机科学、专业领域的知识。换句话说，我们需要提出正确的问题、识别和理解关键数据、合理建模并选择工具，最终将这一切恰如其分地予以阐释，从而辅助人们科学、正确地作出决策。

本书力求从相对综合的视角为各位读者阐述机器学习在投资和交易领域中的应用。在前言中，我们将概括介绍作为一名投资者，能够从本书中学到什么、书中各篇章的关系以及我们如何期待既实现投资目标，又享受奋斗的过程——"一箭双雕"。

愿景

本书致力于为投资者从全局的、战略的视角提供建议并帮助大家理解概念，同时交叉介绍机器学习在交易和投资处理过程中的实践运用。在本书中，机器学习是整个投资过程的关键要素，绝非孤立的纸上谈兵，尤为重要的是，书中引入端到端的基于机器学习的交易工作流（后文部分地方简称 ML4T），并将该工作流大量应用在相关数据处理及代码样例中。

端到端的 ML4T 从产生想法开始，依次包括数据采集、特征提取、机器学习模型调优、交易策略设计，通过模型对交易结果进行预测。ML4T 工作流还包括交易策略仿真，在该过程中，我们通过回测引擎处理历史数据，分析不同交易策略和模型的性能表现。

首先，本书将展示如何从不同的数据源中提取信号，以及如何使用监督学习、无监督学习、强化学习等不同算法设计交易策略。不仅如此，书中还包含大量的数学及统计知识，这些将帮助读者更好地理解算法调优过程及整个计算过程。另外，还有一些必要的金融知识，可以帮助投资者处理市场和基本面数据、提取信号特征，进而根据各方面性能指标管理交易策略。

需要强调的是，与其他行业一样，投资者也能够从第三方数据中获取海量有价值的数据，因此，模型不仅需要考虑市场和基本面数据，同样需要能够采集、评估、处理另类数据并对其合理建模，其中包括非结构化的文本和图像数据。

需要注意的是，本书并不提供投资建议或现成的交易算法。我们希望告诉诸位的是："入市有风险，投资需谨慎。"机器学习在交易领域的运用还面临着许多其他挑战，比如较低的信号成分、较短的时间序列等，这些都使得获得相对稳定的结果成为不大不小的奢望。事实上，书中特别设计了几个没有产生很好结果的示例，以避免夸大机器学习的好处或低估获得一个好主意、获得正确数据、相对精确地开展特征工程，并基于此设计有效的策略（能够产生有吸引力的潜在收益的策略）所付出的努力。

本书最有价值的地方在于为大家提供了机器学习算法在交易策略中的应用，不仅仅是理念方面的，更是一种系统性的工作流。为此，我们为读者重点呈现了 ML4T 工作流的完整框架：

- 针对特定交易标的，采集、评估并合理组合数据。
- 设计并调优机器学习模型，依据数据实现预测。
- 根据预测优化结构设计，评估交易策略。

阅读本书后，你将能够设计并评估自己的基于机器学习的交易策略，并可能考虑在模拟交易大赛中参加比赛，甚至连接到某个在线经纪商的 API，尝试实盘交易。

第 2 版修订说明

端到端的 ML4T 工作流是第 2 版的重点之一，为此我们专门安排了一个策略回测章节（第 8 章 ML4T 工作流——从建模到策略回测）和一个超过 100 多个不同阿尔法因子的笔记以及许多新的实际应用。当然，对第 1 版中的大部分内容，本书也进行了修订，这些修订将使得机器学习、交易等相对专业的内容更加清晰、更具可读性。

第 2 版的应用程序还使用了美股每日股价以外的更广泛的数据，如国际证券市场的股票价格、交易型开放式指数基金（ETF）的价格，以及用于说明日内策略的分时数据。另外，现在还有覆盖面更广的另类数据，如用于情绪分析、收益预测的美国证券交易委员会（SEC）文件，以及用于分析土地应用情况的卫星图像数据。

此外，本书还引用了一些最新发表的学术成果。在第 18 章中，我们展示了如何运用卷积神经网络将时序数据转换为图片格式，进而用于收益预测。在第 20 章中，我们介绍了如何基于股票自身特征提取条件风险因子，并使用自编码器分析资产定价。在第 21 章中，我们研究了如何使用生成式对抗网络创建合成训练数据。

本书所有应用程序均使用最新软件版本（本书写作时）编写，如 pandas 1.0 和 TensorFlow 2.2。在 Zipline 中，本书还将使用自定义版本，该版本能够更加简便地在交易策略设计中引入机器学习模型。

致本书读者

如果你是一名分析师、数据科学家或机器学习工程师，对金融市场有所了解且对交易策略饶有兴趣，本书应该能成为你的良师益友，因为它能够帮助你应用机器学习在职业投资中作出更好的决策。

如果你仅仅是一名软件工程师或机器学习工程师，抑或是对信息科学不甚"感冒"的职业投资者，则不必苛求全部理解，甚至可以选择性略读或跳过部分介绍性内容，因为其中一些知识（如金融专业知识）是为有相应知识背景的专业人士而准备的。

本书假设你有志于在这个动态发展的领域持续精进学习，所以在每个章节中，我们介绍了大量的学术参考资料和 README 文件、GitHub 库链接资源。

为了更好地学习本书，你需要熟练使用 Python 3 和一些基本的科学计算库（如 NumPy、pandas 或 SciPy），并在操作过程中学习更多其他库的使用方法。如果你有一些机器学习和 scikit-learn 的使用经验将对学习本书很有帮助，当然，我们也简要介绍了基本的工作流程，并参考各种资源来填补空白或深入研究。同样，如果你有一些金融和投资方面的基础知识，将更容易理解本书中所涉及的一些术语。

内容简介

本书全面介绍了机器学习在交易策略设计和执行中的价值及应用。可以分为 4 个部分，包括数据采集、策略制定和执行，以及针对机器学习面临的各种挑战的解决方案。

第 1 部分：数据、阿尔法因子和投资组合

第 1 部分主要介绍基于机器学习的交易策略的基础知识，该部分内容围绕机器学习算法以及交易策略相关的数据展开，主要概述如何有效捕获数据信号内容、如何准确提取特征，以及如何基于这些数据优化算法并评估投资组合。

第 1 章概述机器学习在算法中的发展沿革，展示机器学习在交易中是如何以及为何变得越来越重要，介绍了投资的基本过程，并在此基础上概述了机器学习能为投资带来什么。

第 2 章主要介绍如何获取和使用市场数据。其中不仅包括交易所提供的分时交易数据和公开的财务报表，也包括书中不断提到的众多开源数据中能够获得的信息。

第 3 章重点介绍如何对纷繁芜杂的数据源和数据提供商进行有效的分类和识别。我们将通过实际案例演示如何通过爬取网站创建另类数据集。例如，如何获取财报电话会议数据。在本书的第 2 部分，我们还将进一步对这些数据进行自然语言处理（NLP）和情感分析。

第 4 章介绍如何在捕获预测信号的过程中创建和评估数据，并展示了因子效能衡量方法。书中没有"想当然"地武断市场中的阿尔法因子，而是通过风险因子研究等娓娓道来。本章还将演示如何使用 Python 库离线研究阿尔法因子，以及如何使用 Zipline 和 Alphalens 库进行回测并评估预测性能。

第 5 章主要介绍如何管理、优化和评估基于不同策略的投资组合。本章引入了风险指标概念并展示如何使用 Zipline 和 Pyfolio 库应用这些指标，同时介绍了从风险分析角度优化投资组合策略的方法。

第 2 部分：机器学习在交易中的基本应用

第 2 部分重点阐述在端到端工作流环境中，一些基本的监督学习和无监督学习如何为交易策略的制定提供帮助。

第 6 章系统介绍机器学习模型的设计、训练、调优、性能预测评估过程以及特定领域问题分析。例如，基于金融时间序列的交叉验证优化选择机器学习模型。

第 7 章主要讲述线性回归和逻辑回归在交易推断和交易预测中的应用，以及如何通过正则化避免过拟合现象。另外，还演示了如何使用 Alphalens 预测美国股票收益或其未来走势，以及如何对预测信号内容进行评估和解读。

第 8 章按照 ML4T 工作流集成了前面介绍的各个模块。本章从端到端的视角系统阐述了如何设计、仿真和评估通过机器学习算法驱动的交易策略。为方便理解，本章还使用基于 Python 的 BackTrader 和 Zipline 库，实例演示某策略在历史市场中的回测过程和结果。

第 9 章介绍单变量和多变量时间序列的诊断与建模，包括向量自回归模型以及适用于波动预测的自回归条件异方差模型（ARCH 模型）和广义自回归条件异方差模型（GARCH 模型）。另外，还引入了协整的概念，并展示协整在 ETF 配对交易策略中的应用。

第 10 章介绍概率模型，阐述如何通过马尔可夫链蒙特卡罗方法（MCMC）和变分贝叶斯方法实现近似推断。另外，还基于 PyMC3 库给出概率建模实例，并基于此更加深入地分析参数和模型在投资组合评估等实际应用中的不确定性。

第 11 章展示如何创建、训练和调优基于非线性树的随机森林模型，以及随机森林模型在市场分析和预测中的应用。本章引入自助聚合法进行采样训练，通过训练集将生成的多棵决策树组成随机森林，从而有效地通过模型集成克服单个决策树本身可能存在的弱点。之后利用实例介绍如何基于单个决策树设计针对日本股票的多空策略并开展回测分析。

第 12 章介绍了梯度提升模型，并演示了如何使用 XGBoost、LightBGM 和 CatBoost 等库进行高性能训练和预测。本章还回顾了在构建并评估基于 LightGBM 收益预测的美股交易策略之前，如何调优大量的超参数，并使用 SHAP 值来解释模型。

第 13 章阐述了如何通过降维和聚类优化算法进行交易。首先通过主成分分析和独立成分分析提取数据驱动的风险因子、生成特征组合，其次展示了几种聚类模式以及如何通过层次聚类形成资产配置建议。

第 3 部分：自然语言处理

第 3 部分侧重于文本数据，这部分引入了当今最先进的无监督学习算法，力求从文本数据这种最关键的另类数据中高质量地提取信号。

第 14 章首先介绍文本数据的数字化，然后介绍如何恰如其分地使用第 2 部分的各类算法针对海量数据集开展情感分析。

第 15 章使用无监督学习算法摘要文件、提取主题，以此更加高效地浏览文本数据并依据主题进行分类。在本章中，我们将看到这一技术如何应用于第 3 章提取的财报电话会议数据和美国证券交易委员会（SEC）提交的年度报告等。

第 16 章将应用神经网络算法，以词向量的形式学习最先进的语言特征，这种特征比传统的文本特征能更好地捕捉和适配上下文语义，这种方法为文本数据信号的有效提取及相应交易策略的制定提供了更为广阔的应用前景。

第 4 部分：深度学习和强化学习

第 4 部分重点介绍深度学习和强化学习。

第 17 章介绍了当下最流行的深度学习框架——TensorFlow 2 和 PyTorch，这两个框架将贯穿整个第 4 部分。本章首先介绍训练、调优和正则化等相关技术，并在此基础上建立和评估美股交易策略。

第 18 章首先介绍卷积神经网络（CNN）及其在大规模非结构化数据分类中的强大功能。我们直接引用了相对成功的架构，对卫星数据（如预测经济活动）进行 CNN 训练，同时通过迁移学习加速训练。在本章中，我们还将使用最新的学术研究成果将金融时间序列转换为二维图像格式，以利用 CNN 算法的内置假设。

第 19 章首先介绍循环神经网络（RNN）及其在序列到序列的转换模型框架中的应用价值，包括针对单变量和多变量时间序列的预测能力。实际应用中，我们将展示如何应用 RNN 在较长周期内采集 SEC 文件数据并应用第 16 章介绍的情感分析方法进行交易预测。

第 20 章介绍自编码器在高维数据的非线性压缩处理中的应用。我们引用了最近发表的一篇学术研究论文，该论文中通过自编码器同时对风险因子收益和因子暴露进行深入学习，根据资产特征调节因子暴露，在此基础上创建基于元数据的美股数据集并生成预测信号。

第 21 章展示深度学习最令人兴奋的进展之一。生成式对抗网络（GAN）能够通过生成器模型创建目标数据类型的合成副本，如某张图像，当然也包括时间序列数据。本章中，我们将通过生成式对抗网络的生成器合成股价近似数据，并将其运用在机器学习模型中进行训练，最后通过策略回测评估建模质量。

第 22 章阐述强化学习设计和训练交易代理的过程，并展示这些交易代理如何随着时间的推移优化决策以适应环境的变化。我们将应用 OpenAI Gym 库创建客户交易环境，同时打造自己的交易机器人并通过强化学习不断地适应市场。

第 23 章系统总结书中各个模块，概述投资者可以采取的若干措施以及如何有计划地实施这些措施，继续学习并建立属于自己的交易策略。

附录 A 列出了近 200 个流行的因子特征及其基本原理，并展示了如何计算这些特征，同时评估和比较了各类特征在预测每日股票收益方面的表现。

"纸上得来终觉浅，绝知此事要躬行"

除了前一部分涉及的内容，我们还为各位读者提供了实战演练的机会。我们在 GitHub 托管平台上存储了超过 160 份 Jupyter 笔记，这些笔记帮助大家基于海量数据练习机器学习算法在交易中的实践运用。接下来我们介绍如何使用 GitHub 存储库，如何获取大量例子中使用的数据以及如何设置环境、运行代码。

1. GitHub 存储库

本书紧紧围绕着机器学习算法在交易中的应用展开论述。在 GitHub 托管平台上上传了大量的 Jupyter 笔记，详细阐述了大量实操理念和模型。众所周知，完整的程序代码及运行结果将占用大量的篇幅，这与各章节相对独立、言简意赅的编写安排形成了天然的矛盾。因此，即使你不打算逐个运行程序，阅读本书的同时查看这些包含了大量附加内容的笔记也是非常必要的。

为方便读者浏览，我们在 GitHub 存储库为每一章创建了独立的目录，其中包含相关的笔记和 README 文件，其中不仅包括相应章节必要的单独说明，也包括参考资料和各类资源。每个笔记均按需标记章节标识，并对如何安装库、获取数据进行了说明。

程序代码存储网址请根据后面的"配套资源下载"所述方式下载后获取。

2. 数据源

在数据方面，我们主要使用能够自由获取的历史数据，包括市场数据、基本面数据和另类数据。本书的第 2 章和第 3 章将详细介绍这些数据的特点及访问程序，同时介绍一些贯穿整本书的数据提供商。配套的 GitHub 存储库资料中有关于如何获取这些数据并创建数据集的方法，也包括一些已经建好的小型数据集。

示例数据源包括但不限于：

- 纳斯达克 ITCH 交易委托账本数据。
- SEC 电子化数据收集、分析及检索系统（EDGAR）。
- 金融网站 Seeking Alpha 的财报电话会议记录。
- 世界经济金融数据平台 Quandl 上超过 3000 只美国股票的每日价格和其他数据。

- 来自 Stooq 和使用 yfinance 库的国际股票数据。
- 来自美联储的各种宏观基本面数据和基准数据。
- 大型的 Yelp 商业评论和 Twitter 数据集。
- Eurosat 卫星图像数据。

一些数据（如纳斯达克和美国证券交易委员会）的文件可能很大（达到数 GB），这些情况我们会在 GitHub 中予以说明，请大家仔细参阅 GitHub 存储库根文件夹中的数据目录。

3. Anaconda 和 Docker 镜像

本书要求使用 Python 3.7 或更高版本，使用 Anaconda 发行版。本书为 4 个部分使用了不同的 conda 环境，以涵盖广泛的库，同时限制了依赖关系和冲突。

GitHub 存储库中的安装目录包含详细说明。大家可以使用 Docker 镜像来创建必要环境，也可以使用.yml 文件在本地创建它们。

4. 配套资源下载

大家可以按以下方法下载书中相关例子的程序代码以及本书彩色图片等。

（1）扫描下面的"人人都是程序猿"二维码，关注后输入 jiaoyi 并发送到公众号后台，即可获取本书资源的下载链接。

（2）扫描下面的"鹅圈子"二维码，可关注本书的最新信息。

人人都是程序猿

鹅圈子

5. 互动交流

（1）勘误：纵使我们慎之又慎，力求内容完美无瑕，但"人非圣贤，孰能无过"。我们恳请你帮助我们发现书中的错误，你可以将信息反馈到邮箱：zhiboshangshu@163.com，我们将根据反馈意见或建议及时进行调整。（也可在"鹅圈子"中反馈信息）

（2）版权：中国水利水电出版社享有 Packt 出版社 Machine Learning for Algorithmic Trading (Second *Edition*) 的中文简体字专有出版权，如果你在互联网上发现侵犯本书权益的盗版行为，请及时与我们联系，联系邮箱为 zhiboshangshu@163.com。

祝您学习愉快，一切顺利！

关于作者

Stefan Jansen 是 Applied AI 公司的创始人兼首席执行官。他为财富 500 强公司、投资公司和各行各业的初创企业提供数据和人工智能战略方面的建议，并组建数据科学团队，为广泛的商业问题开发端到端的机器学习解决方案。

创业之前，他是一家国际投资公司的合伙人和董事总经理，在那里他进行了大量的预测分析和投资研究实践。他还曾是一家在 15 个市场开展业务的全球性金融科技公司的高级管理人员，为新兴市场的中央银行及世界银行提供咨询服务。

Stefan Jansen 拥有佐治亚理工学院的计算机科学硕士学位以及哈佛大学和柏林自由大学的经济学硕士学位，并获得了 CFA 特许证书。他曾在欧洲、亚洲和美洲使用六种语言工作，并在 Datacamp 和 General Assembly 教授数据科学。

在我家人、朋友、同事的合作和支持下，我才能对第 1 版进行彻底修订。我想感谢 Packt 团队从项目开始到结束，坚持对读者的反馈进行回应。Chris Nelson 是一位非常全面的编辑，并提供了很多建设性的建议。我要感谢我的客户给我做这些令人兴奋的工作的机会，这些工作经验经常为我的写作提供宝贵的灵感。

最后，也是最重要的，我要感谢 Mariana 的耐心和支持。我把这本书献给她和 Bastian，是他们让我所有的付出变得有意义。

关于审稿人

Prem Jebaseelan 拥有大约 20 年处理不同财务数据方面的经验，并且享受组织、存储、检索和分析大量数据的挑战。他为前端交易策略、中台和资金后台设计并实施了多个企业级解决方案，并在应用机器学习和基于人工智能的解决方案方面具有良好的经验。Prem Jebaseelan 拥有工程学位。

Prem Jebaseelan 目前是 Zentropy Technologies 的联合创始人兼首席执行官，该公司是一家专门在金融领域创建基于机器学习解决方案的金融科技公司。在此之前，他曾在一家领先的对冲基金担任技术解决方案提供商。

我要感谢我以前所有的雇主，他们帮助我开发了将技术和金融结合在一起的现实解决方案。我要特别感谢 Yves Hilpisch 博士，感谢他在将机器学习应用于现实世界的交易策略方面所做的工作。

Ramanathan Ramakrishnamoorthy 是 Zentropy Technologies 的联合创始人和董事之一。他的职业生涯始于一家领先的对冲基金，在他的最新职位上，他担任项目经理，负责构建中后台所需的工具和技术。在 Zentropy 公司，他主要负责在具体执行时更好地理解项目需求并将其转换为技术规范。他对微妙的数据模式有着敏锐的洞察力，对机器学习和数据科学领域尤其是时间序列分析领域也有很好的理解。

Ramanathan 的经验主要集中在为资本市场构建交易系统、量化仓库和回测引擎等。

Ramanathan 还是 Hyderabad Python 组的活跃成员和核心成员。他领导着社区中一些最重要的活动，如组织会议、每月聚会以及在大学开设 Python 课程等。

目　录

第 1 部分　数据、阿尔法因子和投资组合

第 2 部分　机器学习在交易中的基本应用

第 3 部分 自然语言处理

第 4 部分　深度学习和强化学习

第 1 部分
数据、阿尔法因子和投资组合

第 1 章

机器学习在交易中的应用
——从梦想到现实

算法交易依靠计算机程序执行，程序通过执行算法自动执行交易策略的某些或全部要素。算法是为实现目标而设计的一系列步骤或规则。在整个投资过程中，**算法**可能通过多种形式存在，同时也在不断地优化，包括想法的产生、资产的配置、交易的执行和风险的管理等。

机器学习算法能够从数据中学习规则或模式，从而实现既定目标，如让预测误差尽可能小。本书将用详细的例子说明机器学习算法如何从数据中提取信号，并支持或全自动开展关键投资活动，包括市场跟踪、通过数据分析形成对市场未来的预期、决定买单还是卖单、进行投资组合管理以达到最好的收益风险比。

主动投资管理的目标是尽可能多地获得超额收益，即获得较强的收益可控性。根据阿尔法因子的定义可知，阿尔法因子主要衡量投资组合与市场基准之间的收益关系，目的在于帮助投资者设计获得高于市场预期的投资组合。**主动投资管理的基本法则**是：获得超额收益的关键在于精确的收益预测以及针对相关预测的应对能力（Grinold，1989；Grinold 和 Kahn，2000）。

该法则定义了一个非常重要的概念——**信息比率（IR）**，体现了投资组合与市场基准收益差异与波动率的比率，可以进一步近似为信息系数和策略宽度的平方根。

- **信息系数（IC）**，用于衡量预测质量，体现为组合收益率与市场平均收益率的相关系数。
- **策略宽度**的平方根，表示为对这些预测的独立下注的数量。

在金融市场上，资深投资者深谙要想获得更好的超额收益，必须依赖更加精准的预测这一道理，这也就意味着必须获取信息优势，或者能够访问更好的数据，或者拥有更好的数据处理能力，当然最好是兼而有之。

机器学习的切入点正在于此，**ML4T 工作流**旨在高效地应用快速变化、范围多样的各类数据，开展质量更高、操作性更强的市场预测，进而提升投资决策的质量和效果。

过去，算法交易仅仅狭义地被定义为交易执行的自动化，目的在于尽可能地降低成交时卖方的交易成本。本书则从更加全面的角度讲解算法交易，因为算法（尤其是机器交易算法）已经广泛渗透到交易活动的各个方面和各个环节。从产生想法开始，到采集数据，到提取信号，到资产配置，到头寸管理，包括策略测试与评估等都需要算法。

从投资行业发展趋势看，机器学习能够提供的多方面竞争优势决定了其进入该行业的必然性，我们也将逐步展示机器学习的适用范围，以及这些应用如何一起辅助实现算法交易策略。

本章将涵盖以下内容：

- 机器学习在投资行业的兴起。
- 基于机器学习的交易策略的设计与执行。
- 机器学习在交易中的应用——策略与用途。

> **TIP** 请按照前言中的相关说明获取本书的配套资源（GitHub 存储库），在各章的 README 文件中可找到更多资源和参考的链接网址。

1.1 机器学习在投资行业的兴起

在过去的几十年间，投资行业发生了翻天覆地的变化，竞争不断加剧、技术持续进步、经济环境充满挑战，本章将回顾投资行业环境变化的整体趋势，可以帮助理解算法交易的兴起，尤其是机器学习是如何进入并影响这一领域的。

这些变化趋势包括以下方面：

- **市场微观结构**的变化，如电子交易的普及和资产的跨类别、跨地区整合。
- 制定投资策略的基本框架时越来越关注针对不同因子的**风险敞口**，对资产类别的关注则渐居次席。
- **计算能力、数据生成和管理、统计方法**等的革命性进展，尤其是深度学习领域的突破。
- 相比自由投资者，**算法交易的"先驱"**们表现卓越。

此外，2001 年和 2008 年的金融危机影响深远，投资者对多元化和风险管理有了更多需求，这直接导致了低成本**被动投资工具 ETF** 的兴起。数据显示，2008 年金融危机后，全球主要央行大规模购买资产，在低收益率和低波动性的大环境下，成本意识极强的投资者将超过 3.5 万亿美元的资产从共同基金中赎回，用于申购被动管理型 ETF。激烈的竞争压力也传到了对冲基金上，2017 年，对冲基金的管理年费从 2%降至 1.48%，利润分成也从 20%降至 17.4%。

1.1.1 从电子交易到高频交易

从 20 世纪 60 年代开始，随着资产价格通过网络传输到计算机终端变成现实，电子交易应运而生，并在交易功能、交易量、资产覆盖范围以及地区等方面得到了日新月异的发展。在全球范围内，股票市场则一直处于这一趋势的最前沿，Harris（2003）和 Strumeyer（2017）分别对金融市场的这些变化作过全面阐述。

1997 年，美国证券交易委员会（SEC）发布《订单处理规则》，引入了**电子通信网络**交易（ECN）平台。ECN 是自动化的**另类交易系统（ATS）**，能够按照制定的架构匹配买单和卖单，SEC 允许其注册为经纪经销商，与交易所分庭抗礼。ECN 允许重要经纪经销商和个人投资者不通过中间商跨地区直接交易，这种交易既可以是实盘的，也可以是盘后的。

暗池交易是另一种类型的私人 ATS，允许机构投资者在不公开披露其信息的情况下进行大宗交易，这一点与交易所、ECN均有所不同。暗池交易不提前公布买价和卖价，这些信息只有在交易完成后的某个时间才予以公开。21世纪第一个10年中期，由于担心大宗交易中于己不利的价格波动和高频交易的提前进行，暗池交易量稳步增长至美国股票交易量的40%。暗池交易系统通常设于大型银行内部，并接受SEC监管。

随着电子交易的兴起，**低成本、高效率的算法**迅速发展，快速从卖方扩展到买方并覆盖各类资产交易。2000年左右，各类自动化交易工具在卖方率先出现，通过更小的、更有序的订单降低对市场的影响，同时交易成本也显著降低。这些工具的应用迅速扩展到买方，并且变得越来越精细，能够统筹考虑如交易成本、流动性、短期价格和交易量预测等众多变量。

直接市场准入（DMA）允许交易员使用交易所的基础设施，并注册经纪人ID，实名参与市场交易，从而使交易员能够更好地控制交易执行；同时保荐准入原则方便经纪人交易前避免烦琐的风险控制程序，这些共同形成了**高频交易（HFT）**的基础。

高频交易是一种自动化交易，这些交易延迟时间极为短暂（通常是微秒级的），交易者持仓时间很短。目的在于发现并利用**市场微观结构和交易场所基础设施中的"漏洞"**[1]。

在过去的十年中，高频交易显著增长。据估计，高频交易约占美国股票市场交易量的55%，约占欧洲股票市场交易量的40%。不仅如此，高频交易在期货市场风头更盛，大约80%的外汇期货交易和三分之二的利率期货、10年期国债期货交易都是通过HFT完成的（Miller，2016）。

高频交易策略旨在使用**被动策略或主动策略**为每笔交易赚取微薄利润。其中，被动策略包括套利策略，如利用不同交易所之间统一资产或其衍生品的微小价差。主动策略包括订单预期或动量点火。订单预期也被称为流动性侦察，该算法通过执行小规模试探性订单，检测大型机构投资者的隐含流动性，抢在大单执行之前进行交易并从随后的价格变动中获益。动量点火算法则在极短时间内发起或撤销一系列大交易量的订单，引导其他高频交易算法[2]认为市场已经改变方向，迅速跟进买单（或卖单），发起者本身则迅速平仓，牟取利润。

某些主动的高频交易策略**增加了市场的脆弱性和波动性**，监管机构对此不无担忧。2010年5月美股闪电崩盘，2014年10月国债市场剧烈波动，2015年8月道琼斯工业平均指数突然暴跌1000多点……这些案例都证明了这种担忧不无道理，但也正因为高频交易的存在，整体交易成本在降低，市场流动性随着交易量的增加而增加。

市场波动率的降低、交易量的减少以及技术革新、数据获取、交易场所等诸多成本的不断攀升，也导致了高频交易日渐显著的财务压力。据估计，2017年，美股高频交易总收入自2008年以来首次降至10亿美元以下，远低于2009年的79亿美元。这一趋势加速了**行业整合**，比如包括Virtu Financial等大型私营交易公司在内的企业并购，再如芝加哥和东京之间的Go West超低延时路线等基础设施共享。与此同时，Alpha Trading Labs等初创公司则另辟蹊径，他们开发众包算法驱动高频交易相关的基础设施和可用数据的大众化发展，借此在交易利润中分得一杯羹。

---

[1] 译者注：如买价和卖价差价的微小变化、不同交易所之间的微小价差等。

[2] 译者注：也包括趋势交易者。

1.1.2　因子投资与智能贝塔基金

资产收益与投资的不确定性和风险永远是一个硬币的两面。举例来说，股票投资意味着承担公司业务运营的风险，债券投资则意味着存在违约风险。某种程度上，正是**资产的风险特征决定了资产可能带来的收益**。因此，在设计投资策略时，**识别和预测风险因子**也就成了重中之重，它能够产生有价值的交易信号，进而成为主动管理的关键要素。随着时间的推移，行业对风险因子的理解日新月异，这些理念上的变化又进一步影响了机器学习在投资领域的应用。

现代资产组合理论（MPT）阐述了特定资产的特殊风险和系统性风险的区别。资产多样化能够抵御特殊风险，系统性风险则永远存在。20世纪60年代早期，**资本资产定价模型（CAPM）**定义了驱动所有资产收益的单一因子，即市场投资组合收益超过短期国库券（美国国债T-bills）。市场投资组合包括按市场价值加权的所有可交易证券。资产在市场上的系统风险敞口通过**贝塔因子（beta）**进行衡量，体现了资产收益与市场投资组合之间收益的相关性[1]。

能够认识到资产风险不仅取决于资产本身，更重要的是这种风向与其他资产和整个市场的相对性和波动性相关，这是一项重大的概念突破。换句话说，资产能够享受的**风险溢价**不是由其特殊性质决定的，而是基于市场中所有资产对所有潜在**共同风险**的承受程度。

学术研究和行业经验对CAPM预测提出了许多关键问题，如资产的风险溢价是否仅取决于单一风险敞口，也就是CAPM中的贝塔因子。作为挑战结果，**许多新的风险因子**如雨后春笋般涌现，学术上因子的概念也正是在这个时候被确定下来，意指可量化的信号，历史数据能够证明该信号的性质或变化对未来的股价会产生影响，更值得期待的是这种相关性对未来依然可能是有效的。

某种意义上讲，这些因子正是为了解释**有效市场假设（EMH）**无法解释的市场异象[2]。有效市场假设总是根据CAPM为证券定价，不考虑其他因子对资产架构产生的影响（Malkiel，2003）。因子背后的经济理论可以是理性的，如因子的风险溢价是用于补偿不景气时期的低收益；也可以是感性的，如代理商无法套利获得超额收益。

众所周知的异象包括价值效应、规模效应和动量效应，这些效应有助于我们通过控制CAPM市场因子获得较好的收益。**规模效应**重点关注小公司，尤其是那些系统性地胜过大企业的小公司（Banz，1981；Reinganum，1981）。Basu等人（1981）则对**价值效应**进行了解释，明确指出低估值指标的公司投资价值高于高估值的企业，如低市盈率或低市净率公司价值比价格昂贵的公司要高，这正是价值投资的发明者Benjamin Graham和David Dodd建议的，大名鼎鼎的Warren Buffet则将其发扬光大。

动量效应一般又称"惯性效应"，20世纪80年代末，AQR的创始合伙人Clifford Asness指出，就近期6～12个月的收益而言，如果市场风险没有改变，收益率较高的股票在未来获得的收益率仍会高于过去收益率较低的股票。研究还发现，价值效应、动量效应同样适用于其他市场的股票和外汇、债券、大宗商品和其他衍生品交易等（Jegadeesh和Titman，1993；Asness，Moskowitz和Pedersen，2013）。

在固定收益中，价值投资策略被称为**骑乘收益率曲线**[3]，表现为久期溢价。在大宗商品领域，该策略

---

[1] 译者注：此处原文有一定歧义，准确来说，贝塔因子应该指一种证券或一个投资证券组合相对总体市场的波动性。

[2] 译者注：如具有高账面市值比的公司拥有更高的平均收益，且无法被个股贝塔解释。

[3] 译者注：骑乘收益率曲线（Riding the Yield Curve）是利用收益率曲线在部分年期段快速下降的特点，买入年期即将退化的债券品种，等待其收益率出现快速下滑时，获得较好的市场价差回报。

也被称为**展期收益**，对于上升型期货曲线收益为正，对于下降型期货曲线收益为负。在外汇交易领域，价值投资策略则被称为**套息交易**[1]。

还有一种非流动性溢价，相对于流动性较好的证券，其通过较低的交易价格买入流动性较差的证券，有望获得更好的超额平均收益。违约风险较高的债券平均收益率往往较高，这也反映了信用风险溢价。为了抵御收益崩溃的风险，投资者愿意为市场的高波动率购买保险，期权市场中，易失性保护正是利用这点获得高收益的。

多因子模型认为证券价格并不仅仅取决于证券的风险，还定义了更加广泛且多样化的风险因子。1976 年，Stephen Ross 提出**套利定价理论**。该理论认为，无法分散的多种系统风险源的存在为投资者提供了无风险套利机会（Roll 和 Ross，1984）。除了生产效率、人口和政治风险外，增长率、通货膨胀和波动率是三个最重要的宏观因子。1993 年，Eugene Fama 和 Kenneth French 集成了相关研究成果，提出了著名的三因子模型[2]，该模型能更好地解释横截面收益率。后来，他们又对该模型进行了优化，通过加入债券风险因子使得模型能够同时服务于这两种资产类别（主动和被动）的收益（Fama 和 French，1993；2015）。

风险因子最具吸引力的一方面还包括各因子间的**低相关性甚至是负相关性**。例如，价值风险因子和动量风险因子就是负相关的，合理运用这些特性可以降低风险、增加风险调整后的收益，从而获得超出风险因子本身隐含的收益。此外，利用杠杆和多空策略，各种因子策略可以组合形成**市场中性策略**。例如，基于正负风险，合理搭配多头头寸、空头头寸，减仓等，可以收取动态风险溢价。

这些能够解释超出 CAPM 收益的因子不断影响投资倾向，使投资组合倾向于一个或多个因子，资产配置风格开始逐步转变为基于因子的投资组合。2008 年的金融危机说明了资产类别标签可能具有高度的误导性，让投资者误以为自身拥有较好的资产多样性，从而忽视了潜藏的风险，而这一切最终导致泡沫的破裂。

在过去的几十年里，量化因子投资也在不断地影响基金类型，从基于两种或三种风格的简单方法演变为**多因子贝塔产品**。截至 2017 年，智能贝塔基金的管理资产规模已经超过了 1 万亿美元，这足以说明这种结合主动和被动管理的混合投资策略的受欢迎程度。**智能贝塔基金**采取被动策略，但根据一个或多个因子对其进行调整，比如更便宜的股票、更好的股息率，从而产生更好的收益。这种增长与投资者对传统主动型基金经理收取高额费用日益增多的不满与诟病也不无关系，同时对基金经理投资收益的评价考核也更为严苛。

持续发现并成功预测风险因子（可能是单一因子也可能是新的组合），都会对各资产类别的未来资产收益产生重大影响，这正是投资行业广泛运用机器学习的关键驱动力，也将是贯穿本书的关键主题。

1.1.3 初露峥嵘——算法先驱更胜一筹

"早起的鸟儿有虫吃。"**业绩记录和资产管理规模**的显著增长，让率先使用算法交易的公司赚得盆满钵满，投资者及行业后来者纷纷效仿。与高频交易不同的是，同样是寻找套利机会，**系统性基金交易**的持有时间可能要长得多，而绝不是纯粹的速度优势。

1982年，数学家James Simons创立了**文艺复兴技术公司**（Renaissance Technologies），并将其打造

---

[1] 译者注：又称利差交易或融资套利交易，是指在外汇市场中买入高息货币的同时卖出低息货币。

[2] 译者注：市场因子（MKT）、市值因子（SMB）和价值因子（HML）。

为首屈一指的量化基金公司，这也是最著名的主要或完全依赖算法决策的系统策略。其中，最为隐秘的莫过于大奖章基金（Medallion Fund），业内估计该基金自1982年创立以来年化收益率超过35%，不过可惜的是它完全不对外开放。

比较著名的还有**德劭对冲基金（D.E.Shaw）、城堡投资（Citadel）和Two Sigma**，自2017年以来，这三只最为杰出的量化对冲基金收益（扣除费用）自成立以来首次冲进前20名。

成立于 1988 年的德劭对冲基金（D.E.Shaw）在 2019 年以 500 亿美元的资产管理规模跻身榜单第三名；Kenneth Griffin 于 1990 年创立的城堡投资（Citadel），管理着 320 亿美元的资产，排名第五；2001 年，德劭对冲基金的校友 John Overdeck 和 David Siegel 创办了 Two Sigma，2011 年其资产管理规模达到 80 亿美元，2019 年更是飙升至 600 亿美元；而占据领先地位的则是 Ray Dalio 于 1975 年创立的**桥水联合基金（Bridgewater）**，这也得益于其穿越牛熊的纯阿尔法基金策略和系统策略的融合。

无独有偶，在机构投资者榜单上，2018 年对冲基金 100 强中，四家最大的公司和前六名中的五家公司都在很大程度上或完全依靠计算机和交易算法作出投资决策。所有这些公司都在充满挑战的环境中实现了资产的提升。其中专注于量化投资的佼佼者甚至实现了超过 10%的年化收益率。比如，排名第二的 **AQR 资本管理公司**，2017 年 AQR 对冲基金资产增长了 48%，2018 年又进一步增长了 29%，达到近 900 亿美元。

1．一万亿美元！

计算能力、数据可用性和统计方法这三大耳熟能详的革命，使数据驱动的系统战略不仅更具吸引力，而且成本效益更高，成为其竞争优势的关键来源。因此，算法交易不仅在对冲基金行业得到了更广泛的应用，也迅速渗透到各类资产管理公司，甚至是 ETF 这样的被动管理工具中。**基于机器学习的模拟预测和算法自动化**几乎在投资过程的所有步骤中都开始发挥着日益显著的作用，从想法产生和研究，到策略制定，到投资组合构建，到交易执行和风险管理等，不一而足。

需要承认的是，我们无法给出具体的**行业规模**，因为我们至今还没有量化基金或算法基金的客观定义。许多传统的对冲基金，甚至共同基金和 ETF 都在引入计算机驱动的策略，或以人机结合的方式将其嵌入自主交易。

据 *Economist* 报道，2016 年，系统基金成为美国股市机构交易的主要力量（忽略主要扮演中间人角色的高频交易）。2019 年，系统基金交易占机构交易量的 35%，高于 2010 年的 18%，与之形成鲜明对比的是，只有 10%的交易是通过传统股票基金完成的。这一数据主要是通过纳入罗素 3000 指数的美股股票估计得到的，其中**算法基金主要包括指数基金、ETF 和量化基金**三类，约占 35%左右，由自然人管理的传统对冲基金和其他共同基金则合计占比不足 24%。

市场研究公司 Preqin 估计，近 1500 家对冲基金的大部分交易都是在计算机模型的帮助下进行的。目前，量化对冲基金占美国所有股票交易的 27%，高于 2013 年的 14%。反过来，倒是许多数据科学家（或宽客[1]），更注重使用机器建立复杂的大型统计模型。

然而，近年来，基金已经转向开始运用真正的机器学习，**人工智能系统**可以快速分析大量数据，并通过这种分析不断地实现自我进化。最近的例子包括 Rebellion Research、Sentient 和 Aidyia，它们依靠进化算法和深度学习，设计全自动的人工智能驱动投资平台。

---

[1] 译者注：宽客是指用高深数学公式与计算机程序操纵金钱的疯子般的天才。

从核心对冲基金行业来看，算法策略的应用已经迅速蔓延到共同基金和部分智能贝塔基金等被动管理型的 EFT，甚至出现了融入量化方法的自主交易基金。

2. 量子基金的诞生

一般而言，主动投资管理可以划分为**系统投资（即量化投资）**和**自主投资**两类。其中，系统投资主要依赖可重复和数据驱动的算法，通过分析大量证券寻找投资机会；相反，自主投资则聚焦深入分析较少数量证券的基本面（主要指量化基本面分析法）。随着基金经理们越来越多地采用数据驱动的方法，这两种方法的界限变得越来越模糊。

巴克莱银行（Barclays）研究显示，即使是**基本面交易员**，也开始逐步用量化技术武装自己，通过系统方法管理了多达 550 亿美元的资产。量化基金则不受特定公司的影响，它根据一系列证券的模式和动态进行交易，根据巴克莱银行 2018 年的数据估计，这类宽客约占整个对冲基金的 17%。

拥有 140 亿美元资产的 **Point72** 也在转型，将大约一半的资产组合管理从纯人工管理转为人机结合管理。Point72 还投资了数千万美元，成立了一个专门管理数据的集团，该集团主要分析海量另类数据并向投资者反馈分析结果。

3. 战略性能力投资

三大趋势推动了数据在算法交易策略中的使用，并且可能进一步推动越来越多的自主投资转向量化投资，主要包括：

- 数字数据可用性的指数级增长。
- 低成本的计算能力和数据存储容量的大幅增长。
- 复杂数据集统计分析方法的进步。

敏锐的资本使这些能力实现了爆炸式增长，其中不仅包括技术和数据，也包括最为重要的人才。正是熟练的高科技人才让基于机器学习的算法交易取得了压倒性优势，这一点在自 2008 年金融危机以来日益流行的 ETF 指数交易上表现得尤为明显。

摩根士丹利（Morgan Stanley）指出，仅有 23% 的量化交易客户表示他们不考虑使用或尚未使用机器学习，这一数据明显低于 2016 年的 44%。**古根海姆集团（Guggenheim Partners）** 斥资 100 万美元，在加利福尼亚州劳伦斯伯克利国家实验室建立了一个超级计算机集群，专门用于服务集团客户，这些计算机每年的电费都高达 100 万美元。

AQR 资本管理公司是一家量化投资集团，之前主要依靠学术研究识别那些被证明能够跑赢大盘的交易因子，继而基于这些因子进行系统交易。AQR 曾经刻意避免像文艺复兴科技公司（Renaissance Technologies）或德劭对冲基金等同行一样完全使用计算机驱动形成的策略。不过，最近 AQR 已经开始在市场中通过机器学习解析部分新的数据集，以寻找其他有利可图的模式，如油井和油轮的卫星影像图片。

资产管理规模超过 5 万亿美元的头部公司**贝莱德集团（BlackRock）** 也押注于算法。贝莱德集团大量注资科学主动股票部门（SAE，是贝莱德集团于金融危机期间收购的一家系统交易公司）。SAE 不仅是自己的量化发动机，同样也能服务于那些自主投资的基金经理们。富兰克林·邓普顿（Franklin Templeton）也收购了随机森林资本（Random Forest Capital）（一家以数据为导向、专注于债务的投资公司），富兰克林·邓普顿则致力于使其技术能够更加广泛地应用于各类资产管理。

1.1.4　机器学习与另类数据

长期以来，对冲基金一直致力于通过**信息优势**和发现新的不相关信号的能力来追求更好的超额收益。从历史上看，这也包括对购物者以及选举或公投前对选民的专有调查。

偶尔，利用公司内部人士、医生和专家网络来扩大对行业趋势或公司的了解，会游走在法律边缘。例如，2010 年，某公司的交易员、资管经理和分析师因使用**内幕信息**而受到的一系列起诉震动了整个投资行业。

相比之下，使用机器学习算法则可以利用大量数据，这种数据可以是传统数据，也可以是另类数据，最关键的是不用专门去找专家，也不用深入行业网络内部，甚至不用专门去探访公司管理层，机器学习需要具备针对大量不同数据的采集能力和实时分析能力。

传统数据包括经济统计数据、交易数据或公司报告。**另类数据**的范围则要广得多，包括卫星图像、信用卡销售、情感分析、移动设备地理定位数据和网站数据爬取等，也包括将日常业务过程数据转换为有价值的商务情况等。原则上，它包括**任何可能影响交易的数据源**，无论这种影响是直接的还是间接的。例如，一家保险公司的新车保单销售数据不仅可以包括新车销量，还可以按品牌或地域进一步细分。也有许多数据供应商从网站上收集有价值的数据，从应用程序下载，到用户评论，到航空公司和酒店预订，无所不包。社交媒体网站也可以用于收集另类数据，主要包括消费者评论和需求趋势线索等。

通常，另类数据的数据集很大，需要使用**可扩展数据解决方案**（如 Hadoop 和 Spark）进行存储、访问和分析，以便对数据进行并行处理。德意志银行（Deutsche Bank）估计，全球目前有超过 10 亿个网站、数以 10 万亿计的独立网页和 5000 亿千兆字节的数据，不仅如此，互联网上每年还会新增 1 亿多个网站。

在一家公司发布业绩之前，机器学习就可以从该公司公开招聘信息的减少、员工对其首席执行官的内部评分，或者从其网站上服装平均价格的下降等方面，**实时洞察该公司的前景**。这些信息可以与停车场的卫星图像、手机的地理位置等数据相结合，分析出有多少人正在访问公司门店。机器学习还能够通过特定功能领域或特定地理区域的职位发布信息预测公司的战略转型。

最有价值的数据则是直接公布的消费者支出数据，其中**信用卡信息**是主要来源。这些数据虽然只揭示了销售趋势的冰山一角，但通过与其他数据的有效结合，甚至能够发现几乎透明的世界。例如，Point72每天会分析某一时刻的 8000 万笔信用卡交易。我们将在第 3 章中详细介绍各种另类数据的数据源、相应用例以及如何评估这些数据。

过去两年，为了重振日渐衰落的财富，各投资集团在**另类资产**和数据科学家方面的支出增加了一倍多。数据提供商 Yipit 赞助的网站中[1]专门罗列了各类数据提供商，截至 2018 年 12 月，该网站已经有超过 375 家另类数据提供商。

网站中对投资者的调查显示，2017 年，投资公司在数据集和雇用新员工解析数据上总共花费了 3.73 亿美元，比 2016 年增加了 60%，截至 2020 年 7 月则花费超过 6.16 亿美元。咨询公司 Optimus 估计，投资者每年在另类数据上的花费约 50 亿美元，并预计该行业在未来几年还将以每年 30% 的速度增长。

随着有价值数据源竞争的日益加剧，排他性逐渐成为数据源合同的一个关键特征，消费方希望以此保持信息优势。与此同时，隐私问题也日益加剧，监管机构已经开始关注目前基本上不受监管的数据提供商们。

---

[1] 译者注：网址链接参见配套资源中的电子文档。

1.1.5 众包算法交易

最近，几家算法交易公司开始提供支持数据访问和编程环境的投资平台，众包风险因子因此成为投资策略的一个重要组成部分，甚至是全部的交易算法。比较有名的例子包括世坤投资（WorldQuant）、Quantopian 以及最近的 Alpha Trading Labs（2018 年）。

世坤投资（WorldQuant）于 2007 年从千禧资本（Millennium Management）（资产管理规模 410 亿美元）分拆出来，为后者管理着约 50 亿美元的资产。它在全球各地的阿尔法工厂雇用了数百名科学家和更多兼职员工，将投资过程组织成一条定量流水线。这家工厂声称已经生产了 400 万个测试成功的阿尔法因子，能够用于制定更复杂的交易策略，并称未来将生产 1 亿个相关因子。每个阿尔法因子都是一个算法，能够预测未来资产价格变化。然后，其他团队将阿尔法因子组合成投资策略，又将投资策略演化为投资组合，并在投资组合之间分配资金，同时进行风险控制以避免各策略之间的相互蚕食。本书在附录 A 中，为大家展示了有关世坤投资使用的数十个定量因子的示例。

1.2 基于机器学习的交易策略的设计与执行

在本书中，我们将**演示如何将机器学习融入设计、执行和评估交易策略的整个过程**。为此，假设基于机器学习的交易策略是由数据驱动的，而这些数据则包含目标领域和策略的预测信号，在经过适当的预处理和特征工程之后，机器学习模型将能够预测资产收益或提供其他策略作为输入。模型预测又基于人的判断或自动化规则最终转化为买单或卖单等行为，这些行为又可以进一步被手动编码，或者由别的机器学习算法完成端到端的学习。

图 1.1 描述了上述工作流的关键步骤，本书也正是围绕这些步骤展开的。

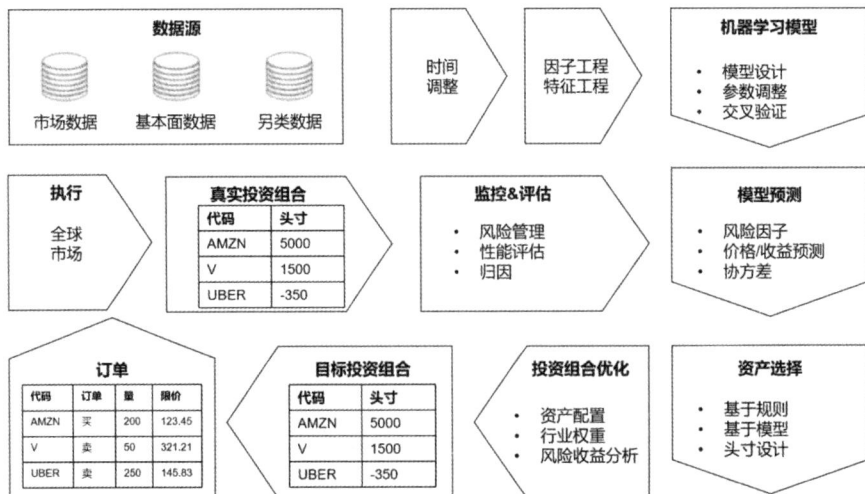

图 1.1　ML4T 工作流的关键步骤

第 1 部分介绍了适用于不同策略和机器学习用例的重要技能和技术。包括以下内容：
- 如何获取和管理重要数据源。

- 如何完成特征工程并从信号内容中提取阿尔法因子。
- 如何管理投资组合并跟踪策略表现。

此外，第 2 部分第 8 章介绍了 ML4T 工作流——从建模到策略回测的相关内容。在正式介绍相关用例之前，我们将简要概述这些领域，后边你会发现这些用例将构成本书第 2、3、4 部分的主体。

1.2.1 数据源和数据管理

数据可用性在数量、种类和速度方面的巨大进步为机器学习在交易中的应用奠定了基础，这种应用本身又反过来推动了行业在获取新数据源方面的进一步投入。然而，数据供应的激增也对精细化的数据选择和管理提出了更高的要求，只有如此才能更加高效地发现数据蕴含的价值，这一过程一般包括以下步骤：

（1）识别和评估包含不会衰减太快的阿尔法信号的数据源，包括市场、基本面和另类数据。

（2）部署或访问基于云的可扩展数据基础架构和分析工具（如 Hadoop 或 Spark），目的在于能够快速、灵活地访问数据。

（3）仔细管理和整理数据，在某一时间基准上将数据调整到所需频率，从而避免前视偏差。这意味着数据应仅反映特定时间可用和已知的信息，事实上，在实盘交易中，通过扭曲的历史数据训练出的机器学习算法几乎注定会失败。

我们将在第 2 章和第 3 章实际详细介绍这些内容。

1.2.2 从阿尔法因子研究到投资组合管理

阿尔法因子旨在从数据中提取信号，并基于这些信号预测相关投资领域的交易收益与市场基准水平之间的差异。在给定的时间点进行评估时，针对每个资产的典型阿尔法因子一般为单值，但它也可以是一个或多个输入变量或时间段的组合。如果读者已经熟悉机器学习的工作流程（参见第 6 章），则可以将阿尔法因子视为为特定策略设计的特定领域特征。阿尔法因子的应用一般分为研究和执行两个阶段，如图 1.2 所示。

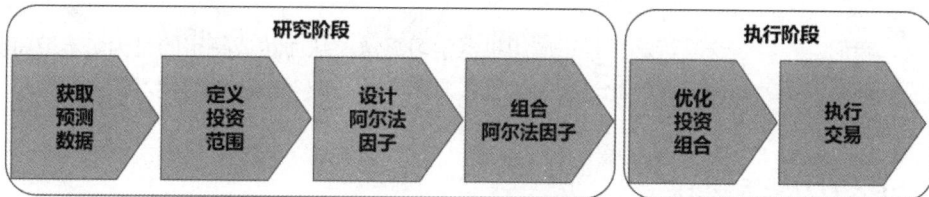

图 1.2　阿尔法因子的应用

1. 研究阶段

研究阶段包括阿尔法因子的设计和评估。一个**预测因子**需要能够捕获数据源和投资策略（如资产收益）之间的系统性关系，而进一步地优化预测能力则需要创造性的特征工程来实现，后者往往需要有效的数据转换。

不恰当的数据挖掘可能导致误导性发现，这是需要谨慎管理的关键风险。降低风险的有效途径之一是，遵循数十年学术研究形成的搜索过程指南。值得一提的是，多项诺贝尔经济学奖正是发端于此。许多投资者仍然更喜欢与金融市场理论以及投资者行为相一致的因子。当然，介绍这些理论超出了本书的范围，读者可以参考其他文献深入研究这些内容。

验证阿尔法因子的信号成分需要在特定背景下对其预测能力开展抗差估计。不幸的是，无论是方法论层面还是实操层面，都存在大量的可能破坏预测可靠性的缺陷。除了数据偏差和多次测量都可能无法消除的偏差外，幸存者偏差和前视偏差等都可能导致无法反映真实的本金、利息和税收（PIT）信息。

2．执行阶段

在执行阶段，依据阿尔法因子发出的信号挂出买单或卖单，由此产生的投资组合持仓又反过来形成新的风险剖面，从而进一步相互作用并成为投资组合全部风险的一部分。投资组合管理的重要部分包括优化头寸规模，从而达成与投资目标一致的风险与收益的平衡点。

第 5 章我们将引入交易策略工作流中执行阶段的关键技术和工具，内容涵盖从投资组合优化到投资表现评价等各个方面。

1.2.3　策略回测

将投资理念融入真实的算法交易策略存在着巨大的风险，因此这个过程必须是**科学的，且经过广泛的实证测试**，目标是根据其在样本外市场场景中的表现否定假设想法。测试可以使用能够反映特定市场场景的模拟数据，而这种场景曾经存在于历史数据中。

为了得到某候选策略表现的无偏差估计，需要引入一个**回测引擎**，以实事求是的态度模拟该策略的执行过程。除了由数据或有缺陷的统计带入的偏差之外，回测引擎还需要能够准确表现实际市场的其他真实方面，如根据交易型号评估、下单和执行。

第 8 章介绍了如何使用 BackTrader 和 Zipline，应对多种方法上的挑战，从而真正了解端到端的 ML4T 工作流。

1.3　机器学习在交易中的应用——策略与用途

实际上，我们会在特定交易策略背景下应用机器学习算法，从而达成特定的目标。本节将简要介绍交易策略是如何演变的、如何变成如此这般的丰富多彩，在此基础上概述机器学习的实际运用，尤其是它们与本书内容之间的关系。

1.3.1　算法交易策略的演进

随着时间的推移，量化策略发展得越来越精细、越来越复杂，主要可以分成以下三个阶段：

（1）在 20 世纪 80 年代和 90 年代，交易信号往往来自学术研究，通常使用市场和基本面数据中的单一输入或几个输入。成立于 1998 年的 AQR，正是大规模实施此类策略的佼佼者，如今已发展成最大的量化对冲基金之一。这些信号如今已经被大规模商品化，可以广泛地应用于 ETF 交易中，如最近出现的均值回归策略。

（2）21 世纪的第一个 10 年，在 Eugene Fama 和 Kenneth French 等人开创性工作的基础上，**因子投资**得以迅猛增长。基金使用算法识别资产风险敞口，如价值效应、动量效应等，力求找到套利机会。金融危机初期的赎回潮引发了 2007 年 8 月的量化投资大地震，以因子策略为基础的整个基金行业不可避免地受到了波及。所幸的是，这些策略依然活跃在专注于"做多"的智能贝塔基金中，这些基金多根据一组给定的风险因子调整投资组合。

（3）**机器学习和另类数据的飞跃**推动量化投资进入了第三个阶段，这些革命性的技术发展使得可重复交易策略的盈利信号生产变为可能。挑战也如影随形，那就是因子衰减，研究结果显示，新发现的异象能够带来的超额收益从发现到公布就已经下降了 1/4，公布之后更会随着竞争者的涌入下降到 50% 以下。

如今，交易员们期待算法能够提供更多用途，具体如下：

● 能够实现有利价格的交易执行算法。
● 能够利用小幅价格波动获取盈利的短期交易，如套利。
● 针对其他市场参与者行为的行为策略。
● 基于绝对价格、相对价格、绝对收益、相对收益的交易策略。

交易执行程序旨在尽可能地限制市场对交易的影响，其范围可以很简单（如交易分割），也可以很复杂（如加入时间加权或交易量加权）。简单的算法一般利用历史模式，而复杂的算法则会统筹考虑交易成本、执行差额或假设价格波动。

高频交易基金持仓时间一般都比较短，通过买卖报价的微小波动或统计套利获得收益。**行为算法**一般用于流动性较差的环境，旨在预测会显著影响证券价格的大型参与者的行为。例如，嗅探算法可以洞察其他市场参与者的策略。

本书重点关注相对长的时间内、有相对价格变化预期的交易策略，相比于短期交易，这些策略更具主动延迟优势，这些都是日常广泛使用的原则，也非常适合机器学习算法的应用。

1.3.2　交易中的机器学习用途

机器学习能够从广泛的市场、基本面和另类数据中提取可交易信号，适用于较多的资产类别和投资范围。更重要的是，机器学习是一种非常灵活的工具，可以基于量化目标及相关数据支持或自动执行这些投资策略。

因此，机器学习可以应用于交易过程的多个步骤，形成诸多不同的用途，包括以下几种：

● 用于识别模式、提取特征和生成想法的数据挖掘。
● 用于生成风险因子或阿尔法因子，并创建交易思路的监督学习。
● 从单体信号到形成交易策略的集成。
● 根据机器学习算法模拟的风险概况进行资产分配。
● 策略的测试和评估，包括使用合成数据。
● 使用强化学习对策略进行交互式自动优化。

上面简要地强调了其中的一些用途，后面的章节将会详细讲解这些用途。

1. 特征提取：从数据挖掘到数据洞见

大型复杂数据集的成本评估需要使用大量信号进行检验，本书中给出了多个相关例子。

● **信息理论**能够对备选特征信号内容进行评估，这一点对于机器学习模型是否能够获得最有价值的输入来说是非常关键的。在第 4 章中，我们使用互信息开展个体特征的潜在价值比较，从而使用监督学习算法并预测资产收益；在第18章中，De Prado 估计了一个价格序列的信息内容，作为选择不同备选交易策略的基础。

- **无监督学习**提供了大量识别数据的方法，为洞悉数据奥秘和解决下游任务提供帮助。
  - ⤷ 在第13章中，引入了聚类和降维的方法分析高维数据集，提取数据特征。
  - ⤷ 在第15章中，将应用贝叶斯概率模型分析金融文本数据。
  - ⤷ 在第20章中，我们基于 Kelly 等人（2020）的研究，以资产特征为条件，通过深度学习提取非线性风险因子，并根据这些因子预测股票收益。
- **模型透明度**强调通过特定模型方法洞察个体变量的预测能力，同时引入一种新的博弈论方法，我们称之为 **SHAP**。在第12章中，将使用梯度提升机器学习算法处理大量输入变量。

2. 阿尔法因子创建中的监督学习

在交易中，最常见的机器学习算法主要用于对资产基本面、价格波动和市场条件进行预测。一个策略也可以利用基于彼此支撑的多个机器学习算法相互构建。

- **下游模型**可以通过整合对单个资产前景、资本市场预期以及证券之间的相关性预测来得到投资组合信号。
- 机器学习还能够为**自主交易**提供必要参考，如量化基本面分析法。

机器学习还能够用于**特定风险因子**分析（如估值或波动率）或提供技术支撑（如趋势跟踪或均值回归）。

- 在第3章中，将展示如何处理基本面数据，从而创建机器学习驱动的估值模型。
- 在第14～16章中，将应用商业评论上的另类数据作为估值测算的一个输入，进而预测一个公司的营收情况。
- 在第9章中，将演示如何预测作为市场预期输入之一的市场宏观变量，以及如何预测波动率等风险因子。
- 在第19章中，将引入循环神经网络，以此在非线性时间序列数据处理中获得更好的结果。

3. 资产配置

机器学习已经以决策树模型的形式被应用在投资组合的配置中，该模型主要按照风险平价策略形成实现资产配置的层次化建议。因此，风险特征由资产价格模式而不是资产类别决定，并基于此实现更好的投资风险收益。

在第5章和第13章中，将展示为何基于数据、通过层次聚类算法生成风险库比传统方法能更好地反映相关模式。

4. 回测

回测是选择成功算法交易策略的关键步骤。在多重校正中，可以使用合成数据交叉验证的方法，这正是机器学习生成可靠的样本外结果的关键技术。金融数据的时间序列特性要求对标准方法进行优化，以避免前视偏差或以其他方式污染用于训练、验证和测试的数据。与此同时，历史数据本身的局限性也让合成数据变得越来越重要。

后面将采用多种方法测试机器学习模型，包括合理使用市场数据、基本面数据和另类数据源等，从而获得样本外误差的合理估计。

在第 21 章中，将引入生成式对抗网络（GAN 或 GANs），该算法能够生成高质量的合成数据。

5. 强化学习

市场本身是充满竞争且高频互动的，这正是交易发生的背景。强化学习旨在通过基于合理激励的策略函数对"交易代理"进行训练，它被认为是金融界的机器学习领域中最有前景的方向之一。

在第 22 章中，将在 OpenAI's Gym 环境中介绍 Q 学习等关键强化学习算法的应用。

1.4 本章小结

本章介绍了与算法交易策略相关的主要行业趋势、另类数据的引入以及如何利用机器学习从这些新事物中获取信息优势。此外，还介绍了 ML4T 工作流的关键要素，并概述了不同交易策略背景下的交易中机器学习的用途。

在接下来的两章中将通过机器学习更深入地了解所有算法交易策略的共同"食粮"，即市场、基本面和另类数据源。

第 **2** 章

市场和基本面数据
——数据源和数据技能

数据是交易的重要驱动力之一，通过获得信息优势获得交易优势一直是交易者们长期以来努力的方向。这些努力至少可以追溯到 300 多年前的罗斯柴尔德家族：受益于由信鸽跨海峡带来的英国在滑铁卢胜利的消息，罗斯柴尔德家族在债券购买中获得了丰厚的收益。

如今，大量的快速数据投资进入 Go West，这是一个由多个头部高频交易公司组成的财团，它将芝加哥商品交易所（CME）和东京几近实时连接。芝加哥商品交易所与纽约 BATS 交易所之间的延迟已降低至接近 8 毫秒，这也是交易员们能够发掘套利机会的极限延迟。同时，监管机构和交易所已开始引入减速措施，通过减缓交易限制信息不对称造成的不公平竞争。

传统层面，投资者主要依赖于**公开的市场和基本面数据**，通过专有调查等形式创建或获取私人数据集的可能性有限。传统策略更加关注股票基本面，致力于根据公开的财务数据建立模型，辅以行业或宏观数据预测每股收益和股票价格；或者，能够利用**技术分析**，根据股价、成交量等计算特定指标，从而把这些市场数据转换为可以提取的交易信号。

尽管规则是由人定义或受人的启发而定的，但**机器学习算法**显然有望比人类更加有效地利用市场和基本面数据，尤其是与**另类数据**相结合时，这种优势将更加明显，这也是第 3 章将要讲解的内容。后面，我们将举例说明如何应用线性模型到**循环神经网络**等机器学习算法处理市场数据和基本面数据并生成交易信号。

本章将详细介绍市场和基本面数据以及这些数据是如何反映交易环境的。**交易环境**的细节不仅关系到市场数据的正确解读，也关系到交易策略的设计、执行以及回测方针的实现。

我们还将说明如何使用 Python 访问各种交易数据和财务报表等数据源，以及如何合理地处理这些数据。

本章将重点涵盖以下内容：
- 市场数据如何反映交易环境的结构。
- 以分钟级别时间处理交易和报价数据。
- 使用纳斯达克 ITCH tick 数据重构交易委托账本[1]。
- 使用各种类型的采样图（bar）汇总 tick 数据。

---
[1] 译者注：ITCH 是用于访问实时市场数据的超低延迟协议。

- 处理**可扩展商业报告语言（XBRL）**编码的电子文件。
- 解析并组合市场和基本面数据，创建**市盈率（P/E）**序列。
- 如何使用 Python 访问各种市场和基本面数据。

TIP 更多资源和参考文献，请按照前言中的相关说明获取相关资料查看学习。

2.1 市场数据反映市场环境

交易员针对特定金融工具直接或通过中间商在众多市场中的某一市场下单，按照价格匹配买单和卖单，这一执行过程形成了市场数据。因此，数据反映了交易场所的制度环境，包括管理交易、执行交易和确定价格的规则和法规。

算法交易者使用包括机器学习在内的算法，分析买单流或卖单流以及由此产生的交易量和价格统计数据，在此基础上提取交易信号，这些信号能够洞察如供需动态变化、特定市场参与者行为等信息。

在处理特定交易环境下创建的 tick 数据之前，我们首先需要回顾可能影响交易策略的制度特征，这点在纳斯达克等回测中非常重要。

2.1.1 市场微观结构——基本要点

市场微观结构研究**制度环境**对交易过程和交易结果的影响，如价格发现、买卖价差和报价、日内交易行为和交易成本（Madhavan，2000；2002），这也是算法和电子交易在金融研究中发展最快的领域之一。

如今，对冲基金重金聘请内部分析师，以跟踪快速变化的复杂细节，期待确保以尽可能好的市场价格进行交易，同时善用市场摩擦制定交易策略，从中获益。

2.1.2 交易是如何进行的——不同类型的交易订单

交易员可以发出各种类型的买入或卖出订单指令。一些订单是立即执行的，而另一些订单则可能规定了触发执行的价格阈值或其他条件。除非另有约定，交易订单通常在交易当日有效。

市价订单在订单到达交易池之后，按照此时最好的价格执行交易指令。限价订单是指按特定价格或者更有利的价格执行交易指令，如仅在市场价格高于限价卖出订单或仅在低于限价买入订单情况下执行。止损订单是指要求在市场价格高于某一个设定价格时买入或者在市场价格低于某一设定价格时卖出的订单。止损买单能够用于限制卖空损失，将止损订单和限价订单综合运用也可以形成止损限价订单。

订单还可以附加许多其他条件。例如，全部完成或放弃订单可以防止部分执行，只有交易量满足条件时才会执行，有效期可以为一天或更长时间。这些订单需要特殊处理，且通常对市场参与者不可见。不成即撤订单也能够阻止部分执行，如果交易未能立即执行，则会取消。该订单同样支持买入或卖出一定数量的股票，同时取消未完成的交易。全权买卖订单则允许经纪人自由决定执行时间和买卖价格。最后，开盘/收盘订单在市场开盘或收盘时或附近执行，部分执行也是可行的。

2.1.3　交易是在哪里执行的——从交易所交易到暗池交易

证券交易在组织和监管程度较高的**交易所**进行，也可以多样化地在**场外交易市场（OTC）**进行。交易所是一个中心市场，买家期待以最低的要价成交，而卖家则希望以最高的出价卖出。交易所监管机构通常规定上市和财报要求，通过提高透明度吸引更多的交易者，提高流动性。OTC市场，如OTCQX最佳市场或OTCQB风险投资市场等通常具有较低的监管壁垒，因此，OTC市场适用于更广泛的证券，包括债券或美国存托凭证（ADR，在非美国市场购入股票，并存托于非美国保管银行，如雀巢公司）。

交易所主要依靠双边交易或集中指令驱动系统[1]，根据特定规则匹配买卖指令。许多交易所还会利用**中介机构**，通过建立某些证券市场来提供流动性。这些中介机构中包括代表自己作为委托人的交易商和代表他人作为代理人进行交易的经纪人。**价格**也可以通过拍卖的方式产生。例如，在纽约证券交易所（NYSE），最高的买价和最低的卖价被匹配，或者通过交易商从卖方购买并出售给买方。

过去，大多数公司在纽约证券交易所注册和交易，也有小部分在纳斯达克（NASDAQ）等场外交易市场交易。在纽约证券交易所执行**垄断型的做市商制度**，某一证券交易由独家指定做市商[2]执行，该做市商提供双边报价，通过经纪人接收买卖订单，并在中央限价委托记录中跟踪限价订单，限价订单按价格和时间以委托价格或比委托价格更优的价位成交。通过遍历委托记录，将买入市价订单匹配以最低卖价进行的交易（将卖出市价订单匹配以最高买价进行的交易），价位相同条件下优先处理较早的限价订单。指定做市商通过为中央限价委托记录发布最佳买价、卖价，并根据总体多空情况设定市场价格。

纳斯达克则使用**竞争型的做市商制度**，又叫**多元做市商制度**。每只证券有多个做市商，每个交易商向中央报价系统提供他们的最佳买价和卖价，并随时准备以特定价格交易特定数量的股票。交易员则通过他们的经纪人，将交易订单发送给具有最佳报价的做市商。

通过做市商之间的竞争有效地减少买卖价差，使价格定位更准确，市场更活跃，交易量增加，流动性充足。这些做市商也可以像指定做市商一样传递价格，但因为每个做市商只能获得发送给自己的订单，而不是整个市场的多空情况，信息量相对分散，降低了市场预测的准确率，有时反倒给识别公允价值市场价格带来了困难。

如今，交易变得更加碎片化，美国的交易并不仅仅是在以上两个交易所进行的，而是有着超过13个交易点，这里面既有交易所也有（不受监管的）**另类交易系统（ATS）**，如**电子通信网络（ECN）**。每条交易信息都汇总到证券买卖汇总记录带，但彼此延迟有所不同。让事情变得更加困难的是，这些交易点在报价、排队等的规则和模式上也各不相同。

全球一些较大的交易所和截至2018年3月的12个月中各种资产类别（包括衍生品）的交易量见表2.1。很显然，少数金融工具占了大部分交易。

---

[1] 译者注：集中指令驱动系统即指令驱动制和报价驱动制。

[2] 译者注：即垄断做市商。

表 2.1

交 易 所	简 称[1]	证 券				
		总市值/ 百万美元	上市 公司 数量	日交易额/ 百万美元	股票 日交易量 ('000)	期权 日交易量 ('000)
纽约证券交易所	纽交所（NYSE）	23 138 626	2 294	78 410	6 122	1 546
纳斯达克证券交易所	纳斯达克(NASDAQ)	10 375 718	2 968	65 026	7 131	2 609
日本证券交易所	日交所（JPX）	6 287 739	3 618	28 397	3 361	1
上海证券交易所	上交所（SSE）	5 022 691	1 421	34 736	9 801	
泛欧证券交易所	泛欧所	4 649 073	1 240	9 410	836	304
香港交易及结算所有限公司	港交所（HKEX）	4 443 082	2 186	12 031	1 174	516
伦敦交易所	伦交所（LSE）	3 986 413	2 622	10 398	1 011	
深圳证券交易所	深交所（SZSE）	3 547 312	2 110	40 244	14 443	
德国交易所	德交所（DBG）	2 339 092	506	7 825	475	
孟买证券交易所	孟买交易所（BSE）	2 298 179	5 439	602	1 105	
印度国家证券交易所	国家交易所（NSE）	2 273 286	1 952	5 092	10 355	
巴兹全球市场						1 243
芝加哥期权交易所						1 811
国际证券交易所						1 204

　　ATS 包括数十个暗池，**暗池交易**允许匿名执行。据估计，2017 年美国所有股票交易的 40%是通过暗池交易执行的，这一数据在 2010 年约为 16%。暗池出现于 20 世纪 80 年代，当时美国证券交易委员会（SEC）允许经纪人撮合大宗交易的买家和卖家。高频电子交易的兴起和 2007 年的 SEC 指令保护规则推动了暗池交易的增长，该规则旨在通过国家市场系统管理规则（Reg NMS）的透明度刺激竞争并降低交易成本，因为交易员一般希望降低大额交易的可见性（Mamudi，2017）。Reg NMS 还为经纪人建立了**全国最佳交易报价（NBBO）**系统，帮助经纪商将订单传递到最合适的交易场所。

　　一些 ATS 之所以称为暗池，是因为它们不像传统交易所那样广播交易前的买单、卖单、价位和数量等数据。当然，暗池需要在交易发生后向美国金融监管局（FINRA）报告交易信息。因此，在交易执行之前，暗池不会参与价格发现过程，但会对各种高频交易策略进行有针对性的防范。

　　在 2.2 节中，将介绍市场数据如何记录交易活动并反映美国市场的交易制度建设等相关情况。

2.2　高频数据处理

　　两类市场数据涵盖了在美国交易所上市的数千家公司，这些公司都在 Reg NMS 框架下进行交易，证券买卖汇总记录带集合了来自每个交易场所的交易和报价数据，而每个单独的交易所则仅提供专属产品和使用本交易所通道的附加信息。

　　本节首先介绍由纳斯达克提供的专有订单流数据，这些数据代表了实际的订单流、交易流以及以分

---

　　[1] 译者注：译者添加的"简称"列。

笔交易为基础计算出的价格。然后，演示如何处理以非定长时间间隔到达的连续数据流，从而得到固定时间段内的采样图（bar）。最后，介绍 AlgoSeek 股票分时行情采样图，其中包含了汇总的交易和报价信息。另外还将介绍如何使用 Python 处理数据，以及如何利用这些资源来制定交易策略。

2.2.1 纳斯达克订单簿数据处理

市场数据的主要来源是订单簿，该订单簿全天实时更新，用于实时反映所有交易活动。交易所通常以实时服务的形式提供这些数据并收取费用。当然，他们也可能会免费提供一些历史数据。

在美国，股票市场提供三级报价，即 L1 级、L2 级和 L3 级，相应的信息和功能越来越细，具体如下：

- L1 级：买方报价和卖方报价的实时信息，可从许多在线来源获得。
- L2 级：添加特殊做市商的买方报价和卖方报价信息以及最近交易的交易量和时间，以便更好地了解特定股票的流动性。
- L3 级：增加了输入或更改报价、执行订单和确认交易的功能，仅适用于做市商和交易所会员。对 L3 级报价的访问能够帮助注册经纪人满足最佳执行要求。

市场参与者发送的**大量订单**信息反映了交易活动，这些信息通常需要符合电子**金融信息交换协议（FIX）**，该协议能够实时交换证券交易和市场数据，当然有时信息也会通过本地交换协议传递。

2.2.2 通过 FIX 协议进行交易

就像环球银行金融电信协会（SWIFT）是国际资金清算（如贸易结算）信用证一样，FIX 协议是交易所、银行、经纪商、清算公司和其他市场参与者在交易执行之前和交易执行期间的**实时电子化通信协议**。富达投资（Fidelity Investments）和所罗门兄弟（Salomon Brothers）于 1992 年推出 FIX，该协议致力于促进经纪自营商和机构客户之间的电子化通信，而在此之前，各方信息主要通过电话交换。

FIX 协议很快风靡整个股票市场，并迅速扩展到外汇、固定收益和衍生品领域，后来又进一步扩展到盘后交易中支持直通式处理。交易所通过 FIX 协议实时提供数据，该数据由算法交易者解析，并据此跟踪市场活动，识别市场参与者的交易路径并预测他们的下一步行动。

这些消息序列可以用于**重建订单簿**。跨多个交易所的交易产生了大量的非结构化数据（约 10TB），这些数据的处理非常困难，这一技术门槛恰恰可能成为竞争优势之所在。

FIX协议目前版本为5.0版，是一个免费开放式协议，由拥有大量附属行业专业人员的协会进行维护并不断地为其增加新功能。与可扩展标记语言（XML）一样，FIX也是自描述性的，FIX会话由底层**传输控制协议（TCP）**支持。

该协议还支持管道分隔的键值对和**基于标签的 FIXML** 语法。请求服务器登录的示例消息如下：

```
8=FIX.5.0|9=127|35=A|59=theBroker.123456|56=CSERVER|34=1|32=20180117-
08: 03: 04|57=TRADE|50=any_string|98=2|108=34|141=Y|553=12345|554=passw0
rd!|10=131|
```

Python 中有一些开源的 FIX 实现细节，可以用于编制和解析 FIX 信息。服务提供商 Interactive Brokers 则提供了基于 FIX 协议的**计算机到计算机接口（CTCI）**，该接口可以用于自动化交易。

2.2.3　美股 Lv2 高级行情——纳斯达克 TotalView-ITCH 数据

虽然 FIX 占据了主要的市场份额，但交易所也提供本地协议。比如纳斯达克就提供了一种名为 TotalView-ITCH 的**直接数据传输协议**，该协议允许注册用户跟踪从配售到执行或取消的所有权益工具的单个订单。

基于该数据流的历史记录能够重建订单簿，该订单簿可以帮助我们跟踪特定证券的有效限价订单。订单簿通过列出在每个价格点上出价或报价的股票数量，揭示全天的**市场深度**。这些数据流还能够帮助我们识别特定买单或卖单的市场参与者，除非相关订单是匿名下达的。市场深度是流动性和大规模市场订单的**潜在价格影响**的关键指标。

除了匹配市价订单和限价订单，纳斯达克还经营拍卖交易或集合竞价交易，这些主要是在市场开盘和收盘时执行的大量交易。随着被动投资的持续增长以及交易者们对大宗交易的追寻，集合竞价交易变得越来越重要。TotalView 同时还发布开市前和收市后集合竞价的实时**净单失衡指标（NOII）**[1]、首次公开募股（IPO）和停止交易期间等的集合竞价信息。

1. 解析二进制订单信息

ITCH 5.0 版规范声明了 20 多种与系统事件、股票特征、限价订单的下达和修改以及交易执行相关的消息类型。它还包含有关开市前和收市后集合竞价阶段的净单不平衡信息。

纳斯达克交易所提供了数月的每日二进制文件样本。GitHub 存储库中本章文件夹下的 parse_itch_order_flow_messages.ipynb 文件演示了如何下载和解析包含 ITCH 信息的示例文件，rebuild_nasdaq_order_book.ipynb 文件则演示了如何重建已执行的交易和如何重建指定股票的订单簿。

2019 年 10 月 30 日示例文件中**常见的信息类型频率**见表 2.2。

表　2.2

信息类型	订　单　影　响	信息量
A	新增匿名订单	127 214 649
D	订单取消	123 296 742
U	订单取消并重置	25 513 651
E	全部或部分执行，往往一单多类	7 316 703
X	部分取消并更新	3 568 735
F	新增非匿名订单	1 423 908
P	交易信息（非交叉盘）	1 525 363
C	在报价附近（差额很小）全部或部分成交	129 729
Q	交叉盘交易	17 775

对于每条信息，**规范**都列出了信息组成、数据长度和数据类型，见表 2.3。

---

[1] 译者注：该数据能够帮助投资者深入了解买入和卖出的情况，从中了解市场失衡、指示性清算价格和市场情绪。

表 2.3

名 称	Offset	长度	值类型	备 注
信息类型	0	1	S	系统消息
股票定位	1	2	Integer	一直为 0
时间标记	3	2	Integer	纳斯达克内部追踪号码
跟踪号码	5	6	Integer	从午夜开始的纳秒数
订单编号	11	8	Integer	在接收时分配给新订单的唯一参考编号
买卖标记	19	1	Alpha	新增订单类型：B（买单）、S（卖单）
份额	20	4	Integer	添加到订单簿中的关联股份总数
股票	24	8	Alpha	股票代号，带空格右置
股价	32	4	Price	订单显示价格请参阅字段处理规范的数据类型
交易标识	36	4	Alpha	与所输入订单相关联的纳斯达克市场参与者标识符

Python 提供了 struct 模块，该模块使用格式字符串解析二进制数据，通过规范中列出的字节字符串的长度和组成类型识别信息元素。

接下来逐步完成解析交易信息和重建订单簿所需的关键步骤。

（1）ITCH 解析器主要基于 message_types.xlsx 文件中提供的信息规范（详情请参阅笔记 parse_itch_order_flow_messages.ipynb），并在此基础上根据格式字典汇编形成字符串，代码如下：

```
formats = {
    ('integer', 2): 'H',           # 长度为 2 的 int => 字符串 H
    ('integer', 4): 'I',
    ('integer', 6): '6s',          # 长度为 6 的 int => 先解析为字符串，稍后再转换
    ('integer', 8): 'Q',
    ('alpha', 1) : 's',
    ('alpha', 2) : '2s',
    ('alpha', 4) : '4s',
    ('alpha', 8) : '8s',
    ('price_4', 4): 'I',
    ('price_8', 8): 'Q',
}
```

（2）解析器将信息转换为包含信息内容的字符串和命名元组，代码如下：

```
# 获取 ITCH 协议并创建格式化元组(type, length)
specs = pd.read_csv('message_types.csv')
specs['formats'] = specs[['value', 'length']].apply(tuple,
                                axis=1).map(formats)
# 阿尔法字段的格式化
alpha_fields = specs[specs.value == 'alpha'].set_index('name')
alpha_msgs = alpha_fields.groupby('message_type')
alpha_formats = {k: v.to_dict() for k, v in alpha_msgs.formats}
alpha_length = {k: v.add(5).to_dict() for k, v in alpha_msgs.length}
# 生成命名元组和格式字符串的信息类
message_fields, fstring = {}, {}
for t, message in specs.groupby('message_type'):
```

```
message_fields[t] = namedtuple(typename=t,
                               field_names=message.name.tolist())
fstring[t] = '>' + ''.join(message.formats.tolist())
```

（3）alpha 类型的结构型字段则需要后处理，这一处理过程定义在 format_alpha 函数中，代码如下：

```
def format_alpha(mtype, data):
    """处理 alpha 类型的字节字符串"""
    for col in alpha_formats.get(mtype).keys():
        if mtype != 'R' and col == 'stock':
            data = data.drop(col, axis=1)
        continue
        data.loc[:, col] = (data.loc[:, col]
                            .str.decode("utf-8")
                            .str.strip())
        if encoding.get(col):
            data.loc[:, col] = data.loc[:, col].map(encoding.get(col))
    return data
```

每日二进制文件包含超过 30 亿条信息（信息量超过 9 GB）。该文件将这些信息迭代解析到 fast HDF 5 文件中，这样可以避免内存受限[1]。

（4）使用如下代码（进行了一定简化）可以处理二进制文件，并生成按信息类型存储的解析订单。

```
with (data_path / file_name).open('rb') as data:
    while True:
        message_size = int.from_bytes(data.read(2), byteorder='big',
                        signed=False)
        message_type = data.read(1).decode('ascii')
        message_type_counter.update([message_type])
        record = data.read(message_size - 1)
        message = message_fields[message_type]._make(
            unpack(fstring[message_type], record))
        messages[message_type].append(message)
        # 处理市场开盘/收盘等系统事件
        if message_type == 'S':
            timestamp = int.from_bytes(message.timestamp,
                                        byteorder='big')
            if message.event_code.decode('ascii') == 'C':    # 收盘
            store_messages(messages)
            break
```

2. 汇总所有 8500 只股票的交易活动

正如预期的那样，马太效应在哪里都适用，每天交易的 8500 多种证券中，其实是一小部分股票的成交占据了总交易量的绝大部分。下面统计成交量前 50 只股票占总交易量的比例，代码如下：

```
with pd.HDFStore(itch_store) as store:
    stocks = store['R'].loc[:, ['stock_locate', 'stock']]
    trades = (store['P'].append(
            store['Q'].rename(columns={'cross_price': 'price'}),
```

---

[1] 译者注：HDF5 是一种用于存储和分发科学数据的自我描述、多对象文件格式，fast HDF5 文件是 HDF5 文件的一种，主要用于存储纳米孔信号。

・23・

```
                 sort=False).merge(stocks))
trades['value'] = trades.shares.mul(trades.price)
trades['value_share'] = trades.value.div(trades.value.sum())
trade_summary = (trades.groupby('stock').value_share
                        .sum().sort_values(ascending=False))
trade_summary.iloc[:50].plot.bar(figsize=(14, 6),
                                 color='darkblue',
                                 title='Share of Traded Value')
f = lambda y, _: '{:.0%}'.format(y)
plt.gca().yaxis.set_major_formatter(FuncFormatter(f))
```

处理结果如图 2.1 所示。

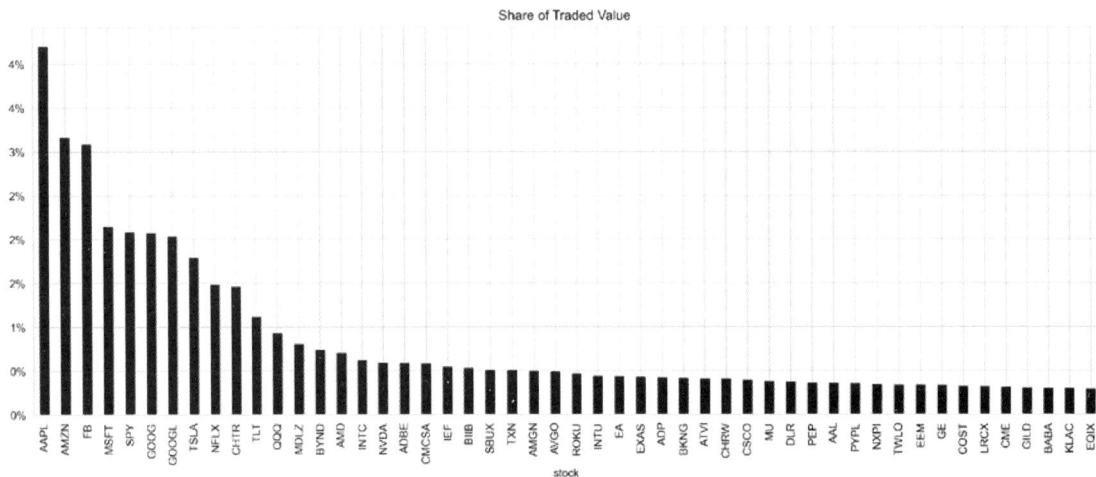

图 2.1　成交量前 50 只股票占总交易量的比例

3. 如何重建所有交易和订单簿

解析后的信息可以帮助我们重建指定交易日的订单流。R 类型的信息包括某一天交易的所有股票列表，也包括有关**首次公开募股（IPO）**和交易限制的信息。

交易当天会不断地添加新的订单，并将已执行和已取消的订单从订单簿中删除。因此，如果想引用当前日期的转接订单指令，则需要在多日内跟踪订单簿。

（1）get_messages() 函数介绍了如何收集影响交易的单只股票的订单（有关每条信息的详细信息请参考 ITCH 规范），略有简化的代码如下（详细信息请参阅笔记 rebuild_nasdaq_order_ book.ipynb 文件）：

```
def get_messages(date, stock=stock):
    """收集给定股票的交易信息"""
    with pd.HDFStore(itch_store) as store:
        stock_locate = store.select('R', where='stock =
                                    stock').stock_locate.iloc[0]
        target = 'stock_locate = stock_locate'
        data = {}
        # 相关信息类型
        messages = ['A', 'F', 'E', 'C', 'X', 'D', 'U', 'P', 'Q']
        for m in messages:
            data[m] = store.select(m, where=target).
```

```
            drop('stock_locate', axis=1).assign(type=m)
    order_cols = ['order_reference_number', 'buy_sell_indicator',
                   'shares', 'price']
    orders = pd.concat([data['A'], data['F']], sort=False,
                        ignore_index=True).loc[:, order_cols]
    for m in messages[2: -3]:
        data[m] = data[m].merge(orders, how='left')
    data['U'] = data['U'].merge(orders, how='left',
                                right_on='order_reference_number',
                                left_on='original_order_reference_number',
                                suffixes=['', '_replaced'])
    data['Q'].rename(columns={'cross_price': 'price'}, inplace=True)
    data['X']['shares'] = data['X']['cancelled_shares']
    data['X'] = data['X'].dropna(subset=['price'])
    data = pd.concat([data[m] for m in messages], ignore_index=True,
                     sort=False)
```

（2）重构成功的交易则相对比较简单，也就是已执行的或已取消的订单，即 C、E、P 和 Q 类型的信息，代码如下：

```
def get_trades(m):
    """将 C、E、P 和 Q 类型的信息合并到交易记录中"""
    trade_dict = {'executed_shares': 'shares', 'execution_price': 'price'}
    cols = ['timestamp', 'executed_shares']
    trades = pd.concat([m.loc[m.type == 'E',
        cols + ['price']].rename(columns=trade_dict),
    m.loc[m.type == 'C',
        cols + ['execution_price']]
    .rename(columns=trade_dict),
    m.loc[m.type == 'P', ['timestamp', 'price',
                          'shares']],
    m.loc[m.type == 'Q',
            ['timestamp', 'price', 'shares']]
    .assign(cross=1), ],
        sort=False).dropna(subset=['price']).fillna(0)
    return trades.set_index('timestamp').sort_index().astype(int)
```

（3）订单簿持续跟踪限价订单，这些买单和卖单的各档价格构成了订单簿的深度。重建给定级别深度的订单簿一般需要以下几步。

1）对于给定的时间戳和指定深度，add_orders()函数按升序累计卖单，按降序累计买单，代码如下：

```
def add_orders(orders, buysell, nlevels):
    new_order = []
    items = sorted(orders.copy().items())
    if buysell == 1:
        items = reversed(items)
    for i, (p, s) in enumerate(items, 1):
        new_order.append((p, s))
        if i == nlevels:
            break
    return orders, new_order
```

2）迭代所有的 ITCH 消息，并按照规则处理这些订单及相应的补单，代码如下：

```
for message in messages.itertuples():
    i = message[0]
    if np.isnan(message.buy_sell_indicator):
        continue
    message_counter.update(message.type)
    buysell = message.buy_sell_indicator
    price, shares = None, None
    if message.type in ['A', 'F', 'U']:
        price, shares = int(message.price), int(message.shares)
        current_orders[buysell].update({price: shares})
        current_orders[buysell], new_order =
            add_orders(current_orders[buysell], buysell, nlevels)
        order_book[buysell][message.timestamp] = new_order
    if message.type in ['E', 'C', 'X', 'D', 'U']:
        if message.type == 'U':
            if not np.isnan(message.shares_replaced):
                price = int(message.price_replaced)
                shares = -int(message.shares_replaced)
        else:
            if not np.isnan(message.price):
                price = int(message.price)
                shares = -int(message.shares)
        if price is not None:
            current_orders[buysell].update({price: shares})
            if current_orders[buysell][price] <= 0:
                current_orders[buysell].pop(price)
            current_orders[buysell], new_order =
                add_orders(current_orders[buysell], buysell, nlevels)
            order_book[buysell][message.timestamp] = new_order
```

图 2.2 突出显示了在给定时间点的流动性深度,图中用不同强度来显示不同价格水平的订单数量。左边显示了限价订单价格的分布情况，可以看出买单在价格较高的区域具有更高的比重。右边的图则显示了限价订单和价格在整个交易日中的变化：黑线显示了在市场交易时间内执行的交易价格，而红点和蓝点（可参考附赠的彩色图像）则显示了每分钟的单个限价订单（详情请参阅笔记）。

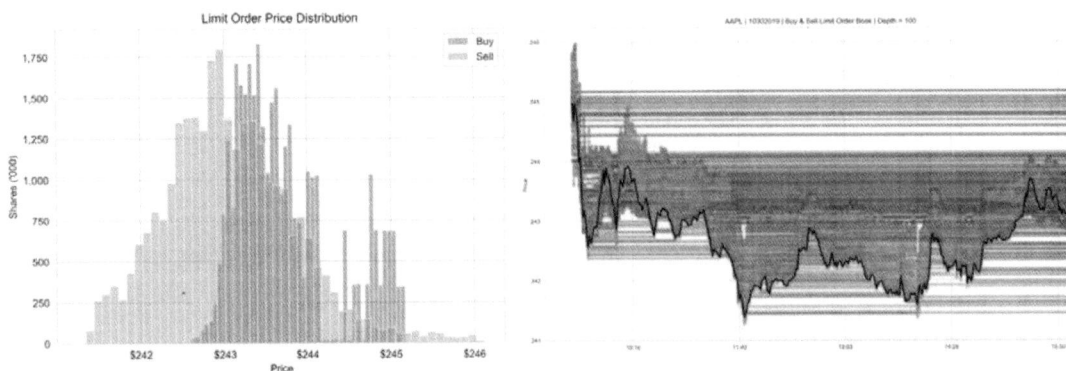

图 2.2　订单簿数据中的 AAPL 股票市场流动性

2.2.4 从 tick 数据到采样图——市场数据处理

交易数据以纳秒为单位进行索引，以不规则的间隔到达，并且**噪声很大**。例如，有时交易实际就在买一卖一价之间波动，导致价格在买价和卖价之间来回波动。因此，有时候需要汇总交易活动，一般是对 tick 数据进行重新采样和规范。

通常，我们会收集**开盘价（第一个）、最高价、最低价、收盘价（最后一个）和成交量**（组合在一起称为 **OHLCV**）[1]，也会收集**成交量加权平均价格（VWAP）**和与这些数据相关的时间戳。

更多详细信息，请参阅 GitHub 存储库本章文件夹中的 normalize_tick_data.ipynb 笔记。

1."鸿蒙初辟"——等笔采样（tick bars）

（1）使用以下代码可以生成 AAPL 原始报价价格和交易量数据图。

```
stock, date = 'AAPL', '20191030'
title = '{} | {}'.format(stock, pd.to_datetime(date).date())
with pd.HDFStore(itch_store) as store:
    sys_events = store['S'].set_index('event_code')         # 系统事件
    sys_events.timestamp = sys_events.timestamp.add(pd.to_datetime(date)).
dt.time
    market_open = sys_events.loc['Q', 'timestamp']
    market_close = sys_events.loc['M', 'timestamp']
with pd.HDFStore(stock_store) as store:
    trades = store['{}/trades'.format(stock)].reset_index()
trades = trades[trades.cross == 0]                          # 不包括开盘/收盘交叉数据
trades.price = trades.price.mul(1e-4)                       # 价格格式化
trades = trades[trades.cross == 0]                          # 不包括交叉交易
trades = trades.between_time(market_open, market_close)     # 只包含交易时间
tick_bars = trades.set_index('timestamp')
tick_bars.index = tick_bars.index.time
tick_bars.price.plot(figsize=(10, 5), title=title), lw=1)
```

处理结果如图 2.3 所示。

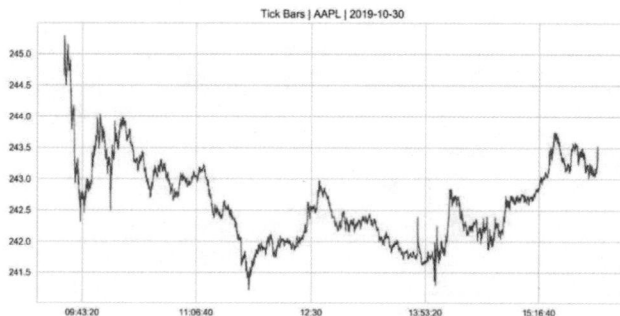

图 2.3 AAPL 的等笔采样图（2019 年 10 月 30 日）

---

1 译者注：为了兼顾 bar 蕴含的数据处理过程、处理结果以及上下文的相对一致性，统一译为"采样"，有时也会直接采用英文 bar。同时需要说明的是，虽然作者在此处使用开盘价（第一个）、最高价、最低价和收盘价（最后一个），但对每一种采样的 bar，其实不必执着于整日交易，也可以指采样开始价格、最高价格、最低价格和采样结束价格。

（2）在 scipy.stats.normaltest 中代入低 p 值，可以证明，tick 收益率远未达到正态分布[1]，代码如下：

```
from scipy.stats import normaltest
normaltest(tick_bars.price.pct_change().dropna())
NormaltestResult(statistic=62408.76562431228, pvalue=0.0)
```

2. 普通降噪——等时采样（time bars）

（1）等时采样（time bars）是将 tick 数据按时间汇总，代码如下：

```
def get_bar_stats(agg_trades):
    vwap = agg_trades.apply(lambda x: np.average(x.price,
            weights=x.shares)).to_frame('vwap')
    ohlc = agg_trades.price.ohlc()
    vol = agg_trades.shares.sum().to_frame('vol')
    txn = agg_trades.shares.size().to_frame('txn')
    return pd.concat([ohlc, vwap, vol, txn], axis=1)
resampled = trades.groupby(pd.Grouper(freq='1Min'))
time_bars = get_bar_stats(resampled)
def price_volume(df, price='vwap', vol='vol', suptitle=title, fname=None):
    fig, axes = plt.subplots(nrows=2, sharex=True, figsize=(15, 8))
    axes[0].plot(df.index, df[price])
    axes[1].bar(df.index, df[vol], width=1 / (len(df.index)),
            color='r')
    xfmt = mpl.dates.DateFormatter('%H:%M')
    axes[1].xaxis.set_major_locator(mpl.dates.HourLocator(interval=3))
    axes[1].xaxis.set_major_formatter(xfmt)
    axes[1].get_xaxis().set_tick_params(which='major', pad=25)
    axes[0].set_title('Price', fontsize=14)
    axes[1].set_title('Volume', fontsize=14)
    fig.autofmt_xdate()
    fig.suptitle(suptitle)
    fig.tight_layout()
    plt.subplots_adjust(top=0.9)
price_volume(time_bars)
```

运行结果可以得到股票的分时图（价格成交量图，即以成交量为水平条形柱状图绘制股票价格），如图 2.4 所示。

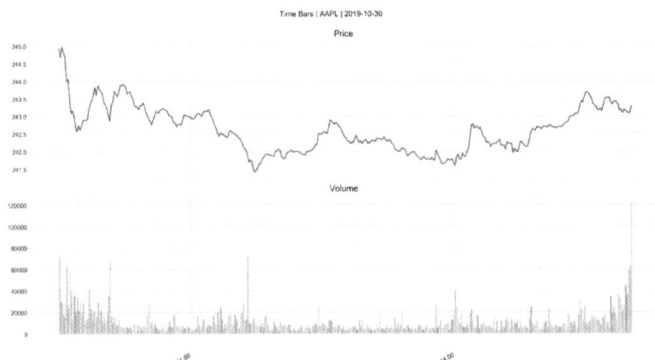

图 2.4　AAPL 的等时采样图（2019 年 10 月 30 日）

---

[1] 译者注：一些研究发现通过这种采样方法得到的数据更接近独立同分布。

（2）也可以使用 Bokeh 绘图库（即 Python 交互式可视化库）将这些数据绘制成蜡烛图，代码如下：

```
resampled = trades.groupby(pd.Grouper(freq='5Min'))
df = get_bar_stats(resampled)
increase = df.close > df.open
decrease = df.open > df.close
w = 2.5 * 60 * 1000
WIDGETS = "pan, wheel_zoom, box_zoom, reset, save"
p = figure(x_axis_type='datetime', tools=WIDGETS, plot_width=1500,
           title = "AAPL Candlestick")
p.xaxis.major_label_orientation = pi/4
p.grid.grid_line_alpha=0.4
p.segment(df.index, df.high, df.index, df.low, color="black")
p.vbar(df.index[increase], w, df.open[increase], df.close[increase],
       fill_color="#D5E1DD", line_color="black")
p.vbar(df.index[decrease], w, df.open[decrease], df.close[decrease],
       fill_color="#F2583E", line_color="black")
show(p)
```

处理结果如图 2.5 所示。

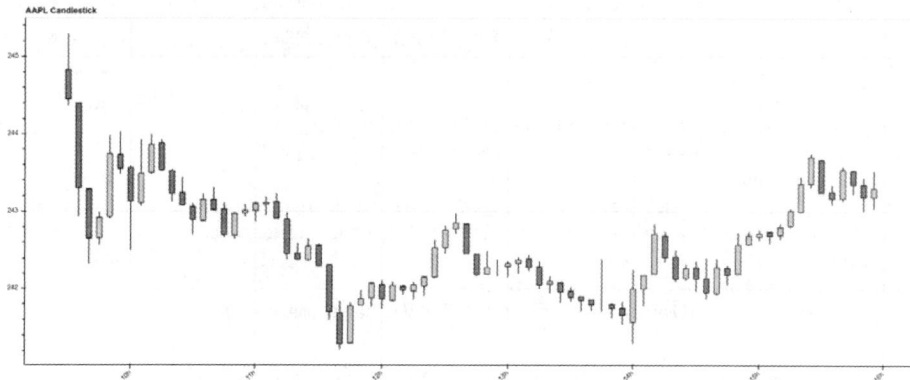

图 2.5　使用 Bokeh 库绘制的蜡烛图

3．不遗留碎单——等量采样（volume bars）

等时采样可以消除 tick 数据中包含的一些噪声，但可能无法很好地处理碎单。专注于执行的算法交易可能旨在匹配给定期间内的**成交量加权平均价格（VWAP）**，这可能会把一个订单分成多个交易，并根据历史模式下单。也就是说，即使市场上没有新的信息，等时采样也会以不同的方式对待同一订单。等量采样则提供了一种根据成交量汇总交易数据的替代方法，可以通过以下代码实现这一点。

```
min_per_trading_day = 60 * 7.5
trades_per_min = trades.shares.sum() / min_per_trading_day
trades['cumul_vol'] = trades.shares.cumsum()
df = trades.reset_index()
by_vol = (df.groupby(df.cumul_vol.div(trades_per_min).round().astype(int)))
vol_bars = pd.concat([by_vol.timestamp.last().to_frame('timestamp'),
                     get_bar_stats(by_vol)], axis=1)
price_volume(vol_bars.set_index('timestamp'))
```

运行结果如图 2.6 所示。

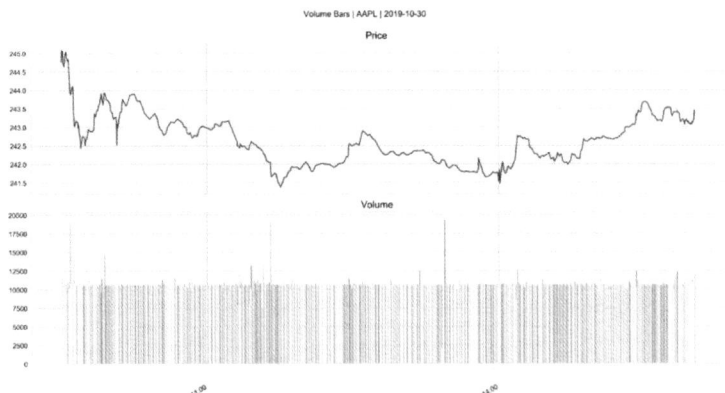

图 2.6　AAPL 的等量采样图（2019 年 10 月 30 日）

4．无惧价格变化——等额采样（dollar bars）

在股价有巨大波动时，或股票分割（如高送转）后[1]，给定数量的股票的价值就会发生变化。而等量采样无法准确反映这些信息，甚至可能会妨碍对反映此类变化的不同时期的交易行为进行对比。这种情况下，需要对等量采样进行一定的优化，即同时考虑成交量和股票架构，形成等额采样。以下代码显示了等额采样的计算过程。

```
value_per_min = trades.shares.mul(trades.price).sum()/(60*7.5)
trades['cumul_val'] = trades.shares.mul(trades.price).cumsum()
df = trades.reset_index()
by_value = df.groupby(df.cumul_val.div(value_per_min).round().astype(int))
dollar_bars = pd.concat([by_value.timestamp.last().to_frame('timestamp'),
get_bar_stats(by_value)], axis=1)
price_volume(dollar_bars.set_index('timestamp'),
            suptitle=f'Dollar Bars | {stock} | {pd.to_datetime(date).
date()}')
```

由于价格在一天中相对稳定，所以等额采样图看起来与等量采样图非常相似，如图 2.7 所示。

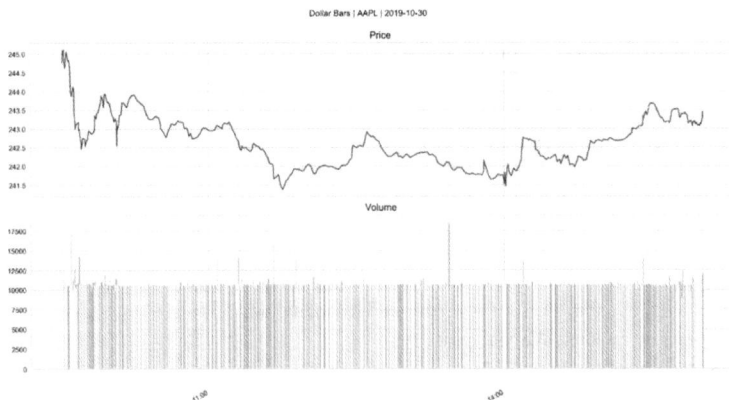

图 2.7　AAPL 的等额采样图（2019 年 10 月 30 日）

---

[1] 译者注：也包括增发、配股、回购等。

2.2.5 AlgoSeek 分钟采样——股票报价和交易数据

AlgoSeek 提供了以前只有机构投资者才能获得的高质量历史日内数据。AlgoSeek 分钟采样以对用户友好的格式提供非常详细的日内报价和交易数据，这让设计和回测日内基于机器学习的交易策略变得非常容易。我们将看到，这些数据不仅包括 OHLCV 信息，还包括买卖价差和价格上下波动的 tick 数量等信息。

AlgoSeek 非常友好地提供了 2013—2017 年纳斯达克 100 只股票的分钟采样数据样本，以供演示之用，并将这些数据的一部分提供给本书的读者。

本节将介绍可用的交易和报价信息，并展示如何处理原始数据。后面还将演示如何在基于机器学习的日内策略中应用这些数据。

1. 从证券买卖汇总记录带源数据到分时图

AlgoSeek 分钟采样基于**证券信息处理器（SIP）**提供的数据，该处理器负责管理证券买卖汇总记录带源数据。

SIP 汇总了每个交易所的最佳买入和卖出报价，以及由此产生的交易和价格。法律上禁止交易所在将报价和交易发送到 SIP 之前将其直接发送出去。鉴于美国股票交易的分散性，证券买卖汇总记录带统一提供市场现状的便捷快照。

更重要的是，SIP 是监管机构根据 Reg NMS 确定的 **NBBO** 基准。OHLC 图报价基于 NBBO，每个买入或卖出报价也都需要参考 NBBO 价格。

每家交易所都会公布其最高账面价格以及该价格的股票数量。当发布的报价改进了 NBBO 时，NBBO 会发生变化。买入/卖出报价持续存在，直到由于交易、价格提高或取消最近的买入或卖出而发生变化。历史 OHLC 图通常基于采样区间的交易，NBBO 买入/卖出报价可从之前的采样区间结转，直到新的 NBBO 出现。

AlgoSeek 分钟采样覆盖整个交易日，从第一个交易所开盘到最后一个交易所收盘。常规市场时间外的交易活动样本非常有限。美国东部地区的交易时间如下：

- 盘前交易：大约 04:00:00（具体时间因交易所而异）—09:29:59。
- 交易时间段：09:30:00—16:00:00。
- 盘后交易：16:00:01—20:00:00。

2. 报价和交易数据字段

分钟采样数据最多包含 54 个字段，**开盘价**、**最高价**、**最低价**和**收盘价**则有 8 个字段，分别是采样和相应交易的时间戳；现行买入、卖出报价和相关交易的价格和规模。

采样周期内，还包含成交量信息等的 14 个数据点。

- 股票数量和相应交易。
- 不高于买入价、买入价与中间价之间、中间价、中间价与卖出价之间、不低于卖出价的交易量，以及集合竞价交易量。
- 区分不同价格趋势下的交易量，即向上买入交易量和向下卖出交易量，对应着价格上涨、价格下跌、价格不变时的交易量。

● 根据先前价格运动方向区分在价格上升或下降时交易的股票数量，即价格上升或下降时，以及价格没有变化时。

AlgoSeek 数据还包含报告给 FINRA 并由经纪人、暗池或场外交易在内部处理的股票数量。这些交易代表隐藏的交易量，或者直到事后才公开提供。

最后，AlgoSeek 数据还包括**成交量加权平均价格（VWAP）**以及采样区间内的最小和最大买卖价差。

3. 如何处理 AlgoSeek 日内数据

接下来介绍如何处理 AlgoSeek 示例数据。GitHub 存储库的数据目录中包含如何从 AlgoSeek 官网下载数据的说明。

分钟采样数据有四个版本，主要表现为是否包含报价信息，是否包含 FINRA 的报告交易量。针对每天的交易设置了一个压缩文件夹，每只股票的信息存储在一个 CSV 文件中。

（1）把成交的分钟采样数据提取到每天的 parquet 文件中，代码如下：

```python
directories = [Path(d) for d in ['1min_trades']]
target = directory / 'parquet'
for zipped_file in directory.glob('*/**/*.zip'):
    fname = zipped_file.stem
    print('\t', fname)
    zf = ZipFile(zipped_file)
    files = zf.namelist()
    data = (pd.concat([pd.read_csv(zf.open(f),
                                   parse_dates=[['Date',
                                                 'TimeBarStart']])
                       for f in files],
                      ignore_index=True)
            .rename(columns=lambda x: x.lower())
            .rename(columns={'date_timebarstart': 'date_time'})
            .set_index(['ticker', 'date_time']))
    data.to_parquet(target / (fname + '.parquet'))
```

（2）将 parquet 文件合并到单个 HDF5 文件中，从而产生 5380 万条记录（占 3.2GB 内存），这些记录覆盖 100 只股票 5 年的交易记录，代码如下：

```python
path = Path('1min_trades/parquet')
df = pd.concat([pd.read_parquet(f) for f in path.glob('*.parquet')]).
dropna(how='all', axis=1)
df.columns = ['open', 'high', 'low', 'close', 'trades', 'volume', 'vwap']
df.to_hdf('data.h5', '1min_trades')
print(df.info(null_counts=True))
MultiIndex: 53864194 entries, (AAL, 2014-12-22 07:05:00) to (YHOO, 2017-06-16
19:59:00)
Data columns (total 7 columns):
open      53864194 non-null float64
high      53864194 non-null float64
low       53864194 non-null float64
close     53864194 non-null float64
trades    53864194 non-null int64
volume    53864194 non-null int64
vwap      53852029 non-null float64
```

（3）使用 Plotly 库快速创建 AAPL 某一交易日的交互式蜡烛图，并在浏览器中查看结果，代码如下：

```
idx = pd.IndexSlice
with pd.HDFStore('data.h5') as store:
    print(store.info())
    df = (store['1min_trades']
          .loc[idx['AAPL', '2017-12-29'], : ]
          .reset_index())
fig = go.Figure(data=go.Ohlc(x=df.date_time,
                open=df.open,
                high=df.high,
                low=df.low,
                close=df.close))
```

生成的蜡烛图如图 2.8 所示。

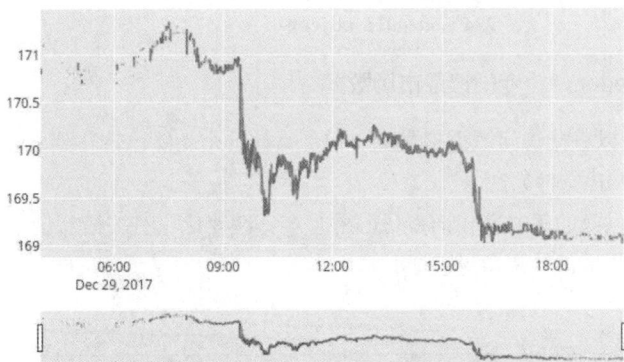

图 2.8　Plotly 库生成的蜡烛图

AlgoSeek 还提供了调整因子，能够有效修正如股息派发、股票分割和其他公司行为等对股票价格和数量造成的影响。

2.3　通过 API 访问市场数据

可以使用 Python 通过 API 访问市场数据。首先将介绍 pandas 库和 yfinance 工具中内置的一些资源，这些资源可以帮助我们很方便地从雅虎财经下载最新的市场数据和近期基本面数据。

然后将简要介绍交易平台 Quantopian、数据提供商 Quandl 和 Zipline 回测库，并列出访问各种类型市场数据的其他选项。GitHub 存储库的目录 data_providers 包含几个文件，其中说明了这些选项的详细用法。

2.3.1　pandas 远程数据访问

pandas 库支持使用 read_html 函数访问网页数据，也支持通过 pandas-datareader 库访问各种数据提供商的应用程序接口（API）。

1. 读取 HTML 表格

下载一个或多个 HTML 表格内容。例如，从 Wikipedia 下载标准普尔 500 指数成分股的 HTML 表格，代码如下：

```
sp_url = '▨▨▨▨▨▨▨▨▨▨▨▨▨▨▨▨▨▨▨▨▨▨▨▨▨▨▨▨▨▨▨▨▨▨▨'
sp = pd.read_html(sp_url, header=0)[0]  # 每个 table 返回一个 list
sp.info()
RangeIndex: 505 entries, 0 to 504
Data columns (total 9 columns):
Symbol                   505 non-null object
Security                 505 non-null object
SEC filings              505 non-null object
GICS Sector              505 non-null object
GICS Sub Industry        505 non-null object
Headquarters Location    505 non-null object
Date first added         408 non-null object
CIK                      505 non-null int64
Founded                  234 non-null object
```

2. pandas-datareader 库，专门读取市场数据

过去使用 pandas 可以直接访问数据提供商 API，目前这个功能已转移到 pandas-datareader 库（有关文档链接请参考 README 文件）。

API 的稳定性随提供商的策略变化而变化，并且会持续变化。有关最新信息请参阅上述文档。截至 2019 年 12 月，0.8.1 版本提供的来源见表 2.4。

表 2.4

数据平台	范　　围	备　　注
Tiingo	股票、共同基金和 ETF 的历史收盘价格	免费注册 API 密钥，免费账户只能访问 500 条
Investor Exchange (IEX)	在 IEX 交易的历史股票价格	需要 IEX Cloud Console 的 API 密钥
Alpha Vantage	超过 20 年的每日、每周和每月的历史股票数据，以及过去 3~5 天的盘中数据，也包括外汇和行业数据	
Quandl	网站上列出的免费数据源	
Fama/French	风险因子投资组合收益	见第 7 章
TSP Fund Data	共同基金股价	
Nasdaq	最新股票交易元数据	
Stooq Index Data	包括一些别的地方因许可证问题无法获得的指数信息	
MOEX	莫斯科交易所历史数据	

数据的访问和检索对于所有资源都遵循类似的 API，以雅虎财经为例，代码如下：

```
import Pandas_datareader.data as web
from datetime import datetime
start = '2014'               # 接收字符串
end = datetime(2017, 5, 24)  # 或 datetime 对象
```

```
yahoo= web.DataReader('FB', 'yahoo', start=start, end=end)
yahoo.info()
DatetimeIndex: 856 entries, 2014-01-02 to 2017-05-25
Data columns (total 6 columns):
High            856 non-null float64
Low             856 non-null float64
Open            856 non-null float64
Close           856 non-null float64
Volume          856 non-null int64
Adj Close       856 non-null float64
Dtypes: float64(5), int64(1)
```

2.3.2 yfinance——从雅虎财经爬取数据

yfinance 最初叫作 fix-yahoo-finance，是一种从雅虎财经下载市场历史数据的可靠、快捷的工具。yfinance 的使用非常简单，yfinance_demo 文件中详细描述了该库的功能。

1. 如何下载日终和日内价格

（1）使用 Ticker 对象可以从雅虎网站爬取各种数据点，代码如下：

```
import yfinance as yf
symbol = 'MSFT'
ticker = yf.Ticker(symbol)
```

（2）使用 Ticker 对象中的.history 可以以不同的频率获得不同时期的历史价格，数据范围从某一天到可用的最大值不等，但只能获得最后几天的日内价格。例如，以 1 分钟的频率下载调整后的 OHLCV 数据和企业行为数据，代码如下：

```
data = ticker.history(period='5d',
                      interval='1m',
                      actions=True,
                      auto_adjust=True)
data.info()
DatetimeIndex: 1747 entries, 2019-11-22 09:30:00-05:00 to 2019-11-29
13:00:00-05:00
Data columns (total 7 columns):
Open            1747 non-null float64
High            1747 non-null float64
Low             1747 non-null float64
Close           1747 non-null float64
Volume          1747 non-null int64
Dividends       1747 non-null int64
Stock Splits    1747 non-null int64
```

该文件还说明了如何访问季度和年度财务报表、可持续发展评分、分析师建议和即将到来的收益日期。

2. 如何访问期权链和期权价格

（1）yfinance 还提供各种期权到期日、行权价以及其他信息。使用上一示例中的 Ticker 对象，可以使用以下命令获取合约到期日。

```
ticker.options
```

```
('2019-12-05', '2019-12-12', '2019-12-19',..)
```

（2）对于这些日期中的任何一个，都可以访问期权链并查看各种看跌/看涨合约的详细信息，如下所示：

```
options = ticker.option_chain('2019-12-05')
options.calls.info()
Data columns (total 14 columns):
contractSymbol        35 non-null object
lastTradeDate         35 non-null datetime64[ns]
strike                35 non-null float64
lastPrice             35 non-null float64
bid                   35 non-null float64
ask                   35 non-null float64
change                35 non-null float64
percentChange         35 non-null float64
volume                34 non-null float64
openInterest          35 non-null int64
impliedVolatility     35 non-null float64
inTheMoney            35 non-null bool
contractSize          35 non-null object
currency              35 non-null object
```

该库还允许使用代理服务器，这有利于避免速率限制，并支持多个股票的批量下载。GitHub 存储库的文件中演示了这些功能的用法。

2.3.3　Quantopian

Quantopian 是一家投资公司，为众包交易算法提供研究平台。平台的注册是免费的，会员可以使用各种各样的数据源研究交易算法。Quantopian 同时提供测试环境，支持根据历史数据对算法进行回测，也可以使用实时数据预测算法性能。Quantopian 还会给表现最好的算法提供资金，并将资产配置收益的10%分配给这些算法的开发人员（在撰写本文时）。

Quantopian 研究平台包含 Jupyter Notebook 环境[1]，该环境可以用于阿尔法因子的研究、开发和性能分析。Quantopian 研究平台同时包含一个**交互式开发环境（IDE）**，该环境支持按交易策略编码算法并使用 2002 年之后的历史数据（以分钟为频率）进行回测。

用户还可以用实时数据模拟算法，也就是所谓的模拟交易。Quantopian 提供包括以分钟为频率的美国股票及其基本面数据、期货价格和交易量数据、多种另类数据等各种市场数据集。

我们将在第 4 章中更详细地介绍 Quantopian 平台，并在整本书中使用到这一平台，因此建议读者尽快开一个账户（更多详细信息请参阅 GitHub 存储库）。

---

[1] 译者注：Jupyter Notebook 是一个基于 Web 的交互式计算笔记环境。Jupyter Notebook 允许用户创建和共享各种内容，包括实时代码、方程式、可视化和叙述文本的文档。

2.3.4　Zipline

Zipline 是支持 Quantopian 回测和交易平台的算法交易库。Zipline 在离线情况下也可以使用有限数量的免费数据包完成交易策略开发，这些数据包可以将结果移植到在线 Quantopian 平台，并将结果应用于模拟或实盘交易。

Zipline 需要自定义环境，笔记 zipline_data_demo.ipynb 中给出了详细说明。使用如下代码，可以理解如何使用 Zipline 库访问一系列公司的每日股票数据。读者可以在 Jupyter Notebook 中使用同名的魔法函数运行 Zipline 脚本。

首先，使用期望的安全目标初始化环境，这里还将使用计数器变量；然后，在 Zipline 库中调用 handle_data，使用 data.history()方法回顾单个时段，并将最后一天的数据添加到一个.csv 文件中，代码如下：

```
%load_ext zipline
%%zipline --start 2010-1-1 --end 2018-1-1 --data-frequency daily
from zipline.api import order_target, record, symbol
def initialize(context):
    context.i = 0
    context.assets = [symbol('FB'), symbol('GOOG'), symbol('AMZN')]
def handle_data(context, data):
    df = data.history(context.assets, fields=['price', 'volume'],
                      bar_count=1, frequency="1d")
    df = df.to_frame().reset_index()
    if context.i == 0:
        df.columns = ['date', 'asset', 'price', 'volume']
        df.to_csv('stock_data.csv', index=False)
    else:
        df.to_csv('stock_data.csv', index=False, mode='a', header=None)
    context.i += 1
df = pd.read_csv('stock_data.csv')
df.date = pd.to_datetime(df.date)
df.set_index('date').groupby('asset').price.plot(lw=2, legend=True,
        figsize=(14, 6));
```

运行结果如图 2.9 所示。

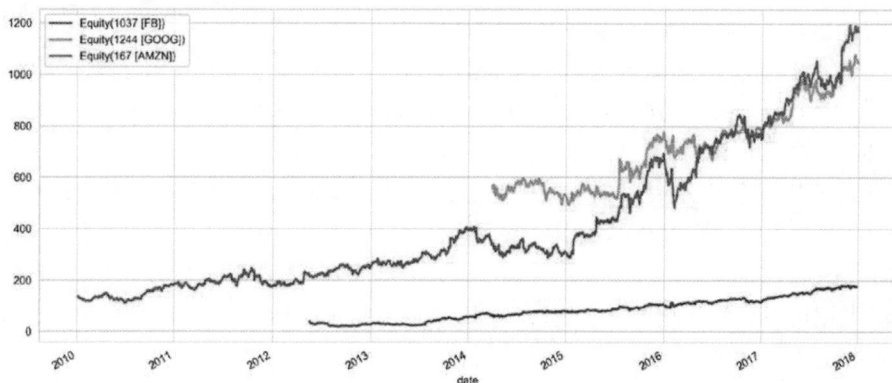

图 2.9　Zipline 数据访问

在接下来的章节中，将更详细地介绍 Zipline 的功能，尤其是 Zipline 于在线 Quantopian 平台的应用。

2.3.5　Quandl

Quandl 使用 Python API 提供了广泛的数据源，既有免费的，也有需要付费的。注册并获得一个免费的 API 密钥，每天可以使用 50 次以上。Quandl 数据还包括股票以外的多种资产类别，如外汇、固定收益、指数、期货、期权和大宗商品。

API 用法简单明了，文档齐全且使用灵活，除单系列下载外，还具有许多方法，支持批量下载或元数据搜索。

使用以下代码可以获得出自美国能源部公布的自 1986 年以来的石油价格。

```
import quandl
oil = quandl.get('EIA/PET_RWTC_D').squeeze()
oil.plot(lw=2, title='WTI Crude Oil Price')
```

运行结果如图 2.10 所示。

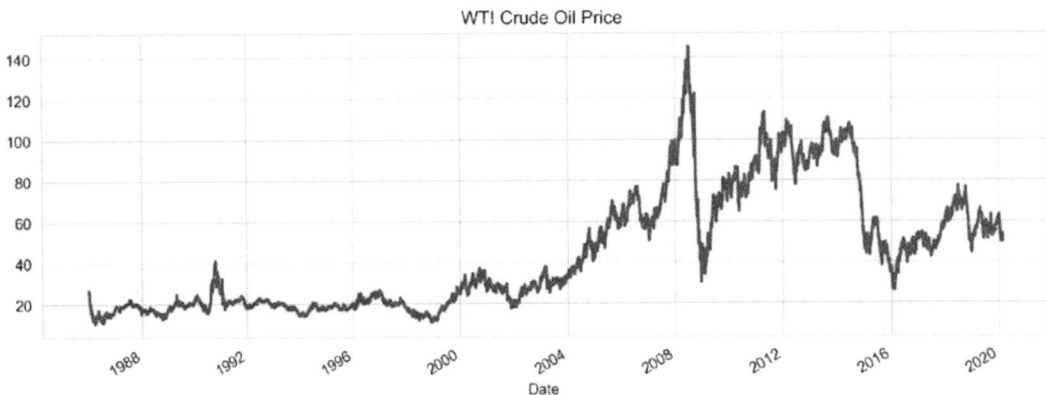

图 2.10　使用 Quandl 获取石油价格

2.3.6　其他数据提供商

各种各样的数据提供商提供各种资产类别的市场数据，包括以下几种：

● 交易所从越来越广泛的数据服务中获得越来越多的收入，交易者通常进行数据订阅。

● 彭博（Bloomberg）和汤森路透（Thomson Reuters）一直是领先的数据提供商，在价值 285 亿美元的金融数据市场上的总份额超过 55%。

● 专业数据提供商比比皆是，如 LOBSTER，它实时集成纳斯达克的订单簿数据。

● 免费数据提供商包括 Alpha Vantage，它为实时股票、外汇和加密货币市场数据以及技术指标提供 Python API。

● 提供数据访问研究平台的众包投资公司，除了 Quantopian，还包括 2018 年 3 月进入市场的 Alpha Trading Labs，该公司提供高频交易基础设施和数据。

2.4 基本面数据处理

基本面数据与决定证券价值的经济动因有关。数据性质取决于资产类别，具体表现如下：

- 对于股票和公司债券，包括企业财务数据以及行业和整个经济环境数据。
- 对于政府债券，包括国际宏观数据和外汇数据。
- 对于大宗商品，包括特定资产的供需决定因子，如农作物的天气数据。

我们将重点关注美国的股票基本面数据，因为美国的数据更容易获得。全球约有 13 000 多家上市公司，每年发布 200 万页的年报和超过 3 万小时的财报电话会议。在算法交易中，基本面数据和基于这些数据的特征工程成为交易信号的基本输入，如估值指标就是各类预测模型的基本输入之一，对机器学习模型也是如此。

2.4.1 财务报表数据

SEC 要求美国发行人（即上市公司和包括共同基金在内的证券）提交三份季度财务报表（10-Q）、一份年度报告（10-K）和其他需要监管备案的文件。

自 20 世纪 90 年代初以来，SEC 通过其**电子数据收集、分析和检索系统（EDGAR）**提供了这些文件。这些文件构成了股票和公司信贷等其他证券的基本分析的主要数据源，一般而言，这些证券的估值取决于发行人的业务前景和财务状况。

1．自动化处理——XBRL

XBRL 是一种免费、开放的全球标准，用于商业报告的电子显示和交换，自从 SEC 引入 XBRL 以来，对监管文件的自动分析变得更加容易。XBRL 基于 XML，依赖于定义报表元素含义的分类方法，这些标签突出显示电子报告中的相应信息。这种分类方法的典型代表包括美国公认会计原则（GAAP）。

为了应对会计丑闻，SEC 在 2005 年自愿引入了 XBRL 文件，并于 2009 年要求所有申报者采用这种格式，从而强制性地将其覆盖范围扩大到其他监管文件。SEC 通过维护特定网站，列出适用的分类体系，这些分类体系决定了不同文件的内容，并且可用于提取特定项目。

以下数据集提供了从 SEC 的 EX-101 附件中提取的信息，这些信息采用扁平化数据格式，方便用户使用这些数据进行分析。数据反映了从 XBRL 标记的财务报表中选择的信息，包括季度、年报以及某些附加字段，如**标准行业分类（SIC）**等信息。

以下几种途径可以帮助跟踪和访问向 SEC 报告的基本面数据。

- 付费使用 EDGAR **公共传播服务（PDS）**。
- SEC 每 10 分钟更新一次 RSS 源，结构化呈现披露信息。
- 通过 FTP 自动处理检索公告。
- 财务报表（和附注）数据集包含来自所有财务报表和附注的已解析 XBRL 数据。

SEC 还通过 SEC.gov 发布了包含 EDGAR 文件的日志文件，不过这些信息有 6 个月的延迟。

2. 建立基本面数据时间序列

财务报表和附注数据集中的数据范围包括从主要财务报表和这些报表的脚注中提取的数值数据，这些报表包括资产负债表、损益表、现金流量表以及权益变动和综合收益。可用数据可以追溯到 2009 年。

3. 提取财务报表和附注数据集

通过代码可以下载并提取给定季度范围的**财务报表和附注（FSN）**数据集中包含的所有历史文件（更多详细信息请参阅 edgar_xbrl. ipynb），代码如下：

```
SEC_URL = '                                          /'
first_year, this_year, this_quarter = 2014, 2018, 3
past_years = range(2014, this_year)
filing_periods = [(y, q) for y in past_years for q in range(1, 5)]
filing_periods.extend([(this_year, q) for q in range(1, this_quarter +
1)])
for i, (yr, qtr) in enumerate(filing_periods, 1):
    filing = f'{yr}q{qtr}_notes.zip'
    path = data_path / f'{yr}_{qtr}' / 'source'
    response = requests.get(SEC_URL + filing).content
    with ZipFile(BytesIO(response)) as zip_file:
        for file in zip_file.namelist():
            local_file = path / file
            with local_file.open('wb') as output:
                for line in zip_file.open(file).readlines():
                    output.write(line)
```

鉴于数据相当大，为了获得比原始文本文件允许的更快的访问速度，最好将文本文件转换为二进制 Parquet 列格式（这一点请参考 2.5 节，届时会将多种数据存储方法与兼容的 pandas DataFrames 进行对比），代码如下：

```
for f in data_path.glob('**/*.tsv'):
    file_name = f.stem + '.parquet'
    path = Path(f.parents[1]) / 'parquet'
    df = pd.read_csv(f, sep='\t', encoding='latin1', low_memory=False)
    df.to_parquet(path / file_name)
```

对于每个季度，FSN 数据被存储到八个文件集中，其中包含有关提交、编号、分类标记、表示等信息。每个数据集均由行和字段组成，并以制表符分隔的文本文件形式提供，具体见表 2.5。

表 2.5

文件	数据集	描 述
SUB	Submission	按公司、表单、日期等标识每个 XBRL 提交信息
TAG	Tag	定义并解释每个标签
DIM	Dimension	向数字和纯文本数据添加详细信息
NUM	Numeric	每个不同的数据点对应一行
TXT	Plain text	包含所有非数字的 XBRL 字段
REN	Rendering	在美国证券交易委员会网站上提供的信息
PRE	Presentation	主要报表中标签和数字显示的详细信息
CAL	Calculation	显示标记之间的计算关系

4. 按季度检索苹果公司文件

（1）数据集包含检索归档所需的唯一标识符：**中央索引键（CIK）和登录号（ADSH）**。以下是苹果公司 2018 年第一季度提交的 10-Q 文件的部分信息。

```
apple = sub[sub.name == 'APPLE INC'].T.dropna().squeeze()
key_cols = ['name', 'adsh', 'cik', 'name', 'sic', 'countryba',
            'stprba', 'cityba', 'zipba', 'bas1', 'form', 'period',
            'fy', 'fp', 'filed']
apple.loc[key_cols]
name           APPLE INC
adsh           0000320193-18-000070
cik            320193
name           APPLE INC
sic            3571
countryba      US
stprba         CA
cityba         CUPERTINO
zipba          95014
bas1           ONE APPLE PARK WAY
form           10-Q
period         20180331
fy             2018
fp             Q2
filed          20180502
```

（2）使用 CIK，可以按季度识别苹果公司所有可用的历史文件，包括 26 个 10-Q 表格和 9 个年度 10-K 表格，代码如下：

```
aapl_subs = pd.DataFrame()
for sub in data_path.glob('**/sub.parquet'):
    sub = pd.read_parquet(sub)
    aapl_sub = sub[(sub.cik.astype(int) == apple.cik) &
                   (sub.form.isin(['10-Q', '10-K']))]
    aapl_subs = pd.concat([aapl_subs, aapl_sub])
aapl_subs.form.value_counts()
10-Q 15
10-K 4
```

（3）有了每个申请的登录号，就可以依靠分类法从 NUM 和 TXT 文件中选择合适的 XBRL 标签（这些标签在 TAG 文件中列出），从而获得我们感兴趣的数值数据点或文本/脚注数据点。

首先，从 19 个苹果公司文档中提取所有数值数据，代码如下：

```
aapl_nums = pd.DataFrame()
for num in data_path.glob('**/num.parquet'):
    num = pd.read_parquet(num).drop('dimh', axis=1)
    aapl_num = num[num.adsh.isin(aapl_subs.adsh)]
    aapl_nums = pd.concat([aapl_nums, aapl_num])
aapl_nums.ddate = pd.to_datetime(aapl_nums.ddate, format='%Y%m%d')
aapl_nums.shape
(28281, 16)
```

5. 创建市盈率时间序列

9 年的历史档案提供了超过 28 000 个数值。我们可以选择一个有用的字段，如**摊薄每股收益（EPS）**，在此基础上结合市场数据计算流行的估值比率，如**市盈率（P/E）**。

（1）需要考虑到苹果公司在 2014 年 6 月 4 日以 7:1 的比例拆股，并调整拆股前的每股收益值，以使收益与价格数据具有可比性，而价格数据在调整后的形式中解释了这些变化。以下代码块说明如何调整收入数据。

```
field = 'EarningsPerShareDiluted'
stock_split = 7
split_date = pd.to_datetime('20140604')
# 按标签过滤，只保留第一季度的值
eps = aapl_nums[(aapl_nums.tag == 'EarningsPerShareDiluted')
               & (aapl_nums.qtrs == 1)].drop('tag', axis=1)
# 只保留最近的数据点
eps = eps.groupby('adsh').apply(lambda x:  x.nlargest(n=1, columns=['ddate']))
# 调整拆股前的收益
eps.loc[eps.ddate < split_date,'value'] = eps.loc[eps.ddate <
        split_date, 'value'].div(7)
eps = eps[['ddate', 'value']].set_index('ddate').squeeze()
# 基于季度数据创建过去 12 个月的每股收益
eps = eps.rolling(4, min_periods=4).sum().dropna()
```

（2）使用 Quandl 获取苹果公司 2009 年以来的股价数据，代码如下：

```
import Pandas_datareader.data as web
symbol = 'AAPL.US'
aapl_stock = web.DataReader(symbol, 'quandl', start=eps.index.min())
aapl_stock = aapl_stock.resample('D').last()        #确保日期与 EPS 一致
```

（3）有了数据后，计算整个目标区间内的 12 个月静态市盈率，代码如下：

```
pe = aapl_stock.AdjClose.to_frame('price').join(eps.to_frame('eps'))
pe = pe.fillna(method='ffill').dropna()
pe['P/E Ratio'] = pe.price.div(pe.eps)
axes = pe.plot(subplots=True, figsize=(16,8), legend=False, lw=2);
```

运行结果如图 2.11 所示。

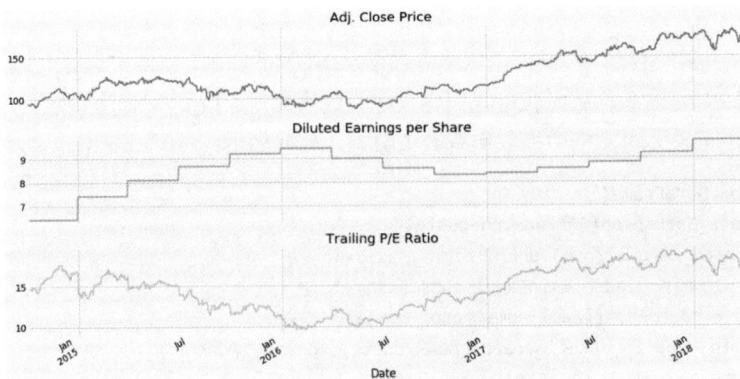

图 2.11　通过 EDGAR 文件计算静态市盈率

2.4.2　其他基本面数据源

基本面数据还有许多其他数据源。多数数据源可以使用前面介绍的 pandas_datareader 模块访问。这些数据也可以直接从某些组织获得，如国际货币基金组织、世界银行或世界各地的主要国家统计机构（详情请参阅 GitHub 存储库本章文件夹的 references 部分）。

pandas-datareader——宏观经济数据集和行业数据

在第 1 章中，我们介绍了 pandas-datareader 库可以访问市场数据，它涵盖了众多全球经济的宏观数据和行业数据 API，包括以下几种：

- Kenneth French 数据库：按行业分类的投资组合市场收益数据，这些数据捕捉关键风险因子（如规模、价值和动量因子）。
- St. Louis FED（FRED）：美国联邦储备委员会关于美国经济和金融市场的数据。
- 世界银行：关于长期、低频经济、社会发展及人口统计的全球数据库。
- 经合组织：经合组织国家的类似于世界银行的数据。
- Enigma：包括另类数据源在内的多种数据集。
- 欧州统计局（Eurostat）：以欧盟为重点的经济、社会和人口数据。

2.5　pandas 高效存储数据

在本书中，我们将使用许多不同的数据集，有必要对主要格式的效率和性能进行比较。主要比较以下内容：

- CSV：逗号分隔值文件，标准纯文本文件格式。
- HDF5：分层数据格式，最初由美国国家超级计算应用中心开发，用于数值数据的快速且可扩展的存储格式，可以使用 pandas 将其加载到 PyTables 库中。
- Parquet：属于 ApacheHadoop 生态系统的一部分，由 Cloudera 和 Twitter 共同开发，是一种能够提供高效数据压缩和编码的二进制列式存储格式，感谢 pandas 开发人员 Wes McKinney 领导的开发工作，可以使用 pandas 将其加载到 pyarrow 库中。

在 storage_benchmark.ipynb 笔记中，我们使用 DataFrame 测试比较上述库的性能，可以配置为数值格式，也可以配置为文本格式，或者两者兼而有之。对于 HDF5 库，我们测试固定格式和表格格式，后者支持查询和附加功能。

图 2.12 给出了读写性能对比，数据共计 10 万行、2000 列，其中 2000 列可以是 1000 列随机浮点数和 1000 列随机 10 个字符的字符串，也可以只是 2000 个浮点数（以对数为单位）。

图 2.12 中显示，对于纯数字数据，HDF5 格式的性能是目前为止最好的；对于表格，HDF5 格式和 CSV 占用的内存最小，为 1.6GB；对于固定格式，则需要两倍的空间，Parquet 则占用大约 2GB；对于数字和文本数据的混合，Parquet 是读/写操作的最佳选择。与 CSV 相比，HDF5 在读取方面具有优势，但在写入方面速度较慢，因为它会过滤文本数据。

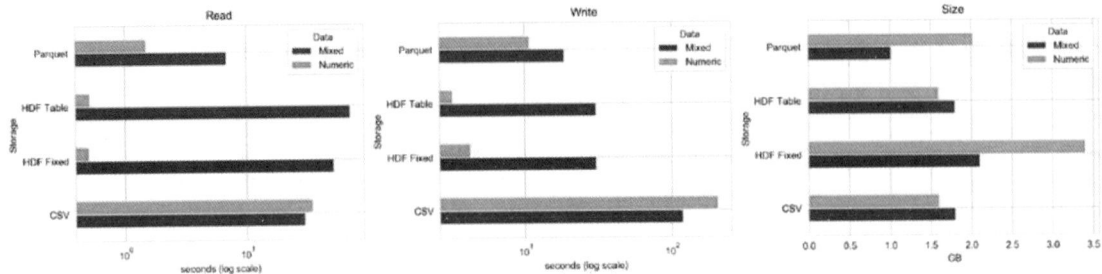

图 2.12　存储基准测试

文件中说明了如何使用%%timeit 单元魔法指令配置、测试和收集时间信息，同时也演示了这些存储格式的相关 pandas 命令用法。

2.6　本章小结

本章介绍了支撑绝大多数交易策略的市场数据和基本面数据的数据源，相信读者已经了解了访问这些数据的各种方法，并且掌握了对原始信息进行预处理的方法。这些为使用机器学习技术提取交易信号提供了帮助，这也是下一章要介绍的内容。

在第 3 章中，在继续进行交易策略的设计和评估以及机器学习模型的使用之前，将先介绍近年来出现的另类数据集，这些数据集是机器学习在算法交易中日渐流行的重要推动力。

第3章

金融另类数据——分类和用例

第 2 章介绍了市场和基本面数据，这是交易策略的传统驱动因子。在本章中，我们将介绍最近出现的范围更广、更加多样化的数据源，这些数据源为自主交易和算法交易策略提供了额外动力。异质性、新颖性驱动一种又一种另类数据出现，并由此创造了一批快速增长的提供商和一个全新的服务行业。

在互联网和移动网络的爆炸式增长推动下，处理、存储和分析新数据源的技术取得了长足的进步，数据量持续呈指数级增长。数字化数据越来越多样化，数据可用性和管理能力也呈指数级增长，这种增长又反过来成为**机器学习性能**大幅提升的关键推手，进而推动了包括投资行业在内的各个行业的创新。

数据革命的范围和规模是惊人的：一方面，当今世界 90%的数据都是在过去的两年里创造出来的。预计到 2020 年，全球约 77 亿人口中的每个人每秒会产生 1.7MB 的新信息；另一方面，在 2012 年，只有 0.5%的数据能够被分析和使用，而到 2020 年，被认为有价值的数据达到了 33%。2020 年，全球数据分析投资超过数据 2100 亿美元，海量投资让数据的可用性和实际应用之间的差距迅速缩小，收益则更是将达到数倍之高。

本章介绍个人、商业过程和传感器是如何生成另类数据的，同时提供一个基本的框架，这个框架能够帮助我们浏览和评估令人应接不暇的**另类数据**，让我们知道如何将其相对恰当地应用于投资领域。本章还展示了另类数据从获取到预处理，再到存储的工作流程，即如何使用 Python 爬取网页数据，这些为另类数据在机器学习中的应用奠定了基础。在本章最后，我们还会简要归纳另类数据的数据源、数据提供商和应用程序示例。

本章将涵盖以下内容：

- 另类数据革命为我们提供了哪些新的信息源。
- 个人、商业过程和传感器如何生成另类数据。
- 如何评估用于算法交易的快速增长的另类数据供应。
- 如何使用 Python 处理另类数据，如爬取互联网数据。
- 几类重要的另类数据和数据提供商。

读者可以在 GitHub 存储库的对应目录中找到本章的示例代码和附加资源的链接。笔记中有彩色版的图像示例。

3.1　另类数据革命

数字化、网络化和存储成本的直线下降带来了数据洪流，这股数据洪流使用于预测分析的数据从可用信息层面发生了深刻的质变，通常可以用五个 V 来概括。

- 体量大（Volume）：作为在线和离线活动、交易、记录和其他来源的副产品，生成、收集和存储的数据量要比传统数据大几个数量级，而随着分析和存储容量的增加，数据规模还在不断地增长。
- 流动速度大（Velocity）：数据的生成、传输和处理是实时（peal-time）或者接近实时的。
- 数据种类多（Variety）：数据格式不再局限于结构化的表格形式，如 CSV 文件或关系数据库表。取而代之的是，这些新的数据源可能产生半结构化的格式，如 JSON 或 HTML，甚至是非结构化的内容，包括原始文本、图像、音频或视频数据，如何将这些数据合理地应用于机器学习算法是个新挑战。
- 数据可靠性需要决策（Veracity）：数据源和数据格式的多样性使得验证数据信息内容的可靠性变得更加困难。
- 数据价值模糊（Value）：确定新数据集的价值可能会耗费更多的时间和资源，而且这种价值也比以前更加不确定。

对于算法交易，如果能够提供传统数据源无法获得的信息，或者能够更快地提供信息，那么新的数据源就能帮助我们建立信息优势。全球的大趋势是：投资行业的数据需求正迅速从市场和基本面数据扩展到另类数据，并且期待通过“信息之刃”斩获超额收益。到 2020 年，在（另类）数据本身、技术能力和相关人才方面的年度支出预计在目前的 30 亿美元的基础上每年进一步增长 12.8%。

如今，投资者可以实时获取宏观数据或公司特定数据；而在历史上，这些数据的获取频率则要低得多。另类数据源的应用包括以下方面：

- 具有代表性的商品和服务的**在线价格数据**可用于衡量通货膨胀。
- **访问商店或购买的次数**可以用于实时估计公司或特定行业的销售或经济活动。
- 在这些信息披露之前，**卫星图像**可以显示农业产量、矿山或石油钻探活动。

随着大数据的标准化机器应用的不断进步，传统数据中蕴含的信息甚至可能会失去其大部分预测价值。

此外，处理和集成不同数据集以及机器学习的应用能力可以帮助我们获得更好、更复杂的市场洞见。过去，定量方法依赖于简单的启发式方法，使用市净率等指标的历史数据对公司进行排名。机器学习算法则可以合成新的指标，进而学习和适应这些指标，并同步考虑不断变化的市场数据。这些洞见则为捕捉动量、价值、质量和情绪等经典投资机会开辟了另一番天地。

- 动量投资：机器学习可以识别市场价格变动、行业情绪或经济因子对资产的影响。
- 价值投资：算法可以分析财务报表之外的大量经济和行业的结构化和非结构化特殊数据，进而预测公司的内在价值。

- 质量投资：可以进行对综合数据的复杂分析，从而对客户或员工评论、电子商务或 App 流量进行评估，从而确定市场份额的增长或其他潜在的盈利质量驱动因子。
- 情绪投资：可以对新闻和社交媒体内容进行实时处理和解释，从而利用机器学习算法快速检测新的市场情绪，并综合不同来源的信息形成更连贯的整体画面。

然而，在实践中，能够提供有价值信号的数据通常不是免费的，并且通常是因为交易以外的目的而产生的。因此，从另类数据中提取交易信号需要进行系统的评估、昂贵的获取、谨慎的管理和复杂的分析。

3.2　另类数据源

另类数据源可以由许多来源生成，大致可以分为以下三类：

- 个人产生数据（Individuals）：包括在社交媒体上发帖、评论产品或使用搜索引擎等。
- 商业过程数据（Business Process）：主要包括记录商业交易（特别是信用卡支付）或作为中介捕捉供应链活动。
- 传感器数据（Sensors）：传感器通常嵌在其他事物中，通过卫星或安防摄像头的图像，或者通过移动模式（如移动电话塔）捕捉经济活动。

随着新数据源可用性的迅速增强，另类数据的性质也在发生改变，从原来所谓的"另类"或"替代"演变为主流。例如，**波罗的海干散货指数（BDI）**汇集了数百家航运公司的数据，以估算干散货船的供需情况，目前这些数据可以在彭博终端查阅。

另类数据包括原始数据，也包括经过中介汇总或增值处理的数据。例如，一些数据提供商会提供汇总或以某种形式处理以增加价值的数据。一些供应商旨在提取可交易信号，如情绪评分。

另类数据因其在算法交易策略的价值和信号内容彼此各不相同。这一点我们之后会进行讲解，下面先介绍另类数据的主要来源。

3.2.1　个人产生的数据

个人通过在线活动自动创建电子数据，也可能因离线行为产生数据，这些数据后期以电子方式捕获，并通常与在线 ID 相关联。个人产生的数据通常是文本、图像或视频格式的非结构化数据，传播平台也多种多样，主要包括：

- 社交媒体帖子，体现了个人的观点或反应，渠道包括 Twitter、Facebook 或 LinkedIn 等通用网站，也包括 Glassdoor 或 Yelp 等商业评论网站。
- 电子商务活动，反映了对产品的兴趣或认知，渠道包括 Amazon 或 Wayfair 等网站。
- 搜索引擎活动，如使用 Google 或 Bing 等平台搜索关键词。
- 移动应用程序的使用、下载和评论。
- 个人产生数据，如消息流量等。

事实上，得益于在个股、行业或市场指数上的应用，社交媒体情绪分析已经变得非常流行。最常见的数据来源是 Twitter，其次是各种新闻供应商和博客网站。这种供应甚至可以说竞争颇为激烈，价格也比较低，因为这些信息一般可以通过日益商业化的网络爬取来获得。数据可靠性则与消费者是否大规模使用相关，如包括博客、推文或视频在内的社交媒体数据集可靠数据历史通常不到 5 年。相比之下，搜索活动则是从 2004 年就开始了。

3.2.2　商业过程数据

商业和公共实体产生和收集了许多有价值的另类数据源。商业过程产生的数据通常比个人产生的数据更加结构化。这意味着商业过程数据有望成为非常有效的经济先行指标，尤其相比之前更新频率低得多的基本面数据。

商业过程产生数据包括：

- 可从加工商和金融机构购买的支付卡交易数据。
- 普通数字化活动或记录保存产生的公司账目，如银行记录、收银员扫描数据或供应链订单等。
- 交易流和市场微观结构数据（如 L2 级和 L3 级订单簿数据，就像第 2 章中介绍的 tick 数据）。
- 公司偿付情况，一般由信用评级机构或金融机构监控，可以永续评估流动性和信誉。

信用卡交易和公司披露数据（如销售点数据）是最可靠和最具预测性的数据集。信用卡数据有大约 10 年的历史，经历过不同程度的滞后，目前基本可以达到实时状态。企业盈利报告每季度则有大约 2.5 周的滞后。公司披露数据根据数据源的不同，时间范围和延迟差异则很大。市场微观结构数据集具有超过 15 年的历史，而卖方连续的流量数据历史则通常少于 5 年。

3.2.3　传感器数据

由于智能手机的普及和卫星技术成本的降低，嵌入各种设备的联网传感器是增长最快的数据来源之一。

这种另类数据通常是非常非结构化的，其数据量通常比个人或商业过程生成的数据量大得多，也对数据处理带来了更加严峻的挑战。这类另类数据主要包括：

- 卫星图像，用于监测经济活动，如建筑、航运或商品供应。
- 地理位置数据，用于跟踪零售商店中的客流量（如使用自愿提供的智能手机数据）或跟踪运输路线（如船舶或卡车相关数据）。
- 放置在感兴趣位置的摄像机。
- 天气和污染监测传感器。

物联网（IoT）通过将联网的微处理器嵌入个人和商业电子设备（如家用电器、公共空间和工业生产过程），进一步加速了传感器另类数据的大规模收集。基于传感器的另类数据通常有 3～4 年的历史，主要包括卫星图像、移动应用程序使用和蜂窝定位等。

1．卫星图像

发射地理空间成像卫星所需的资源和时间大幅减少：以前，将一颗小型卫星作为次级有效载荷送入近地轨道需要数千万美元和多年的准备，而今天这一成本已经降至约 10 万美元。因此，也可以使用整个卫星群对特定位置进行高频覆盖扫描。

相关用例包括监测可通过高空捕捉的经济活动，如农业和矿业生产和运输、商业大楼和住宅建筑，或者船舶的建造;也能够用于监测火灾等工业事故;或者在对感兴趣的地点的车流和人流情况进行监测。也有一些传感器数据是由无人机提供的,它们可以在农业中使用红外光监测农作物。

当然,在卫星图像数据能够可靠地用于机器学习模型之前,通常还有一些挑战需要克服,除了大量的预处理之外,还包括如云量之类的天气条件、节假日前后的季节性影响。而且有时卫星对特定位置只能提供不规则覆盖,这也可能会影响预测信号的质量。

2. 地理位置数据

地理位置数据是由传感器生成的一类快速增长的另类数据。熟悉的来源之一是智能手机,人们通过应用程序或无线信号(如 GPS、CDMA 或 Wi-Fi)自愿分享自己的地理位置,通过这些信号可以测量景点周围的客流量,如商店、餐厅或活动场所。

此外,越来越多的机场、购物中心和零售商店也安装了跟踪顾客数量和活动的传感器。虽然部署这些传感器的最初动机通常只是测量营销活动的影响,但由此产生的数据也可用于估计客流量或销售量。捕捉地理位置数据的传感器也包括 3D 立体视频和热成像,这些技术能够降低顾客对隐私泄露的担忧,同时不影响捕捉移动物体的有效性。这类传感器还包括安装在天花板上的传感器以及压力感应垫等。一些数据提供商会组合使用多个传感器,包括视觉、音频和手机位置传感器等,从而对消费者行为进行全面描述,其中不仅包括访问次数和持续时间,还包括重复访问的测量处理。

3.3 另类数据评价标准

另类数据的最终目标是获取信息优势,进而更加高效地找到获取超额收益的交易信号——正向、独立的阿尔法因子。在实际运用中,可以从另类数据中独立提取信号,也可以与其他信号组合使用确定交易策略。前者比如单个数据集的策略能够获得足够高的夏普比率,则证明独立使用是可行的,但实际上这是罕见的(详细信息请参考第 4 章)。

量化公司一直致力于建设阿尔法因子库,这些因子单独存在时可能只是微弱的信号,但组合起来就可以产生有吸引力的收益。正如第 1 章中所强调的,投资因子应基于基本面和经济原理,否则,它们可能会对历史数据过度拟合,而无法基于新的数据生成新的阿尔法因子。

竞争导致投资信号的衰减则是另一个严重的问题,随着另类数据生态系统的发展,许多数据集不太可能持久保持较高的夏普比率信号。如何延长另类数据集的信号内容的半衰期是非常重要的,有效策略包括排他性协议等,也包括专注于处理富有挑战性的数据集,从而提高进入门槛。

总的来说,我们可以基于信号内容质量评价另类数据集,也可以定性评价或从多个技术方面评价另类数据集。

3.3.1 信号内容质量

信号内容可以根据资产类别、投资风格、传统风险溢价以及最重要的阿尔法含量和质量进行评估。

1. 资产类别

大多数另类数据集原来主要包含与股票活动大宗商品交易直接相关的信息。在 Zillow 于 2006 年成功推出价格评估后，针对房地产投资的一些有趣的（另类）数据集也开始成倍增加。

随着监测企业贷款（包括小企业贷款）的替代办法不断革新，关于企业信贷的另类数据正在增加。关于固定收益和利率预测的数据则是最近才出现的，但随着更多的产品销售和价格信息的收集，这些数据也在迅速地增加。

2．投资风格

大多数数据主要集中于特定的行业和股票，因此，自然在这些领域吸引了很多多空股票投资者。随着另类数据收集的规模和范围的不断扩大，另类数据开始服务更宏观的主题，如消费信贷、新兴市场活动和商品趋势等。也有一些另类数据集能够反映更广泛的经济活动或消费者情绪，这些在传统意义上也能够成为衡量市场风险的指标。相比之下，高频交易者则更多通过捕捉新闻中可用于交易的信号，从而在短期内获益。

3．传统风险溢价

一些另类数据集，如信用卡支付或社交媒体情绪，我们已经证明它们产生的信号与股票市场的传统风险溢价因子（价值、动量和波动率等）的相关性较低（低于 5%）。这也就意味着，将这些信号组合应用于传统风险因子的算法交易策略，可能成为实现更加多样化的风险溢价组合的基础。

4．阿尔法含量和质量

一种另类数据集能够在投资中产生多强的信号取决于它的成本，另类数据的价格千差万别。社会情绪评分数据用几千美元或更少的钱就可以获得，而全面、及时的信用卡支付的数据集则可能每年耗费数百万美元。

下面介绍如何使用历史数据（即所谓的回测）来评估由另类数据驱动的交易策略，以估计数据集中包含的阿尔法含量。在个别情况下，一个数据集可能包含足够的阿尔法信号来驱动一个独立的策略，但通常情况下是不同另类数据和其他因子的组合。在这些情况下，数据集允许提取产生小的正夏普比率的弱信号，甚至这种夏普比率都无法从资本分配中直接测量到，但当这些弱信号与类似的其他信号整合时，则可以为投资组合的整体效益提供投资策略。当然，我们并不是在保证这一点，因为还有许多可选的数据集也可能没有阿尔法含量。

除了评估数据集的阿尔法含量之外，评估信号在多大程度上是增量的或正交的（即独立性）也很重要，即这些用于评估的阿尔法因子只能来自某数据集或者已经被其他数据所捕获的数据集。如果是后者，我们还要比较获取这种类型信号的成本。

最后，必须对策略的潜在能力进行评估，也就是策略成功适用于多大规模的资产，这是因为策略能力极限决定了收回数据成本的困难程度。

3.3.2 数据质量

数据质量也是一个重要的评价标准，数据质量影响分析数据所需的能力和投入，也会影响数据集本身包含的预测信号的可靠性。一般而言，数据质量方面包括数据频率及其可用历史长度、信息的可靠性或准确性，也包括数据在多大程度上符合当前或潜在的法律法规，以及在实际使用中排他性如何。

1．法律和声誉风险

使用另类数据集可能会带来法律或声誉风险，特别是当它们包括以下项目时：

- 重大非公开信息（MNPI），因为这意味着违反了内幕交易法规。
- 个人身份信息（PII），主要是因为欧盟已经颁布了**《一般数据保护条例》（GDPR）**。

因此，在数据使用中需要对法律法规要求进行全面评审。此外，当数据提供商本身基于数据成为积极的市场参与者时，也就意味着利益冲突无可避免[1]。

2．排他性

另类数据集存在包含足以独立驱动交易策略的信号的可能性，也就是说，在一定时间内具有较高的夏普比率，这一点与数据可用性和易处理性成反比。换句话说，数据的排他性越强，越难处理，包含阿尔法因子的数据集越有机会在不遭受快速衰减的情况下驱动形成交易策略。

提供标准财务指标的公开基本面数据几乎不包含阿尔法因子，对独立策略构建没有吸引力，但它可能有助于让包含多个风险因子的投资组合变得多样化。市场吸收大型、复杂的数据集需要花费更多的时间，新的数据集又将继续频繁出现。因此，评估其他投资者对数据集的熟悉程度变得非常重要，同样不可忽略的还有数据提供商是否为相关类型信息的最佳来源。

当企业刚刚开始出售为其他目的而生成的披露数据时，可能会为排他性或新数据集的早期采用者带来额外好处，因为这有可能影响数据的收集或管理方式，或者至少可以与企业商议。

3．时间范围

为了测试数据集在不同场景中的预测能力，我们期待相应数据具有更长时间的历史记录。可用性在几个月和几十年之间变化很大，这些对基于数据构建和测试交易的策略都具有重要影响。在介绍主要另类数据类型时，我们也提到了不同数据集的时间范围。

4．频率

数据频率决定了新信息的可用频率以及在给定周期内如何区分预测信号，也会影响投资策略的时间范围，频率可以是日内的，也可以是每日、每周甚至更低的频率。

5．可靠性

数据用于度量某一个特定的对象，因此数据精度以及可验证性一直是一个非常重要的问题。这既适用于原始数据，也适用于经过处理的数据，基本方法通常是从数据中提取或汇总需要分析的信息，同时也需要考虑性价比。

3.3.3　技术考量

技术方面涉及延迟（包括报告延迟）和提供数据的格式。

---

[1] 译者注：这一点是非常有意思的，甚至于上述评估不得不考虑数据的真实性和完备性。

1. 延迟

数据提供商通常分批提供资源，因此数据的收集方式、后处理、传输以及监管或法律限制都可能导致延迟。

2. 数据格式

根据数据来源的不同，数据格式也都不同。经过后处理的数据格式一般比较友好，比较便于集成到现有系统中或者强大的 API 中进行检索。另一方面，数据格式可以是视频、音频或图像数据，甚至不乏专有格式，这些数据的分析则需要专门的技能储备，也为潜在的竞争者建立了更高的行业壁垒。

3.4 另类数据市场

2018 年，投资行业在数据服务上的支出大约为 20 亿～30 亿美元，预计这一数字将与其他行业一样以每年两位数的速度增长。支出方向主要包括获取另类数据、相关技术和雇用合格人才。

安永（Ernst&Young）的一项调查显示了 2017 年另类数据在投资行业的大量应用。例如，43%的基金使用了网络爬取的数据，近 30%的基金使用了卫星数据（见图 3.1）。到目前为止，基金经理认为网络数据爬取和信用卡数据是最重要的，相比之下，约 25%的受访者认为地理定位和卫星数据能够提供的信息较少。

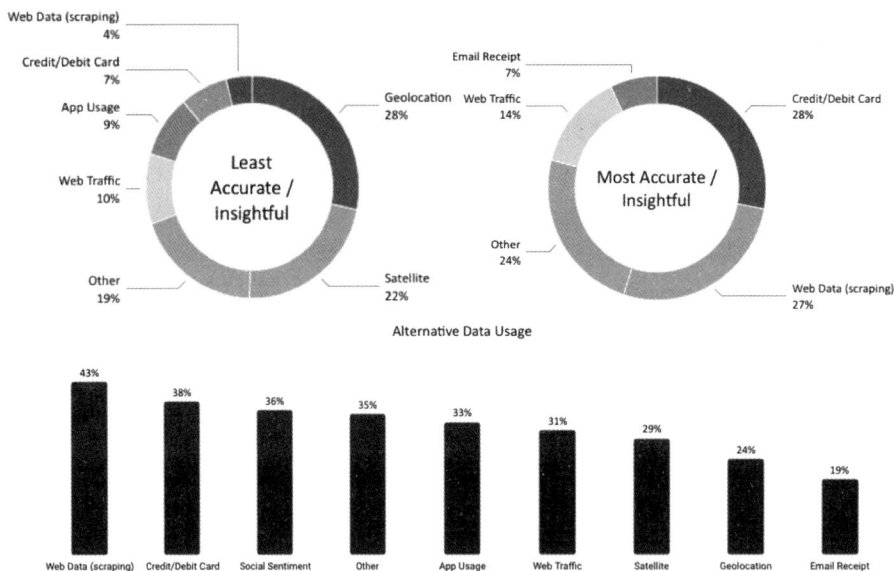

图 3.1　另类数据使用情况（来源：安永会计师事务所，2017 年）

另类数据提供商的市场相当分散，这也反映了这一新行业的快速增长。摩根大通（J. P. Morgan）列出了 500 多家专业数据公司，AlternativeData 网站则列出了 300 多家。数据提供商扮演的角色也各不相同，有咨询公司、集成商，也有的是提供技术解决方案。卖方支持各种格式的数据传送，如原始数据、半处理数据甚至是从一个或多个数据源提取的某种形式的信号。

AlternativeData 网站（由数据提供商 YipitData 支持）列出了几种数据类别（见表 3.1），可以帮助我们粗略地分析各种数据提供商细分市场。到目前为止，社会情绪分析是最普遍的，而卫星和地理定位数据也在迅速增长。

表 3.1

另类数据种类	数据提供商数量
社会情感	48
卫星	26
地理位置	22
网络数据和流量	22
基础设施和接口	20
专家观点	18
信用卡和借记卡数据	14
数据中介机构	10
公共数据	10
App 使用数据	7
消费者电子邮件或短信	6
销售数据	6
天气	4
其他	87

下面我们简单介绍几个例子，通过这些例子可以初步了解大量的数据服务提供商和潜在用例。

1. 社会情绪数据

与社会情绪分析联系最为紧密的是 Twitter 数据。Gnip 是一家早期的社交媒体信息汇集公司，Gnip 使用 API 提供来自众多网站的数据，2014 年被 Twitter 以 1.34 亿美元收购。搜索引擎是另一个重要的信息来源，尤其是当研究人员有新的发现在诸如《自然》（*Nature*）等杂志上发表时，基于谷歌趋势（Google Trends）的投资策略（如债务投资）有助于在一定时期内形成有利可图的交易策略（Preis、Moat 和 Stanley，2013）。

2. Dataminr

Dataminr 成立于 2009 年，根据与 Twitter 的独家协议提供社会情绪和新闻分析。Dataminr 是较大的另类数据提供商之一，2018 年 6 月由富达（Fidelity）领投，Dataminr 获得了 3.91 亿美元的额外融资，估值达到 16 亿美元。Dataminr 注重从社交媒体中实时提取信号，拥有包括买方、卖方投资公司以及新闻机构和公共部门在内的广泛客户。

3. StockTwits

StockTwits 是一个社交网络和微型博客平台，数十万投资专业人士在该平台分享信息和交易理念。大量受众可以通过金融网络和社交媒体平台了解这些信息，这些数据是非常有用的，能够影响和反映投资者情绪，并可能由此影响交易活动和价格。Nasseri 等人（2015）就基于某些选定特征制定了交易策略。

4. RavenPack

RavenPack 分析大量不同的、非结构化的、基于文本的数据，在此基础上产生包括情绪评分在内的结构化指标，旨在提供与投资者相关的信息。这些基础数据来源包括高级新闻专线、发布的监管信息和超过 19 000 份的网络出版物。摩根大通曾经对某个基于情绪得分的多空主权债券和股票策略进行过回测，反馈结果不错，且与常规风险溢价的相关性较低（Kolanovic 和 Krishnamachari，2017）。

5. 卫星数据

RS Metrics 成立于 2010 年，主要基于来自卫星、无人机和飞机的地理空间数据进行三角定位，重点关注金属和大宗商品，也涉及房地产和工业应用。该公司基于自己的高分辨率卫星提供信号、预测分析、报警和终端用户应用程序服务。用例包括估计某些连锁店或商业地产的零售流量以及某些常见金属的生产、存储或相关生产地点的就业情况。

6. 地理定位数据

Advan 成立于 2015 年，为对冲基金客户提供来自手机流量数据的相关信号，并通过这些数据分析美国和欧盟各行业的 1600 只股票。该公司通过在用户明确同意的情况下于智能手机上安装地理位置相关的应用程序收集数据，并通过多个渠道尽可能精确地跟踪位置，如 Wi-Fi、蓝牙和蜂窝信号。相关用例包括对实体商店的客流量估计，这些估计又可以作为预测上市公司营收的模型输入。

7. 电子邮件收据数据

除其他服务外，Eagle Alpha 还提供大量使用电子邮件收据的在线交易数据，涵盖 5000 多家零售商，包括 53 个产品组的 SKU[1] 级交易数据。摩根大通分析了一个从 2013 年至 2016 年的时间序列数据集，该数据集包括一组持续活跃用户的整个采样周期内的总支出、订单数量和独立买家数量（Kolanovic 和 Krishnamachari，2017）。

3.5 处理另类数据

接下来，我们将说明如何通过网络爬取获取另类数据。首先针对餐饮业爬取 OpenTable 数据，然后转到如何爬取 Seeking Alpha 托管的财报电话会议记录。

3.5.1 爬取 OpenTable 数据

另类数据的典型来源是 Glassdoor 或 Yelp 等评论网站，这些网站通过员工或客户评论进行调查。当然，用户贡献的内容并不能直接代表真实结果，往往会受到选择偏差的严重影响。在第 14 章中，我们也将在 Yelp 上看到与星级评价有关的正面和负面评价。尽管如此，如果一个机器模型想预测业务前景或相对于竞争对手的市场价值，或者希望随着时间的推移获得交易信号，这些数据依然是十分有价值的模型

---

[1] 译者注：SKU 是一个通用零售的专业词汇 Stock-Keeping Unit 的缩写，字面意思是库存量单位，是指进行库存控制的最小可用单位，这是企业为了方便商品仓库管理而分配的商品编号归类方法。

输入。

数据需要从 HTML 源代码中提取，这样可以有效规避法律风险。为了说明 Python 提供的 Web 爬取工具，我们将从 OpenTable 上检索餐厅预订的相关信息。这种性质的数据可以从地理位置、房地产价格或连锁餐厅的收入等方面预测经济活动。

1. 使用 Requests 和 BeautifulSoup 解析 HTML 中的数据

在本节中，我们将使用请求命令解析 HTML 源代码。首先，使用请求库发出**超文本传输协议（HTTP）**请求并检索 HTML 源代码；然后，依靠 BeautifulSoup 库可以轻松地解析 HTML 标签代码并提取感兴趣的文本内容。

（1）我们可能会遇到一个常见的障碍：网站可能只有在使用 JavaScript 进行初始页面加载后才会从服务器请求某些信息，也就是说，直接进行 HTTP 请求将不会成功。为了避免这一障碍，我们将使用无头浏览器[1]，它可以像正常浏览器一样检索网站内容，代码如下：

```
from bs4 import BeautifulSoup
import requests
# 设置和请求 url，提取源代码
url = ░░░░░░░░░░░░░░░░░░░░░░░░░░░░░░░░░
html = requests.get(url)
html.text[:500]
' <!DOCTYPE html><html lang="en"><head><meta charset="utf-8"/><meta
http-equiv="X-UA-Compatible" content="IE=9; IE=8; IE=7; IE=EDGE"/>
<title>Restaurant Reservation Availability</title> <meta name="robots"
content="noindex" > </meta> <link rel="shortcut icon" href="//components.
otstatic.com/components/favicon/1.0.4/favicon/favicon.ico" type="image/
x-icon"/><link rel="icon" href="//components.otstatic.com/components/
favicon/1.0.4/favicon/favicon-16.png" sizes="16x16"/><link rel='
```

（2）我们可以使用 BeautifulSoup 解析 HTML 内容，然后通过 rest-row-name-text 检查源代码查找与获得的餐厅名称相关联的类的所有 span 标签[2]（详情请参考 GitHub 存储库中用于检查网站源代码的链接说明），代码如下：

```
# 解析原始的 HTML 为 soup 对象
soup = BeautifulSoup(html.text, 'html.parser')
# 对于每个 span 标签，输出并打印餐厅名称
for entry in soup.find_all(name='span',attrs={'class': 'rest-row-name-text'}):
    print(entry.text)
Wade Coves
Alley
Dolorem Maggio
Islands
...
```

（3）一旦确定了感兴趣的页面元素，BeautifulSoup 可以轻松地检索网页包含的文本。例如，如果要获取每个餐厅的价格类别，可以使用以下代码：

```
# 记下每家餐厅的金额标识
```

---

[1] 译者注：无头浏览器 headless browser，是一种没有界面的浏览器。

[2] 译者注：span 标签是超文本标记语言（HTML）的行内标签，被用来组合文档中的行内元素。

```
for entry in soup.find_all('div', {'class':'rest-row-pricing'}):
    price = entry.find('i').text
```

（4）当我们尝试获取预订数量时，可能只会得到一个空列表，因为该站点在初始加载完成后使用 JavaScript 代码来请求此信息，代码如下：

```
soup.find_all('div', {'class':'booking'})
[]
```

这正是我们前面提到的挑战——JavaScript 动态加载关键部分，而不是将所有内容作为易于解析的静态页面发送到浏览器。为了获得这些内容，我们需要像浏览器一样执行 JavaScript，因此，Selenium 应运而生。

2. Selenium——浏览器自动化操作

我们将使用浏览器自动化工具 Selenium 操作无头火狐（Firefox）浏览器，该浏览器将解析 HTML 内容。

（1）使用以下代码可以打开 Firefox 浏览器。

```
from selenium import webdriver
# 创建 Firefox 驱动程序
driver = webdriver.Firefox()
```

（2）关闭浏览器，代码如下：

```
# 关闭浏览器
driver.close()
```

（3）使用 Selenium 和 Firefox 检索 HTML 源代码，包括动态加载的部分。为此，我们向驱动程序提供 URL[1]，然后使用 page_source 属性获取浏览器中整个页面的内容。

可以借助 BeautifulSoup 解析 HTML，代码如下：

```
import time, re
# 访问可打开的列表页面
driver = webdriver.Firefox()
driver.get(url)
time.sleep(1)  # 等待1秒钟
# 检索 HTML 源代码
html = driver.page_source
html = BeautifulSoup(html, "lxml")
for booking in html.find_all('div', {'class': 'booking'}):
    match = re.search(r'\d+', booking.text)
    if match:
        print(match.group())
```

3. 构建餐厅预订和评级数据集

现在，只需要结合网站上所有感兴趣的元素创建一个功能，就可以在模型中使用它来预测某一地区的经济活动或特定社区的人流量。

使用 Selenium，可以通过链接访问后续页面并快速构建包含纽约市 10 000 多家餐厅的数据集，也可

---

[1] 每一种信息资源都有统一且唯一的地址，该地址称为 URL（Uniform Resource Locator，统一资源定位器），它是 WWW 的统一资源定位标志，就是指网络地址。

以通过跟踪时间序列定期更新该数据集。

（1）设置一个计划爬取的页面内容的解析函数，这一点可以通过 BeautifulSoup 解析语法实现，代码如下：

```python
def parse_html(html):
    data, item = pd.DataFrame(), {}
    soup = BeautifulSoup(html, 'lxml')
    for i, resto in enumerate(soup.find_all('div',
                                            class_='rest-row-info')):
        item['name'] = resto.find('span',
                                  class_='rest-row-name-text').text
        booking = resto.find('div', class_='booking')
        item['bookings'] = re.search('\d+', booking.text).group() \
            if booking else 'NA'
        rating = resto.find('div', class_='star-rating-score')
        item['rating'] = float(rating['aria-label'].split()[0]) \
            if rating else 'NA'
        reviews = resto.find('span', class_='underline-hover')
        item['reviews'] = int(re.search('\d+', reviews.text).group()) \
            if reviews else 'NA'
        item['price'] = int(resto.find('div', class_='rest-row-pricing')
                            .find('i').text.count('$'))
        cuisine_class = 'rest-row-meta--cuisine rest-row-meta-text
sfx1388addContent'
        item['cuisine'] = resto.find('span', class_=cuisine_class).text
        location_class = 'rest-row-meta--location rest-row-meta-text
sfx1388addContent'
        item['location'] = resto.find('span', class_=location_class).text
        data[i] = pd.Series(item)
    return data.T
```

（2）启动一个无头浏览器，继续单击"下一步"按钮，捕获每个页面上显示的结果，代码如下：

```python
restaurants = pd.DataFrame()
driver = webdriver.Firefox()
url = ▓▓▓▓▓▓▓▓▓▓▓▓▓▓▓▓▓▓▓▓▓▓▓▓▓▓▓▓▓▓▓▓
driver.get(url)
while True:
    sleep(1)
    new_data = parse_html(driver.page_source)
    if new_data.empty:
        break
    restaurants = pd.concat([restaurants, new_data], ignore_index=True)
    print(len(restaurants))
    driver.find_element_by_link_text('Next').click()
driver.close()
```

通过运行一个样本，我们获得了 2020 年年初 10 000 家餐厅的位置、菜品和价格信息。此外，我们还得到了约 1750 家餐厅同日预订数据（周一）以及约 3500 条评级和评论信息。

图 3.2 所示为一个快速摘要，左侧图显示了按价格类别划分的拥有最多餐厅的 10 个地点；中间的图则显示了餐厅价格越高评级就越好；右侧图显示了评级越好的餐厅收到的预订越多。在一定周期内跟踪这些可以提供有价值的信息，如消费者情绪、位置喜好或特定的连锁餐厅偏好等。

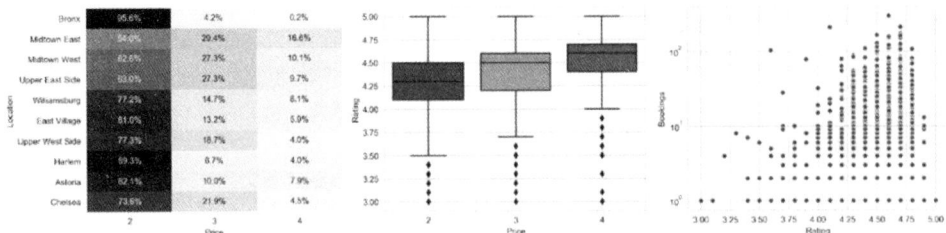

图 3.2　OpenTable 数据汇总

网站内容在不断变化，因此此代码可能会在某个时段停止工作。所以有必要修改识别新的类或 ID 名称等站点导航信息，并相应地修正解析器。

4．通过 Scrapy 和 Splash 进一步实现自动化

Scrapy 是一个功能强大的库，可以自动构建跟踪链接、检索内容并以结构化方式存储解析结果。结合 Splash 无头浏览器，它还可以作为 JavaScript 的解释器，并有效地替代 Selenium。

可以使用 01_OpenTable 目录中的 scrapy crawl OpenTable 命令运行 Spider，结果记录在 spider.log 中，代码如下：

```python
from opentable.items import OpentableItem
from scrapy import Spider
from scrapy_splash import SplashRequest
class OpenTableSpider(Spider):
    name = 'opentable'
    start_urls = ['▒▒▒▒▒▒▒▒▒▒▒▒▒▒▒▒▒▒▒▒▒▒▒▒▒▒▒▒▒▒▒▒▒▒▒▒▒']
    def start_requests(self):
        for url in self.start_urls:
            yield SplashRequest(url=url,
                                callback=self.parse,
                                endpoint='render.html',
                                args={'wait': 1},
                                )
def parse(self, response):
    item = OpentableItem()
    for resto in response.css('div.rest-row-info'):
        item['name'] = resto.css('span.rest-row-nametext::
                            text').extract()
        item['bookings'] =
            resto.css('div.booking::text').re(r'\d+')
        item['rating'] = resto.css('div.all-stars::
            attr(style)').re_first('\d+')
        item['reviews'] = resto.css('span.star-rating-text–review-text::
                                text').re_first(r'\d+')
        item['price'] = len(resto.css('div.rest-row-pricing >
                        i::text').re('\$'))
        item['cuisine'] = resto.css('span.rest-row-meta–
                                cuisine::text').extract()
        item['location'] = resto.css('span.rest-row-meta–
                                location::text').extract()
        yield item
```

除了单个餐厅或连锁店的评论和预订之外，还有许多方法可以从这些数据中提取信息。例如，我们可以进一步收集餐厅的地址并对其进行地理编码，将餐厅的地理位置与其他感兴趣的区域（如热门零售点或社区）联系起来，从而更加深入地了解经济活动的特定方面。如前所述，这样的数据与其他信息的组合将是最有价值的。

3.5.2　收集和分析收入财报会议记录

文本数据是一种重要的另类数据源。文本数据的一个例子是财报电话会议记录，高管们不仅要介绍最新的财务业绩，还要回答财务分析师的问题。投资者可以利用这些记录评估情绪的变化，如是否有强调特定话题或沟通风格等。

下面将举例说明如何从大众交易网站上收集和解析财报电话会议记录。如 OpenTable 中所示，首先使用 Selenium 访问 HTML 源代码，然后使用 BeautifulSoup 解析内容。

（1）为 Firefox 浏览器实例化一个 Selenium 网页驱动，代码如下：

```
from urllib.parse import urljoin
from bs4 import BeautifulSoup
from furl import furl
from selenium import webdriver
transcript_path = Path('transcripts')
SA_URL = '▨▨▨▨▨▨▨▨▨▨▨▨▨'          #大众交易网站
TRANSCRIPT = re.compile('Earnings Call Transcript')
next_page = True
page = 1
driver = webdriver.Firefox()
```

（2）迭代记录页面，根据我们通过检查网站获得的导航逻辑创建URL。只要找到指向其他脚本的相关超链接，就可以访问网页驱动的page_source属性并调用parse_html函数提取内容，代码如下：

```
while next_page:
    url = f'{SA_URL}/earnings/earnings-call-transcripts/{page}'
    driver.get(urljoin(SA_URL, url))
    response = driver.page_source
    page += 1
    soup = BeautifulSoup(response, 'lxml')
    links = soup.find_all(name='a', string=TRANSCRIPT)
    if len(links) == 0:
        next_page = False
    else:
        for link in links:
            transcript_url = link.attrs.get('href')
            article_url = furl(urljoin(SA_URL,
                              transcript_url)).add({'part': 'single'})
            driver.get(article_url.url)
            html = driver.page_source
            meta, participants, content = parse_html(html)
            meta['link'] = link
driver.close()
```

（3）从非结构化记录中收集结构化数据，除了使用BeautifulSoup之外，还可以使用正则表达式。正则表达式可以帮助我们收集详细的信息，而不仅是关于财报电话会议的公司和时间，还包括谁出席了会议，并将结合分析师和公司代表等作归因分析，代码如下：

```python
def parse_html(html):
    date_pattern = re.compile(r'(\d{2})-(\d{2})-(\d{2})')
    quarter_pattern = re.compile(r'(\bQ\d\b)')
    soup = BeautifulSoup(html, 'lxml')
    meta, participants, content = {}, [], []
    h1 = soup.find('h1', itemprop='headline').text
    meta['company'] = h1[:h1.find('(')].strip()
    meta['symbol'] = h1[h1.find('(') + 1:h1.find(')')]
    title = soup.find('div', class_='title').text
    match = date_pattern.search(title)
    if match:
        m, d, y = match.groups()
        meta['month'] = int(m)
        meta['day'] = int(d)
        meta['year'] = int(y)
        match = quarter_pattern.search(title)
    if match:
        meta['quarter'] = match.group(0)
    qa = 0
    speaker_types = ['Executives', 'Analysts']
    for header in [p.parent for p in soup.find_all('strong')]:
        text = header.text.strip()
        if text.lower().startswith('copyright'):
            continue
        elif text.lower().startswith('question-and'):
            qa = 1
            continue
        elif any([type in text for type in speaker_types]):
            for participant in header.find_next_siblings('p'):
                if participant.find('strong'):
                    break
                else:
                    participants.append([text, participant.text])
        else:
            p = []
            for participant in header.find_next_siblings('p'):
                if participant.find('strong'):
                    break
                else:
                    p.append(participant.text)
            content.append([header.text, qa, '\n'.join(p)])
    return meta, participants, content
```

（4）在第 14～16 章中会使用机器学习处理自然语言，为了便于访问，往往把结果存储在几个.csv 文件中，代码如下：

```python
def store_result(meta, participants, content):
    path = transcript_path / 'parsed' / meta['symbol']
    pd.DataFrame(content, columns=['speaker', 'q&a',
                'content']).to_csv(path / 'content.csv', index=False)
    pd.DataFrame(participants, columns=['type', 'name']).to_csv(path /
                'participants.csv', index=False)
```

```
pd.Series(meta).to_csv(path / 'earnings.csv')
```

有关更多详细信息和参考资料，请参考 GitHub 存储库中的 README 文件，这将会帮助读者了解如何更好地开发网页爬取应用程序。

3.6 本章小结

在本章中，我们介绍了因大数据革命而可用的新另类数据源，包括个人产生的数据、商业过程数据和传感器数据（如卫星或 GPS 定位设备）。我们从投资角度提出了评估另类数据集的基本框架，并列出了关键类别和数据提供商，帮助读者概览了这个巨大的并还在继续发展的领域，从而为使用机器学习的算法交易策略提供了关键的信息。

我们还探索了强大的 Python 工具，读者可以使用这些工具大规模收集自己的数据集，进而成为一个熟练使用网络爬取、掌握独家信息优势的算法交易者。

在第 4 章中，我们将继续介绍产生交易信号的阿尔法因子的设计和评估，并研究如何在投资组合中打出"因子组合拳"。

第*4*章

金融特征工程
——阿尔法因子研究

算法交易策略由信号驱动，这些信号指示何时购买或出售资产，目的是获得相对于基准（如指数）更高的收益。资产收益中无法用基准风险敞口解释的部分称为超额收益，也就是本书和投资行业中常说的**阿尔法**，因此这些旨在产生（与基准）不相关收益的信号，也称为**阿尔法因子**。

如果读者已经熟悉机器学习，则可能知道特征工程是成功预测的关键因素，交易中也是如此。然而，对投资的研究可能是极为丰富的，几十年来人们一直在努力探寻市场是如何运作的，哪些特征可能比其他特征更能解释或预测价格的变动。希望这一章能帮助读者对这些内容有基本的概念，相信这也将成为读者自己研究阿尔法因子的起点。

本章还将介绍便于计算和测试阿尔法因子的关键工具，重点包括如何使用 NumPy、pandas 和 TA-Lib 等库处理数据，如何使用流行的小波和卡尔曼滤波器等对数据进行降噪处理。

我们还将介绍一种交易模拟器 Zipline，以及如何用 Zipline 评估（传统）阿尔法因子的预测性能。关键的阿尔法因子指标，如信息系数、周转率等也是本章将要介绍的重要内容。当然，我们将在第 6 章中介绍更深入的机器学习交易策略回测，同时也会看到完整的 ML4T 工作流，这也是整本书评估交易策略的核心。

本章将涵盖以下内容：

- 现有因子分类、影响机理及测量。
- 使用 NumPy、pandas 和 TA-Lib 创建阿尔法因子。
- 使用小波和卡尔曼滤波器对数据进行降噪处理。
- 使用离线 Zipline 和 Quantopian 进行阿尔法因子的单因子和多因子测试。
- 使用 Alphalens 评估预测性能，如周转率、**信息系数（IC）**。

> **TIP**　读者可以在 GitHub 存储库相应目录中找到本章的代码示例和其他资源链接，笔记中还包括彩色图像。附录 A "阿尔法因子库"中包含大量金融特征工程的附加信号，其中包括 100 多个实例，可以利用这些信号制定自己的策略。

4.1 现实中的阿尔法因子——从数据到信号

阿尔法因子需要对可能预测资产价格变动的原始数据进行转换，设计阿尔法因子的目的是**捕捉可能影响资产收益的风险**。具体的输入可以是单因子也可以是多因子组合，但是输出则为每个资产的单个信号值，准确地说，是每次就策略进行因子测试时输出一个信号。交易决策可以比照跨资产相对因子价值制定，也可以依据单个资产模式制定。

如图 4.1 所示，阿尔法因子的设计、评估和组合是算法交易策略工作流研究阶段的关键步骤。

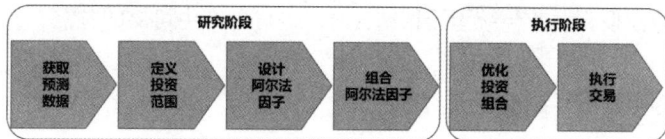

图 4.1　阿尔法因子研究和执行工作流

本章重点介绍研究阶段，第 5 章着重介绍执行阶段。本书的其余部分则聚焦于如何使用机器学习算法从数据中学习新的因子，并有效地组合来自多个阿尔法因子的交易信号。

更进一步说，阿尔法因子是包含交易信号的市场、基本面和另类数据的转换。一些因子描述宏观经济变量，如经济增长、通货膨胀、波动率、生产率和人口等因子；还有一些因子则反映投资风格，如价值因子、成长性因子或反映市场交易和价格本身的动量因子；也有一些因子可以解释经济学或制度设计以及投资者行为（包括这种行为的已知偏差）对价格变动的影响。

因子背后的经济理论可以是**理性的**，这意味着相应因子可以取得长期的高回报，从而弥补它们在糟糕时期的低回报；因子也可以是**行为性的**，即因为交易者可能存在的偏差或不完全理性的行为形成风险溢价，且这些溢价仍然没有被套利。

找寻和发现能够捕捉已知或反映未知驱动收益因子的研究从来没有中断。Research Affiliates 的联合创始人 Jason Hsu 管理着近 2000 亿美元的资产，识别了截至 2015 年在各知名期刊上发表的经证实的约 250 个因子，Jason Hsu 估计因子数字还在以每年约 40 个的数量增加。

为了避免错误的产生，同时确保一个因子能够提供一致的结果，因子最好具备一定意义上的**经济学**内涵，可以是趋势、可以是价值、可以是波动、可以是质量或者其他原理，这些我们将在 4.2 节进行讲解。这样使得因子更有可能反映市场将会予以补偿的机遇。

阿尔法因子通常来自原始的市场、基本面或另类数据，通过简单的算术转换得到，如变量随时间的绝对或相对变化、数据系列之间的比率或时间窗口内的汇总计算（如简单平均或指数移动平均）。阿尔法因子还包括从价格和成交量模式的技术分析中得出的指标，如需求与供应的**相对强弱指数**和证券基本分析中常见的众多指标。Kakushadze（2016）列出了 101 个阿尔法因子的公式，其中有 80% 为 WorldQuant 对冲基金所用。

历史上，交易策略中可以针对一个或多个阿尔法因子应用简单排序启发式、价值阈值或分位数切分等方法交叉计算多个证券。Warren Buffet 很喜欢一本书，是 Graham 和 Dodd 于 1934 年出版的《证券分析》（*Security Analysis*），所涉及的价值投资方法就是著名的例子之一，书中主要基于账面市值比等指标确定交易策略。

2013 年诺贝尔经济学奖得主 Eugene Fama 则与 Kenneth French 一起引领了现代阿尔法因子的研究，证明了规模因子和价值因子对产生超额收益的影响（1993）。这项工作形成了后来著名的三因子和五因子模型，我们将在第 7 章中详细介绍，届时会使用开发人员们在其网站上提供的每日因子收益数据。Andrew Ang 曾经在管理着近 7 万亿美元资产的贝莱德（BlackRock）负责相关方面的工作，2014 年他写了一本书[1]，堪称现代因子投资的精彩概述。

正如我们将在本书中了解到的，机器学习在学习如何直接从更多样、更大量且没有特定公式的数据中提取信号是相当有效的。然而，我们还将了解到，阿尔法因子仍然是机器学习模型的有用输入，只不过在具体的处理中，模型更多的是自动优化设置而不是像传统那样手动设置规则。

因此，如今的算法交易策略利用了大量的信号，其中许多信号单独存在时可能表现比较弱，但当通过机器学习算法与其他模型驱动或传统因子相结合时，则可以产生可靠的预测。

4.2 因子研究这几十年

在理想情况下，风险因子应该是相互独立的，能够产生正的风险溢价，并形成一个完整的能够涵盖所有维度风险的集合，最好这一切就足够解释特定类别资产的系统风险。然而，理想和现实总是有差距的，实际操作中，这些期望只能近似成立，而且不同因子之间往往并不完全独立。例如，规模较小的公司往往动量因子更强（Hou、Xue 和 Zhang，2015）。在第 13 章中，我们将介绍如何使用无监督学习（特别是主成分和独立成分分析）获得合成的数据驱动风险因子。

本节中，我们将回顾金融研究和交易应用中的几类关键因子并解释其经济原理，同时介绍获取这些收益驱动的常用指标。

在 4.3 节中，我们将演示如何使用 NumPy 和 pandas 应用其中的一些因子，基于 TA-Lib 库进行技术分析，以及如何使用 Zipline 回测库对因子进行评估，还将重点介绍 Quantopian 平台上提供的一些 Zipline 内置因子。

4.2.1 动量和情绪——与趋势为友

动量投资是最成熟的因子投资策略之一，Jegadeesh 和 Titman（1993）对美国股票市场的定量研究就是很好的佐证。动量投资遵循的格言是："与趋势为友""卖掉赔钱股，抱牢赚钱股"[2]。动量因子旨在做多表现良好的资产，同时卖空在一定时期内表现不佳的资产。2013 年，Asness、Moskowitz 和 Pedersen 对 8 类不同资产的近期市场表现进行了研究，为动量因子的有效性提供佐证。值得一提的是，Clifford Asness 正是著名对冲基金 AQR 的创始人，目前该基金资产规模已经达到 2000 亿美元。

使用动量因子策略的前提是**资产价格在趋势上体现出正相关性**。这种价格动量违背了有效市场理论，该理论认为仅凭过去的价格收益无法预测资产未来的表现。尽管理论上还不能解释为什么"动量"能够带来超额投资收益，但动量策略的确在多种资产市场中帮助投资者获得了更高的投资收益，也成为许多

---

[1] 译者注：这本书应该是《资产管理：因子投资的系统性解析》。

[2] 译者注：完整的表达应该是 "Let your winners run, and cut your losers." 原书只有前半句，这是华尔街最古老的谚语"卖掉赔钱股，抱牢赚钱股"。

交易策略的重要组成部分。

图 4.2 显示了基于各种阿尔法因子的投资组合的历史表现（使用 Fama-French 网站的数据）。强弱因子（赚钱股减去赔钱股）表示美国股票中前 30%减去后 30%的 2—12 月投资收益差异。

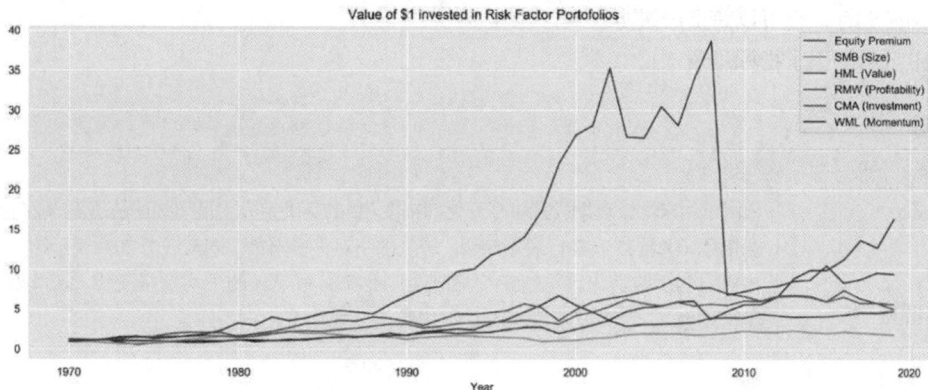

图 4.2　各种风险因子的投资收益

2008 年金融危机之前，动量因子的表现远远超过其他主要风险因子，如**账面市值比因子（HML）**、**盈利能力因子（RMW）**和**投资因子（CMA）**。这里所指的证券溢价是指市场收益（如标准普尔 500 指数）与无风险利率之间的差值。

1. 动量和情绪能带来超额收益的原因

动量效应主要来自投资者行为、持续的供需失衡、风险资产与经济之间的正反馈循环或市场微观结构。

在**行为心理学**上，动量反映了投资者对市场信息的反应不足（Hong、Lim 和 Stein，2000）和反应过度（Barberis、Shleifer 和 Vishny，1998）的偏差，这是因为投资者本身以不同的速度处理新信息。在最初对消息反应不足后，投资者通常会推断过去的行为并形成价格动量。20 世纪 90 年代末市场泡沫期间，科技股的反弹就是一个极端的例子。恐惧和贪婪心理也促使投资者增加对盈利资产的风险敞口，同时不断地出售亏损资产（Jegadeesh 和 Titman，2011）。

动量本身可能也有来自**基本面驱动因子**，如风险资产和经济之间的正反馈循环。经济增长提振股市，由此产生的财富效应通过更高的支出反馈到经济中，再次推动经济增长。价格和经济之间的正反馈通常会将股票和信贷的动量扩展到比债券、外汇和大宗商品更长的期限，而在债券、外汇和大宗商品中，负反馈会产生反转，因此投资期限一般比较短。另一个导致势头增长的原因可能是市场摩擦导致的持续供需失衡，比如商品生产需要适应不断变化的需求方面的延迟，以石油为例，经济繁荣会带来更高的需求，而石油生产则可能会滞后数年，持续的供应短缺可能会引发并支撑价格持续上涨（Novy-Marx，2015）。

再短一些到日内时间范围，**市场微观结构**效应也会创造价格动量，因为投资者执行交易策略的过程也是自身偏好的反映。例如，交易本身追求减少损失、让利润奔跑，因此投资者会使用止损策略、**固定比例投资组合保险策略（CPPI）**、动态 delta 对冲或其他基于期权的交易策略（如保护性看跌期权）。策略本身意味着提前承诺在资产表现不佳时卖出，在表现好时买入，因此也会创造价格动量。

类似地，风险平价策略倾向于购买表现良好的低波动率资产，而出售表现不佳的高波动率资产。基于这些策略的投资组合会自动再平衡，这往往进一步加强了价格动量。

2. 衡量动量和情绪

动量因子通常来自价格时间序列的变化，可以从趋势和模式方面进行识别。通过比较资产横截面或分析资产时间序列，我们可以在不同时间范围内基于绝对或相对收益构建动量因子，这个过程可以在传统资产类别内进行，也可以跨资产进行。

本书中常用的因子指标见表4.1。

表 4.1

因　　子	描　　述
相对强弱指数	该因子用来比较近期股票价格变化的幅度，目的是确定股票是超买还是超卖。较高的相对强弱指数（通常高于70）表示超买，较低的相对强弱指数（通常低于30）表示超卖。 相对强弱指数首先计算给定交易时间（通常是14天）的平均价格变化，Δ_p^{up} 表示价格上涨平均数，Δ_p^{down} 表示价格下跌平均数，公式如下： $$RSI = 100 - \frac{100}{1 + \frac{\Delta_p^{up}}{\Delta_p^{down}}}$$
价格动量	该因子计算给定前几个交易日的总回报。在学术文献中，通常使用过去12个月，其中因短期逆转效应经常把最近一个月排除在外。当然，更短的周期也被广泛使用
基于成交量的价格动量	该因子将过去12个月的总收益除以这些回报的标准差，进行标准化处理
价格加速	价格加速计算价格趋势的梯度（基于波动率调整后），使用线性回归对较长时期（如1年）或较短时期（如3个月）的每日价格进行计算，并比较斜率的变化，从而衡量价格加速情况
52周高点百分比	该因子计算最新价格和过去52周内最高价格之间的百分比差

还有一些情绪因子指标见表4.2，分析师估计等信息可以从Quandl或彭博等数据提供商获得。

表 4.2

因　　子	描　　述
收益估计统计	该因子根据一致估计量对股票进行排名，以此来衡量分析师的覆盖率和信息的不确定性，值越高越好
N月研报改变	该因子通过对前 N 个月的一致建议改变对股票进行排名，在这个位置上的改变是非常有吸引力的（无论它们是否从强劲卖出转为卖出或从买入转为强劲买入等）
年度流通股变动	该因子衡量的是一家公司在过去12个月里综合拆股等因素调整后的股票数量变化。在这种情况下，负变化意味着股票回购，表明管理层认为该公司的股票相对于其内在价值和未来价值而言可能是便宜的
目标价格半年变化	该指标跟踪分析师平均目标价格6个月的变化，更高的正向变化自然是更好的
净收益修正	该因子表示收益预期向上和向下修正之间的差值占修正总数的百分比
卖空比率[1]	该因子是指目前卖空的流通股比例，即投资者借入股票后，在猜测股价将下跌的同时，需要在晚些时候回购股票。因此，高水平的空头利率表明负面情绪较重，预示着未来的糟糕表现

---

[1] 译者注：short interest = shorted shares/shares outstanding，即当前卖空的股数/已发行股数，是一个百分比。

还有许多数据提供商致力于提供基于 Twitter 等社交媒体构建的情绪指标，在本书的第 3 部分中，我们将使用**自然语言处理**算法创建自己的情感指示器。

4.2.2　价值因子——立足基本面，发掘便宜货

股价相对于基本价值较低的股票，其投资收益往往超过大盘。价值因子反映了这种相关性，并被设计为对相对便宜的低估资产发出买入信号，对高估资产发出卖出信号。因此，任何价值策略的核心都是一个评估资产公允价值或基本价值的模型。公允价值可以定义为绝对价格水平，相对于其他资产的价差，或者被定义为资产交易的范围。

1．相对价值策略

价值策略依赖于资产公允价值的平均价格回归。该策略假设，由于过度反应或羊群效应等行为性效应或流动性效应（如暂时的市场影响或长期的供求摩擦），价格只会暂时偏离公允价值。价值因子通常表现出与动量因子相反的特性，因为该因子与均值回归密切相关。就股票而言，与价值型股票相反的是成长型股票，这些股票因增长预期而估值较高。

价值因子促成了一系列广泛的系统策略，包括基本面和市场估值以及跨资产相对价值。它们通常被统称为**统计套利策略（StatArb）**，如果不涉及其他传统或另类风险因子，往往作为市场中性的多/空组合而被执行。

2．基本面价值策略

基本面价值策略基于目标资产类别的经济和基础指标获得公允资产价值。在固定收益、货币和大宗商品方面，指标包括资本账户余额、经济活动、通货膨胀或资金流动的水平和变化等。对于股票和企业债券，价值因子可以追溯到 Graham 与 Dodd 的证券分析。股权价值法（也称权益价值方法）将股票价格与账面价值、营收、利润或各种现金流指标等基本指标进行比较。

3．市场价值策略

市场价值策略使用统计或机器学习模型识别由于流动性供应效率低下而导致的错误定价。**统计套利**和**指数套利**是捕捉短期市场影响逆转的突出例子，我们将在第 9 章中详细介绍。对于较长的投资时间周期，制定其市场价值策略还可以考虑股票和大宗商品的季节性影响。

4．跨资产相对价值策略

跨资产相对价值策略专注于跨资产类别之间的错误定价。例如，可转债套利涉及一家公司的股票和可转债之间的相对价值交易。相对价值策略还包括信贷和股票波动之间的交易，利用信贷信号进行股票交易，或大宗商品和相关股票之间的交易。

5．价值因子有助于预测收益的原因

价值效应的存在既有理性的一面，也有行为性的一面，它定义为一个投资组合价值股相对于成长型股票的投资组合的超额收益，前者有较低的市场价值，后者则往往相对于基本面具有较高的市场价值。我们将从大量研究中引用几个突出的例子（Fama 和 French，1998；Asness、Moskowitz 和 Pedersen，2013）。

从理性的有效市场观点看，价值溢价补偿了更高的实际或感知风险。研究人员提出的证据表明，价值型公司在适应不利的经济环境方面的灵活性低于更精简、更灵活的成长型公司，或者价值股票风险与高财务杠杆和更不确定的未来收益有关。价值和小盘股投资组合也被证明比成长型和大盘股投资组合对宏观冲击更敏感（Lakonishok、Shleifer 和 Vishny，1994）。

从行为角度看，价值溢价可以用损失厌恶和心理会计偏差来解释。因为之前的收益提供了缓冲，投资者可能不太担心近期表现强劲的资产的损失。这种损失厌恶导致投资者认为股票的风险比以前小，并以更低的比率折现其未来的现金流。相反，近期表现不佳可能会导致投资者提高资产的贴现率。

这些**不同的回报预期**是产生价值溢价的根源，相对于基本面，市盈率较高的成长型股票过去表现不错，但由于投资者对风险较低的偏见，他们未来的平均回报率预期可能较低，而价值型股票则正好相反。

6. 如何捕捉价值效应

大量的估值近似方法都是根据基础数据计算出来的。这些因子可以组合为机器学习估值模型的输入，从而进一步预测资产价格。表 4.3 列出了适用于股票的一些因子，我们将在后面的内容中看到这些因子是如何使用的。

表　4.3

因　　子	描　　述
现金流收益率	该因子等于每股经营现金流/股价。较高的现金流收益率意味着股东能够获得更好的现金收益（如派发股息或股票回购支付，或对企业进行有利可图的再投资）
自由现金流收益率	该因子等于每股自由现金流/股价。每股自由现金流反映的是扣除必要支出和投资后可供分配的现金，较高且不断增长的自由现金流收益率通常被视为表现优异的信号
投资资本现金流收益率（CFROIC）	该因子等于经营现金流/投入资本（即总债务+净资产）。CFROIC 衡量公司的现金流盈利能力。一般而言，更高的收益意味着对于一定数量的资本，企业能够投入更多的现金，并为股东创造更多的价值
总资产的现金流比率	该因子等于经营现金流/总资产，表示相对于其资产公司可以产生多少现金。与 CFROIC 一样，一般而言，这个比率越高越好
自由现金流企业价值之比	该因子衡量公司相对于其企业价值产生的自由现金流，企业价值是指股权和债务的综合价值。债务和股权价值可以从资产负债表中获得，但更好的办法是直接使用市场估值，因为假设相应资产交易活跃，市场估值通常能够提供更准确的情况
EBITDA 与企业价值之比	该因子衡量公司的**税息折旧及摊销前利润（EBITDA）**，近似于现金流相对于企业价值的比率
收益率	该因子等于过去 12 个月的收益总和除以到期日市场（收盘）价格
1 年预期收益率	该因子不使用历史收益，而是将股票分析师预测的未来 12 个月的平均收益除以最新价格
市盈率与增长比率	该因子等于**（每股市价/每股盈利）/（给定时间内的每股收益增长率）**。该比率通过公司的盈利增长调整为一元盈利（以市盈率衡量）所支付的价格[1]

---

[1] 译者注：这是一种形容 PEG ratio 的形象说法。一般而言，在具体操作中，当 PEG ratio 的值达到 1 时，这只股票则被认为估值得当；当 PEG ratio 的值小于 1 时，这只股票则被认为估值过低；当 PEG ratio 的值大于 1 时，这只股票则被认为估值过高。

因　　子	描　　述
1 年预期市盈率与行业市盈率之比	该因子预测未来一年市盈率相对于行业市盈率的比值，目的是通过考虑行业估值调整对应证券估值，尽量收敛偏差
销售收益率[1]	该因子衡量的是一只股票的估值与其创造收入的能力之间的关系，在其他条件相同的情况下，市销率越低的股票越有可能跑赢大盘
预期销售收益率	预期销售收益率使用分析师的销售预测结合（加权）平均值计算
账面价值收益率	该因子等于历史账面价值/股价
股息收益	该因子等于当前年化股息除以收盘价，贴现现金流估值则假设公司市场价值等于其未来现金流的现值

在第 2 章中，我们已经介绍了如何从公司文件中获取可以用于计算这些指标的基本面数据。

4.2.3　波动率和规模异常

规模效应是较早的风险因子之一，与低市值股票的超额收益表现有关（见图 4.2）。最近有研究表明，对于波动率、贝塔因子或特殊风险低于平均水平的股票，**低波动率**确实能够带来超额收益。市值较大的股票往往具有较低的波动率，因此传统的规模因子往往与更近发现的波动率因子结合使用。

低波动率异常也被视作与基本金融原则不一致的经验之谜。**资本资产定价模型（CAPM）**和其他资产定价模型认为，更高的风险应该获得更高的收益，但在众多市场和更长的时期内，事实正好相反，风险较低的资产投资收益表现往往优于风险较高的资产。

图 4.3 展示了 1990—2019 年标准普尔 500 指数收益相对于波动率指数的滚动均值，波动率指数衡量标准普尔 100 指数平价期权的隐含波动率。图 4.3 中显示，在此期间内，股票收益和波动率指标是如何反向变动的，负相关系数达到-0.54。除了这种总体效应，2006 年 Ang 等证明，对波动率指数变化更敏感的股票表现反而更差。

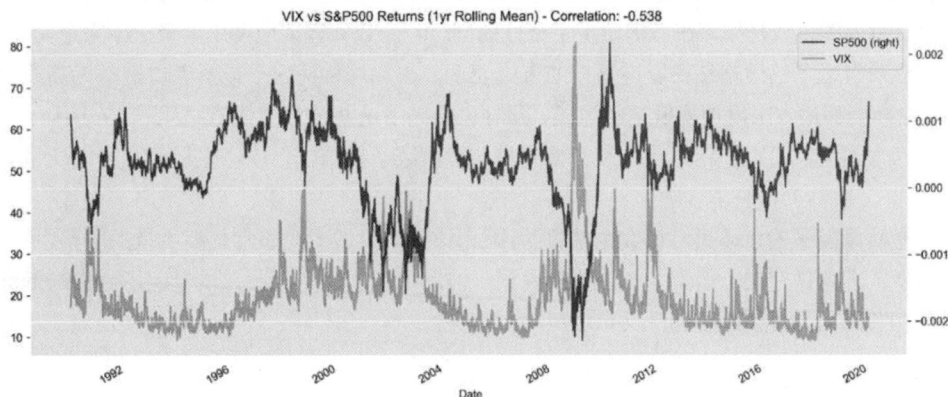

图 4.3　波动率指数和标准普尔 500 指数的相关性

---

[1] 译者注：是市销率（Price-to-sales ratio，PS）的倒数，PS=总市值/主营业务收入，或者 PS=股价/每股销售额。

1. 波动率和规模因子可以预测收益的原因

理论上讲，低波动率异常与有效市场假说和 CAPM 假设是相互矛盾的[1]。人们试图从行为学的角度给出解释：**彩票效应**就是其中之一，生活经验告诉我们，人们更倾向于接受类似彩票的赌注，预期损失很小，但潜在的赢面很大，即使这种大赢的概率可能相当低。如果一只价格低、波动大的股票的风险收益状况就像一张彩票，投资者则认为这可能是一个有吸引力的赌注，因此他们可能会由于喜好偏差而对高波动股票投入过高，而对低波动股票则投入不足。

代表性偏差[2]显示，投资者往往将少数广为人知的高波动率股票的（包括别人的）投资成功推断为对所有高波动率股票都适用，却忽略了此类股票的投机性。投资者也可能对自己预测未来的能力**过于自信**，这也导致对结果越不确定的波动率股票，他们的意见分歧越大。由于通过做多（即持有资产）来表达正面观点（看多）比通过做空来表达反面观点（看空）更容易，乐观者可能会超过悲观者，并由此不断推高波动率较大的股票价格，进而导致收益率下降。

此外，投资者在牛市和熊市的行为也有所不同。在牛市期间，贝塔因子离散度要低得多，低波动率的股票表现不会差太多。就算真的有，也更多表现在熊市，这时投资者力图寻求或保持低波动率股票，贝塔因子离散度也就相应增加。因此，波动率较低的资产和投资组合长期表现反而较好。

2. 衡量波动率和规模

识别低波动率股票的指标范围很广，一方面可以看历史波动率（如标准差）；另一方面也可以预测（隐含）波动率和相关性。甚至还有一些观点认为低波动率就是低贝塔值。2014 年，Ang 的研究证明对多种指标而言，波动率异常确实能够带来超额收益。

4.2.4 量化投资质量因子

质量因子的目标是投资高利润率、高效运营、安全、稳定和治理良好的公司并获得超额收益，简而言之，就是高质量。市场似乎的确会奖励收益相对确定的股票，惩罚收益波动率高的股票。

长期以来，依赖基本面分析的选股者一直提倡投资组合向高质量企业倾斜，但这在量化投资中无异于一个新事物。主要的挑战是如何在考虑质量主观性的同时，一致并客观地使用定量指标来定义质量因子。

基于独立质量因子的策略往往以逆周期的方式表现，因为这种情况下投资者更愿意为高质量的企业支付溢价，这样能够最大限度地降低下行风险，同时也推高了这些公司的估值。因此，在多因子策略中，质量因子通常与其他风险因子相结合，最常见的是与价值因子相结合，以产生尽可能高的质量合理的价格策略。

通常多空质量因子的市场贝塔系数也是负的，因为该策略中做多的通常是高质量的股票，相对而言，波动率也更低；适合做空的一般都是低质量的股票，波动率也更大。因此，质量因子通常与低波动率和动量因子正相关，而与价值因子和广义市场风险负相关。

---

[1] 译者注："好的股票表现更好，差的股票表现更差"，也就是物理上讲的"惯性"，因此波动率较低，Eugene Fama 正是因此将"动量"称为"市场反常现象"。

[2] 译者注：由 2002 年诺贝尔经济学奖得主卡尼曼教授提出，指一种认知倾向，即人们常以两个事物的相似性为依据，通过一个事件的相关数据和信息评估另一个事件，虽然变量之间的相关信息能提高预测信心，但对于预测精度其实并无益处。

1. 质量很重要

质量因子可能预示着优异的表现，因为卓越的基本面（如持续的盈利能力、稳定的现金流增长、审慎的杠杆比率、对资本市场融资的低需求或低财务风险等）有力地支撑了企业股票的吸引力，并长期支撑了这些公司的估值。从公司财务的角度来看，优质公司通常会谨慎地管理其资本，并降低过度杠杆化或过度资本化的风险。

有研究从行为心理学解释，投资者对有关质量的信息反应不足，这与动量理论的基本原理类似，就像老话说的"卖掉赔钱股，抱牢赚钱股"。

另一个支持优质股溢价的原因是羊群效应，就像成长型股票一样。股票越来越贵，基金经理可能更愿意购买一家基本面强劲公司的股票，而不是一只波动更大（风险更高）的价值型股票，即使这只股票股价正在上涨。

2. 衡量资产质量

质量因子主要包括从资产负债表和损益表中计算出的指标，这些指标通过反映高额利润、现金流利润率、运营效率、财务实力表征企业的盈利能力，或者从更广泛的意义上讲，也就是企业的竞争力，即企业随着时间的推移保持盈利地位的能力。

因此，我们一般使用盈利能力、资本收益率、低盈利波动率或各种盈利能力、收益质量和杠杆水平等，其中盈利能力指标最近已经被添加到了 Fama-French 因子模型中。一些常用因子指标见表 4.4。

表 4.4

因　子	描　述
资产周转率	该因子等于销售收入与平均资产总额之比，主要衡量公司使用其资产产生收入的效率，一般而言，资产周转率越高越好
资产周转率年度变化	该因子衡量过去一年中使用资产产生收入的效率变化，即管理效率的变化。效率改善程度最高的股票通常更有望跑赢大盘
流动比率	该因子等于流动资产对流动负债的比率，用来衡量企业流动资产的短期债务能力，从质量角度来看，流动比率越高越好
利息保障倍数[1]	该因子等于**息税前利润（EBIT）** 与利息费用之比，衡量的是一家公司支付债务利息的难易程度。该值越高越理想
杠杆比率	一家公司的债务比股本多得多，被认为是高杠杆。负债股权比率通常与前景成反比，一般而言，杠杆比率越低越好
派息率、股息支付率	指以股息形式支付给股东的收益，一般而言，派息率较高的股票排名越靠前
净资产收益率	该因子等于净利润与平均股东权益的比率，一般而言，历史净资产收益率的股票排名较高

盈余管理在实际操作中与应计利润高度相关，因此，我们也通常使用应计项目规模近似衡量盈利质量。对于规模相当的资产，较高的应计项目总额可能导致较低的盈利质量。然而，这种估计肯定无法确保万无一失，因为应计项目也可能像估计未来业务增长一样"操纵"盈利水平。

---

[1] 译者注：直译为"利息覆盖率"，根据释义更正为利息保障倍数（Interest Coverage Ratio）。

我们对阿尔法因子进行了大致分类，研究证明，这些因子的确与超额收益有不同程度的关联，接下来，我们将从市场、基本面和另类数据中发掘独属于我们自己的金融特征。

4.3 预测收益的阿尔法因子工程

基于对关键因子类别、基本原理和流行指标的概念性理解，首要任务是识别新的因子，这些因子或者能够更好地捕捉先前收益驱动因子所体现的风险，或者直接就是新的因子。最重要的是比较新因子和原先因子的表现，并识别增量信号增益。

在 Python 中，我们可以使用数值计算库 NumPy、pandas 以及技术分析专用库 TA-Lib 将数据转换为因子。也可以使用 Zura Kakushadze 于 2016 年提出并应用于阿尔法工具库的表达式——101 Formulaic Alphas。此外，Quantopian 平台还提供了大量的内置因子，这些都可以帮助我们加快研究进程。

要将一个或多个因子应用于投资领域，可以使用 Zipline 回测库（其中包括一些内置因子），并使用 Alphalens 库评估其表现。

4.3.1 使用 pandas 和 NumPy 设计因子

pandas 和 NumPy 是自定义因子计算的关键工具。本小节将演示如何使用它们来快速计算转换产生各种阿尔法因子。如果读者不熟悉这些库，特别是我们将在本书中使用的 pandas，请参考本章的 README 文件 GitHub repo 中的文档和教程。

alpha_factors_in_practic 目录中的 feature_engineering.ipynb 笔记包含了如何创建各种因子的示例。该笔记使用由 create_data.ipynb 笔记生成的数据，数据存储在 GitHub repo 根目录的 Data 文件夹中，为了方便快速访问，我们选择以 HDF5 格式存储。GitHub repo 第 2 章资料中的 storage_benchmarks. ipynb 笔记比较了 pandas DataFrames 中的 Parquet、HDF5 和 CSV 等数据存储格式。

2005 年，Travis Oliphant 整合了自 20 世纪 90 年代中期以来开发的较老的 Numeric 和 Numarray 库，创建了用于科学计算的 NumPy 库。基本组织结构包括强大的 N 维数组对象 ndarray，能够支持与 MATLAB 相当的功能。

2008 年，Wes McKinney 在 AQR 资本管理公司工作时，正式发布 pandas 库。pandas 提供数据帧（DataFrame）数据结构，该数据结构基于 NumPy 的 ndarray，同时允许使用基于标签的索引进行更友好的数据操作。pandas 包括一系列（尤其是适用于金融数据处理的）计算工具，如丰富的时间序列操作与自动日期对齐等，后面我们将会详细讲解。

以下介绍了将原始股价数据转换为特定因子的主要步骤。更多详细内容请参考 feature_engineering.ipynb 文件，同时还能看到可视化效果，为了节省篇幅，在此不再赘述。有关文档链接、其他参考资料以及如何使用 pandas 和 NumPy 的教程请参考 GitHub 存储库中本章的 README 文件。

1．数据的加载、切片和重塑

首先，加载美股 Quandl Wiki 股票价格数据，对 pd.MultiIndex 运行 pd.IndexSlice 切片选择 2000—2018 年这一时间段，其中包含时间戳和股票信息。然后，使用.stack()方法调整收盘价列数据，选中并使用行列变换将 DataFrame 转换为宽幅格式，这样每列为交易操作编号，每行为时间戳，代码如下：

```
idx = pd.IndexSlice
with pd.HDFStore('../../data/assets.h5') as store:
    prices = (store['quandl/wiki/prices']
                .loc[idx['2000':'2018', :], 'adj_close']
                .unstack('ticker'))
prices.info()
DatetimeIndex: 4706 entries, 2000-01-03 to 2018-03-27
Columns: 3199 entries, A to ZUMZ
```

2. 重新采样——从每日数据到每月数据

为了减少训练时间并试验更长时间范围的策略,我们合理调整收盘价,将每日数据转换为每月数据,代码如下:

```
monthly_prices = prices.resample('M').last()
```

3. 计算多个历史周期的收益率

为了捕捉像动量模式这样的时间序列动态,我们首先使用 pct_change(n_periods)方法计算多周期历史收益,其中,n_periods 表示标签数量;然后使用.stack()将宽格式结果转换回长格式,运用.pipe()函数将.clip()方法应用到生成的 DataFrame 中;之后用 winsorize 对收益率进行 1%分位到 99%分位的缩尾处理,也就是在这些百分位上处理离群值;最后对收益率计算的几何平均值进行归一化处理。使用.swaplevel()交换MultiIndex 的级别,获得从 1 月到 12 月六个不同时期的复合月收益率,代码如下:

```
outlier_cutoff = 0.01
data = pd.DataFrame()
lags = [1, 2, 3, 6, 9, 12]
for lag in lags:
    data[f'return_{lag}m'] = (monthly_prices
                              .pct_change(lag)
                              .stack()
                              .pipe(lambda x:
                                    x.clip(lower=x.quantile(outlier_cutoff),
                                           upper=x.quantile(1-outlier_cutoff)))
                              .add(1)
                              .pow(1/lag)
                              .sub(1)
                              )
data = data.swaplevel().dropna()
data.info()
MultiIndex: 521806 entries, (A, 2001-01-31 00:00:00) to (ZUMZ, 2018-03-31 00:00:00)
Data columns (total 6 columns):
return_1m     521806 non-null float64
return_2m     521806 non-null float64
return_3m     521806 non-null float64
return_6m     521806 non-null float64
return_9m     521806 non-null float64
return_12m    521806 non-null float6
```

我们可以使用这些结果来计算动量因子,该因子基于较长时期的收益与最近的月收益之间的差异、3 个月与 12 个月收益之间的差异,代码如下:

```
for lag in [2,3,6,9,12]:
    data[f'momentum_{lag}'] = data[f'return_{lag}m'].sub(data.return_1m)
data[f'momentum_3_12'] = data[f'return_12m'].sub(data.return_3m)
```

4. 滞后收益和不同持有期

要将滞后值用作与当前观测相关联的输入变量或特征，我们使用.shift()方法将历史收益移动到当前期间，代码如下：

```
for t in range(1, 7):
    data[f'return_1m_t-{t}'] = data.groupby(level='ticker').return_1m.
shift(t)
```

类似地，为了计算不同持有期的收益，我们使用先前计算的标准化期间收益，并将其移回以使其与当前财务特征一致，代码如下：

```
for t in [1,2,3,6,12]:
    data[f'target_{t}m'] = (data.groupby(level='ticker')
                            [f'return_{t}m'].shift(-t))
```

笔记中还演示了如何计算不同收益序列的各种描述性统计数据，并使用 Seaborn 库对它们的相关性进行可视化呈现。

5. 计算因子 β

在第 7 章中，我们将介绍 Fama-French 数据并使用线性回归方法估计资产对常见风险因子的风险敞口。在 Fama-French 五因子模型中，市场风险、市值风险、账面市值比风险、盈利水平风险、投资水平风险等已被证明可以解释资产收益。这些因子通常被用于评估投资组合对众所周知的风险和收益驱动因子的风险敞口，其中无法解释的部分则归因于经纪人的特殊才能。因此，在旨在预测未来收益的模型中，将过去的因子风险敞口作为财务特征是很自然的。

我们可以使用 pyfinance 库中的 PandasRollingOLS 滚动线性回归功能访问历史因子收益，并估计历史风险，代码如下：

```
factors = ['Mkt-RF', 'SMB', 'HML', 'RMW', 'CMA']
factor_data = web.DataReader('F-F_Research_Data_5_Factors_2x3',
            'famafrench', start='2000')[0].drop('RF', axis=1)
factor_data.index = factor_data.index.to_timestamp()
factor_data = factor_data.resample('M').last().div(100)
factor_data.index.name = 'date'
factor_data = factor_data.join(data['return_1m']).sort_index()
T = 24
betas = (factor_data
        .groupby(level='ticker', group_keys=False)
        .apply(lambda x: PandasRollingOLS(window=min(T, x.shape[0]-1), y=x.
return_1m, x=x.drop('return_1m', axis=1)).beta))
```

有关其他示例，包括滞后收益和预期收益的计算，请参阅笔记 feature_engineering.ipynb 文件。

6. 添加动量因子

我们可以使用 1 个月和 3 个月的结果来计算简单的动量因子。下面的代码展示了如何计算较长期间的收益与最近的月收益之间的差异和 3 个月与 12 个月收益之间的差异。

```
for lag in [2,3,6,9,12]:
    data[f'momentum_{lag}'] = data[f'return_{lag}m'].sub(data.return_1m)
data[f'momentum_3_12'] = data[f'return_12m'].sub(data.return_3m)
```

7. 增加时间指标，捕捉季节效应

基本因子还包括 1 月效应等季节性异常，据观测，1 月股票收益率较高可能是税收等因素导致的。可以通过表示如年或月的特定时间段的指标变量来对这种和其他季节性影响进行建模，代码如下：

```
dates = data.index.get_level_values('date')
data['year'] = dates.year
data['month'] = dates.month
```

8. 创建滞后收益特征

如果要使用滞后收益（即以前期间的收益）作为输入变量或特征，以训练学习收益模式的模型来预测未来收益，则可以使用.shift()将历史收益前移到当前期间。下面将 1 到 6 个月之前的收益进行相应的延迟处理，从而使之与当前月份相关联，代码如下：

```
for t in range(1, 7):
    data[f'return_1m_t-{t}']=data.groupby(level='ticker').return_1m.shift(t)
```

9. 创建预期收益

同样，我们可以使用有负期间的.shift()（假设数据按升序排序）为当前期间创建预期收益，代码如下：

```
for t in [1,2,3,6,12]:
    data[f'target_{t}m'] = (data.groupby(level='ticker')
                              [f'return_{t}m'].shift(-t))
```

4.3.2 基于 TA-Lib 创建技术阿尔法因子

TA-Lib[1]是一个使用 C++编写的开源库，具有 Python 接口，被交易软件开发人员广泛使用。它包含了 200 多个流行技术分析指标的标准化执行过程，也就是说，这些指标只需要使用市场数据，即价格和成交量信息。TA-Lib 与 pandas 和 NumPy 的兼容性进一步保证了使用的简易性。下面演示如何计算两个流行的指标。

布林线由一个简单的移动平均线（SMA）和根据滚动标准差确定的上、下轨道线组成。布林线的引进使我们可以可视化地发现潜在的超买或超卖条件，即股票进入上区间或下区间。不仅如此，布林线的发明者 John Bollinger 实际上为我们推荐了一种包含 22 条黄金法则的交易系统，这些法则都可以产生交易信号。

为了进行比较，我们可以计算布林线和关于常用阿尔法因子的**相对强弱指数**，具体步骤如下。

（1）加载单个股票的调整后收盘价，如本例中的 AAPL，代码如下：

```
with pd.HDFStore(DATA_STORE) as store:
    data = (store['quandl/wiki/prices']
```

---

[1] 译者注：全称为 Technical Analysis Library，即技术分析库。

```
                    .loc[idx['2007':'2010', 'AAPL'],
                         ['adj_open', 'adj_high', 'adj_low', 'adj_close','adj_volume']]
                    .unstack('ticker')
                    .swaplevel(axis=1)
                    .loc[:, 'AAPL']
                    .rename(columns=lambda x: x.replace('adj_', '')))
```

（2）使用 TA-Lib 函数传递给一维 pd.Series 数组，代码如下：

```
from talib import RSI, BBANDS
up, mid, low = BBANDS(data.close, timeperiod=21, nbdevup=2, nbdevdn=2, matype=0)
rsi = RSI(adj_close, timeperiod=14)
```

（3）将结果收集到一个 DataFrame 中，绘制 AAPL 股票的布林线，用 30/70 线绘制相对强度指数（RSI），也就是所谓的多/空机会，代码如下：

```
data = pd.DataFrame({'AAPL': data.close, 'BB Up': up, 'BB Mid': mid,
                     'BB down': low, 'RSI': rsi})
fig, axes= plt.subplots(nrows=2, figsize=(15, 8))
data.drop('RSI', axis=1).plot(ax=axes[0], lw=1, title='Bollinger Bands')
data['RSI'].plot(ax=axes[1], lw=1, title='Relative Strength Index')
axes[1].axhline(70, lw=1, ls='--', c='k')
axes[1].axhline(30, lw=1, ls='--', c='k')
```

结果相当复杂，如图 4.4 所示。这两个指标都表明，在金融危机后的早期复苏期间，当价格继续上涨时，出现了超买状况。

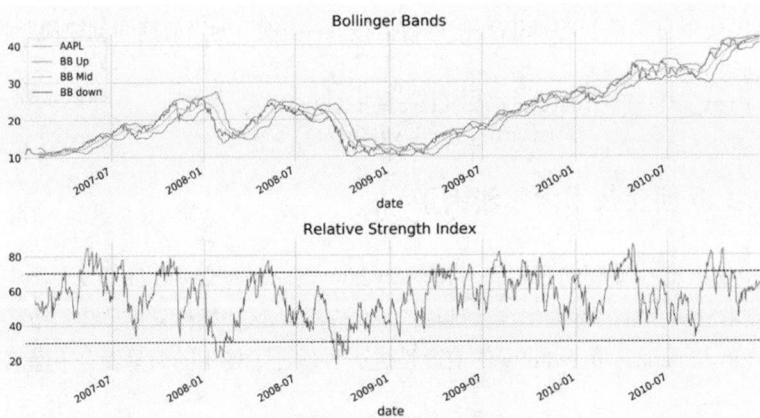

图 4.4　布林线及相对强度指数

4.3.3　利用卡尔曼滤波器对阿尔法因子进行降噪处理

数据中的噪声概念涉及信号处理领域，其目的是从以电磁波等形式通过空气发送的信号中检索正确的信息。当波在空间中移动时，环境干扰会以噪声的形式添加到原始信号中，这就要求在接收端将噪声和原始信号分开。

卡尔曼滤波器于 1960 年引入，因为它能够对基础信号进行更精确的估计，目前已经应用在许多数据降噪处理中。

除了时间序列分析外，卡尔曼滤波器还广泛用于计算机视觉中的目标跟踪，能够支持飞机和宇宙飞船的定位和导航，以及基于噪声传感器数据的机器人运动控制。

降噪技术在数据科学、金融和其他领域也有类似的用法。例如，原始数据包含有用的信息，但我们需要从无关的外部信息中提取和分离出交易信号。显然，我们不知道真实信号，这有时会使这种分离变得相当困难。

下面先回顾卡尔曼滤波器的工作机理以及应用假设。然后演示如何使用 pykalman 库将卡尔曼滤波器应用于金融数据处理。

1. 卡尔曼滤波器工作机理

卡尔曼滤波器是一种序列数据的动态线性模型，如时间序列数据，当信息到达后，观测序列对信息的适应性。卡尔曼滤波器不使用固定大小的窗口（如移动平均）或给定的一组权重（如指数移动平均），而是基于概率模型将新数据合并到现有实现序列值估计中。

更具体地说，卡尔曼滤波器是观测序列 z_1, z_2, $\cdots$, z_T 和相应的隐藏状态序列 x_1, x_2, $\cdots$, x_T 的概率模型（这里使用 pykalman 库所使用的符号），如图 4.5 所示。

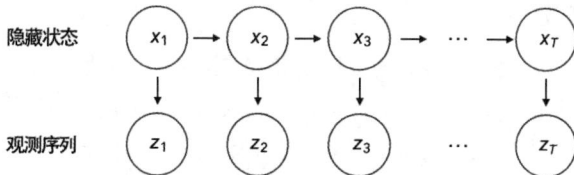

图 4.5　卡尔曼滤波器示意图

从技术上讲，卡尔曼滤波是贝叶斯滤波的具体实现，该方法传播状态变量 x 的后验分布，给定随着时间推移的测量结果 z（有关贝叶斯推断的更多详细信息，请参考第 10 章的讲解）。我们也可以将其视为一种无监督算法，该算法跟踪连续状态空间中的单个对象，例如，我们将对象视为证券的价值、收益或阿尔法因子（参见第 13 章的讲解）。

为了从一系列实时可用的观测序列恢复隐藏状态，该算法在以下两个步骤之间迭代：

（1）预测步骤[1]：估计过程的当前状态。

（2）测量步骤[2]：使用噪声观测对两个步骤的信息进行平均，这样不断更新达到更确切的估计。

该算法背后的基本原理为：关于动态系统的某些假设和相应测量的历史将允许我们以最大化先前测量概率的方式估计系统的状态。

为了实现恢复隐藏状态这一目标，卡尔曼滤波器作出以下假设：

● 正在建模的系统以线性方式运行。

● 隐藏状态过程是马尔可夫链，因此当前隐藏状态 x_t 仅取决于最近的先前隐藏状态 x_{t-1}。

● 测量结果服从高斯分布，无关噪声方差恒定。

因此，卡尔曼滤波器类似于隐马尔可夫模型（HMM），除了隐变量的状态空间连续外，隐变量和观测变量都服从正态分布，记作 $N(\mu, \sigma)$，其中 μ 为期望，σ 为标准差。

---

1 译者注：根据 $K-1$ 时刻状态的后验概率来得到 K 时刻状态的先验概率。

2 译者注：也称为更新步骤，根据 K 时刻状态的先验概率来得到 K 时刻状态的后验概率。

在数学中，模型的关键部分（也是pykalman的关键执行参数）如下：

- 初始隐藏状态服从正态分布：$x_0 \sim N(\mu_0, \Sigma_0)$，其中，期望 μ 为 initial_state_mean，方差 Σ 为 initial_state_covariance。
- 隐藏状态 x_{t+1} 是 x_t 的仿射变换，其中，transition_matrix A 为变换矩阵，transition_offset b 为附加列，高斯噪声服从（transition_covariance 方差 Q 的）正态分布，公式如下：

$$x_{t+1} = A_t x_t + b_t + \varepsilon_{t+1}^1, \ \varepsilon_t^1 \sim N(0, Q)$$

- 观测值 z_t 是 x_t 的仿射变换，其中，observation_matrix C 为变换矩阵，observation_offset d 为附加列，高斯噪声服从（observation_covariance 方差 R 的）正态分布，公式如下：

$$z_t = C_t x_t + d_t + \varepsilon_t^2, \ \varepsilon_t^2 \sim N(0, R)$$

卡尔曼滤波器的优点之一是，它可以灵活地适应具有变化分布特征的非平稳数据（详见第9章）。其主要缺点是金融数据经常违反线性和高斯噪声假设。为了克服这一缺点，研究者们优化引进扩展卡尔曼滤波器和无迹卡尔曼滤波器，从而有效解决非线性动态系统问题。对于非正态分布，人们则基于蒙特卡罗算法引入了粒子滤波器。

2. pykalman 卡尔曼滤波器

卡尔曼滤波器对于随时间变化的数据值或模型参数的滚动估计特别有用。这是因为卡尔曼滤波器会根据新的观测结果在每个时间步长调整其估计值，同时倾向于更多地考虑最近的观测结果。

除了传统的移动平均，卡尔曼滤波器不需要我们指定用于估计的窗口长度。相反，我们从对隐藏状态的均值和协方差的估计开始，卡尔曼滤波器可以根据周期性观测来校正我们的估计。你可以查阅 kalman_filter_and_wavelets.ipynb 笔记获取本节内容的代码示例。

（1）下面的代码示例演示了如何应用卡尔曼滤波器对2008—2009年的标准普尔500股票价格进行平滑处理。

```
with pd.HDFStore(DATA_STORE) as store:
    sp500 = store['sp500/stooq'].loc['2008': '2009', 'close']
```

（2）用单位协方差矩阵和零均值对卡尔曼滤波器进行初始化，代码如下：

```
from pykalman import KalmanFilter
kf = KalmanFilter(transition_matrices = [1],
                  observation_matrices = [1],
                  initial_state_mean = 0,
                  initial_state_covariance = 1,
                  observation_covariance=1,
                  transition_covariance=.01)
```

（3）运行 filter 方法触发前向算法，该算法迭代地估计隐藏状态，即时间序列的均值，代码如下：

```
state_means, _ = kf.filter(sp500)
```

（4）添加移动平均线进行比较，并绘制结果，代码如下：

```
sp500_smoothed = sp500.to_frame('close')
sp500_smoothed['Kalman Filter'] = state_means
for months in [1, 2, 3]:
    sp500_smoothed[f'MA ({months}m)'] = (sp500.rolling(window=months * 21)
                                         .mean())
```

```
ax = sp500_smoothed.plot(title='Kalman Filter vs Moving Average',
                         figsize=(14, 6), lw=1, rot=0)
```

结果如图 4.6 所示，卡尔曼滤波器的表现类似于 1 个月的移动平均值，但对基于时间序列的行为变化更加敏感。

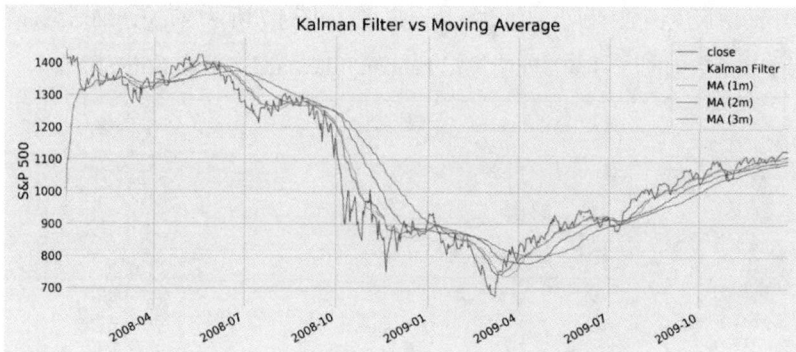

图 4.6　卡尔曼滤波器与移动平均线进行比较的结果

3．使用小波预处理噪声信号

小波与傅里叶分析有关，傅里叶分析将不同频率的正弦和余弦波组合起来，通过级数形式近似模拟噪声信号。傅里叶分析对于信号从时域到频域的转换尤其重要，而小波对于滤除以不同尺度出现的特定模式噪声非常有用，因为这种噪声可能对应很广的频率范围。

小波是将离散或连续时间信号分解为不同尺度分量的函数或波状模式。小波变换则使用小波作为有限长度波形的缩放和平移副本函数。这种变换比傅里叶变换更适合于突变和尖峰噪声处理，对于非周期性或非平稳信号也更加有效[1]。

要对信号进行去噪，可以使用小波萎缩法和小波门限法。首先选择特定的小波模式分解数据集，变换得到小波系数。

小波门限法相对简单，如果系数低于特定门限阈值，则认为这些分量表示与真实信号无关的次要细节，将其直接删除，随后使用逆小波变换将剩余系数重构（去噪的）数据集。

接下来，我们使用 pywavelets 库将小波应用于股票数据降噪处理。下面的代码显示了如何使用具有 Daubechies 6 小波和不同阈值的小波变换、逆小波变换对标准普尔 500 指数（S&P 500）收益进行降噪处理。

（1）提供 2008—2009 年的标准普尔 500 指数的每日收益，代码如下：

```
signal = (pd.read_hdf(DATA_STORE, 'sp500/stooq')
          .loc['2008': '2009']
          .close.pct_change()
          .dropna())
```

（2）从众多的内置小波函数中选择一个 Daubechies 小波，代码如下：

```
import pywt
```

---

[1] 译者注：信号包含许多尖峰或突变，且噪声不是平稳的白噪声，则传统的傅里叶变换分析很难给出信号在某个时间点上的变化情况。小波分析可以将信号中各种不同的频率成分分解到互不重叠的频带上，为信号滤波、信噪分离和特征提取提供了有效途径。

```
pywt.families(short=False)
['Haar', 'Daubechies', 'Symlets', 'Coiflets', 'Biorthogonal', 'Reverse
biorthogonal', 'Discrete Meyer (FIR Approximation)', 'Gaussian', 'Mexican
hat wavelet', 'Morlet wavelet', 'Complex Gaussian wavelets', 'Shannon
wavelets', 'Frequency B-Spline wavelets', 'Complex Morlet wavelets']
```

Daubechies 小波由尺度函数 ψ 和小波函数 ϕ 共同定义，如图 4.7 所示（有关详细信息，请参见 PyWavelet 文档，所有内置小波函数的图表可参考随附笔记 kalman_filter_and_wavelets.ipynb）。

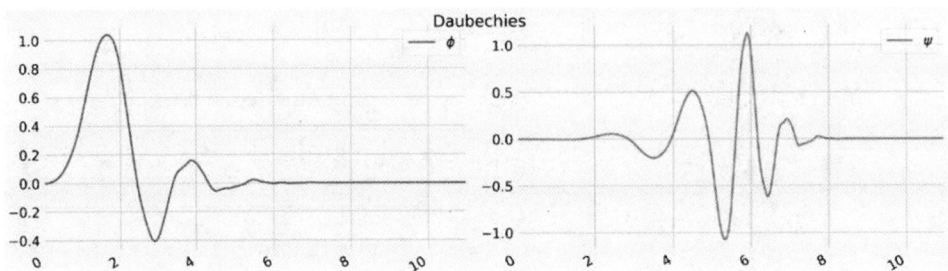

图 4.7　Daubechies 小波

（3）给定一个小波函数，我们首先使用.wavedec 函数分解收益信号，该函数生成所有细节系数，接下来，滤出高于给定阈值的系数，仅使用这些系数通过逆小波变换重构信号，代码如下。

```
wavelet = "db6"
for i, scale in enumerate([.1, .5]):
    coefficients = pywt.wavedec(signal, wavelet, mode='per')
    coefficients[1:] = [pywt.threshold(i, value=scale*signal.max(),
mode='soft') for i in coefficients[1:]]
    reconstructed_signal = pywt.waverec(coefficients, wavelet, mode='per')
    signal.plot(color="b", alpha=0.5, label='original signal', lw=2,
                title=f'Threshold Scale: {scale:.1f}', ax=axes[i])
    pd.Series(reconstructed_signal, index=signal.index).plot(c='k',
label='DWT smoothing', linewidth=1, ax=axes[i])
```

笔记中显示了如何使用不同的阈值应用小波降噪技术，而较高的阈值能够生成更加平滑的结果，如图 4.8 所示。

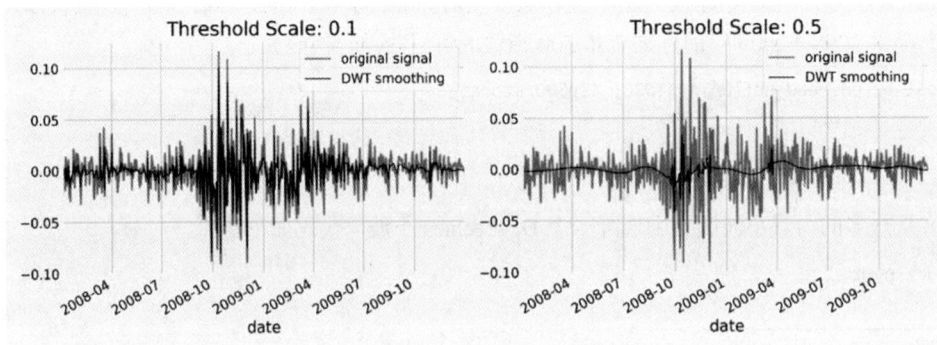

图 4.8　使用不同阈值的小波降噪

4.4　从信号到交易——Zipline 回测

开源库 Zipline 是一个事件驱动的回测系统。Zipline 通过生成市场事件模拟算法交易策略的反应，并跟踪其表现。特别重要的是，Zipline 为算法提供了避免前视偏差的历史时间点数据。

Zipline 库被众包量化投资基金 Quantopian 广泛推崇，该基金使用 Zipline 库来促进算法开发并进行实盘交易。

本节中，我们将简要演示 Zipline 的基本功能。在第 8 章中，我们将为大家进行更详细的介绍，同时也演示更复杂的用例。

4.4.1　单因子策略回测

读者可以离线使用 Zipline 和数据包来研究和评估阿尔法因子。当然，如果在 Quantopian 平台上使用，将获得更多的基本面和另类数据集。本章中，我们还将为大家演示 Quantopian 研究环境并在第 5 章中演示回测集成开发环境（Integrated Development Environment，IDE）。相关代码位于本章 GitHub repo 文件夹 01_factor_research_evaluation 子目录中，包括安装说明和定制的 Zipline 用户发布环境。

安装说明请参阅本章 README 文件，在安装之后和执行第一个算法之前，需要接收一个数据包，默认情况下，该数据包包括 Quandl 的社区维护的 3000 家美国上市公司的股票价格、股息和分割等数据信息。

使用一个 Quandl API 密钥运行以下代码，该代码将数据存储在~/.zipline/data/<bundle>下的主文件夹中。

```
$ QUANDL_API_KEY=<yourkey> zipline ingest [-b <bundle>]
```

1. 源自市场数据的单一阿尔法因子

首先需要介绍的是离线环境中的 Zipline 阿尔法因子研究工作流程。我们将开发并测试一个简单的均值回归因子，该因子能够衡量近期业绩偏离历史平均水平的程度。

短期反转是一种常见策略，该策略利用了投资者在市场预测方面的不足[1]，即股价可能在一定时间范围内回到滚动均值，当然时间可能是不到 1 分钟，也可能是 1 个月。有关详细信息，请参阅 single_factor_zipline.ipynb。

因此，该因子对上月收益相对于过去 1 年内的滚动月度收益进行 z-score[2]计算。当然，这次我们不会下任何订单，只是简单地说明 CustomFactor 的实现并记录模拟期间的结果。

Zipline 包含了许多常见操作的内置因子，虽然通常情况下，这是非常方便且充分的，但在其他情况下，我们还是希望以不同的方式转换可用数据。为此，Zipline 提供了 CustomFactor 类，CustomFactor 为各类计算提供了可能和很大的灵活性，可以使用 NumPy 充分利用股票横截面、回看周期等各种可用数据。

为此，除了一些基本设置，MeanReversion 还包含专门的 CustomFactor 子类，同时定义了 compute()方法。

---

[1] 译者注：De Bondt 和 Thaler（1989）指出，投资者在决策时往往依据简单的经验规律作出判断，并因此常常高估近期事件的影响，低估过往事件的长期影响，因此投资者容易对短期消息反应过度，从而导致价格在随后反转。

[2] 译者注：z-score 标准化是将数据按比例缩放，使之落入一个特定区间。

MeanReversion 首先基于持续一年的窗口期创建一个每月收益的默认值，当然，此处的窗口期也是默认值，这样对于给定日期的 Quandl 数据集中每个证券而言，monthly_return 变量就有了 1 列 252 行。

（1）使用 compute_factors()方法创建一个 MeanReversion Factor 实例，同时创建 long、short 和 ranking pipeline 列。long、short pipeline 包含可用于下订单的布尔值；rank 则反映整体排名，用以评估整体因子表现。此外，compute_factors()方法使用内置的 AverageDollarVolume 因子对计算过程进行优化，确保计算更多流动性较好的股票，代码如下：

```python
from zipline.api import attach_pipeline, pipeline_output, record
from zipline.pipeline import Pipeline, CustomFactor
from zipline.pipeline.factors import Returns, AverageDollarVolume
from zipline import run_algorithm
MONTH, YEAR = 21, 252
N_LONGS = N_SHORTS = 25
VOL_SCREEN = 1000
class MeanReversion(CustomFactor):
    """计算最新月收益与平均 1200 万的比率，按月收益的 std 开发标准化"""
    inputs = [Returns(window_length=MONTH)]
    window_length = YEAR
    def compute(self, today, assets, out, monthly_returns):
        df = pd.DataFrame(monthly_returns)
        out[:] = df.iloc[-1].sub(df.mean()).div(df.std())
def compute_factors():
    """Create factor pipeline incl. mean reversion,
        filtered by 30d Dollar Volume; capture factor ranks"""
    mean_reversion = MeanReversion()
    dollar_volume = AverageDollarVolume(window_length=30)
    return Pipeline(columns={'longs': mean_reversion.bottom(N_LONGS),
                             'shorts': mean_reversion.top(N_SHORTS),
                             'ranking':
                             mean_reversion.rank(ascending=False)},
                    screen=dollar_volume.top(VOL_SCREEN))
```

（2）Initialize()方法完成 compute_factors() pipeline 的初始化和记录，而 before_trading_start()方法则确保 pipeline 以日为基准运行。record()函数将 pipeline 的 ranking 列以及当前资产价格添加到 run_algorithm() 函数返回的性能 DataFrame，代码如下：

```python
def initialize(context):
    """设置：注册 pipeline、计划重新平衡和设置交易参数"""
    attach_pipeline(compute_factors(), 'factor_pipeline')
def before_trading_start(context, data):
    """运行因子 pipeline"""
    context.factor_data = pipeline_output('factor_pipeline')
    record(factor_data=context.factor_data.ranking)
    assets = context.factor_data.index
    record(prices=data.current(assets, 'price'))
```

（3）用 UTC 术语定义开始和结束的 Timestamp 对象，设置一个资产基数，通过对关键执行方法的引用执行 run_algorithm()。性能 DataFrame 也包含嵌套的数据，价格列对每个单元都包含一个 pd.Series。因此，以 pickle 格式存储，后续的数据访问更容易，代码如下：

```python
start, end = pd.Timestamp('2015-01-01', tz='UTC'), pd.Timestamp('2018-
```

```
                    01-01', tz='UTC')
capital_base = 1e7
performance = run_algorithm(start=start,
                            end=end,
                            initialize=initialize,
                            before_trading_start=before_trading_start,
                            capital_base=capital_base)
performance.to_pickle('single_factor.pickle')
```

在 4.4.2 小节中，我们将结合因子和存储在性能 DataFrame 中的定价数据来评估不同持有期的因子性能，但我们需要先了解如何在 Quantopian 平台上通过组合一组不同数据源的多个阿尔法因子来创建更复杂的信号。

2. 内置 Quantopian 因子

笔记 factor_library_quantopian.ipynb 中包含了许多示例因子，这些因子或者直接取自 Quantopian 平台，或者使用 Jupyter Notebook 的 Research API 从可用数据源计算得出。其中一些内置因子与 Python 库（特别是 NumPy 和 pandas）结合使用，方便从广泛的相关数据来源中得出更复杂的因子，如美国股票价格、晨星基本面数据和投资者情绪等。例如，市销率是晨星基本面数据的一部分。当然，市销率本身也可以用作 pipeline 的一部分，我们将在介绍 Zipline 库时进一步介绍。

4.4.2 不同数据源因子组合

Quantopian 研究环境是为快速测试预测性阿尔法因子而专门定制的。运行过程与 Zipline 非常相似，因为 Quantopian 研究环境本身也是在 Zipline 上建立的，只不过提供了更加丰富的访问数据源。以下展示了如何计算阿尔法因子，当然，正如我们前面所讲的，数据源不仅仅包括市场数据，也包括基本面数据和另类数据。详细信息请参阅笔记 multiple_factors_quantopian_ research.ipynb。

Quantopian 免费提供了数百个晨星基本面数据（作为变量），同时包括 StockTwits 信号作为另类数据源的示例。Quantopian 同时支持强大的用户自定义功能，如 QTradableStocksUS，QTradableStocksUS 应用多个过滤器，从而将回溯测试范围限制在现实市场条件下可交易的股票上，代码如下：

```
from quantopian.research import run_pipeline
from quantopian.pipeline import Pipeline
from quantopian.pipeline.data.builtin import USEquityPricing
from quantopian.pipeline.data.morningstar import income_statement,
    operation_ratios, balance_sheet
from quantopian.pipeline.data.psychsignal import stocktwits
from quantopian.pipeline.factors import CustomFactor,
    SimpleMovingAverage, Returns
from quantopian.pipeline.filters import QTradableStocksUS
```

我们将使用自定义的 AggregateFundamentals 类，以便应用最终报告的基本面数据。这样做充分考虑了基本面数据按季度发布的实际情况。当然，Quantopian 目前还没有提供一种简单的方法来汇总历史数据。例如，以滚动的方式获得过去四个季度的总和，代码如下：

```
class AggregateFundamentals(CustomFactor):
    def compute(self, today, assets, out, inputs):
        out[:] = inputs[0]
```

再次使用前面代码中的 MeanReversion 因子，并使用 rank()方法中的 mask 参数在给定范围内定义计算其他几个因子，代码如下：

```
def compute_factors():
    universe = QTradableStocksUS()
    profitability = (AggregateFundamentals(inputs=
                        [income_statement.gross_profit],
                                        window_length=YEAR) /
                    balance_sheet.total_assets.latest).rank(mask=universe)
    roic = operation_ratios.roic.latest.rank(mask=universe)
    ebitda_yield = (AggregateFundamentals(inputs=
                            [income_statement.ebitda],
                            window_length=YEAR) /
                    USEquityPricing.close.latest).rank(mask=universe)
    mean_reversion = MeanReversion().rank(mask=universe)
    price_momentum = Returns(window_length=QTR).rank(mask=universe)
    sentiment = SimpleMovingAverage(inputs=[stocktwits.bull_minus_bear],
                                    window_length=5).rank(mask=universe)
    factor = profitability + roic + ebitda_yield + mean_reversion +
        price_momentum + sentiment
    return Pipeline(
        columns={'Profitability' : profitability,
                'ROIC' : roic,
                'EBITDA Yield' : ebitda_yield,
                "Mean Reversion (1M)": mean_reversion,
                'Sentiment' : sentiment,
                "Price Momentum (3M)": price_momentum,
                'Alpha Factor' : factor})
```

该算法简单地平均了六个单独的因子对每个资产进行排序，并以此组合信息。这是一种相当幼稚的方法，因为它没有考虑到每个因子在预测未来收益时彼此的重要性不同，增量信息也不同。后面的章节中，机器学习算法将帮助我们使用相同的回测框架做到这一点。

执行也是通过 run_algorithm()来进行的，但是 Quantopian 平台上返回的 DataFrame 只包含 pipeline 创建的因子值。这是很方便的，因为这种数据格式可以用作 Alphalens 的输入，在 Alphalens 库中完成对阿尔法因子预测性能的评估。

> **结合 Zipline 使用 TA-Lib**
> TA-Lib 库中包含了许多技术因子。Python 的执行可以通过 Zipline 和 Alphalens 在本地使用，也可以联动到 Quantopian 平台。笔记中还说明了使用 TA-Lib 可获得的几个技术指标。

4.5　基于 Alphalens 从噪声中分离信号

Quantopian 提供了开源的 Python Alphalens 库，该库可以用于股票预测因子的性能分析。该库可以与 Zipline 回测库、投资组合绩效和风险分析库 pyfolio 很好地集成，我们将在第 5 章中对这些内容进行详细讲解。

Alphalens 有助于分析与以下方面有关的阿尔法因子的预测能力。

- 信号与后续收益的相关性。
- 基于信号（子集）的等权或因子加权投资组合的盈利能力。
- 因子周转率，即潜在的交易成本。
- 特定事件中的因子表现。
- 前置事件分解。

具体可以使用 tearsheets 或单独的计算和绘图来进行分析。因篇幅有限，感兴趣的读者可以在在线存储库中查看 tearsheets 相关的具体信息。

4.5.1 创建预期收益和因子分位数

利用 Alphalens 需要提供以下两个输入。

- 资产信号，如 MeanReversion 因子排序所返回的信号。
- 给定持有期内投资于资产所获得的预期收益。

详细信息请参见笔记 06_performance_eval_alphalens.ipynb。如下代码可以帮助我们从 single_factor.pickle 文件中提取价格信息（factor_data 的处理方式相同，详见笔记）。

```
performance = pd.read_pickle('single_factor.pickle')
prices = pd.concat([df.to_frame(d) for d, df in performance.prices.
items()],axis=1).T
prices.columns = [re.findall(r"\[(.+)\]", str(col))[0] for col in
                   prices.columns]
prices.index = prices.index.normalize()
prices.info()
<class 'Pandas.core.frame.DataFrame'>
DatetimeIndex: 755 entries, 2015-01-02 to 2017-12-29
Columns: 1661 entries, A to ZTS
dtypes: float64(1661)
```

我们可以使用实用函数 get_clean_factor_and_forward_returns，按照要求格式，基于 Zipline 输出结果生成 Alphalens 的输入信号，也就是前面所述的因子信号和预期收益信号。此函数返回给定持有期的信号五分位数和预期收益，代码如下：

```
HOLDING_PERIODS = (5, 10, 21, 42)
QUANTILES = 5
alphalens_data = get_clean_factor_and_forward_returns(factor=factor_data,
                                                      prices=prices,
                                                      periods=HOLDING_PERIODS,
                                                      quantiles=QUANTILES)
Dropped 14.5% entries from factor data: 14.5% in forward returns computation
and 0.0% in binning phase (set max_loss=0 to see potentially suppressed
Exceptions). max_loss is 35.0%, not exceeded: OK!
```

alphalens_data DataFrame 包含指定持有期间的特定日期对给定资产的投资收益，同时也会给出因子值，也就是该资产在该日期的 MeanReversion 排名和相应的分位数值，见表 4.5。

表 4.5

日期	资产	5D	10D	21D	42D	因子	因子分位数
2015年2月1日	A	−1.87%	−1.11%	−4.61%	5.28%	2618	4
	AAL	−0.06%	−8.03%	−9.63%	−10.39%	1088	2
	AAP	−1.32%	0.23%	−1.63%	−2.39%	791	1
	AAPL	−2.82%	−0.07%	8.51%	18.07%	2917	5
	ABBV	−1.88%	−0.20%	−7.88%	−8.24%	2952	5

预期收益和信号分位数是评估信号预测能力的基础。通常情况下，一个因子应为不同的分位数产生明显不同的收益，如因子值的最低五分位数产生负收益、最高五分位数产生正收益。

4.5.2 用因子信号五分位数预测性能

我们期待基于因子信号五分位数对平均持有期收益进行可视化处理，为此我们可以使用性能模块中的内置函数 mean_return_by_quantile 和绘图模块中的 plot_quantile_returns_bar，代码如下：

```
from alphalens.performance import mean_return_by_quantile
from alphalens.plotting import plot_quantile_returns_bar
mean_return_by_q, std_err = mean_return_by_quantile(alphalens_data)
plot_quantile_returns_bar(mean_return_by_q);
```

结果是一个柱状图，展示基于因子信号五分位数分解的四个不同持有期的预期收益均值。

如图 4.9 所示，除了最长的持有期外，最低五分位数比最高五分位数产生更多的负收益。

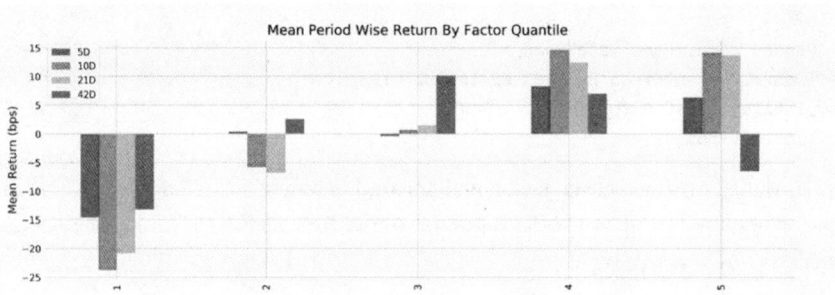

图 4.9 基于因子信号五分位数的平均持有期收益

就整个周期平均而言，10 天持有期在第一和第四个五分位数反馈较好。

我们还希望看到每个五分位数信号驱动的投资长期表现。为此，我们计算每日收益，而不是 5 天持有期的平均收益。Alphalens 可以调整周期收益，以此解决每日信号与较长持有期之间的不匹配问题，代码如下：

```
from alphalens.plotting import plot_cumulative_returns_by_quantile
mean_return_by_q_daily, std_err =
    mean_return_by_quantile(alphalens_data, by_date=True)
plot_cumulative_returns_by_quantile(mean_return_by_q_daily['5D'],
    period='5D');
```

2015—2017 年这 3 年的大部分时间里，前两个五分位数显著优于后两个五分位数，如图 4.10 所示。

然而，正如图4.9所示，第四个五分位数良好的相对性能使其2017年的表现明显优于第一个分位数。

一个对交易策略有用的因子显示了上述模式，我们能够看到累计收益沿着明显不同的路径发展，这就允许多空策略具有较低的资本要求，相应地，整个市场的风险敞口较低。

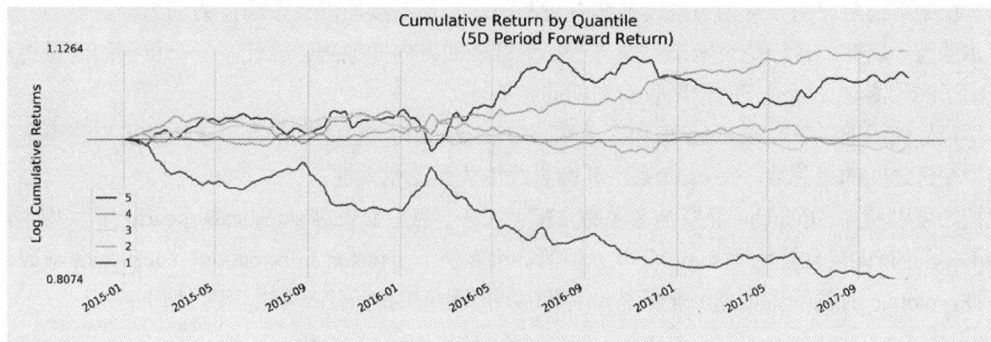

图4.10　5天持有期的累计收益（按分位数）

然而，我们还需要考虑持有期收益的离散性，而不仅仅是简单的平均值，这一点可以使用内置的plot_quantile_returns_violin获得，代码如下：

```
from alphalens.plotting import plot_quantile_returns_violin
plot_quantile_returns_violin(mean_return_by_q_daily);
```

图4.11所示的分布图突出显示了日收益率的范围相当广泛。尽管方法不同,但分布的分离并不明显,因此, 在任何一天,不同的因子五分位数之间的业绩差异可能相当有限。

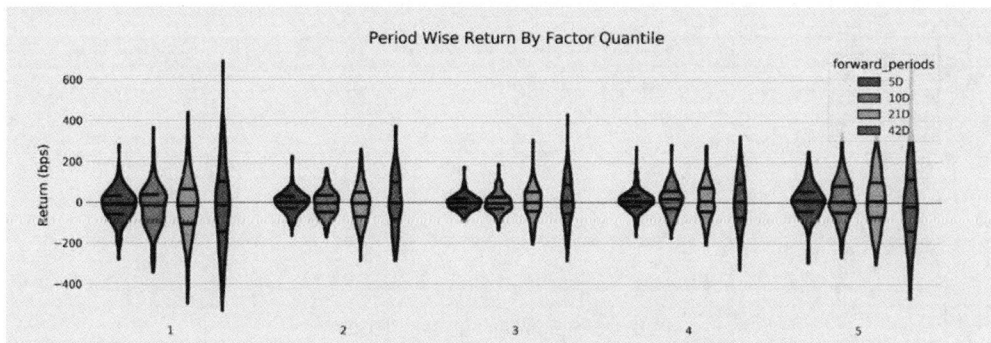

图4.11　按因子五分位数划分的期间收益率分布

当我们专注于单个阿尔法因子的评估时，通常会忽略与交易执行相关的实际问题，从而简化处理过程。当我们在第5章中讲解相应回测时，将逐步讲解这些问题。其中包括：

● 交易成本。

● 滑点，订单的执行价格与设定价格的差异，如由于市场影响而产生的差异。

4.5.3　信息系数

本书的大部分内容是关于使用机器学习模型设计阿尔法因子的。机器学习是关于优化一些预测目标的，在本小节中，我们将介绍用于衡量阿尔法因子性能的关键指标。我们将阿尔法定义为超过基准的平均收益。这就派生出一个新的概念——**信息比率（IR）**，IR 通过阿尔法除以跟踪风险来衡量每单位风险的平均超额收益。当基准是无风险利率时，IR 对应于众所周知的夏普比率。后面我们将在典型案例中突出介绍关键统计测量问题，大家可以看到投资收益并不是正态分布的。我们还将介绍主动管理基本法则，这个基本法则将信息比例分解为预测技能和有效利用这些预测技能形成策略能力的组合。

阿尔法因子研究的目标是对未来收益进行尽量准确的方向性预测。因此，一个重要的衡量指标就是阿尔法因子的预测与目标资产的预期收益之间的相关性。

这里最好使用非参数 Spearman 秩相关系数，与 Pearson 相关性不同的是，该系数可以使用单调函数描述两个变量之间的相关性，Pearson 则主要衡量线性关系的相关性。

我们还可以使用 Alphalens 获取**信息系数（IC）**，这一点主要依靠 scipy.stats.spearmanr 实现（详情请参阅 rep，里面有如何直接使用 scipy 获取 p 值的详细案例）。factor_information_ coefficient 函数计算周期相关性，plot_ic_ts 函数则创建一个具有一月期移动平均值的时间序列图，代码如下：

```
from alphalens.performance import factor_information_coefficient
from alphalens.plotting import plot_ic_ts
ic = factor_information_coefficient(alphalens_data)
plot_ic_ts(ic[['5D']])
```

图 4.12 中的时间序列图显示了显著 IC 移动平均值的延长周期。正如主动投资管理的基本法则所示，如果有足够的机会应用这一预测技巧，那么 0.05 甚至 0.1 的 IC 可以带来显著的超额收益。

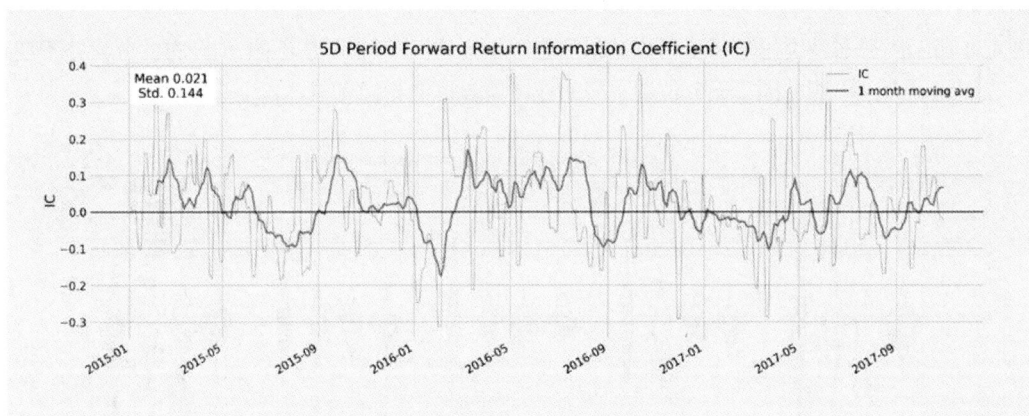

图 4.12　5 天周期的 IC 移动平均值

年度平均 IC 图突出显示了该因子历史表现的不均衡性，代码如下：

```
ic = factor_information_coefficient(alphalens_data)
ic_by_year = ic.resample('A').mean()
ic_by_year.index = ic_by_year.index.year
ic_by_year.plot.bar(figsize=(14, 6))
```

处理结果如图 4.13 所示。

在这种情况下，低于 0.05 的信息系数虽然不高，但意义重大，可以产生相对于基准显著的正剩余收益。我们将应用 create_summary_tear_sheet(alphalens_data) 命令创建 IC 汇总统计。

风险调整 IC 由平均 IC 除以 IC 的标准差得出，我们对其进行双侧 t 检验，使用 scipy.stats.ttest_1samp 预先建立零假设 IC=0，见表 4.6。

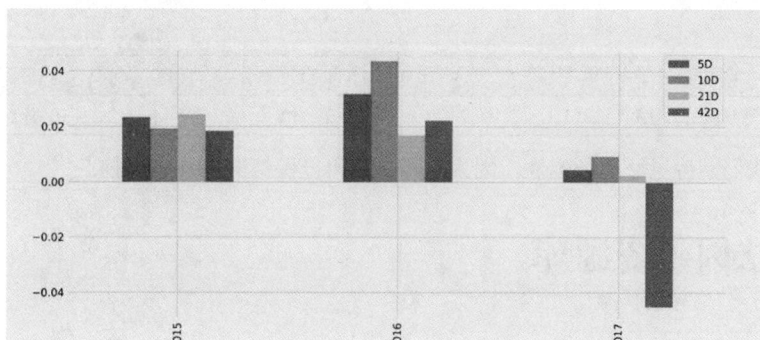

图 4.13　年度平均 IC 图

表　4.6

	5D	10D	21D	42D
IC mean	0.021	0.025	0.015	0.001
IC std.	0.144	0.13	0.12	0.12
Risk-adjusted IC	0.145	0.191	0.127	0.01
t-stat (IC)	3.861	5.107	3.396	0.266
p-value (IC)	0	0	0.001	0.79
IC skew	0.384	0.251	0.115	0.134
IC kurtosis	0.019	−0.584	−0.353	−0.494

4.5.4　因子周转率

因子周转率衡量与给定分位数变化相关的资产关联频率，即需要多少交易才能根据信号序列调整投资组合。更具体地说，因子周转率衡量的是当前处于某一因子分位数的资产份额，而它在上一期间不在该分位数中的代码如下：

```
create_turnover_tear_sheet(alphalens_data)
```

将要加入因子五分位数投资组合的资产份额是比较高的，这也意味着从预测性能中获得收益有了新的挑战，即交易成本，见表 4.7。

表　4.7

因子周转率	5D	10D	21D	42D
Quantile 1	0.587	0.826	0.828	0.41
Quantile 2	0.737	0.801	0.81	0.644
Quantile 3	0.764	0.803	0.808	0.679
Quantile 4	0.737	0.803	0.808	0.641
Quantile 5	0.565	0.802	0.809	0.393

因子周转率的另一种观点是在不同持有期内，由于因子导致的资产等级之间的相关性也是指标表的一部分，见表 4.8。

表　4.8

	5D	10D	21D	42D
平均因子自相关	0.713	0.454	−0.011	−0.016

一般来说，我们期待更好的稳定性，因为这意味着可以保持交易成本可控。

4.6　阿尔法因子资源库

在研究过程中，需要根据其信号的预测能力设计和选择阿尔法因子。算法交易策略通常建立在多个阿尔法因子的基础上。机器学习模型有助于聚合这些因子，从而优化不同因子辅助决策的过程，如何择时、如何管理头寸等。

其他算法交易库

用于算法交易和数据收集的其他开源 Python 库包括以下内容（参见 GitHub 链接）：

- QuantConnect：Quantopian 的竞争对手。
- WorldQuant：可以提供在线竞争，同时招募社区人员加入众包对冲基金。
- Alpha Trading Labs：业务模式与 Quantopian 类似，能够提供高频测试基础设施。
- Python Algorithmic Trading Library（PyAlgoTrade）：专注于回测的 Python 算法交易库，同时支持模拟交易和实盘交易。
- pybacktest：一种基于 pandas 的矢量化回测框架，旨在通过历史数据对交易策略进行评估，特点是紧凑、简单、快速（不过该项目目前处于搁置状态）。
- ultrafinance：一个较早的项目，它将实时金融数据收集与交易策略的分析和回测结合在一起。
- Trading with Python：提供课程以及一系列量化交易功能。
- Interactive Brokers：提供实盘交易的 Python API。

4.7　本章小结

在本章中，我们介绍了一系列阿尔法因子，几十年来，这些因子一直被专业投资者用来设计和评估交易策略。我们介绍了部分阿尔法因子的工作机理，并举例说明了一些据说能体现其表现的经济学机制。之所以这样做，是因为只有对因子如何带来超额收益有了深入的理解，才有助于创造新的因子。

我们还介绍了几种工具，读者可以使用这些工具基于各种数据源生成属于自己的因子，同时演示了如何基于卡尔曼滤波器和小波进行降噪处理，以便检索到更加清晰的信号。

最后，我们介绍了用于模拟事件驱动交易算法的 Zipline 库，Zipline 库既可以离线使用，也可以于 Quantopian 平台上在线使用。我们还了解了如何构建简单的均值回归因子，以及如何以简单的方式组合多个因子驱动形成基本面交易策略。我们还研究了 Alphalens 库，Alphalens 库能够帮助评估信号的预测性能和交易周转率。

投资组合构建需要更广泛的视角，目标是综合风险和收益，确定最佳头寸、仓位等。在第 5 章中，我们将介绍在构建投资组合过程中如何平衡风险和收益，还将更详细地研究在有限的历史数据集上回测交易策略所要面临的挑战，以及如何解决这些挑战。

第 5 章

投资组合的优化和评估

阿尔法因子产生信号后，算法策略将其转化为交易，进而产生多头头寸和空头头寸。由此产生的投资组合的收益和风险决定了策略的成功与否。

为了测试一个策略在市场条件下的表现，我们需要模拟算法将要进行的交易并验证其性能。策略评估包括对历史数据的回测（用于优化策略参数），以及对新策略的前向测试（用于验证相对于样本外数据的样本内表现）。我们的目的是避免仅适用于特殊历史背景的策略被错误地广泛应用。

在投资组合中，正的资产收益可以抵消负的价格变动。一种资产的正价格变化越能够抵消另一种资产的损失，这两种头寸之间的相关性就越低。基于投资组合风险取决于头寸的协方差，Harry Markowitz 于 1952 年提出了多样化现代投资组合管理理论。结果主要是均值-方差优化，通过这种方法对资产赋权，从而将风险最小化，主要测量指标是给定预期收益的收益标准差。

资本资产定价模型（CAPM） 引入了风险溢价，即超过无风险投资的预期收益，作为持有资产的均衡收益。这一收益补偿了对单一风险因子（市场）的风险敞口，该风险因子是系统性的，而不是资产特有的，即使分散投资也无法消除。

随着更多的风险因子和更细颗粒度风险敞口选择的出现，风险管理也日益复杂。凯利准则是一种比较流行的投资组合动态优化方法，1968 年，Edward Thorp 对其进行了改进，将其从赌博应用中转移到股票市场中，用于在一段时间内选择一系列头寸。

因此，有几种方法可以优化投资组合，包括通过**机器学习**进一步研究资产之间的层次关系，并将其持有视为对投资组合风险状况的补充或替代。

本章将涵盖以下内容：

- 如何衡量投资组合的风险和收益。
- 使用均值-方差优化及其他方案管理投资组合的权重。
- 在投资组合环境中使用机器学习优化资产配置。
- 使用 Zipline 模拟交易并基于阿尔法因子创建投资组合。
- 使用 pyfolio 评估投资组合表现。

读者可以在 GitHub 存储库的相应目录中找到本章的代码示例和其他资源的链接。笔记中还包括相应彩图。

5.1 衡量投资组合表现

为了评估和比较不同策略或改进现有策略，我们需要能够反映相对于既定目标的绩效指标。在投资和交易中，最常见的目标是投资组合的收益和风险。

通常，这些指标会与代表其他投资机会的指标进行基准比较，如标准普尔 500 指数之类的宽基指数或固定收益资产的无风险利率。

评估这些目标的指标多种多样，在本节中，我们将回顾用于比较投资组合结果最常用的几个指标。当我们考虑使用不同的方法来优化投资组合表现时，这些指标是非常有用的，同时也能够通过 Zipline 模拟策略与市场的相互作用，后面还会使用 pyfolio 库计算相关的性能指标。

我们将用到一些简单的符号：R 为单周期简单投资组合收益的时间序列，$R = (r_1, \cdots, r_T)$，日期从 1 到 T，$R^f = (r_1^f, \cdots, r_T^f)$ 为匹配时间序列的无风险利率，$R_e = R - R_f = (r_1 - r_1^f, \cdots, r_T - r_T^f)$ 为超额收益。

5.1.1 风险收益权衡单值指标

收益和风险目标意味着一种权衡：在某些情况下，承担更多的风险可能会产生更高的收益，但也意味着更大的回撤可能。为了比较不同的策略如何进行这种权衡，计算每单位风险收益的比率是非常流行的。接下来我们将依次介绍夏普比率、信息比率。

1. 夏普比率

事前夏普比率（SR）将投资组合的预期超额收益与该超额收益的波动性（通过其标准差衡量）进行比较。它衡量的是每单位风险的平均超额收益，公式如下：

$$\mu \equiv E(R_t)$$

$$\sigma_{R^e}^2 \equiv \mathrm{Var}(R - R^f)$$

$$\mathrm{SR} \equiv \frac{\mu - R_f}{\sigma_{R^e}}$$

预期收益和波动率是不可观测的，但可以根据历史数据进行估计，公式如下：

$$\hat{\mu}_{R^e} = \frac{1}{T} \sum_{t=1}^{T} r_t^e$$

$$\hat{\sigma}_{R^e}^2 = \frac{1}{T} \sum_{t=1}^{T} (r_t^e - \hat{\mu}_{R^e})^2$$

$$\mathrm{SR} \equiv \frac{\hat{\mu}_{R^e} - R_f}{\hat{\sigma}_{R^e}^2}$$

除非无风险利率波动较大（如新兴市场），否则超额收益和原始收益的标准差将是相近的。

如果收益服从**独立同分布（IID）**，根据大样本理论，统计显著性检验的夏普比率估计量的分布遵循**中心极限定理（CLT）**。中心极限定理告诉我们，独立同分布随机变量之和，如 $\hat{\mu}$ 和 $\hat{\sigma}^2$ 收敛于正态分布。

当比较不同频率的夏普比率时，如对于月度和年度数据，则可以将较高频率的夏普比率乘以较低频率中包含的相应周期数的平方根。例如，要将月度夏普比率转换为年度夏普比率，则乘以 $\sqrt{12}$，从每日到每月则乘以 $\sqrt{22}$ [1]。

然而，实际的金融投资收益往往与独立同分布的假设并不是十分符合。Andrew Lo 对固定但自相关收益的分布和时间聚合进行了必要的调整。这一点很重要，因为投资策略的时间序列特性（如均值回归、动量和其他形式的序列相关）会对夏普比率估计量本身产生不小的影响，特别是当从较高频率的数据折算年度夏普比率时（Lo，2002）。

2. 信息比率

信息比率（IR） 类似于夏普比率，但它使用的是市场基准而不是无风险利率。市场基准通常被用来代表可用的投资领域，如标准普尔 500 指数（一种美国大盘股投资组合）。

因此，信息比率衡量的是投资组合相对于跟踪误差的超额收益，也称为阿尔法，跟踪误差是投资组合收益与基准收益的偏差，其计算公式如下：

$$IR = \frac{阿尔法}{跟踪误差}$$

信息比率也被用来解释超额收益与经理人技能和其策略的相关性。

5.1.2　主动管理基本法则

分散投资是对无知的保护。如果你知道自己在做什么，那就没什么意义了。

——Warren Buffet

我们在第 1 章中提到，Jim Simons 创立了表现最好的量化基金 Renaissance Technologies（RenTec），尽管方法极其不同，但它的确产生了与 Warren Buffet 相似的收益。Warren Buffet 的投资公司伯克希尔·哈撒韦（Berkshire Hathaway）在相当长的时间内持有大约 100～150 只股票，而 RenTec 每天则可以执行 100 000 次交易。那我们该如何比较这些不同的策略呢？

较高的信息比率反映了相对于所承担的额外风险而言，基准的表现更具有吸引力。**主动管理基本法则** 解释了这一结果：它将信息比率近似为 **信息系数（IC）** 和策略宽度的乘积。

信息系数衡量收益预测（如阿尔法因子所隐含的预测）与实际预期收益之间的等级相关性。因此，它是对管理者预测技能的一种衡量。策略宽度由下注的独立数量（即投资者在给定时间段内进行的交易）来衡量，代表应用预测技能的能力。

基本法则指出，信息比率也可以称为 **评估风险**（Treynor 和 Black），可以表示为两个值的乘积。换句话说，它总结了经常玩（高策略宽度）和玩得好（高信息系数）的重要性，公式如下：

$$IR \sim IC \cdot \sqrt{高策略宽度}$$

该框架还可以进一步扩展，将 **转移系数（TC）** 也纳入其中，作为附加因子反映投资组合约束（如卖空），该附加因子可能将信息比率限制在一定范围内，从而确保信息系数或策略宽度在一个给定的水平：TC 代表经理人将洞察力转化为投资组合赌注的效率，如果没有约束，TC 就等于 1；如果经理人不做空股票，即使预测表明他们应该做空，TC 也小于 1 并降低 IC（Clarke 等人，2002）。

---

[1] 译者注：原文为 $\sqrt{12}$，疑似错误，应为每月有效交易数（日）的平方根，故此处设为 $\sqrt{22}$。

基本法则之所以重要，是因为它强调了取得优异业绩的关键驱动因子：准确的预测以及作出独立预测并根据这些预测采取行动的能力都很重要。

在实践中，具有广泛投资决策的经理人可以通过 0.05～0.15 的信息系数来获得可调整的重大风险超额收益，如图 5.1 所示。

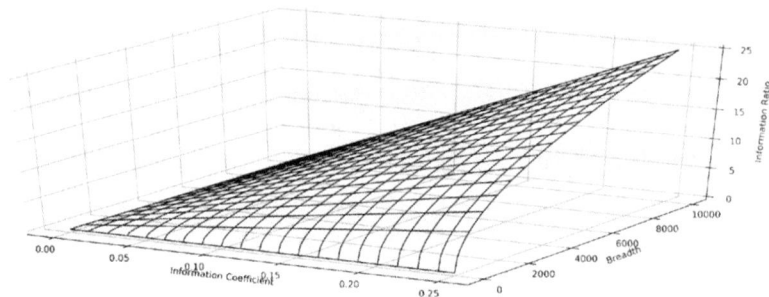

图 5.1　不同信息系数和策略宽度的信息比率

在实践中，鉴于预测之间的横截面和时间序列的相关性，策略宽度估计是比较困难的。我们应该将基本法则及其扩展视为一种有用的分析框架，用于思考如何改善风险调整后的投资组合绩效。

5.2　投资组合风险收益管理

投资组合管理的目的是选择金融工具并确定合适的头寸，以权衡实现相对于基准的理想的风险收益。作为一个投资组合经理，需要在每个时期优化多样组合并选择合适的头寸，既减少风险，又同时实现目标收益。在不同时期，这些头寸可能需要重新平衡，主要是考虑价格变动导致的权重变化，从而实现或维持目标风险配置。

5.2.1　现代投资组合管理的演变

通过利用不完美的相关性，一种资产的收益可以弥补另一种资产的损失，多样化使我们能够在给定的预期收益下降低风险。Harry Markowitz 于 1952 年发明了**现代投资组合理论（MPT）**，并提供了通过选择适当的投资组合权重来优化多样化的数学工具。

Markowitz 解释道，投资组合风险可以用投资组合收益标准差来衡量，而这种风险取决于所有资产的收益及其相对权重之间的协方差。这种关系意味着存在一个有效边界的投资组合，使给定的最大水平风险内的收益最大化。

然而，均值-方差边界对其计算所需的输入估计高度敏感，包括预期收益、波动率和相关性。在实践中，限制这些输入以减少采样误差的均值-方差组合表现得更好。这些受限的特殊情况包括等加权、最小方差和风险平价投资组合。

资本资产定价模型（CAPM）是建立在 MPT 风险收益关系基础上的资产评估模型。它引入了风险溢价的概念，投资者可以预期在市场均衡持有风险资产，这种溢价补偿了货币的时间价值和无法通过多样化（相对于特定资产的特殊风险）消除的整体市场风险。

非多样化风险的经济原理包括诸如影响所有股票收益或债券违约的商业风险宏观驱动力。因此，一项资产的预期收益 $E[r_i]$ 为无风险利率 r_f 和与该资产对市场组合的预期超额收益 r_m 的风险敞口除以无风险利率的比例的风险溢价之和，公式如下：

$$E[r_i] = \alpha_i + r_f + \beta_i(E[r_m] - r_f)$$

从理论上讲，**市场投资组合**包含所有可投资资产，在均衡状态下，将由所有理性投资者持有。在实践中，可以用一个宽基加权指数近似模拟市场，如标准普尔 500 指数。

β_i 衡量资产 i 对市场投资组合超额收益的风险敞口。假设 CAPM 是有效的，截距分量 α_i 应该为 0。在现实中，CAPM 的假设往往得不到满足，而阿尔法因子正好用于捕获那些未被广泛市场敞口所解释的收益。

随着时间的推移，研究不断发现**非传统风险溢价来源**，如动量或股票价值效应解释了一些原始阿尔法值。经济学原理显示暴露于这些另类风险因子的风险溢价是合理的，比如投资者对新信息反应不足或过度的行为偏差。

这些因子会演变成一种投资风格，从而捕捉这些**另类贝塔因子**，并以专门指数基金的形式进行交易。同样，风险管理现在的目标是控制市场投资组合之外的诸多风险的来源。

从这些替代风险溢价中分解各自的贡献后，真正的阿尔法因子就可以聚焦到特殊资产收益和经理人为风险暴露设定时间的能力。

在过去几十年里，**有效市场假说（EMH）**不断改进，能够纠正 CAPM 的许多原始缺点，包括不完善的信息以及与交易、融资和代理相关的成本等。许多行为偏差具有相同的效果，一些摩擦也可以通过行为偏差进行建模。

因此，现代投资组合理论和实践在过去几十年里取得了长足进步。接下来我们将介绍几种方法，具体如下：

- 均值-方差优化。
- 均值-方差优化的替代方案。
- 风险平价法。
- 风险因子投资。

5.2.2 均值-方差优化

现代投资组合理论旨在确定最优投资组合权重，在给定的预期收益下使波动最小化或在给定的波动水平下使收益最大化。必要的输入是预期资产收益、标准差和协方差矩阵。

1. 工作机理

分散投资之所以有效，是因为投资组合收益的方差取决于资产的协方差。通过包含不完全相关的资产，可以将其降至资产方差的加权平均值以下。

具体来说，给定一个投资组合的权重向量 ω 和协方差矩阵 $\sum \omega$，投资组合方差（σ_{PF}）定义如下：

$$\sigma_{PF} = \omega^T \sum \omega$$

Markowitz 认为目标风险下的投资组合期望决策目标有两个——尽可能低的不确定性风险和尽可能高的收益率，前者以风险为目标函数，后者以目标期望收益 μ_{PF} 为目标函数，因此，问题可以优化为如下公式：

$$\min_{\omega} \sigma_{PF}^2 = \omega^T \sum \omega$$

$$\text{s.t.} \quad \omega^T \mu = \sigma_{PF}$$
$$\|\omega\| = 1$$

2. 基于 Python 寻找有效边界

我们可以使用 scipy.optimize. minimize 和资产收益、标准差和协方差矩阵的历史估计计算有效边界。SciPy 的最小化函数为从一个或多个输入变量中输出单个数字的标量函数实现了一系列有约束和无约束的优化算法（有关更多细节，请参阅 SciPy 文档）。代码可以在本章存储库的 strategy_evaluation 子文件夹中找到，按以下步骤执行。

（1）模拟使用狄利克雷分布生成随机权重，并使用历史收益率数据计算每个样本投资组合的均值、标准差和夏普比率，代码如下：

```python
def simulate_portfolios(mean_ret, cov, rf_rate=rf_rate, short=True):
    alpha = np.full(shape=n_assets, fill_value=.05)
    weights = dirichlet(alpha=alpha, size=NUM_PF)
    if short:
        weights *= choice([-1, 1], size=weights.shape)
    returns = weights @ mean_ret.values + 1
    returns = returns ** periods_per_year - 1
    std = (weights @ monthly_returns.T).std(1)
    std *= np.sqrt(periods_per_year)
    sharpe = (returns - rf_rate) / std
    return pd.DataFrame({'Annualized Standard Deviation': std,
                         'Annualized Returns': returns,
                         'Sharpe Ratio': sharpe}), weights
```

（2）建立二次优化问题来求解给定收益的最小标准差或最大夏普比率。为此，我们定义了衡量关键绩效指标的函数，代码如下：

```python
def portfolio_std(wt, rt=None, cov=None):
    """年化 PF 标准差"""
    return np.sqrt(wt @ cov @ wt * periods_per_year)

def portfolio_returns(wt, rt=None, cov=None):
    """年化 PF 收益"""
    return (wt @ rt + 1) ** periods_per_year - 1

def portfolio_performance(wt, rt, cov):
    """年化 PF 收益和标准差"""
    r = portfolio_returns(wt, rt=rt)
    sd = portfolio_std(wt, cov=cov)
    return r, sd
```

（3）定义一个表示 scipy 最小化函数的负 SR 的目标函数并进行优化，给定权重的约束范围是[0,1]，绝对值为 1，代码如下：

```python
def neg_sharpe_ratio(weights, mean_ret, cov):
    r, sd = portfolio_performance(weights, mean_ret, cov)
    return -(r - rf_rate) / sd

weight_constraint = {'type': 'eq',
                     'fun': lambda x: np.sum(np.abs(x)) - 1}
```

```
def max_sharpe_ratio(mean_ret, cov, short=False):
    return minimize(fun=neg_sharpe_ratio,
                    x0=x0,
                    args=(mean_ret, cov),
                    method='SLSQP',
                    bounds=((-1 if short else 0, 1),) * n_assets,
                    constraints=weight_constraint,
                    options={'tol':1e-10, 'maxiter':1e4})
```

（4）通过迭代一个目标收益范围并求解相应的最小方差组合计算有效边界。为此，我们通过投资组合风险和收益的约束作为权重函数，重构优化问题，代码如下：

```
def min_vol_target(mean_ret, cov, target, short=False):
    def ret_(wt):
        return portfolio_returns(wt, mean_ret)
constraints = [{'type': 'eq', 'fun': lambda x: ret_(x) - target},
                weight_constraint]
bounds = ((-1 if short else 0, 1),) * n_assets
return minimize(portfolio_std, x0=x0, args=(mean_ret, cov),
                method='SLSQP', bounds=bounds,
                constraints=constraints,
                options={'tol': 1e-10, 'maxiter': 1e4})
```

（5）问题的解需要在可接受的值范围内迭代，从而确定最佳风险收益组合，代码如下：

```
def efficient_frontier(mean_ret, cov, ret_range):
    return [min_vol_target(mean_ret, cov, ret) for ret in ret_range]
```

模拟得到可行投资组合的一个子集，有效边界则确定给定历史数据范围内可达到的样本内最优的收益-风险组合。

模拟结果如图 5.2 所示，包括最小方差投资组合和最大 SR 投资组合，以及由备选优化策略产生的几个投资组合，这些我们将在下面的章节中讨论。

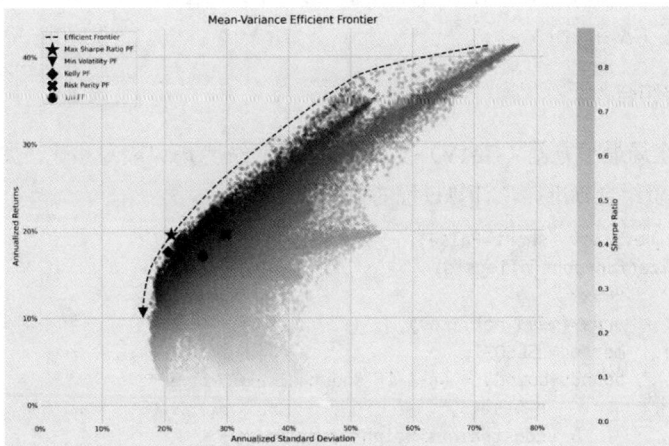

图 5.2　有效边界和不同优化投资组合

投资组合优化可以在交易策略的每一个评估步骤中运行，从而不断地优化头寸。

3. 挑战和不足

前面的均值-方差边界估计主要是**样本内估计**，即**后向优化**。实际上，投资组合优化需要前瞻性的投入和产出。然而，要准确估计预期收益是非常困难的，因此它最好被看作许多改进的起点和基准。

既然协方差矩阵可以被比较可靠地进行估计，这就产生了几种可供选择的方法。然而，相关资产的协方差矩阵带来了计算上的挑战，因为优化问题需要逆矩阵。高条件数导致数值的不稳定性，这就是著名的"马科维茨诅咒"（Markovitz curse），即相关投资机会越需要多样化，算法产生的权重就越不可靠。

许多投资者更喜欢使用投资组合优化技术，目的是减少烦琐的输入要求。接下来我们将介绍几种替代方案，旨在解决这些缺点，其中包括一种基于机器学习的最新方案。

5.2.3　均值-方差优化的替代方案

均值-方差优化问题的精确输入带来的挑战促成了几个实际替代方案的诞生，这些方案一般会限制均值、方差或同时限制这两个数值，或者忽略更具挑战性的收益估计，如风险平价法。

1. 1/N 投资组合

简单的投资组合为衡量产生过度拟合风险的复杂模型的附加价值提供了有用的基准。最简单的投资策略是**等权投资组合**，该策略已经被证明是表现最好的策略之一。

比较著名的是，de Miguel、Garlappi 和 Uppal（2009）将各种均值-方差优化器（如稳健贝叶斯估计器、投资组合约束和投资组合的最优组合）产生的投资组合的样本外表现与简单的 1/N 规则进行了比较。他们发现，1/N 组合比不同数据集上的其他组合产生的夏普比率更高，原因是估计错误的高成本往往超过样本外复杂优化带来的好处。

更具体地说，de Miguel 等人发现，对于包含 25 种资产的投资组合，基于样本的均值-方差策略及其扩展所需的估计窗口约为 3000 个月，对于包含 50 种资产的投资组合约为 6000 个月，才能够超过 1/N 基准（图 5.2 中也包含了 1/N 组合）。

2. 最小方差投资组合

另外一种选择是**全局最小方差（GMV）**投资组合，它优先考虑风险最小化。如图 5.2 所示，利用均值-方差框架最小化投资组合标准差，计算过程的代码如下：

```
def min_vol(mean_ret, cov, short=False):
    return minimize(fun=portfolio_std,
                    x0=x0,
                    args=(mean_ret, cov),
                    method='SLSQP',
                    bounds=bounds = ((-1 if short else 0, 1),) *
                        n_assets,
                    constraints=weight_constraint,
                    options={'tol': 1e-10, 'maxiter': 1e4})
```

对应的最小波动率组合位于有效边界上，如图 5.2 所示。

3. 全局投资组合优化——Black-Litterman 方法

1992 年，Black 和 Litterman 将经济模型与统计学习相结合，提出**全局投资组合优化**方法。因其产生的预期收益估计在许多情况下都是合理的，全局投资组合优化方法广受欢迎。

该技术假定市场是一个均值-方差组合，如 CAPM 均衡模型。市场资本可以被认为是最优的权重分配给每个证券市场，CAPM 均衡模型正是建立在这样的基础上，市场权重反映了市场价格，而市场价格又体现了市场对未来收益的预期。

因此，该方法有点像逆向工程，可以从足够接近的市场均衡假设（由 CAPM 定义）估计未来预期收益。投资者可以使用收缩估计方法根据自己采信的市场因子调整估计值。该模型可以解释为投资组合优化的贝叶斯方法。

4. 分配仓位——凯利准则

凯利准则在博彩业有着悠久的历史，因为它为（无限的）一系列赌注中每一笔赌注的多少提供了指导，以实现最终财富最大化，这些赌注有不同的（但有利的）赔率。这一准则发表在 1956 年的一篇论文《信息比率的新解释》（*A New Interpretation of the Information Rate*）中，作者是约翰·凯利（John Kelly），他是 Claude Shannon 在贝尔实验室的同事。他对新的问答节目"6.4 万美元问题"（*the $ 64000 Question*）中对候选人下的赌注很感兴趣，一位西海岸的观众利用节目延迟 3 小时的时间获取了获胜者的内部信息。

凯利将香农的信息理论与之联系起来，目的是研究在概率有利但不确定性依然存在的情况下，如何对长期资本增长进行最优押注。他的规则将对数财富最大化作为每个游戏的成功概率的函数，并包含了隐性破产保护，因为 log0 是负无穷，所以凯利赌徒自然会避免失去一切。

5. 下注的最佳规模

凯利开始分析带有二元输赢结果的游戏，关键变量如下：

- b：1 美元的赔率。赔率=5/1 意味着如果赌注赢了，将获得 5 美元的收益，加上收回 1 美元的资本。
- p：定义有利结果的可能性的概率。
- f：可押注的流动资本份额。
- V：投注所得资金的价值。

凯利准则旨在得到最大化无限重复押注的价值增长率 G，公式如下：

$$G = \lim_{N \to \infty} \frac{1}{N} \log \frac{V_N}{V_0}$$

若用 W 和 L 分别代表"赢"和"输"的次数，则公式如下：

$$V_N = (1 + b \cdot f)^W (1-f)^L V_0 \qquad\qquad\qquad \Rightarrow$$

$$G = \lim_{N \to \infty} \left[\frac{W}{N} \log(1 + \text{odds} \cdot \text{share}) + \frac{L}{N} \log(1-f) \right] \quad \Leftrightarrow$$

$$= p \log(1 + b \cdot f) + (1-p) \log(1-f)$$

我们可以通过使 G 相对于 f，从而最大化 G 的增长率，使用 SymPy 的代码如下（读者可以在 kelly_rule 笔记中找到它）：

```
from sympy import symbols, solve, log, diff
share, odds, probability = symbols('share odds probability')
Value = probability * log(1 + odds * share) + (1 - probability) *
        log(1 - share)
solve(diff(Value, share), share)
[(odds*probability + probability - 1)/odds]
```

我们得到了最优的可押注资本份额：

$$\text{凯利准则：} f^* = \frac{b \cdot p + p - 1}{b}$$

6. 最佳投资——单一资产

在金融市场环境中，应用结果和替代方案都更加复杂，但凯利准则的逻辑仍然适用。Ed Thorp 将其普及，他首先将其应用于赌博，并因此获利［在《打败交易商》（*Beat the Dealer*）一书中有介绍］，后来创立了成功的对冲基金 Princeton/Newport Partners。

对于连续的结果，资本增长率的定义是对不同收益的概率分布的积分，可以表示为如下数值优化：

$$E[G] = \int \log(1 \times fr) P(r) \mathrm{d}r \qquad \Leftrightarrow$$

$$\frac{\mathrm{d}}{\mathrm{d}f} E[G] = \int_{-\infty}^{+\infty} \frac{r}{1 \times fr} P(r) \mathrm{d}r = 0$$

我们可以用 scipy.optimize 模块得出这个表达式的最优结果 f^*。quad 函数使用 FORTRAN 的 QUADPACK 库（quad 函数也因此而得名）计算两个值 a 和 b 之间的定积分值。它返回该积分的值和一个误差估计，代码如下：

```
def norm_integral(f, m, st):
val, er = quad(lambda s: np.log(1+f*s)*norm.pdf(s, m, st), m-3*st,
               m+3*st)
    return -val

def norm_dev_integral(f, m, st):
    val, er = quad(lambda s: (s/(1+f*s))*norm.pdf(s, m, st), m-3*st,
               m+3*st)
    return val
m = .058
s = .216

# 选项1:最小化期望积分
sol = minimize_scalar(norm_integral, args=(m, s),
                      bounds=[0., 2.], method='bounded')
print('Optimal Kelly fraction: {:.4f}'.format(sol.x))
Optimal Kelly fraction: 1.1974
```

7. 最优投资——多种资产

我们将举一个关于各种权益的例子。E. Chan（2008）举例说明了如何实现凯利准则的多资产应用，结果相当于均值-方差优化的最大（潜在杠杆）夏普比率投资组合。

计算包括精度矩阵（即协方差矩阵的逆）和返回矩阵的点积，代码如下：

```
mean_returns = monthly_returns.mean()
cov_matrix = monthly_returns.cov()
precision_matrix = pd.DataFrame(inv(cov_matrix), index=stocks,
columns=stocks)
kelly_wt = precision_matrix.dot(mean_returns).values
```

凯利投资组合也显示在前面的有效边界图 5.2 中（经过归一化，使绝对权重之和等于 1）。许多投资者倾向于减少 Kelly 权重，以降低该策略的波动性，Half-Kelly 已经变得特别受欢迎。

5.2.4　风险平价法

过去 15 年里，金融市场最大的特点是全球股市发生了两场重大危机，收益率曲线持续向上倾斜，利率普遍下降，这使得风险平价法看起来是一个特别有吸引力的选择。许多机构为实现风险平价而制定了战略配置，目的就是进一步分散其投资组合（图 5.2 中也显示了风险平价投资组合）。

风险平价的一个简单实现是根据其方差的倒数来配置资产，忽略相关性，特别是收益率预测，代码如下：

```
var = monthly_returns.var()
risk_parity_weights = var / var.sum()
```

5.2.5　风险因子投资

另一框架是深入到驱动资产风险和收益的潜在决定因子。如果理解了这些因子是如何影响收益的，同时也真正理解了这些因子，我们就能够构建更稳健的投资组合。

因子投资的概念超越了资产类别标签，它着眼于潜在的风险因子（即阿尔法因子）以最大化多元化收益。因子投资的目的不是通过对冲基金或私募股权等标签来区分投资工具，而是根据基本风险因子敞口的差异识别不同风险收益状况（Ang，2014）。

简单的均值-方差投资方法将人工分组作为不同的资产类别放入均值-方差优化器中。因子投资认识到，这些组合与传统资产类别共享许多相同的风险因子。分散投资的好处可能被夸大了，正如投资者在 2008 年金融危机期间所发现的那样，当时由于面临相同的潜在风险因子，风险资产类别之间的相关性有所增加。

5.2.6　分层风险平价

均值-方差优化对预期收益的估计对收益协方差非常敏感。当收益高度相关时，协方差矩阵的反演也变得更具挑战性和更不准确，这一点在实际操作中经常发生。这一结果也被称为"马科维茨诅咒"。分散投资的好处可能会被错误估计所抵消。前面我们已经知道，即使是幼稚的等权重投资组合也能击败样本外均值-方差和基于风险的优化。

更稳健的方法考虑额外约束（Clarke 等人，2002）或贝叶斯先验（Black 和 Litterman，1992），或者使用收缩估计使精度矩阵在数值上更稳定（Ledoit 和 Wolf，2003）。

相比之下，**分层风险平价（HRP）**利用无监督机器学习实现更好的样本外投资组合配置。最新的一项投资组合优化甚至利用图论和层次聚类，分三步构建投资组合（Lopez de Prado，2015），具体如下：

（1）定义距离度量，以便相关资产彼此接近，并应用单链接聚类识别层次关系。

（2）对近似对角化协方差矩阵利用层次相关结构。

（3）在投资组合构建中，将聚类资产作为补充而不是替代，使用递归对分搜索完成自上而下的逆方差加权，从而减少自由度。

Raffinot（2016）提出了一种构建**层次聚类组合（HCP）**的相关方法。从概念上讲，像金融市场这样的复杂系统往往有一个结构，并且经常以分层的方式组织起来，而分层中元素之间的相互作用塑造了系统动态。相关矩阵还缺少层次的概念，这允许权重以意想不到的方式自由变化。

HRP 和 HCP 都经过了 JP 摩根（2012）在各种证券领域的测试。特别是 HRP 的风险调整收益率和夏普比率相比，其单纯分散投资、最大分散投资组合或 GMV 投资组合不相上下，甚至略胜一筹。

5.3　基于 Zipline 的投资组合交易和管理

在第 4 章中，我们介绍了如何基于 Zipline 模拟从股票横截面的跟踪市场、基本面和另类数据中计算阿尔法因子。在这一节中，我们将开始聚焦阿尔法因子发出的信号，提交买卖订单，这样我们就可以拥有多头和空头头寸，或者根据最近的交易信号调整投资组合。

我们将把如何优化投资组合的权重推迟到本章后面再讲，现在只是为每个持仓分配价值相等的头寸。

5.3.1　信号生成和交易执行

我们将使用第 4 章开发的自定义 meanreverversion 因子（参考 01_backtest_with_trades.ipynb）。

通过 compute_factors()方法创建的 pipeline 返回一个表，其中的列包含 50 个多空单。根据上一个月收益与年平均收益率的最大负偏差和最大正偏差分别选择股票，用标准差归一化处理，代码如下：

```
def compute_factors():
    """创建因子 pipeline，包括平均回归、按 30 日美元标准过滤，并捕获因子排名"""
    mean_reversion = MeanReversion()
    dollar_volume = AverageDollarVolume(window_length=30)
    return Pipeline(columns={'longs' : mean_reversion.bottom(N_LONGS),
                             'shorts' : mean_reversion.top(N_SHORTS),
                             'ranking': mean_reversion.rank(ascending=False)},
                    screen=dollar_volume.top(VOL_SCREEN))
```

它还限制了过去 30 个交易日平均交易量最高的 1000 只股票。before_trading_start()提供 pipeline 的每日执行和记录结果，包括当前价格，代码如下：

```
def before_trading_start(context, data):
    """执行因子 pipeline"""
    context.factor_data = pipeline_output('factor_pipeline')
    record(factor_data=context.factor_data.ranking)
    assets = context.factor_data.index
    record(prices=data.current(assets, 'price'))
```

新的 rebalance()方法将交易订单提交给 exec_trades()方法，用于被 pipeline 标记为多头和空头头寸资产，这些资产具有相等的正负权重。它还会剥离不包含在因子信号中的当前持仓，代码如下：

```
def exec_trades(data, assets, target_percent):
    """使用目标投资组合百分比为资产下订单"""
    for asset in assets:
        if data.can_trade(asset) and not get_open_orders(asset):
            order_target_percent(asset, target_percent)
def rebalance(context, data):
    """计算多头、空头和过时的资产，放置贸易订单"""
    factor_data = context.factor_data
    assets = factor_data.index
    longs = assets[factor_data.longs]
    shorts = assets[factor_data.shorts]
    divest = context.portfolio.positions.keys() - longs.union(shorts)
```

```
exec_trades(data, assets=divest, target_percent=0)
exec_trades(data, assets=longs, target_percent=1/n_LONGS if N_LONGS
            else 0)
exec_trades(data, assets=shorts, target_percent=-1/n_SHORTS if N_SHORTS
            else 0)
```

在 market_open 之后，rebalance()方法根据 schedule_function()实用程序设置的 date_rules 和 time_rules 于每周的第一个交易日运行，这是内置 US_EQUITIES 日历规定的（详细信息请参考 Zipline 文档）。

读者也可以按照相对条件或最低金额设置交易佣金，还有一个定义滑点的选项，可用于设置订单执行价格与设定价格的差值，代码如下：

```
def initialize(context):
    """放置：注册 pipeline、计划重新平衡和设置交易参数"""
    attach_pipeline(compute_factors(), 'factor_pipeline')
    schedule_function(rebalance,
                      date_rules.week_start(),
                      time_rules.market_open(),
                      calendar=calendars.US_EQUITIES)
    set_commission(us_equities=commission.PerShare(cost=0.00075,
                                                   min_trade_cost=.01))
    set_slippage(us_equities=slippage.VolumeShareSlippage(volume_
limit=0.0025, price_impact=0.01))
```

算法在调用 run_algorithm()函数后继续执行，并返回与第 4 章相同的回测性能 DataFrame。

5.3.2 均值-方差组合优化实现

在 5.2 节中，我们演示了如何使用 scipy.optimize 寻找有效边界。本小节中，我们将使用 PyPortfolioOpt 库，该库使用 SciPy 提供投资组合优化，包括有效的边界技术和更新的收缩方法，这些方法可以对协方差矩阵进行正则化处理。代码在 02_backtest_with_pf_optimization.ipynb 中。

我们将使用相同的设置，从均值回归因子排名中获得 50 个多头和空头头寸。rebalance()函数接收建议的多头和空头头寸，并将每个子集传递给一个新的 optimize_weights()函数，以获得带有 asset：target_percent 对的词典，代码如下：

```
def rebalance(context, data):
    """计算多头、空头和过时的资产，放置贸易订单"""

    factor_data = context.factor_data
    assets = factor_data.index

    longs = assets[factor_data.longs]
    shorts = assets[factor_data.shorts]

    divest = context.portfolio.positions.keys() - longs.union(shorts)
    exec_trades(data, positions={asset: 0 for asset in divest})

    # 获取价格历史数据
    prices = data.history(assets, fields='price',
                          bar_count=252+1, # 一年期收益
                          frequency='1d')
```

```
if len(longs) > 0:
    long_weights = optimize_weights(prices.loc[:, longs])
    exec_trades(data, positions=long_weights)
if len(shorts) > 0:
    short_weights = optimize_weights(prices.loc[:, shorts], short=True)
    exec_trades(data, positions=short_weights)
```

optimize_weights()函数使用由 PyPortfolioOpt 库提供的 EfficientFrontier 对象，根据前一年的收益和协方差矩阵找到使夏普比率最大化的权重，库也计算这两个权重，代码如下：

```
def optimize_weights(prices, short=False):
    returns = expected_returns.mean_historical_return(prices=prices,
                                                       frequency=252)
    cov = risk_models.sample_cov(prices=prices, frequency=252)

    # 获取最大化夏普比率的配置权重
    ef = EfficientFrontier(expected_returns=returns,
                           cov_matrix=cov,
                           weight_bounds=(0, 1),
                           gamma=0)
    weights = ef.max_sharpe()
    if short:
        return {asset: -weight for asset, weight in
ef.clean_weights().items()}
    else:
        return ef.clean_weights()
```

它返回和为 1 的归一化权重，如果是空头头寸则设置为负值。结果如图 5.3 所示，对于这一特定的策略和时间框架，均值-方差优化的投资组合表现得更好。

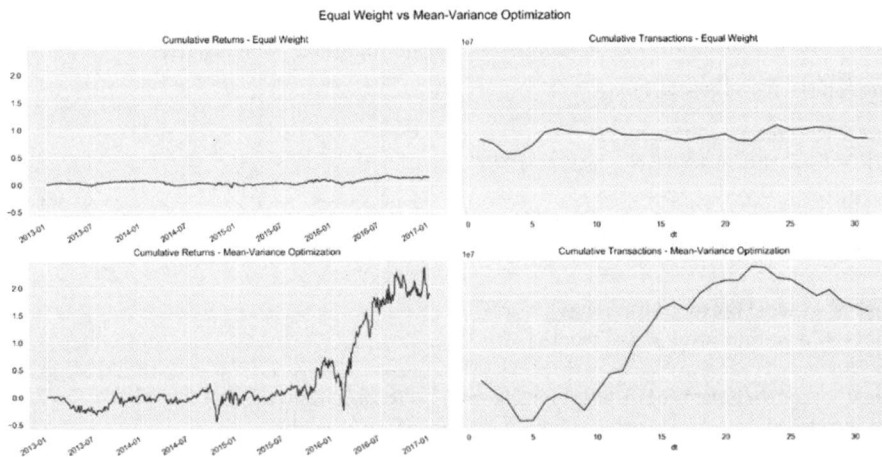

图 5.3　均值-方差与等权重投资组合表现

PyPortfolioOpt 还可以找到最小波动率投资组合。更确切地说，这个例子说明了如何使用 5.2 节介绍的方法或我们选择的任何其他方法添加逻辑来调整投资组合的权重。

现在我们将转向投资组合收益和风险的常见度量，以及如何使用 pyfolio 库计算它们。

5.3.3　基于 pyfolio 的回测性能测量

pyfolio 使用一组丰富的指标和可视化来简化对样本内外投资组合性能的分析。它使用几个内置的场景生成包含收益、头寸和交易分析以及市场强化期间的事件风险分析的指标表。它还包括贝叶斯样本外性能分析。

pyfolio 依赖于投资组合收益和头寸数据，还可以考虑交易成本和交易活动的滑点损失。pyfolio 使用 empyrical 库，当然我们也可以单独使用该库来计算性能指标。

该库是 Quantopian 生态系统的一部分，与 Zipline 和 Alphalens 兼容。我们将首先演示如何从 Alphalens 生成必要的输入，然后演示如何从 Zipline 回测性能 DataFrame 中提取它们。本小节的代码示例在笔记 03_pyfolio_demo.ipynb 中。

1. 从 Alphalens 获取 pyfolio 输入

pyfolio 还可以直接与 Alphalens 集成，并允许使用 create_pyfolio_input 创建 pyfolio 输入数据，代码如下：

```
from alphalens.performance import create_pyfolio_input
qmin, qmax = factor_data.factor_quantile.min(),
             factor_data.factor_quantile.max()
input_data = create_pyfolio_input(alphalens_data,
                                  period='1D',
                                  capital=100000,
                                  long_short=False,
                                  equal_weight=False,
                                  quantiles=[1, 5],
                                  benchmark_period='1D')
returns, positions, benchmark = input_data
```

有两个选项可以指定如何生成投资组合权重。

- long_short：如果为 False，权重将对应于因子值除以它们的绝对值，因此负值的因子值产生空头头寸；如果为 True，因子值首先降低，使多头和空头头寸相互抵消，投资组合是市场中性的。
- equal_weight：如果为 True 且多头/空头为 True，资产将被分成两个相等的组，顶部/底部组成多头/空头头寸。

如果 factor_data 包含每个资产的行业信息，那么也可以为组创建多/空投资组合。

2. 从 Zipline 回测中获取 pyfolio 输入

Zipline 回测的结果也可以通过 extract_rets_pos_txn_from_zipline 转换为所需的 pyfolio 输入，代码如下：

```
returns, positions, transactions =
    extract_rets_pos_txn_from_zipline(backtest)
```

5.3.4 前向测试——样本外收益预测

测试一个交易策略包括后向测试和前向测试。前者涉及历史数据，通常指用于微调阿尔法因子参数的样本周期。前向测试（也称前进式测试）对新市场数据进行模拟，以验证该策略在样本外表现良好与否，这些数据通常不太符合特定的历史环境。

pyfolio 允许指定一个样本外周期来模拟前向测试。在测试一种策略以获得统计上可靠的结果时，需要考虑许多方面的因素。

plot_rolling_returns 函数根据用户定义的基准测试（我们使用的是 S&P 500）显示样本内和样本外的累计收益值。pyfolio 计算累计收益为简单收益相加 1 的乘积，代码如下：

```
from pyfolio.plotting import plot_rolling_returns
plot_rolling_returns(returns=returns,
                     factor_returns=benchmark_rets,
                     live_start_date='2016-01-01',
                     cone_std=(1.0, 1.5, 2.0))
```

结果如图 5.4 所示，其中包括一个圆锥，它显示了扩大的置信区间，表明在给定随机前向假设下，样本外收益似乎并不理想。在这里，在模拟的 2016 年样本外期间，我们的"玩具"策略在 S&P 500 基准上表现得并不是特别好。

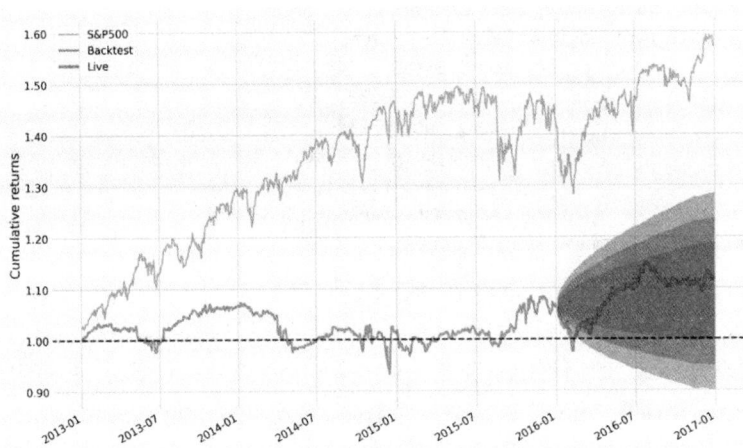

图 5.4　pyfolio 累计表现图

1. 性能概括性统计

pyfolio 提供了几个分析和绘图函数。perf_stats 摘要显示了年度和累计收益、波动率、偏斜和峰度以及收益的夏普比率。

以下是最重要的几个额外指标（也可以单独计算）。

- 最大回撤：相对于之前峰值的最高百分比损失。
- Calmar 比率：投资组合年化收益率与历史最大回撤之间的比率。
- Omega 比率：加权收益与加权损失的比率，默认值为 0。
- Sortino 比率：相对于下偏标准差的超额收益。

- 尾比：右尾的大小（收益，第 95 个百分位的绝对值）相对于左尾的大小（损失，第 5 个百分位的绝对值）。
- 日风险值（VaR）：对应于低于日均值两个标准差的收益的损失。
- Alpha：无法用基准收益解释的投资组合收益。
- Beta：对基准的敞口。

plot_perf_stats 函数会启动对参数可变性的估计，并将结果显示为箱线图，如图 5.5 所示。

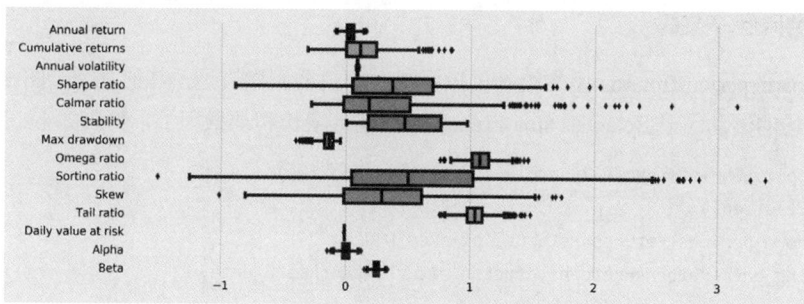

图 5.5　pyfolio 性能统计图

show_perf_stats 函数为整个时间段计算大量指标，也为样本内和样本外时间段分别计算相应指标，代码如下：

```
from pyfolio.timeseries import show_perf_stats
show_perf_stats(returns=returns,
                factor_returns=benchmark_rets,
                positions=positions,
                transactions=transactions,
                live_start_date=oos_date)
```

对于由均值回归因子推导出的模拟多空组合，我们得到如表 5.1 所列的性能统计数据。

表　5.1

指　　标	所有样本	样本内	样本外
年收益	2.80%	2.10%	4.70%
累计收益	11.60%	6.60%	4.70%
年波动性	8.50%	8.80%	7.60%
夏普比率	0.37	0.29	0.64
卡尔玛比率	0.21	0.16	0.57
稳定性	0.26	0.01	0.67
最大回撤	−13.10%	−13.10%	−8.30%
Omega 比率	1.07	1.06	1.11
Sortino 比率	0.54	0.42	0.96
偏度	0.33	0.35	0.25
峰度	7.2	8.04	2
尾比	1.04	1.06	1.01
日风险值	−1.10%	−1.10%	−0.90%

指标	所有样本	样本内	样本外
总杠杆率	0.69	0.68	0.72
日内回转率	8.10%	8.00%	8.40%
Alpha	0	−0.01	0.03
Beta	0.25	0.27	0.17

2. 回撤周期和因子暴露

plot_drawdown_periods(returns)函数绘制了投资组合的主要回撤周期，其他几个绘图函数显示了滚动 SR 和相对于市场的滚动因子 Beta 或 Fama-French 的规模、增长和动量因子，代码如下：

```
fig, ax = plt.subplots(nrows=2, ncols=2, figsize=(16, 10))
axes = ax.flatten()
plot_drawdown_periods(returns=returns, ax=axes[0])
plot_rolling_beta(returns=returns, factor_returns=benchmark_rets,
                  ax=axes[1])
plot_drawdown_underwater(returns=returns, ax=axes[2])
plot_rolling_sharpe(returns=returns)
```

结果如图 5.6 所示，图中突出显示了包含在各种指标表中的可视化子集，说明了 pyfolio 如何帮助我们深入研究性能特征、暴露风险和收益的基本驱动因子。

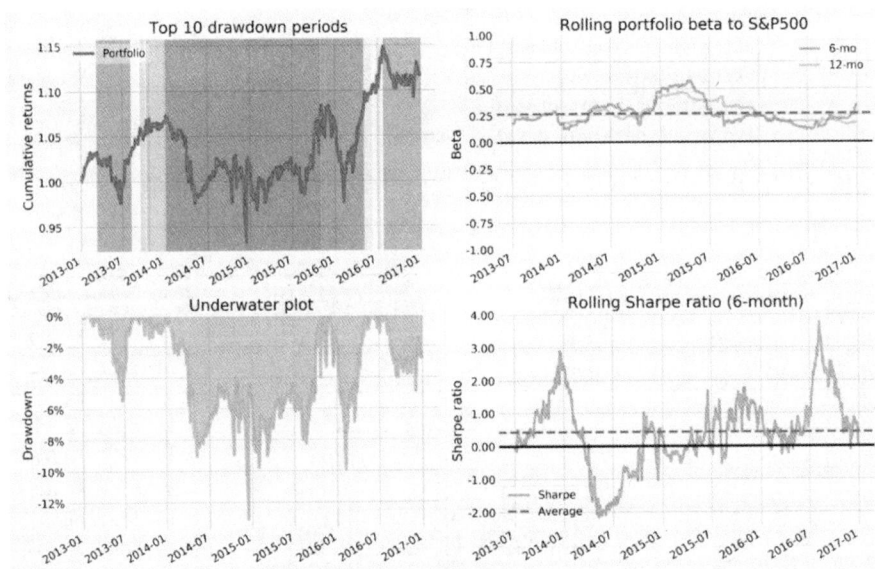

图 5.6　性能随时间变化的各种 pyfolio 绘图

3. 事件风险建模

pyfolio 还包括各种事件的时间轴，我们可以使用这些时间轴比较在此期间投资组合与基准的表现。pyfolio 默认使用标准普尔 500 指数作为基准，当然也可以提供自己选择的基准收益率。下面比较一下 2015 年秋季英国退欧公投后标准普尔 500 指数的表现，代码如下：

```
interesting_times = extract_interesting_date_ranges(returns=returns)
interesting_times['Fall2015'].to_frame('pf') \
.join(benchmark_rets) \
.add(1).cumprod().sub(1) \
.plot(lw=2, figsize=(14, 6), title='Post-Brexit Turmoil')
```

结果如图 5.7 所示。

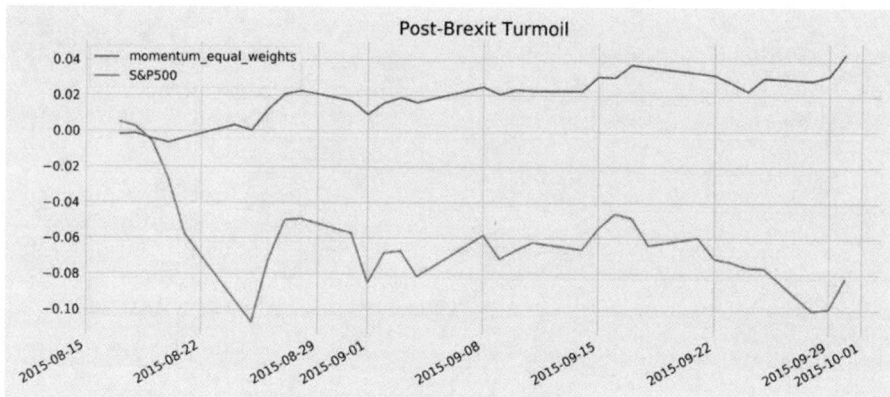

图 5.7   pyfolio 事件风险分析

5.4   本章小结

在本章中，我们介绍了投资组合管理的几个主要方面，主要涉及将投资头寸与管理风险收益权衡的目标平衡考虑。我们介绍了如何用 pyfolio 计算和可视化关键风险和收益指标，同时比较了各种算法的表现。

我们明白了准确的预测对于优化投资组合权重和最大化多样化收益是多么重要，还讲解了机器学习如何通过从资产收益协方差矩阵中学习层次关系构建更有效的投资组合。

接下来我们将学习本书的第 2 部分，重点介绍机器学习模型的使用。这些模型将通过更有效地利用更多元化的信息来产生更准确的预测。这样做是为了捕捉比简单的阿尔法因子更复杂的模式，而阿尔法因子是迄今为止最突出的模式。

在第 2 部分中，将首先训练、测试和调整线性模型，然后使用交叉验证进行回归和分类，从而实现稳健的样本外性能。另外，还要把这些模型嵌入定义和回测算法交易策略的框架中。

第 2 部分

机器学习在交易中的基本应用

第6章

机器学习过程

本章是本书第 2 部分的第一章，我们将介绍如何使用一系列监督和无监督的**机器学习（ML）**模型进行交易。在演示使用各种 Python 库的相关应用程序之前，我们将解释每个模型的假设和用例。接下来的第 3 部分中涉及的模型类别包括以下几种：

- 用于横截面、时间序列和面板数据回归和分类的线性模型。
- 广义可加模型，包括基于非线性树的模型，如决策树。
- 集成模型，包括随机森林和梯度提升算法。
- 用于降维和聚类的无监督线性和非线性方法。
- 神经网络模型，包括循环和卷积架构。
- 强化学习模型。

我们将把这些模型应用于本书第 1 部分中介绍的市场、基本面和另类数据源，并演示如何将这些模型嵌入到将模型信号转化为交易的交易策略中，以及如何优化投资组合、如何评估策略表现。

这些模型及其应用有几个方面是相同的，本章将介绍这些常见的方面，在后面的章节中重点介绍特定模型，主要包括通过优化目标或损失函数从数据中学习函数关系的总体目标以及与测量模型性能密切相关的方法。

本书将区分无监督学习和监督学习，并概述算法交易的用例。我们将对比监督回归和分类问题，使用监督学习对输入和输出数据之间的关系进行统计推断，并将其用于预测未来输出。

我们还将讲解模型的偏差或方差如何产生预测误差，同样数据中的高噪声信号比也会产生误差。最重要的是，我们将提供诊断错误源（如过度拟合）的方法，从而改进模型的性能。

在本章中，我们将介绍与实际应用机器学习工作流相关的内容，具体如下：

- 基于数据进行监督和无监督学习。
- 训练和评估回归和分类任务的监督学习模型。
- 偏差-方差权衡如何影响预测绩效。
- 诊断和解决过度拟合导致的预测错误的方法。
- 使用交叉验证优化超参数，重点关注时间序列数据。
- 在测试样本外时需要额外注意财务数据的原因。

> 如果你已经非常熟悉机器学习，那么你可以跳过相关内容，直接学习如何使用机器学习模型来产生和组合算法交易策略的阿尔法因子。本章在 GitHub 存储库中的目录包含代码示例，并列出了其他资源，读者可以进行参考。

6.1 基于数据进行机器学习

机器学习的许多定义都围绕着自动检测数据中有意义的模式。举两个典型的例子。

● 人工智能（AI）先驱 Arthur Samuelson 在 1959 年将机器学习定义为计算机科学（Computer Science）的一个分支领域，它赋予计算机无须显式编程即可学习的能力。

● 该领域目前的领军人物之一 Tom Mitchell 在 1998 年更具体地提出了一个很好的学习问题：计算机程序从与任务相关的经验中学习，并对任务的表现是否随着经验的增加而提高进行性能衡量（Mitchell，1997）。

经验以训练数据的形式呈现给算法。与之前制造机器解决问题的尝试的主要区别在于，算法用来作出决策的规则是从数据中学习的，而不是像 20 世纪 80 年代著名的专家系统那样，由人工编程。

6.1.1 挑战——算法与任务的匹配

自动学习的关键挑战是在将模型学习推广到新数据时，如何识别训练数据中有意义的模式。一个模型可以识别大量的潜在模式，而训练数据只是算法在未来执行任务时可能遇到的大量现象的一个样本。

对于给定的输入，可以生成多个函数，这使得在不限制合格候选集合的情况下，搜索真正的函数是不可能的。一个算法能够学习的模式类型受限于其**假设空间**的大小，这个假设空间包含了它可能表示的函数，算法同时也受到示例数据提供的信息量的限制。

对于不同的算法，假设空间的大小差别很大。一方面，这种限制使得搜索能够成功；另一方面，当算法从训练样本推广到新数据时，则意味着可能导致性能较差的归纳偏差。

因此，关键的挑战就是如何选择恰如其分的假设空间，既要足够大，能够包含学习问题的解决方案，又要足够小，确保在给定训练数据大小的情况下进行可靠的学习和推广。毫无疑问，有更多信息数据、更大假设空间的模型更有可能成功。

"没有免费的午餐"定理指出，不存在通用的学习算法。相反，学习者的假设空间必须使用基于任务领域的先验知识来适应特定的任务，这样才能搜索有意义的模式，并将相应模式推广成功（Gómez 和 Rojas，2015）。

我们将在本章中密切关注模型对特定任务的数据关系所作的假设，并强调将这些假设与从数据探索中收集到的经验证据相匹配的重要性。

机器学习任务有几个类别，这些类别因目的、可用信息以及学习过程本身的不同而不同。主要的类别是监督学习、无监督学习和强化学习，我们接下来将介绍它们的主要区别。

6.1.2 监督学习——青出于蓝而胜于蓝

监督学习是最常用的机器学习类型。我们将在本书的大部分章节中介绍这一类别的应用。"监督"

一词意味着存在一个指导学习过程的结果变量，也就是说，它教会算法解决手头的任务。监督学习旨在从反映这种关系的个体样本中捕获输入-输出的函数关系，并通过对新数据作出有效陈述来应用其学习成果。

根据领域的不同，输出变量也可以被称为标签、目标或结果以及内生变量或左侧变量。我们将使用 y_i 表示结果观测值，$i=1,\cdots,n$，或者用 Y 表示结果的（列）向量。有些任务有多个结果，我们称为**多标签问题**。

监督学习问题的输入数据以及外生变量或右侧变量都称为特征。我们使用 x_i 表示特征向量，$i=1,\cdots,n$，或用矩阵的形式表示为 X，其中每列包含一个特征，每行包含一个观测值。

监督学习问题的解是一个函数 $\hat{f}(X)$。表示模型从样本中了解到的输入-输出关系，并近似于真实关系，表示为 $y \approx \hat{f}(X)$。该函数可潜在地用于推断样本以外的变量之间的统计关联或因果关系，或者用于预测新输入数据的输出。

是否能够从准确预测新输入结果的数据中学习输入-结果关系需要好好权衡一番。更复杂的模型有更多的活动，能够表示更微妙的关系。然而，它们也更有可能是学习训练样本的随机噪声，而不是代表一般模式的系统信号。当这种情况发生时，我们说模型对训练数据**过度拟合**。此外，复杂的模型可能也更难以检查，从而使理解关系的本质或特定预测的驱动因子更加困难。

此外，过于简单的模型会漏掉复杂的信号，产生有偏差的结果。这种权衡被称为监督学习中的**偏差-方差权衡**，但从概念上讲，这也适用于其他形式的机器学习，其中过于简单或过于复杂的模型可能在训练数据之外表现不佳。

6.1.3　无监督学习——于无声处听惊雷

在解决**无监督学习**问题时，我们只观测特征，而没有对结果进行测量。无监督算法不是预测未来的结果或推断变量之间的关系，而是旨在识别输入中的结构，用这种结构揭示数据蕴含的信息。

通常，衡量无监督学习成功与否的标准是结果对解决其他问题的贡献，包括识别观测结果中的共性或群集，或转换特征以获得捕获相关信息的压缩摘要。

关键的挑战是，无监督算法必须在没有结果信息提供指导的情况下完成任务。因此，我们往往无法像在监督学习中那样，根据基本事实来评估结果，其质量可能取决于旁观者的眼睛。当然，有时我们可以评估无监督法对下游任务的贡献，比如在通过降维实现更好的预测时。

其中包括许多方法，从成熟的聚类算法到尖端的深度学习模型，也包括几个与本书目标相关的用例。

1. 用例——从风险管理到文本处理

无监督学习有许多交易用例，我们将在后面的章节中介绍，具体如下：

- 对具有类似风险和收益特征的证券进行分组（参考第 13 章）。
- 使用**主成分分析**找到驱动大量证券表现的少量风险因子（参考第 13 章）或自编码器（参考第 19 章）。
- 识别文档（如财报电话会议记录）中的潜在主题，这些主题包含这些文档的主要内容（参考第 14 章）。

更进一步说，这些应用程序依赖于识别聚类的方法和降低数据维度的方法。

2. 聚类算法——类似于找朋友

聚类算法应用相似性的概念来识别包含可比信息的观测结果或数据属性。它们通过将大量的数据点分配给少量的集群来总结数据集。这样做的目的是使集群成员之间的关系比其他集群成员更加紧密。

聚类算法之间的不同之处在于假设不同分组的生成方式和相似规律。因此，往往会产生其他类型的集群，应根据数据的特征进行选择。一些突出的例子如下：

- k-均值聚类：数据点属于 k 个相同大小的椭圆形聚类中的一个。
- 高斯混合模型：数据点由任何一个多元正态分布生成。
- 基于密度的聚类：聚类可能是任意形状，仅由附近存在的最少数量的数据点来定义。
- 层次聚类：数据点属于不同的组超集，这些超集是通过依次合并较小的聚类而形成的。

3. 降维——压缩信息

降维的目的是生成能够包含源数据中最重要信息的新数据。与保留原始数据并将数据分组聚类不同的是，降维需要对数据进行转换，目的是使用更少的特征表示原始信息。

根据数据转换方式及压缩数据集性质的不同，降维算法主要分为三类，具体如下：

- 主成分分析（PCA）：通过线性变换将现有数据映射到低维空间，主要路径是使所投影的维度上数据的方差最大，以此使用低维数据维度保留较多的原数据点的特性。
- 流形学习：识别某一非线性变换（即某一流形），这一低维流形会尽可能多得表达现有数据集信息。
- 自编码器：在信息损失最小的前提下使用神经网络非线性压缩数据。

我们将在接下来的几章中深入讲解这些无监督学习模型，包括主题建模和 word2vec 特征提取等在**自然语言处理（NLP）**中的重要应用。

6.1.4 强化学习——越挫越勇越强大

强化学习（RL）是机器学习的第三种类型。它以一个代理（agent）为中心，该代理需要根据环境提供的信息在每个时间步选择一个动作。该代理可以是自动驾驶汽车、玩棋盘游戏或视频游戏的程序，也可以是在特定安全市场中操作的交易策略。

代理的目标是根据一组描述当前环境状态的观测结果，选择在一段时间内产生最高收益的行动。它既是动态的，又是互动的：激励与惩罚会影响算法的学习，现在采取的行动也可能会影响环境和未来的奖励。

代理需要从一开始就采取行动，并以一种"在线"的方式学习，每次学习一个例子。学习过程遵循试错法。这是因为代理需要在利用过去已经产生一定奖励的行动过程和探索将来可能增加奖励的新行动之间进行权衡。强化学习算法使用动态系统理论，特别是不完全信息的马尔可夫决策过程的最优控制，来优化代理的学习。

强化学习不同于监督学习，在监督学习中，训练数据展示了上下文和算法的正确决策。强化学习则适用于交互式环境，在这种环境下，结果只能随着时间的推移而出现，并且随着代理获得新的经验，学习必须持之以恒。

人工智能（AI）一些最显著的进展都与强化学习密不可分，强化学习通过深度学习来近似行动、环境和未来奖励之间的函数关系。强化学习也不同于无监督学习，因为对行动的反馈将是可用的，尽管有一定延迟。

强化学习特别适用于算法交易，因为在不确定的动态环境中，收益最大化代理的模型与投资者或与金融市场相互作用的交易策略有许多异曲同工之处。我们将在第 21 章中介绍建立算法交易策略的强化学习方法。

6.2 机器学习工作流

为算法交易策略开发机器学习解决方案需要一种系统的方法，目的在于在节约资源的同时将成功的机会最大化。基于协作、维护和后续改进等方面，过程的透明与否和可复制性是非常重要的。

从问题定义到预测性解决方案部署的关键步骤的概述如图 6.1 所示。

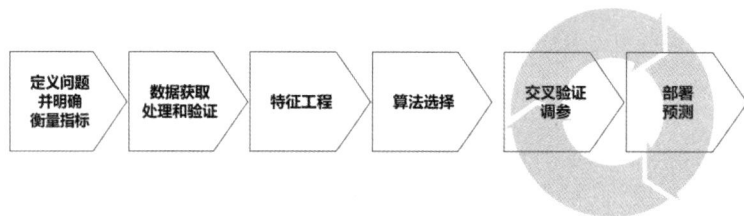

图 6.1 机器学习工作流的关键步骤

整个过程是迭代的，不同阶段的工作将根据项目而变化。一般而言，该过程应包括以下步骤：

（1）提出问题，确定目标，并定义成功指标。

（2）数据的获取、处理和验证。

（3）理解数据并生成信号丰富的特征。

（4）选择一个或多个适合数据的机器学习算法。

（5）训练、测试和调整模型。

（6）用模型来解决原始问题。

6.2.1 基本操作——K 近邻

本书 GitHub 存储库本章文件夹中的 machine_learning_workflow.ipynb 笔记包含几个示例，这些示例说明了使用房价数据集的机器学习工作流。

我们将使用相当简单的 **K 近邻（KNN）** 算法，该方法可以帮助我们处理回归和分类问题。在其默认的 scikit-learn 实现中，KNN 算法识别 K 个最近的数据点（基于欧几里得距离）并进行预测，并分别预测邻居中频次最高的类别或分类或回归情况下的平均结果。

6.2.2 确定问题——从目标到指标

任何机器学习项目的起点都是它最终要解决的问题。有时，这一目标是统计推断，目的在于确定变量之间的关联关系甚至因果关系。然而，最常见的目标是预测结果，目的在于生成交易信号。

推断和预测任务都依赖指标来评估模型实现其目标的程度。由于它们在实践中的重要性，本书将重点关注预测模型的常见目标函数和相应的误差指标。

我们根据输出的性质来区分预测任务：连续输出变量就是**回归问题**，分类变量就是**分类问题**，有序分类变量的特殊情况则是**排序**问题。

当然，大家通常可以用不同的方式来描述一个问题。当下任务是如何有效地组合几个阿尔法因子，可以将此任务定义为一个旨在预测收益的回归问题，一个旨在预测未来价格走势的二元分类问题，或者是一个多类问题，旨在将股票分配到诸如收益五分位数等不同的业绩类别。

在 6.3 节中，我们将介绍这些目标，并了解如何测量和解释相关的误差指标。

1．预测与推断

监督学习算法生成的函数关系可用于推断，即深入了解结果是如何生成的。或者，也可以使用它来预测未知输入的输出结果。

对于算法交易，我们可以使用推断来估计资产收益与风险因子的统计关联。这意味着，评估这一观测结果有多大可能是由于噪声的影响，而不是风险因子的实际影响。反过来，预测可以用来预测风险因子，这有助于预测资产收益和价格，并将其转化为交易信号。

统计推断是从样本数据中得出关于基本概率分布或总体参数的结论。可能的结论包括对单个变量的分布特征的假设检验，或者对数值关系存在性或其强度的假设检验。它们还包括度量的点估计或区间估计。

推断取决于对最初生成数据的流程的假设。我们将回顾这些假设和工具，当它们建立得很好时，可以被用于对线性模型的推断。更复杂的模型对输入和输出之间的结构关系作出的假设更少。相反，它们以较少的限制来处理函数近似的任务，同时将数据生成过程视为一个黑盒。

包括决策树、集成模型和神经网络在内的这些模型已经被广泛运用，因为它们通常能比较出色地完成预测任务。然而，我们也将看到，最近为增加复杂模型的透明度而做出了许多努力。例如，随机森林模型方面最近就形成了用于一个统计推断的框架（Wager and Athey，2019）。

2．因果推断——相关性并不意味着因果关系

因果推断旨在确定某些输入值与某些输出的关系。例如，在假设所有其他变量保持不变的情况下，导致给定资产价格以某种方式变动的某种宏观变量组合。

对两个或多个变量之间关系的统计推断能够产生相关指标。相关性只有在满足其他几个条件时才能被解释为因果关系。例如，当其他解释或反向因果关系被排除在外时。

满足这些条件需要一个实验设置，即所有感兴趣的相关变量可以被完全控制，从而隔离因果关系。或者，准实验设置以随机的方式将观测单位暴露于输入的变化中，这样做是为了排除其他可观测或不可观测的特征对所观测到的环境变化的影响。

实际上，这些条件很少能满足，因此推断结论需要谨慎对待。这一点同样适用于依赖于特征和输出之间的统计关联的预测模型的性能，这些统计关联可能随着非模型部分的其他因子而改变。

KNN 模型的非参数特征并不能很好地实现推断，因此我们暂且搁置这一步，到第 7 章讲解线性模型时再详细介绍。

3．回归——流行的损失函数和误差指标

回归问题旨在预测一个连续变量。**均方根误差（RMSE）**是最常用的损失函数和误差指标，因为它

是可微的。损失是对称的，但较大的误差则在计算中占更大的权重。使用均方根的优点在于我们可以测量目标变量的误差指标。

当目标服从指数增长时，**均方根对数误差（RMSLE）**则更加合适，RMSLE 的不对称惩罚函数意味着负误差权重小于正误差权重。另外，还可以在训练模型之前对目标函数进行对数转换，然后使用 RMSE。

平均绝对误差（MAE）和**平均绝对误差中位数（MedAE）**则是对称的，但不会对较大的误差赋予更大的权重，平均绝对误差中位数对异常值具有鲁棒性。

解释回归模型的方差得分，取值范围是[0,1]。R^2 也称为**决定因子**，如果残差平均值为 0，说明将产生相同的结果，但在其他情况下则可能不同。特别是在计算中，它可以是负的样本外数据（或无截距的线性回归）。

用于计算的公式以及可从 Metrics 模块导入的相应 scikit-learn 函数见表 6.1。评价参数与自动训练测试函数（如 Cross_val_score 和 GridSearchCV）结合使用。

表 6.1

名　称	公　式	scikit-learn 函数	评价参数
均方误差	$\dfrac{1}{N}\sum_{i=1}^{N}(y_i-\hat{y}_i)^2$	mean_squared_error	neg_mean_squared_error
均方对数误差	$\dfrac{1}{N}\sum_{i=1}^{N}(\ln(1+y_i)-\ln(1+\hat{y}_i))^2$	mean_squared_log_error	neg_mean_squared_log_error
平均绝对误差	$\dfrac{1}{N}\sum_{i=1}^{N}\lvert y_i-\hat{y}_i\rvert$	mean_absolute_error	neg_mean_absolute_error
绝对中位差	$\mathrm{median}(\lvert y_i-\hat{y}_i\rvert,\cdots,\lvert y_N-\hat{y}_N\rvert)$	median_absolute_error	neg_median_absolute_error
解释方差	$1-\dfrac{y-\hat{y}}{y}$	explained_variance_score	explained_variance
R^2 决定系数	$1-\dfrac{\sum_{i=1}^{N}(y_i-\hat{y}_i)^2}{\sum_{i=1}^{N}(y_i-\bar{y}_i)^2}$	r2_score	r2

我们将在笔记中计算的房价回归的各种误差指标如图 6.2 所示。

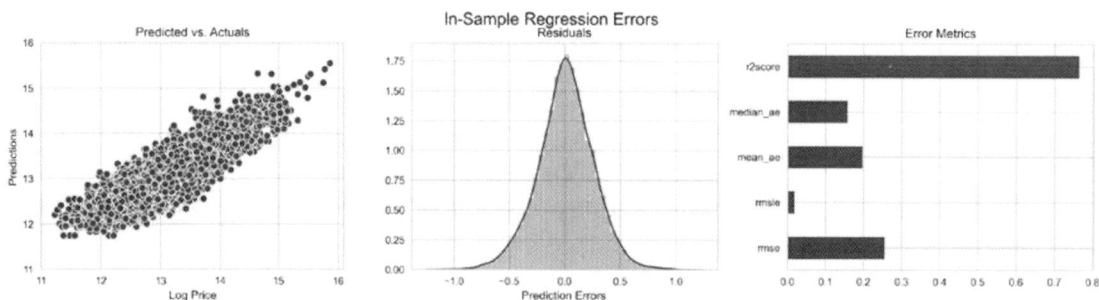

图 6.2　样本内回归误差

sklearn 函数还支持多标签评估，即为单个观测分配多个结果值。更多详细信息请参见 GitHub 相关引用文档。

4. 分类——理解混淆矩阵

分类问题有分类结果变量。大多数预测器将输出一个得分来指示一个观测结果是否属于某个类。之后，这些得分又被转化为使用阈值的实际预测。

在二进制情况下，使用正负类标号，得分通常在 0 和 1 之间变化，或者相应地标准化处理。一旦将得分转换为对一个类或另一个类的预测，就会有 4 种结果，因为这两个类的预测要么正确，要么错误。对于两个以上的类，如果要区分几个潜在的错误，可能会有更多的情况。

所有误差指标都是根据跨 2×2 混淆矩阵的 4 个字段的预测的细分来计算的，该混淆矩阵将实际类别和预测类别相关联。

用于评估给定阈值的模型的指标（如准确率）如图 6.3 所示。

		真实值	
		正确的、相关的 (Positive)	不正确的、不相关的 (Negative)
预测值	检测出来的 (Positive)	【真正】（TP）样本为正，预测结果为正	【假正】（FP）样本为负，预测结果为正
	未检测出来的 (Negative)	【假负】（FN）样本为正，预测结果为负	【真负】（TN）样本为负，预测结果为负

准确率（Accuracy） $= \dfrac{\text{模型判断正确的数据}}{\text{总数据}} = \dfrac{TP+TN}{TP+FP+TN+FN}$

真正比率（灵敏度、召回率） $= \dfrac{\text{模型正确判断出的正例}}{\text{数据集中所有正例}} = \dfrac{TP}{TP+FN}$

假负比率（漏检率） $= 1 -$ 真正比率

真负比率（特异度） $= \dfrac{\text{模型正确判断出的负例}}{\text{数据集中所有负例}} = \dfrac{TN}{TN+FP}$

假正比率（假阳性率） $= 1 -$ 真负比率

图 6.3　混淆矩阵和相关误差指标

分类器通常不输出校准概率。相反，考虑到正确和不正确预测的成本和收益，用于区分正确和不正确情况的阈值本身就是一个应该优化的决策变量。

在所有条件相同的情况下，较低的阈值往往意味着更可能导致更正确的预测，假阳性率可能会上升，而较高的阈值则可能相反。

5. 受试者工作特征曲线面积

受试者工作特征（ROC） 曲线使我们能够根据分类器的性能对其进行可视化、比较和选择。它计算**真阳性率（TPR）** 和**假阳性率（FPR）** 对，这是使用所有预测得分作为产生类预测的阈值所产生的结果。它在一个单位边长的正方形中对这些对进行可视化处理。

平均来看，随机预测（考虑各类别不平衡的加权）将在对角线上形成相等的 TPR 和 FPR，这也是基准情况。由于表现不佳的分类器将从重新标记预测中受益，因此该基准也是最小值。

曲线下面积（AUC） 定义为在 0.5～1 之间变化的 ROC 曲线下面积。它是对分类器的得分能够在多大程度上根据数据点的类成员关系对数据点进行排序的汇总指标。更具体地说，分类器的 AUC 具有重要的统计特征，即分类器对随机选择的正实例排序高于随机选择的负实例的概率，这与 Wilcoxon 排名检验不谋而合（Fawcett，2006）。此外，AUC 本身对类别失衡不敏感，这也是它的另外一个好处。

6. Precision-Recall 曲线——类的放大

当对其中一个类别的预测特别感兴趣时，Precision-Recall 曲线（精确度-召回率曲线）可以对不同阈值的误差指标之间的权衡进行可视化处理。这两种方法都可以评估特定类别的预测质量。以下内容显示了如何将它们应用于正类。

- Recall（召回率）衡量了分类器预测的给定阈值为正的实际正例的比例。它起源于信息检索，衡量搜索算法成功识别的相关文档的共享程度。
- Precision（精确度）衡量的是正面预测正确的比例（也就是分为正例的示例中实际为正例的比例）。

阈值越低，召回率通常越高，但精确度可能会降低。考虑到遗漏大量相关案例或产生较低质量预测的成本和收益，Precision-Recall 曲线将可实现的组合可视化，同时支持阈值优化。

F1 得分是给定阈值的精确度和召回率的调和平均值，并且可以用于在数值上优化阈值，同时对这两个指标应当以假定的相对权重进行优化。

ROC 曲线和相应的 AUC 以及 Precision-Recall 曲线和 F1 得分如图 6.4 所示，使用相同的精确度和召回率权重，得到最佳阈值 0.37。该图取自本章笔记，读者可以找到 KNN 分类器的代码，并对二值化的房价进行操作。

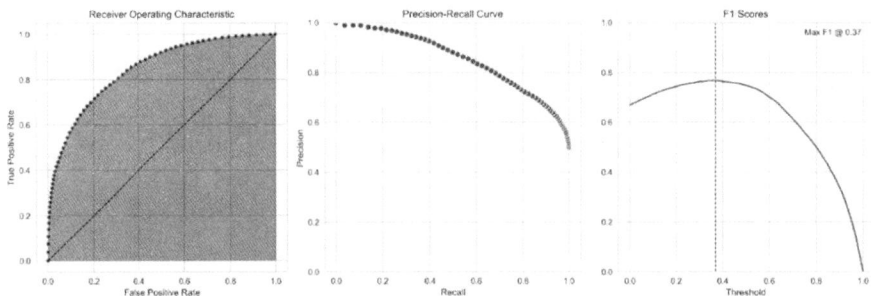

图 6.4 受试者操作特性曲线、Precision-Recall 曲线和 F1 得分图

6.2.3 数据收集和准备

第 2 章和第 3 章中讲解了如何获取市场、基本面和另类数据的主要内容。在后面的应用程序时，我们将继续使用相应数据源的各种示例。

除了市场和基本面数据，我们还将在探索自然语言处理时获取和转换文本数据，在研究图像处理和识别时获取和转换图像数据。除了获取、处理和验证数据之外，我们可能还需要为新闻文章或时间戳分配标签（如情感）。使其与通常以时间序列格式提供的交易数据保持一致，支持快速探索和迭代的格式存储也是很重要的，我们建议使用 HDF 和 parquet 格式。对于无法恰当存储、需要在多台计算机上进行分布式处理的数据，Apache Spark 通常是交互式分析和机器学习的最佳选择。

6.2.4 特征的探索、提取和工程处理

理解个体变量的分布以及结果和特征之间的关系是选择合适算法的基础。这一点通常从**可视化**开始，比如随附的笔记中的散点图，如图 6.5 所示。

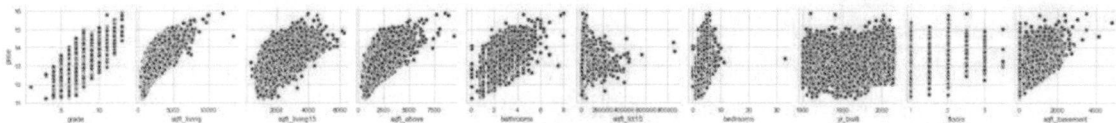

图 6.5　结果和特征散点图

它还包括从线性测量到非线性统计的**数值评估**，前者如相关性，后者如我们在第 4 章中介绍信息系数时遇到的斯皮尔曼等级相关系数。还有一些信息理论的测量，如互信息。

系统的探索性分析也是成功预测模型的重要基础：提取数据中包含的信息，但这些特征却不一定能以其原始形式被算法访问到。**特征工程**得益于领域专业知识、统计和信息理论的应用以及创造力。

特征工程通过智能数据转换有效地梳理出输入和输出数据之间的系统性关系，具体选择有很多，包括离群点检测和处理、函数变换和几个变量组合等（也包括无监督学习）。我们将在后面不断地举例说明，这里需要强调的是，机器学习工作流最好通过实际操作来学习。

1. 用信息理论评价特征

特征和结果之间的**互信息（MI）**是两个变量之间的相互依赖的指标。它将相关性的概念扩展到非线性关系领域。更具体地说，它通过另一个随机变量来量化一个随机变量所获得的信息。

互信息的概念与随机变量的熵的基本概念密切相关。熵量化了包含在随机变量中的信息量。数学上，两个随机变量 X 和 Y 的互信息 $I(X, Y)$ 定义公式如下：

$$I(X, Y) = \int_Y \int_X p(x, y) \log \left(\frac{p(x, y)}{p(x)p(y)} \right)$$

sklearn 函数执行 feature_selection.mutual_info_regression，该函数计算所有特征和连续结果之间的互信息，从而选择最可能包含预测信息的特征。mutual_information.ipynb 笔记中包含我们在第 4 章中创建的财务数据的应用程序。

2. 选择机器学习算法

本书的其余部分将介绍几个模型，从线性模型（对输入和输出变量之间的函数关系的性质作出相当强的假设）到深度神经网络（只作出很少的假设）。如前言部分所述，更少的假设需要更多具有关于关系的重要信号数据，确保学习过程尽可能成功。

在介绍这些模型时，我们将概述关键假设以及如何在适用情况下对其进行测试。

6.2.5　设计和调整模型

机器学习过程包括基于模型的泛化误差估计来诊断和管理模型复杂性的步骤。机器学习过程的一个重要目标是使用统计上合理且有效的程序来获得该误差的无偏估计。管理模型设计和调整过程的关键是理解偏差-方差权衡以及其与欠拟合和过度拟合的关系。

1. 偏差-方差权衡

机器学习模型的预测误差可以分解为可约部分和不可约部分。不可约部分是由数据的随机变化（噪声）造成的，如由于缺少相关变量、自然变化或测量误差。反过来，泛化误差的可约部分则可以根据误差形成原因分解为**偏差**和**方差**引起的误差。

这两种情况都是由真实函数关系与机器学习算法所作的假设之间的差异造成的，详细情况如下：

● 偏差导致的误差：假设过于简单，无法捕捉真实函数关系的复杂性。因此，每当模型试图学习真实函数时，它就会犯系统性错误，并且平均而言，预测也会有类似的偏差，这也称为欠拟合。

● 方差导致的误差：考虑到真实关系，但算法过于复杂。它没有捕捉到真实的关系，而是对数据进行过度拟合，并从噪声中提取模型。因此，它从每个样本中学习到的函数关系都有不同，而且样本外预测结果也会大相径庭。

2. 欠拟合与过度拟合——一个直观的例子

图 6.6 通过测量正弦函数近似值的样本内误差，用越来越复杂的多项式展示什么是过度拟合。更具体地说，我们用添加一些噪声（$n=30$）的方法，抽取一个随机样本来学习一个复杂度不同的多项式（参考 bias_variance.ipynb 笔记中的代码）。该模型预测新的数据点，我们则捕捉这些预测的均方误差。

图 6.6 的左侧是 1 次多项式拟合结果，线性拟合显然不符合真实函数。然而，从真实函数中抽取的一个样本到下一个函数的样本，线性估计关系则不会有显著差异。

图 6.6 的中间是 5 次多项式拟合结果，在大约$-\pi$ 到 2π 的区间上可以相当好地近似真实关系。另外，图 6.6 右侧的 15 次多项式几乎完美地拟合小样本，但提供了真实关系的较差估计：它过度拟合样本数据点，所学习的函数将随着样本的变化而强烈变化。

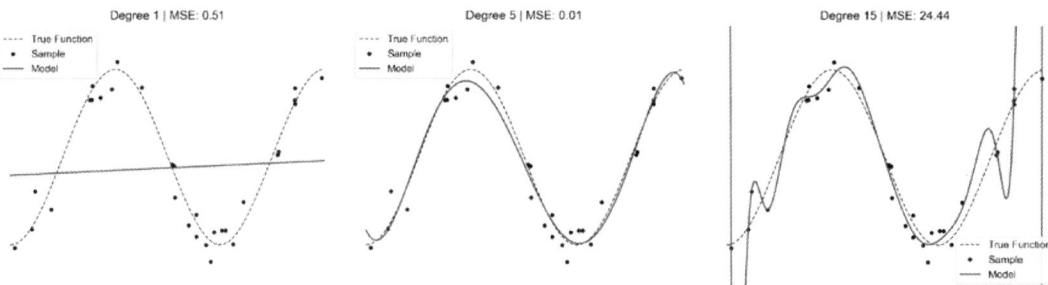

图 6.6 一个多项式过度拟合的直观例子

3. 管理偏差-方差权衡

为了进一步说明过度拟合与欠拟合的影响，我们将尝试学习具有一些带有噪声的 9 阶正弦函数的泰勒级数近似。图 6.7 显示了欠拟合、过度拟合情形并且分别向真实函数的 100 个随机样本提供 1 阶、15 阶和 9 阶的弹性水平校准。

图 6.7 左侧显示了从预测中减去真实函数值所产生的误差分布。1 阶欠拟合多项的高偏差低方差与 15 阶过度拟合多项的低偏差高方差形成鲜明对比。欠拟合多项产生一个样本内拟合较差的直线，样本外明显偏离目标。过度拟合模型的样本内拟合最好，误差离散度最小，但样本外方差较大。平均而言，与真实模型的函数形式相匹配的适当模型在样本外数据上执行得最好。

图 6.7 右侧为实际的预测，显示了不同类型的拟合可视化的误差。

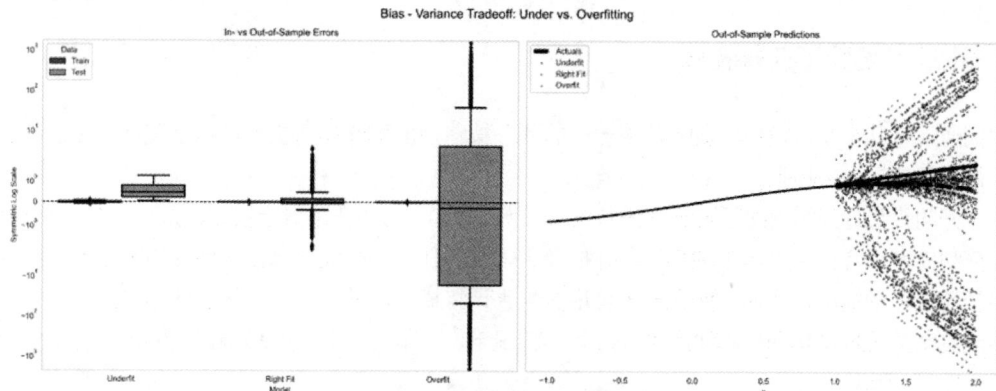

图 6.7　不同阶多项式的误差和样本外预测

4. 学习曲线

学习曲线绘制了训练和测试误差相对于用于学习函数关系的数据集大小的演变。学习曲线有助于诊断给定模型的偏差-方差权衡，也回答了增加样本量是否可以提高预测性能的问题。具有高偏差的模型将具有样本内和样本外的高训练误差，但这种误差也是相似的。过度拟合模型将具有非常低的训练误差和高得多的测试误差。

图 6.8 显示了过度拟合模型的样本外误差如何随着样本大小的增加而下降的情形，这表明它可能通过正则化等额外的数据或工具限制模型的复杂性。正则化将数据驱动的约束添加到模型的复杂性中。相反，欠拟合模型则需要更多的特征或需要增加其捕捉真实关系的能力。

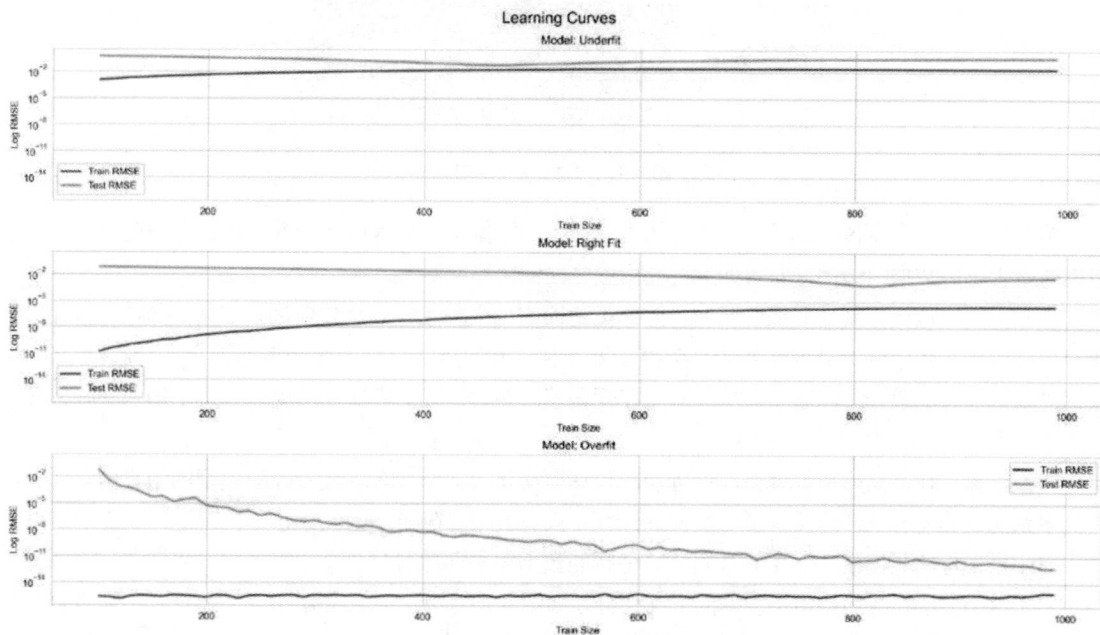

图 6.8　学习曲线和偏差-方差权衡

6.2.6 使用交叉验证选择模型

用例通常有几个候选模型，选择其中一个的任务被称为**模型选择问题**。目标是识别对新的给定数据时产生最低预测误差的模型。

一个好的模型选择需要对泛化误差进行无偏估计，而这又需要在不属于模型训练的数据上测试模型；否则，模型就可以窥视到"解决方案"，并提前了解预测任务的相关信息，从而提高其性能。

为了避免这种情况，我们只使用部分可用数据来训练模型，并留出另一部分数据来验证其性能。只有在绝对没有关于测试集的信息泄漏到训练集的情况下，模型对新数据的预测误差的最终估计才会是无偏的，如图 6.9 所示。

交叉验证（CV）是一种常用的模型选择策略。交叉验证的主要思想是将数据拆分一次或多次。这样做使得每个分割被用作测试集，而剩余部分用作训练集，即部分数据（训练样本）被用于训练算法，剩余部分（验证样本）则用于评价算法的预测性能。最后，通过交叉验证选择具有最小估计误差或风险的算法。

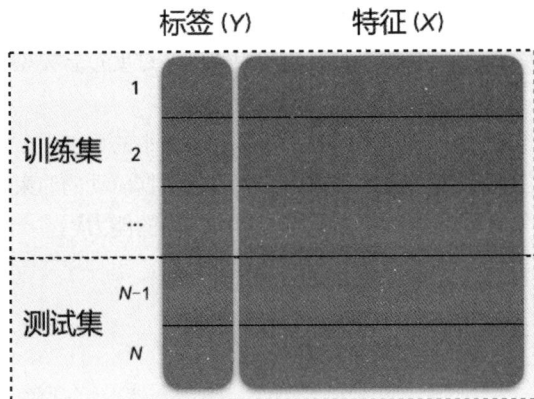

图 6.9　训练集和测试集

拆分可用数据有多种方法，主要体现在用于训练的数据量、误差估计的方差、计算强度以及在分割数据时是否考虑数据的结构方面（如保持类标签之间的比率）等。

虽然启发式数据分割是非常普遍的，但交叉验证的一个关键假设是数据是**独立同分布**的（满足 IID 分布）。因此，我们强调处理**时间序列数据**需要一种不同的方法，因为它通常不符合这一假设。此外，我们需要确保分割遵守时间顺序，从而避免**前视偏差**。为此，我们需要在历史训练集中加入一些旨在预测"未来"的信息。

模型选择往往涉及超参数调整，这可能导致许多交叉验证迭代。表现最好的模型的结果验证评分将受到**多重测试偏差**影响，这反映了交叉验证过程中固有的采样噪声。因此，它不再是泛化误差的良好估计。对于错误率的无偏估计，我们必须从一个新的数据集来评估得分。

出于这个原因，我们使用了数据的三向切分，如图 6.10 所示。一部分用于交叉验证，并被重复分割为训练集和验证集；剩余部分留作保留测试集，仅在交叉验证完成后使用一次，用于生成测试误差无偏估计值。

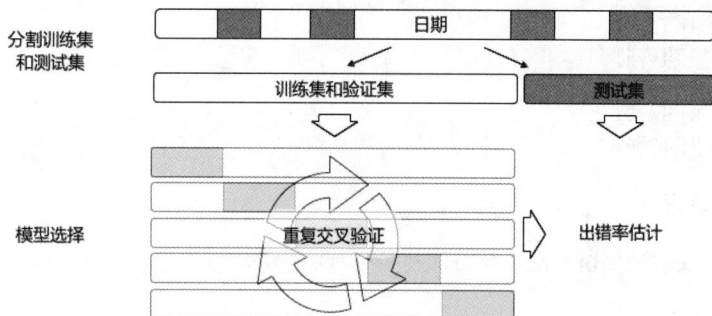

图 6.10　训练集、验证集和保留测试集

6.2.7　交叉验证的 Python 实现

接下来举例说明将数据分割为训练集和测试集的各种方法。我们将通过展示如何将具有 10 个观测值的模拟数据集分配给训练集和验证集（详细信息请参考 cross_validation.py），代码如下：

```
data = list(range(1, 11))
[1, 2, 3, 4, 5, 6, 7, 8, 9, 10]
```

scikit-learn 的交叉验证功能可以从 sklearn.model_selection 导入。

对于将数据拆分为训练集和验证集的情况，可以使用 train_test_split，其中 shuffle 参数（默认情况下）可确保随机选择观测值。通过设置 random_state，可以根据随机数生成器来确保可复制性。还有一个分层参数，它保证了一个分类问题，即训练集和验证集包含每个类的近似相同的比例。结果如下：

```
train_test_split(data, train_size=.8)
[[8, 7, 4, 10, 1, 3, 5, 2], [6, 9]]
```

在这种情况下，我们使用除行号 6 和 9 之外的所有数据来训练模型，这些数据将用于生成预测模型并测量在已知标签上给出的误差。该方法适用于快速评估，但对拆分比较敏感，并且性能指标估计的标准误差较高。

1. KFold 迭代器

KFold 迭代器生成多个分离拆分并将每个拆分一次性分配给验证集，代码如下：

```
kf = KFold(n_splits=5)
for train, validate in kf.split(data):
    print(train, validate)
[2 3 4 5 6 7 8 9] [0 1]
[0 1 4 5 6 7 8 9] [2 3]
[0 1 2 3 6 7 8 9] [4 5]
[0 1 2 3 4 5 8 9] [6 7]
[0 1 2 3 4 5 6 7] [8 9]
```

除了分割的数量外，大多数交叉验证对象都有一个 shuffle 参数，目的是确保随机性。为了使结果重现，设置 random_state 的代码如下：

```
kf = KFold(n_splits=5, shuffle=True, random_state=42)
for train, validate in kf.split(data):
    print(train, validate)
```

```
[0 2 3 4 5 6 7 9] [1 8]
[1 2 3 4 6 7 8 9] [0 5]
[0 1 3 4 5 6 8 9] [2 7]
[0 1 2 3 5 6 7 8] [4 9]
[0 1 2 4 5 7 8 9] [3 6]
```

2. 留一法交叉验证

最早的交叉验证实现使用**留一法**，该方法将每个观测作为验证集使用一次，代码如下：

```
loo = LeaveOneOut()
for train, validate in loo.split(data):
    print(train, validate)
[1 2 3 4 5 6 7 8 9] [0]
[0 2 3 4 5 6 7 8 9] [1]
...
[0 1 2 3 4 5 6 7 9] [8]
[0 1 2 3 4 5 6 7 8] [9]
```

这样做的目的是可以使被训练的模型的数量最大化，但同时也增加了计算成本。当验证集不重叠时，训练集的重叠被最大化，从而提高了模型及其预测误差的相关性。因此，对于折叠次数较多的模型，预测误差的方差较大。

3. 留 P 法交叉验证

与留一法类似的**留 P 法交叉验证**，它生成 P 个数据行的所有可能组合，代码如下：

```
lpo = LeavePOut(p=2)
for train, validate in lpo.split(data):
    print(train, validate)
[2 3 4 5 6 7 8 9] [0 1]
[1 3 4 5 6 7 8 9] [0 2]
...
[0 1 2 3 4 5 6 8] [7 9]
[0 1 2 3 4 5 6 7] [8 9]
```

4. ShuffleSplit

ShuffleSplit 类创建具有潜在重叠验证集的独立分割，代码如下：

```
ss = ShuffleSplit(n_splits=3, test_size=2, random_state=42)
for train, validate in ss.split(data):
    print(train, validate)
[4 9 1 6 7 3 0 5] [2 8]
[1 2 9 8 0 6 7 4] [3 5]
[8 4 5 1 0 6 9 7] [2 3]
```

6.2.8 交叉验证在金融领域应用的挑战

到目前为止，我们讨论的交叉验证方法的关键假设是可用于训练的样本服从独立同分布。

对于金融数据而言，情况往往并非如此。相反，由于序列相关性和时变标准差（也称**异方差性**），金融数据既不是独立分布的，也不是同分布的。sklearn.model_selection 模块中的 TimeSeriesSplit 就是为了解决时间序列数据线性顺序问题。

1. 基于 scikit-learn 的时间序列交叉验证

数据的时间序列性质意味着交叉验证会产生一种情况，即未来数据将用于预测过去的数据。往好了说，这是不现实的；往坏了说，用未来的数据反映过去的事件无疑是一种数据窥探。

为了解决时间依赖性，TimeSeriesSplit 对象使用扩展的训练集实现了前向测试，其中后续的训练集是过去训练集的超集，代码如下：

```
tscv = TimeSeriesSplit(n_splits=5)
for train, validate in tscv.split(data):
    print(train, validate)
[0 1 2 3 4] [5]
[0 1 2 3 4 5] [6]
[0 1 2 3 4 5 6] [7]
[0 1 2 3 4 5 6 7] [8]
[0 1 2 3 4 5 6 7 8] [9]
```

我们还可以使用 max_train_size 参数来实现前向交叉验证，其中训练集的大小在一段时间内保持不变，这一点类似于 Zipline 测试交易算法的方式。scikit-learn 使用子类化简化了自定义交叉验证方法的设计。

2. 交叉验证的清理、禁止和组合

对于金融数据，标签通常源自重叠的数据点，因为收益是根据多个期间的价格计算得出的。在交易策略的背景下，模型预测的结果（可能意味着持有某项资产的头寸）只能在以后评估这一决策时才能知道，如平仓时。

风险也包括信息从测试中泄漏到训练集中，这很可能会人为地夸大模型表现。因此需要确保所有数据都是时间点数据，从而克服这一风险，也就是说，在数据被用作模型输入时，数据是真正可用和已知的。例如，财报信息披露可能指的是某一段时间，但只有在之后才可用。如果过早地包含这些信息，我们的模型可以"事后诸葛亮"，甚至往往比在现实情况下表现得更好。

Marcos Lopez de Prado 是该领域的主要从业者和学者之一，他在《金融机器学习的进展》（*Advances in Financial Machine Learning*）一书中提出了几种方法来应对这些挑战。使交叉验证适应金融数据和交易环境的技术主要包括以下几种：

- 清理（Purging）：消除在预测验证集中的时间点数据点之后进行评估的训练数据点，避免前视偏差。
- 禁止（Embargoing）：在每个测试数据的后面增加一段"禁止区域"。
- 组合交叉验证（Combinatorial cross-validation）：前进式交叉验证严重限制了可测试的历史路径。相反，给定 t 个观测，计算 $n<t$ 个组的所有可能的训练/验证分割，每个组保持它们的顺序，并清理和禁止可能重叠的组。然后，在 $n-k$ 组的所有组合上训练模型，同时在剩余的 k 组上验证模型，其结果是可能的历史路径数量大大增加。

6.2.9 基于 scikit-learn 和 Yellowbrick 调整参数

模型选择通常涉及不同算法的使用（如线性回归和随机森林），或者需要不同配置对模型的样本外性能进行重复交叉验证。不同的配置则可能涉及超参数的变化或不同变量的引入或排除。

Yellowbrick 库扩展了 scikit-learn API，目的是生成诊断可视化工具，从而加快模型的选择过程。这些工具可用于调查特征之间的关系、分析分类或回归错误、监控聚类算法的性能、检查文本数据的特征，并帮助选择具体模型。接下来我们将介绍如何在参数调优阶段提供有价值信息的验证和学习曲线，具体实施细节详见 machine_learning_workflow.ipynb 笔记。

1. 验证曲线——显示超参数的影响

验证曲线（见图 6.11 左侧）显示了单个超参数对模型交叉验证性能的影响。这对于确定模型是否适合给定的数据集是十分有用的。

在 KNeighborsRegressor 例子中，只有一个超参数，邻居数量为 k。需要注意的是，由于模型可以对特征空间中的更多不同区域进行预测，所以模型复杂度随着邻居数量的下降而增加。

可以看到，该模型不适合 20 以上的 k 值。当减少邻居的数量并使我们的模型更加复杂时，验证误差就会下降。对于低于 20 的 k 值，随着训练和验证误差的发散以及平均样本外性能的快速恶化，模型开始过度拟合。

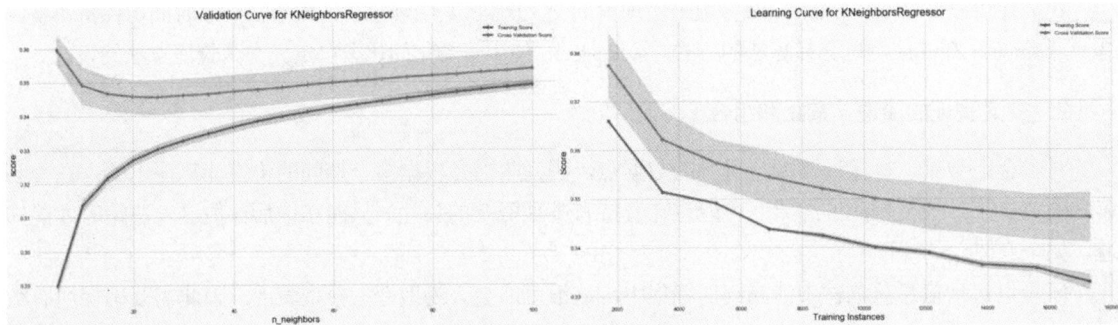

图 6.11　验证和学习曲线

2. 学习曲线——诊断偏差-方差权衡

学习曲线（见图 6.11 右侧的房价回归示例）有助于确定模型的交叉验证性能是否会受益于额外的数据，以及预测误差是否更多地由偏差或方差驱动。

如果训练和交叉验证得分趋于一致，则更多的数据也不太可能提高模型性能。此时，重要的是评估模型性能是否满足预期，这是由一个人工基准决定的。否则，我们需要修改模型的超参数设置，从而更好地捕获特征和结果之间的关系，或者选择一个具有更好的捕获复杂性能力的新算法。

此外，由阴影置信区间显示的训练和测试误差的变化提供了关于预测误差的偏差和方差来源的线索。交叉验证误差周围的可变性表明方差，而训练集的可变性表明偏差，后者取决于训练误差的大小。

在示例中，交叉验证性能持续下降，但增量改进不断缩小，并且误差已经稳定，因此不太可能从更大的训练集中获得更好的预测性能。另外，与训练误差相比，数据显示了验证误差范围的显著差异。

3. 使用 GridSearchCV 和 pipeline 调整参数

由于超参数调整是机器学习工作流程的关键因素，人们也开发了一些工具以自动执行这一过程。scikit-learn 库包括一个 GridSearchCV 接口，该接口可并行交叉验证所有参数组合，捕获结果，并使用在整个数据集交叉验证中表现最好的参数设置来训练模型。

实践中，在交叉验证之前，训练集和验证集通常需要进行一些处理。因此在使用 GridSearchCV 时，scikit-learn 同时提供了自动执行任何功能处理步骤的 pipeline。

6.3　本章小结

在本章中，我们介绍了基于数据开展机器学习的挑战，并大致了解了监督、无监督和强化学习模型，这些也将是本书主要的学习形式，它们将被用于建立算法交易策略。我们介绍了监督学习算法，以便对它们试图学习的函数关系作出假设，这样做是为了限制搜索空间和可能导致过度泛化误差的归纳偏差。

我们学习了机器学习工作流的主要内容，介绍了回归和分类模型的最常见误差指标，解释了偏差-方差权衡，并介绍了使用交叉验证管理模型所需的各种工具。

在第 7 章中，我们将深入研究回归和分类的线性模型，完成第一个基于机器学习的算法交易策略的开发。

第7章

线性模型
——从风险因子到收益预测

线性模型是最实用的假设类别之一，线性模型可以被高效地训练，对含有噪声的金融数据具有一定的鲁棒性，同时与金融理论密切相关，因此被广泛应用于算法交易的机器学习算法中。线性预测很直观，易于解释，通常能够很好地拟合数据，或至少能提供一条良好的基线。

自从 Legendre 和 Gauss 将线性回归应用于天文学并开始分析它的统计性质以来，线性回归为人们所知已经有 200 多年。此后，许多扩展研究采用了线性回归模型和基线**普通最小二乘法（OLS）**来学习其参数，具体如下：

（1）**广义线性模型（GLM）**允许响应变量表示非正态分布的误差分布，这样就有效扩展了模型的应用范围。GLM 包括 Probit 或 Logistic 模型，可用作分类问题中出现的**分类反应变量**。

（2）**鲁棒性**更强的评估方法能够在数据违反基线假设的情况下进行统计推断。例如，利用时间或观测值之间的相关性。对于包含相同单位的重复观测的面板数据（如一系列资产的历史收益率）来说，情况往往如此。

（3）**收缩方法**旨在提高线性模型的预测性能。它们使用复杂度惩罚，使模型学习的系数产生偏差，目的是减少模型的方差，提高样本外预测性能。

在实际应用中，线性模型可以被应用于推断和预测问题。学术界和工业界研究人员已经开发了许多基于线性回归的资产定价模型，具体应用包括识别驱动资产收益的重要因子，以便更好地进行风险和绩效管理，以及预测不同时间范围内的收益等。另外，分类问题则包括定向价格预测等。

本章将涵盖以下内容：

- 线性回归的工作机理及其假设。
- 线性回归模型的训练和诊断。
- 使用线性回归预测股票收益。
- 使用正则化提高预测性能。
- 逻辑回归的工作机理。
- 将回归转化为分类问题。

读者可以在 GitHub 库中的相应目录中找到本章的代码示例以及其他相关资源的链接。这些笔记中包含彩色版本的图像。

7.1 从推断到预测

顾名思义，线性回归模型假设输出是输入线性组合的结果。该模型还假设了一个随机误差，允许每个观测值偏离预期的线性关系。但模型并不能以确定性的方式完美地描述输入和输出之间的关系，常见的原因包括缺少变量、测量或数据收集问题等。

如果想根据样本估计的回归参数得出关于总体中真实（但未观测到）线性关系的统计结论，我们需要对这些误差的统计性质添加假设。基线回归模型作出了一个强有力的假设，即误差分布在观测值之间是相同的。它还假设这些误差是相互独立的，换句话说，了解一个误差无助于预测下一个误差。**独立同分布（IID）**误差的假设意味着它们的协方差矩阵是单位矩阵乘以表示误差方差的常数。

这些假设保证了 OLS 方法的估计不仅是客观的，而且是有效的，这意味着 OLS 估计在所有线性学习算法中实现了最低的采样误差。然而，这些假设在实践中很少能得到满足。

在金融领域，我们经常会遇到在给定剖面上重复观测的面板数据。试图估计一系列资产在一段时间内对一组风险因子的系统暴露，通常会揭示出沿时间轴、剖面维度或两者的相关性。因此，替代学习算法已经出现，假设误差协方差矩阵比单位矩阵的倍数更复杂。

另外，采用学习线性模型有偏参数的方法可以得到方差较低的估计，从而提高其预测性能。收缩方法通过应用正则化来降低模型的复杂度，在线性目标函数中增加一个惩罚项。

这种惩罚与系数的绝对大小正相关，因此它们相对于基线情况会缩小。较大的系数意味着一个更复杂的模型，对输入的变化反应也更强烈。通过惩罚等适当校准可以限制模型系数的增长，使其超出偏差-方差角度的最佳值。

首先，我们将介绍线性模型剖面和面板数据的基线技术，以及在关键假设无法满足时如何实现准确估计。然后，我们将通过评估在算法交易策略开发中普遍采用的因子模型说明这些方法。最后，我们将关注点移向收缩方法的正则化应用，并演示如何预测资产收益和生成交易信号。

7.2 基线模型——多元线性回归

我们将从模型规格和目标函数开始，了解其学习参数的方法，介绍推断的统计假设以及假设诊断方法。然后，我们对模型进行扩展，通过适当调整使模型适应违背假设的情景。

7.2.1 构建模型

多元回归模型定义了一个连续结果变量和 p 个输入变量之间的线性函数关系，这 p 个输入变量可以是任何类型，当然有的时候需要适当地预处理。相应地，多变量回归指的是对多个输入变量的多个输出的回归。

在总体样本中，线性回归模型对于输出 y 的单个实例、输入向量 $X^{\mathrm{T}}=[x_1,\cdots,x_p]$ 和误差 ε 具有以下形式：

$$y = f(x)+\varepsilon = \beta_0 + \beta_1 x_1 + \cdots + \beta_p x_p + \varepsilon = \beta_0 + \sum_{j=1}^{p}\beta_j x_j + \varepsilon$$

关于系数的解释并不复杂，系数 β_i 的数值对变量的输出起到平均作用，同时可以保持其他变量不变。

我们还可以使用矩阵形式更简洁地构建模型。在这种情况下，y 是一个包含 N 个输出观测值的向量，X 是在具有 N 行观测值的 p 个变量上设计矩阵并加上一列 1s 作为截距，β 是包含 $P=p+1$ 个系数的向量，公式如下：

$$\underset{(N\times 1)}{y} = \underset{(N\times P)}{X}\ \underset{(P\times 1)}{\beta} + \underset{(N\times 1)}{\varepsilon}$$

该模型的 $p+1$ 个参数是线性的，但是如果我们相应地选择或变换变量（如通过多项式展开或生成对数项），那么该模型可以表示非线性关系，还可以将分类变量和虚拟编码一起使用，并通过创建形式为 $x_i x_j$ 的新输入来涵盖变量之间的关系。

为了从统计角度构建模型，以便验证有关参数的假设，我们需要对误差项作出特定假设。在进行这样的操作之前，本文将介绍最重要的学习参数方法。

7.2.2　训练模型

可以使用以下几种方法从数据中学习模型参数：**最小二乘法、最大似然估计法（MLE）和随机梯度下降法（SGD）**。本小节将依次介绍这些方法。

1. 最小二乘法——将超平面拟合到数据中

最小二乘法是学习超平面参数的原始方法，该参数最能从输入数据中近似输出。顾名思义，它采用最佳近似值来最小化输出值与模型所代表的超平面之间的平方距离之和。

对于给定的数据点，模型的预测和实际结果之间的差异是**残差**（而真实模型与总体真实输出的偏差称为**误差**）。因此，在形式上，最小二乘法是选择系数向量并使**残差平方和（RSS）**最小，公式如下：

$$
\begin{aligned}
\mathrm{RSS}(\boldsymbol{\beta}) &= \sum_{i=1}^{N}\varepsilon_i^2 \\
&= \sum_{i=1}^{N}(y_i - f(x_i))^2 \\
&= \sum_{i=1}^{N}\left(y_i - \beta_0 - \sum_{j=1}^{p}x_{ij}\beta_j\right)^2 \\
&= (\boldsymbol{y}-\boldsymbol{X}\beta)^{\mathrm{T}}(\boldsymbol{y}-\boldsymbol{X}\beta)
\end{aligned}
$$

因此，最小二乘系数 β^{LS} 可以被计算为

$$\underset{\beta^{LS}}{\mathrm{argmin}}\ \mathrm{RSS}(\boldsymbol{\beta}) = (y - X\beta)^{\mathrm{T}}(y - X\beta)$$

最小化 RSS 的最佳参数向量通过将相对于前一个表达式的 β 的导数设置为 0 而得出。假设 X 为列满秩矩阵，即要求输入变量不是线性相关的，则该矩阵是可逆的，可以得到一个唯一解：

$$\hat{\beta} = (\boldsymbol{X}^{\mathrm{T}}\boldsymbol{X})^{-1}\boldsymbol{X}^{\mathrm{T}}\boldsymbol{y}$$

当 y 和 X 的均值为 0 时（可通过减去它们的均值来实现），β 表示输入和输出之间的协方差 $X^{\mathrm{T}}y$ 与输出方差 $X^{\mathrm{T}}X$ 的比。

还有一种几何解释：最小化 RSS 的系数可以使残差向量 $y-\hat{y}$ 与 X 矩阵 P 列所跨的子空间 R^P 相垂直，估计值 $\hat{y}$ 是对该子空间的正交投影。

2. 最大似然估计法

最大似然估计法是用于估计统计模型参数的一种重要通用方法。当给定的输入数据作为模型参数的函数时，可以使用似然函数进行计算并观测输出样本的可能性。可能性与概率的不同之处在于，前者并未归一化为 0~1 的范围。

我们可以通过假设误差项的分布（如标准正态分布）建立多元线性回归示例的似然函数：

$$\varepsilon_i \sim N(0,1) \quad \forall i = 1, \cdots, n$$

这样给出相应输入变量 x_i 和参数 β，$p(y_i|x_i, \beta)$，可以计算给定输出向量 y_i 的条件概率：

$$p(y_i|x_i, \beta) = \frac{1}{\sigma\sqrt{2\pi}} e^{-\frac{\varepsilon_i^2}{2\sigma}} = \frac{1}{\sigma\sqrt{2\pi}} e^{-\frac{(y_i - x_i\beta)^2}{2\sigma}}$$

假设输出值相互条件独立，给定输入，样本可能性与单个输出数据点条件概率的乘积成正比。由于求和比求积更容易，我们应用对数来获得**对数–似然函数**，公式如下：

$$\log \mathcal{L}(y, x, \beta) = \sum_{i=1}^{n} \frac{1}{\sigma\sqrt{2\pi}} e^{-\frac{(y_i - x_i\beta)^2}{2\sigma}}$$

最大似然估计的目标是在给定输入的情况下，选择使观测输出样本概率最大的模型参数。因此，最大似然估计法的参数估计来自最大化对数-似然函数，公式如下：

$$\beta_{\mathrm{MLE}} = \underset{\beta}{\mathrm{argmin}} \ \mathcal{L}$$

正态分布误差假设意味着最大化对数-似然函数可产生与最小二乘法相同的参数解，这是因为依赖于参数的唯一表达式是指数中的残差的平方。

对于其他分布假设和模型，最大似然估计法将产生不同的结果，相应结果遵循伯努利分布。此外，最大似然估计法是一种更通用的估计方法，因为在许多情况下最小二乘法并不适用，这一点将在后面进行逻辑回归中详细分析。

3. 随机梯度下降法

随机梯度下降法是一种通用优化算法，目的是找到平滑函数的平稳点。如果目标函数是凸函数，则解将是全局最优的。梯度下降变分法在训练复杂神经网络中有着广泛的应用，也可以用来计算最大似然估计问题的解。

这种方法利用目标函数的梯度，梯度则包含目标相对于参数的偏导数。这些导数表示目标在相应参数方向上无穷小步长的变化程度。结果表明，函数值的最大变化是由沿梯度本身方向的一个阶跃引起的。

单变量 x 和凸函数 $f(x)$ 的处理过程如图 7.1 所示，目的是寻找最小值对应的 x_0。如果函数斜率为负，则梯度下降会增大 x_0 的目标值，否则会减小该值。

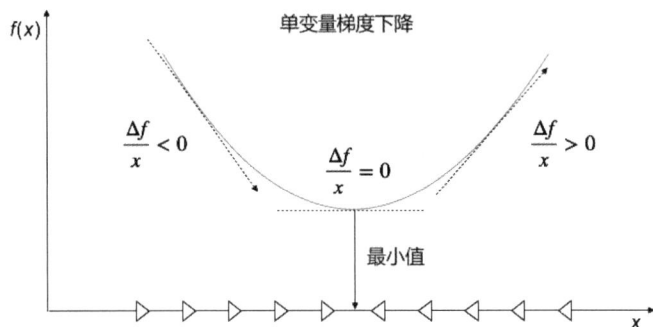

图 7.1 梯度下降

当我们最小化描述如预测误差代价等函数时，首先，该算法会使用训练数据为当前参数值计算梯度；然后，根据相应梯度分量的负值按比例修改每个参数；最后，目标函数将采用较低的值，并将参数移至更接近解的位置。当梯度变小并且参数值变化很小时，优化停止。

优化步的大小由学习率决定，学习率可能是需要调整的关键参数。许多实现都包含了学习率的选项，可以随着迭代次数的增加而逐渐降低。根据数据的大小，算法可以在整个数据集上进行多次迭代。每个这样的迭代称为一个**时期（epoch）**。时期的数量和用于停止进一步迭代的容忍度是可以调优的额外超参数。

随机梯度下降随机选择一个数据点，并计算这个数据点的梯度，而不是对一个较大的样本进行平均以实现加速，也支持批处理方法，即每一步使用一定数量的数据点。

7.2.3 高斯-马尔可夫定理

为了评估模型的统计属性并进行推断，我们需要对表示模型无法正确拟合或"解释"的输入数据的残差作出假设。

高斯-马尔可夫定理（GMT）定义了普通最小二乘法产生模型参数 β 无偏估计所需的假设，并使这些估计在所有横截面数据的线性模型中具有最低的标准误差。

基线多元回归模型作出以下 GMT 假设（Wooldridge，2008）：

（1）在总体中，线性保持不变以满足 $y = \beta_0 + \beta_1 x_x + \cdots + \beta_k x_x + \varepsilon$ ，其中 β_i 未知但是为定值，ε 是随机误差。

（2）输入变量 $x_1, \cdots, x_k$ 是总体中的随机样本。

（3）不存在完美的共线性，即输入变量之间不存在完全的线性关系。

（4）对于任何输入，误差 ε 的条件平均值都为 0，即 $E[\varepsilon_1, \cdots, x_k] = 0$ 。

（5）同方差性，在给定输入的情况下误差 ε 保持恒定，即 $E[\varepsilon | x_1, \cdots, x_k] = \sigma^2$ 。

第 4 个假设意味着不存在与任何输入变量相关的缺失变量。

在高斯-马尔可夫定理的前 4 个假设下，OLS 方法可以提供无偏估计。需要说明的是，包含一个无关变量不会使截距和斜率估计产生偏差，但忽略一个相关变量则可能会导致参数估计产生偏差。

在高斯-马尔可夫定理的前 4 个假设下，OLS 也是一致的，即随着样本量的增加，以及标准误差更加随机，估计值也将收敛到真实值。但不幸的是，如果由于模型遗漏了相关变量或函数形式错误（如缺少二次项或对数项）而导致错误的条件期望值不为 0，所有参数的估计值都会存在误差。如果误差与任何输入变量相关，那么 OLS 也是不一致的，即便添加更多数据也无法消除误差。

如果我们加上第 5 个假设，则 OLS 也会产生**最佳线性无偏估计（BLUE）**。"最佳"表示估计值在所有线性估算器中均具有最低的标准误差。因此，如果这 5 个假设成立并且目标是统计推断，那么 OLS 必然是可行的方法。但是，如果目标是进行预测，那么我们将看到一些别的估算器，主要将一些偏差与较低的方差进行了折衷，以便在许多特殊情况下获得更好的预测性能。

上面我们介绍了 OLS 的基本假设，接下来介绍一下小样本和大样本中的推断。

7.2.4 统计推断

线性回归推断旨在从样本数据中得出关于总体中真实关系的结论。这包括检验关于整体关系的重要性或特定系数的值的假设，以及对置信区间的估计。

统计推断的关键要素是具有已知分布的检验统计量，通常是根据感兴趣的数值（如回归系数）计算得出的。如果假设是正确的，那么在给定样本的情况下，我们可以建立一个关于这个统计量的零假设，并计算观测该统计量的实际值的概率。这个概率通常称为 **p 值**：如果它降至显著性阈值以下（通常为 5%），则我们拒绝该假设，这意味着我们从样本中的测试统计数据观测到的值变得非常不可能。换句话说，p 值反映了我们拒绝实际上是正确假设的错误概率。

除了高斯-马尔可夫定理的 5 个假设之外，**经典线性模型**还假设**正态性**，即总体误差是正态分布的，并且与输入变量无关。这个强有力的假设意味着以输入变量为条件的输出变量是正态分布的。它允许推导系数的精确分布，反过来则意味着小样本中精确假设检验所需的检验统计量的精确分布。这种假设在实践中往往事与愿违，如资产收益率并不呈正态分布。

然而，即使正态性不成立，在正态性下使用的测试统计量也近似有效。更具体地说，在高斯-马尔可夫定理的 5 个假设下，如果正态性成立，测试统计数据的以下分布特征大致成立。

（1）参数估计值遵循多元正态分布：

$$\hat{\beta} \sim N(\beta, (X^T X)^{-1} \sigma)$$

（2）在高斯-马尔可夫定理的 5 个假设下，参数估计是无偏的，我们可以使用以下公式得到无偏估计值 σ，即恒定误差方差。

$$\hat{\sigma} = \frac{1}{N - p - 1} \sum_{i=1}^{N} (y_i - \hat{y}_i)^2$$

（3）**个体系数 β_j** 的假设检验的 **t 统计量**如下：

$$t_j = \frac{\hat{\beta}_j}{\hat{\sigma}\sqrt{v_j}} \sim t_{N-p-1}$$

并遵循具有 $N - p - 1$ 自由度的 t 分布，其中 v_j 是 $(X^T X)^{-1}$ 对角线上的第 j 个元素。

（4）t 分布收敛于正态分布。由于正态分布的 97.5 分位数约为 1.96，因此围绕**参数估计值的 95% 置信区间**的有用经验法则为 $\hat{\beta} \pm 2se(\hat{\beta})$，其中 se 表示**标准误差**。包含 0 的间隔意味着我们不能拒绝零假设，即真实参数为 0，因此与模型无关。

（5）F 统计量允许检验几个参数的限制，包括整个回归是否显著。它测量由附加变量引起的 RSS 的变化（减少）。

（6）**拉格朗日乘数（LM）**检验是检验多重限制的 F 检验的替代方法。

7.2.5 诊断和解决问题

诊断验证模型假设可以帮助我们在解释结果和进行统计推断时防止错误的结论，主要包括拟合优度测量和关于误差项假设的各种检验等，如残差与正态分布的匹配程度。

此外，诊断会评估残差方差是恒定的还是呈现出异方差性。它们还检验错误是否有条件地不相关或表现出序列相关性，也就是说，知道一个错误是否有助于预测连续的错误。

除了执行以下诊断检验外，还应该始终目测检查残留物。这有助于检测它们是否真正反映了系统模式，还是仅仅是缺乏一个或多个驱动因子的随机噪声。

1. 拟合度

拟合度度量评估模型对结果变化的解释能力。例如，在不同的模型设计间进行选择时，拟合度有助于评估模型质量。

拟合度指标在如何衡量拟合度方面有所不同。在这里，我们将重点放在样本指标上；下一部分会将重点放在预测模型上，届时我们将使用样本外检验和交叉验证。

最常用的拟合优度指标包括（**调整后的**）R^2，目的是基于最小二乘法使其最大化。

（1）R^2 衡量模型解释的结果数据中变化的份额，可用以下公式计算得到。

$$R^2 = 1 - \frac{\mathrm{RSS}}{\mathrm{TSS}'}$$

其中，TSS 是结果与其平均值的平方偏差的总和。它也对应于实际结果值与模型估计值之间的平方相关系数，隐含目标是使 R^2 最大化。但是，它永远不会随着我们添加更多的变量而减少。因此，R^2 的缺点之一是鼓励过度拟合。

（2）调整后的 R^2 对变量的增加进行惩罚；每个额外变量都需要显著降低 RSS 以产生更好的拟合度。也可以基于最大似然估计，基于**赤池信息准则（AIC）**和**贝叶斯信息准则（BIC）**寻找最小值，具体如下：

1）$\mathrm{AIC} = -2\log(\mathcal{L}^*) + 2k$，其中 $\mathcal{L}^*$ 是最大似然函数值，k 是参数个数。

2）$\mathrm{BIC} = -2\log(\mathcal{L}^*) + \log(N)k$，其中 N 是样本量。

两个指标都会因复杂性而受到惩罚，BIC 施加的惩罚更高，因此相对于 AIC，BIC 可能不适合，反之亦然。

从概念上讲，AIC 旨在找到最能描述未知数据生成过程的模型，而 BIC 的目标是在候选数据集中找到最好的模型。在实践中，当目标是样本内拟合时，这两个准则可以共同用于指导模型选择；否则，基于泛化误差估计的交叉验证和选择则是不错的选择。

2. 异方差性

高斯–马尔可夫定理的第 5 个假设要求协方差形状为 $\sum = \sigma^2 \boldsymbol{I}$，即对角矩阵的项等于误差项的恒定方差。当残差方差不是常数但不同观测值之间存在差异时，就会出现**异方差性**。如果残差与输入变量呈正相关，也就是说，当输入值的误差远大于其平均值时，那么 OLS 标准误差估计值将过低，t 统计量将被夸大，从而导致错误地发现实际上不存在的关系。

诊断始于对残差的目测检查。残差（假定为随机）中的系统模式和对无效假设的统计检验表明，错误与各种选择是同方差的。这些检验包括 Breusch-Pagan 和 White 检验。

纠正 OLS 估计的异方差性的方法有以下两种：

（1）使用所谓的**三明治估计器**计算误差方差时，**稳健标准误差**（有时称为怀特标准误差）可以有效解决异方差性。

（2）**聚类标准误差**假设数据中有不同的组是同方差的，但各组之间的误差差异不同。这些群体可能是来自不同行业的不同资产类别或股票。

当 $\Sigma \neq \sigma^2 I$ 时，OLS 的几种替代方法可以使用不同的假设来估计误差协方差矩阵。statsmodels 中提供以下内容：

（1）加权最小二乘法（WLS）：对于协方差矩阵只有对角线项的异方差误差，如 OLS，但现在允许对角线项变化。

（2）可行广义最小二乘法（GLSAR）：用于遵循自回归 AR(p)过程后的自相关误差。

（3）广义最小二乘（GLS）：用于任意协方差矩阵结构；在存在异方差或序列相关性的情况下，可以有效且无偏地估计。

3. 序列相关性

序列相关性意味着线性回归产生的连续残差是相关的，这违反了高斯-马尔可夫定理的第 4 个假设。正序列相关性意味着标准误差被低估了，t 统计量将被夸大，如果忽略，则会发现错误。然而，在计算标准误差时，有一些程序可以对序列相关性进行校正。

Durbin-Watson 检验可以用于诊断序列相关性，主要是检验 OLS 残差与遵循自回归的备选方案不存在自相关关系过程。检验统计范围为 0～4：接近 2 的值表示非自相关，较低的值表示正自相关，较高的值表示负自相关，确切阈值则需要使用在表格中查找的参数和观测值的数量。

4. 多重共线性

当两个或多个自变量高度相关时，就会出现多重共线性。这又带来了以下挑战：

（1）很难确定到底是哪些因子影响因变量。

（2）个别 p 值可能是误导性的，即 p 值可能很高，尽管变量实际上很重要。

（3）回归系数置信区间太宽，甚至可能会包括 0。这使得自变量对结果影响的确定变得过于复杂。

目前还没有校正多重共线性的公式化或理论性的解决方案。不过，我们可以尝试删除一个或多个相关的输入变量，或增加样本量。

7.3 实践中的线性回归

笔记中的 linear_regression_intro.ipynb 说明了一个简单线性回归，然后是一个多元线性回归，后者同时使用了 OLS 和梯度下降。对于多元回归，我们生成两个随机输入变量 x_1 和 x_2，范围为-50～+50，同时生成一个结果变量，该变量是根据输入加上随机高斯噪声的线性组合计算得出的，目的是符合高斯-马尔可夫定理的第 6 个正态性假设，公式如下：

$$y = 50 + x_1 + 3x_2 + \varepsilon, \quad \varepsilon \sim N(0,50)$$

7.3.1　基于 statsmodels 的 OLS

我们可以使用 statsmodels 来估计一个能准确反映数据生成过程的多元回归模型，代码如下：

```
import statsmodels.api as sm
X_ols = sm.add_constant(X)
model = sm.OLS(y, X_ols).fit()
model.summary()
```

由此得出如图 7.2 所示的 OLS 回归结果摘要。

```
                           OLS Regression Results
==============================================================================
Dep. Variable:                      Y   R-squared:                       0.791
Model:                            OLS   Adj. R-squared:                  0.790
Method:                 Least Squares   F-statistic:                     1176.
Date:                Thu, 14 Nov 2019   Prob (F-statistic):          4.33e-212
Time:                        18:58:15   Log-Likelihood:                -3309.2
No. Observations:                 625   AIC:                             6624.
Df Residuals:                     622   BIC:                             6638.
Df Model:                           2
Covariance Type:            nonrobust
==============================================================================
                 coef    std err          t      P>|t|      [0.025      0.975]
------------------------------------------------------------------------------
const         53.2923      1.934     27.561      0.000      49.495      57.089
X_1            0.9904      0.064     15.390      0.000       0.864       1.117
X_2            2.9600      0.064     45.996      0.000       2.834       3.086
==============================================================================
Omnibus:                        0.267   Durbin-Watson:                   2.148
Prob(Omnibus):                  0.875   Jarque-Bera (JB):                0.149
Skew:                           0.014   Prob(JB):                        0.928
Kurtosis:                       3.071   Cond. No.                         30.0
==============================================================================

Warnings:
[1] Standard Errors assume that the covariance matrix of the errors is correctly specified.
```

图 7.2　OLS 回归结果摘要

摘要的上半部分显示了数据集特征，即估计方法以及观测值和参数数量，并指出标准误差估计不考虑异方差性。中间部分显示了密切反映人工数据生成过程的系数值。我们可以确认，汇总结果中间显示的估算值可以使用前面推导的 OLS 公式获得，代码如下：

```
beta = np.linalg.inv(X_ols.T.dot(X_ols)).dot(X_ols.T.dot(y))
pd.Series(beta, index=X_ols.columns)
const 53.29
X_1      0.99
X_2      2.96
```

以下代码显示了模型如何拟合于随机生成的数据点。

```
three_dee = plt.figure(figsize=(15, 5)).gca(projection='3d')
three_dee.scatter(data.X_1, data.X_2, data.Y, c='g')
data['y-hat'] = model.predict()
to_plot = data.set_index(['X_1', 'X_2']).unstack().loc[:, 'y-hat']
three_dee.plot_surface(X_1, X_2, to_plot.values, color='black', alpha=0.2,
linewidth=1, antialiased=True)
for _, row in data.iterrows():
    plt.plot((row.X_1, row.X_1), (row.X_2, row.X_2), (row.Y, row['y-hat']),
```

```
                    'k-');
three_dee.set_xlabel('$X_1$');three_dee.set_ylabel('$X_2$');three_dee.set_
    zlabel('$Y, \hat{Y}$')
```

生成的超平面和原始数据点如图 7.3 所示。

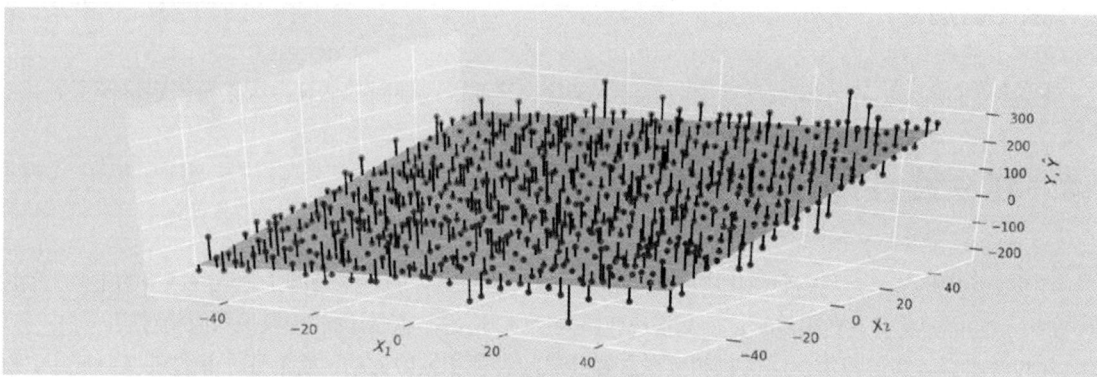

图 7.3　回归超平面

图 7.3 右上方显示了拟合优度度量和 F 检验结果，它排除了所有系数均为 0 且不相关的假设。类似地，t 统计量表明，截距和两个斜率系数都是非常显著的。

图 7.2 的下半部分包含剩余的诊断信息，下半部分的左侧显示了偏斜（skew）和峰度（kurtosis），主要用于检验正态性假设。综合检验和 Jarque-Bera 检验都未能排除残差正态分布的零假设。Durbin-Watson 统计检验残差中的序列相关性，其值接近 2；在给定两个参数和 625 个观测值的情况下，无法排除无序列相关性假设。

最后，条件数提供了关于多重共线性的证据：包含输入数据的是设计矩阵的最大特征值和最小特征值的平方根之比。大于 30 的值表明回归可能具有显著的多重共线性。

7.3.2　基于 sklearn 的随机梯度下降算法

sklearn 库在其线性模型模块中包含一个 SGDRegressor 模型。利用这种方法学习同一模型的参数，当然，因为梯度对尺度非常敏感，我们需要对数据进行标准化处理。

（1）我们使用 StandardScaler() 来实现这一目的。它在拟合步骤中计算每个输入变量的平均值和标准偏差，然后使用 fit_transform() 命令在转换步骤中减去平均值并除以标准偏差，代码如下：

```
scaler = StandardScaler()
X_ = scaler.fit_transform(X)
```

（2）使用默认值实例化 SGDRegressor，同时为了便于复制，使用 random_state 设置，代码如下：

```
sgd = SGDRegressor(loss='squared_loss',
                   fit_intercept=True,
                   shuffle=True,              # 调整数据以更好地估计
                   random_state=42,
                   learning_rate='invscaling', # 随时间降低速率
                   eta0=0.01,                  # 学习速率路径参数
                   power_t=0.25)
```

（3）拟合 sgd 模型，为 ols 和 sgd 模型创建样本内预测，并为每个模型计算均方根误差，代码如下：

```
sgd.fit(X=X_, y=y)
resids = pd.DataFrame({'sgd': y - sgd.predict(X_),
                       'ols': y - model.predict(sm.add_constant(X))})
resids.pow(2).sum().div(len(y)).pow(.5)
ols    48.22
sgd    48.22
```

正如我们的预期，两个模型殊途同归。接下来我们将使用线性回归估计多因素资产定价模型。

7.4　建立线性因子模型

算法交易策略使用因子模型量化资产收益和风险之间的关系，而风险来源正是这些回报的主要驱动因素。每个风险因子都有其对应溢价，而总资产收益预期则与这些风险溢价的加权平均值相对应。

在投资组合管理过程中，从构建和资产选择到风险管理和绩效评估，都有因子模型的实际应用。随着常见风险因子在交易中心的应用不断增多，因子模型的重要性与日俱增，具体如下：

● 通过更少因子解释许多资产收益，可以降低优化投资组合时估计协方差矩阵时所需的数据量。

● 对资产或投资组合进行因子风险敞口估计可以对由此产生的风险进行管理。例如，当风险因子本身被交易或可以被代理时引入适当的对冲机制。

● 因子模型可以对新的阿尔法因子的增量信号内容进行评估。

● 因子模型也有助于评估经理人相对于基准的表现，看经理人的业绩到底是不是由于精湛的选股或择时技能而实现的，或者是否可以用投资组合倾向于已知的收益驱动因子来解释这种表现。如今，这些驱动因子甚至可以被复制为低成本、不产生主动管理费的被动管理基金。

以下示例适用于股票，也适用于已确定的所有资产类别的风险因子（Ang，2014）。

7.4.1　从 CAPM 到 Fama-French 因子模型

自从**资本资产定价模型（CAPM）**使用单个风险因子将所有 N 资产 r_i（$i=1,\cdots,N$）的各自的风险敞口 β_i 解释为风险因子以来，风险因子一直是量化模型的关键，无风险利率记作 r_f，则 CAPM 模型采用以下线性形式表示。

$$E[r_i] = \alpha_i + r_f + \beta_i(E[r_m] - r_f)$$

这与 Dodd 和 Graham 经典的基本面分析不同，基本面分析收益取决于公司特征。其原因是，投资者无法通过分散投资来消除这种所谓的系统性风险。因此，在均衡情况下，该理论要求对持有与其系统性风险相称的资产进行补偿。模型表明，在价格能立即反映所有公共信息的有效市场中，不应该有经过风险调整的高回报。换句话说，α 的值应该是 0。

该模型实证检验使用线性回归，但一直失败。例如，较小公司的更高收益等不依赖于整体市场敞口的高风险调整收益的异常（Goyal，2012）。

这些失败引发了关于到底应该归咎于有效市场还是联合假设的单因子方面的激烈辩论。事实证明，这两个前提都可能是错误的。

（1）Joseph Stiglitz 之所以获得 2001 年诺贝尔经济学奖，是因为 Joseph Stiglitz 表明了市场通常并不十分有效。如果市场有效，那么收集数据就没有价值，因为该信号已经反映在价格中。但是，如果没有收集信息的动力，那么很难看到信号应该如何在价格中反映出来。此外，CAPM 的理论和改进经验表明，其他因子有助于解释前面提到的某些异常，这也正是多因子模型横空出世的原因。

（2）Stephen Ross 于 1976 年提出**套利定价理论（APT）**，该理论是一种在避开市场效率的同时考虑多种风险因子的选择。与 CAPM 不同的是，APT 假设可能存在因定价错误而获得较高收益的机会，但这些机会很快就会被套利行为所"消灭"。该理论没有具体说明这些因子，但研究表明，最重要的还是通货膨胀和工业生产本身的变化以及风险溢价或利率期限结构的变化。

（3）Kenneth French 和 Eugene Fama（在 2013 年获得了诺贝尔奖）确定了取决于公司特征的其他风险因子，并且如今已被广泛使用。1993 年，Fama-French 三因子模型将企业相对规模和价值添加到了 CAPM 单一风险源中。2015 年，五因子模型进一步扩展了该范围，将公司的盈利能力和投资水平包括在内，并在随后几年大显神威。此外，许多因子模型都包含价格动量因子。

Fama-French 风险因子的计算方法是，根据反映给定风险因子的指标，计算不同投资组合的高值或低值收益率差，通过这些指标对股票进行分类，然后在高于某个百分位数的情况下做多股票，在低于某个百分位数的情况下做空股票。与风险因子相关的指标定义如下：

- 规模：市场权益（ME）。
- 价值：权益账面价值除以市场权益。
- 营业利润率（OP）：收入减去售出商品/资产的成本。
- 投资：投资/资产。

另外，可以基于数据驱动使用无监督学习技术发掘风险因子，主要方法包括因子分析和主成分分析。

7.4.2　获取风险因子

Fama 和 French 通过其网站提供更新的风险因子和研究组合数据，读者可以使用 pandas_datareader 库获取数据。关于这个应用程序，请参考笔记 fama_macbeth.ipynb 以获取以下代码示例和其他详细信息。

对于剩余的三个特定于公司的因子，我们将使用通过对股票进行分类而得出的 Fama-French 五因子，首先将它们分为三个组，然后将每组因子分为两个。因此，这些因子涉及三组价值加权投资组合，按规模和账面市盈率、规模和经营盈利能力、规模和投资构成 3×2 的分类。按**投资组合平均收益（PF）**计算的风险因子值见表 7.1。

表　7.1

概　　　念	标　记	算　　法	风险因子计算
规模因子 （市值）	SMB	小减大	市值最小的 9 个股票减去市值最大的 9 个股票[1]
价值因子 （账面市值比）	HML	高减低	BE/ME 简称 B/M，即账面市值比是指账面的所有者权益除以市值，一般计算使用两个价值型 PF 减去两个成长型 PF

---

[1] 译者注：市值风险是指公司的规模对该公司股票的风险有直接影响：资产规模小，风险就会相对增加；资产规模大，风险就会相对减少。

概　　念	标　记	算　　法	风险因子计算
盈利因子（盈利能力）	RMW	强减弱	盈利能力较高的行业一般会伴随着更高的风险，用 OP 来衡量盈利水平，计算两个高/低盈利水平的股票期望收益率之差
投资因子	CMA	保守减激进	两个保守投资组合减去两个激进投资组合
市场因子	Rm-Rf	市场超额收益	美国主要交易所注册和上市的公司的加权收益率减去 1 个月期美国国债利率

以每月一次的频率处理 2010—2017 年的收益，代码如下：

```
import Pandas_datareader.data as web
ff_factor = 'F-F_Research_Data_5_Factors_2x3'
ff_factor_data = web.DataReader(ff_factor, 'famafrench', start='2010',
                                end='2017-12')[0]
ff_factor_data.info()
PeriodIndex: 96 entries, 2010-01 to 2017-12
Freq: M
Data columns (total 6 columns):
Mkt-RF    96 non-null float64
SMB       96 non-null float64
HML       96 non-null float64
RMW       96 non-null float64
CMA       96 non-null float64
RF        96 non-null float64
```

Fama 和 French 还提供了许多投资组合，这些组合可以对因子风险敞口进行估计，并用于计算给定时间段内市场上可用的风险溢价的价值。我们将每月对一个由 17 个行业投资组合组成的小组，从收益中减去无风险利率得出超额收益，代码如下：

```
ff_portfolio = '17_Industry_Portfolios'
ff_portfolio_data = web.DataReader(ff_portfolio, 'famafrench', start='2010',
                                   end='2017-12')[0]
ff_portfolio_data = ff_portfolio_data.sub(ff_factor_data.RF, axis=0)
ff_factor_data = ff_factor_data.drop('RF', axis=1)
ff_portfolio_data.info()
PeriodIndex: 96 entries, 2010-01 to 2017-12
Freq: M
Data columns (total 17 columns):
Food     96 non-null float64
Mines    96 non-null float64
Oil      96 non-null float64
...
Rtail    96 non-null float64
Finan    96 non-null float64
Other    96 non-null float64
```

现在，我们将基于这些面板数据建立一个线性因子模型，同时引入一些解决基本线性回归假设无法满足问题的方法。

7.4.3 Fama-Macbeth 回归

给定有关风险因子和投资组合收益数据，估计投资组合对这些收益的敞口，从而对判断这些因子在多大程度上推动了投资组合的收益是非常有用的。了解市场为给定因子所承担的风险支付的溢价也很有意义，也就是说，了解承担此风险的价值是多少。风险溢价允许我们估计任何投资组合的收益，前提是我们知道或可以假设因子风险敞口。

更准确地说，在 $t = 1, \cdots, T$ 个时期内，我们将拥有 $i = 1, \cdots, N$ 个资产或投资组合收益，并且标出每种资产的超期收益。目的是检验 $j = 1, \cdots, M$ 个因子是否可以解释超额收益和与每个因子相关的风险溢价。在本小节案例中，我们有 $N = 17$ 个投资组合和 $M = 5$ 个因子，每个因子都有 96 个数据周期。

在给定周期内，许多股票因子模型都可以被估计。由于经典线性回归的基本假设可能不成立，因此在此类横截面回归中可能会出现推断问题。可能的麻烦包括测量误差、异方差和序列相关导致的残差斜边和多重共线性等（Fama 和 MacBeth，1973）。

为了解决由残差相关性引起的推断问题，Fama 和 MacBeth 提出了一种处理因子收益率横截面回归的两步法，它非常巧妙地排除了残差在截面上的相关性对标准误差的影响，在业界被广泛使用。Fama-Macbeth 两步回归旨在用多因子模型分析投资品的截面预期收益率和因子暴露的关系。具体包括以下两个阶段：

- 第一个阶段：通过 N 个时间序列回归得到每个资产或投资组合收益率在因子上的暴露估计。以矩阵形式针对每项资产，公式如下：

$$\underset{T \times 1}{r_i} = \underset{T \times (m+1)}{F} \underset{(m+1) \times 1}{\beta_i} + \underset{T \times 1}{\varepsilon_i}$$

- 第二个阶段：T 次截面回归，在每个时间上进行了一次截面回归，估计风险溢价。在矩阵形式中，我们得到每个时期的风险溢价向量，公式如下：

$$\underset{N \times (M+1)}{r_t} = \underset{N \times (M+1)}{\hat{\beta}} \underset{(M+1) \times 1}{\lambda_t}$$

现在，我们可以将因子风险溢价计算为时间平均值，通过 t 统计量评估其个体显著性，假设风险溢价估计是独立的，公式如下：

$$t = \frac{\lambda_j}{\sigma(\lambda_j) / \sqrt{(T)}}$$

如果我们有一个非常大且具有代表性的交易风险因子数据样本，就可以使用样本均值作为风险溢价估计。但是，我们通常没有足够长的历史记录，也就是说样本平均值周围的误差幅度可能相当大，Fama-Macbeth 方法利用因子与其他资产的协方差来确定因子溢价。

资产收益率的二阶矩比一阶矩更容易估计，而获得更细粒度的数据可以大大提高估计的精度，均值估计则不然。

（1）我们可以实施第一个阶段，以获得 17 因子的暴露估计值，代码如下：

```
betas = []
for industry in ff_portfolio_data:
    step1 = OLS(endog=ff_portfolio_data.loc[ff_factor_data.index, industry],
                exog=add_constant(ff_factor_data)).fit()
```

```
        betas.append(step1.params.drop('const'))
betas = pd.DataFrame(betas, columns=ff_factor_data.columns,
                        index=ff_portfolio_data.columns)
betas.info()
Index: 17 entries, Food to Other
Data columns (total 5 columns):
Mkt-RF  17 non-null float64
SMB     17 non-null float64
HML     17 non-null float64
RMW     17 non-null float64
CMA     17 non-null float64
```

（2）在第二个阶段，我们对因子暴露下的投资组合横截面进行了 96 次周期收益回归，代码如下：

```
lambdas = []
for period in ff_portfolio_data.index:
    step2 = OLS(endog=ff_portfolio_data.loc[period, betas.index],
            exog=betas).fit()
    lambdas.append(step2.params)
    lambdas = pd.DataFrame(lambdas, index=ff_portfolio_data.index,
                        columns=betas.columns.tolist())
lambdas.info()
PeriodIndex: 96 entries, 2010-01 to 2017-12
Freq: M
Data columns (total 5 columns):
Mkt-RF  96 non-null float64
SMB     96 non-null float64
HML     96 non-null float64
RMW     96 non-null float64
CMA     96 non-null float64
```

（3）计算 96 个周期的平均值，以获得因子风险溢价估计，代码如下：

```
lambdas.mean()
Mkt-RF     1.243632
SMB       -0.004863
HML       -0.688167
RMW       -0.237317
CMA       -0.318075
RF        -0.013280
```

（4）linearmodels 库使用面板数据的各种模型扩展了 statsmodels，同时实现 Fama-Macbeth 两步回归过程，代码如下：

```
model = LinearFactorModel(portfolios=ff_portfolio_data,
                        factors=ff_factor_data)
res = model.fit()
```

这给我们提供了同样的结果，如图 7.4 所示。

```
                   LinearFactorModel Estimation Summary
==================================================================================
No. Test Portfolios:           17    R-squared:                       0.6944
No. Factors:                    6    J-statistic:                     19.501
No. Observations:              95    P-value                          0.0527
Date:               Thu, Nov 14 2019 Distribution:                  chi2(11)
Time:                    19:34:04
Cov. Estimator:             robust

                           Risk Premia Estimates
==================================================================================
           Parameter   Std. Err.    T-stat    P-value   Lower CI    Upper CI
----------------------------------------------------------------------------------
Mkt-RF        1.2436      0.3928     3.1662     0.0015     0.4738      2.0135
SMB          -0.0049      0.6993    -0.0070     0.9945    -1.3754      1.3657
HML          -0.6882      0.5360    -1.2838     0.1992    -1.7388      0.3625
RMW          -0.2373      0.6729    -0.3527     0.7243    -1.5562      1.0815
CMA          -0.3181      0.4633    -0.6865     0.4924    -1.2261      0.5900
RF           -0.0133      0.0132    -1.0026     0.3161    -0.0392      0.0127

Covariance estimator:
HeteroskedasticCovariance
See full_summary for complete results
```

图 7.4　LinearFactorModel 估计摘要

7.5　用收缩率正则化线性回归

当满足高斯-马尔可夫假设时，训练线性回归模型的最小二乘法将产生最佳的线性和无偏参数估计。即使违反了 OLS 关于误差协方差矩阵的假设，GLS 变量也同样表现得不错。然而，也有一些估计可以产生偏置系数来减少方差，从而获得更低的总体泛化误差（Hastie、Tibshirani 和 Friedman，2009）。

当一个线性回归模型包含许多相关变量时，它们的系数将很难确定。这是因为一个大的正系数对 RSS 的影响可以被一个相似的大的负系数对相关变量的影响所抵消。因此，由于高方差导致的预测错误风险增加，因为系数的这种摆动空间使得模型更可能过度拟合样本。

7.5.1　避免过度拟合

一种控制过度拟合的流行技术是**正则化**，主要是在误差函数中添加惩罚项，从而避免系数达到较大的值。换句话说，对系数大小的约束可以减轻对样本外预测的潜在负面影响。由于过度拟合是一个普遍存在的问题，因此几乎在所有模型中都会遇到正则化方法。

在本小节中，我们将用收缩方法进行收缩和选择，旨在改进简单的线性回归。至于为什么需要改进，主要有以下两个原因：

● 预测准确性：线性回归的最小二乘估计倾向于具有低偏差和高方差。降低模型复杂性（需要估计的参数数量）导致减少差异，但代价是引入更多的偏差。如果能够找到总误差的最佳位置，那么偏差导致的误差加上方差的误差被最小化，就可以改进模型的预测。

● 模型可解释性：由于预测变量太多，我们很难掌握变量之间的所有关系。在某些情况下，最好是能够确定影响最大的一小部分变量，也就是为全局着想而"丢卒保车"。

收缩模型通过对规模施加惩罚限制回归系数，通过向目标函数添加一个术语 $S(\beta)$ 来实现这个目标。该术语意味着收缩模型的系数使 RSS 最小，外加与系数（绝对）大小正相关的惩罚。

因此，增加的惩罚将线性回归系数转化为一个约束最小化问题的解，该问题通常采用以下拉格朗日形式：

$$\hat{\beta}^s = \underset{\beta^s}{\text{argmin}} \sum_{i=1}^{N} \left[\left(y_i - \beta_0 - \sum_{j=1}^{p} \beta_j x_j \right)^2 + \lambda S(\beta) \right]$$

$$= \underset{\beta^s}{\text{argmin}} \, \boldsymbol{y} - \boldsymbol{X}\beta - \lambda S(\beta)$$

正则化参数 λ 确定惩罚大小，即正则化的强度。λ 为正时，系将与无约束的最小二乘参数有所不同，这意味着有偏差的估计。应通过交叉验证自适应地选择超参数 λ，从而使得对预测误差的估计达到最小化。

收缩模型彼此的不同之处在于如何计算惩罚，也就是 S 的函数形式。最常见的版本是**岭回归**和**套索模型**，前者使用平方系数的和，后者则基于系数绝对值的和来计算惩罚。

弹性网则同时使用以上两种方法，这里不作详细介绍[1]。scikit-learn 中包含一个实现，其工作机理与我们将要演示的示例非常相似。

7.5.2　岭回归原理

岭回归通过向目标函数中添加惩罚来缩小回归系数，该目标函数等于系数的平方差之和，这反过来又对应于系数向量的 L2 范数（Hoerl 和 Kennard，1970）：

$$S(\beta) = \sum_{i=1}^{p} \beta_i^2 = \|\beta\|^2$$

因此，岭系数可以解析定义为

$$\hat{\beta}^{\text{Ridge}} = \underset{\beta^{\text{Ridge}}}{\text{argmin}} \sum_{i=1}^{N} \left[\left(y_i - \beta_0 - \sum_{j=1}^{p} \beta_j x_j \right)^2 + \lambda \sum_{j=1}^{p} \beta_j^2 \right]$$

$$= \underset{\beta^{\text{Ridge}}}{\text{argmin}} \left(\boldsymbol{y} - \boldsymbol{X}\beta \right)^T \left(\boldsymbol{y} - \boldsymbol{X}\beta \right) + \lambda \beta^T \beta$$

截距 β_0 已从惩罚中排除，这意味着该过程与为输出变量选择的原点无关；否则，向所有输出值添加一个常数将更改所有斜率参数，而不是并行移位。

通过从每个输入中减去相应的平均值，然后将结果除以输入的标准偏差，对输入进行标准化处理非常重要。这是因为岭形解决方案对输入的规模很敏感。类似于 OLS 情况的岭估计器也有一个解决方案，如下所示：

$$\hat{\beta}^{\text{Ridge}} = (\boldsymbol{X}^T \boldsymbol{X} + \lambda \boldsymbol{I})^{-1} \boldsymbol{X}^T y$$

该方法在求逆前将定标单位矩阵 $\lambda \boldsymbol{I}$ 加到 $\boldsymbol{X}^T \boldsymbol{X}$ 上，保证了问题的非奇异性，即使 $\boldsymbol{X}^T \boldsymbol{X}$ 没有满

---

[1] 译者注：弹性网首先是对LASSO的批评而产生的，LASSO的变量选择过于依赖数据，因而不稳定。它的解决方案是将岭回归和LASSO的惩罚结合起来，以获得两全其美的效果。弹性网旨在最大限度地减少包括L1和L2惩罚的损失函数，其中α是岭回归（当它为0时）和LASSO（当它为1时）之间的混合参数。可以使用基于scikit-learn的基于交叉验证的超左侧调整来选择最佳α，即 $\text{Lenet}(\hat{\beta}) = \dfrac{\sum\limits_{i=1}^{n}(y_i - x_i^j \hat{\beta})^2}{2n} + \lambda \left(\dfrac{1-\alpha}{2} \sum\limits_{j=1}^{m} \hat{\beta}_j^2 + \alpha \sum\limits_{j=1}^{m} \left| \hat{\beta}_j \right| \right)$。

秩，这也是使用此估计器的原因之一。

岭惩罚导致所有参数按比例收缩。在正交输入的情况下，岭估计只是最小二乘估计的缩放版本[1]，如下所示：

$$\hat{\beta}^{\text{Ridge}} = \frac{\hat{\beta}^{\text{LS}}}{1+\lambda}$$

使用输入矩阵 X 的**奇异值分解（SVD）**，我们可以深入了解收缩在非正交的更常见情况下如何影响输入。居中矩阵的 SVD 表示矩阵的主要组成部分，该矩阵以方差的降序捕获数据列空间中不相关的方向。

岭回归收缩系数相对于输入变量与数据中表现出最大方差的方向的对齐。更具体地说，它收缩了那些代表与捕获较少方差的主成分对齐的输入的系数。因此，岭回归隐含的假设是，在预测产出时，数据中变化最大的方向将是最有影响或最可靠的。

7.5.3　套索回归原理

套索（Hastie、Tibshirani 和 Wainwright，2015）在信号处理中被称为基追踪，也为损失函数的非零系数增加了一个惩罚，但与惩罚平方系数之和（所谓的 L2 惩罚）的岭回归不同，LASSO 惩罚它们的绝对值之和（L1 惩罚）。因此，套索估计值定义如下：

$$\hat{\beta}^{\text{Lasso}} = \underset{\beta^{\text{Lasso}}}{\text{argmin}} \sum_{i=1}^{N} \left[\left(y_i - \beta_0 - \sum_{j=1}^{p} \beta_j x_j \right)^2 + \lambda \sum_{j=1}^{p} |\beta_j| \right]$$

$$= \underset{\beta^{\text{Lasso}}}{\text{argmin}} (y - X\beta)^T (y - X\beta) + \lambda\beta$$

与岭回归类似，输入需要标准化处理。套索惩罚使得解非线性，并且如岭回归一样。套索回归系数没有解析表达式，相反，套索解是一个二次规划问题，并且有一些高效的算法可以计算系数的整个路径，从而得到不同的 λ 值，其计算成本与岭回归相同。

随着正则化程度的增加，套索惩罚具有将某些系数逐渐减小到 0 的效果。因此，套索可用于特征子集的连续选择（也就是说，当存在少量重要参数且其他参数接近 0 时，即当只有少数预测因子实际影响响应时，LASSO 将占据首位）。

7.6　用线性回归预测收益

在本节中，我们将使用有无收缩线性回归预测收益率并生成交易信号。

首先，我们需要创建模型输入和输出。为此，我们将按照第 4 章中介绍的思路创建特征以及各种时间范围的预期收益，这些也将是我们模型的结果。

然后，我们将应用 statsmodels 和 sklearn 介绍前面讨论的线性回归模型的用法，并评估它们的预测性能。在第 8 章中，我们还将使用这些结果制定交易策略，并演示对机器学习模型驱动的策略进行回测的

---

[1] 译者注：惩罚项 λ 是要选择的超参数，其值越大，系数越向 0 收缩。从上面的公式可以看出，当 λ 变为 0 时，正罚分消失，β^{Ridge} 与线性回归中的 β^{OLS} 相同。另外，随着 λ 增长到无穷大，β^{Ridge} 接近 0，在足够高的惩罚下，系数可以任意地收缩到接近 0。

端到端过程。

7.6.1　准备模型特征和预期收益

为了准备预测模型的数据，需要进行以下操作：

- 选择股票和时间范围。
- 构建和转换特征阿尔法因子。
- 计算想预测的预期收益。
- （按需）清理数据。

1．创建投资领域

我们将使用 Quandl Wiki 美国股票价格数据集 2013—2017 年的每日股票数据。有关如何获取数据，请参阅本书 GitHub 存储库根文件夹中数据目录中的说明。

（1）加载每日（调整后的）**开盘、高点、低点、收盘和成交量（OHLCV）价格和元数据**，其中包括行业信息。使用数据存储路径，即最初保存 Quandl Wiki 数据的位置，代码如下：

```python
START = '2013-01-01'
END = '2017-12-31'
idx = pd.IndexSlice          # 从 pd.MultiIndex 中选择
DATA_STORE = '../data/assets.h5'
with pd.HDFStore(DATA_STORE) as store:
    prices = (store['quandl/wiki/prices']
              .loc[idx[START: END, :],
                   ['adj_open', 'adj_close', 'adj_low',
                    'adj_high', 'adj_volume']]
              .rename(columns=lambda x: x.replace('adj_', ''))
              .swaplevel()
              .sort_index())
    stocks = (store['us_equities/stocks']
              .loc[:, ['marketcap', 'ipoyear', 'sector']])
```

（2）删除不足 2 年的股票数据，代码如下：

```python
MONTH = 21
YEAR = 12 * MONTH
min_obs = 2 * YEAR
nobs = prices.groupby(level='ticker').size()
keep = nobs[nobs > min_obs].index
prices = prices.loc[idx[keep, :], :]
```

（3）清理行业名称，确保只使用包含价格和行业信息的股票，代码如下：

```python
stocks = stocks[~stocks.index.duplicated() & stocks.sector.notnull()]
# 清理行业名称
stocks.sector = stocks.sector.str.lower().str.replace(' ', '_')
stocks.index.name = 'ticker'
shared = (prices.index.get_level_values('ticker').unique()
          .intersection(stocks.index))
stocks = stocks.loc[shared, :]
prices = prices.loc[idx[shared, :], :]
```

（4）目前，剩下的 2265 个报价中包含至少 2 年的每日价格数据。首先是价格数据，代码如下：

```
prices.info(null_counts=True)
MultiIndex: 2748774 entries, (A, 2013-01-02) to (ZUMZ, 2017-12-29)
Data columns (total 5 columns):
open        2748774 non-null float64
close       2748774 non-null float64
low         2748774 non-null float64
high        2748774 non-null float64
volume      2748774 non-null float64
memory usage: 115.5+ MB
```

接下来是股票数据，代码如下：

```
stocks.info()
Index:  2224 entries, A to ZUMZ
Data columns (total 3 columns):
marketcap       2222 non-null float64
ipoyear         962 non-null float64
sector          2224 non-null object
memory usage:  69.5+ KB
```

（5）使用（调整后的）美元交易量的 21 天滚动平均值为模型选择最具流动性的股票。限制股票数量也有利于降低训练和回测时间；排除低成交额的股票的同时可以减少价格数据的影响。将每日收盘价乘以相应成交量，然后使用.groupby()将滚动平均值应用于每个股票代码，代码如下：

```
prices['dollar_vol'] = prices.loc[:, 'close'].mul(prices.loc[:, 'volume'],
axis=0)
prices['dollar_vol'] = (prices
                        .groupby('ticker',
                                 group_keys=False,
                                 as_index=False)
                        .dollar_vol
                        .rolling(window=21)
                        .mean()
                        .reset_index(level=0, drop=True))
```

（6）使用该值对每个日期的股票进行排序。例如，对给定日期 100 只交易最多的股票排序然后选择，代码如下：

```
prices['dollar_vol_rank'] = (prices
                             .groupby('date')
                             .dollar_vol
                             .rank(ascending=False))
```

2. 使用 TA-Lib 选择和计算阿尔法因子

（1）我们将使用 TA-Lib 创建一些动量和波动性因子。使用**相对强度指数（RSI）**，代码如下：

```
prices['rsi'] = prices.groupby(level='ticker').close.apply(RSI)
```

快速评估表明，对于 100 只交易量最大的股票，RSI 值的 5 天平均收益率中值确实在下降，其分组反映了通常的 30/70 的买/卖阈值，代码如下（结果见表7.2）：

```
(prices[prices.dollar_vol_rank<100]
```

```
.groupby('rsi_signal')['target_5d'].describe())
```

表 7.2

rsi_signal	count	Mean	std	min	25%	50%	75%	max
(0, 30]	4 154	0.12%	1.01%	−5.45%	−0.34%	0.11%	0.62%	4.61%
(30, 70]	107 329	0.05%	0.76%	−16.48%	−0.30%	0.06%	0.42%	7.57%
(70, 100]	10 598	0.00%	0.63%	−8.79%	−0.28%	0.01%	0.31%	5.86%

（2）计算**布林带**，TA-Lib 的 BBANDS 函数返回三个值，设置了一个函数，该函数返回具有较高和较低频带的 DataFrame，以便与 groupby() 和 apply() 一起使用，代码如下：

```
def compute_bb(close):
    high, mid, low = BBANDS(close)
    return pd.DataFrame({'bb_high': high, 'bb_low': low}, index=close.index)

prices = (prices.join(prices
                      .groupby(level='ticker')
                      .close
                      .apply(compute_bb)))
```

（3）取股票价格与上、下布林带之间的百分比差，并取对数来压缩分布。目标是反映当前价值相对于最近的波动趋势，代码如下：

```
prices['bb_high'] = prices.bb_high.sub(prices.close).div(prices.bb_high).
apply(np.log1p)
prices['bb_low'] = prices.close.sub(prices.bb_low).div(prices.close).
apply(np.log1p)
```

（4）计算**平均真实范围（ATR）**，ATR 包含高、低和收盘价三个输入。将结果标准化，从而使指标更具可比性，代码如下：

```
def compute_atr(stock_data):
    df = ATR(stock_data.high, stock_data.low,
             stock_data.close, timeperiod=14)
    return df.sub(df.mean()).div(df.std())
prices['atr'] = (prices.groupby('ticker', group_keys=False)
                 .apply(compute_atr))
```

（5）生成**移动平均收敛/发散指标（MACD）**，MACD 反映短期指数移动平均与长期指数移动平均之间的差异，代码如下：

```
def compute_macd close:
    macd = MACD(close)[0]
        return (macd - np.mean(macd))/np.std(macd)

prices['macd'] = (prices
                  .groupby('ticker', group_keys=False)
                  .close
                  .apply(lambda x: MACD(x)[0]))
```

3. 添加滞后收益

为了捕捉各种历史滞后的价格趋势，可以计算相应收益率并将结果转换为每日几何平均数。接下来将使用 1 天、1 周、2 周以及 1 个月、2 个月和 3 个月的滞后时间，同时通过剪裁 0.01% 和 99.99% 的值对收益进行缩尾处理，代码如下：

```
q = 0.0001
lags = [1, 5, 10, 21, 42, 63]
for lag in lags:
    prices[f'return_{lag}d'] = (prices.groupby(level='ticker').close
                            .pct_change(lag)
                            .pipe(lambda x: x.clip(lower=x.quantile(q),
                            upper=x.quantile(1 - q)))
                            .add(1)
                            .pow(1 / lag)
                            .sub(1)
                            )
```

然后将每日、每周、2 周和每月收益转换为当前观测的特征，换言之，除了这些时期的最新收益，我们还使用了前 5 个结果。例如，我们调整前 5 周的周收益率，使其与当前观测结果一致，并可用于预测当前的预期收益率，代码如下：

```
for t in [1, 2, 3, 4, 5]:
    for lag in [1, 5, 10, 21]:
        prices[f'return_{lag}d_lag{t}'] = (prices.groupby(level='ticker')
            [f'return_{lag}d'].shift(t * lag))
```

4. 生成目标预期收益

我们将对未来不同时期的预测进行检验。目标是通过**信息系数**来确定产生最佳预测准确性的持有期限。

更具体地说，我们将时间范围 t 的收益向后平移 t 天，以将其用作预期收益。例如，我们将从 t_0 到 t_5 的 5 天返回值往回移动 5 天，这样这个值就成为 t_0 的模型目标，从而可以产生每日、每周、2 周和每月的预期回报，代码如下：

```
for t in [1, 5, 10, 21]:
    prices[f'target_{t}d'] = prices.groupby(level='ticker')[f'return_{t}d'].
shift(-t)
```

5. 虚拟变量分类编码

（1）我们需要将任何分类变量转换成数字格式，只有这样，线性回归才能处理。为此需要使用虚拟编码，为每个类别级别创建单独的列，并在原始类别列中使用 1 标记该级别的存在，否则将其标记为 0。get_dummies() 函数可以自动执行虚拟编码，它检测并正确转换对象类型的列。例如，如果需要包含整数列的虚拟变量，可以使用关键字 column 来标识它们，代码如下：

```
df = pd.DataFrame({'categories': ['A','B', 'C']})
    categories
0           A
1           B
2           C
pd.get_dummies(df)
    categories_A categories_B categories_C
0           1           0           0
```

```
1       0       1       0
2       0       0       1
```

当将所有类别转换为虚拟变量并使用截距估计模型时，我们无意中创建了多重共线性：矩阵现在包含冗余信息，不再是满秩矩阵，而是变为了奇异矩阵。通过删除一个新的指示列可以很容易地避免这种情况。缺失类别级别上的系数现在将由截距捕获（截距总是 1，包括所有剩余类别虚拟值为 0 的情况）。

（2）使用 drop_first 关键字相应地更正虚拟变量，代码如下：

```
pd.get_dummies(df, drop_first=True)
    categories_B categories_C
0           0           0
1           1           0
2           0           1
```

（3）为了捕捉季节性影响和不断变化的市场状况，我们为年和月创建时间指示变量，代码如下：

```
prices['year'] = prices.index.get_level_values('date').year
prices['month'] = prices.index.get_level_values('date').month
```

（4）将价格数据与行业信息结合起来，为时间和行业类别创建虚拟变量，代码如下：

```
prices = prices.join(stocks[['sector']])
prices = pd.get_dummies(prices,
                        columns=['year', 'month', 'sector'],
                        prefix=['year', 'month', ''],
                        prefix_sep=['_', '_', ''],
                        drop_first=True)
```

经过以上操作，可以得到大约 50 个特征，接下来讲解 7.5 节提到的各种回归模型。

7.6.2　基于 statsmodels 的线性 OLS 回归

在本小节中，我们将演示如何使用 statsmodels 对股票收益数据进行统计推断并分析结果。笔记中 04_statistical_inference_of_stock_returns_with_statsmodels.ipynb 包含此部分的代码示例。

1. 选择相关领域

根据交易额排名滚动平均值，从样本中选择任何给定交易日的前 100 只股票，代码如下：

```
data = data[data.dollar_vol_rank<100]
```

然后创建结果变量和特征，代码如下：

```
y = data.filter(like='target')
X = data.drop(y.columns, axis=1)
```

2. 回归估计

使用 OLS 和 statsmodels 来估计线性回归模型，我们为 5 天的持有期选择预期收益，并相应地拟合模型，代码如下：

```
target = 'target_5d'
model = OLS(endog=y[target], exog=add_constant(X))
trained_model = model.fit()
trained_model.summary()
```

3．诊断统计

读者可以在笔记中查看完整的摘要输出。考虑到函数数量很多，为节省一些篇幅，此处仅显示诊断统计信息，如图 7.5 所示。

```
==============================================================
Omnibus:           33104.830   Durbin-Watson:            0.436
Prob(Omnibus):         0.000   Jarque-Bera (JB):   1211101.670
Skew:                 -0.780   Prob(JB):                 0.00
Kurtosis:             19.205   Cond. No.                 79.8
```

图 7.5　诊断统计信息

图 7.5 中显示 Jarque-Bera 统计的 p 值较低，这表明残差不是正态分布，而是表现出负偏斜和高峰度。如图 7.6 所示，左侧为残差分布与正态分布的对比图，这更突出了这一缺陷。在实践中，这意味着模型产生的错误比"正常"更大。

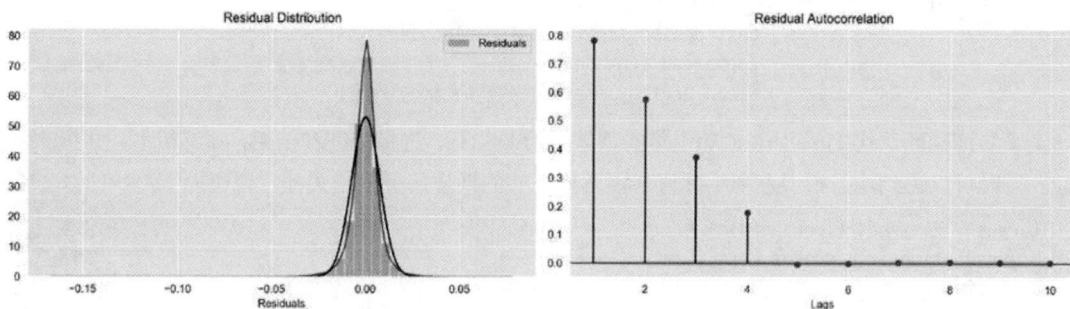

图 7.6　残差分布和自相关图

此外，Durbin-Watson 统计量低至 0.43，因此我们可以轻松地拒绝在 5% 的水平下"无自相关"的零假设，残差可能是正相关的。图 7.6 的右侧为前 10 个 Lag 的自相关系数，至少有 4 个显著正相关。这是由于我们的结果存在重叠，即我们预计每天可以有 5 天的收益，因此连续几天的结果包含 4 个相同的收益。

如果目标是了解哪些因子与预期收益显著相关，那么我们需要使用稳健标准误差（statsmodels.fit() 方法中的参数）重新进行回归运算，或者使用不同的方法，如允许更复杂误差协方差的面板模型。

7.6.3　基于 scikit-learn 的线性回归

sklearn 是为预测而量身打造的，可以使用交叉验证基于其预测性能来评估线性回归模型。05_predicting_stock_returns_with_linear_regression.ipynb. 中包含此部分的代码示例。

1．选择功能和目标

像以前在 OLS 案例中所做的那样选择用于实验的领域，在任何给定日期，按交易额确定最大交易量的 100 只股票，样本仍包含 2013—2017 年的 5 年数据。

2．交叉验证模型

我们的数据由许多时间序列组成，每个证券对应一个时间序列。正如在第 6 章中所介绍的，时序数据（如时间序列）需要仔细地进行交叉验证，以避免我们无意中引入前视偏差。

我们可以使用在第 6 章中介绍的 MultipleTimeSeriesCV 类来实现这一点。我们用训练和检验周期的期望长度、想要运行的检验周期数量以及预测范围内的周期数量实现初始化。Split() 方法返回一个生成器，生成一对训练和检验索引，可以用它来选择结果和特征，对的数量取决于参数 n_splits。

测试周期不重叠，并且位于数据中可用周期的末尾。在使用一个测试周期后，它成为前向训练数据的一部分，同时大小也不会发生变化。

使用 63 个交易日（即 3 个月）来检验这一点并训练模型，然后预测接下来 10 天的每日收益率。因此，我们可以从 2015 年开始在 3 年内使用 75 个 10 天的分割时间。首先定义基本参数和数据结构，代码如下：

```
train_period_length = 63
test_period_length = 10
n_splits = int(3 * YEAR/test_period_length)
lookahead =1
cv = MultipleTimeSeriesCV(n_splits=n_splits,
                          test_period_length=test_period_length,
                          lookahead=lookahead,
                          train_period_length=train_period_length)
```

交叉验证循环迭代 TimeSeriesCV 提供的训练和检验指标，选择特征和结果，训练模型，并预测特征收益。同时可以得到均方根误差和实际值与预测值之间的斯皮尔曼秩相关性，代码如下：

```
target = f'target_{lookahead}d'
lr_predictions, lr_scores = [], []
lr = LinearRegression()
for i, (train_idx, test_idx) in enumerate(cv.split(X), 1):
    X_train, y_train, = X.iloc[train_idx], y[target].iloc[train_idx]
    X_test, y_test = X.iloc[test_idx], y[target].iloc[test_idx]
    lr.fit(X=X_train, y=y_train)
    y_pred = lr.predict(X_test)

    preds_by_day = (y_test.to_frame('actuals').assign(predicted=y_pred)
                    .groupby(level='date'))
    ic = preds_by_day.apply(lambda x: spearmanr(x.predicted,
                                                x.actuals)[0] * 100)
    rmese = preds_by_day.apply(lambda x: np.sqrt(
            mean_squared_error(x.predicted, x.actuals)))
    scores = pd.concat([ic.to_frame('ic'), rmse.to_frame('rmse')], axis=1)
    lr_scores.append(scores)
    lr_predictions.append(preds)
```

3. 结果评估——信息系数与均方根误差（RSME）

我们已经得到了选定领域 3 年的每日测试预测结果，为了评估模型的预测性能，可以计算每个交易日的信息系数，也可以通过汇集所有预测来计算整个期间的信息系数。

如图 7.7 所示，左侧显示了每天计算的秩相关系数的分布，结果显示平均值和中位数分别接近 1.95 和 2.56。右侧则显示了所有测试期间的预测和实际 1 天收益的散点图。seaborn jointplot 估计了一个稳健的回归，该回归为异常值分配了较低的权重，并显示了一个小的正相关。整个 3 年测试期的实际收益和预测收益的秩相关为正，但在 0.017 处较低且具有统计学意义。

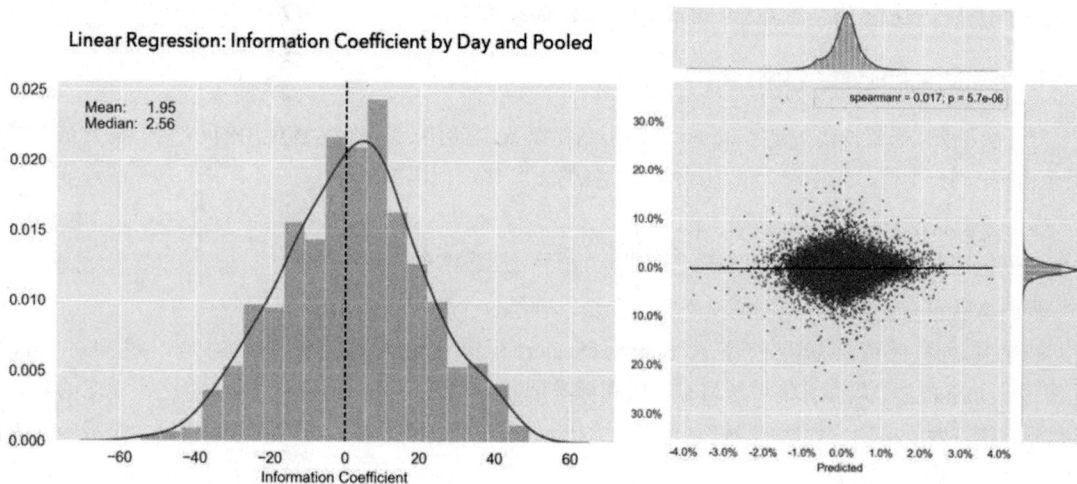

图 7.7 线性回归的每日和汇总 IC

此外，我们可以跟踪每日 IC 方面的预测情况。图 7.8 所示为每日信息系数和 RMSE 的 21 天滚动平均值以及测试期的各自平均值。这个观点显示整个时期的小的正 IC 隐藏了-10～+10 范围内的巨大变化。

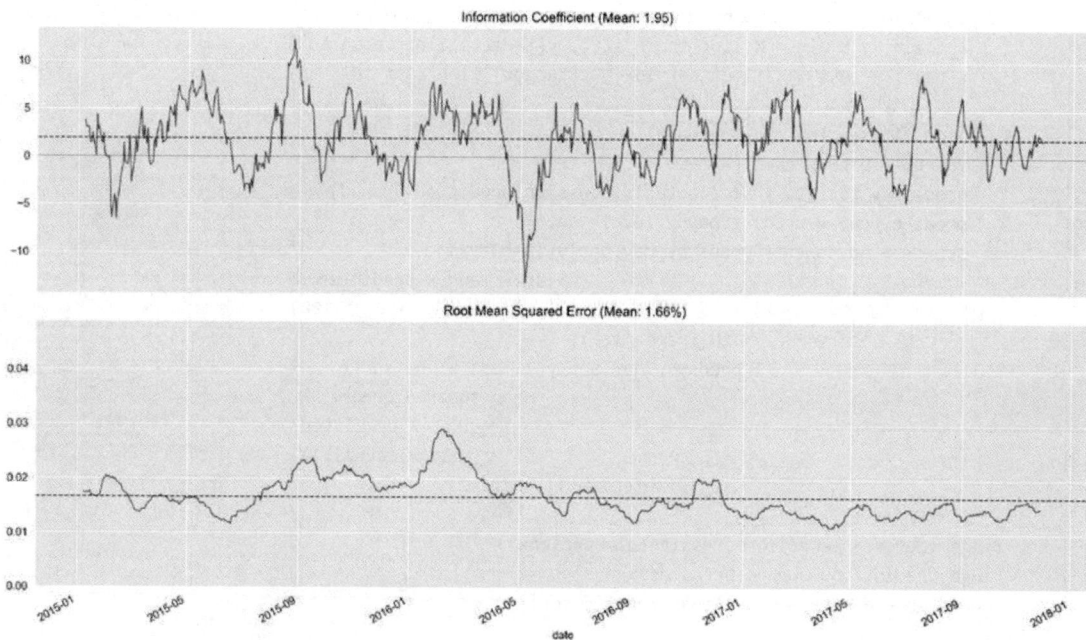

图 7.8 线性回归模型的每日 IC 和 RMSE 的 21 天滚动平均值

7.6.4 基于 scikit-learn 的岭回归

现在我们将继续介绍正则化岭模型，我们将用它来评估参数约束是否会改善线性回归的预测性能。

使用岭模型允许我们选择决定模型目标函数中惩罚项权重的超参数。

1. 利用交叉验证调整正则化参数

对于岭回归，需要使用关键字 alpha 调整正则化参数，它对应于我们之前使用的 λ。我们将尝试 $10^{-4}\sim$ 10^4 范围内的 18 个值，其中较大的值意味着更强的正则化，代码如下：

```
ridge_alphas = np.logspace(-4, 4, 9)
ridge_alphas = sorted(list(ridge_alphas) + list(ridge_alphas * 5))
```

我们将采用与线性回归相同的交叉验证参数，训练 3 个月以预测 10 天的日收益率。

岭惩罚的敏感性要求我们使用 StandardScaler 标准化输入。需要注意的是，我们将一直使用.fit_transform()方法从训练集中学习平均值和标准偏差，然后使用.transform()方法将这些学习的参数应用到测试集。为了自动预处理，我们创建了一个 Pipeline。我们还需要收集岭系数，否则，交叉验证类似于线性回归过程，代码如下：

```
for alpha in ridge_alphas:
    model = Ridge(alpha=alpha,
                  fit_intercept=False,
                  random_state=42)
    pipe = Pipeline([
        ('scaler', StandardScaler()),
        ('model', model)])
    for i, (train_idx, test_idx) in enumerate(cv.split(X), 1):
        X_train, y_train = X.iloc[train_idx], y[target].iloc[train_idx]
        X_test, y_test = X.iloc[test_idx], y[target].iloc[test_idx]

        pipe.fit(X=X_train, y=y_train)
        y_pred = pipe.predict(X_test)
        preds = y_test.to_frame('actuals').assign(predicted=y_pred)
        preds_by_day = preds.groupby(level='date')
        scores = pd.concat([preds_by_day.apply(lambda x:
                                               spearmanr(x.predicted,
                                                   x.actuals)[0] * 100)
                            .to_frame('ic'),
                            preds_by_day.apply(lambda x: np.sqrt(
                                               mean_squared_error(
                                                   y_pred=x.predicted,
                                                   y_true=x.actuals)))
                            .to_frame('rmse')], axis=1)

    ridge_scores.append(scores.assign(alpha=alpha))
    ridge_predictions.append(preds.assign(alpha=alpha))
    coeffs.append(pipe.named_steps['model'].coef_)
```

2. 交叉验证结果和岭回归系数路径

为每个超参数值绘制 IC，从而实现它随着正则化的增加而发展的可视化。结果表明，当 $\lambda=100$ 时，我们得到了最高的平均值和 IC 中值。

对于这些正则化水平，与 $\lambda=10^{-4}$ 的（几乎）无约束模型相比，系数略有收缩，如图 7.9 右图所示。

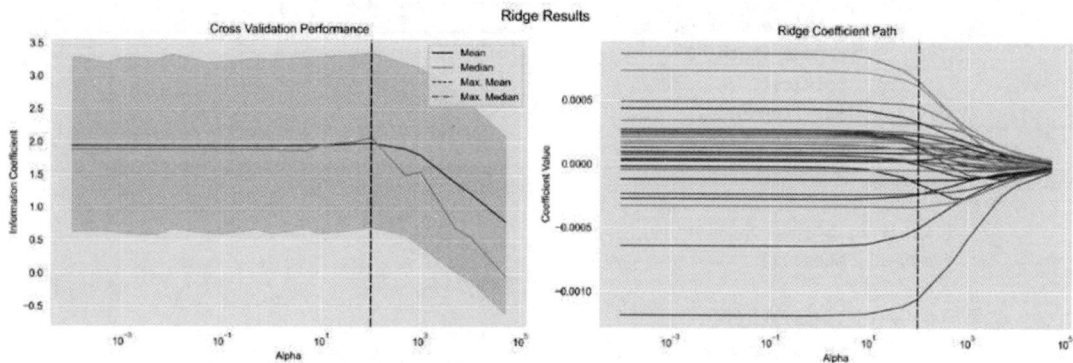

图 7.9　岭回归交叉验证结果

3. 前 10 个系数

系数的标准化使我们可以通过比较其绝对大小来得出有关其相对重要性的结论。图 7.10 所示为使用 $\lambda=100$ 进行正则化的 10 个最相关的系数，该系数用于在所有经过训练的模型上求平均值。

对于这个简单的模型和样本期的滞后月度收益率，各种行业指标发挥了最重要的作用。

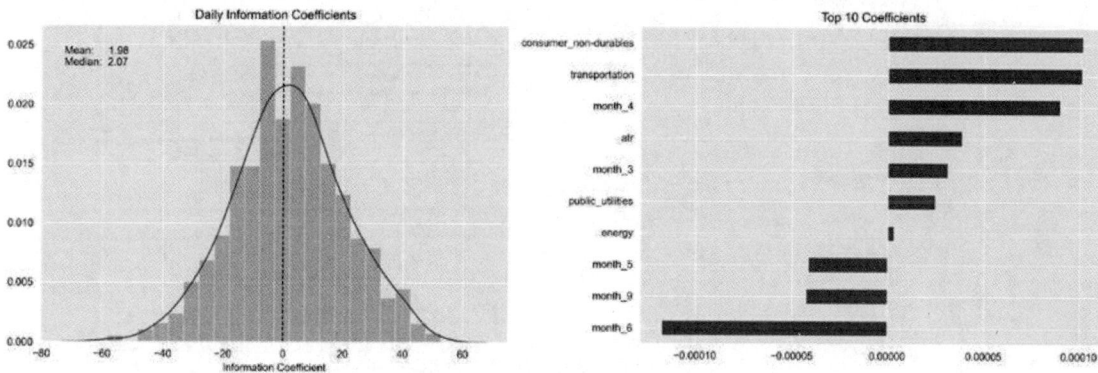

图 7.10　每日 IC 分布和最重要的系数

7.6.5　基于 sklearn 的套索回归

套索实现看起来非常类似于我们刚才运行的岭回归模型。主要的区别是套索需要使用迭代坐标下降法来求解，而岭回归可以使用解析解，这也意味着套索一般需要更长的训练时间。

1. 交叉验证套索模型

交叉验证代码仅在 Pipeline 设置方面有所不同。基于套索对象，可以分别设置公差和用于确定是否已收敛或应中止的最大迭代次数。也可以使用 warm_start，从下一个最佳系数值开始下一个训练。

我们将使用 $10^{-10} \sim 10^{-3}$ 范围内的 8 个 alpha 值，代码如下：

```
lasso_alphas = np.logspace(-10, -3, 8)
for alpha in lasso_alphas:
    model = Lasso(alpha=alpha,
```

```
                    fit_intercept=False,
                    random_state=42,
                    tol=1e-4,
                    max_iter=1000,
                    warm_start=True,
                    selection='random')
    pipe = Pipeline([
        ('scaler', StandardScaler()),
        ('model', model)])
```

2. 结果评估——IC 和套索路径

如前所述，我们可以绘制交叉验证期间使用的所有测试集的平均信息系数。可以再次看到，正则化改进了无约束模型的 IC，在 $\lambda = 10^{-4}$ 水平上有着最佳的样本外结果。

因为惩罚由绝对值之和组成，而不是相对较小的系数值的平方值，最优正则化结果不同于岭回归结果。如图 7.11 所示，就像在岭回归的情况中一样，这个正则化水平系数也同样被缩小了。

在这种情况下，套索回归的平均 IC 系数和中位数 IC 系数略高，并且就平均值而言，表现最好的模型使用一组不同的系数，如图 7.12 所示。

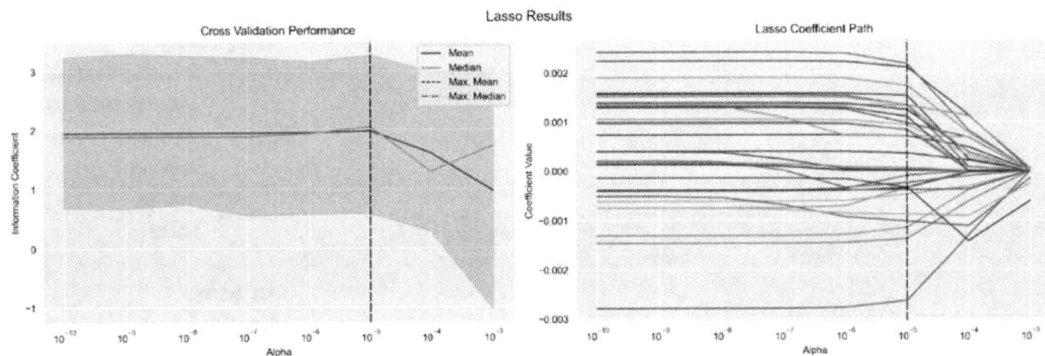

图 7.11　套索交叉验证结果

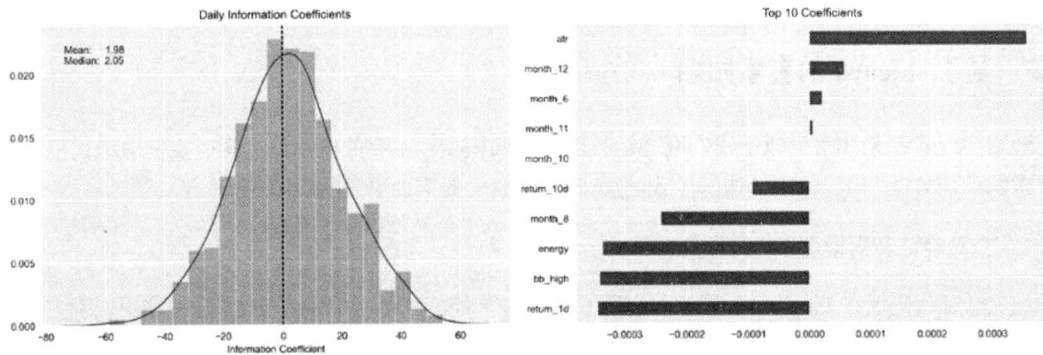

图 7.12　套索每日 IC 分布和前 10 个系数

7.6.6 预测信号质量比较

总之，岭回归和套索回归往往产生类似的结果。岭回归通常计算速度更快，但套索回归可以提供连续的特征子集，进而逐渐减少系数至 0，从而消除特征。

在本例特定设置中，套索回归产生最佳的平均值和 IC 中值，如图 7.13 所示。

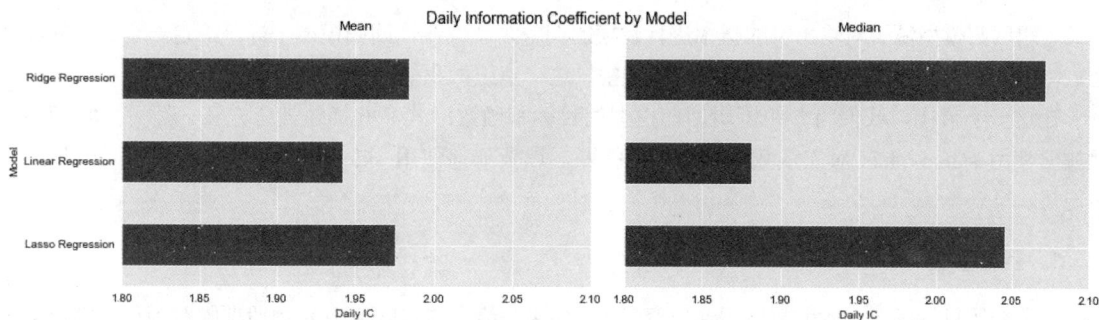

图 7.13　三种模型的日平均 IC 和中位 IC

此外，我们还可以使用 Alphalens 计算反映模型预测信号质量的各种度量并实现可视化。笔记 06_evaluating_signals_using_alphalens.ipynb 中包含将模型预测与价格信息结合在一起的代码示例，这样就可以生成 Alphalens 所需的阿尔法因子输入。

根据模型预测的不同五分位数，投资组合的 α 和 β 值见表 7.3。结果显示，在这个简单的例子中，性能差异非常小。

表　7.3

指　　　标	α				β			
模型	1D	5D	10D	21D	1D	5D	10D	21D
线性回归	0.03	0.02	0.007	0.004	−0.012	−0.081	−0.059	0.019
岭回归	0.029	0.022	0.012	0.008	−0.01	−0.083	−0.060	0.021
套索回归	0.03	0.021	0.009	0.006	−0.011	−0.081	−0.057	0.02

7.7　线性分类

到目前为止介绍的线性回归模型都假设一个定性响应变量。本节中，我们将重点介绍为以下产品建模定性输出变量的方法：推断和预测。这一过程称为**分类**，在实践中分类比回归的应用更加广泛。

预测数据点的定性响应也称为对观测结果进行分类，因为它涉及将观测结果分配给一个类别或类。在实践中，分类方法通常会预测定性变量每个类别的概率，然后使用此概率来决定正确的分类。

我们可以通过忽略输出变量假定为离散值的事实来处理这个分类问题，然后应用线性回归模型尝试使用多个输入变量来预测分类输出。然而，这种方法在性能很差的情况下，很容易构造示例。此外，当

我们知道 $y \in [0,1]$ 时，产生大于 1 或小于 0 的值在模型上没有直观意义。

有许多不同的分类技术或分类器可用于预测定性反应，在本节中，我们将介绍广泛使用的逻辑回归，它与线性回归密切相关。在后面有关广义线性模型的章节中，我们将介绍更复杂的方法，其中包括决策树和随机森林，以及梯度提升机和神经网络。

7.7.1 逻辑回归模型

逻辑回归模型源于对输出类的概率进行建模的期望，就像线性回归模型一样，给定一个 x 中的线性函数，同时确保它们的总和为 1 并保持在[0,1]中，这一点正如我们从概率中所期望的那样。

在这一小节中，我们将介绍逻辑回归模型的目标和函数形式，并描述训练方法。然后，我们将说明如何使用 statsmodels 对宏观数据进行统计推断，以及如何使用 sklearn 实现的正则逻辑回归预测价格走势。

1. 目标函数

为了介绍目标函数，我们将使用输出变量 y，如果在给定的时间范围 d 内股票收益为正，则该变量的值为 1，否则为 0，公式如下：

$$y_t = \begin{cases} 1, & r_{t+d} > 0 \\ 0, & \text{其他} \end{cases}$$

可以很容易地将 y 扩展到三个类别，其中 0 和 2 反映了超过某个阈值的正负价格变动，1 则相反。

逻辑回归不是直接对输出变量 y 建模，而是在给定阿尔法因子或特征向量 x_t 的情况下，对 y 属于任一类别的概率进行建模。换句话说，逻辑回归模型根据模型中包含的变量的值对股票价格上涨的概率进行建模，公式如下：

$$P(x_t) = P_r(y_t = 1 | x_t)$$

2. 逻辑函数

为了防止模型产生超出 $[0,1]$ 区间的值，我们必须使用一个函数对 $p(x)$ 进行建模，该函数在 x 的整个域上只给出 0～1 之间的输出。**逻辑函数**满足这一要求，并且总是产生一条 S 形曲线，因此，不管 x 的值是多少，我们都可以得到一个在概率方面有意义的预测，公式如下：

$$p(\boldsymbol{x}) = \frac{e^{\beta_0 + \sum_{i=1}^{p} \beta_i x_i}}{1 + e^{\beta_0 + \sum_{i=1}^{p} \beta_i x_i}} = \frac{e^{\boldsymbol{x}\beta}}{1 + e^{\boldsymbol{x}\beta}}$$

这里，向量 $\boldsymbol{x}$ 包括用于由 β, β_0 的第一分量捕获的截距 1。转换这个表达式可以分离出看起来像线性回归的部分，公式如下：

$$\underbrace{\frac{p(\boldsymbol{x})}{1 - p(\boldsymbol{x})}}_{\text{odds}} = e^{\beta_0 + \sum_{i=1}^{p} \beta_i} \Leftrightarrow \underbrace{\log\left(\frac{p(\boldsymbol{x})}{1 - p(\boldsymbol{x})}\right)}_{\text{logit}} = \beta_0 + \sum_{i=1}^{p} \beta_i$$

$p(x)/[1-p(x)]$ 被称为**赔率**，这是一种表示**概率**的另一种方法，在赌博中很常见。这可以采用 $0\sim\infty$ 之间的任何值，其中低值意味着低概率，高值意味着高概率。

logit 也称为**对数赔率**（因为它是赔率的对数）。因此，logistic 回归可以表示一个 logit，它在 x 中是线性的，看起来很像前面的线性回归。

3. 极大似然估计

系数向量 β 必须使用可用的训练数据进行估计。虽然我们可以使用（非线性）最小二乘法来拟合 logistic 回归模型，但更一般的情况下，极大似然法才是我们的首选，因为它具有更好的统计特性。正如我们刚才所介绍的，使用最大似然法拟合逻辑回归模型的基本直觉是寻找 β 的估计，以便预测的概率 $\hat{p}$ 与实际结果尽可能接近。换言之，我们试图找到这样的估计 $\hat{\beta}$，在所有股票价格上涨的情况下，这些估计都会产生一个接近 1 的数字，而在其他情况下，这个数字会接近 0。更正式地说，我们寻求最大化似然函数，公式如下：

$$\max_{\beta} \mathcal{L}(\beta) = \prod_{i:y_i=1} p(x_i) \prod_{i':y_{i'}=0} (1-p(x_{i'}))$$

与乘积相比，求和更容易，因此让我们取两边的对数，得到对数似然函数和相应的 logistic 回归系数定义，公式如下：

$$\beta^{\text{ML}} = \text{argmax} \log \mathcal{L}(\beta) = \sum_{i=1}^{N}(y_i \log p(x_i, \beta)) + (1-y_i \log(1-p(x_i, \beta)))$$

为了使这个方程最大化，我们把 $\mathcal{L}$ 对 β 的导数设为0。这就产生了所谓的 $p+1$ 得分方程，其参数是非线性的，可以用迭代数值方法求解。

7.7.2 基于 statsmodels 的推断

我们将基于一个简单的内置数据集（包含 1959—2009 年的美国季度宏观数据）说明如何将逻辑回归与 statsmodels 结合使用。

变量及其转换见表 7.4。

表 7.4

变　　量	描　　　　述	转　　换
realgdp	国内实际生产总值	Annual Growth Rate
realcons	个人实际消费支出	Annual Growth Rate
realinv	国内实际私人投资总额	Annual Growth Rate
realgovt	联邦实际支出和总投资	Annual Growth Rate
realdpi	个人实际可支配收入	Annual Growth Rate
m1	名义货币存量	Annual Growth Rate
tbilrate	月国库券利率	Level
unemp	经季节调整的失业率(%)	Level
inf	通货膨胀率	Level
realint	实际利率	Level

为了得到一个二元目标变量，我们计算了季度实际 GDP 年增长率的 20 个季度滚动平均值。如果当前增长超过移动平均值，则指定为 1，否则指定为 0。最后，我们调整指标变量，使下一季度的结果与当前季度一致。

我们使用截距并将 1/4 值转换为虚拟变量，然后训练逻辑回归模型，代码如下：

```
import statsmodels.api as sm
data = pd.get_dummies(data.drop(drop_cols, axis=1), columns=['quarter'],
drop_first=True).dropna()
model = sm.Logit(data.target, sm.add_constant(data.drop('target', axis=1)))
result = model.fit()
result.summary()
```

模型总结摘要如图 7.14 所示，其中显示了 198 个观测值和 13 个变量，包括一个截距。

```
                        Logit Regression Results
==============================================================================
Dep. Variable:              target   No. Observations:             198
Model:                       Logit   Df Residuals:                 185
Method:                        MLE   Df Model:                      12
Date:             Mon, 10 Sep 2018   Pseudo R-squ.:             0.5022
Time:                     20:27:53   Log-Likelihood:           -67.907
converged:                    True   LL-Null:                  -136.42
                                     LLR p-value:            2.375e-23
==============================================================================
                 coef    std err          z      P>|z|      [0.025      0.975]
------------------------------------------------------------------------------
const         -8.5881      1.908     -4.502      0.000     -12.327      -4.849
realcons     130.1446     26.633      4.887      0.000      77.945     182.344
realinv       18.8414      4.053      4.648      0.000      10.897      26.786
realgovt     -19.0318      6.010     -3.166      0.002     -30.812      -7.252
realdpi      -52.2473     19.912     -2.624      0.009     -91.275     -13.220
m1            -1.3462      6.177     -0.218      0.827     -13.453      10.761
tbilrate      60.8607     44.350      1.372      0.170     -26.063     147.784
unemp          0.9487      0.249      3.818      0.000       0.462       1.436
infl         -60.9647     44.362     -1.374      0.169    -147.913      25.984
realint      -61.0453     44.359     -1.376      0.169    -147.987      25.896
quarter_2      0.1128      0.618      0.182      0.855      -1.099       1.325
quarter_3     -0.1991      0.609     -0.327      0.744      -1.393       0.995
quarter_4      0.0007      0.608      0.001      0.999      -1.191       1.192
```

图 7.14 Logit 回归结果

摘要表明，该模型已使用最大似然法进行训练，并提供了对数似然函数的最大值为-67.9。

-136.42 的 LL 空值是仅包含截距时最大对数似然函数的结果。它为**虚拟 R^2 统计量和对数似然比（LLR）**检验奠定了基础。

虚拟 R^2 统计量是最小二乘法下常见 R^2 的替代产物，根据零模型 m_0 和全模型 m_1 的最大对数似然函数的比率计算，公式如下：

$$p^2 = 1 - \frac{\log \mathcal{L}(m_1^*)}{\log \mathcal{L}(m_0^*)}$$

取值范围为 0（当模型没有提高似然性时）～1，其中模型完全拟合，对数似然性在 0 处最大。因此，较高的值表明更适合。

LLR 检验通常用于检验更受限制的模型，计算公式如下：

$$\text{LLR} = -2\log(\mathcal{L}(m_0^*)/\mathcal{L}(m_1^*)) = 2(\log \mathcal{L}(m_1^*) - \log \mathcal{L}(m_0^*))$$

零假设可以使模型表现更好，低 p 值表明我们可以拒绝这个假设，更偏好完整模型而不是零模型，这有点类似于线性回归的 F 检验（当使用 MLE 估计模型时，我们也可以使用 LLR 检验）。

在线性回归输出中，z 统计量与 t 统计量起着相同的作用，其计算方法与系数估计值与其标准误差之比相等。p 还表示观测检验统计量的概率，假设零假设 $H_0 : \beta = 0$，总体系数为 0。对于 intercept、realcons、realinv、realgovt、realdpi 和 unemp，我们可以拒绝这个假设。

7.7.3 逻辑回归预测物价变动

套索 L1 惩罚和岭 L2 惩罚都可以用于逻辑回归。它们具有与我们刚才介绍的相同的收缩效应，套索可以再次用于任何线性回归模型的变量选择。与线性回归一样，因为正则化模型对尺度敏感，所以输入变量标准化是非常重要的。也类似于我们在线性回归中看到的，正则化超参数还需要使用交叉验证进行调整。

1. 将回归问题转化为分类问题

将继续使用价格预测示例，但是现在我们要将结果变量二进制化，当 1 天收益为正值时，结果变量将取值为 1，否则为 0（有关本示例中给出的代码示例，请参见笔记 predicting_price_movements_with_logistic_regression.ipynb），代码如下：

```
target = 'target_1d'
y['label'] = (y[target] > 0).astype(int)
```

结果略有失衡，如下所示：

```
y.label.value_counts()
1    56443
0    53220
```

有了这个新的分类结果变量，就可以使用默认的 L2 正则化来训练逻辑回归。

2. 逻辑回归超参数的交叉验证

对于逻辑回归，正则化与线性回归相反：λ 值越大意味着越少的正则化，反之亦然。

使用自定义 TimeSeriesCV 交叉验证正则化超参数的 11 个选项，代码如下：

```
n_splits = 4*252
cv = TimeSeriesCV(n_splits=n_splits,
                  test_period_length=1,
                  train_period_length=252)
Cs = np.logspace(-5, 5, 11)
```

在 train-test 循环中使用 sklearn 的 LogisticRegression，并计算 roc_auc_score，代码如下：

```
for C in Cs:
    model = LogisticRegression(C=C, fit_intercept=True)

    pipe = Pipeline([
        ('scaler', StandardScaler()),
        ('model', model)])
```

```
for i, (train_idx, test_idx) in enumerate(cv.split(X), 1):
    X_train, y_train, = X.iloc[train_idx], y.label.iloc[train_idx]
    pipe.fit(X=X_train, y=y_train)
    X_test, y_test = X.iloc[test_idx], y.label.iloc[test_idx]
    y_score = pipe.predict_proba(X_test)[:, 1]
    auc = roc_auc_score(y_score=y_score, y_true=y_test)
```

此外，还可以根据预测概率和实际收益计算 IC，代码如下：

```
actuals = y[target].iloc[test_idx]
ic, pval = spearmanr(y_score, actuals)
```

3. 用 AUC 和 IC 评价结果

再次绘制超参数值范围的 AUC 结果，如图 7.15 所示，左侧显示 $C=0.1$ 的最佳中值 AUC 结果，而最佳平均 AUC 对应于 $C=10^{-3}$；右侧显示 $C=10^4$ 模型的信息系数分布。这也表明，与前面显示的回归模型相比，这里获得的平均值和中位数要略高一些。

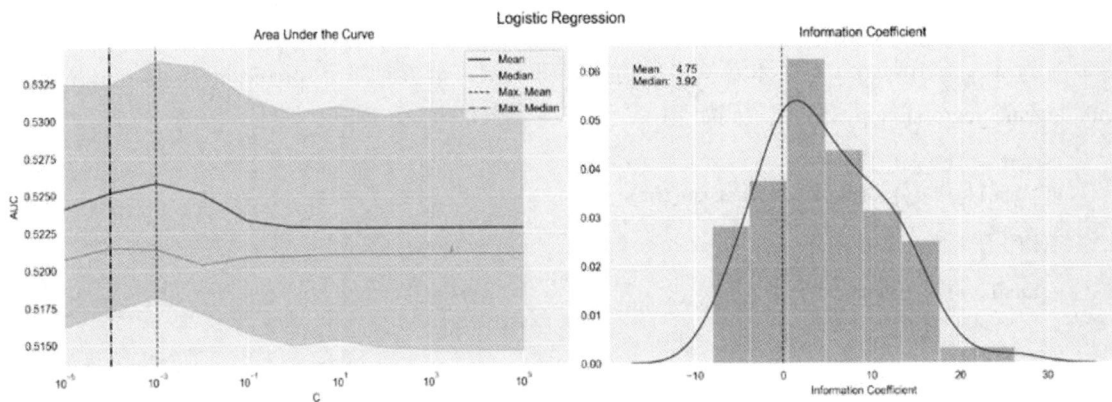

图 7.15　逻辑回归

在第 8 章中，我们将使用这些基本模型产生的预测生成交易策略的信号，并演示如何对其性能进行回测。

7.8　本章小结

本章我们首先介绍了机器学习模型，使用线性模型的重要基线情况进行回归和分类。我们介绍了两个任务的目标函数的公式，学习了各种训练方法，以及如何使用模型进行推断和预测。

在本章中，我们介绍了本书的第一个机器学习模型，使用重要的基线线性模型进行了回归和分类。我们介绍了两项任务的目标函数的表达式，学习了各种训练方法以及如何使用模型进行推断和预测。

我们应用这些新的机器学习技术估计了线性因子模型，这些模型对于管理风险、评估新的阿尔法因子和特征性能非常有用。我们也应用线性回归和分类完成了第一个预测任务，即预测股票的绝对收益和收益方向（盈亏）。

在第 8 章中，我们将以机器学习交易工作流的形式将目前所学的内容整合并创新。此过程从获取和准备特定投资领域的数据和计算有用特性开始，继续设计和评估机器学习模型，从这些特性中提取可操作的信号，最后，执行模拟并评估一种将这些信号转换为优化投资组合的策略。

第 **8** 章

ML4T 工作流
——从建模到策略回测

现在，是时候整合我们到目前为止介绍的**机器学习交易（ML4T）工作流**的各种构建模块了。本章的目的是端到端地介绍机器学习算法驱动的交易策略应该如何设计、模拟和评估。为此，我们将更详细地演示如何使用 Python 库 backtrader 和 Zipline 在历史市场环境中对机器学习驱动的策略进行回测。

ML4T 工作流的最终目标是从历史数据中收集证据，这有助于我们决定是否在实时市场中实施候选策略，并将资产置于风险之中。这个过程建立在前几章学到的技能之上，因为它依赖于以下能力：

- 使用不同的数据来源设计信号因子。
- 设计机器学习模型，生成预测信号，形成交易策略。
- 从风险收益的角度优化投资组合。

对策略的真实模拟还需要完整地展示证券市场是如何运作的以及交易是如何执行的。因此，当设计回测或评估回测引擎是否包含用于精确性能测量的必要功能时，交易机构的细节也很重要（如订单类型可用性以及价格确定方式等）。最后，从方法论的角度看，为了避免偏颇的结果和错误的发现而导致糟糕的投资决策，有几个方面需要注意。

更具体地说，在学习完本章之后，你将学会以下内容：

- 计划和实施端到端策略回测。
- 理解并避免执行回测时的关键陷阱。
- 了解矢量化和事件驱动的回测引擎的优缺点。
- 识别并评估事件驱动回测的关键。
- 设计和执行 ML4T 工作流，使用分钟和日常频率的数据源对机器学习模型进行单独训练或作为回测的一部分。
- 使用 Zipline 和 backtrader。

> 读者可以在 GitHub 存储库的相应目录中找到本章的代码示例和其他资源的链接，也包括一些彩图。

8.1 对机器学习驱动的策略进行回测

简而言之，ML4T 工作流（见图 8.1）是对交易策略进行回测，该策略利用机器学习来生成交易信号、选择和确定头寸或优化交易执行。考虑到特定的投资范围，ML4T 一般包括以下步骤：

（1）收集和准备市场、基本面与另类数据。

（2）预测阿尔法因子和特征工程。

（3）设计、调整和评估机器模型，生成交易信号。

（4）根据这些信号通过应用规则等决策交易。

（5）确定投资组合中单个头寸的仓位。

（6）模拟使用历史市场数据触发的交易结果。

（7）评估资产配置表现。

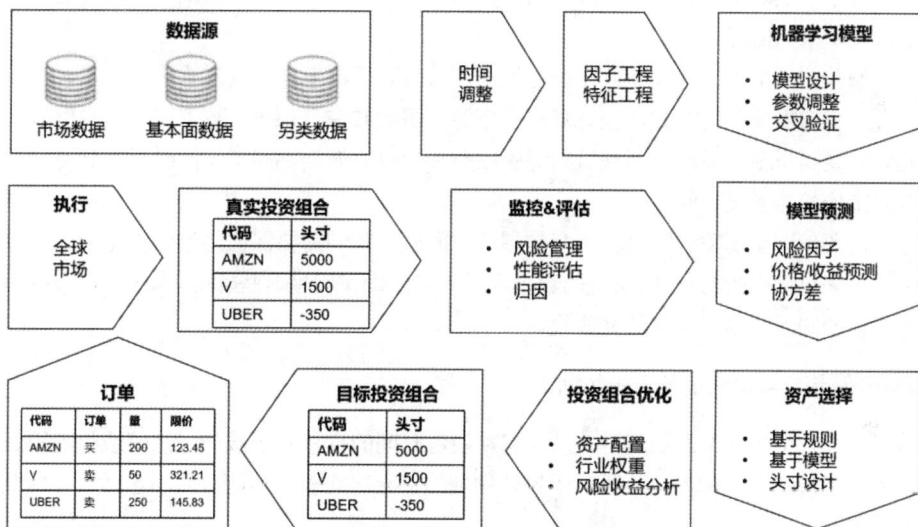

图 8.1 ML4T 工作流

在第 6 章中介绍机器学习过程时，我们强调模型的学习应该能够很好地推广到新的应用中。换句话说，当提供新的输入数据时，在给定数据集上训练的机器学习模型的预测应该表现得同样好。类似地，**策略的（相对）回测表现应该是未来市场表现的指标。**

在了解回测引擎如何进行历史模拟之前，我们需要回顾几个方法上的挑战。如果不能妥善解决这些问题，结果将变得不可靠，并导致在策略实际执行中作出糟糕的决定。

8.2 回测"陷阱"及避陷妙招

除了在不断变化的市场环境中围绕预测的一般不确定性之外，还有几个实现方面可能会使结果产生偏差，并增加将样本内性能误认为样本外模式的风险。

这些方面是我们自己造成的，包括数据的选择和准备、对交易环境不切实际的假设，以及对统计检验有缺陷的应用和解释。随着计算能力的提高、数据集的扩大和算法的复杂化（这些算法更可能在噪声样本中错误识别信号），发现错误回测的风险也在成倍增加。

在本节中，我们将概述最严重和最常见的错误。我们还将介绍收缩**夏普比率（SR）**，它说明了在使用相同的财务数据集进行分析时，如何调整由重复试验产生的指标。

8.2.1 正确获取数据

影响回测有效性的数据问题包括**前视偏差、幸存者偏差、异常值控制**以及**样本周期的选择**。接下来，我们将依次介绍。

1. 前视偏差——仅使用时间点数据

算法策略的核心是基于数据触发行动的交易规则。当我们**利用已知或可用的历史信息来制定或评估交易规则**时，就会出现前视偏差。当实时策略执行期间数据可用性不同时，所产生的性能指标将具有误导性，不能代表未来的情况。

造成这种偏差的一个常见原因是，在财务报表首次公布后，未能对其进行更正或重述。股票分割或反向分割也会产生前视偏差。例如，在计算收益率时，**每股收益（EPS）**数据通常按季度报告，而市场价格出现的频率要高得多。因此，调整后的每股收益和价格数据需要同步，同时考虑到可获得的数据实际上是何时向市场参与者发布的。

解决方案需要仔细验证输入回测的所有数据的时间戳。我们需要保证结论仅仅基于时间点数据，而不会无意中包含来自未来的信息。高质量的数据提供者可以确保满足这些标准。当时间点数据不可用时，我们需要对报告的滞后作出（保守的）假设。

2. 幸存者偏差——追踪全部历史数据

当回测数据仅包含当前活跃的证券，从而**忽略随着时间的推移由于破产、摘牌或收购等原因而消失的资产时**，就会出现幸存者偏差。不再属于投资领域的证券往往表现不佳，而不包括这些情况会使回测结果出现正偏差。

当然，解决方案需要验证数据集是否包括一段时间内可用的所有证券，而不是只验证那些在运行测试时仍然可用的证券。在某种程度上，这是确保数据是真实时间点数据的另一种方法。

3. 异常值控制——不排除现实的极端情况

数据准备通常包括对异常值的一些处理，如对极值进行筛选或裁剪处理。挑战在于识别真正不能代表分析期间的异常值，而不是作为当时市场环境组成部分的任何极端值。正如长尾分布所表明的那样，当更频繁地观测到极值时，许多市场模型假设数据呈正态分布。

解决方案需要对关于极值发生概率的异常值进行仔细分析，并根据这一现实调整策略参数。

4. 样本周期的选择——尝试呈现相关的未来情景

如果样本数据不能反映当前（和可能的未来）环境，回测将不会产生可推广到未来的代表性结果。选择不当的样本数据**可能无法全面且恰当地反映市场机制**。例如，在波动性或交易量方面，未能包括足够的数据点，可能包含太多或太少的极端历史事件。

解决方案则需要使用包含重要市场现象的样本周期，或生成反映相关市场特征的合成数据。

8.2.2 正确模拟仿真

与历史模拟有关的实际问题包括以下三种：

- 未能按市值计价准确反映市场价格并计入回撤。
- 对交易的可用性、成本或市场影响的假设不切实际。
- 信号和交易执行的时机不正确。

接下来介绍如何识别和解决这些问题。

1. 逐日盯市——随时跟踪风险

策略需要在任何时候都满足投资目标和限制。如果它在回测过程中表现良好，但随着时间的推移却有可能导致不可接受的损失或波动，这（显然）是不可行的。投资组合经理需要跟踪并报告其头寸的价值，这称为逐日盯市，有时甚至可能要求实时盯市。

解决方案是绘制一段时间内的绩效曲线或计算（滚动）风险指标，如**风险价值（VaR）**或 Sortino 比率。

2. 交易成本——现实交易环境假设

市场不允许在任何时候或以目标价格执行所有交易。假设交易实际上可能不可用或在不太有利的条件下发生的回测将产生偏差结果。

实际缺陷包括在可能没有交易对手的情况下假设卖空的策略，或者低估大额交易（滑点）或流动性较低资产交易的市场影响的策略，或者低估因经纪人费用而产生的成本的策略。

解决方案包括对流动性范围的限制和/或对交易以及对滑点成本的现实参数假设。这也防止了不稳定因子信号的误导性结论，这些信号会迅速衰减并产生较高的投资组合周转率。

3. 决策时机——正确安排信号和交易顺序

与前视偏差类似，该模拟可能会对其何时接收并根据信号进行交易作出不切实际的假设。例如，当交易仅在下一次开盘时可用时，如果根据收盘价格计算信号，则会有相当不同的价格。 当我们用收盘价来评估业绩时，回测结果并不代表现实的未来结果。

解决方案是对信号捕获、交易执行和业绩评估顺序精心编排。

8.2.3 正确统计数据

在回测有效性（包括公布的结果）时，最突出的挑战是由于多次测试而发现虚假模式。根据不同候选模型对相同数据的测试来选择策略会使选择产生偏差。这是因为正向结果更可能是由业绩衡量本身的随机性造成的。换句话说，该策略过度拟合了测试样本，产生了欺骗性的正向结果，而这些结果不太可能推广到未来的实时交易中。

因此，只有在报告的试验次数允许评估选择偏差的风险时，回测才能提供信息。这在实践或学术研究中是很少见的，这也引起了人们对许多已发表声明有效性的怀疑。

此外，回测过度拟合的风险不仅来自大量测试，也可能来自那些基于可行和不可行的先验知识设计的策略。由于风险包括其他人对相同数据进行回测的知识，因此实践中很难避免回测过度拟合。

解决方案是优先考虑使用投资或经济理论已经证明的测试，而不是武断地进行数据挖掘工作，同时也需要在各种背景和情景下进行测试，包括可能在合成数据上进行的测试。

1. 最小回测长度和收缩夏普比率

Marcos Lopez de Prado 发表了大量关于回测风险以及如何检测或避免风险的文章，包括回测 – 过度拟合（backtest-overfitting）在线模拟器。

另一个选择是回测最小长度的估计，投资者应该要求回测期的最小长度，从而避免选择对于给定数量的样本内试验实现特定夏普比率，但预期样本外夏普比率为 0 的策略。该结果意味着，2 年的每日回测数据不支持超过 7 个策略的结论，5 年的数据将这一数字扩大到 45 种策略变化。

Bailey 和 Prado 在 2014 年推导出了收缩夏普比率，计算夏普比率在统计上显著概率，同时控制多重检验、非正态收益和较短样本长度的通胀效应（详情和 Python 实现请参见 multiple_testing 子目录中的 deflated_sharpe_ratio.py 文件，文件中还包括有关公式推导的参考文献）。

2. 后验测试的最优停止

除了将回测限制在理论上合理的策略，而不是单纯的数据挖掘练习之外，另一个重要的问题是何时停止运行不必要的测试。

解决这个问题的一种方法是参考最优停止理论中的**秘书问题**的解决方案。假设我们是根据面试结果选择应聘者，需要决定是否举行额外的面试或选择最合适的应聘者。在这种情况下，最优规则是始终拒绝第一个 n/e 个候选人，然后选择第一个超过前面所有候选人的候选人。使用该规则可以得到选择最佳候选人的概率为 $1/e$，这一选择与候选池大小 n 无关。

将这条规则直接应用到回测环境中，可以得到以下**建议**：测试合理策略的 $1/e$（约 37%）随机样本，并记录它们的表现。然后，继续进行测试，直到某个策略的表现优于之前测试的策略。这一规则适用于对几种备选方案的测试，目标是尽快选择接近最佳的方案，同时尽量减少假阳性的风险。

8.3 回测引擎工作机理

简单地说，回测引擎对历史价格（和其他数据）进行迭代，将当前值传递给算法，然后接收订单，并跟踪头寸及其价值。

在实践中，创建图 8.1 所示的真实可靠的 ML4T 工作流模拟需要很多条件。向量化方法和事件驱动方法之间的区别说明了真实再现实际交易环境如何增加显著的复杂性。

8.3.1 向量化回测与事件驱动回测

向量化回测是评估策略的最基本方法。它将代表目标头寸仓位的信号向量与投资期限的收益向量相乘，从而计算目标周期内的业绩。

我们使用第 7 章中根据岭回归创建的每日收益预测来说明向量化回测。使用几个简单的技术因子，我们预测了近期美元交易量最高的 100 只股票第二天的收益率。

我们将预测转化为一个非常简单的策略：在任何一个交易日，对 10 个最高正向预测做多，对 10 个最低负向预测做空。如果正向或负向预测减少，我们将持有较少的多头或空头头寸。笔记 vectorized_backtest 包含以下代码示例，脚本 data.py 创建存储在 backtest.h5 中的输入数据。

（1）为策略加载数据以及衡量策略表现的标准普尔 500 指数（我们将其转换为每日收益），代码如下：

```
sp500 = web.DataReader('SP500', 'fred', '2014', '2018').pct_change()

data = pd.read_hdf('00_data/backtest.h5', 'data')
data.info()
MultiIndex: 187758 entries, ('AAL', Timestamp('2014-12-09 00:00:00')) to
('ZTS', Timestamp('2017-11-30 00:00:00'))
Data columns (total 6 columns):
#    Column      Non-Null Count      Dtype
---  ------      --------------      -----
0    predicted   74044 non-null      float64
1    open        187758 non-null     float64
2    high        187758 non-null     float64
3    low         187758 non-null     float64
4    close       187758 non-null     float64
5    volume      187758 non-null     float64
```

（2）该数据结合了 2014—2017 年 253 只不同股票的每日收益预测和 OHLCV 市场数据，每天 100 只股票。计算每日预期收益，并将这些和预测转换为宽格式，每列一个股票代码，代码如下：

```
daily_returns = data.open.unstack('ticker').sort_index().pct_change()
fwd_returns = daily_returns.shift(-1)
predictions = data.predicted.unstack('ticker')
```

（3）选择正预测和负预测，按降序和升序排列它们，并使用整数掩码创建多头和空头信号，该掩码标识每侧的前 10 位，并使用 1 和 0 标识前 10 位以外的预测，代码如下：

```
long_signals = (predictions.where(predictions>0).rank(axis=1,
ascending=False) > 10).astype(int)
short_signals = (predictions.where(predictions<0).rank(axis=1) > 10).
astype(int)
```

（4）将二元 DataFrame 与预期收益相乘（对于空头，使用它们的负倒数），以获得每个头寸的每日表现，这里我们首先假设投资规模相等。这些收益的每日平均值与等权重的多头和空头投资组合的表现相对应。总和反映了市场中性多空策略的总体收益，代码如下：

```
long_returns = long_signals.mul(fwd_returns).mean(axis=1)
short_returns = short_signals.mul(-fwd_returns).mean(axis=1)
strategy = long_returns.add(short_returns).to_frame('strategy')
```

结果如图 8.2 所示，与标准普尔 500 指数相比，我们的策略在该期间的前两年表现良好，也就是说，在 2017 年表现不佳。

该策略收益的波动性也较小，标准差为 0.002，而标准普尔 500 指数为 0.008。相关性较低且为负，为-0.093。

虽然这种方法可以实现快速评估，但它忽略了稳健、真实以及友好等回测引擎的重要特性，具体如下：

- 我们需要手动调整预测和收益的时间戳（使用 pandas 内置功能），也缺乏防止意外的前视偏差的保护措施。
- 没有明确的头寸仓位和交易过程的陈述，缺少真实的成本和其他市场机制嵌入，缺乏跟踪头寸及其表现的财务系统。
- 除了事后计算之外，没有其他衡量标准，无法模拟止损等风险管理规则。

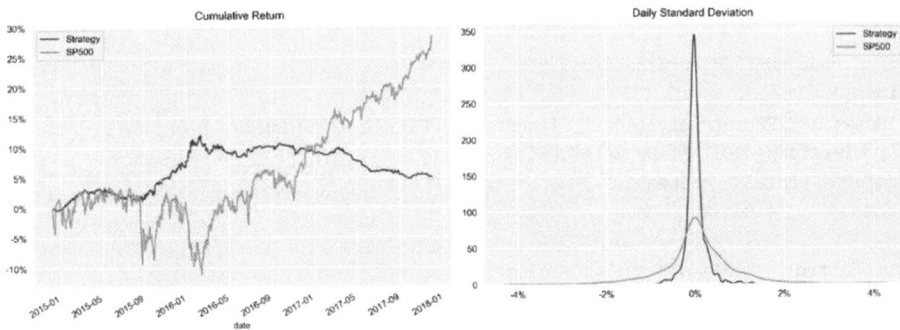

图 8.2　向量化回测结果

这正是事件驱动回测的用武之地。事件驱动的回测引擎明确地模拟了交易环境的时间维度，并对模拟施加了更多显著的结构，包括使用历史日历定义何时可以进行交易以及何时可以获得报价等。时间戳的实施还有助于避免前视偏差和其他真实错误（当然不能完全保证）。

通常，事件驱动的回测系统旨在更紧密地捕获策略所遇到的动作和约束，且在理想情况下，该系统可以方便地转换为提交实际订单的实时交易引擎。

8.3.2　关键实现

实际的模拟可以通过支持端到端所有流程步骤的**单一平台**来满足，也可以通过专门用于不同方面的**多个工具**来满足。例如，我们可以使用通用的机器学习库（如 scikit-learn）或本书中讲到的其他库，实现生成信号的机器学习模型设计和测试，并将模型输出提供给专门的回测引擎。还可以在单个平台上端到端地运行整个 ML4T 工作流，如 Quantopian 或 QuantConnect。

接下来介绍将此流程付诸行动所需解决的关键环节及实现的细节。

1. 数据接入——格式、频率和时序

ML4T 工作流的第一步涉及数据的来源。传统意义上，算法交易策略集中于市场数据，如 OHLCV 价格和成交量数据。今天，数据源更加多样化，也提出了许多新问题，如数据的**存储格式**、**数据的类型**，再如我们是使用专有的或自定义的格式，还是依赖第三方或开源格式。

另一个需要关注的方面是**可用数据源的频率**，以及是否可以组合不同频率的数据源。基于计算复杂度和内存以及存储需求递增顺序的常用选项包括每日、每分钟和 tick 频率，也可能包括中间频率。即使量化投资者正在取得进展，但算法策略在高频交易上仍然表现更好。无论如何，机构投资者肯定会要求 tick 频率的分笔成交数据。

最后，数据接入还需要**对时间点进行限制**，主要是避免前视偏差。使用交易日历有助于将数据限制在合理的日期和时间内；必要的调整可以反映公司在特定时间行动对股价的显著影响，如股票分割和股息。

2. 因子工程——内置因子与库

为了便于在机器学习模型中应用阿尔法因子工程，许多回测引擎包括适用于许多标准转换的计算工具，如移动平均线和各种技术指标。**内置因子工程**的一个关键优势是，对输入数据应用相同的计算可以轻松地将回测管道转换为实时交易引擎。

pandas、NumPy、TA-Lib 等 Python 库则是**预计算因子**的另一种选择。当目标是在分摊计算成本的各种回测中重用因子时，这种方法更加有效。

3. 机器学习模型、预测和信号

第 6 章中介绍的机器学习工作流可以直接嵌入到端到端平台中，这些平台将模型设计和评估部分集成到回测过程中。虽然这很方便，但代价也很高，因为哪怕只是对交易规则进行微调，模型训练也会成为回测的一部分。

与因子工程类似，可以将这些因子解耦，并使用通用库设计、训练和评估机器学习模型，还可以将相关预测作为输入提供给回测过程。这也是本书主要使用的方法，因为它更简洁，重复也比较少。

4. 交易规则及执行

现实的策略模拟需要对交易环境的真实描述。这包括相关交易所的准入和第 2 章中介绍的各种订单可用性以及交易成本。成本包括经纪人佣金、买卖价差和滑点（目标执行价格和最终获得的价格之间的差额）。同样重要的是，要确保交易在反映流动性和操作时间的情况下延迟执行。

5. 性能评估

最后，我们需要一个用于评估策略表现的回测平台。平台可以提供从交易会计核算中派生出来的标准指标，也可以提供与适用的 **pyfolio** 等库一起使用的指标输出。

8.4 backtrader——一个用于本地回测的灵活工具

backtrader 是一个流行的、灵活的、用户界面友好的 Python 库，可以用于本地回测，由 Daniel Rodriguez 从 2015 年开始开发。除了由散户组成的庞大活跃社区外，一些银行和交易机构也会使用 backtrader 对新策略进行原型化和测试，然后将它们移植到 Java 等具备交易条件的平台上。我们也可以使用 backtrader 与选定的经纪人进行实时交易。

接下来首先介绍回测的关键概念和该平台回测工作流的总体情况，然后演示 backtrader 在机器学习驱动的策略中的应用。

8.4.1 backtrader 的 Cerebro 架构的关键概念

backtrader 的 Cerebro 架构（西班牙语意为"大脑"）将回测工作流的关键组成部分表示为（可扩展的）Python 对象。这些对象相互作用，处理输入数据并计算因子、制定和执行策略、接收和执行订单、跟踪并测试策略表现。一个 Cerebro 实例编排了从收集输入、逐条执行回测到提供结果的整个过程。

Cerebro 架构中的关键元素如图 8.3 所示。

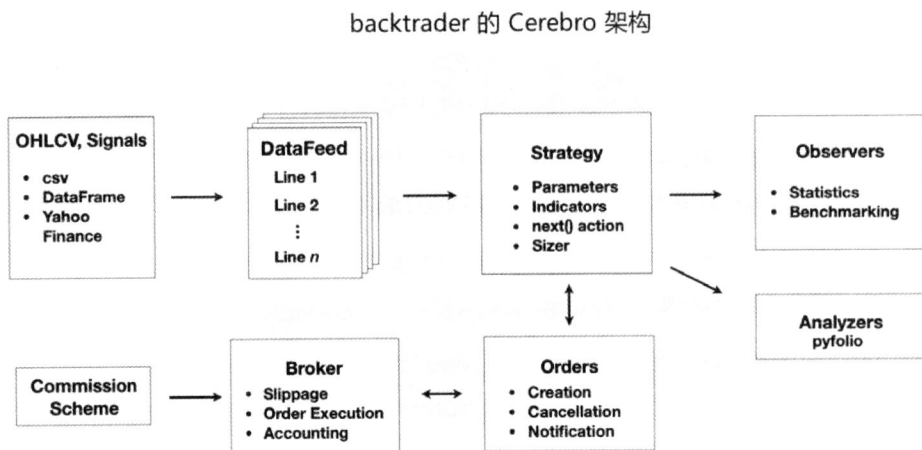

图 8.3　backtrader 的 Cerebro 架构

1. 数据源、线和指标

数据源是策略的原始材料，包含 OHLCV 市场数据等相关证券的信息，每个 OHLCV 市场数据都有时间戳，我们可以重新自定义可用字段。backtrader 可以从各种数据源获取数据，包括 CSV 文件和 pandas DataFrame，也包括像雅虎财经等在线来源。backtrader 同时支持使用扩展连接到 Interactive Brokers 等在线交易平台，获取实时数据并执行交易。与 DataFrame 对象的兼容性意味着我们可以用 pandas 访问并加载数据库、HDF5 等数据。

一旦加载完毕，我们就可以把数据添加到 Cerebro 实例中，这样一来，就可以按照接收到的顺序为一个或多个策略提供数据。交易逻辑可以通过名称（如报价器）或序列号访问每个数据源，并检索数据提要的任何字段的当前和历史值，每个字段称为一条"线"。

backtrader 提供超过 130 个常见的技术指标，允许从线或其他指标数据源计算新的值用于实现策略驱动，也可以使用标准的 Python 操作派生新值。

2. 从数据和信号到交易——Strategy 类

Strategy 类包含交易者的交易逻辑，该逻辑基于数据源中的信息下订单，这些信息则包含在 Cerebro 实例在回测执行期间生成的采样图（bar）数据中。因此测试变量是极其容易的，我们需要把 Strategy 类添加到 Cerebro，这一点可以通过重构能够接受自定义的任意参数 Strategy 来实现。

对于回测中的每个 bar 数据，Cerebro 实例都会调用 Strategy 类的.prenext()或.next()方法。.prenext()的作用是给尚未为所有提要提供完整数据的 bar 提供一个指针。例如，在有足够的时间来计算内建移动平均线之类的指示器之前，或者有其他缺少数据的情况下。默认情况下什么也不做，但是如果 Strategy 主要是用来处理丢失的值，也可以添加交易逻辑，或者调用.next()。

另外，可以在不定义显式策略的情况下使用 backtrader，也就是使用简化的 Signals 接口。Strategy API 提供更多的控制和灵活性。Strategy 的输出称为指令。接下来会介绍 backtrader 如何处理这些指令。

3. 不考虑佣金计划的交易委托

一旦你的 Strategy 基于每个 bar 数据评估了当前和历史数据点，它需要决定下哪个**订单**。backtrader 允许创建几个标准的订单类型，由 Cerebro 传递给 Broker 实例执行，并在每个 bar 中提供结果通知。

可以使用策略方法 buy()和 sell()来下市场、收盘和限价订单，也可以下止损和止损限价订单。执行工作如下：

- 市价单：在下一个开盘价成交。
- 收盘单：在下一个收盘价成交。
- 限价单：仅在（可选的）有效期内满足价格阈值时成交（如只购买某一价格）。
- 止损单：如果价格达到给定的阈值，则成为市价单。
- 止损限价单：一旦止损被触发，就成为限价命令。

实际上，止损单不同于限价单，因为在价格触发之前，市场中别的交易者无法看到它们。backtrader 还提供目标订单，根据当前头寸计算所需仓位，用于实现特定的投资组合配置的股票数量、头寸市值或投资组合市值的百分比。此外，也可以设置一个长指令，如一种组合指令，即一个买入指令和两个限价卖出指令，该指令在买入成交时激活。如果其中一个卖单成交或取消后，另一个卖单也会跟着取消。

Broker 用于**执行订单**，跟踪投资组合、现金和通知，并计入交易成本，如佣金和滑点。如果没有足够的现金，Broker 可能会拒绝交易，将买卖按顺序合理排列以确保流动性是很重要的。backtrader 还有一个 cheat_on_open 功能，允许查看下一个 bar，从而避免由于下一个 bar 的不利价格变动而拒绝交易。当然，这个特性可能会使结果产生偏差。

除了**佣金计划**，如固定或百分比金额的绝对交易价值，则可以执行自己的逻辑，如每股收取统一费用。

4. 让这一切发生——Cerebro

Cerebro 控制系统基于用时间戳表示的 bar 同步数据，并相应地按事件运行交易逻辑和代理操作。backtrader 不对交易频率或交易日历施加任何限制，可以同时使用多个时间框架。

如果可以预加载源数据，backtrader 还支持向量化指标计算。从内存角度考虑，则有多个选项可以优化操作。

8.4.2　backtrader 实践运用

我们将使用岭回归中的每日收益预测来演示回测过程，这一点和我们在本章前面所作的向量化回测基本一致。我们将创建 Cerebro 实例、加载数据、制定和添加策略、运行回测过程并检查结果。

笔记 backtesting_with_backtrader 中包含以下代码示例和一些实现细节。

1. 加载价格等数据

仅仅局限于预测的日期是不够的，事实上我们需要确保拥有全部想要买卖的股票各个日期的价格信息。为了从 pandas DataFrame 中加载数据，我们对 backtrader 的 PandasData 类进行子类化处理，并据此定义将要使用的各个字段，代码如下：

```
class SignalData(PandasData):
    """
    定义 Pandas DataFrame 结构
    """
    cols = OHLCV + ['predicted']

    # 创建 lines
    lines = tuple(cols)

    # 定义参数
    params = {c: -1 for c in cols}
    params.update({'datetime': None})
    params = tuple(params.items())
```

然后实例化一个 Cerebro 类，并使用 SignalData 类为从 HDF5 加载的数据集中的每个股票代码添加一个数据源，代码如下：

```
cerebro = bt.Cerebro()              # 创建一个 Cerebro 实例
idx = pd.IndexSlice
data = pd.read_hdf('00_data/backtest.h5', 'data').sort_index()
tickers = data.index.get_level_values(0).unique()

for ticker in tickers:
    df = data.loc[idx[ticker, :], :].droplevel('ticker', axis=0)
    df.index.name = 'datetime'
    bt_data = SignalData(dataname=df)
    cerebro.adddata(bt_data, name=ticker)
```

2. 制定交易逻辑

MLStrategy 子类对 Strategy 类实施回测，同时定义可以用来优化其执行的参数。下面创建一个日志文件来记录交易行为，代码如下：

```
class MLStrategy(bt.Strategy):
    params = (('n_positions', 10),
              ('min_positions', 5),
              ('verbose', False),
              ('log_file', 'backtest.csv'))
    def log(self, txt, dt=None):
        """ 记录交易行为"""
        dt = dt or self.datas[0].datetime.datetime(0)
        with Path(self.p.log_file).open('a') as f:
            log_writer = csv.writer(f)
            log_writer.writerow([dt.isoformat()] + txt.split(','))
```

策略的核心在.next()方法中。我们按照最高的正预测和最低的负预测做多/做空 n_positions 股票，明确最小头寸 min_positions。出售没有出现在新的多空列表中的任何现有头寸，使用 order_target_percent 在新的目标中建立等权重头寸（为了节省空间，示例中省略了日志语句），代码如下：

```
def prenext(self):
    self.next()

def next(self):
    today = self.datas[0].datetime.date()
```

```
positions = [d._name for d, pos in self.getpositions().items() if pos]
up, down = {}, {}
missing = not_missing = 0
for data in self.datas:
    if data.datetime.date() == today:
        if data.predicted[0] > 0:
            up[data._name] = data.predicted[0]
        elif data.predicted[0] < 0:
            down[data._name] = data.predicted[0]

# 按值对"字典"升序/降序排序
# 返回元组 list
shorts = sorted(down, key=down.get)[:self.p.n_positions]
longs = sorted(up, key=up.get, reverse=True)[:self.p.n_positions]
n_shorts, n_longs = len(shorts), len(longs)
# 对多空 min_n 建仓
if n_shorts < self.p.min_positions or n_longs < self.p.min_positions:
    longs, shorts = [], []
for ticker in positions:
    if ticker not in longs + shorts:
        self.order_target_percent(data=ticker, target=0)
short_target = -1 / max(self.p.n_positions, n_short)
long_target = 1 / max(self.p.top_positions, n_longs)
for ticker in shorts:
    self.order_target_percent(data=ticker, target=short_target)
for ticker in longs:
    self.order_target_percent(data=ticker, target=long_target)
```

3. 配置 Cerebro 实例

这里使用自定义佣金方案，该方案假设买卖每只股票支付 0.02 美元的固定佣金，代码如下：

```
class FixedCommisionScheme(bt.CommInfoBase):
    """
    简单的固定佣金方案
    """
    params = (
        ('commission', .02),
        ('stocklike', True),
        ('commtype', bt.CommInfoBase.COMM_FIXED),
    )

    def _getcommission(self, size, price, pseudoexec):
        return abs(size) * self.p.commission
```

然后，定义起始资产额度，并完成 broker 配置，代码如下：

```
cash = 10000
cerebro.broker.setcash(cash)
comminfo = FixedCommisionScheme()
cerebro.broker.addcommissioninfo(comminfo)
```

现在，所缺少的就是将 MLStrategy 添加到 Cerebro 实例中，为期望的头寸数量和多头/空头的最小数量提供参数。我们还将添加一个 pyfolio 分析器，以便查看第 5 章中提到的 tearsheets，代码如下：

```
cerebro.addanalyzer(bt.analyzers.PyFolio, _name='pyfolio')
cerebro.addstrategy(MLStrategy, n_positions=10, min_positions=5,
                    verbose=True, log_file='bt_log.csv')
results = cerebro.run()
ending_value = cerebro.broker.getvalue()

f'Final Portfolio Value: {ending_value:,.2f}'
Final Portfolio Value: 10,502.32
```

该回测跨度为 869 个交易日，运行时间约 45 秒。累计收益、投资组合价值的演变以及多空头寸的日值如图 8.4 所示。

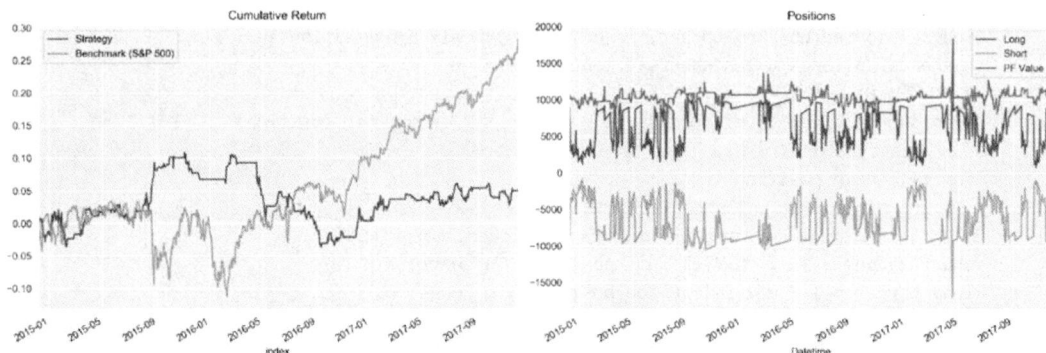

图 8.4　backtrader 回测结果

整体看起来有点类似于图 8.2 的向量化回测，上半年表现优于标准普尔 500 指数，之后表现比较差劲。backtesting_with_backtrader 笔记中包含了完整的 pyfolio 结果。

8.4.3　backtrader 小结与展望

得益于与 pandas 的兼容性，backtrader 可以说是一个非常简单、灵活和高效的本地回测引擎。backtrader 支持按所需周期从广泛的数据源加载几乎任何数据集。Strategy 类中可以定义任意的交易逻辑，我们要做的只是确保根据需要访问不同的数据源。backtrader 还能与 pyfolio 很好地实现集成，从而快速且全面地开展性能评估。

在示例中，我们将交易逻辑应用到一个预先训练模型的预测中。我们还可以在回测期间训练模型，这一点可以通过访问当前 bar 之前的数据来实现。然而，通常将模型训练与策略选择分离并避免重复模型训练会更有效。

backtrader 受欢迎的原因之一是它可以用于与选定经纪人进行实时交易。社区也非常活跃，连接经纪人或其他数据源（包括加密货币）的代码很容易在网上获得。

8.5　Zipline——Quantopian 可扩展性回测

回测引擎 Zipline 支持 Quantopian 平台进行在线研究、回测和实盘（模拟）交易。作为一家对冲基金，Quantopian 的目标是在其风险管理标准框架内，寻找表现出色的稳健算法。为此，他们通过竞争来选择最佳策略、分配资本、与赢家分享利润。

　　Quantopian 于 2012 年首次发布 Zipline 0.5 版本，1.3 版本于 2018 年 7 月发布。Zipline 与 Alphalens、pyfolio、empyrical 无缝衔接，还可以与 NumPy、pandas 和其他数值库集成使用，当然需要注意的是，这种集成或许并不能及时支持最新版本的兼容。

　　Zipline 被设计为在数以千计的证券规模上运作，每一个都可以与大量的指标相关联。例如，Zipline 通过消除前视偏差来确保数据质量，并在执行回测时优化计算效率，从而使回测过程比回溯交易更加结构化。在演示如何使用 Zipline 对所选择的数据进行机器学习驱动模型的回测之前，首先了解一下 Zipline 的关键概念和元素，如图 8.5 所示。

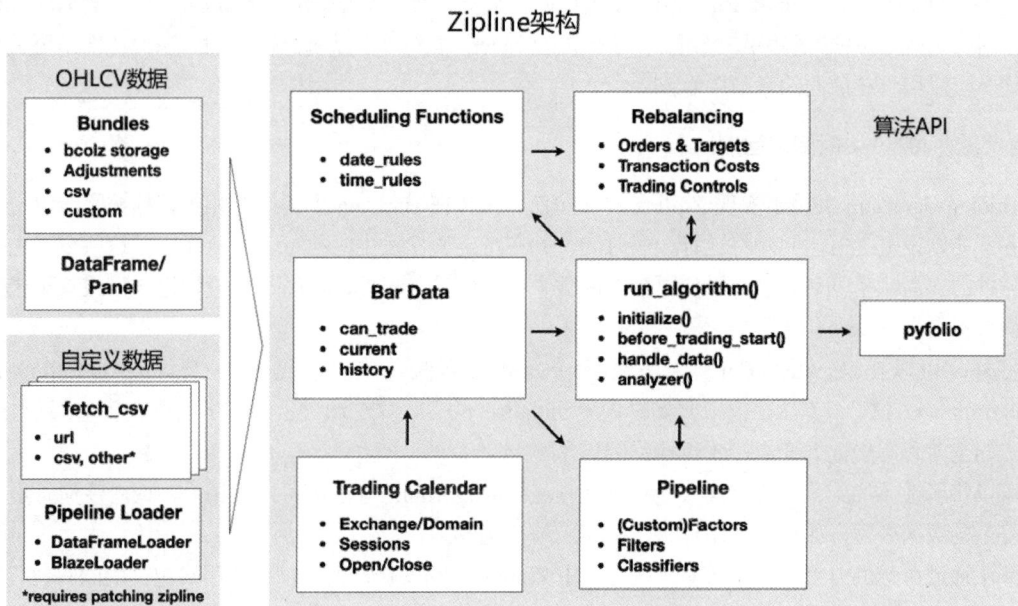

图 8.5　Zipline 架构

8.5.1　稳健模拟的日历和管道

　　实现可扩展性和可靠性目标的关键在于 Zipline 中的 Data Bundles。Data Bundles 是指一组存储 OHLCV 市场数据的包含价格、调整（如分红送股拆分、合并等）及资产信息的数据集合，同时提供能够反映世界各地交易所运行时间的交易日历，并提供强大的管道 API（见图 8.5）。

1. Bundle——实时调整的时间点数据

　　主数据存储是一个 **Bundle**，它以压缩的、纵列的 bcolz 格式存储在磁盘上，可以用于高效检索，并与存储在 SQLite 数据库中的元数据相结合。Bundle 只包含 OHLCV 数据，且被限制为每日和分钟频率。Bundle 同时存储分割和股息信息，Zipline 根据回测选择时间段进行**时间点调整**。

　　Zipline 通过 **TradingCalendar** 库（也由 Quantopian 维护）获取世界各地交易所的操作细节，如时区、市场开市和休市时间或节假日等。数据源有地域属性，且需要符合分配的交换日历。Quantopian 正在积极发展对国际证券的支持，相应特征也可能对应演变。

完成安装之后，运行命令 zipline ingest -b bundle，安装 Quandl Wiki 数据集（每日频率）。结果位于.zipline 目录中，默认情况下，该目录存储在主文件夹中。此外，也可以设计自己的 Bundle。

除了 Bundle 之外，还可以将 OHLCV 数据作为 pandas DataFrame 或 Panel 提供给算法（Panel 最近被弃用，但 Zipline 后面有几个 pandas 版本）。但毫无疑问的是，Bundle 更加方便和高效。

Bundle 的一个缺点是，除了价格和数量信息外不能存储其他数据。所幸的是，有两种方法可以弥补这一缺点：为基本面数据等其他 Quandl 数据源设计的 fetch_csv()函数支持从 URL 下载 DataFrame。Zipline 会合理地将这些数据匹配到所提供的 OHLCV 数据的相同证券，并相应地对齐这些 bar。可以用 Pandas 给库打补丁来加载本地 CSV 或 HDF5。

另外，DataFrameLoader 和 BlazeLoader 支持向管道提供额外数据。BlazeLoader 可以与数据库等许多源接口对接，然而，由于管道 API 仅限于每日数据，fetch_csv()对于以每分钟的频率添加特性是至关重要的，这一点我们将在后面的章节中看到。

2. 算法 API——时间表回测

TradingAlgorithm 类用于实现 Zipline 算法接口，具体在 BarData 上运行，相关数据按照给定交易日历对齐。初始设置之后，回测将运行一段时间，并在特定事件发生时执行其交易逻辑。这些事件由每日或每分钟的交易频率驱动，也可以安排任意函数来评估信号、下单、重新平衡投资组合，或者记录正在进行的模拟信息。

另外，可以在 Jupyter 笔记本中根据命令行执行算法，或者使用底层 TradingAlgorithm 类的 run_algorithm()方法。该方法在模拟开始时调用 initialize()方法。算法通过上下文字典保存状态，通过包含时间点的当前和历史数据变量接收可操作的信息。

可以将属性添加到上下文字典（所有其他 TradingAlgorithm 方法都可以使用），或者注册管道（执行更复杂的数据处理，如计算阿尔法因子并相应地筛选股票）。

算法通过可选的方法执行，这些方法可以由 Zipline 自动安排，也可以按照用户定义的间隔执行。每天在市场开盘前调用 before_trading_start()方法，主要用于识别算法在当天可能交易的证券组合。按给定的交易频率调用 handle_data()方法，如每分钟一次。

这些工作完成后，算法返回一个包含投资组合性能指标（如果有任何交易）的 DataFrame，以及用户定义指标。如第 5 章中介绍的，这些输出与 pyfolio 兼容，因此可以快速创建相关性能 tearsheet。

8.5.2　使用分钟数据创建 Bundle

我们将使用由 AlgoSeek 提供的纳斯达克 100 2013—2017 年的示例演示如何编写自己的 Bundle。主要包括四个步骤，具体如下：

（1）将 OHLCV 数据划分为一个存储元数据及分割和股息调整的文件。

（2）编写一个脚本，将结果传递给 ingest()函数，该函数负责将 Bundle 转换为 bcolz 和 SQLite 格式。

（3）将 Bundle 注册在主文件夹.zipline 目录 extension.py 脚本中，并与数据源建立符号链接。

（4）对于 AlgoSeek 数据，同时提供包括纽约证券交易所交易时间以外交易活动的自定义交易日历。

1. 为绑定数据做好准备

在第 2 章中，我们解析了包含 AlgoSeek 纳斯达克 100 OHLCV 数据的日常文件，并获得了每只股票的时间序列，因为 Zipline 也单独存储每只股票，我们也可以使用这个结果。

此外，我们使用 pandas DataReader 中 get_nasdaq_symbols()函数获取证券元数据。最后，得益于 Quandl Wiki 数据涵盖的关联期内纳斯达克 100 只股票的行情，可以从 SQLite 数据库中提取分割和股息调整信息。

结果是一个 HDF5 文件，包含大约 135 个报价盘上的价格和成交量数据，以及相应的元数据和调整数据，algoseek_preprocessing.py 文件演示了这一过程。

2. 编写自定义 Bundle 获取函数

Zipline 文档概述了 ingest()函数所需的参数，该函数用于启动 I/O 过程，但没有提供很多实际细节。algoseek_1min_traders.py 文件展示了对于分钟数据而言是如何工作的。

有一个提供元数据的 load_equities()函数；一个将符号提供给 data_generator()的 ticker_generator()函数，data_generator()依次加载和格式化市场数据；还有一个集成所有部分并返回所需 ingest()函数的 algoseek_to_bundle()函数。

因为 Zipline 会将所有数据序列转换为 UTC，时区对齐很重要，我们将美国东部时区信息添加到 OHLCV 数据中，并将其转换为 UTC。为了便于执行，我们为这个文件和.zipline 目录下的 custom_data 的 algoseek.h5 创建符号链接，我们将把它添加到 PATH 中，以便 Zipline 可以找到这些信息。

3. 注册 Bundle

在运行 zipline ingest -b algoseek 之前，我们需要注册自定义 Bundle，这样 Zipline 就知道我们在说什么了。我们将在.zipline 文件中的 extension.py 文件中添加以下代码，为此，必须先创建该文件，并添加一些输入和设置。

注册本身相当简单，但我们还是不得不提醒一些重要的细节。首先，Zipline 需要能够导入 algoseek_to_bundle()函数，因此它的位置需要在搜索路径上，如使用 sys.path.append()。然后，我们引用了一个定制日历，需要创建并注册该日历。最后，我们的交易日比纽约证券交易所默认的 6 个半小时要长，这一信息也需要加载到 Zipline 中，从而避免出现不必要的偏差，代码如下：

```
register('algoseek',
        algoseek_to_bundle(),
        calendar_name='AlgoSeek',
        minutes_per_day=960
        )
```

4. 创建并注册自定义交易日历

如前所述，Quantopian 提供用于支持全球范围内交易的 TradingCalendar 库，这个工作包包含许多示例，可以基于这个包派生其中一个子类。基于 NYSE 日历，只需要重写打开/关闭时间并更改名称即可，代码如下：

```
class AlgoSeekCalendar(XNYSExchangeCalendar):
    """
    上市前后资产交易的日历
    Open Time: 4AM, US/Eastern
    Close Time: 19: 59PM, US/Eastern
    """
```

```
    @property
    def name(self):
        return "AlgoSeek"

    @property
    def open_time(self):
        return time(4, 0)

    @property
    def close_time(self):
        return time(19, 59)
```

将这个定义放到 extension.py 文件中，并添加以下注册信息：

```
register_calendar(
        'AlgoSeek',
        AlgoSeekCalendar())
```

现在，我们可以参考这个交易日历，从而确保回测包括场外时间的活动。

8.5.3 管道 API——回测机器学习信号

管道 API（Pipeline API）有助于根据历史数据定义和计算证券横截面的阿尔法因子。管道可以显著提高效率，因为它优化了整个回测期间的计算，而不是单独处理每个事件。换句话说，管道既遵循了事件驱动的体系架构，又在可能的情况下将因子计算向量化。

管道使用因子、筛选器和分类器类定义计算过程，这些计算在表中产生一组证券的时间点值列。Factors 获取一个或多个历史 bar 数据输入数组，并为每只股票生成一个或多个输出。除了有许多的内置因子之外，还可以设计自己的 CustomFactor。

图 8.6 描述了如何使用 DataFrameLoader 加载数据，如何使用管道 API 计算预测的 MLSignal，以及如何将各种计划活动与通过 run_algorithm()函数执行的整体交易算法集成在一起。

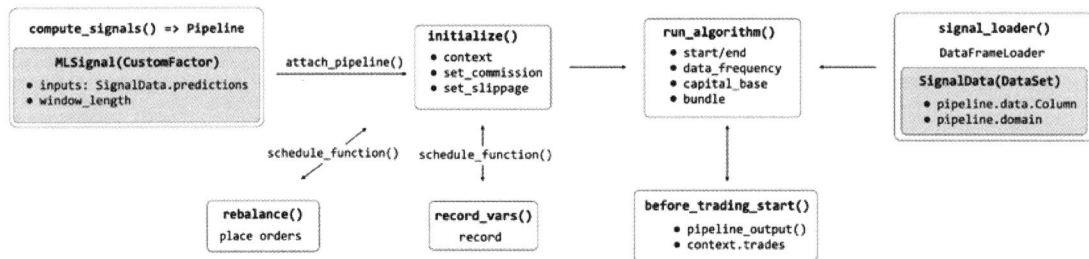

图 8.6　使用 Zipline 的管道 API 对 ML 信号进行回测

我们需要用 initialize()方法注册管道，并在每个时间步骤或自定义时间表上执行它。Zipline 提供了许多内置的计算方法，比如移动平均线或布林带，也可以用来快速计算标准因子，同时允许创建自定义因子。

最重要的是，管道 API 让阿尔法因子研究变得模块化，因为它将阿尔法因子计算本身与算法的其余部分分割开来，如交易订单的发出和成交，以及投资组合持有和价值记账等。

现在，我们将演示如何将套索回归模型的每日收益预测和价格数据加载到管道中，并使用 CustomFactor 分别选择前 10 个预测作为多头和空头头寸。笔记 backtesting_with_zipline 中包含以下代码示例。

我们的目标是把每日回归预测与 Quandl Bundle 中的 OHLCV 数据进行组合，然后做多收益预测最高的 10 只股票，做空收益预测最低的股票（至少包括 5 只），类似于上面的 backtrader 示例。

1. 为管道启用 DataFrameLoader

（1）加载 2015—2017 年的预测，使用 bundle.asset_finder.lookup_symbols()方法提取这段时间内大约 250 只股票的管道 ID，代码如下：

```
def load_predictions(bundle):
    predictions = pd.read_hdf('../00_data/backtest.h5', 'data')
[['predicted']].dropna()
    tickers = predictions.index.get_level_values(0).unique().tolist()

    assets = bundle.asset_finder.lookup_symbols(tickers, as_of_date=None)
    predicted_sids = pd.Int64Index([asset.sid for asset in assets])
    ticker_map = dict(zip(tickers, predicted_sids))
    return (predictions
            .unstack('ticker')
            .rename(columns=ticker_map)
            .predicted
            .tz_localize('UTC')), assets

bundle_data = bundles.load('quandl')
predictions, assets = load_predictions(bundle_data)
```

（2）为了使预测对管道 API 是可用的，我们需要为具有适当域的数据集（DataSet）定义适当数据类型的列，代码如下：

```
class SignalData(DataSet):
    predictions = Column(dtype=float)
    domain = US_EQUITIES
```

（3）除了可以对 Bundle 的 OHLCV 数据用内置的 USEquityPricingLoader，我们也可以按需定义自己的 DataFrameLoader，代码如下：

```
signal_loader = {SignalData.predictions:
                DataFrameLoader(SignalData.predictions, predictions)}
```

实际上，我们需要稍微修改 Zipline 库的源代码，从而绕过只加载价格数据的假设。为此，我们将 custom_loader 参数添加到 run_algorithm 方法中，确保当管道需要一个 SignalData 的 Column 实例时可以使用这个加载器。

2. 运用自定义机器学习因子创建管道

（1）管道将包含两个布尔列，用于确定我们想交易的资产的多头和空头头寸。为此，首先定义一个名为 MLSignal 的 CustomFactor，它只接收当前返回的预测。目的是便于使用一些方便的 Factor 方法来对证券进行排名和筛选，代码如下：

```
class MLSignal(CustomFactor):
    """将信号转换为因子，这样我们就可以在管道中进行排序和过滤"""
    inputs = [SignalData.predictions]
```

```
    window_length = 1

    def compute(self, today, assets, out, preds):
        out[:] = preds
```

（2）通过实例化 CustomFactor 来设置实际管道，除了默认值外，不需要其他参数。我们将其 top()
和 bottom()方法与过滤器结合起来，目的是选择最高的正预测和最低的负预测，代码如下：

```
def compute_signals():
    signals = MLSignal()
    return Pipeline(columns={
        'longs' : signals.top(N_LONGS, mask=signals > 0),
        'shorts': signals.bottom(N_SHORTS, mask=signals < 0)},
            screen=StaticAssets(assets))
```

（3）初始化算法，主要包括定义背景变量、设置交易成本参数、执行日志再平衡和记录、附件管道
等，代码如下：

```
def initialize(context):
    """
    在算法开始时调用一次
    """
    context.n_longs = N_LONGS
    context.n_shorts = N_SHORTS
    context.min_positions = MIN_POSITIONS
    context.universe = assets

    set_slippage(slippage.FixedSlippage(spread=0.00))
    set_commission(commission.PerShare(cost=0, min_trade_cost=0))
    schedule_function(rebalance,
                    date_rules.every_day(),
                    time_rules.market_open(hours=1, minutes=30))

    schedule_function(record_vars,
                    date_rules.every_day(),
                    time_rules.market_close())

    pipeline = compute_signals()
    attach_pipeline(pipeline, 'signals')
```

（4）每天在市场开盘前运行管道获取最新预测，代码如下：

```
def before_trading_start(context, data):
    """
    每天在市场开盘前都会调用
    """
    output = pipeline_output('signals')
    context.trades = (output['longs'].astype(int)
                        .append(output['shorts'].astype(int).mul(-1))
                        .reset_index()
                        .drop_duplicates()
                        .set_index('index')
                        .squeeze())
```

（5）市场开盘后，为多头和空头目标下单，并结清所有其他头寸，代码如下：

```
def rebalance(context, data):
    """
    根据 schedule_function()的日期和时间规则执行订单
    """
    trades = defaultdict(list)

    for stock, trade in context.trades.items():
        if not trade:
            order_target(stock, 0)
        else:
            trades[trade].append(stock)
    context.longs, context.shorts = len(trades[1]), len(trades[-1])
    if context.longs > context.min_positions and context.shorts >
context.min_positions:
        for stock in trades[-1]:
            order_target_percent(stock, -1 / context.shorts)
        for stock in trades[1]:
            order_target_percent(stock, 1 / context.longs)
```

（6）执行回测并将结果传递给 pyfolio，代码如下：

```
results = run_algorithm(start=start_date,
                        end=end_date,
                        initialize=initialize,
                        before_trading_start=before_trading_start,
                        capital_base=1e6,
                        data_frequency='daily',
                        bundle='quandl',
                        custom_loader=signal_loader)         # 需要修改 zipline
returns, positions, transactions = pf.utils.extract_rets_pos_txn_from_zipline (results)
```

图 8.7 显示了该策略的累计收益（左侧）和滚动夏普比率（右侧），回测结果与 backtrader 不相上下，却只需要大约一半的时间。

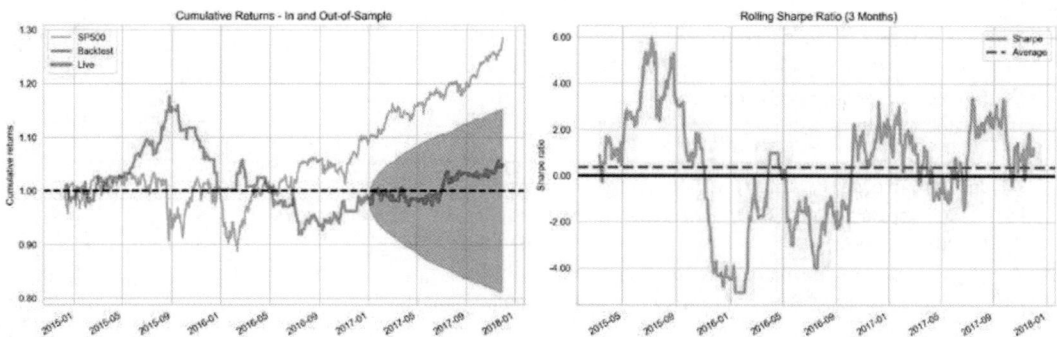

图 8.7　Zipline 回测结果

笔记 backtesting_with_zipline 包含完整的 pyfolio tearsheet 和一些附加指标与图表。

8.5.4　在回测过程中训练模型

我们还可以将模型训练整合到回测中。读者可以在 ml4t_with_zipline 文件中找到图 8.8 所示的 ML4T 工作流的端到端的示例代码。

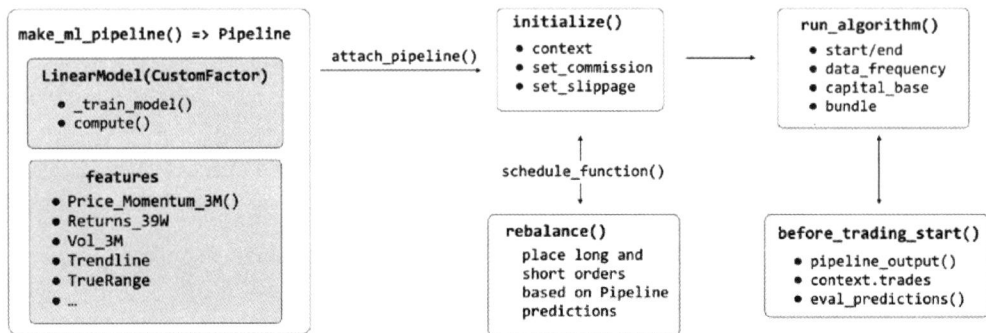

图 8.8　带模型训练的 Zipline 回测流程图

我们的目标是大致复制在第 7 章中使用的岭回归每日收益预测。不同的是，我们将使用一些额外的管道因子来说明它们的用法。主要的新元素是 CustomFactor，它接收特征并将其作为输入返回，从而训练模型并进行预测。

1. 准备特征——定义管道因子

要创建**管道因子**，我们需要一个或多个输入变量，window_length 表示每个输入和每只股票的最新数据点数量，以及我们想要执行的计算。

使用线性回归估计的线性价格趋势如下，使用 252 个最近的收盘价来计算线性时间趋势的回归系数，代码如下：

```
class Trendline(CustomFactor):
    # 12 个月价格趋势线性回归
    inputs = [USEquityPricing.close]
    window_length = 252

    def compute(self, today, assets, out, close):
        X = np.arange(self.window_length).reshape(-1, 1).astype(float)
        X -= X.mean()
        Y = close - np.nanmean(close, axis=0)
        out[:] = (X.T @ Y / np.var(X)) / self.window_length
```

使用 10 个自定义和内置因子作为模型特征，捕捉动量和波动率等风险因子，接下来用 CustomFactor 训练模型。

2. 设计自定义机器学习因子

（1）被称为 ML 的 CustomFactor 将产生 StandardScaler 和岭回归的**随机梯度下降**实现作为实例属性，每周对模型训练 3 天，代码如下：

```
class LinearModel(CustomFactor):
    """获得模型预测"""
    train_on_weekday = [0, 2, 4]

    def __init__(self, *args, **kwargs):
        super().__init__(*args, **kwargs)
        self._scaler = StandardScaler()
        self._model = SGDRegressor(penalty='L2')
        self._trained = False
```

（2）计算方法首先检查是否应该训练模型，之后生成预测模型（处理潜在的缺失值），代码如下：

```
def _maybe_train_model(self, today, returns, inputs):
    if (today.weekday() in self.train_on_weekday) or not self._trained:
        self._train_model(today, returns, inputs)

def compute(self, today, assets, out, returns, *inputs):
    self._maybe_train_model(today, returns, inputs)

    # 预测最近的特征值
    X = np.dstack(inputs)[-1]
    missing = np.any(np.isnan(X), axis=1)
    X[missing, :] = 0
    X = self._scaler.transform(X)
    preds = self._model.predict(X)
    out[:] = np.where(missing, np.nan, preds)
```

（3）_train_model 方法是核心，该方法将改变返回值，并将结果的前向返回结果与因子特征对齐，从而消除流程中缺失的值。它也可以扩展剩余的数据点，并训练线性 SGDRegressor，代码如下：

```
def _train_model(self, today, returns, inputs):

    scaler = self._scaler
    model = self._model

    shift_by = N_FORWARD_DAYS + 1
    outcome = returns[shift_by:].flatten()
    features = np.dstack(inputs)[:-shift_by]

    n_days, n_stocks, n_features = features.shape
    features = features.reshape(-1, n_features)
    features = features[~np.isnan(outcome)]
    outcome = outcome[~np.isnan(outcome)]
    outcome = outcome[np.all(~np.isnan(features), axis=1)]
    features = features[np.all(~np.isnan(features), axis=1)]
    features = scaler.fit_transform(features)

    model.fit(X=features, y=outcome)
    self._trained = True
```

（4）make_ml_pipeline()函数对结果、特征和模型部分进行预处理，并将它们组合到一个带有预测列的管道中，代码如下：

```
def make_ml_pipeline(universe, window_length=21, n_forward_days=5):
```

```
pipeline_columns = OrderedDict()

# 确保返回是第一个输入
pipeline_columns['Returns'] = Returns(inputs=[USEquityPricing.open],
                                      mask=universe,
                                      window_length=n_forward_days + 1)
# 将因子排序，添加到管道
pipeline_columns.update({k: v.rank(mask=universe)
                         for k, v in features.items()})
# 创建机器学习管道因子
# window_length = 训练周期长度
pipeline_columns['predictions'] = LinearModel(
    inputs=pipeline_columns.values(),
    window_length=window_length + n_forward_days,
    mask=universe)
return Pipeline(screen=universe, columns=pipeline_columns)
```

3. 回测期间跟踪模型性能

使用 before_trading_start()函数获得新的预测，该函数每天早上在市场开盘前运行，代码如下：

```
def before_trading_start(context, data):
    output = pipeline_output('ml_model')
    context.predicted_returns = output['predictions']
    context.predicted_returns.index.rename(['date', 'equity'], inplace=True)

    evaluate_predictions(output, context)
```

evaluate_predictions 可以精确跟踪模型过去的预测，并在关联时间范围时（在我们的例子中为第二天）对预测结果进行评估，代码如下：

```
def evaluate_predictions(output, context):
    # 回顾过去的预测评估样本外的模型表现
    # 一个交易日过去了，更新一下，丢掉旧的
    context.past_predictions = {
        k - 1: v for k, v in context.past_predictions.items() if k > 0}

    if 0 in context.past_predictions:
        # 使用今天的预期收益来评估预测
        returns, predictions = (output['Returns'].dropna()
                                .align(context.past_predictions[0].dropna(),
                                       join='inner'))
        if len(returns) > 0 and len(predictions) > 0:
            context.ic = spearmanr(returns, predictions)[0]
            context.rmse = np.sqrt(
                mean_squared_error(returns, predictions))
            context.mae = mean_absolute_error(returns, predictions)

            long_rets = returns[predictions > 0].mean()
            short_rets = returns[predictions < 0].mean()
            context.returns_spread_bps = (
                long_rets - short_rets) * 10000
    # 存储当前预测
    context.past_predictions[N_FORWARD_DAYS] = context.predicted_returns
```

模型会每天记录评估结果，这样可以在回测后进行回顾，如图 8.9 所示。

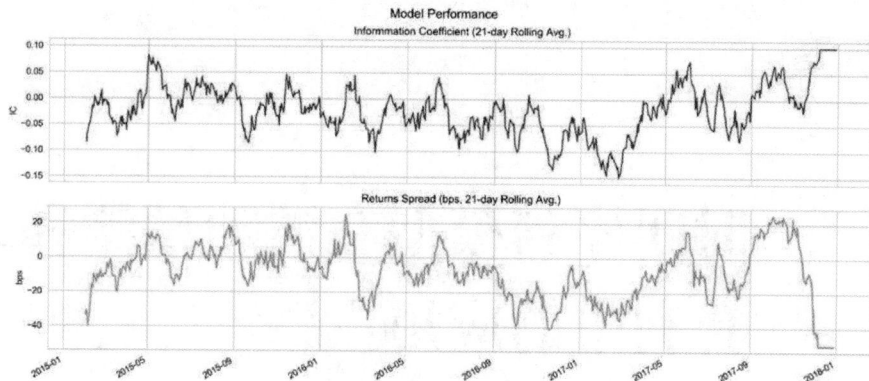

图 8.9　模型样本外性能

图 8.10 总结了累计收益和滚动夏普比率等回测性能。结果相对于前一个例子有所改善（由于不同的特征集），但自 2016 年年中以后，该模型的表现还是不如基准模型。

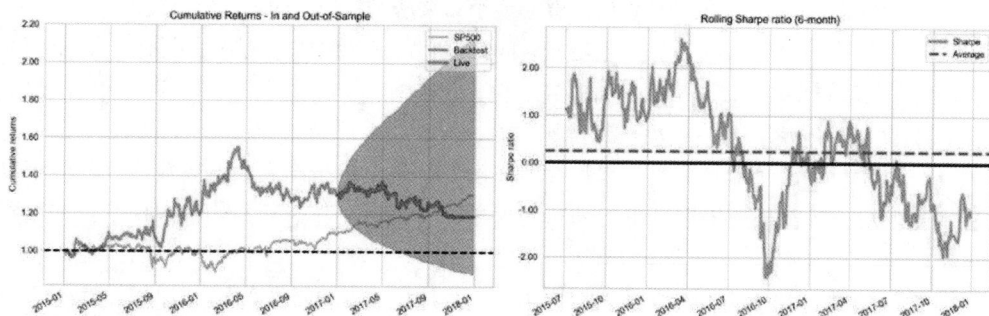

图 8.10　模型训练下的 Zipline 回测性能

关于如何定义范围、运行回测并使用 pyfolio 重新平衡和分析结果的更多细节，请参阅笔记。

笔记 ml4t_quantopian 包含了一个在 Quantopian 研究环境中使用简单机器学习模型驱动策略回测的例子。在 Quantopian 云上使用 Zipline 的主要好处是可以访问许多附加数据集，这里面既有基本面数据也有另类数据。关于在此背景下推导各种因子的更多细节，请参阅笔记。

8.6　本章小结

在本章中，我们更深入地了解了回测流程及其面临的挑战，以及如何战胜这些挑战。我们演示了两个时下流行的回测库——backtrader 和 Zipline。

最重要的是，我们端到端地、完整地走完了设计和测试机器学习模型的过程，包括如何实现交易逻辑、该逻辑如何作用于模型预测提供信号、如何执行和评估回测。接下来，我们将继续探索比"入门"的线性回归更广泛、更复杂的机器学习模型。

第 9 章

时间序列模型在波动预测和统计套利中的应用

在第 7 章中首先介绍了用于同期关系的静态模型,这些静态模型的横截面输入将直接影响输出结果;之后, 提出了普通最小二乘法, 介绍了对于正确配置的模型（残差与输入变量不相关）如何产生无偏系数。假设残差方差恒定,则在无偏估计量中,**普通最小二乘法**产生最小的均方预测误差。

我们还学习了 Fama-Macbeth 回归如何随着时间推移和跨资产地估计风险因子价值,在此过程中还遇到了同时具有横截面和时间序列维度的面板数据[1]。无论如何,收益时间相关性通常是相当低的,因此这个过程很大程度上可以忽略时间维度。

此外, 我们还介绍了正则化岭回归和套索回归模型, 两个模型产生有偏系数估计, 但可以减少均方预测误差。这些预测模型采用了更加动态的视角, 并将历史收益与其他输入相结合来预测未来收益。

本章将建立动态线性模型,明确地引入时间影响,包括在特定的间隔或滞后时间观测到的变量。时间序列数据的一个关键特征是顺序,与横截面数据不同,这里的数据是一个我们不能重复的随机过程的单一实现,而不是单个观测的随机样本。

我们的目标是识别时间序列中的系统模式,从而帮助我们预测时间序列在未来将如何表现。更具体地说,我们将侧重于从输出的历史序列中提取信号模型,有选择地从其他同期或滞后输入变量中提取信号,从而预测未来的输出值。例如,我们可以尝试用过去的收益,结合基准或宏观经济变量的历史收益来预测一只股票的未来收益。在第 4 部分转向非线性模型（如循环或卷积神经网络）之前,我们将重点关注线性时间序列模型。

由于交易固有的时间维度,时间序列模型非常流行。主要应用包括资产收益和波动率的预测,以及识别资产价格序列的协变性等。随着越来越多的连接设备投入使用,收集包括潜在信号内容的定期测量数据越来越多,时间序列数据可能会变得更加普遍。

我们将首先介绍可以用于检验时间序列特征和提取捕获潜在模式特征的工具。然后介绍如何检验和实现时间序列平稳性。接下来,我们将介绍一元和多元时间序列模型,并应用它们来预测宏观数据和波动模式。我们引入协整的概念,并介绍如何应用它开发配对交易策略。

---

[1] 译者注：面板数据也称平行数据、纵向数据或 TS-CS 数据（Time Series-Cross Section）。

本章将涵盖以下内容：

- 使用时间序列分析准备并建模。
- 估计和检验一元自回归和移动平均模型。
- 建立**自回归条件异方差（ARCH）**模型并预测波动率。
- 建立多向量自回归模型。
- 基于协整制定配对交易策略。

TIP GitHub 存储库对应目录中有本章的代码示例和附加资源的链接。笔记中有彩色版本的图像。关于本章投资视角的详细介绍，请参见 Tsay（2005）以及 Fabozzi、Focardi 和 Kolm（2010）的研究。

9.1 特征诊断和提取工具

时间序列是由离散的间隔分隔的一系列值，这些间隔通常是均匀的（缺失的值除外）。时间序列通常被建模为一个随机过程，由一系列随机变量组成，$y(t_1)$，$\cdots$，$y(t_T)$，每个时间点都有一个变量，即 t_i，$i=1$，$\cdots$，T。一元时间序列在每个时间点上由单个 y 值组成，而多元时间序列由几个可以用向量表示的观测值组成。

不同的时间点 t_i 和 t_j 之间的周期数 $\Delta t = t_i - t_j$ 称为时间间隔（有时也称为"滞后"，或为了表意方便不作翻译而直接用 Lag），每个时间序列有 $T-1$ 个滞后。给定时间点上不同变量之间的关系是横截面模型的关键，相应地，给定时间间隔的数据点之间的关系是分析和利用时间序列模式的基础。

对于横截面模型，我们用标签 y 和 x 区分输入变量和输出变量，或目标变量和自变量。在时间序列中，结果 y 的部分或全部 $y_{t-1}, y_{t-2}, \cdots, y_{t_T}$ 扮演输入或横截面模型中 x 值的角色。

如果一个时间序列是一个具有有限的均值和方差的**独立同分布**随机变量序列 ε_t，则称为**白噪声**。特别地，如果随机变量是正态分布的，其均值为 0，方差 σ 为常数，则该序列称为**高斯白噪声**。

如果一个时间序列可以写成过去扰动 ε_t（也称为新息）的加权和，我们称之为线性的，因此，白噪声可以表示为均值为 μ 的序列之和，公式如下：

$$y_t = \mu + \sum_{i=0}^{\infty} a_i \varepsilon_{t-i}, \quad a_0 = 1, \varepsilon \sim \mathrm{i.i.d}$$

时间序列分析的关键目标是理解由系数 a_i 驱动的动态行为。时间序列分析提供了适合这类数据的方法，可以帮助通过提取有用模式建立预测模型。

我们将介绍相关方法的重要工具，包括关键系统要素分析、自相关分析和滚动窗口统计（如移动平均线）等。

9.1.1 时间序列模式分解

时间序列数据通常包含多种模式，可以被进一步分解为多种因子。特别的是，时间序列往往结合了趋势因子、季节性因子、周期因子等系统因子和非系统性噪声。这些因子可以通过线性或非线性组合的形式建立模型，前者如波动与序列级数无关时，后者则如乘法形式。

根据模型假设，它们也可以被自动分割。统计模型中包括了一种简单的方法，即使用移动平均将时间序列分解为单独的趋势因子、季节因子和残差。我们可以将其应用于包含强趋势因子和季节性因子的工业制造业月度数据，代码如下：

```
import statsmodels.tsa.api as tsa
industrial_production = web.DataReader('IPGMFN', 'fred', '1988', '2017-12').
squeeze()
components = tsa.seasonal_decompose(industrial_production, model='additive')
ts = (industrial_production.to_frame('Original')
    .assign(Trend=components.trend)
    .assign(Seasonality=components.seasonal)
    .assign(Residual=components.resid))
ts.plot(subplots=True, figsize=(14, 8));
```

添加因子后的结果如图 9.1 所示。假设趋势和季节性因子更具确定性，且易于进行简单的外推，残差就变成了后续建模工作的重点。

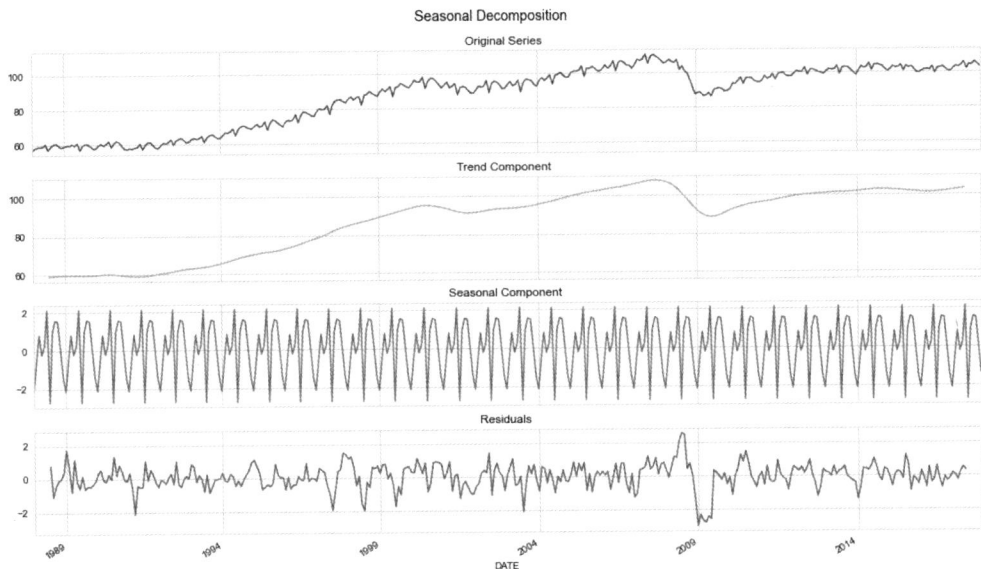

图 9.1　时间序列分解为趋势、季节性和残差

9.1.2　滚动窗口统计和移动平均

给定时间序列数据顺序，可以很自然地计算给定长度时间段的熟悉的描述性统计。这样可以检测序列是稳定的还是随时间变化的，同时能够在过滤掉噪声的同时捕获系统性信号，并获得序列的平滑表达式。

数据点表示对原始数据在一定时期内计算的汇总统计数据。移动平均线是最常见的例子。原始数据点可以输入等权计算，也可以强调最近的数据点。指数移动平均递归地计算过去数据点衰减的权重，新数据点通常是所有之前数据点的汇总，也可以从周围的窗口计算。

pandas 库包含滚动或扩展窗口，同时支持各类重新赋权。我们可以对窗口捕获的每个数据集应用计算，包括求平均值、求和等单序列内置函数，也可以计算几个序列的相关性或协方差，甚至可以使用自定义函数。

早期包括指数权重的**移动平均模型**的预测模型称为**指数平均模型**。移动平均线是线性时间序列的关键模块，依赖指数平均方法的预测使用过去观测数据的加权平均值，其中，随着观测数据距离基准时间变远，加权指数衰减。因此，更近的观测值得到更高的相关权重。这些方法适用于没有非常复杂或突变模式的时间序列。

9.1.3　度量自相关

自相关（也称为序列相关）将相关性的概念应用到时间序列中，就像相关系数衡量两个变量之间线性关系的强度一样，**自相关系数** ρ_k 衡量由给定滞后 k 分隔的时间序列值之间的线性关系的程度，公式如下：

$$\rho_k = \frac{\sum\limits_{t=k+1}^{T}(y_t - \overline{y})(y_{t-k} - \overline{y})}{\sum\limits_{t=1}^{T}(y_t - \overline{y})^2}$$

因此，我们可以为长度为 T 的时间序列中的每个 T-1 滞后计算一个自相关系数。**自相关函数（ACF）** 可以作为滞后函数计算相关系数。

滞后大于1（即观测之间的时间间隔大于1）的自相关性既反映了这些观测之间的直接相关性，也反映了中间数据点的间接影响。**偏自相关** 则可以消除这种影响，仅衡量给定时间间隔 T 内各数据点之间的线性相关性。消除的意思是使用残差的线性回归结果 x_t 和滞后值 x_{t-1}, x_{t-2}, …, x_{T-1} 特性，也称为一个 AR(T-1)模型。当然，我们前面也看到了，部分偏相关函数（PACF）提供了在较短滞后时间的相关效应被消除后产生的所有相关性。

也有算法基于 PACF 和 ACF 之间的精确理论关系，从样本自相关性估计偏自相关性。

相关图 就是 ACF 或 PACF 的序列滞后图，k=0, 1, …, n，可以帮助我们直观地了解延迟的相关性结构。相关图的主要用途是检测去除确定性趋势或季节性后的任何自相关性。ACF 和 PACF 都是涉及线性时间序列模型的关键检验工具。

9.2　平稳性诊断和实现

平稳时间序列 的均值、方差或自相关等统计特性与周期无关，也就是说，它们不会随时间变化。因此，**平稳性** 意味着时间序列不具有趋势或季节效应。此外，它要求描述性统计数据（如平均值或标准偏差）在计算不同的滚动窗口时，是恒定的或不随时间发生显著变化的。一个平稳的时间序列将回归到它的平均值，偏差有一个恒定的幅度，而短期运动总是统计意义上相似的。

更准确地说，**严格的平稳性** 要求时间序列观测的任意子集的联合分布相对于所有时刻与时间无关。因此，除了平均值和方差之外，像偏度和峰度这样的高阶矩也需要是恒定的，不需要考虑不同观测之间的滞后。在大多数应用中，如本章中我们可以用来建模资产收益的大多数时间序列模型，我们将平稳性限制在一阶矩和二阶矩，这样时间序列是协方差平稳的，具有恒定的均值、方差和自相关性。当然，我们在构建波动性模型时则会放弃这个假设，并明确地假设方差会随着时间以可预测的方式变化。

需要注意的是，就像希望线性回归的输入数据与结果相关一样，我们特别考虑了输出值在不同滞后时的相关性。平稳性意味着这些关系是稳定的，是经典统计模型的一个关键假设。下面两个小节主要介绍如何使时间序列平稳变换，以及如何处理由单位根引起的特殊随机趋势。

9.2.1　时间序列平稳变换

为了满足许多时间序列模型的平稳性假设，我们需要对原始序列进行变换，通常要分几步进行。常见的变换包括（自然）**对数法**，此法可以将指数增长模式转换为线性趋势，同时稳定方差。放缩则意味着需要将一个时间序列除以另一个导致趋势行为的序列。例如，将一个名义序列除以一个价格指数来将其转化为一个实际度量。

如果一个序列回归到一个稳定的长期线性趋势，我们称之为**趋势平稳**的。这种平稳通常可以用线性回归和残差拟合一条趋势线得到。这意味着将时间指数作为线性回归模型的自变量，可能与对数或放缩相结合。

在许多情况下，去趋势化并不足以使序列平稳。相反，我们需要将原始数据转换为一系列**周期和/或季节差异**。换句话说，我们需要使用在季节滞后时相互减去相邻数据点或值的结果。需要注意的是，当将这种差异应用于对数转换的序列时，结果表示金融背景下的瞬时增长率或收益。

如果一个一元序列经过 d 次差分后变得平稳，则称其为 d 阶可积，$d=1$ 时为简单可积，这种行为是由单位根引起的。

9.2.2　用着手处理代替思考

单位根给时间序列平稳变换提出了一个特殊问题。在介绍检验测试和解决方案之前，我们首先解释单位根的概念。

1. 关于单位根和随机游走

时间序列通常被建模为自回归形式的随机过程，因此当前值是过去值加上随机扰动的加权和，公式如下：

$$y_t = a_1 y_{t-1} + a_2 y_{t-2} + \cdots + a_p y_{t-p} + \varepsilon_t$$

在 9.3 节的一元时间序列模型中，这些模型作为 ARIMA 模型的 AR 模块，我们将更加详细地进行讲解。该过程具有如下形式的特征方程。

$$m^p - m^{p-1} a_1 - m^{p-2} a_2 - \cdots - a_p = 0$$

如果这个多项式（最多）p 个根中的一个等于 1，则称为有一个**单位根**。该多项式是不稳定的，但不一定有趋势。如果特征方程的其余根绝对值小于 1，则一阶差分是平稳的，我们称之为**过程是 1 阶可积或 $I(1)$**。当其余根绝对值大于 1 时，积分的阶数更高，需要额外差分。

实际情况中，利率或资产价格的时间序列通常是不稳定的，因为一般情况下没有一个价格水平可以使其回归。非平稳序列最突出的例子是随机游走。给定起始价格为 p_0 的时间序列价格 p_t（如股票的 IPO 价格）和白噪声扰动 ε_t，则随机游走满足以下自回归关系：

$$p_t = p_{t-1} + \varepsilon_t = \sum_{s-0}^{t} \varepsilon_s + p_0$$

重复变换表明，当前值 p_t 是所有先前扰动或信息 ε_t 与初始价格 p_0 的和。如果方程中包含常数项，则称随机游走有**漂移**。因此，随机游走是下列形式的**自回归随机过程：**

$$y_t = a_1 y_{t-1} + \varepsilon_t, \quad a_1 = 1$$

它具有单位根的特征方程 $m - a_1 = 0$，该特征方程是非平稳且 1 阶可积的。一方面，给定 ε 的 IID 性质，时间序列的方差等于 $t\sigma^2$，这不是二阶平稳的，意味着原则上该序列可以假定为随时间变化的任何值。另一方面，取第一个差 $\Delta p_t = p_t - p_{t-1}$，则 $\Delta p_t = \varepsilon_t$ 是平稳的，可以给出关于 ε 的统计假设。

具有单位根的非平稳序列的定义特征是长记忆的：由于当前值是过去扰动的总和，大型新息持续的时间要比均值回归的平稳序列长得多。

2. 检验单位根

统计单位根检验是客观确定（附加）差异是否必要的常用方法。这些是平稳性的统计假设检验，旨在确定是否需要差异。

增广 Dickey-Fuller 检验（ADF 检验）是一种零假设检验，主要判断序列是否存在单位根：如果序列平稳，就不存在单位根；否则，就会存在单位根。该检验对时间趋势上的不同时间序列、第一个滞后项和所有滞后项进行回归，并从滞后时间序列值上的系数值计算检验统计量。

statsmodels 库可以很容易地实现 ADF 检验。形式上，对时间序列 α 的 ADF 检验进行线性回归，其中 α 是常数，β 是时间趋势系数，p 是模型中使用滞后数，公式如下：

$$\Delta y_t = \alpha + \beta t + \gamma y_{t-1} + \cdots + \delta_1 \Delta y_{t-1} + \cdots + \delta_{p-1} \Delta y_{t-p+1} + \varepsilon_t$$

约束 $\alpha = \beta = 0$ 意味着随机游走，仅 $\beta = 0$ 时，则意味着随机游走为带漂移的随机游走。滞后阶数的确定通常采用**赤池信息量准则（AIC）**和**贝叶斯信息准则（BIC）**。

ADF 检验统计量采用样本系数 γ，在单位根非平稳性零假设下，该系数为 0，否则为负。我们将试图证明，对于一个可积序列，滞后序列值不应提供预测滞后序列以外的第一个差值的有用信息。

3. 消除单位根并处理生成序列

除了利用相邻数据点之间的差异来去除恒定变化模式外，我们还可以应用**季节差异**来去除季节变化模式，也就是在代表季节模式长度的滞后距离处取值的差值。对于月度数据，通常涉及 12 个滞后差异，而对于季度数据，这涉及 3 个滞后差异，通过差分处理可以消除季节性和线性趋势。

识别正确的转换，特别是适当地选取滞后数量进行差分并不是件简单的事情。研究人员提出了很多**启发性方法**，简单总结如下：

● Lag-1 自相关接近于 0 或为负，或自相关通常很小且是无模式的：不需要高阶差分。
● 正自相关达到 10+Lag：该序列可能需要更高阶的差分。
● Lag-1 自相关< -0.5：序列可能有过差分。
● 小的过差分或不足差分可以用 AR 或 MA 项进行修正。

也有一些研究人员推荐以得分差分作为一种更加灵活的方法来呈现一个完整的平稳序列，并且可能比离散间隔的简单或季节差异能够保留更多的信息或信号。

9.2.3 实践中的时间序列变换

图 9.2 显示了截至 2017 年的纳斯达克股票指数和工业生产指数的原始时间序列，以及分别应用对数、Lag-1 差分、季节差分（Lag-12）转换后的结果。图 9.2 同时给出 ADF 检验的 p 值，p 值支持所有

转换后拒绝单位根非平稳性假设。

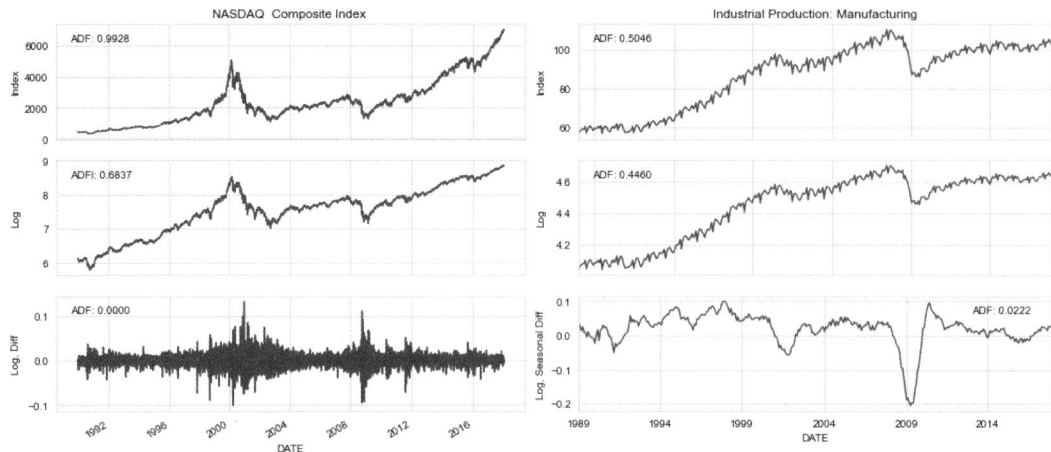

图 9.2　时间序列转换和单位根检验结果

可以利用 Q-Q 图进一步分析变换序列的时序特征，Q-Q 图将时间序列观测值的分布的分位数与正态分布的分位数进行比较，并基于 ACF 和 PACF 进行相关图分析。

如图 9.3 所示的纳斯达克图，虽然没有趋势，但方差不是恒定的，而是在 20 世纪 80 年代末、2001 年和 2008 年的市场动荡时期出现了聚集峰值。Q-Q 图则突出显示了有比正态分布更频繁的极端值的肥尾分布。ACF 和 PACF 分析结果类似，在几个滞后点的自相关显著。

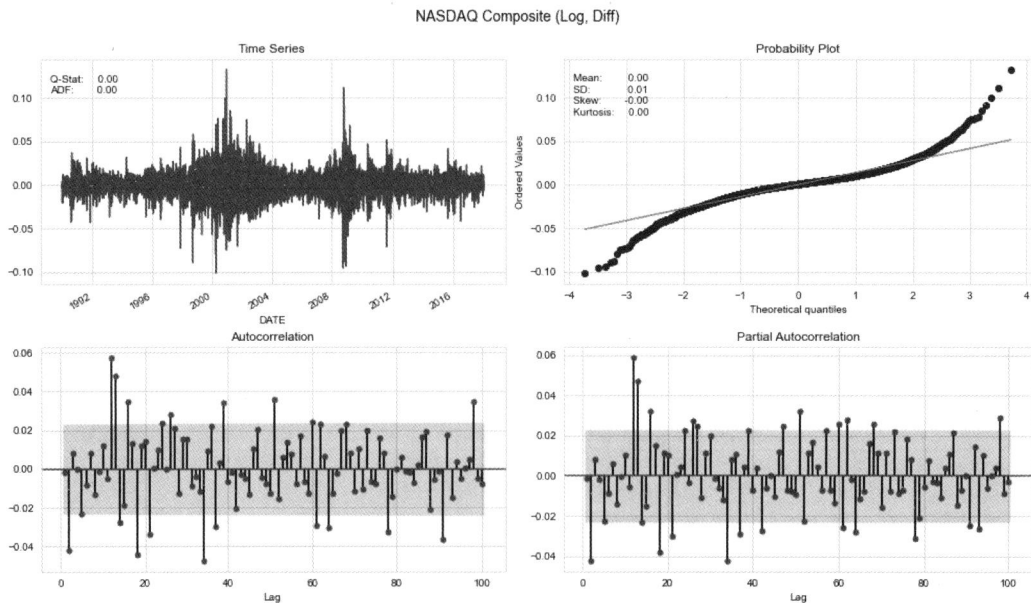

图 9.3　转换后的纳斯达克综合指数的描述性统计

对于工业生产指数月度时间序列，我们可以在 2008 年危机之后看到一个巨大的负异常值，以及 Q-Q 图中相应偏度（见图 9.4）。工业生产指数自相关性远高于纳斯达克指数，且平稳下跌。PACF

在 Lag-1 和 Lag-13 表现出显著的正自相关，在 Lag-3 和 Lag-4 则表现出显著的负相关。

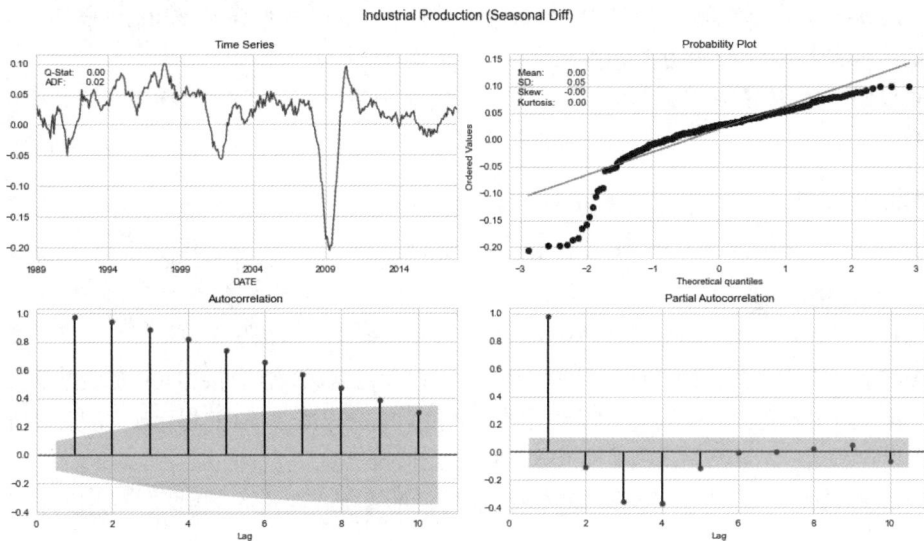

图 9.4　转换后的工业生产指数描述性统计

9.3　一元时间序列模型

多元线性回归模型将感兴趣的变量表示为输入的线性组合加上随机扰动。相比之下，一元时间序列模型将时间序列的当前值与该序列的滞后值、当前噪声和可能的过去噪声项线性组合起来。

指数平滑模型基于对数据趋势和季节性的描述，而差分移动平均自回归模型（**ARIMA 模型**）则旨在描述数据自相关性。

ARIMA(p, d, q)模型包括平稳和非平稳两个模块，具体如下：
- p 阶时间序列组成的自回归项（AR）。
- q 阶扰动组成的移动平均项（MA）。

I 表示积分，因为模型需要将不平稳数据进行 d 次差分形成一个稳定的时间序列数据。自回归项（AR）意味着 ARIMA 模型时间序列对其自身值的回归。

我们将介绍 ARIMA 的两个主要构建模块——AR 模型和 MA 模型，并解释如何将它们组合在**自回归移动平均模型（ARMA 模型）**中，ARMA 模型可以视为 ARIMA 模型的序列积分，也可以视为包括外生变量的 **AR(I)MAX 模型**（带有输入序列的一般 ARIMA 模型）。此外，我们还将介绍如何考虑季节性的 AR 项和 MA 项以及如何扩展工具箱涵盖 **SARMAX 模型**。

9.3.1　自回归建模

p 阶 AR 模型旨在捕捉不同滞后时间序列值之间的线性依赖关系，可表示为

$$\text{AR}(p): y_t = \varphi_0 + \varphi_1 y_{t-1} + \varphi_2 y_{t-2} + \cdots + \varphi_p y_{t-p} + \varepsilon_t, \ \varepsilon \sim \text{i.i.d}$$

这非常类似于对 y_t 滞后值的多元线性回归。该模型具有如下特征方程：

$$1 - \varphi_1 x - \varphi_2 x^2 - \cdots - \varphi_p x^p = 0$$

关于 x 的 p 次多项式解的逆是特征根，如果所有根的绝对值都小于 1，则 AR(p)过程是平稳的，否则是非稳定的；对于平稳序列，多步预测收敛于该序列的均值。

我们可以使用熟悉的最小二乘法估计模型参数，使用 $p+1, \cdots, T$ 观测，这样可以确保每个滞后项和结果都有数据。

1. 确定滞后阶数

在实践中，如何合理确定滞后阶数 p 是个不大不小的挑战。用于计算相关性的时间序列分析工具则在此决定过程中起到关键作用。

更具体地说，对相关图的视觉检查通常可以提供有用的线索，具体如下：
- ACF 估计具有滞后值的任何序列的自相关性，这反过来又来自直接和间接的线性相关性。因此如果 k 阶 AR 模型是正确的，由于线性关系间接影响造成惯性，ACF 将反映 k 滞后显著相关性，随着这种效应不断减弱，相关性也会不断向后续阶扩展。
- 反过来，PACF 只测量给定滞后间隔观测值之间的直接线性关系，因此它不会反映 k 滞后的相关性。

2. 检验模型拟合

如果模型可以恰当地捕获滞后的线性相关关系，那么残差应该类似于白噪声，ACF 应该强调没有显著的自相关系数。

除了残差图，**Ljung-Box Q 统计检验** 也可以测试残差序列是否遵循白噪声假设。零假设是所有的 m 序列相关系数是 0，不符合零假设的情况就是一些系数不是 0。检验统计量由样本自相关系数 ρ_k 对不同滞后 k 进行计算，服从卡方分布（X^2），公式如下：

$$Q(m) = T(T+2)\sum_{t=1}^{m} \frac{\rho_l^2}{T-l}\ ^1$$

正如我们将看到的，统计模型提供了不同滞后系数重要性的信息，不重要系数应该被删除。如果 Q 统计检验拒绝无自相关的零假设，则我们应该考虑加入 AR 项。

9.3.2 移动平均建模

MA(q)模型使用 q 个过去扰动，而不是类回归模型中时间序列的滞后值，公式如下：
$$\text{MA}(q): y_t = c + \varepsilon_t + \theta_1 \varepsilon_{t-1} + \theta_2 \varepsilon_{t-2} + \cdots + \theta_p \varepsilon_{t-p}, \varepsilon \sim \text{i.i.d}$$

由于没有观测到白噪声干扰值 ε_t，MA(q)不是我们之前看到的回归模型，模型也不使用最小二乘法，而是使用**最大似然估计（MLE）**，交替地初始化或在序列开始时估计扰动，然后递归地迭代计算残差。

MA(q)模型得名于 y_t 值可以表示为过去 q 项信息的加权移动平均。换句话说，当前估计是对该模型过去所犯错误的修正。MA(q)模型中移动平均的使用不同于指数平滑或季节时间序列成分估计，因为 MA(q)模型是用于预测未来值而不是用于去噪或估计过去值的趋势周期。

---

1 译者注：在此公式中，$\sum\limits_{t=1}^{m}$ 中的 t 疑似 l（原书中为 t，因此保留）。

因为它们是白噪声变量的加权和，而白噪声变量本身是平稳的，MA(q)过程一定是平稳的。

1．确定滞后阶数

由 MA(q)过程产生的时间序列是由先验 q 模型预测的残差驱动的。因此，我们可以期待 ACF 图能够画出相邻的滞后项之间良好的相关关系，并且在阶数 q 之后迅速下降（因为这不是一个 AR 过程，因此和过去的滞后项没有相关关系）。

请注意，这与我们刚才描述的 AR 案例有些不同，在 AR 案例中，PACF 将显示类似的模式[1]。

2．AR 和 MA 模型的关系

通过重复变换，AR(p)模型总是可以表示为 MA(∞)过程，就像我们在处理单位根引起的随机趋势中的随机游走一样。

当 MA(q)过程的系数满足一定的规模约束时，MA(q)过程的系数也变为可逆的，可以表示为 AR(∞)过程。

9.3.3 ARIMA 模型构建和扩展

差分移动平均自回归模型 ARIMA(p, d, q)有机结合了 AR(p)过程和 MA(q)过程，并利用两个模块的互补性简化模型开发，采用了更紧凑的形式，减少了参数数量，从而降低了过度拟合的风险。

该模型还考虑了利用时间序列值的 d 阶差分消除单位根引起的非平稳性。ARIMA(p, 1, q)模型即为使用 1 阶差分的 ARMA(p, q)模型。使用 y' 表示原始序列非季节 d 阶差分后的值，ARIMA(p, d, q)模型可以简单表示为

$$\text{ARIMA}(p,d,q): y'_t = \text{AR}(p) + \text{MA}(q) = \varphi_0 + \varphi_1 y'_{t-1} + \cdots + \varphi_p y'_{t-p} + \varepsilon_t + \theta_1 \varepsilon_{t-1} + \cdots + \theta_q \varepsilon_{t-q}, \ \varepsilon \sim \text{i.i.d}$$

ARIMA 模型也使用 MLE 估计，根据实现的不同，高阶模型通常可以包含低阶模型。

例如，statsmodels 模型包括所有的低阶 p 和 q 项，并且不允许移除低于最高值的滞后系数。在这种情况下，高阶模型总是能更好地拟合。需要注意的是，不能使用过多的项来过度拟合模型。在撰写本文时，最新版本是 0.11，它添加了一个实验性新 ARIMA 模型，该模型具有更灵活的配置选项。

1．差分序列建模

设计一元时间序列模型需要大致遵循以下原则：

● 无差分模型假设原始序列是平稳的、均值回归的，该模型通常包括一个方便处理非零平均值的常数项。
● 一阶差分模型假设原始序列具有恒定的趋势，因此应该包含一个常数项。
● 二阶差分模型假设原始序列具有时变趋势，不应包含常数。

---

[1] 译者注：这里稍微解释下，总体而言可以通过 PACF 来优化 AR 过程中的特征，因为 PACF 能够移除已经被先前的滞后项所解释的变化，因此我们只会得到相关的特征。可以通过 ACF 优化 MA 过程的特征，因为 MA 过程没有诸如季节性和趋势成分，我们只会在 ACF 图中得到当前项和滞后项中残差的关系。

2．确定 AR 和 MA 项数

由于 AR(p) 和 MA(q) 项相互作用，ACF 和 PACF 提供的信息不再可靠，只能作为一个基点。

一般而言，赤池信息量准则和贝叶斯信息准则在选择模型设计时依赖于样本内拟合；或者，我们可以通过样本外测试来交叉验证多个参数选择。

以下简要总结了在独立考虑 AR 和 MA 模型的情况下如何合理选择模型顺序。

- PACF 截断的滞后是 AR 项的指示数。如果差分序列的 PACF 急剧截断，且/或 Lag-1 自相关为正，则考虑添加一个或多个 AR 项。
- ACF 截断的滞后是 MA 项的指示数。如果差分序列的 ACF 急剧截断，且/或 Lag-1 自相关为负，则考虑添加一个 MA 项。
- AR 项和 MA 项可能会抵消彼此的影响，所以如果你的模型包含这两项，一定尝试减少 1 个 AR 项和 MA 项以避免过度拟合，特别是在有些复杂的模型需要超过 10 次迭代才能收敛的情况下。
- 如果 AR 系数和接近 1，且模型 AR 部分有一个单位根，则删除一个 AR 项、对模型差分一次（更多）。
- 如果 MA 系数和接近 1，且模型 MA 部分有一个单位根，则删除一个 MA 项，并将差分的阶数降低 1。
- 不稳定的长期预测意味着模型的 AR 或 MA 部分可能存在单位根。

3．附加功能的 ARMAX

带有外生输入的自回归移动平均模型（ARMAX） 在 ARMA 时间序列模型的右侧添加输入变量或协变量（假设序列是平稳的，无须差分），公式如下：

$$\mathrm{ARIMA}(p,d,q): y_t = \beta x_t + \mathrm{AR}(p) + \mathrm{MA}(q)$$
$$= \beta x_t + \varphi_0 + \varphi_1 y_{t-1} + \cdots + \varphi_p y_{t-p} + \varepsilon_t + \theta_1 \varepsilon_{t-1} + \cdots + \theta_q \varepsilon_{t-q}, \ \varepsilon \sim \mathrm{i.i.d}$$

有点类似于线性回归模型，但很难解释。这是因为 β 对 y_t 的影响不像在线性回归中 x_t 增加一个单位的影响。相反，方程右侧 y_t 滞后值的存在意味着只有给定响应变量的滞后值，才能解释系数，所以很不直观。

4．加上季节差分——SARIMAX

对于具有季节效应的时间序列，模型包括反映季节的周期性的 AR 项和 MA 项。例如，当使用月度数据且季节效应长度为 1 年时，季节性的 AR 项和 MA 项将反映这个特定的滞后长度。

然后，ARIMAX(p,d,q) 模型变成了 SARIMAX(p,d,q) × (p,d,q) 模型，写起来有点复杂，详情可以参阅 statmodels 文档（见 GitHub 上的链接）。

9.3.4　宏观基本面预测

我们将建立一个 SARIMAX 模型，建模对象是 1988—2017 年工业生产指数时间序列的月度数据。数据经过对数转换，使用季节（Lag-12）差分。使用一个 10 年训练数据的滚动窗口，估计原始的变换后的 AR 项、MA 项，估计向前一步预测的**均方根误差（RMSE）**，简化代码如下（有关详细信息，请参阅笔记 arima_models）：

```
for p1 in range(4):                              # AR 项
    for q1 in range(4):                          # MA 项
        for p2 in range(3):                      # 季节性 AR 项
            for q2 in range(3):                  # 季节性 MA 项
                y_pred = []
                for i, T in enumerate(range(train_size, len(data))):
                    train_set = data.iloc[T - train_size:T]
                    model = tsa.SARIMAX(endog=train_set, # 模型设定
                                        order=(p1, 0, q1),
                                        seasonal_order=(p2, 0, q2, 12)).fit()
                    preds.iloc[i, 1] = model.forecast(steps=1)[0]
                mse = mean_squared_error(preds.y_true, preds.y_pred)
                results[(p1, q1, p2, q2)] = [np.sqrt(mse),
                    preds.y_true.sub(preds.y_pred).std(),
                    np.mean(aic)]
```

运用赤池信息量准则和贝叶斯信息准则，结果显示出非常高的秩相关系数，为 0.94，相比于赤池信息量准则，贝叶斯信息准则更"喜欢"参数略少的模型。RMSE 最好的五种模型如下：

p1	q1	p2	q2	RMSE	AIC	BIC
2	3	1	0	0.009323	-772.247023	-752.734581
3	2	1	0	0.009467	-768.844028	-749.331586
2	2	1	0	0.009540	-770.904835	-754.179884
	3	0	0	0.009773	-760.248885	-743.523935
	2	0	0	0.009986	-758.775827	-744.838368

重新评估 SARIMAX$(2, 0, 3) \times (1, 0, 0)$ 模型，代码如下：

```
best_model = tsa.SARIMAX(endog=industrial_production_log_diff, order=(2, 0, 3),
                         seasonal_order=(1, 0, 0, 12)).fit()
print(best_model.summary())
```

结果如图 9.5 所示。

```
                          Statespace Model Results
==============================================================================
Dep. Variable:                       IPGMFN   No. Observations:          348
Model:           SARIMAX(2, 0, 3)x(1, 0, 0, 12)   Log Likelihood      1139.719
Date:                      Sat, 22 Sep 2018   AIC                   -2265.438
Time:                              17:48:17   BIC                   -2238.472
Sample:                          01-01-1989   HQIC                  -2254.702
                               - 12-01-2017
Covariance Type:                        opg
==============================================================================
                 coef    std err          z      P>|z|      [0.025      0.975]
------------------------------------------------------------------------------
ar.L1          1.4934      0.104     14.351      0.000       1.289       1.697
ar.L2         -0.5159      0.102     -5.083      0.000      -0.715      -0.317
ma.L1         -0.5499      0.114     -4.813      0.000      -0.774      -0.326
ma.L2          0.2872      0.062      4.662      0.000       0.166       0.408
ma.L3          0.1815      0.070      2.589      0.010       0.044       0.319
ar.S.L12      -0.4486      0.047     -9.533      0.000      -0.541      -0.356
sigma2      8.141e-05   5.65e-06     14.399      0.000    7.03e-05    9.25e-05
==============================================================================
Ljung-Box (Q):                       61.58   Jarque-Bera (JB):           9.97
Prob(Q):                              0.02   Prob(JB):                   0.01
Heteroskedasticity (H):               1.07   Skew:                      -0.20
Prob(H) (two-sided):                  0.71   Kurtosis:                   3.73
==============================================================================

Warnings:
[1] Covariance matrix calculated using the outer product of gradients (complex-step).
```

图 9.5　SARIMAX 模型结果

这些系数是显著的，并且 Q 统计检验拒绝了进一步自相关的假设。相关图同样表明我们已经成功地消除了序列的自相关性，如图 9.6 所示。

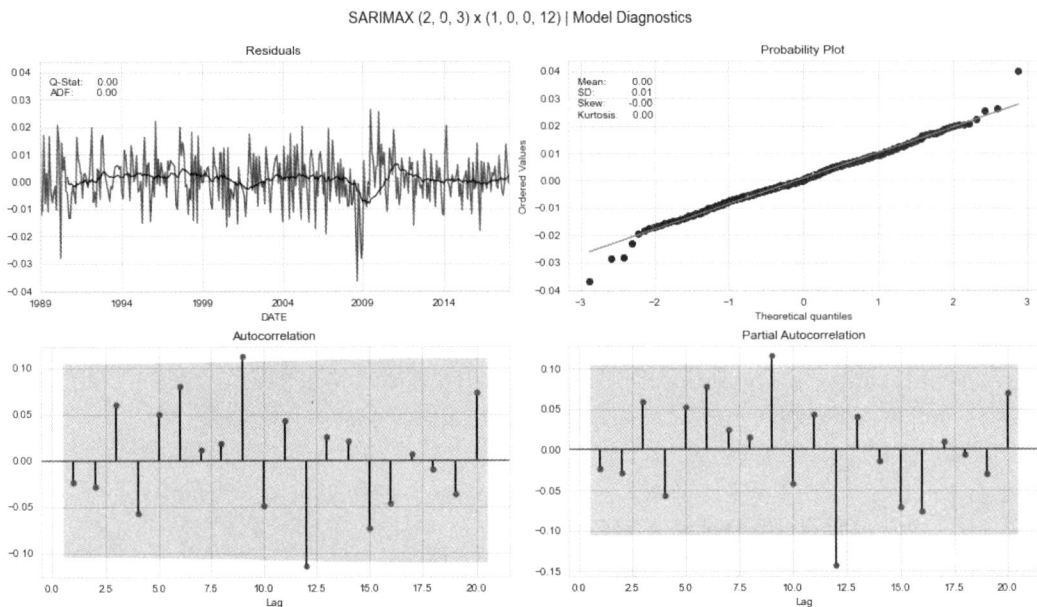

图 9.6　SARIMAX 模型诊断

9.3.5　利用时间序列模型预测波动率

一元时间序列模型在金融领域一个特别重要的应用是预测波动率，这是因为随着时间的推移，周期性波动聚集在一起，波动率通常不是恒定的。方差的变化给使用假定平稳性的经典 ARIMA 模型进行时间序列预测带来了挑战，为了应对这一挑战，需要对波动性进行建模，以便预测方差的变化。

异方差性是一个表示变量方差变化的技术术语。自回归条件异方差模型（ARCH 模型）将误差项的方差表示为前一时期误差的函数，更具体地说，ARCH 模型假设误差方差遵循 $AR(p)$ 模型。

广义自回归条件异方差模型（GARCH 模型）扩大了 ARCH 模型的使用范围，使之适用于 ARMA 模型。时间序列预测通常与 ARIMA 模型对时间序列的期望预测一起，结合 ARCH 模型和 GARCH 模型对时间序列的期望方差进行预测。Robert Engle 和 Clive Granger 因开发了此类模型而获得了 2003 年的诺贝尔经济学奖。ARCH 模型有时也用于波动性估计。

1．ARCH 模型

$ARCH(p)$ 模型是一个简单的 $AR(p)$ 模型，应用于一个时间序列模型的残差方差处理，该模型令 t 时刻的方差可以用方差的滞后观测来表示。

更具体地说，对原始时间序列，误差项 ε_t 是一个如 ARIMA 一样的等线性模型的残差，被分解为一个时变标准差 σ_t 和一个扰动 z_t，公式如下：

$$\text{ARCH}(p): \text{var}(x_t) = \sigma_t^2 = \omega + \alpha_1 \varepsilon_{t-1}^2 + \cdots + \alpha_p \varepsilon_{t-p}^2$$

$$\varepsilon_t = \sigma_t z_t, \ z_t \sim \text{i.i.d}$$

ARCH(*p*)模型可以用 OLS 估计。Engle 提出了一种利用拉格朗日乘数检验来确定适合 ARCH 顺序的方法，该方法对应于线性回归中所有系数都为 0 的假设的 F 检验。

ARCH 模型的一个**关键优势**在于产生了正过度峰度（即相对于正态分布的肥尾）的波动率估计，而这又与关于收益的经验观测结果相一致。ARCH 模型的不足则包括对正波动冲击和负波动冲击的影响的假设相同，而资产价格却往往有不同的反应，也无法解释波动率的变化，而且可能会过度预测波动率，因为它们对收益序列的重大孤立冲击反应缓慢。

对于一个适当 ARCH 模型，标准化残差（除以标准差期间的模型估计）应该类似于白噪声，可以进行 Ljung-Box Q 统计检验。

2. 广义 ARCH 模型——GARCH 模型

ARCH 模型相对简单，但通常需要许多参数来捕捉资产收益序列的波动模式。GARCH 模型适用于带扰动的对数收益序列 r_t，$\varepsilon_t = r_t - \mu$，服从 GARCH(*p*, *q*)模型意味着：

$$\varepsilon_t = \sigma_t z_t, \; \sigma_t^2 = \omega + \sum_{i=1}^{p} \alpha_i \varepsilon_{t-i}^2 + \sum_{j=1}^{q} \beta_j \sigma_{t-j}^2, \; z_t \sim \text{i.i.d}$$

GARCH(*p*, *q*)模型对误差项的方差采用 ARMA(*p*, *q*)模型。

与 ARCH 模型相似，GARCH(1,1)过程的尾部分布比正态分布的尾部分布更"肥"。该模型遇到了与 ARCH 模型相同的情况，比如它对正波动冲击和负波动冲击的反应是一样的。

为了配置 ARCH 和 GARCH 模型的滞后阶数，我们使用训练的时间序列的平方残差来预测原始序列的均值。残差以 0 为中心，因此它们的平方也是方差，然后，可以检查平方残差的 ACF 和 PACF 图来识别时间序列方差中的自相关模式。

3. 波动性预测建模

资产收益系列波动模型的开发包括 4 个步骤，具体如下：

（1）基于 ACF 和 PACF 揭示序列相关性，建立金融时间序列的 ARMA 时间序列模型。

（2）使用 ARCH/GARCH 模型检验模型残差，再次依赖 ACF 和 PACF 的平方残差序列。

（3）如果序列相关效应显著，指定一个波动率模型，同时估计均值和波动率方程。

（4）仔细检查拟合模型，按需进行必要改进。

将波动率预测应用于收益序列时，序列相关性可能受到限制，因此可以使用常数均值来代替 ARMA 模型。

arch 库（参见 GitHub 上的文档链接）提供了几个评估波动预测模型的选项，期望均值可以为一个常数，也可以是 AR(*p*)模型，正如我们在自回归建模中介绍的那样，也可以是最新的**异构自回归过程（HAR）**，滞后可以是天（1 天）、周（5 天）、月（22 天），从而匹配短期、中期和长期投资者的交易频率。

均值模型可由多个条件异方差性模型联合定义并进行估计，这里面除了 ARCH 模型和 GARCH 模型外，也包括**指数 GARCH** 模型（EGARCH 模型，该模型可以处理正负收益的不对称影响）和**异构 ARCH** 模型（HARCH 模型，该模型是 HAR 均值模型的很好补充）。

（1）我们将使用 2000—2020 年的每日纳斯达克收益来演示 GARCH 模型的使用（详情参见笔记 arch_garch_models），代码如下：

```
nasdaq = web.DataReader('NASDAQCOM', 'fred', '2000', '2020').squeeze()
```

```
nasdaq_returns = np.log(nasdaq).diff().dropna().mul(100)  # 重新调整, 不断优化
```

（2）重新标度的日收益序列仅显示有限的自相关，但在缓慢衰减的 ACF 和 PACF 中，偏离均值的平方确实有大量的记忆，前两个值很高，只有在前 6 个滞后之后才被截断，代码如下：

```
plot_correlogram(nasdaq_returns.sub(nasdaq_returns.mean()).pow(2), lags=120,
                 title='NASDAQ Daily Volatility')
```

函数 plot_correlogram 输出的结果如图 9.7 所示。

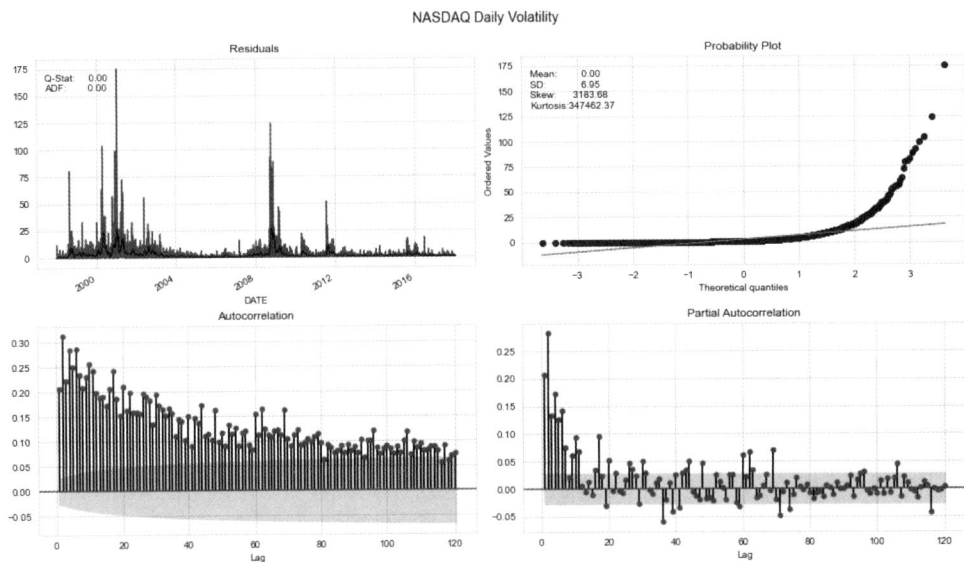

图 9.7   NASDAQ 综合日波动率

因此，可以估计一个用于捕捉过去波动率线性关系的 GARCH 模型。我们将使用 10 年滚动窗口来估计 p 和 q 在 1~4 之间的 GARCH(p, q)模型，生成一步样本外预测。

（3）比较相对于其均值收益的实际平方偏差的预测波动的均方根误差，从而确定预测效果最好的模型。对数据进行缩尾处理，从而限制极端收益值的影响，这些收益值反映在波动率非常高的正偏态中，代码如下：

```
trainsize = 10 * 252      # 10 年
data = nasdaq_returns.clip(lower=nasdaq_returns.quantile(.05),
                           upper=nasdaq_returns.quantile(.95))
T = len(nasdaq_returns)
results = {}
for p in range(1, 5):
    for q in range(1, 5):
        print(f'{p} | {q}')
        result = []
        for s, t in enumerate(range(trainsize, T-1)):
            train_set = data.iloc[s: t]
            test_set = data.iloc[t+1]            # 1-step 提前预测

            model = arch_model(y=train_set, p=p, q=q).fit(disp='off')
            forecast = model.forecast(horizon=1)
```

```
            mu = forecast.mean.iloc[-1, 0]
            var = forecast.variance.iloc[-1, 0]
            result.append([(test_set-mu)**2, var])
        df = pd.DataFrame(result, columns=['y_true', 'y_pred'])
        results[(p, q)] = np.sqrt(mean_squared_error(df.y_true, df.y_pred))
```

（4）GARCH(2,2)模型的均方根误差最低 [与 GARCH(4,2)相同，但参数更少]，继续对该模型进行估计，代码如下：

```
am = ConstantMean(nasdaq_returns.clip(lower=nasdaq_returns.quantile(.05),
                                    upper=nasdaq_returns.quantile(.95)))
am.volatility = GARCH(2, 0, 2)
am.distribution = Normal()
best_model = am.fit(update_freq=5)
print(best_model.summary())
```

输出显示最大的对数似然、赤池信息量准则和贝叶斯信息准则，结果通常是基于样本内性能的最小选择模型，如图 9.8 所示。同时还显示了均值模型结果，在这种情况下，它只是一个常数估计；它也显示常数 ω 的 GARCH 参数、AR 参数、α、MA 参数、β，所有这些都具有统计意义。

```
                Constant Mean - GARCH Model Results
========================================================================
Dep. Variable:            NASDAQCOM   R-squared:                  -0.001
Mean Model:            Constant Mean   Adj. R-squared:             -0.001
Vol Model:                    GARCH   Log-Likelihood:            -7244.08
Distribution:                Normal   AIC:                        14500.2
Method:          Maximum Likelihood   BIC:                        14539.1
                                       No. Observations:             4851
Date:             Thu, Apr 16 2020    Df Residuals:                 4845
Time:                     22:41:39    Df Model:                        6
                        Mean Model
========================================================================
                 coef    std err        t      P>|t|     95.0% Conf. Int.
------------------------------------------------------------------------
mu             0.0526  1.416e-02    3.714  2.043e-04  [2.484e-02,8.036e-02]
                     Volatility Model
========================================================================
                 coef    std err        t      P>|t|     95.0% Conf. Int.
------------------------------------------------------------------------
omega          0.0270  1.047e-02    2.574  1.005e-02  [6.430e-03,4.748e-02]
alpha[1]       0.0350  1.581e-02    2.215  2.678e-02  [4.027e-03,6.601e-02]
alpha[2]       0.0581  3.943e-02    1.473     0.141   [-1.919e-02, 0.135]
beta[1]        0.8675    0.535      1.622     0.105   [ -0.181,  1.916]
beta[2]        0.0179    0.495   3.618e-02    0.971   [ -0.952,  0.987]
========================================================================

Covariance estimator: robust
```

图 9.8　GARCH 模型结果

接下来我们讲解多元时间序列模型和协整的概念，这将使一个新的交易策略成为可能。

9.4　多元时间序列模型

多元时间序列模型旨在同时捕获多个时间序列动态，并利用这些序列的相关性进行更可靠的预测。

9.4.1　方程组

一元时间序列模型有点像刚才介绍的 ARMA 方法，不过局限于目标变量与其滞后值或滞后扰动与外生序列之间的统计关系（ARMAX）。相比之下，多元时间序列模型也允许其他时间序列的滞后值影响目标，这种效应适用于所有序列，这将导致复杂的相互作用，如图 9.9 所示。

除了可能更好地完成预测之外，多元时间序列也被用来洞察交叉序列的相关性。例如，在经济学中，多元时间序列可以用于理解一个变量（如利率）的政策变化如何在不同范围内影响其他变量。

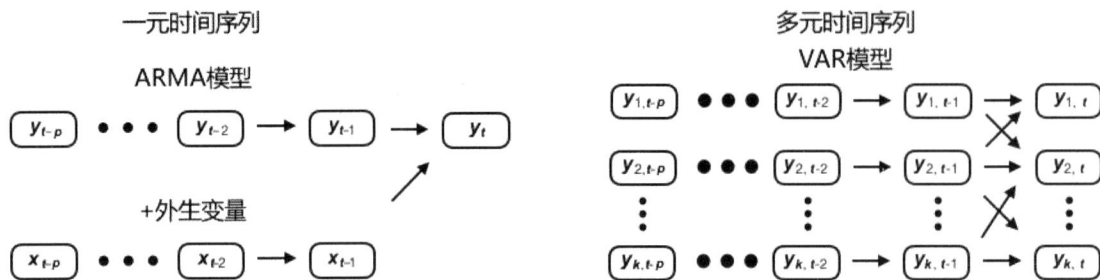

图 9.9　一元和多元时间序列模型中的交互作用

多元模型产生的脉冲响应函数可以实现这一目的，**脉冲响应**函数可以模拟一个变量如何对其他变量的突然变化作出反应。**Granger 提出因果关系概念**，分析一个变量在预测另一个变量时是否有用（在最小二乘意义上）。此外，多元时间序列模型允许对预测误差方差进行分解，从而分析其他序列的贡献。

9.4.2　向量自回归模型

向量自回归模型（VAR 模型）通过创建一个 k 元方程将 $AR(p)$ 模型扩展到 k 个序列，每个都包含所有 k 个序列的 p 阶滞后。在最简单的情况下，$k=2$ 的 $VAR(1)$ 模型的形式如下：

$$y_{1,t} = c_1 + \alpha_{1,1}y_{1,t-1} + \alpha_{1,2}y_{2,t-2} + \varepsilon_{1,t}$$
$$y_{2,t} = c_2 + \alpha_{2,1}y_{1,t-1} + \alpha_{2,2}y_{2,t-2} + \varepsilon_{2,t}$$

这个模型可以用矩阵形式更简洁地表示如下：

$$\begin{bmatrix} y_{1,t} \\ y_{2,t} \end{bmatrix} = \begin{bmatrix} c_1 \\ c_2 \end{bmatrix} + \begin{bmatrix} a_{1,1} & a_{1,2} \\ a_{2,1} & a_{2,2} \end{bmatrix} \begin{bmatrix} y_{1,t-1} \\ y_{2,t-2} \end{bmatrix} + \begin{bmatrix} \varepsilon_{1,t} \\ \varepsilon_{2,t} \end{bmatrix}$$

输出的滞后值**系数**提供了关于序列本身动态的信息，而交叉变量系数则提供了一些关于整个序列相互作用的信息。这种表示法扩展到 k 个 p 阶时间序列的形式如下：

$$\underset{k \times 1}{y_t} = \underset{k \times 1}{c} + \underset{k \times k}{A_1}\underset{k \times 1}{y_{t-1}} + \cdots + \underset{k \times k}{A_p}\underset{k \times 1}{y_{t-p}} + \underset{k \times 1}{\varepsilon_t}$$

$VAR(p)$ 模型还要求**平稳性**，以便从一元时间序列建模的初始步骤延续下来。首先，探索这个序列并确定必要的变换。然后应用 ADF 检验验证每个序列是否满足平稳性准则，否则还需要应用进一步变换。$VAR(p)$ 模型可以在初始信息条件下用 OLS 估计，也可以用 MLE 估计，这对于正态分布的误差是等价的，反之则不然。

如果 k 个序列的一部分或全部是单位根非平稳的，它们可能是**协整的**。将单位根概念扩展到多个时间序列意味着两个或多个序列的线性组合是平稳的，因此是均值回归。

VAR 模型不能通过差分处理这种情况；相反，可以使用**向量误差修正模型（VECM）**。假设协整存在且持续存在，则可以用于制定配对交易策略。

滞后阶数的确定也从每个序列的 ACF 和 PACF 中得到线索，但需要所有序列都使用相同的滞后阶数。如果用于预测模型选择可以使用样本内信息准则，或者如果模型用于交叉验证则可以使用样本外预测性能进行设计，在模型估计之后，**残差检验**也需要类似于白噪声的结果。

正如在一元情况中所提到的,对原始时间序列的预测需要我们在训练模型之前进行序列平稳逆变换。

9.4.3　基于 VAR 模型的宏观预测

我们将对单个月度工业生产指数时间序列的一元示例进行扩展，具体是添加一个月度消费者信心指数时间序列,这两者都由美联储提供。这里使用熟悉的 pandasdatareader 库来检索 1970—2017 年的数据，代码如下:

```
df = web.DataReader(['UMCSENT', 'IPGMFN'],
                    'fred', '1970', '2017-12').dropna()
df.columns = ['sentiment', 'ip']
```

对工业生产指数序列进行对数变换，并对两个序列使用 Lag-12 的季节差分, 得到平稳结果, 代码如下:

```
df_transformed = pd.DataFrame({'ip':  np.log(df.ip).diff(12),'sentiment':
                               df.sentiment.diff(12)}).dropna()
test_unit_root(df_transformed)       # 更多细节和附图请参阅文件
              p-value
ip            0.0003
sentiment     0.0000
```

结果如图 9.10 所示。

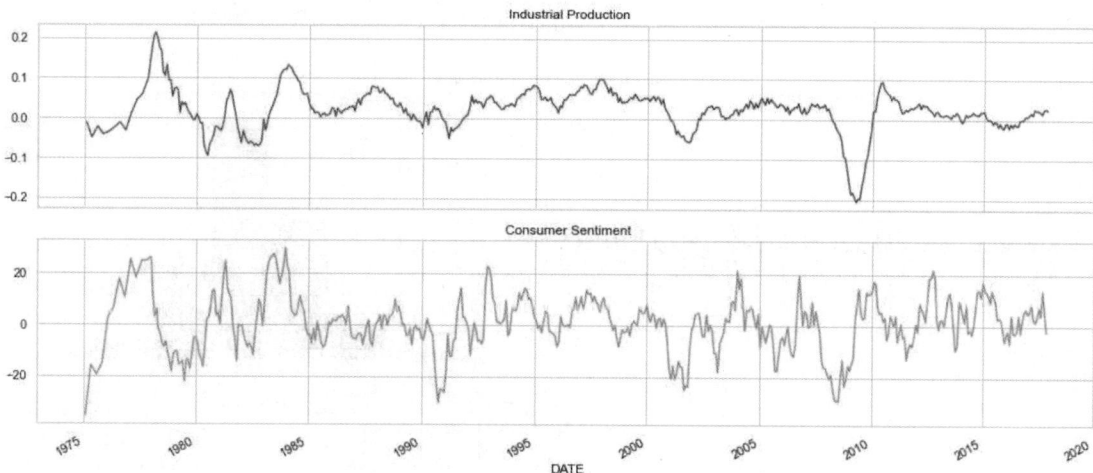

图 9.10　转换后的时间序列（工业生产指数和消费者信心指数）

为了限制输出的大小，我们将使用 VARMAX 实现（允许可选的外生变量）VAR(1)模型，并使用前 480 个观测结果，代码如下:

```
model = VARMAX(df_transformed.loc[: '2017'], order=(1,1),
               trend='c').fit(maxiter=1000)
```

结果如图 9.11 所示。

图 9.12 显示，输出包含两个时间序列方程的系数。统计模型提供检验图来检查残差是否满足白噪声假设。在这个简单的例子中，情况并非如此，因为方差似乎不是恒定的（左上），分位数图显示了分布

中的差异，即肥尾（左下）。

```
                        Statespace Model Results
=================================================================================
Dep. Variable:        ['ip', 'sentiment']   No. Observations:            468
Model:                      VARMA(1,1)       Log Likelihood           -71.870
                            + intercept      AIC                      169.741
Date:               Thu, 16 Apr 2020        BIC                      223.671
Time:                       22:55:23        HQIC                     190.962
Sample:                            0
                               - 468
Covariance Type:                 opg
=================================================================================
Ljung-Box (Q):            127.93, 161.51    Jarque-Bera (JB):     128.70, 17.04
Prob(Q):                      0.00, 0.00     Prob(JB):               0.00, 0.00
Heteroskedasticity (H):       0.48, 1.10     Skew:                   0.19, 0.21
Prob(H) (two-sided):          0.00, 0.57     Kurtosis:               5.54, 3.83
                          Results for equation ip
=================================================================================
                      coef     std err          z      P>|z|      [0.025     0.975]
---------------------------------------------------------------------------------
intercept           0.0015       0.001      2.401      0.016       0.000      0.003
L1.ip               0.9284       0.010     93.628      0.000       0.909      0.948
L1.sentiment        0.0006    6.03e-05     10.059      0.000       0.000      0.001
L1.e(ip)            0.0116       0.037      0.311      0.756      -0.062      0.085
L1.e(sentiment)  -9.925e-05      0.000     -0.814      0.415      -0.000      0.000
                       Results for equation sentiment
=================================================================================
                      coef     std err          z      P>|z|      [0.025     0.975]
---------------------------------------------------------------------------------
intercept           0.3374       0.279      1.208      0.227      -0.210      0.885
L1.ip             -14.3677       5.450     -2.636      0.008     -25.049     -3.687
L1.sentiment        0.8801       0.023     37.598      0.000       0.834      0.926
L1.e(ip)           39.6834      18.798      2.111      0.035       2.839     76.528
L1.e(sentiment)     0.0509       0.052      0.983      0.326      -0.051      0.152
                        Error covariance matrix
=================================================================================
                      coef     std err          z      P>|z|      [0.025     0.975]
---------------------------------------------------------------------------------
sqrt.var.ip         0.0129       0.000     40.298      0.000       0.012      0.014
sqrt.cov.ip.sentiment 0.0368     0.231      0.159      0.873      -0.416      0.489
sqrt.var.sentiment  5.2738       0.148     35.519      0.000       4.983      5.565
=================================================================================

Warnings:
[1] Covariance matrix calculated using the outer product of gradients (complex-step).
```

图 9.11　VAR(1)模型结果

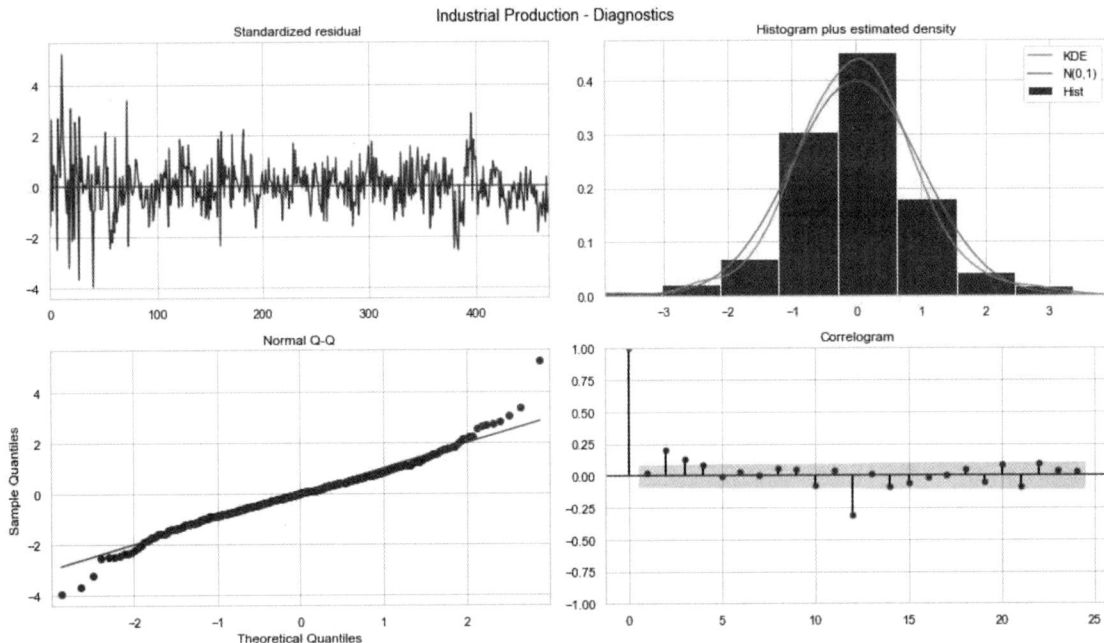

图 9.12　statsmodels VAR 模型检验图

生成样本外预测如下：

```
preds = model.predict(start=480, end=len(df_transformed)-1)
```

图 9.13 所示的可视化的实际值和预测值显示了预测滞后于实际值，也没有很好地捕捉非线性的样本外模式。

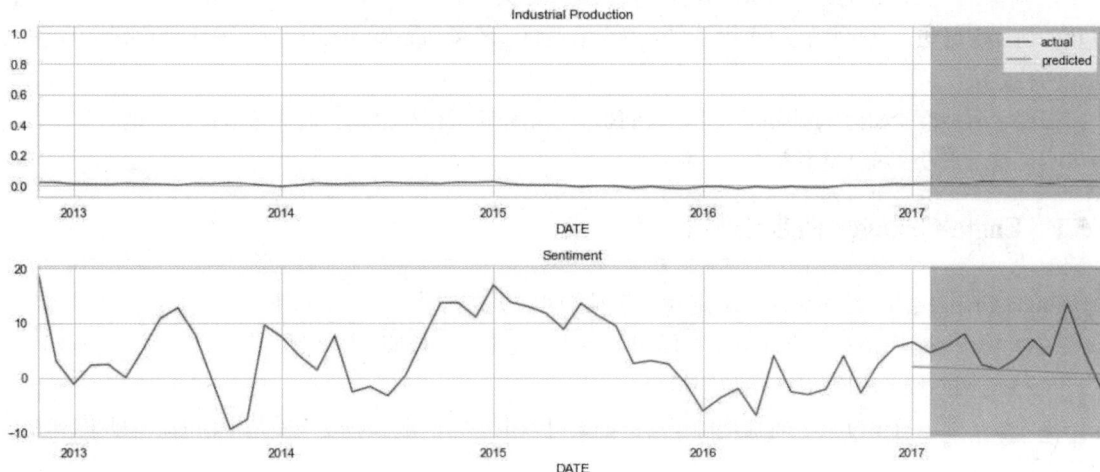

图 9.13　VAR 模型预测结果与实际情况比较

9.5　协整——具有共同趋势的时间序列

在 9.4 节的多元时间序列模型中，我们简要地提到了协整。现在解释一下这个概念，以及在利用它设计统计套利交易策略之前，如何更详细地检验它的存在。

我们已经看到了时间序列如何具有单位根，从而产生随机趋势，并使时间序列具有高度持久性。当我们在线性回归模型中以其原始的形式而不是以差分的形式使用这样的可积时间序列时，其与结果的关系往往在统计上具有显著性，即使这种关系本身可能不存在。这种现象被称为伪回归。因此，推荐的解决方案是对时间序列进行差分，使其用于模型中之前变得平稳。

然而，当结果和一个或多个输入变量之间存在协整关系时是例外的。为了理解协整的概念，首先要记住回归模型的残差是输入序列和输出序列的线性组合。

通常，一个完整的时间序列对一个或多个序列的回归残差会产生非平稳残差，这些残差也是可积的，因而表现得像随机游走。然而，对于某些时间序列，情况并非如此：回归产生的系数产生了时间序列的线性组合，其残差形式是平稳的（即使单个序列不是）。这样的时间序列我们称之为协整序列。

一个非技术性的例子是一个醉汉和他的狗（用皮带拴在他手里）一起"随机游走"。这两种轨迹都是非静止的，但都是协整的，因为狗偶尔会回到它的主人身边。在交易环境中，套利约束意味着现货和期货价格之间的协整。

换句话说，**两个或更多协整序列的线性组合有一个稳定的平均值。**这也适用于高阶可积的单个序列和降低整体积分阶的线性组合。

协整不同于相关性，两个序列可以高度相关，但不需要协整。例如，如果两个增长序列是彼此的常数倍，它们的相关性会很高，但任何线性组合都会增长，而不是回归到一个稳定的平均值。

协整非常有用，如果两个或两个以上的资产价格序列倾向于回归一个共同平均值，我们可以利用偏离趋势的因子，因为它们应该意味着未来价格的反向移动。协整背后的数学更复杂，因此我们只关注实际应用。

在本节中，我们将介绍如何识别具有这种长期平稳关系的配对，估计任何不平衡的预期时间校正，以及如何利用这些工具来实施和回测多空配对交易策略。检验协整有 Engle-Granger 两步法和 Johansen 检验两种方法。

在展示两种检验如何识别倾向于回归共同趋势的协整证券组合之前，首先依次讨论这两种方法，这一事实可以用来设计统计套利策略。

9.5.1 Engle-Granger 两步法

Engle-Granger 两步法可以用于确定两个序列之间的协整关系。它包括以下两个步骤：

（1）将一个序列对另一个序列进行回归，估计彼此是否为长期平稳关系。

（2）对回归残差应用 ADF 单位根检验。

零假设是残差有单位根，而且是可积的；如果可以拒绝它，那么假设残差是平稳的，因此序列是协整的。

这种方法的一个关键好处是，回归系数代表了使组合平稳的乘数，即均值回归。不幸的是，检验结果会有所不同，这取决于我们认为哪个变量是独立的，所以我们两种方法都尝试，然后选择具有更低 p 值的负检验统计量的关系。

Engle-Granger 两步法还有一个缺点，就是这种测试仅限于成对关系。更复杂的 Johansen 程序可以在多达 12 个时间序列中识别显著的协整。

9.5.2 Johansen 似然比检验

相比之下，Johansen 程序检验协整对 VAR 模型施加了限制。具体来说，在通用 VAR(p)模型的两边减去目标向量后，我们得到**误差修正模型（ECM）**，公式如下：

$$\Delta y_t = c + \Pi y_{t-1} + \Gamma_1 \Delta y_{t-1} + \cdots + \Gamma_p \Delta y_{t-p} + \varepsilon_t$$

由此得到的修正 VAR(p)方程在水平(y_{t-1})中只有一个向量项，该向量项没有用 Δ 运算符表示为差分。协整性取决于这项的系数矩阵 Π 的秩。

虽然这个方程在结构上与 ADF 检验相似，但由于涉及多个序列，现在有几个潜在的共同趋势的"众星捧月"[1]。为了确定协整关系的数量，Johansen 检验从 0 开始（无协整）依次检验 Π 的递增秩。

Gonzalo 和 Lee 介绍了由于错误模型动态和其他实现方面而带来的实际挑战，包括如何与测试过程有效组合，后者我们将在 9.6 节中介绍。

---

[1] 译者注：这里直译了 constellations，可以理解为醉汉就是"月亮"，而他的狗就是"星星"。

9.6 协整统计套利

统计套利是指采用某种统计模型或方法、利用资产的相对错误定价，同时保持一定的市场中性水平的策略。

配对交易是一种概念上简单明了的策略，至少从 20 世纪 80 年代中期开始，算法交易员就开始采用这种策略。目标是找到历史上价格"一起"移动的两种资产，跟踪价差（两者的价格之差），当价差高于均值时，卖空涨得多的股票；价差小于均值时，买入涨得少的股票。如果这种关系持续下去，多头和/或空头将在价格趋同和仓位关闭时获利。

这种方法可以扩展到多元环境中，将多种证券组成一篮子，并将一种资产与两种资产篮子进行交易。

在实践中，该策略执行主要分成以下两步：

（1）形成阶段：确定具有长期均值回归关系的证券。理想情况下，利差应该有一个允许频繁盈利交易的高方差，同时又可靠地回归到共同趋势。

（2）交易阶段：遵循价格运动导致价差发散和收敛，触发进入和退出交易规则。

过去几年，在多个资产类别中，该领域的研究越来越活跃，出现了几种形成和多交易阶段的方法。

9.6.1 选择和交易配对资产组合

2017 年，Krauss 对配对交易策略进行了全面研究，确定了 4 种不同的方法，也简单概括了包括基于机器学习在内的其他一些新成果，具体如下：

- 最小距离法：最古老也是研究最多的方法，用距离指标（如相关性）识别候选对，并使用非参数阈值（如布林带）触发交易。自 2006 年 Gatev 等人提出以来，最小距离法因计算简单，在较长时间内在市场和资产类别中实现大规模套利应用。不过，最近这种方法业绩有所下降。
- 协整分析法：该方法依赖于两个或多个变量之间的长期关系的计量经济学模型，该方法支持统计检验，因此也比简单的距离度量更加可靠。这个类别中的例子使用了 Engle-Granger 和 Johansen 检验识别证券配对和篮子，以及旨在捕捉这个概念的更简单的启发法。交易规则通常类似于距离度量中使用的简单阈值。
- 时间序列方法：以交易阶段为重点，这类策略的目标是将利差建模为回归均值的随机过程，假设已经找到了"有希望"的配对，据此优化入市和退出规则。
- 随机控制法：与时间序列方法类似，目标是利用随机控制理论优化交易规则，找到值函数和政策函数，从而寻求最优投资组合。
- 其他方法：除了如主成分分析和 copulas 统计模型等基于无监督学习的配对识别，机器学习最近变得越来越流行，人们基于它们的相对价格或收益预测来识别配对。我们将在接下来的章节中介绍几种可用于此的机器学习算法，并说明相应的多元配对交易策略。

本小节对各种方法进行了总结，但对配对交易策略设计的灵活性却知之甚少。除了关于配对选择和交易规则逻辑的更高层次的问题之外，我们还**需要定义许多参数来实现**。包括以下几个方面的参数：

- 投资领域以及如何筛选潜在的配对或篮子。
- 周期长度。

- 可交易候选股票的关系强度。
- 当价差波动时，偏离或趋同其触发入市或出市交易或调整现有头寸的共同手段的程度。

9.6.2 实践中的配对交易

最小距离法使用（标准化）资产价格或其收益的相关性来识别成对，具体操作很简单，而且比协整检验的计算量少几个数量级。笔记 cointegration_test 举例说明了这一点，其中 150 只股票的样本有 4 年的每日数据：最小距离法需要大约 30ms 来计算与 ETF 收益的相关性，而一套使用统计模型的协整测试需要 18s，两者相差了 600 倍。

潜在对的数量是每一方被考虑的候选对的数量的乘积，评估 100 只股票和 100 只 ETF 的组合需要比较 10 000 个测试结果，两者差距可想而知。

另外，距离指标不一定会选择最赚钱的配对：相关性最大化了完美的共同运动，这反过来又可能错过实际的交易机会。研究证实，协整对的价差波动几乎是距离对价差波动的两倍。

为了**平衡计算成本和配对质量**，2017 年 Krauss 通过文献综述推荐了一种"一箭双雕"的方法，过程如下：

（1）选择分布稳定且漂移小的配对减少候选数量。

（2）检验剩余配对与最大的扩散方差协整。

这一过程旨在选择具有较低分歧风险的协整配对，同时确保波动性更大的价差，从而产生更高的利润机会。

多次测试可能会增加错误拒绝不存在协整的零假设的误报。虽然统计显著性对于有利可图的交易可能不是必要的，但一项对商品对的研究表明，根据 Romano 和 Wolf 的研究，控制多重比较谬误来提高测试效力可以导致更好的表现。

在下面的小节中，我们将更详细地看到资产价格变动程度的各种启发式对于协整检验的结果是如何具有预测性的。

示例代码使用了在纽约证券交易所和纳斯达克交易所上市的 172 只股票和 138 只 ETF 样本，通过 Stooq 提取 2010—2019 年的每日数据。

这些证券代表了各自类别中样本期间最大的平均交易额，首先删除高度相关资产和固定资产。有关如何获取数据的说明，请参考 GitHub 存储库的数据文件夹中的笔记 create_datasets，有关代码以及其他预处理和探索细节，请参考笔记 cointegration_tests。

1. 基于距离启发式寻找协整对

compute_pair_metrics()计算了 2010—2014 年和 2015—2019 年超过 23 000 对股票和**交易所交易基金**的以下距离指标：

- 价差漂移，定义为价差时间趋势的线性回归。
- 价差波动率。
- 标准化价格序列与其收益之间的相关性。

低漂移和波动率以及高相关性可以简单近似为协整。

为了评估这些启发式的预测能力，我们还使用统计模型对前一对运行 **Engle-Granger 和 Johansen 协整检验**，这一点主要通过 compute_pair_metrics()后半部分循环来实现。

首先估计需要为 Johansen 检验指定的最优滞后数。对于这两种检验，我们假设协整序列（价差）可能有不同于 0 的截距，但没有趋势，代码如下：

```python
def compute_pair_metrics(security, candidates):
    security = security.div(security.iloc[0])
    ticker = security.name
    candidates = candidates.div(candidates.iloc[0])

    # 启发式计算
    spreads = candidates.sub(security, axis=0)
    n, m = spreads.shape
    X = np.ones(shape=(n, 2))
    X[:, 1] = np.arange(1, n + 1)
    drift = ((np.linalg.inv(X.T @ X) @ X.T @ spreads).iloc[1]
             .to_frame('drift'))
    vol = spreads.std().to_frame('vol')
    corr_ret = (candidates.pct_change()
                .corrwith(security.pct_change())
                .to_frame('corr_ret'))
    corr = candidates.corrwith(security).to_frame('corr')
    metrics = drift.join(vol).join(corr).join(corr_ret).assign(n=n)
    tests = []

    # 计算协整检验
    for candidate, prices in candidates.items():
        df = pd.DataFrame({'s1': security, 's2': prices})
        var = VAR(df)
        lags = var.select_order()      # 选择 VAR 项
        k_ar_diff = lags.selected_orders['aic']
        # Johansen 检验
        cj0 = coint_johansen(df, det_order=0, k_ar_diff=k_ar_diff)
        # Engle-Granger 检验
        t1, p1 = coint(security, prices, trend='c')[:2]
        t2, p2 = coint(prices, security, trend='c')[:2]
        tests.append([ticker, candidate, t1, p1, t2, p2,
                      k_ar_diff, *cj0.lr1])
    return metrics.join(tests)
```

为了检验协整显著性，我们将秩 0 和秩 1 的 Johansen 统计量与它们各自的临界值进行比较，得到 Engle-Granger p 值。

按照 9.5 节最后提到的 Gonzalo 和 Lee 的建议，两种检验结果一致时接受配对。Gonzalo 和 Lee 建议在出现分歧时进行额外的尽职调查，我们将跳过这一点，代码如下：

```python
spreads['trace_sig'] = ((spreads.trace0 > trace0_cv) &
                        (spreads.trace1 > trace1_cv)).astype(int)
spreads['eg_sig'] = (spreads.p < .05).astype(int)
```

对于横跨两个样本期的 46 000 对以上的关系，Johansen 检验认为 3.2% 的关系是显著的，而 Engle-Granger 检验认为 6.5% 的关系是显著的，交集包括 366 对（0.79%）。

2．启发式预测显著协整的效果

当我们比较根据两种检验协整的序列启发式分布时，波动率和漂移确实更低（以绝对值计算）。从图 9.14 可以看出，两种相关性措施不太明显。

为了评估启发式预测的准确率，我们首先运行一个具有这些特征的逻辑回归模型来预测显著协整。它的**曲线下面积（AUC）**交叉验证得分为 0.815，排除相关性指标后，得分仍有 0.804。无论是否有相关特征，决策树在 AUC=0.821 处表现都不错。

严重的类别不平衡还只是麻烦之一，我们还要面对大量的假阳性：正确识别 366 个协整对中的 80% 意味着超过 16 500 个假阳性，但排除了近 30 000 个候选项。

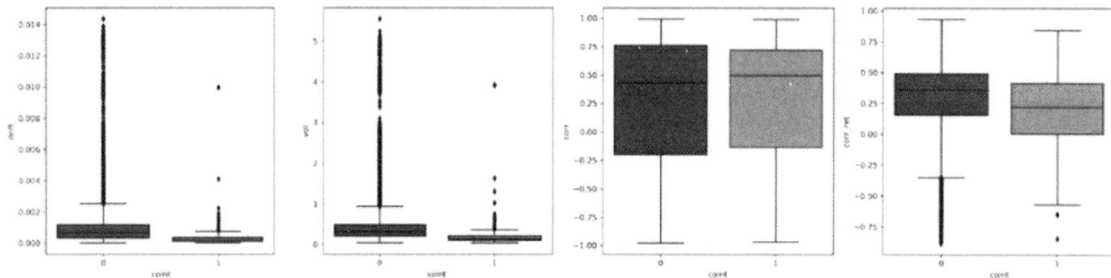

图 9.14　由两个协整检验的显著性分解的启发式分布

9.6.3　策略回测准备

关键的结论是，距离启发式方法有助于高效筛选一个大的范围，但这是以丢失一些协整对为代价的，并且仍然需要大量的测试。

在本小节中，我们将对 2017—2019 年的股票和 ETF 样本实施基于协整的统计套利策略。一些方面被简化表示，详细信息请参阅笔记 statistical_arbitrage_with_cointegrated_pairs，同时还可以获取代码示例和其他信息。

首先，生成并存储所有候选配对和由此产生的交易信号的协整检验；然后，基于这些信号的策略和给定的计算过程进行回测。

1．协整检验预计算

首先对 23 000 对潜在组合中的每一对进行为期 2 年的季度协整检验，然后选择 Johansen 检验和 Engle-Granger 检验都同意的交易的组合。这里应该排除在此期间的固定资产，这一点我们在划定范围时已经排除，所以可以跳过这一步。

图 9.15 显示了被选择交易的两对不同的原始股票和 ETF 样本序列，值得注意的是采样期间明显存在共同趋势。

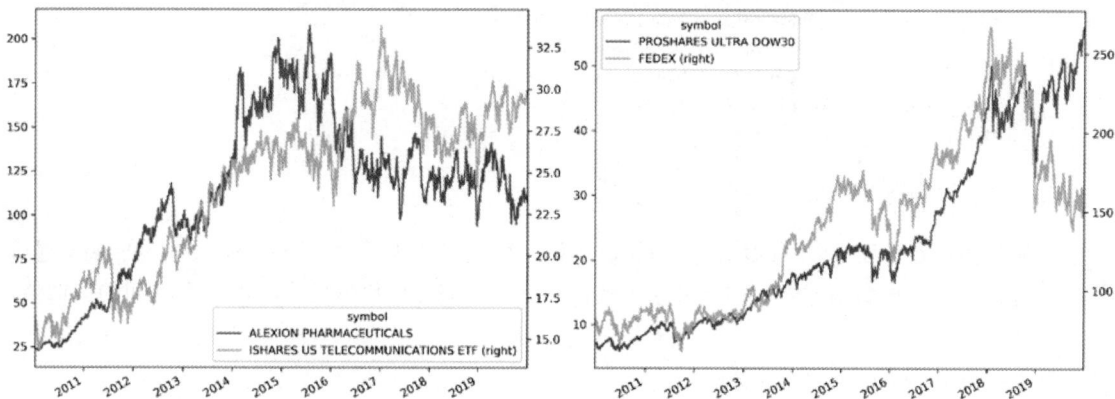

图 9.15　样本期内，两对被选中配对的价格序列

2. 进入和退出交易

现在，可以根据滚动套期保值比率计算每个候选对的价差。我们还计算了**布林带**，并将距离移动平均线大于两个滚动标准差的价差作为**多头和空头入市信号**，反向交叉移动平均线作为退出信号。

3. 用卡尔曼滤波平滑价格

为此，首先应用滚动**卡尔曼滤波（KF）**去噪，代码如下：

```
def KFSmoother(prices):
    """估计滚动平均值"""

    kf = KalmanFilter(transition_matrices=np.eye(1),
                      observation_matrices=np.eye(1),
                      initial_state_mean=0,
                      initial_state_covariance=1,
                      observation_covariance=1,
                      transition_covariance=.05)

    state_means, _ = kf.filter(prices.values)
    return pd.Series(state_means.flatten(),
                     index=prices.index)
```

4. 利用卡尔曼滤波器计算动态套期保值比率

为了得到动态套期保值比率，我们使用卡尔曼滤波器（KF）进行滚动线性回归，代码如下：

```
def KFHedgeRatio(x, y):
    """估计动态套期保值比率"""
    delta = 1e-3
    trans_cov = delta / (1 - delta) * np.eye(2)
    obs_mat = np.expand_dims(np.vstack([[x], [np.ones(len(x))]]).T, axis=1)

    kf = KalmanFilter(n_dim_obs=1, n_dim_state=2,
                      initial_state_mean=[0, 0],
                      initial_state_covariance=np.ones((2, 2)),
                      transition_matrices=np.eye(2),
```

```
                observation_matrices=obs_mat,
                observation_covariance=2,
                transition_covariance=trans_cov)
    state_means, _ = kf.filter(y.values)
    return -state_means
```

5. 均值回归半衰期估计

如果把套利看作连续时间的均值回归随机过程，可以将其建模为一个 Ornstein-Uhlenbeck 过程。这样的好处是能够得到均值回归的半衰期公式，作为一个偏差后价差再次收敛所需时间的近似值，代码如下：

```
def estimate_half_life(spread):
    X = spread.shift().iloc[1:].to_frame().assign(const=1)
    y = spread.diff().iloc[1:]
    beta = (np.linalg.inv(X.T@X)@X.T@y).iloc[0]
    halflife = int(round(-np.log(2) / beta, 0))
    return max(halflife, 1)
```

6. 套利和布林带计算

下面的函数编排了前面的计算，并将套利表示为 z 分数，z 分数捕获移动平均的偏差，其窗口等于滚动标准差的两个半衰期，代码如下：

```
def get_spread(candidates, prices):
    pairs, half_lives = [], []

    periods = pd.DatetimeIndex(sorted(candidates.test_end.unique()))
    start = time()
    for p, test_end in enumerate(periods, 1):
        start_iteration = time()
        period_candidates = candidates.loc[candidates.test_end == test_end,
                                           ['y', 'x']]
        trading_start = test_end + pd.DateOffset(days=1)
        t = trading_start - pd.DateOffset(years=2)
        T = trading_start + pd.DateOffset(months=6) - pd.DateOffset(days=1)
        max_window = len(prices.loc[t: test_end].index)
        print(test_end.date(), len(period_candidates))
        for i, (y, x) in enumerate(zip(period_candidates.y,
                                       period_candidates.x), 1):
            pair = prices.loc[t: T, [y, x]]
            pair['hedge_ratio'] = KFHedgeRatio(
                y=KFSmoother(prices.loc[t: T, y]),
                x=KFSmoother(prices.loc[t: T, x]))[:, 0]
            pair['spread'] = pair[y].add(pair[x].mul(pair.hedge_ratio))
            half_life = estimate_half_life(pair.spread.loc[t: test_end])

            spread = pair.spread.rolling(window=min(2 * half_life,
                                                    max_window))
            pair['z_score'] = pair.spread.sub(spread.mean()).div(spread.std())
            pairs.append(pair.loc[trading_start: T].assign(s1=y, s2=x,
                         period=p, pair=i).drop([x, y], axis=1))
```

```
        half_lives.append([test_end, y, x, half_life])
    return pairs, half_lives
```

7. 确定多头和空头头寸的进入和退出日期

使用 z 分数集导出交易信号过程如下：

（1）如果 z 分数低于（高于）2，建仓多头（空头）头寸，这意味着价差在移动平均线以下移动了两个滚动标准差。

（2）当价差再次越过移动平均线时，平仓。

每季度为在前一个回溯期间通过协整检验但允许在随后的 3 个月退出的配对制定规则。

通过删除 6 个月期间没有关闭的配对再次简化这个问题。或者可以使用策略中包含的止损风险管理来处理这个问题，代码如下：

```python
def get_trades(data):
    pair_trades = []
    for i, ((period, s1, s2), pair) in enumerate(
            data.groupby(['period', 's1', 's2']), 1):
        if i % 100 == 0:
            print(i)

        first3m = pair.first('3M').index
        last3m = pair.last('3M').index

        entry = pair.z_score.abs() > 2
        entry = ((entry.shift() != entry)
                    .mul(np.sign(pair.z_score))
                    .fillna(0)
                    .astype(int)
                    .sub(2))

        exit = (np.sign(pair.z_score.shift().fillna(method='bfill'))
                    != np.sign(pair.z_score)).astype(int) - 1
        trades = (entry[entry != -2].append(exit[exit == 0])
                                .to_frame('side')
                                .sort_values(['date', 'side'])
                                .squeeze())
        trades.loc[trades < 0] += 2
        trades = trades[trades.abs().shift() != trades.abs()]
        window = trades.loc[first3m.min(): first3m.max()]
        extra = trades.loc[last3m.min(): last3m.max()]
        n = len(trades)

        if window.iloc[0] == 0:
            if n > 1:
                print('shift')
                window = window.iloc[1:]
        if window.iloc[-1] != 0:
            extra_exits = extra[extra == 0].head(1)
```

```
        if extra_exits.empty:
            continue
        else:
            window = window.append(extra_exits)
    trades = (pair[['s1', 's2', 'hedge_ratio', 'period', 'pair']]
                .join(window. to_frame('side'), how='right'))
    trades.loc[trades.side == 0, 'hedge_ratio'] = np.nan
    trades.hedge_ratio = trades.hedge_ratio.ffill()
    pair_trades.append(trades)
return pair_trades
```

9.6.4　backtrader 策略回测

现在已经准备好在回测平台上制定、执行并评估策略。要做到这一点，除了单个投资组合的头寸外，还需要跟踪配对并监控活跃和非活跃配对价差，应用既定交易规则。

1. 使用自定义 dataclass 跟踪配对

为了考虑主动配对，我们定义了一个 dataclass。这个名为 Pair 的数据结构允许我们存储 Pair 组分、份额和套期保值比率，并计算当前价差和收益等。简化代码如下：

```
@dataclass
class Pair:
    period: int
    s1: str
    s2: str
    size1: float
    size2: float
    long: bool
    hr: float
    p1: float
    p2: float
    entry_date: date = None
    exit_date: date = None
    entry_spread: float = np.nan
    exit_spread: float = np.nan

    def compute_spread(self, p1, p2):
        return p1 * self.size1 + p2 * self.size2

    def compute_spread_return(self, p1, p2):
        current_spread = self.compute_spread(p1, p2)
        delta = self.entry_spread - current_spread
        return (delta / (np.sign(self.entry_spread) *
                        self.entry_spread))
```

2. 实施和评估策略

实施过程主要如下：
（1）触发退出规则或超过设定负收益的配对每日退出。
（2）如果相应配对价差触发了进入信号，开启新的多头和空头头寸。

（3）按配对梳理变化情况调整仓位。

策略本身的代码占用了太多的空间，不能在这里显示；详细信息请参见笔记 pairs_trading_ backtest。

图 9.16 显示，至少在 2017—2019 年期间，这种简化策略有其高光时刻（需要注意的是，这里我们可能有一些前视偏差，而且忽略了交易成本）。

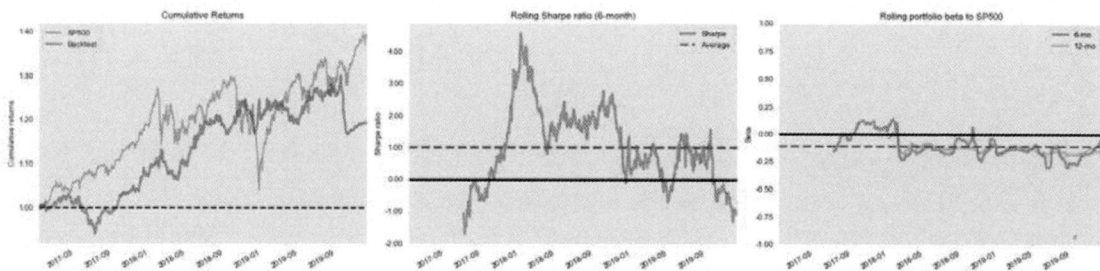

图 9.16　策略绩效指标

在这些宽松的假设下，该指数在本季度开始和结束时的表现都低于标准普尔 500 指数，除此之外也大致持平（左图）。它产生的阿尔法值为 0.08，贝塔值为-0.14（右图），平均夏普比率为 0.75，索提诺比率为 1.05（中图）。

虽然我们应该对这些业绩指标持保留态度，但该策略展示了以配对交易形式基于协整的统计套利的完整剖析，在此框架上可以构建性能更好的策略。

9.6.5　扩展——做得更好

协整是一个非常有用的概念，可以帮助确定股票配对或股票组的共同趋势。与协整的统计复杂性相比，我们使用了非常简单和静态的交易规则；正如多空持仓模式所显示的那样，以季度为基础的计算也扭曲了这一策略。

要想成功，至少需要筛选一个更大的范围，优化一些参数并完善交易规则设置；此外，当某些资产相对经常出现在交易组合的同一方时，风险管理应考虑集中头寸。

也可以用篮子来操作，而不是单独地成对；然而，为了解决候选证券数量不断增加的问题，可能需要限制篮子的组成。

正如在 9.6.2 小节中提到的，预测价格确实还有其他选择。在接下来的章节中，我们将介绍各类机器学习模型，这些模型旨在预测给定投资领域和水平的绝对规模或价格运动方向。使用这些预测作为多头和空头进场信号是我们在本小节中研究的配对交易框架的自然延伸或替代。

9.7　本章小结

在本章中，我们介绍了单个序列一元情况下线性时间序列模型和几个相互作用序列的多元模型，看到了预测宏观基本面的应用程序、风险管理中广泛使用的预测资产或投资组合波动的模型，以及捕捉多个宏观序列动态的多元 VAR 模型。我们还研究了协整的概念，这是流行的配对交易策略的基础。

类似于第7章，我们看到了线性模型是如何作用于很多结构的，也就是说，模型首先作出了强有力的假设，可能需要转换和广泛检验来验证这些假设是否满足。如果满足，可以直接训练和解释模型，同时提供了一个可以改进的更复杂的模型的良好基线。在接下来的章节中，我们将看到这方面的两个例子，即随机森林和梯度增强模型，我们也将在第4部分的深度学习中介绍更多的例子。

第 *10* 章

贝叶斯机器学习算法
——动态夏普比率和配对交易

在本章中，我们将介绍**贝叶斯机器学习算法**以及在制定和评估交易策略时该方法对不确定性的不同观点的重要价值。

贝叶斯统计可以帮助量化未来事件的不确定性，并在新信息到来时以有原则的方式改进估计。这种动态方法很好地适应了金融市场不断演变的本质。当相关数据较少并且需要系统地整合先验知识或假设的方法时，变得特别有用。

我们将看到机器学习的贝叶斯方法对统计度量、参数估计和预测的不确定性有更具洞见性的见解。应用范围从更细化的风险管理到包含市场环境变化的预测模型的动态更新。Black-Litterman 资产配置方法就可以解释为贝叶斯模型。它将一项资产的预期收益率计算作为市场均衡和投资者观点的平均值，并通过每种资产的波动性、交叉资产相关性和对每种预测的信心进行加权。

本章将涵盖以下内容：

- 贝叶斯统计应用于机器学习的方法。
- 使用 PyMC3 进行概率编程。
- 使用 PyMC3 定义和训练机器学习模型。
- 运行最先进的采样方法进行近似推断的方法。
- 贝叶斯机器学习应用计算动态夏普比率、动态配对交易套期保值比率、估计随机波动率。

读者可以在 GitHub 存储库的对应目录中找到本章的代码示例和附加资源的链接。笔记中有彩色版本的图像。

10.1 贝叶斯机器学习工作机理

经典统计是按照频率进行统计的方法，因为它把概率解释为从长期来看的一个事件的相对概率，也就是说，需要观测大量的试验。在频率统计的语境中，事件是一个实验的一个或多个基本结果的组合，如掷两个骰子的六个相等结果中的任何一个，或某一天资产价格下跌 10%或以上。

相比之下，**贝叶斯统计**将概率视为对某一事件发生的信心或信念的度量。因此，贝叶斯观点比频率主义的解释有更多的主观观点和意见分歧的空间。对于那些不经常发生而无法达到长期概率的客观衡量标准的事件，这种差异更为显著。

换句话说，频率统计假设数据是总体中的随机样本，旨在识别产生数据的固定参数，因此需要的数据点至少和需要估计的参数一样多。而贝叶斯统计则将给定的数据作为参数，并将参数视为随机变量，其分布可以从数据中推断出来。

另外，贝叶斯方法可以兼容较小的数据集，并且非常适合一次从一个样本进行在线学习。

贝叶斯视图对于许多现实世界中罕见或独特的事件非常有用，至少在一些重要方面是这样的。例如，预测市场是否会在 3 个月内崩溃。在每一种情况下，都有相关的历史数据以及随着事件临近而展开的独特情况。

首先介绍贝叶斯定理，贝叶斯定理通过将先验假设与新的经验证据相结合来明确更新信念的概念，并将得到的参数估计与频率对应项进行比较。然后，我们将演示两种贝叶斯统计推断的方法，即共轭先验和近似推断，它们可以洞察期望值等潜在（即未观测到的）参数的后验分布，具体如下：

- 共轭先验通过提供一个解析解，使我们能够精确地计算解并更新过程。然而，这种精确的分析方法并不总是可用的。
- 近似推断模拟了结合假设和数据得出的分布，使用来自该分布的样本来计算统计洞见。

10.1.1　如何根据经验证据更新假设

"当事实改变时，我会改变主意。您呢，先生？"

——John Maynard Keynes

贝叶斯定理是牧师托马斯·贝叶斯在 250 多年前提出的，这个定理使用基本概率论规定随着相关新信息的到来，概率或信念应该如何变化。Keynes 的名言正是抓住了这一规定。贝叶斯定理依赖于条件概率和总概率以及链式法则。

概率信念涉及单个参数或参数向量 θ（也称为假设）。每个参数可以是离散的，也可以是连续的。θ 可以是一维统计量，如分类变量的（离散）模式或（连续）均值，也可以是更高维度的值集，如协方差矩阵或深度神经网络的权值。

与频率统计的一个关键区别是，贝叶斯假设表示为概率分布，而不是参数值。因此，当频率推断集中于点估计时，贝叶斯推断产生概率分布。

贝叶斯定理通过计算以下输入的**后验概率分布**更新兴趣参数的先验分布，如图10.1所示。

- **先验分布**表示我们考虑每个可能假设的可能性。
- **似然函数**输出观测数据集的概率时，给定的参数 θ 值，即一个特定的假设。
- 在所有可能的假设下，**证据**衡量观测到的数据的可能性。因此，对于所有的参数值都是一样的，可以使分子归一化。

后验是先验和可能性的乘积，除以证据。因此，它反映了假设的概率分布，通过考虑先验假设和数据进行更新。从另一个角度看，后验概率是应用链式法则得出的，链式法则又对数据和参数的联合分布进行因式分解。

对于高维连续变量，公式变得更加复杂，并涉及（多重）积分。此外，另一种公式使用概率表示后验概率为先验概率乘以似然比的乘积。

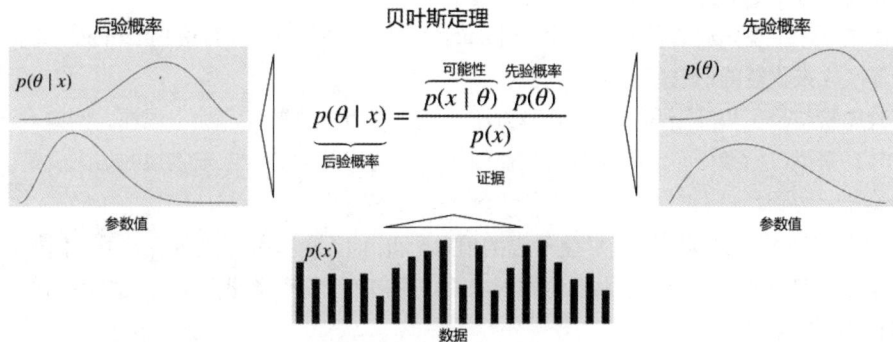

图 10.1　证据将先验概率分布更新为后验概率分布

10.1.2　精确推断——最大后验估计

实际应用贝叶斯定理精确计算后验概率的情况是相当有限的。这是因为计算分母中的证据项是相当具有挑战性的，证据反映了观测数据在所有可能参数值上的概率，需要"边缘化"参数的分布也被称为边际概率增加或积分的分布[1]，而这一点通常仅在具有少量离散参数且假设值非常少的简单情况下才有可能。

最大后验概率 MAP 估计利用了这样一个事实，即证据是一个常数因子，它衡量后验以满足概率分布的要求。由于证据不依赖于 θ，后验分布与似然和先验的乘积成正比。因此，MAP 估计在给定观测数据和先验信念的情况下，选择后验值最大的 θ 值，即后验模式。

MAP 方法与定义**概率分布**的参数的**最大似然估计（MLE）**形成对比。MLE 选择参数 θ 值，使观测训练数据的似然函数最大化。

通过对这些定义的分析，可以看出 **MAP 与 MLE 的不同之处在于其是否包含了先验分布**。换句话说，除非先验是一个常数，否则 MAP 与其 MLE 必然不同，公式如下：

$$\theta_{\text{MLE}} = \underset{\theta}{\text{argmax}}\, P(X|\theta)$$

MLE 解倾向于反映频率论的概念，即概率估计应该反映观测到的比率。另外，先验对 MAP 估计的影响往往对应于在 MLE 中添加反映先验假设的数据。例如，通过添加有偏倚的试验数据，可以在 MLE 上下文中包含偏倚较大的先验。

先验分布是贝叶斯模型的关键组成部分。接下来我们将介绍一些便于分析推断的选择。

1．选择先验

因为先验会影响 MAP 估计，所以应该反映参数分布。如果先验不确定，则需要从几个合理的选项中作出选择。一般来说，通过测试替代方案是否会导致相同的结论来证明先验和检查稳健性是不错的选择。

先验的类型如下：

---

[1] 译者注：此处原文细节不多，详细内容请参考联合概率、边缘概率、条件概率和贝叶斯定理之间的关系。

- **客观先验**使数据对后验的影响最大化。如果参数分布未知，可以在相关的参数值范围内选择一个如均匀分布等的无信息先验（也称为扁平先验）。

- 相比之下，**主观先验**的目的是将模型外部的信息纳入估算。在 Black-Litterman 示例中，投资者对资产未来收益的信念就是主观先验。

- **经验先验**结合了贝叶斯和频率法两种方法，并使用历史数据来消除主观性。例如，通过估计各种时刻来拟合标准分布。使用每日收益的历史平均值而不是对未来收益的信念就是一个简单的经验先验例子。

在机器学习模型中，先验限制了后验假设的值，因此可以被视为一种调节因子。例如，先验概率为 0 的参数不是后验分布的一部分。从实际情况来看，更多的"好"数据可以得出更有力的结论，并减少了先前数据的影响。

2. 保持推断简单——共轭先验

除了不同的参数外，当结果后验属于与先验相同的分布类别或家族时，其先验分布与似然是共轭的。例如，当先验和似然都是正态分布时，后验也是正态分布的。

先验和似然的共轭意味着**后验存在解析解**，这有助于更新过程，也能有效地避免使用数值方法来逼近后验。此外，得到的后验值可以作为下一个更新步骤的先验值。

3. 资产价格变动的动态概率估计

当数据由具有一定成功概率的二元伯努利随机变量组成时，重复试验的成功次数服从二项分布。共轭先验是在区间[0,1]上由服从贝塔分布的两个形状参数来模拟成功概率上的任意先验分布。因此，后验分布也是贝塔分布，可以通过直接更新参数得到。

收集不同规模的标准普尔 500 指数每日二元收益率的样本，其中正向的结果是价格上涨。从一个无信息先验开始，即在区间[0,1]中为每个可能的成功概率分配相等的概率，我们计算不同证据样本的后验概率。

下面的代码示例表明，更新仅仅是将观测到的成功和失败的次数加入先验分布的参数中，得到后验分布。

```
n_days = [0, 1, 3, 5, 10, 25, 50, 100, 500]
outcomes = sp500_binary.sample(n_days[-1])
p = np.linspace(0, 1, 100)

# 均匀分布的无信息先验
a = b = 1
for i, days in enumerate(n_days):
    up = outcomes.iloc[:days].sum()
    down = days - up
    update = stats.beta.pdf(p, a + up , b + down)
```

所得到的后验分布如图 10.2 所示。它们说明了从统一先验（认为所有成功概率都是同等可能的）到逐渐达到峰值分布的演化过程。

经过 500 次更新，从 2010 年到 2017 年，概率集中在 54.7% 的正移动的实际概率附近。它也显示了 MLE 和 MAP 估计之间的小差异，后者倾向于被轻微地拉向统一先验的期望值。

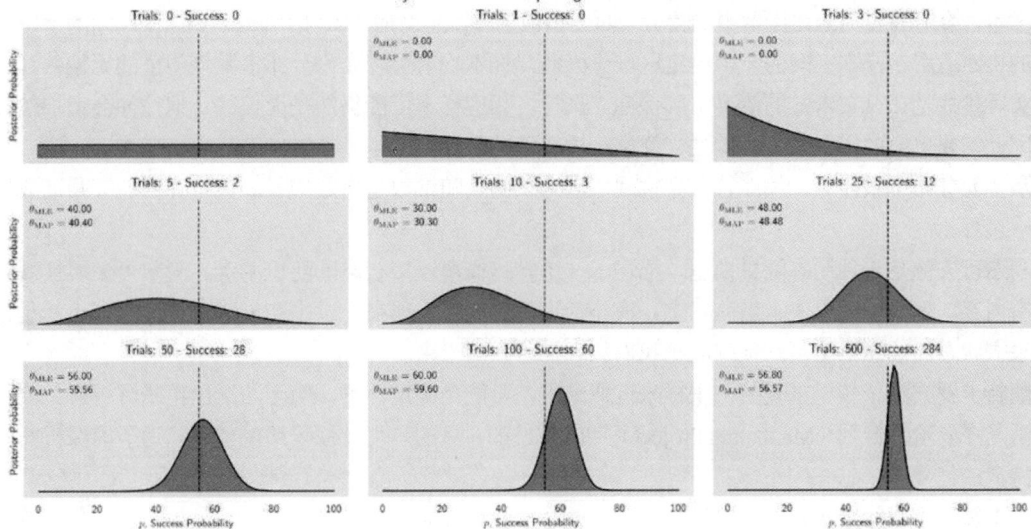

图 10.2　标准普尔 500 指数经过 500 次更新后第二天上涨概率的后验分布

实际应用中，共轭先验的使用仅限于低维情况。此外，简化 MAP 方法避免了计算证据项，即便如此，它还有一个关键的缺点，即不返回分布，所以我们无法导出不确定性的度量或使用它作为先验。因此需要使用数值方法和随机模拟进行近似推断而不是精确推断，这也是我们即将介绍的主要内容。

10.1.3　确定近似推断与随机近似推断

对于大多数实际相关的模型，都不可能推导出精确的后验分布或者计算潜在参数的期望值。模型可能有太多的参数，或者后验分布对解析解来说过于复杂，具体如下：

● 对于**连续变量**，积分可能没有封闭形式的解，而空间维数和被积函数的复杂性可能让数值积分变得困难。

● 对于**离散变量**，边缘化涉及对隐藏变量的所有可能配置求和，尽管这在原则上总是可能的，但在实践中我们经常发现，可能有许多指数级的隐藏状态，使得这种计算代价高昂。

虽然在某些应用中，未观测到的参数的后验分布也是值得关注的，但在大多数情况下，它主要是用来评估期望的（如用于预测）。在这种情况下，我们可以依赖近似推断，它包括随机近似推断和确定近似推断。

● 随机近似推断：基于**马尔可夫链蒙特卡罗（MCMC）**采样，该方法在许多领域推广了贝叶斯方法。该方法通常可以收敛于精确结果，但在实践中，采样方法对计算要求比较高，往往局限于小规模的问题。

● 确定近似推断：也称**变分推断或变分贝叶斯**，基于后验分布解析近似，可以很好地扩展到大型应用场景。该方法作出简化假设，例如，后验因子以一种特殊的方式分解或者它有一种特殊的参数形式（如高斯分布）。因此，虽然不能产生精确的结果，但可以作为采样方法的补充。

1. 马尔可夫链蒙特卡罗采样

对于给定的分布 $p(x)$，从中抽取样本 $X=(x_1, \cdots, x_n)$。假设样本是独立的，大数定律确保对于越来越多的样本，给定的实例 x_i 在样本中的得分（对于离散的情况）对应于其概率 $p(x=x_i)$。在连续的情况下，类似的推断适用于样本空间的一个给定区域。因此，样本均值可以作为分布参数期望值的无偏估计。

实际挑战是在分布未知的情况下确保独立采样。相应样本可能仍然是无偏的，但往往会增加估计方差，因此需要更多的样本来进行像独立样本一样精确的估计。

从多元分布中采样对计算而言是个挑战，因为状态数随维数呈指数增长。大量算法能够帮助我们改进这一过程。

马尔可夫链是一种动态随机模型，描述了一组转移概率连接状态的随机游走。马尔可夫属性规定进程没有内存，下一步只取决于当前状态。换句话说，这取决于现在、过去和未来是否独立，也就是说，关于过去状态的信息不能帮助预测超越我们从现在所知的未来。

蒙特卡罗方法依赖于重复随机采样来近似结果，可能是确定性的，但无法给出精确解析解。蒙特卡罗方法是在曼哈顿计划（Manhattan Project）期间开发的，目的是估计原子级的能量，为了确保机密而获得了持久的代号。

许多算法将蒙特卡罗方法应用于马尔可夫链，一般情况如下：

（1）从当前位置开始。

（2）从建议分布中得出一个新位置。

（3）根据数据和先验分布评估新位置的概率。如果可能性足够大，可以换到新位置；否则，保持当前位置。

（4）从第（1）步开始重复。

（5）在给定的迭代次数之后，返回所有可接收的位置。

MCMC 方法的目的在于识别和探索后验中我们感兴趣的集中显著概率密度区域。当无记忆过程持续地通过后验的高概率状态，接收率增加时，该过程被称为收敛。关键是要在随机探索样本空间和降低接收率的风险之间找到合理的平衡。

该过程的初始步骤可能比后几步更能反映起始位置，但是它们通常被作为老化**样本**而丢弃。MCMC 的一个关键属性是，流程应该在一定（但未知）迭代次数后"忘记"其初始位置。

剩余样本称为过程**轨迹**，假设过程是收敛的，样本的相对频率近似于后验值，可以根据大数定律计算期望值。

如前所述，估计精度依赖于随机游走收集样本的序列相关性，而根据设计，每一个样本只依赖于之前的状态，较高的相关性限制了对后验的有效探查，因此需要进行检验测试。

涉及这种马尔可夫链的技术包括一般 Gibbs 采样、Metropolis-Hastings 算法和更现代的性能更好的 Hamiltonian 蒙特卡罗算法等。

2. Gibbs 采样

Gibbs 采样将多元采样简化为近似抽取一元样本序列。从某个起点开始，它迭代地保持 $n-1$ 个变量不变，同时对第 n 个变量进行采样，然后合并这个样本并重复。

该算法非常简单，也易于实现，但会产生高度相关的样本，减慢收敛，同时顺序的本质使得并行化变得不可能。

3. Metropolis-Hastings 算法

Metropolis-Hastings 算法根据当前状态随机提出新的位置,这样做是为了有效地探索样本空间,减少 Gibbs 采样的相关性。为了确保它从后验中取样,我们使用提案评估的方法,计算先验和似然的乘积,该乘积与后验成正比。接收概率取决于相对于当前样本对应值的结果。

这样做的好处是,它与后验进行比例评估而不是精确评估。然而,收敛可能需要很长时间,这是因为与后验无关的随机移动会降低接收率,因此大量的步骤实际上只产生少量(潜在相关的)样本。可以通过减少提案分布差异来调整接收率,但是这样会导致更少的步骤(也意味着更少的探索)。

4. Hamiltonian 蒙特卡罗算法——NUTS 采样器

Hamiltonian 蒙特卡罗(HMC)算法是一种利用似然梯度的一阶导数信息的混合方法。据此,HMC 提出了新的探索空间,并克服了 MCMC 的一些挑战。此外,HMC 还结合动量有效地在后验分布周围“跳跃”。因此,它可以比简单的随机游走 Metropolis-Hastings 算法或 Gibbs 采样更快地收敛到高维目标分布。

No U-Turn Sampler(NUTS 采样器)是一种自调 HMC 扩展,在选择建议之前自适应地调节后向移动的大小和数量。NUTS 采样器可以很好地处理高维和复杂的后验分布,并且允许许多复杂的模型在没有关于拟合算法本身的专业知识的情况下进行拟合。

5. 变分推断和自动微分

变分推断(VI)是一种优化近似概率密度的机器学习算法。在贝叶斯背景下,近似后验分布过程如下:

(1)选择一个参数化的概率分布族。

(2)根据 Kullback-Leibler 散度,找出族中最接近目标的成员。

与 MCMC 相比,变分贝叶斯具有更快的收敛速度,对大型数据表现更好。MCMC 用最终会任意收敛到目标附近的链中的样本来近似后验,变分算法则用不保证与目标一致的优化结果来近似后验。

变分推断更适合于大型数据集,如数以亿计的文本文档,我们可以据此快速探索许多模型。相比之下,MCMC 可以在较小的数据集上,或者在时间和计算资源限制较少的情况下,提供更准确的结果。2015 年,Salimans 等人的研究表明,假如用 20 年的时间收集一个小但昂贵的数据集并确信模型是合适的,同时还期待需要精确的推断,那么 MCMC 无疑是最好的选择。

变分推断的缺点是需要特定于模型的派生和定制优化路径的实现,这也让它难以被广泛采用,最近的**自动微分变分推断(ADVI)**算法实现了这一过程的自动化处理,用户只指定模型,ADVI 即可自动生成相应的变分算法。

接下来,我们将看到包括 ADVI 在内的**基于 PyMC3 的各种变分推断技术**。

10.2 使用 PyMC3 进行概率编程

概率编程提供了一种描述和拟合概率分布的语言,以便我们能够设计、编码、自动估计和评估复杂模型。目的是抽象出一些计算和分析的复杂性,使我们能够专注于贝叶斯推断和推断概念上更直接和直观的方面。

自从 Uber 开源 Pyro(基于 PyTorch)出现之后,这个领域变得非常活跃,最近,谷歌也在 TensorFlow

中添加了专门的概率模块。对不确定性的洞见几乎是个永恒的话题，因此，贝叶斯算法在机器学习中的实际相关性和使用仍然是无限的，这一点对于需要透明而不是黑盒模型的用例尤其适用。

在本节中，我们将介绍时下流行的 **PyMC3 库**，PyMC3 和 Stan[1]是最流行的概率编程语言，它基于 Python 实现对机器学习模型使用高级 MCMC 采样和变分推断。

10.2.1　基于 Theano 的贝叶斯机器学习

2017 年 1 月，PyMC3 正式发布，相比 2012 年发布的 PyMC2 主要是在 Metropolis-Hastings 采样器基础上添加了 HMC 算法。PyMC3 使用 Theano 作为动态 C 编译和自动区分的计算后端。Theano 是 Yoshua Bengio 的**蒙特利尔算法学习研究所（MILA）**开发的一个以矩阵为核心的 GPU 优化库，TensorFlow 正是由此而来。由于新的深度学习库开发成功，MILA 最近停止进一步开发 Theano。

> PyMC4 于 2019 年 12 月发布的 Alpha 版本使用的是 TensorFlow 而非 Theano，目的是减少 API 的限制影响。

10.2.2　PyMC3 工作流程——预测衰退

PyMC3 的目标是提供直观、可读、功能强大的语法，从而满足了统计学家描述模型的需要。建模过程一般遵循以下 4 个步骤：

（1）编码一个概率模型，定义如下：

　　①量化潜在变量和不确定性的先验分布。

　　②使参数符合观测数据的似然函数。

（2）使用 10.1 节中描述的一种方法分析后验分布，具体如下：

　　①使用 MAP 推断获得点估计。

　　②对后验样本采用 MCMC 方法。

　　③用变分贝叶斯进行近似后验。

（3）使用各种工具检验模型。

（4）生成预测结果。

得到的模型可用于推断，从而获得参数值的详细信息和预测新数据点结果。

我们将使用一个简单的逻辑回归模拟衰退预测来说明这个工作流程。随后，使用 PyMC3 计算和比较贝叶斯夏普比率，估计动态对交易比率，并实现贝叶斯线性时间序列模型。

1．数据——经济衰退的先行指标

我们将使用一个小而简单的数据集，这样就可以专注于工作流程。我们将使用美联储的经济数据（FRED）服务下载美国国家经济研究局（NBER）定义的经济衰退日期。我们还将收集 4 个通常用于预测衰退开始的变量，这些数据也可以通过 FRED 获得，具体如下：

● 美国国债收益率曲线的长期息差，定义为 10 年期国债收益率与 3 个月国债收益率之差。

---

[1] 译者注：以发明蒙特卡罗方法的 Stanislaw Ulam 命名，由哥伦比亚大学 Andrew Gelman 从 2012 年起开发。

- 密歇根大学（University of Michigan）的消费者信心指标。
- 国家金融状况指数（NFCI）。
- NFCI 非财务杠杆分类指数。

经济衰退的日期是按季度确定的，我们将重新采样所有序列频率到月频率，从而获得 1982—2019 年的约 457 次观测结果。如果一个季度被标记为衰退，我们将该季度的所有月份都视为衰退。

我们将建立一个模型来回答以下问题：美国经济会在未来 x 个月后陷入衰退吗？换句话说，我们不会只关注预测衰退的第一个月，这可以将失衡限制在 48 个月的衰退期内。

为此需要选择一个前置时间，人们对各种领先指标的合适时间范围进行了大量研究。结果显示，收益率曲线往往在衰退前 24 个月发出信号，NFCI 指标往往有更短的领先时间。

图 10.3 在很大程度上证实了这一经验：图中显示了二元衰退变量和 1～24 个月的 4 个领先指标之间的相互信息。

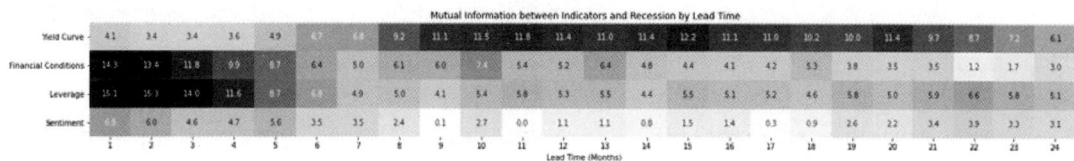

图 10.3　1～24 个月的经济衰退和领先指标之间的相互信息

为了平衡 NFCI 指标和收益率曲线的短期范围，我们将选择 12 个月作为预测范围。图 10.4 显示了每一指标按衰退状况分类的分布情况。

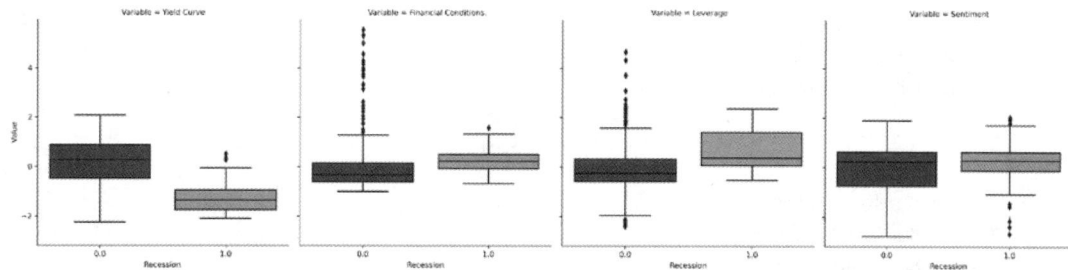

图 10.4　按衰退状况分类的领先指标分布

结果表明，当短期利率高于长期利率时，经济衰退往往与国债收益率曲线的长期息差（也称**反向收益率曲线**）相关，NFCI 指标的表现与预期的一致，消费者信心指标关联性似乎最弱。

2. 模型定义——贝叶斯逻辑回归

正如第 6 章中介绍的，逻辑回归估计一组特征和一个二进制结果之间的线性关系，通过 sigmoid 函数来调节确保模型产生概率。频率法对参数进行了点估计，这些参数测量每个特征对数据点属于正类概率的影响，置信区间则基于对参数分布的假设。

相反，贝叶斯逻辑回归估计参数本身的后验分布。后验模型允许对每个参数的**贝叶斯可信区间**进行更稳健的估计，从而使模型的不确定性更加透明。

一个概率程序由**观测到的和未观测到的随机变量（RV）**共同组成。如前所述，我们通过似然分布定义观测到的 RV，通过先验分布定义未观测到的 RV。PyMC3 为此内置了许多概率分布。

PyMC3 库让对逻辑回归执行近似贝叶斯推断更加简单。根据 k 个特征，逻辑回归模型给出第 i 个月之后的 12 个月经济将陷入衰退的概率，如图 10.5（左侧）所示。

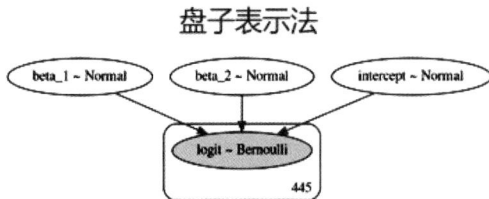

逻辑回归

$$p(y_i = 1 \mid \boldsymbol{\beta}) = \sigma(\beta_0 + \beta_1 x_{i1} + \cdots + \beta_k x_{ik})$$

σ 是逻辑函数　　$\sigma(t) = \dfrac{1}{1+e^{-t}}$

盘子表示法

图 10.5　贝叶斯逻辑回归

我们将使用上下文管理器来定义一个 manual_logistic_model，稍后可以将其称为概率模型，具体如下：

（1）未观测到的截距参数和两个特征的 RV 使用无信息先验表示，均假定均值为 0 和标准偏差为 100 的正态分布。

（2）根据逻辑回归规则，将参数与数据进行似然结合。

（3）结果可以建模为一个伯努利 RV，其成功概率如下：

```python
with pm.Model() as manual_logistic_model:
    # 系数为无信息先验的 RV
    intercept = pm.Normal('intercept', 0, sd=100)
    beta_1 = pm.Normal('beta_1', 0, sd=100)
    beta_2 = pm.Normal('beta_2', 0, sd=100)

    # 似然转换：RVs 至 p(y=1)
    # 根据 logistic 回归模型
    likelihood = pm.invlogit(intercept +
                             beta_1 * data.yield_curve +
                             beta_2 * data.leverage)

    # 结果为成功概率伯努利 RV
    # 以实际数据为条件，运行 sigmoid 函数
    pm.Bernoulli(name='logit',
                 p=likelihood,
                 observed=data.recession)
```

3. 模型可视化和盘子表示法

命令 pm.model_to_graphviz(manual_logistic_model) 生成图 10.5 中右侧显示的图（盘子表示法）。其中，未观测到的参数为亮椭圆形，观测到的参数为暗椭圆形。圆角矩形表示模型定义中包含的数据所隐含的观测模型元素的重复次数。

4. 广义线性模型模块

PyMC3 包括许多公共模型，因此我们可以限制定制应用程序的手工规范。

以下代码定义了与**广义线性模型（GLM）**家族成员相同的逻辑回归，代码使用了受统计语言 R 启发的公式格式，可以由 patsy 库直接加载到 Python。

```
with pm.Model() as logistic_model:
    pm.glm.GLM.from_formula(recession ~ yield_curve + leverage,
                            data,
                            family=pm.glm.families.Binomial())
```

5. 精确 MAP 推断

我们使用 .find_MAP()方法获得三个参数的点 MAP 估计值。正如预期的那样，较低的价差值增加了衰退的可能性，较高的杠杆率也一样（但程度较小），代码如下：

```
with logistic_model:
    map_estimate = pm.find_MAP()
print_map(map_estimate)
Intercept     -4.892884
yield_curve   -3.032943
leverage       1.534055
```

PyMC3 使用 quasi-Newton Broyden-Fletcher-Goldfarb-Shanno（也称 **quasi-Newton BFGS**）算法解决了寻找具有最高密度的后点优化问题，也提供了 SciPy 库的几个替代方案。MAP 点估计与相应的统计模型系数相同（参见笔记 pymc3_workflow）。

6. 近似推断——MCMC

如果只对模型参数的点估计感兴趣，那么对于这个简单的模型，MAP 估计就足够了。更复杂的自定义概率模型需要结合采样技术获得参数的后验概率。

我们将使用该模型及其所有变量来介绍 MCMC 推断，代码如下：

```
formula = 'recession ~ yield_curve + leverage + financial_conditions + sentiment'

with pm.Model() as logistic_model:
    pm.glm.GLM.from_formula(formula=formula,
                            data=data,
                            family=pm.glm.families.Binomial())

# PyMC3 中 y 是输出
logistic_model.basic_RVs
[Intercept, yield_curve, leverage, financial_conditions, sentiment, y]
```

需要注意的是，在不同尺度上测量变量可能会减慢采样过程。因此，我们首先应用 scikit-learn 提供的 scale()函数对所有特性进行标准化处理。

MCMC 采样算法可以通过 pm.sample()函数实现。一旦用新的公式像这样定义了模型，我们就可以近似推断后验分布。

默认情况下，PyMC3 会自动选择最有效的采样器，并初始化采样过程而实现高效收敛。对于连续模型，PyMC3 选择 NUTS 采样器。PyMC3 还可以通过 ADVI 进行变分推断，自动为采样器找到良好的启动参数。MAP 估计也是备选方案之一。

为了了解收敛是什么样的，我们首先在 1000 次迭代调整放大器后，只绘制 100 个样本。这些将被丢弃，采样过程可以使用 cores 参数并行多个链（使用 GPU 时除外），代码如下：

```
with logistic_model:
    trace = pm.sample(draws=100,
```

```
            tune=1000,
            init='adapt_diag',
            chains=4,
            cores=4,
            random_seed=42)
```

产生的轨迹包含每个 RV 的采样值，可以使用 plot_trace()函数检查链的后验分布，代码如下：

```
plot_traces(trace, burnin=0)
```

图 10.6 显示了前两个特性的采样分布及其随时间变化的值与截距。在这一点上，采样过程并没有收敛，因为对于每一个特征，4 个轨迹产生了不同的结果。左侧 5 幅图中垂直显示的数字是这 4 条曲线所产生的分布模式的平均值。

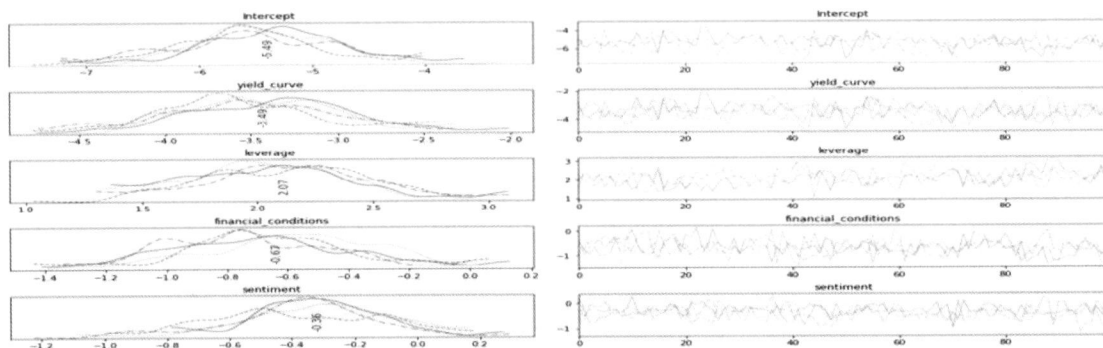

图 10.6　100 个样本后的轨迹

可以通过提供先前运行轨迹作为输入来继续取样。在另外 20 000 个样本之后，可以观测到一个非常不同的图，如图 10.7 所示。这显示了采样过程是如何逐步收敛的。此外，值得注意的是，初始系数点估计值相对接近当前值。

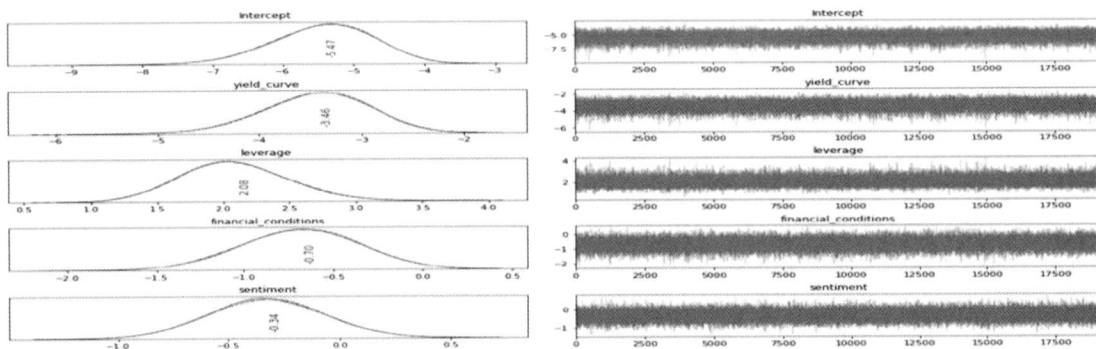

图 10.7　另外 50 000 个样本之后的轨迹

我们可以计算置信区间，即与置信区间对应的贝叶斯区间，作为轨迹的百分位数。得到的边界反映了我们对给定概率阈值的参数值范围的信心，而不是在大量试验中参数将在这个范围内的次数。图 10.8 显示了变量的收益率曲线和杠杆率的置信区间，表示为提高 e 的系数值的幂次的比值。

参见笔记 pymc3_workflow 中的实现过程。

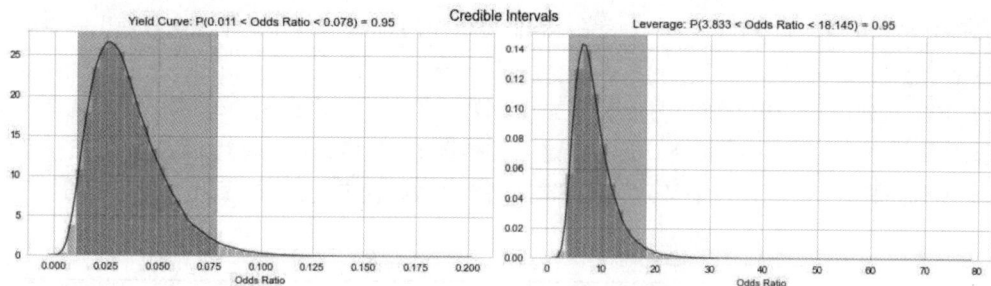

图 10.8　收益率曲线和杠杆率的置信区间

7. 近似推断——变分贝叶斯

用于变分推断的接口与 MCMC 实现非常相似。我们只使用 fit()函数，不用 sample()函数，如果分布拟合过程收敛到给定的容忍度，可以使用一个早期停止 CheckParametersConvergence()回调函数，代码如下：

```
with logistic_model:
    callback = CheckParametersConvergence(diff='absolute')
    approx = pm.fit(n=100000,
                    callbacks=[callback])
```

可以从近似分布中抽取样本获得轨迹对象，就像我们之前对 MCMC 采样器所做的那样，代码如下：

```
trace_advi = approx.sample(10000)
```

但轨迹检查结果并不是特别准确。

8. 模型检验

贝叶斯模型检验包括验证采样过程从后验的高概率区域收敛和一致的样本，并检验模型是否很好地代表了数据。

9. 收敛

我们观测样本随着时间推移的变化及其分布情况，目的是检查结果质量。图 10.9 显示了初始 100 个样本和额外 200 000 个样本后验分布，并说明了收敛如何意味着多个链识别的相同分布。

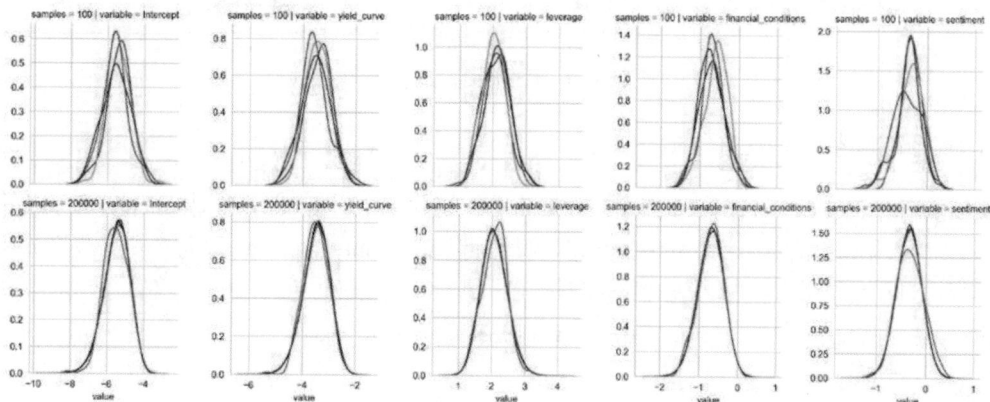

图 10.9　400 个样本和额外 200 000 个样本后验分布

PyMC3 为采样器生成各种汇总统计信息。它们可以作为 stats 模块中的单独函数使用，也可以与函数 pm.summary()一起使用。

如表 10.1 所列，（单独计算的）统计模型 logit 系数在第一列，系数在简单的情况下，两个模型一致性较低，因为样本平均值系数不匹配。这可能是因为准分离的程度较高，收益率曲线的高可预测性允许完美预测 17%的数据点，这反过来又会导致逻辑回归无法很好地定义 MLE 估计。

表 10.1

参　　　数	stats 模块	PyMC3					
	系　　　数	平均值	SD	HPD 3%	HPD 97%	有效样本	R hat
Intercept	−5.22	−5.47	0.71	−6.82	−4.17	68 142	1.00
yield_curve	−3.30	−3.47	0.51	−4.44	−2.55	70 479	1.00
leverage	1.98	2.08	0.40	1.34	2.83	72 639	1.00
financial_conditions	−0.65	−0.7	0.33	−1.33	−0.07	91 104	1.00
sentiment	−0.33	−0.34	0.26	−0.82	0.15	106 751	1.00

剩下的列包含最小宽度置信区间的**最高后验密度（HPD）**估计，即置信区间的贝叶斯版本，在这里，它是在 95%水平上计算的。n_eff 统计汇总了 10 万次抽检所产生的有效（未拒收）样本数量。

R-hat 也被称为 **Gelman-Rubin 统计量**，通过比较链之间的方差和每个链内的方差检查收敛性。如果采样收敛，这些方差应该是相同的，也就是说，链应该是相似的，因此，统计值应该接近 1。

对于具有许多变量的高维模型，检查众多的轨迹是很麻烦的。使用 NUTS 后，能量图可以帮助我们评估收敛问题，它总结随机过程探索后验的效率。能量图显示了能量和能量转移矩阵及其匹配性，如图 10.10 所示。

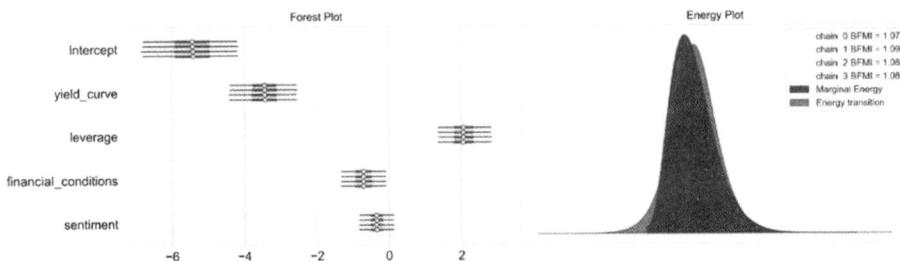

图 10.10　森林图和能量图

10．后验预测检查

后验预测检查（PPC）对于检查模型与数据的吻合程度非常有用。后验预测检查使用后验提取参数从模型中生成数据来做到这一点。实际操作中，我们使用函数 pm.sample_ppc，每个观测获得 n 个样本（GLM 模块自动将结果命名为 y），代码如下：

```
ppc = pm.sample_ppc(trace_NUTS, samples=500, model=logistic_model)
ppc['y'].shape
(500, 445)
```

可以使用接收机工作特征曲线下的面积（AUC）得分来评估样本内拟合。例如，比较不同的模型，代码如下：

```
roc_auc_score(y_score=np.mean(ppc['y'], axis=0),
              y_true=data.income)
0.9483627204030226
```

结果得分高达 0.95。

11. 进行预测

在进行后验预测检查之前，预测使用 Theano 的共享变量将训练数据替换为测试数据。为了实现可视化并简化介绍过程，我们忽略数据时间序列性质，使用收益率曲线变量作为唯一预测。

（1）使用 scikit-learn 的基本 train_test_split()函数创建训练集和测试集，并根据结果进行分层，确保类的不平衡，代码如下：

```
X = data[['yield_curve']]
labels = X.columns
y = data.recession
X_train, X_test, y_train, y_test = train_test_split(X, y,
                                      test_size=0.2,
                                      random_state=42,
                                      stratify=y)
```

（2）为该训练集创建一个共享变量，并在下一步中用测试集替换。这里注意，我们需要使用 NumPy 数组给出列标签列表，代码如下：

```
X_shared = theano.shared(X_train.values)
with pm.Model() as logistic_model_pred:
    pm.glm.GLM(x=X_shared, labels=labels,
               y=y_train, family=pm.glm.families.Binomial())
```

（3）运行采样器，代码如下：

```
with logistic_model_pred:
    pred_trace = pm.sample(draws=10000,
                           tune=1000,
                           chains=2,
                           cores=2,
                           init='adapt_diag')
```

（4）用测试数据替换共享变量上的训练数据，应用 pm.sample_ppc，代码如下：

```
X_shared.set_value(X_test)
ppc = pm.sample_ppc(pred_trace,
                    model=logistic_model_pred,
                    samples=100)
y_score = np.mean(ppc['y'], axis=0)
roc_auc_score(y_score=np.mean(ppc['y'], axis=0),
              y_true=y_test)
0.8386
```

这个简单模型的 AUC 得分为 0.8386。显然，如果训练集已经包含了最近几个月衰退的例子，那么预测同样的衰退再持续一个月就容易得多。

从 100 个蒙特卡罗链中采样预测及其周围的不确定性，以及与模型预测相对应的实际二元结果和逻辑曲线如图 10.11 所示。

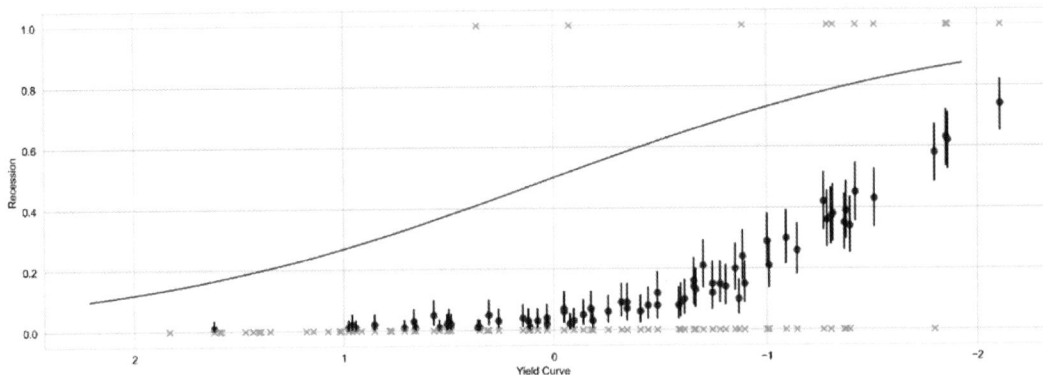

图 10.11   单变量模型预测

12. 小结和要点

我们建立了一个简单的逻辑回归模型，利用 4 个领先指标预测美国经济在 12 个月内陷入衰退的可能性。对于这个简单的模型，我们可以得到系数值的精确 MAP 估计值，并使用设置模型参数进行预测。

然而，更复杂的自定义概率模型并没有这种捷径，MAP 估计也不会给出超出点估计后验分布的洞见。因此，我们演示了如何使用 PyMC3 实现近似推断。该结果演示了如何了解每一个模型参数的后验分布，但同时也表明，即使只是一个小模型，与统计模型 MLE 估计相比，计算成本也将大大增加。尽管如此，对于复杂的概率模型，基于采样的解决方案依然是了解数据的唯一途径。

接下来进一步说明如何将贝叶斯分析应用在交易中。

10.3   交易中的贝叶斯机器学习算法

现在我们已经熟悉了如何基于贝叶斯算法使用 PyMC3 进行机器学习和概率编程，让我们探索一些与交易相关的应用程序，具体如下：

● 对夏普比率进行概率建模，以期更加深刻地进行性能比较。
● 使用贝叶斯线性回归计算配对交易套期保值比率。
● 使用贝叶斯算法分析线性时间序列模型。

Thomas Wiecki 是 PyMC3 的主要开发人员之一，也是 Quantopian 的数据科学负责人，他创建了几个示例，我们可以在此基础上继续讨论。PyMC3 文档中有许多额外的教程（请参考 GitHub 中的链接）。

10.3.1   贝叶斯夏普比率性能比较

在本小节中，我们将举例说明以下两点内容：

● 使用 PyMC3 将**夏普比率（SR）**定义为一个概率模型。
● 比较不同收益序列的后验分布。

两个序列的贝叶斯估计让我们大开眼界，它提供了效应值[1]、SR 均值和差值、标准差及差值的可信值的完整分布。Python 实现要归功于 Thomas Wiecki，也要感谢 R package BEST 的启发。

贝叶斯夏普比率的相关用例包括备选策略之间的差异分析、策略的样本内收益率和样本外收益率之间的差异分析（详情请参阅笔记中的 bayesian_sharpe_ratio）。贝叶斯夏普比率也是 pyfolio 中 Bayesian tearsheet 的一部分。

1. 自定义概率模型

为了将夏普比率建模为一个概率模型，我们需要关于收益的先验分布和影响这种分布的参数。相对于低**自由度（DF）**的正态分布，学生 t 分布显示出肥尾，这也是捕捉这方面收益的合理选择。

因此，我们需要**对该分布的三个参数进行建模**，即收益的均值、标准差和 DF。为了确保肥尾 DF 期望值足够低，分别假设均值服从正态分布、标准差服从均匀分布、DF 服从指数分布。

收益率基于这些概率输入和来自标准化计算的年化 SR 结果，忽略了无风险利率（使用日收益率）。我们将提供 2010—2018 年亚马逊（AMZN）股票收益作为输入，代码如下：

```
mean_prior = data.stock.mean()
std_prior = data.stock.std()
std_low = std_prior / 1000
std_high = std_prior * 1000

with pm.Model() as sharpe_model:
    mean = pm.Normal('mean', mu=mean_prior, sd=std_prior)
    std = pm.Uniform('std', lower=std_low, upper=std_high)
    nu = pm.Exponential('nu_minus_two', 1 / 29, testval=4) + 2
    returns = pm.StudentT('returns', nu=nu, mu=mean, sd=std,
observed=data.stock)

    sharpe = returns.distribution.mean / returns.distribution.variance **
.5 * np.sqrt(252)
    pm.Deterministic('sharpe', sharpe)
```

我们在 10.2.2 小节中介绍了盘子表示法，其对三个参数及其关系进行可视化处理，提供的返回值和观测值数量如图 10.12 所示。

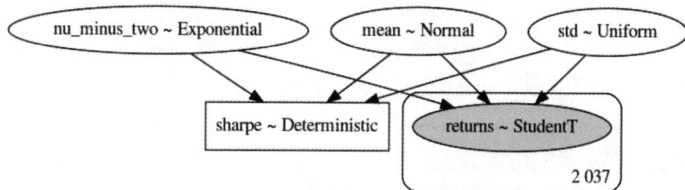

图 10.12　盘子表示法中的贝叶斯夏普比例

运行 MCMC 采样过程（工作流实现细节请参阅笔记中的 bayesian_sharpe_ratio）。4 条链每条运行约 25 000 个样本后，得到模型参数的后验分布如图 10.13 所示，代码如下：

```
plot_posterior(data=trace);
```

---

[1] 译者注：效应值是指处理效应对于因变量变异的解释有多少，越大越好。

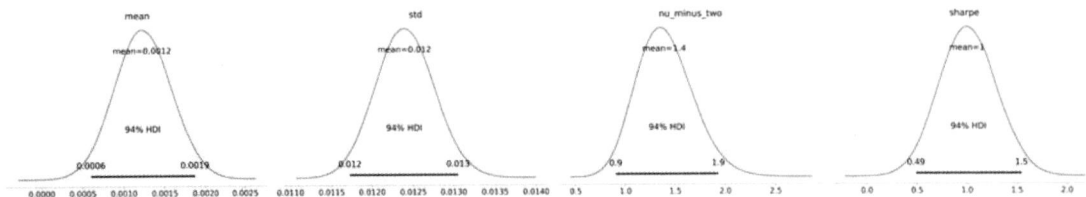

图 10.13　模型参数后验分布

现在我们知道了如何评估单一资产或投资组合的收益率，让我们看看如何使用贝叶斯收益率来比较两个不同收益序列的表现。

2. 比较两个收益序列的表现

为了比较两个收益序列的表现，需要分别建模每组夏普比率，计算效应值表征波动调整收益之间的差异。如图 10.14 所示，因为包括两个夏普比率加上它们的差异，对应的概率模型自然也更大。

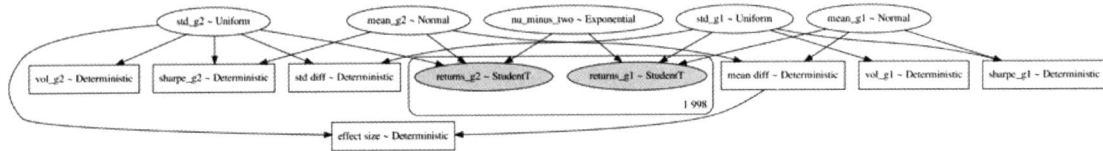

图 10.14　两种贝叶斯夏普比率在盘子表示法中的差异

一旦定义好模型，就可以通过 MCMC 采样过程获得其参数的后验分布。使用 2010—2018 年 AMZN 股票的 2 037 个日收益率，并将其与同期标准普尔 500 指数的收益率进行比较。当然，也可以用任何策略回测收益来代替 AMZN 收益。

可视化轨迹显示了每个指标分布的粒度性能洞见，如图 10.15 所示。

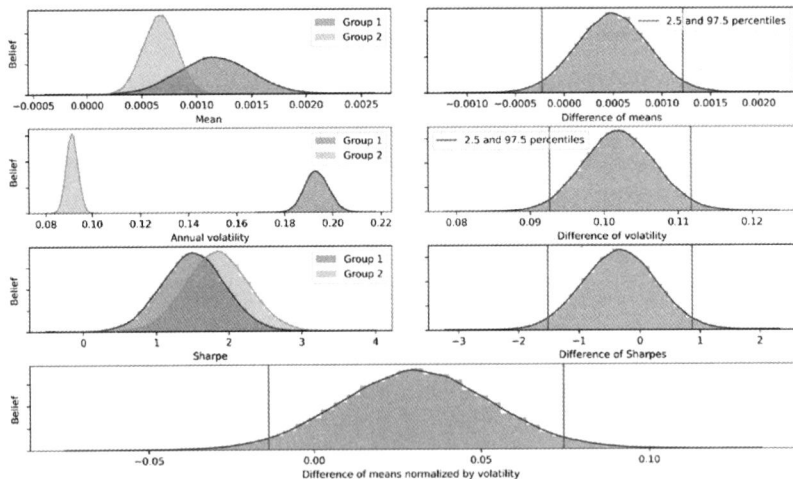

图 10.15　两种贝叶斯夏普比率差异的后验分布

最重要的指标是图 10.15 中最底部的两个夏普比率之间的差异。给定完整的后验分布，夏普比率能够直观地反映或计算一个收益率序列优于另一个收益率序列的概率。

10.3.2　配对交易的贝叶斯滚动回归

在第 9 章中，我们介绍了一种流行的交易策略——依赖于两种或两种以上资产协整关系的配对交易策略。在策略执行中，我们估算套期保值比率，决定多头和空头头寸的相对规模，一种基本的方法是使用线性回归。读者可以在笔记 rolling_regression 中找到本小节的代码，它遵循 Thomas Wiecki 提供的滚动回归示例（请参考 GitHub 上 PyMC3 教程链接）。

配对交易的热门例子是 ETF GLD，它反映了黄金价格和像 GFI 这样的金矿股票价格之间的关系。我们使用 yfinance 获取 2004—2020 年期间的收盘价数据。图 10.16 的左侧显示了历史价格序列，右侧显示了历史价格的散点图，色调表示时间维度，方便突出相关性是如何演变的。请注意，我们应该使用收益计算套期保值比率，就像我们在第 9 章中所做的那样，使用价格序列可以实现更好的可视化效果，同时建模过程本身不受影响。

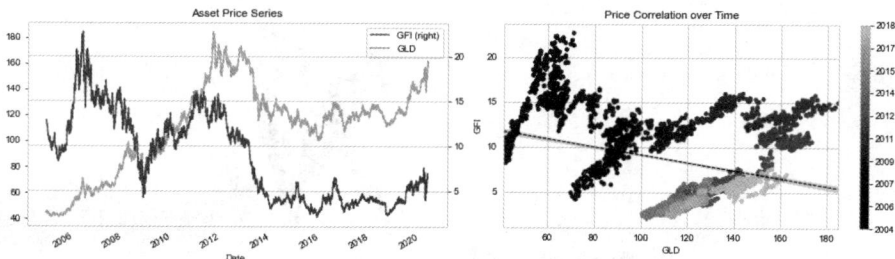

图 10.16　两对候选交易的价格序列和随时间的相关性

需要说明的是滚动贝叶斯线性回归对两种资产价格随时间的变化关系的跟踪，主要思路是将时间维度纳入线性回归，允许回归系数的变化。具体来说，我们将假设截距和斜率沿时间随机游走，公式如下：

$$\alpha_t \sim N(\alpha_{t-1}, \sigma_\alpha^2)$$
$$\beta_t \sim N(\beta_{t-1}, \sigma_\beta^2)$$

（1）使用 PyMC3 的内置 pm.GaussianRandomWalk 过程设定 model_randomwalk，具体需要定义截距和斜率的标准差，代码如下：

```
model_randomwalk = pm.Model()
with model_randomwalk:
    sigma_alpha = pm.Exponential('sigma_alpha', 50.)
    alpha = pm.GaussianRandomWalk('alpha',
                                  sd=sigma_alpha,
                                  shape=len(prices))
    sigma_beta = pm.Exponential('sigma_beta', 50.)
    beta = pm.GaussianRandomWalk('beta',
                                 sd=sigma_beta,
                                 shape=len(prices))
```

（2）按照概率模型规则，定义回归并将其与输入数据结合，代码如下：

```
with model_randomwalk:
    # 定义回归
    regression = alpha + beta * prices_normed.GLD
```

```
# 假设价格正态分布
# 回归求得均值
sd = pm.HalfNormal('sd', sd=.1)
likelihood = pm.Normal('y',
                        mu=regression,
                        sd=sd,
                        observed=prices_normed.GFI)
```

（3）运行 MCMC 采样器来生成模型参数的后验分布，代码如下：

```
with model_randomwalk:
    trace_rw = pm.sample(tune=2000,
                         cores=4,
                         draws=200,
                         nuts_kwargs=dict(target_accept=.9))
```

图 10.17 描述了截距系数和斜率系数随时间的变化，可以看到非常明显的相关性演变。

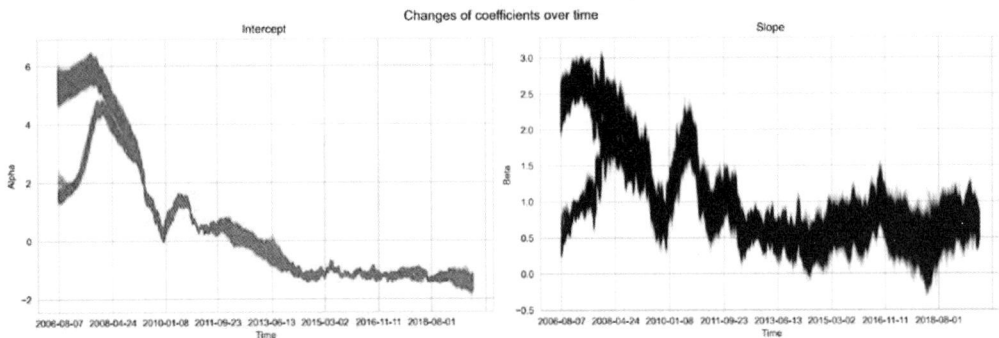

图 10.17　截距系数和斜率系数随时间的变化

使用动态回归系数，可以看到滚动回归所建议的套期保值比率在使用贝叶斯方法时是如何变化的，该方法将系数建模为随机游走。

图 10.18 综合显示了价格序列和回归线，色调同样表示时间轴（在彩色版本图像上查看颜色输出）。

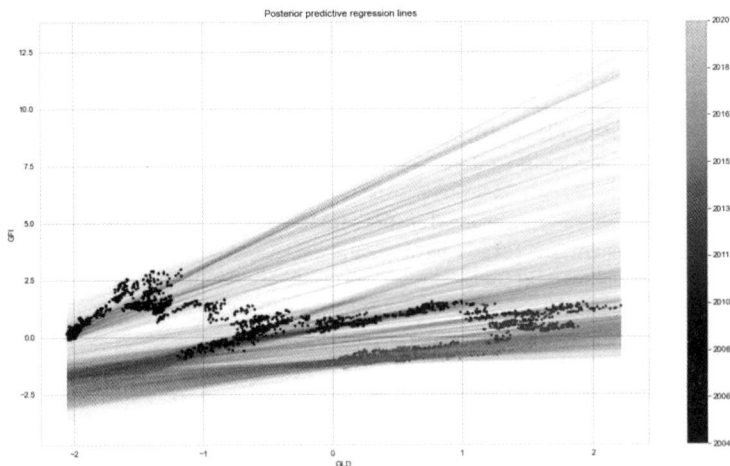

图 10.18　滚动回归线和价格序列

10.3.3　随机波动率模型

　　如第9章所述，资产价格具有时变波动。在某些时期，收益率变化很大，而在另一些时期，收益率非常稳定。在第9章中，我们介绍了从经典线性回归角度解决这一挑战的 ARCH/GARCH 模型。

　　贝叶斯随机波动率模型通过一个潜在的波动率变量来捕捉这种波动率现象，并将其建模为一个随机过程。NUTS 采样器正是为这种模型引入的，笔记 stochastic_volatility 用 2000 年后标准普尔 500 指数的每日数据说明了这一情况。图 10.19 显示了整个时期的几个波动集群。

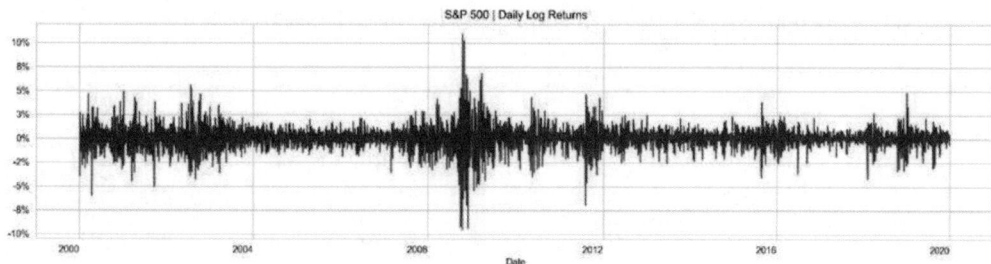

图 10.19　标准普尔 500 指数每日收益对数值

　　概率模型指出，对数收益遵循 t 分布且存在肥尾，通常观测到的资产收益也正是如此。t 分布由代表 DF 的参数 ν 控制。因为 t 分布随着 ν 增加而接近正态分布，DF 也被称为正态参数，该参数一般呈指数分布（$\lambda = 0.1$）。

　　此外，假设收益对数值的平均值为 0，而标准差遵循随机游走，其标准差也服从指数分布，公式如下：

$$\nu \sim \text{Exponential}(.1)$$
$$\sigma \sim \text{Exponential}(50)$$
$$s_i \sim \text{Normal}(s_{i-1}, \sigma^{-2})$$
$$\log(r_i) \sim t(\nu, 0, \exp(-2s_i))$$

使用收益对数值匹配模型在 PyMC3 中的实现代码如下（同时也反映其概率规范）：

```
prices = pd.read_hdf('../data/assets.h5', key='sp500/prices').loc['2000':,
                                                    'Close']
log_returns = np.log(prices).diff().dropna()
with pm.Model() as model:
    step_size = pm.Exponential('sigma', 50.)
    s = GaussianRandomWalk('s', sd=step_size,
                           shape=len(log_returns))
    nu = pm.Exponential('nu', .1)
    r = pm.StudentT('r', nu=nu,
                    lam=pm.math.exp(-2*s),
                    observed=log_returns)
```

　　接下来，在 2000 个样本的磨合期之后，抽取 5000 个 NUTS 样本，使用比默认 0.8 更高的接收率，这一点是 PyMC3 为有问题的后端推荐的（参考 GitHub 上的相关链接），代码如下：

```
with model:
    trace = pm.sample(tune=2000,
```

```
                        draws=5000,
                        nuts_kwargs=dict(target_accept=.9))

Auto-assigning NUTS sampler...
Initializing NUTS using jitter+adapt_diag...
Multiprocess sampling (4 chains in 4 jobs)
NUTS: [nu, s, sigma]
Sampling 4 chains, 0 divergences：  100%|███████████| 28000/28000
[27:46<00:00, 16.80draws/s]
The estimated number of effective samples is smaller than 200 for some
parameters.
```

4 个链共采集了 28 000 个样本，图 10.20 所示的轨迹图表明采样过程已经收敛。

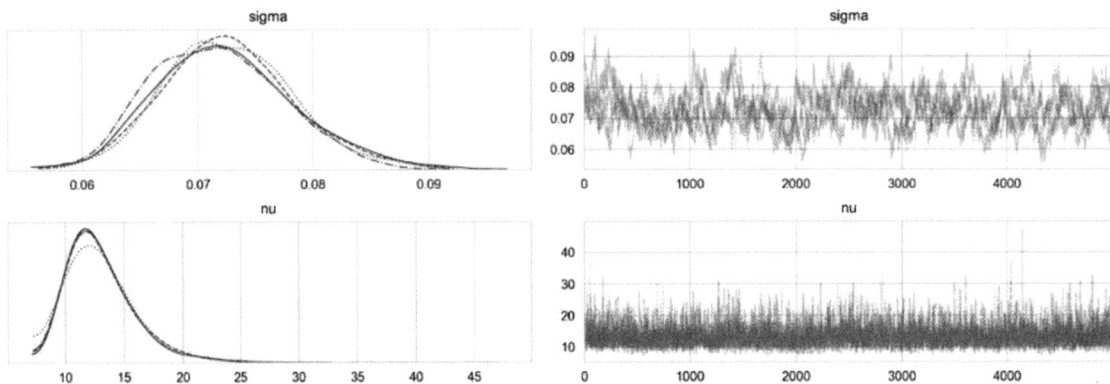

图 10.20　随机波动率模型的轨迹图

将样本与标准普尔 500 指数收益一起绘制，如图 10.21 所示，可以看到这个简单的随机波动率模型相当好地跟踪了波动率集群。

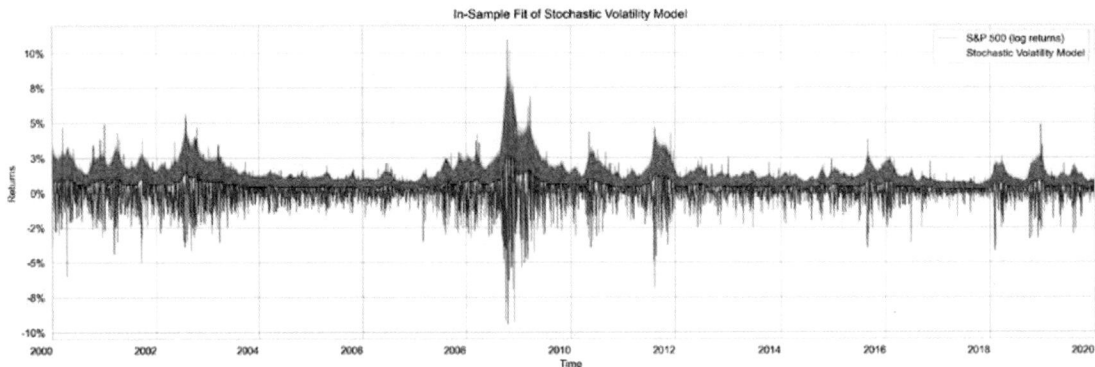

图 10.21　绘制的样本与标准普尔上的指数收益模型

需要记住的是，这仅仅表示了样本内的情况。下一步，应该尝试评估预测的准确率。我们在 10.2 节中介绍了如何进行滚动线性回归预测，并在前几章中使用了时间序列交叉验证，读者可以结合这些工具来实现此目的。

10.4 本章小结

在本章中，我们介绍了贝叶斯机器学习算法，这个算法有几个优势，包括对先验或观点进行编码的能力，对围绕模型估计和预测的不确定性有更深入的洞见，适合在线学习，每个训练样本都会逐渐影响模型的预测。

我们学习了如何基于 PyMC3 实现贝叶斯机器学习算法，从模型应用到估计、检验，再到预测，也探索了几个相关应用程序。我们将在第 14 章中介绍更多贝叶斯模型，并讲解自然语言处理和主题建模等内容，也将在第 20 章中介绍变分自编码器。

在第 11 章中我们将会介绍基于树的非线性模型——决策树，同时展示如何将多个模型组合成一个树的集合以创建随机森林。

第 *11* 章

随机森林算法
——日本股票的多空策略

在本章中，我们将学习使用两种新的机器学习模型进行交易：**决策树**和**随机森林**。我们将看到决策树如何从编码输入和输出变量之间的非线性关系数据中学习规则。我们还将演示如何训练决策树，如何将其用于预测回归和分类问题，如何对机器学习过程进行直观可视化解释，以及如何对模型进行超参数调整进而优化偏差－方差权衡并防止过度拟合。

决策树不仅是重要的独立模型，也经常与其他模型组合使用。在本章中，我们还将介绍模型集成，它组合多个独立模型产生具有较低预测误差方差的单个聚合预测。

我们将举例说明 **bootstrap 聚合**（通常称为 bagging 套袋法），这是集中随机化处理重构独立模型的方法之一，可以有效减少各模型预测误差的相关性。我们将演示套袋法如何有效地减少方差，并学习如何配置、训练和调优随机森林。我们还将看到随机森林作为一个（潜在的）大量决策树的集合如何显著地减少预测误差，当然，这或许需要牺牲一些解释损失作为代价。

之后，我们将使用随机森林产生过去 3 年日本大盘股的盈利信号，建立一个多空交易策略，具体包括收集和准备股票价格数据，对随机森林模型进行超参数调整，并基于模型信号回测交易规则。这里多空策略的产生通过机器学习来实现，而不是我们在第 9 章中介绍的根据协整关系识别和交易的一篮子证券，这些证券的价格在给定的投资范围内可能朝相反的方向移动。

本章将涵盖以下内容：

- 使用决策树进行回归和分类。
- 从决策树中获得洞见，并将从数据中学到的规则可视化。
- 理解为什么模型集成能够提供更好的结果。
- 使用 bootstrap 聚合解决决策树的过度拟合问题。
- 训练、调整和解释随机森林。
- 采用随机森林设计和评估一个有利可图的交易策略。

读者可以在 GitHub 存储库的对应目录中找到本章的代码示例和附加资源的链接。笔记中有彩色版本的图像。

11.1　决策树——从数据中学习规则

决策树是一种机器学习算法，基于从数据中学习到的决策规则预测目标变量的值。通过改变决策树学习规则的目标函数，**该算法可以应用于回归和分类问题**。

本节将介绍决策树如何使用规则进行预测，如何训练决策树预测（连续的）收益和（分类的）价格运动方向，以及如何有效地解释、可视化和调整决策树。

11.1.1　树的学习和决策规则

在第7章和第9章中，我们研究了**线性模型**，据此可以通过输入变量的线性组合学习参数并预测输出结果；这一点对逻辑回归也同样适用，只不过可能需要通过一个S型函数转换。

决策树则另辟蹊径：它们学习并依次应用一组规则，这些规则将数据点分解成子集，然后对每个子集作出一个预测。基于训练样本子集的结果值进行预测，而这些训练样本又来自一系列规定规则的应用。**分类树**根据相对类频率或大多数类的值直接预测一个概率，而**回归树**则基于可用数据点结果值的平均值进行预测。

每个规则都依赖于一个特定的特征，并使用一个阈值将样本分成两组，两组值低于或高于该特征阈值。**二叉树**自然地代表了逻辑模型：根是所有样本的起点，节点代表决策规则的应用，数据不断被分成较小的子集，因此会沿着边缘移动，因为它被分成更小的子集，直至到达叶子节点，也就是模型预测之处。

对于线性模型，参数值允许解释输入变量对输出的影响和模型的预测。相比之下，对于决策树，从根到叶的各种可能路径决定了特征及其值如何导致模型的特定决策。因此，决策树能够捕捉线性模型无法"开箱即用"的特征之间的相互依赖。

模型学习规则的过程如图 11.1 所示。在训练期间，该算法扫描特征并为每个特征寻找分割数据的截断点，最大限度地减少预测造成的损失。模型使用分割后的子集，并根据每个子集中的样本数量加权。

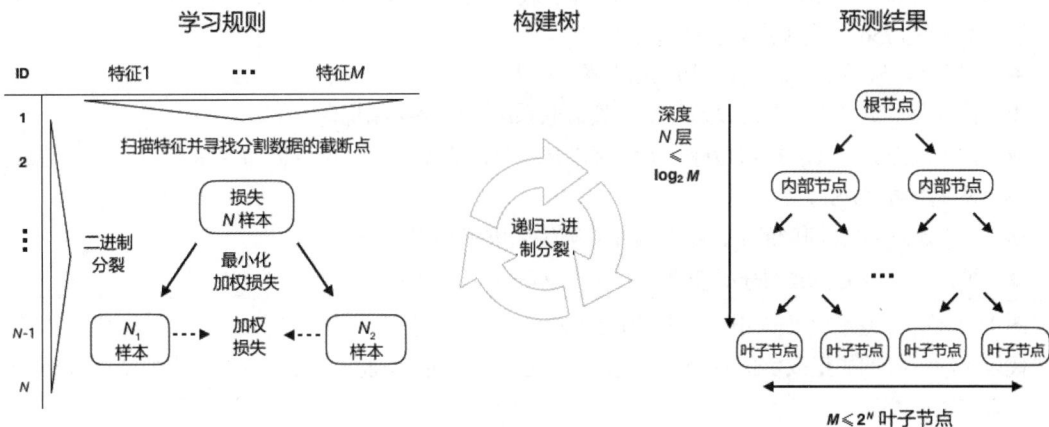

图 11.1　模型学习规则的过程

为了在训练过程中构建一棵完整的树，学习算法重复这个划分特征空间的过程，即 p 个输入变量 X_1,

$X_2, \cdots, X_p$ 的可能值集合将其划分为互斥且无遗漏的区域，每个区域由一个叶子节点表示。不幸的是，鉴于特征序列和阈值可能组合的爆炸性数量，决策树无法评估特征空间的每个可能分区。基于树的学习采用了一种**自顶向下的贪婪算法**，称为**递归二进制分裂**，并借此克服计算上的限制。

这是个递归过程，因为之前分割的数据子集不断被使用。过程是自顶向下的，从树的根节点开始，所有的观测结果仍然属于一个区域，然后通过在预测空间中添加更多的分叉，依次创建树的两个新分叉。过程是贪婪算法根据对目标函数的直接影响，以特征－阈值组合的形式选择最佳规则，而非提前几步评估损失。我们将回到更具体的回归树和分类树的背景下介绍分类逻辑，因为这将揭示二者之间的主要区别。

随着递归分割给树添加新的节点，训练样本数量不断减少。如果规则将样本平均分割，得到一棵完全平衡的树，每个节点的子节点数量相等，那么在第 n 层将有 $2n$ 个节点，每个节点包含总观测数的相应分数。实际上这是不太可能的，因此一些分叉上的样本数量可能会迅速减少，而树木往往会沿着不同的路径生长到不同的深度。

递归分割不断向下进行，直到每个叶节点只包含一个样本，训练误差降至 0。我们将介绍几种限制分裂的方法，防止决策树产生极端过度拟合的自然趋势。

对于新的观测而言，为了实现**预测**，模型将使用规则推断在训练中决定哪些叶子节点应该分配给数据点，然后使用均值（回归）或训练模式（分类）观测相应区域的特征空间。在特征空间的给定区域，即给定叶子节点中，训练样本的数量越少，预测的置信度就越低，而这可能反映过度拟合。

11.1.2 实践中的决策树

在本小节中，我们将演示如何使用基于树的模型来获得洞见并作出预测。对于回归树，主要是预测收益，对于分类树，我们将回到资产价格移动正负的例子。本小节的代码示例位于笔记 decision_trees 中。

1. 数据——每月股票收益和特征

选择 Quandl 中 2006—2017 年期间美国股票数据集的一个子集，除非另有说明，以下流程类似于第 4 章第一个特征工程示例。根据 500 只交易最频繁的股票 5 年移动平均线计算出月收益率和 25 个预测特征，得出 56 756 个观测值，包括以下内容：

- 过去 1、3、6 和 12 个月的**历史收益率**。
- 将最近 1 个月或 3 个月收益与长期收益联系起来的**势头指标**。
- 旨在捕捉波动性的**技术指标**，如（标准化）平均真实范围（NATR 和 ATR）和动量，又如相对**强度指数（RSI）**。
- 基于滚动 OLS 回归的 Fama-French 五因子的**因子暴露**。
- 年、月和相关领域的**分类变量**。

图 11.2 显示了这些特征与用于回归的月度收益（图 11.2 左侧）和二值化分类对应项之间的互信息，后者代表了同一时期的正或负价格变动。它表明，在单变量的基础上，关于两种结果的特征似乎在信号内容上存在实质差异。

更多细节可以参考本章 GitHub 存储库中的 data_prep 笔记。需要说明的是，本章的决策树模型无法处理缺失变量或分类变量，因此我们将去掉前一个，并对领域变量分类应用虚拟编码（见第 4 章和第 6 章）。

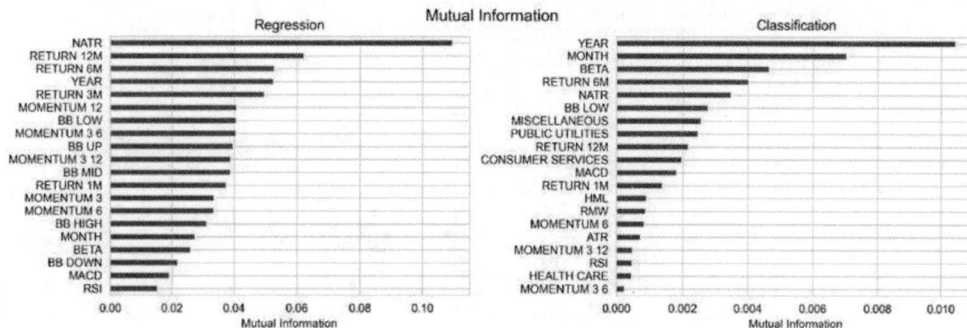

图 11.2　特征和收益或价格走势的互信息

2. 基于时间序列数据构建回归树

回归树根据分配给给定节点的训练样本平均结果值进行预测，在递归二叉分割时通常依赖均方误差选择最优规则。

给定一个训练集，算法在 p 个预测器 $X_1, X_2, \cdots, X_p$ 和 n 个可能的分割点 $s_1, s_2, \cdots, s_n$ 上迭代，找到最优组合。最优规则将特征空间分成两个区域，$\{X|X_i < s_j\}$ 和 $\{X|X_i > s_j\}$，其中 X_i 特征值要么低于阈值 s_j，要么高于阈值 s_j，这样基于训练子集的预测最大限度地减少了相对于当前节点的平方残差。

下面从一个简化的示例开始，直观演示如何将时间序列数据与决策树一起使用。使用 2 个月的滞后收益预测接下来 1 个月的情况，与第 10 章的 AR(2) 模型类似，公式如下：

$$r_t = f(r_{t-1}, r_{t-2})$$

基于 scikit-learn 配置和训练回归树，代码如下：

```
from sklearn.tree import DecisionTreeRegressor
# 配置回归树
regression_tree = DecisionTreeRegressor(criterion='mse',
                                        max_depth=6,
                                        min_samples_leaf=50)

# 创建训练数据
y = data.target
X = data.drop(target, axis=1)
X2 = X.loc[:, ['t-1', 't-2']]
# 调优模型
regression_tree.fit(X=X2, y=y)
# 调优 OLS 模型
ols_model = sm.OLS(endog=y, exog=sm.add_constant(X2)).fit()
```

OLS 汇总统计和决策树前两层的可视化显示了模型之间的显著差异（见图 11.3）。OLS 模型根据该模型对函数的线性假设，为截距提供了三个参数和两个特征。

相比之下，回归树图为两层，每个节点使用特征和阈值分割数据（需要注意的是，特征可以重复使用），也包括当前值的**均方误差**、样本数量以及根据这些训练样本给出的预测值。值得注意的还有时间，训练决策树需要 58ms，而线性回归需要 66μs。虽然这两款模型运行速度都很快，但即使只有两个特征，差异也达到了 1000 倍。

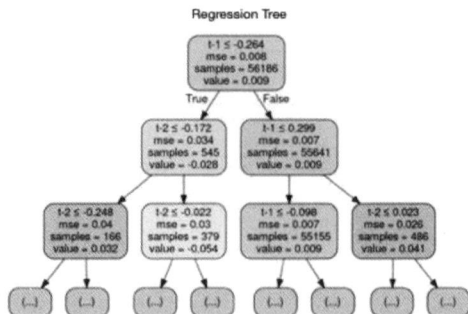

图 11.3　OLS 汇总统计和回归树

树状图还强调了样本在节点间的不均匀分布，如第一次分割后的 545～55 000 个样本。

为了进一步说明关于输入变量和输出之间关系函数形式的不同假设，我们可以将当前的收益预测可视化为特征空间的函数，即滞后收益值范围的函数。图 11.4 显示了当前每月的收益率，该收益率显示为线性回归（图 11.4 左侧）及回归树的函数。

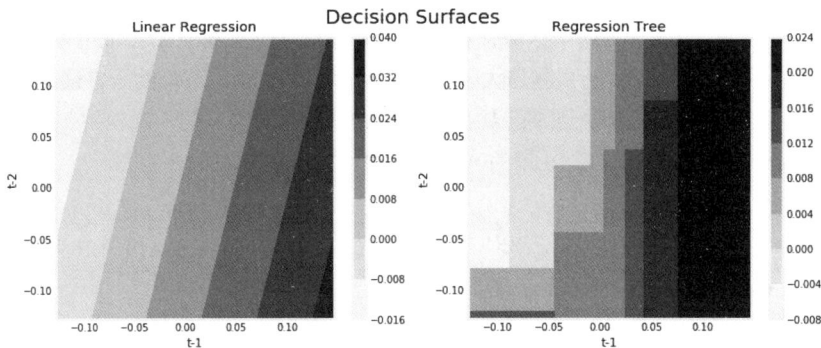

图 11.4　线性回归的决策面和回归树

图 11.4 左侧的线性回归模型结果强调了滞后收益和当前收益之间的线性关系，而右侧的回归树图说明了特征空间递归划分中编码的非线性关系。

3．构建分类树

分类树的工作机理与回归树类似，只是结果的分类性质要求采用不同的方法进行预测和衡量损失。回归树使用相关训练样本的平均结果预测分配给叶子节点的观测结果响应，而分类树使用的是模式，即相关区域训练样本中最常见的类。分类树还可以根据相对类频率的生成概率预测。

4．优化节点纯度

当增加一个分类树时，我们也使用递归二叉分裂，但是当评估决策质量时，看的不是均方误差的减少而是**分类错误率**，简单来讲，分类错误率就是给定（叶子）节点的训练样本占比，不过对大部分类而言，这一理念无法直接运用。

首选替代方案是**基尼不纯度（Gini impurity）** 或**交叉熵（Cross Entropy）**，因为它们对节点纯度比分类错误率更敏感，如图 11.5 所示。**节点纯度**指的是单个类在一个节点中的优势程度，如果一个节点只包含结果属于单个类的样本，那么这个节点就是纯粹的，这意味着对特征空间的这个特定区域进行了成功分类。

让我们看看如何为 K 个类别（在二进制情况下，$K=2$）的分类结果计算这些度量。对于给定节点 m，设 p_{mk} 为第 k 类样本的比例，公式如下：

$$\text{Gini impurity} = \sum_k p_{mk}(1 - p_{mk})$$

$$\text{Cross Entropy} = -\sum_k p_{mk} \log(p_{mk})$$

图 11.5 显示，当类比例为偶数时，或在二进制情况下为 0.5 时，基尼不纯度和交叉熵度量在[0,1]区间上都是最大的；当类的比例接近 0 或 1，且由于分裂，子节点趋于纯粹时，这两种度量都会下降。同时，节点不纯度惩罚高于分类错误率。

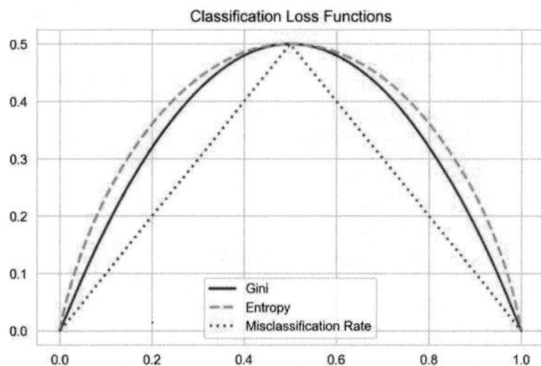

图 11.5　分类损失函数

需要注意的是，计算交叉熵所用的时间几乎是计算基尼不纯度的 20 倍。

5. 训练分类树

现在使用 80%的样本训练、可视化和评估一个最多有 5 个连续分割的分类树，预测剩下 20%的样本。这里使用一个快捷方式简化演示，并使用内置的 train_test_split 作为自定义的 MultipleTimeSeriesCV 迭代器。需要说明的是，该迭代器不能避免前视偏差，我们在第 6 章中介绍过这个迭代器，本章后面也还会使用。

树的配置意味着有多达 2^5=32 个叶子节点，平均而言，在平衡情况下包含超过 1400 个训练样本。训练分类树的简化代码如下：

```
# 训练集随机切分
X_train, X_test, y_train, y_test = train_test_split(X, y_binary, test_
size=0.2, random_state=42)
# 配置和训练树学习器

clf = DecisionTreeClassifier(criterion='gini',
                             max_depth=5,
                             random_state=42)
clf.fit(X=X_train, y=y_train)
# 输出
DecisionTreeClassifier(class_weight=None, criterion='gini', max_depth=5,
```

```
                        max_features=None, max_leaf_nodes=None,
                        min_impurity_decrease=0.0, min_impurity_split=None,
                        min_samples_leaf=1, min_samples_split=2,
                        min_weight_fraction_leaf=0.0, presort=False,
                        random_state=42,splitter='best')
```

训练后的输出显示了所有的 DecisionTreeClassifier 参数，我们将在 11.1.4 小节中更详细地介绍相关问题。

6. 决策树可视化

scikit-learn 可以使用 Graphviz 库的 DOT 语言输出树的描述，可以借此可视化决策树（请参考 GitHub 获取安装说明）。为了获取更好的图表可读性，可以配置包括特征和类标签在内的输出并限制分层数量，代码如下：

```
dot_data = export_graphviz(classifier,
                           out_file=None,                # 保存到文件，转换为.png 格式
                           feature_names=X.columns,
                           class_names=['Down', 'Up'],
                           max_depth=3,
                           filled=True,
                           rounded=True,
                           special_characters=True)
graphviz.Source(dot_data)
```

图 11.6 显示了模型如何使用不同的特征，并指出了连续变量和分类（虚拟）变量的分割规则。在每个节点的标签值下，图中显示了每个类的样本数量，以及在标签类下最常见的类（在样本期间有更多的上涨月份）。

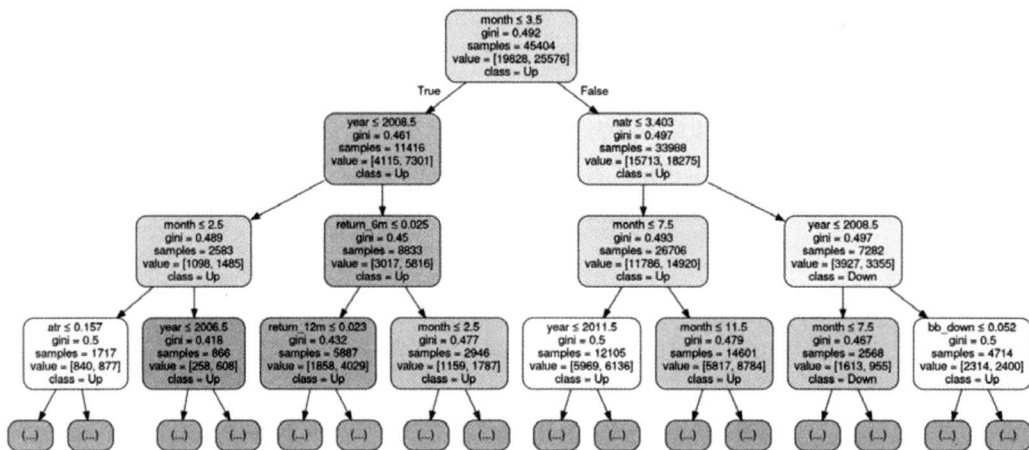

图 11.6　分类树的可视化

7. 决策树预测评估

为了评估第一个分类树的预测精度，我们将使用测试集生成预测类的概率，代码如下：

```
# 仅保留 pos 类概率
y_score = classifier.predict_proba(X=X_test)[:, 1]
```

.predict_proba()方法为每个类生成一个概率。在二进制类中，这些概率是互补的，总和为1，因此只需要正类的值。为了评估泛化误差，我们将使用基于接收器操作特性的曲线下面积，这一点我们在第6章中介绍过。对于一个随机预测，结果相比基线值0.5有了显著的改善（这里的交叉验证方法没有考虑数据的时间序列性质），代码如下：

```
roc_auc_score(y_score=y_score, y_true=y_test)
0.6341
```

11.1.3　过度拟合与正则化

决策树有很强的过度拟合倾向，特别是当一个数据集相对于样本的数量具有大量特征时。正如前面章节所介绍的，过度拟合增加了预测误差，因为模型学习训练包含数据中的信号，也包含噪声。

解决过度拟合有多种方法，包括以下两种：

● 降维：使用更少、信息更多和噪声更少的特征表示现有的特征，从而提高特征与样本的比率（见第13章）。

● 模型集成：如随机森林，在随机构建树的同时将多个树组合在一起。

决策树自身提供了几个正则化超参数限制树的增长和与之相关的复杂性。虽然每次分割都会增加节点的数量，但也会减少每个节点的可用样本数量。对于每一个额外的分层，需要两倍数量的样本来填充相同样本密度的新节点。

剪枝（tree pruning）是个不错的可以减少树的复杂性的辅助工具，剪枝通过消除节点或树的整个部分来实现这一点，这些节点或部分增加的价值很少，但增加了模型的方差。例如，成本－复杂度剪枝从一个较大的树开始，通过用叶子替换节点递归地减小，因此剪枝过程本质上也可以理解为反向运行树结构。每个步骤生成一个树序列，然后使用交叉验证比较这些树序列，进而选择理想的规模。

1．决策树的正则化

scikit-learn决策树实现中的关键参数见表11.1。在介绍了最重要的参数之后，我们将演示如何使用交叉验证来优化超参数设置，目的是实现偏方差权衡和更低的预测误差。

表　11.1

参　　数	描　　述	默认值	选　　择
max_depth	最大层数：拆分节点，直到达到max_depth为止。所有叶子都是纯的或包含比min_samples_split少的样本	None	int
max_features	要考虑分割的特征数量	None	None：all features int：# features float：fraction auto, sqrt：sqrt(n_features) log2：log2(n_features)
max_leaf_nodes	拆分节点，直到创建这么多叶子	None	None：unlimited int
min_impurity_decrease	如果不纯度减少至此值，则分裂节点	0	float

参数	描述	默认值	选择
min_samples_leaf	只有当每个左右分支中至少有 min_samples_leaf 训练样本时，才会考虑拆分	1	int; float (as a percent of N)
min_samples_split	分割内部节点所需的最小样本数	2	int; float (percent of N)
min_weight_fraction_leaf	在一个叶子节点上所需的所有样本权值之和的最小权值。除非在拟合方法中提供了 sample_weight，默认为等权	0	

max_depth 参数对连续分割数量添加硬性限制，这是限制树增长的最直接方式。

min_samples_split 和 min_samples_leaf 参数是其他数据驱动的限制树增长的方法。这些参数不对连续分割的数量施加硬性限制，而是间接控制进一步分割数据所需的最小样本数。后者保证了每一片叶子都有一定数量的样本，而前者则意味着分裂导致非常不均匀的分布则会产生非常小的叶子。小的参数值容易导致过度拟合，而大的参数值可能会阻碍树学习数据中的信号。默认值通常很低，我们推荐使用交叉验证研究一系列潜在值。除了绝对数量，也可以使用浮点数来表示百分比。

scikit-learn 文档包含了如何使用不同用例的各种参数的补充细节，更多信息请参考 GitHub 资源链接。

2. 决策树剪枝

递归二叉分割可能对训练集产生良好的预测，但往往也会过度拟合数据，产生较差的泛化性能。这是因为递归二叉分割会导致过于复杂的树，具体表现为大量的叶子节点或者特征空间划分。更少的分割和叶子节点意味着总体上更小的树，通常也意味着更好的预测性能和可解释性。

限制叶子节点数量的方法之一是：除非在客观度量方面产生显著改进，否则不再进一步分割。然而，这种策略的缺点是，当样本的组成不断变化时，导致小改进的分割可能更有价值。

相比之下，剪枝是先生成一棵非常大的树，然后移除或修剪节点，将大树减少为不那么复杂的过度拟合的子树。成本复杂度剪枝通过在树模型中添加叶子节点的惩罚和正则化参数生成一系列子树，类似于套索回归模型和岭回归模型。过程中可以调节惩罚的影响，如果将惩罚值应用于较大的树，则会自动生成一系列子树，而正则化参数的交叉验证可以用来识别最优的剪枝后的子树。

11.1.4 超参数调优

决策树提供了一组超参数用于控制和调整训练结果。交叉验证是获得泛化误差无偏估计的最重要工具，而泛化误差又支持在各种配置间进行明智的选择。scikit-learn 提供了几个改进交叉验证大量参数设置过程的工具，即便利调参利器——GridSearchCV 类。学习曲线还支持验证数据增量对减少泛化误差的潜在收益是否真如所愿。

1. 使用带有自定义度量指标的 GridSearchCV

正如第 6 章中所强调的，scikit-learn 提供定义多个超参数值范围的方法。该方法可以自动运行参数值交叉验证过程并确定最佳配置，我们首先回顾这一模型自动调优过程。

（1）实例化一个模型对象，并定义一个字典，用关键字命名超参数，列出要测试的参数设置，代码如下：

```
reg_tree = DecisionTreeRegressor(random_state=42)
param_grid = {'max_depth': [2, 3, 4, 5, 6, 7, 8, 10, 12, 15],
              'min_samples_leaf': [5, 25, 50, 100],
              'max_features': ['sqrt', 'auto']}
```

（2）实例化 GridSearchCV 对象，为初始化提供估算器对象、参数网格、评分方法和交叉验证选择。设置自定义 MultipleTimeSeriesSplit 类，用 60 个月或 5 年的数据训练模型，用随后 6 个月的数据验证模型性能，重复这个过程超过 10 fold，这样可以覆盖 5 年的样本外周期，代码如下：

```
cv = MultipleTimeSeriesCV(n_splits=10,
                          train_period_length=60,
                          test_period_length=6,
                          lookahead=1)
```

（3）使用 roc_auc 指标对分类器进行评分，使用 scikit-learn 的 make_scorer 函数为回归模型定义信息系数（IC）指标，代码如下：

```
def rank_correl(y, y_pred):
    return spearmanr(y, y_pred)[0]
ic = make_scorer(rank_correl)
```

（4）使用 n_jobs 参数并行搜索，设置 refit=True，自动获得最优超参数训练模型。所有设置就绪后，就可以像使用其他模型一样使用 GridSearchCV 了，代码如下：

```
gridsearch_reg = GridSearchCV(estimator=reg_tree,
                              param_grid=param_grid,
                              scoring=ic,
                              n_jobs=-1,
                              cv=cv,          # 自定义 MultipleTimeSeriesSplit
                              refit=True,
                              return_train_score=True)
gridsearch_reg.fit(X=X, y=y)
```

训练过程中，GridSearchCV 对象生成一些新属性，最重要的是关于最佳设置和最佳交叉验证分数的信息（这里使用适当的设置避免前视偏差）。

最佳回归模型和分类模型的参数和得分见表 11.2。采用枝叶少的树和更正则化的叶子节点，回归树的 IC 约为 0.083，分类器的 AUC 为 0.525。

表 11.2

参 数	回归树	分类树
max_depth	6	12
max_features	sqrt	sqrt
min_samples_leaf	50	5
Score	0.0829	0.5250

自动化当然方便，但是我们也想看看不同参数值下性能的演变。此过程完成后，GridSearchCV 对象将提供详细的交叉验证结果，这些结果能够帮助我们获得更好的洞见。

2. 检查树结构

接下来介绍如何手动进行交叉验证，从而获得与某些超参数设置相关联的节点或叶子节点总数等自定义树属性。通过下面的函数可以访问内置.tree_attribute 检索节点总数信息以及节点中有多少是叶子节点，代码如下：

```
def get_leaves_count(tree):
    t = tree.tree_
    n = t.node_count
    leaves = len([i for i in range(t.node_count) if t.children_left[i]== -1])
    return leaves
```

将这些信息与训练、验证得分结合起来，可以在交叉验证过程中获得关于模型行为的详细信息，代码如下：

```
train_scores, val_scores, leaves = {}, {}, {}
for max_depth in range(1, 26):
    print(max_depth, end=' ', flush=True)
    clf = DecisionTreeClassifier(criterion='gini',
                                 max_depth=max_depth,
                                 min_samples_leaf=10,
                                 max_features='auto',
                                 random_state=42)
    train_scores[max_depth], val_scores[max_depth] = [], []
    leaves[max_depth] = []
    for train_idx, test_idx in cv.split(X):
        X_train, = X.iloc[train_idx],
        y_train = y_binary.iloc[train_ idx]
        X_test, y_test = X.iloc[test_idx], y_binary.iloc[test_idx]
        clf.fit(X=X_train, y=y_train)
        train_pred = clf.predict_proba(X=X_train)[:, 1]
        train_score = roc_auc_score(y_score=train_pred, y_true=y_train)
        train_scores[max_depth].append(train_score)
        test_pred = clf.predict_proba(X=X_test)[:, 1]
        val_score = roc_auc_score(y_score=test_pred, y_true=y_test)
        val_scores[max_depth].append(val_score)
        leaves[max_depth].append(get_leaves_count(clf))
```

图 11.7 显示了叶子节点数量随着树的层级增多而增加的变化关系。每个交叉验证 fold 样本量为 60 个月，每个样本量约有 500 个数据点，当 min_samples_leaf 的样本量为 10 时，叶子节点数量将被限制在 3000 个左右。

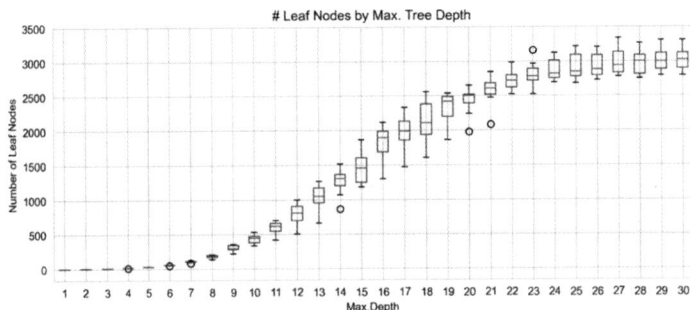

图 11.7　分类树的可视化

3. 比较回归和分类性能

为了进一步了解模型性能，我们将保持产生最佳网格搜索结果的其他参数设置，展示不同层级的交叉验证性能。图 11.8 显示了训练和验证得分，并突出显示了更深层级的树的过度拟合程度。这是因为训练得分稳步增加，验证性能保持不变或下降。

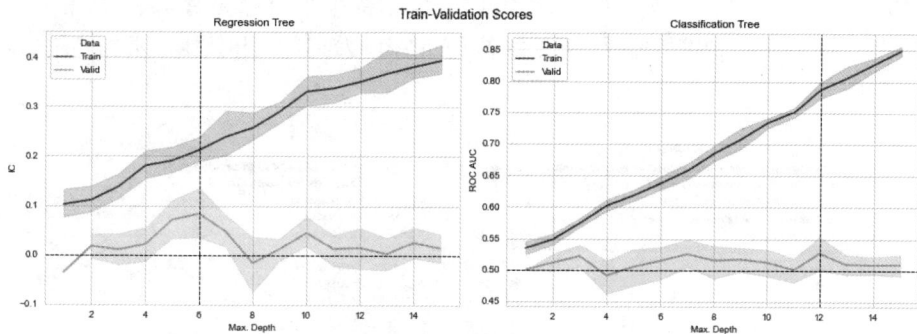

图 11.8　两个模型的训练和验证得分

需要注意的是，对于分类树，网格搜索建议了 12 层，目的是获得最佳预测精度。然而，图中显示的 AUC 得分与较不复杂的树相似，只有 3 或 7 个等级。我们更倾向于选择浅层决策树，这样既能保证类似的泛化性能，又能降低过度拟合风险。

4. 学习曲线检验训练集大小

学习曲线是个有用的工具，可以显示验证和训练得分随着训练样本数量增加而变化的情况。

学习曲线能够帮助判断在训练过程中使用更多的数据是否有利于模型优化，以及在多大程度上有利于模型优化，还有助于检验模型的泛化误差是由偏差还是方差造成的。

如果训练得分满足期望性能并且随着训练样本的增长，验证得分有显著的提高，那么进行更长的回望期训练或获得更多的数据可能会增加价值。另外，如果验证和训练得分都收敛到一个类似的差值，尽管训练集的规模越来越大，但错误更可能是由偏差引起的，额外的训练数据可能也无济于事。

最佳回归和分类模型的学习曲线如图 11.9 所示。

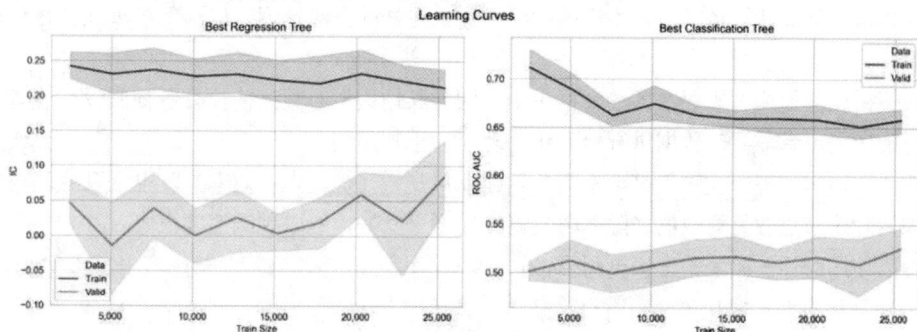

图 11.9　每个模型的最佳学习曲线

特别是对回归模型而言，训练集越大，验证性能越好。这表明长时间的训练可能产生更好的效果。

5. 从特征重要性中获得洞见

决策树不仅可以可视化地检查给定特征的决策路径，还可以总结每个特征对模型学习"所得"规则的贡献进而拟合训练数据。特征重要性被计算为这项（标准化）指标的总减少，并考虑到受分裂影响的样本数量。因此，早期在树中使用的特征（节点往往包含更多的样本）通常被认为具有更高的重要性。

图 11.10 显示了每个模型前 15 个特征的特征重要性，请特别留意特征顺序与基于互信息得分的单变量评估之间的差异。显然，决策树捕捉相互依赖关系的能力（如时间段和其他特征之间的关系）可能改变每个特征的值。

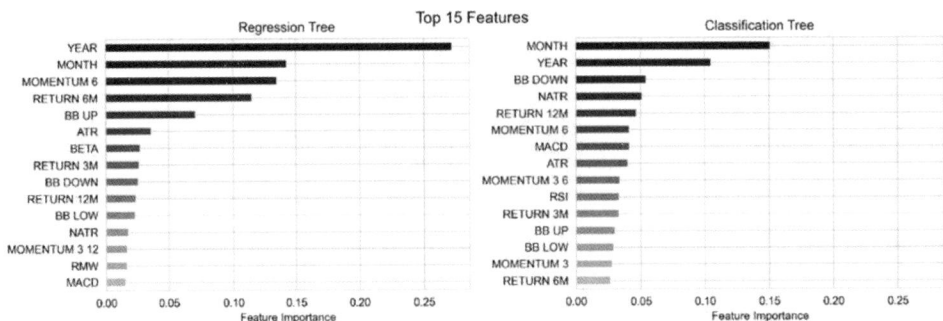

图 11.10　最优回归和分类模型的特征重要性

6. 决策树的优缺点

回归树和分类树预测不同于前几章探索的线性模型。那对于特定问题该如何抉择呢？

● 如果结果和特征之间的关系是近似线性的（或可以相应地转换），那完全没必要舍近求远，用线性回归即可，完全用不着使用决策树这种既复杂又没有线性结构的方法。

● 如果关系呈现高度非线性或者非常复杂，决策树很可能会优于经典模型。关系的复杂性需要是系统的或"真实的"，而不是由噪声引起的，因为这会导致更棘手的模型过度拟合。

决策树之所以非常受欢迎与其**优点**是分不开的，具体如下：

● 决策树是非常容易理解和解释的，尤其是方便可视化处理,因此对非技术受众来说更容易理解。因为对于如何作出预测的高度透明度，决策树也被称为"白盒模型"。相比直线，"黑盒模型"（如模型集成和神经网络）也许的确能够提供更好的预测精度，但决策逻辑往往也更难理解和解释。

● 决策树比其他模型需要准备的数据更少，因为其他模型对数据往往有各种假设，或者对异常值更敏感，或者需要对数据进行标准化处理（如正则回归）。

● 一些决策树处理分类输入甚至不需要创建虚拟变量（提高内存效率），也可以处理缺失值。

● 因为叶子节点数是对数的（除非树变得极度不平衡），所以预测速度很快。

● 可以使用统计检验来验证模型可靠性。

当然，决策树绝非尽善尽美，也有很多**缺点**，具体如下：

● 决策树有过度拟合到训练集的内在倾向，容易产生高泛化误差。解决这一缺陷的关键是使用本节所述的限制树木生长的早期停止标准进行剪枝和正则化处理。

● 决策树对不平衡的类权值也很敏感，可能会产生有偏差的树。解决方案之一是对未被充分代表的类别进行过采样，或者对更频繁的类别进行过采样。不过，更好的做法通常是使用类权值并直接调整目标函数。

● 决策树的高方差与它们紧密适应训练集的能力有关。因此，数据的微小变化会导致树的结构发生巨大变化，从而影响模型预测。修正这一缺点的关键是使用具有低偏差和生成不相关预测误差的随机决策树集成。

● 决策树学习的贪婪算法可以减少当前节点的预测错误实现局部优化，当然也就不能保证全局最优。同上，由随机树组成的模型集成有助于缓解这个问题。

接下来我们看看如何使用集成方法降低决策树固有的过度拟合风险。

11.2 随机森林——使决策树更可靠

决策树的好处不仅仅在于其透明性和可解释性，也是更强大的模型集成的基础模块，这些模型集成结合了许多独立的树，通过随机改变树的设计可解决过度拟合问题。

11.2.1 模型集成表现得更好的原因

集成学习是将几个机器学习模型组合成一个新的模型，目的是比任何单个模型作出更好的预测。更具体地说，模型集成综合了一种或多种学习算法训练出来的几个基本估计器的预测结果，从而有效减少这些模型自身产生的泛化误差。

为了实现这一目标，集成学习的各个独立模型必须具备以下特征：

● 准确：优于单纯的基线（如样本平均值或类别比例）。

● 独立：预测通过不同的方式产生，产生不同的误差。

集成方法是最成功的机器学习算法之一，对于标准数值数据尤其如此。大型集成在机器学习竞赛中表现非凡，这些集成由许多不同的单个模型组成，或者人工组合，或者使用别的机器学习算法组合。

当然，将不同模型的预测结合起来也有几个缺点，包括降低了可解释性，提高了训练、预测和模型维护的复杂性和成本。因此，在实践中（除了比赛之外），大规模模型集成中获得的小的精度收益往往低于增加的成本。

根据组合方式的不同，集成模型的方法一般分为以下两种：

● 平均方法：分别训练几个基本估计器，然后对它们的预测进行平均。如果基础模型没有偏倚也不高度相关，并产生不同的预测误差，则集成预测的方差可能更小、更可靠。这类似于用收益不相关的资产构建投资组合，可以在不牺牲收益的情况下降低波动性。

● 提升方法：相比之下，提升方法是依次训练基本估计器，目标是减少组合估计器的偏差，提升方法可以将几个弱模型组合成一个强大的模型集成。

11.2.2 自助聚合

由于方差较高，决策树很可能作出糟糕的预测，这意味着树的结构对可用训练样本相当敏感。我们还注意到，对于线性回归等低方差模型，尽管训练样本不同，但只要有足够的样本给定特征数量，就可以产生相似的估计。

对于一组给定的方差为 σ^2 的独立观测值，样本均值标准误差为 $\sigma/\sqrt{n}$。换句话说，对一组更大观测值进行平均可以减少方差。因此，减少模型方差及其泛化误差的一种自然方法是收集更多训练集，在每个数据集上训练不同的模型，并对结果预测进行平均。

但在实践中，我们通常不会天然地有很多不同的训练集，**套袋法（bagging，bootstrap aggregation 的缩写）**应运而生。套袋法是一种用于减少机器学习模型方差的通用方法，在决策树模型集成优化中特别有用，也颇为流行。

我们将首先解释该技术是如何减轻过度拟合的，然后展示如何将其应用于决策树。

1. 套袋法降低模型方差

bagging 指的是 bootstrap 样本的聚集，bootstrap 样本是随机的有置换的样本。这种随机样本具有与原始数据集相同的观测数，但可能由于替换而包含重复样本。

套袋法提高了预测的准确率，也降低了模型的可解释性，因为无法可视化地理解每个特征的重要性。作为一种集成算法，套袋法在这些 bootstrap 样本上训练给定数量的基估计器，然后将它们的预测聚合为最终的集成预测。

套袋法通过以下两种方法减少基本估计量的方差，从而降低泛化误差。
● 随机生成每棵树。
● 对预测结果取平均值。

在不需要改变底层算法的情况下，改进给定模型通常是一种简单的方法。因为目标是降低过度拟合，这种技术最适用于**低偏差和高方差的复杂模型**，如深度决策树。相比之下，提升方法最适合弱模型，如浅层决策树。

有几种不同的套袋法，分别适用于训练集的不同随机采样过程，具体如下：
● 随机粘贴：从训练数据中抽取随机样本而不需要替换，但套袋样本需要替换。
● 随机子空间：从特征（列）中随机采样，不需要替换。
● 随机补丁：通过随机采样观测和特征训练基估计器。

2. 套袋决策树

为了将套袋法应用于决策树，我们重复采样和替换训练数据中创建的 bootstrap 样本。然后在每个样本上训练一棵决策树，并通过对不同树的预测的平均创建一个集成预测。除非另有说明，示例代码一般在笔记 bagged_decision_trees 中。

套袋决策树通常生长得很大，也就是说，它们有许多层和许多叶子节点，并且不会进行剪枝，这样每棵树都是低偏差高方差的，平均预测可以减少方差。套袋法已经被证明可以通过构建集合显著提高预测性能，这些集合可以包含 bootstrap 样本上训练的数百棵树甚至数千棵树。

为了说明套袋法对回归树方差的影响，可以使用 scikit-learn 中的 BaggingRegressor 元估计器，后者根据指定采样策略参数训练自定义的基估计器，具体如下：
● max_samples 和 max_features 分别控制从行和列中抽取的子集大小。
● bootstrap 和 bootstrap_features 决定是否替换样本。

下面的示例使用一个指数函数来生成单个 DecisionTreeRegressor 和 BaggingRegressor 集合的训练样本，集合由 10 棵树组成，每棵树深度为 10 层。两种模型都在随机样本上训练，并预测添加噪声的实际函数的结果。

基于已经知道的真实函数，我们可以将均方误差分解为偏差、方差和噪声，并按照以下分解方法比较两个模型中分量的相对大小：

$$E[y_0 - \hat{f}(x_0)]^2 = \text{Var}(\hat{f}(x_0)) + [\text{Bias}(\hat{f}(x_0))]^2 + \text{Var}(\varepsilon)$$

分别从 250 个训练样本和 500 个观测样本中抽取 100 个随机样本，然后训练每个模型并收集预测结果，代码如下：

```
noise = .5                  # std(y)相关噪声
noise = y.std() * noise
X_test = choice(x, size=test_size, replace=False)
max_depth = 10
n_estimators=10
tree = DecisionTreeRegressor(max_depth=max_depth)
bagged_tree = BaggingRegressor(base_estimator=tree, n_estimators=n_estimators)
learners = {'Decision Tree': tree, 'Bagging Regressor': bagged_tree}
predictions = {k: pd.DataFrame() for k, v in learners.items()}
for i in range(reps):
    X_train = choice(x, train_size)
    y_train = f(X_train) + normal(scale=noise, size=train_size)
    for label, learner in learners.items():
        learner.fit(X=X_train.reshape(-1, 1), y=y_train)
        preds = pd.DataFrame({i: learner.predict(X_test.reshape(-1, 1))},
                             index=X_test)
        predictions[label] = pd.concat([predictions[label], preds], axis=1)
```

对于每个模型，图 11.11 中给出以下内容：

● 均值预测和均值周围两个标准差的区间（上方）。

● 基于真函数值的偏差 – 方差 – 噪声分解（下方）。

结果显示，基于 bootstrap 样本，单个决策树（左侧）预测方差几乎是 10 棵套袋树小集合的两倍。

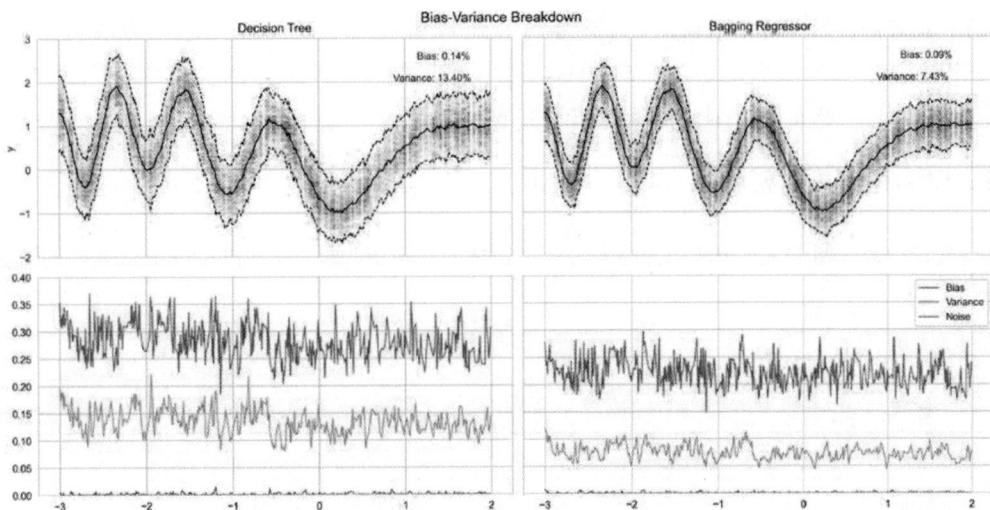

图 11.11　单个决策树和套袋决策树的偏差、方差分解

相关实现细节请参阅笔记 bagged_decision_trees。

11.2.3 建立随机森林

随机森林算法在套袋法的基础上引入随机性，进一步减少方差、提高预测性能。

除了在 bootstrap 训练数据上训练每个成员外，随机森林还从模型使用的特征中随机采样（不替换）。根据实现的不同，可以为每棵树或每个分割给予随机样本。因此，算法在学习新规则时，无论是在树的层次上还是在每次分割时都面临不同的选择。

回归树和分类树的**特征样本大小**不同，具体表现如下：

● 对于**分类问题**，样本大小通常是特征数的平方根。

● 对于**回归问题**，可以是 1/3 到所有特征，需要基于交叉验证进行选择。

图 11.12 说明了随机森林如何对单个树进行随机训练，然后将它们的预测聚合为一个集成预测。

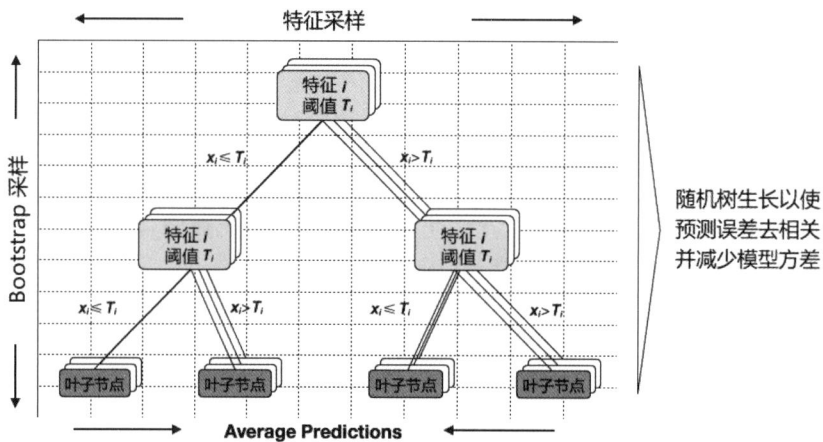

图 11.12 一棵决策树到一片随机森林

除了训练观测之外，随机化还能进一步关联单棵树的预测误差。要知道，并不是所有的特征都是相同的，在构建树的过程中，少数高度相关的特征会被更频繁、更早地选择，从而使整个决策树更加相似。个体树的泛化误差关联越小，总体方差就会越小。

11.2.4 训练和调整随机森林

关键配置参数包括 11.1.4 小节中介绍的各个决策树的各种超参数。两个 RandomForest 类的附加选项见表 11.3。

表 11.3

关键字	默认值	描　　述
bootstrap	TRUE	训练期间的 Bootstrap 样本
n_estimators	10	森林中树木的数量
oob_score	FALSE	使用袋外样本估计看不见的数据上的 R^2

bootstrap 参数激活刚才描述的 bagging 算法。bagging 反过来又支持袋外得分（oob_score）计算，可以基于给定训练树的 bootstrap 样本中不包含的样本估计泛化准确率。

参数 n_estimators 定义了作为森林一部分的生长树木的数量。越大的森林表现越好，但也需要更多的时间来建造。随着基学习器数量的增长，监控交叉验证错误更加重要。需要平衡的是，训练额外的树的成本何时能够超过减少验证误差的好处，或者后者何时开始再次增加。

max_features 参数控制学习新决策规则和分割节点时随机选择的可用特征子集大小。较低的值意味着集成方差的降低，也就是降低了树之间的相关性，但也可能增加偏差。正如本节开始所指出的，对于回归问题良好的初始值是训练特征数量；而对于分类问题，则是这个值的平方根。当然这取决于特征之间的关系，需要使用交叉验证进行优化。

随机森林被设计为包含深度成长的树的集合，具体创建参数时，一般 max_depth=None 和 min_samples_split=2。然而，这些值并不一定是最优的，特别是对于具有许多样本的高维数据（可能会有非常深的深度决策树），树的计算和内存就会成为新的考验。

scikit-learn 中的 RandomForest 类支持并行训练，只需要设置 n_jobs 参数，即可在不同内核上运行 k 个训练预测过程，其中−1 表示所有可用核。进程间通信可能会限制加速速度，使 k 个作业可能花费超过单个作业 $1/k$ 的时间。尽管如此，对于大型森林或深度独立决策树而言，这种加速依然是相当重要的，因为当数据很大时，可能需要花费大量训练时间，分割评估的成本也很高。

与往常一样，需要使用交叉验证来确定最佳参数配置，以下示例演示了这个过程。本例代码在笔记 random_forest_tuning 中。

（1）使用 GridSearchCV 找寻分类树集成的最优参数集，代码如下：

```
rf_clf = RandomForestClassifier(n_estimators=100,
                                criterion='gini',
                                max_depth=None,
                                min_samples_split=2,
                                min_samples_leaf=1,
                                min_weight_fraction_leaf=0.0,
                                max_features='auto',
                                max_leaf_nodes=None,
                                min_impurity_decrease=0.0,
                                min_impurity_split=None,
                                bootstrap=True, oob_score=False,
                                n_jobs=-1, random_state=42)
```

（2）使用与前面决策树示例相同的 10 个 fold 自定义交叉验证，同时使用关键配置设置的值填充参数网格，代码如下：

```
cv = MultipleTimeSeriesCV(n_splits=10, train_period_length=60,
                          test_period_length=6, lookahead=1)

clf = RandomForestClassifier(random_state=42, n_jobs=-1)
param_grid = {'n_estimators': [50, 100, 250],
              'max_depth': [5, 15, None],
              'min_samples_leaf': [5, 25, 100]}
```

（3）使用上述输入重构 GridSearchCV，代码如下：

```
gridsearch_clf = GridSearchCV(estimator=clf,
```

```
                                    param_grid=param_grid,
                                    scoring='roc_auc',
                                    n_jobs=-1,
                                    cv=cv,
                                    refit=True,
                                    return_train_score=True,
                                    verbose=1)
```

与前面一样，运行网格搜索，并为性能最佳的回归和分类模型找到以下结果（见表 11.4）。尽管设置完全相同，但与分类器相比，随机森林回归模型在较浅的树上做得更好。

表 11.4

参　　数	回 归 树	分 类 树
max_depth	5	15
min_samples_leaf	5	5
n_estimators	100	100
Score	0.0435	0.5205

然而，这两种模型的表现都不如独立决策树，这说明更复杂的模型并不一定比更简单的方法表现得更好，数据嘈杂和过度拟合风险很高的情况下尤其如此。

11.2.5　随机森林的特征重要性

虽然一个随机森林可能包含数百棵独立决策树，但是仍然有可能从套袋模型中获得特征重要性的总体度量。

对于给定特征，**重要性得分**是由于该特征上分割导致的目标函数值的总减少在所有树上取得的平均值。目标函数考虑到有多少特征受到分割影响，那么靠近树顶部的特征将获得更高的得分（因为在较少的可用节点中包含大量的观测数据）。通过对随机生长的许多树进行平均，特征重要性估计会损失一些方差，也就变得更加准确。

评分通过回归树的均方误差和分类树的基尼不纯度或交叉熵来衡量。scikit-learn 进一步对特征重要性进行归一化处理，使其加起来为 1。因此计算特征重要性在特征选择中也很流行，可以作为互信息度量的替代（详见 sklearn.feature_selection 模块中的 SelectFromModel）。

图 11.13 显示了两个模型的前 15 个特征值。相比于表现较好的决策树，回归模型明显更依赖于时间周期。

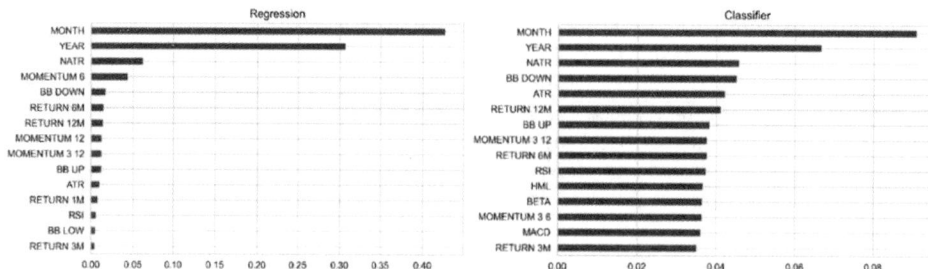

图 11.13　随机森林特征重要性

11.2.6 袋外测试

随机森林为内置交叉验证提供了天然便利，因为每棵树都是在 bootstrap 训练数据上进行训练的。因此，每棵树平均只使用了 2/3 的可用观测数据。考虑 bootstrap 样本的大小（n）与原始样本相同，并且每个观测结果都有相同的概率（$1/n$）。因此，完全不进入 bootstrap 样本的概率是$(1-1/n)n$，它（快速）收敛到 1/e，或者也可以认为是大约 1/3。

没有包含在训练集中的其余 1/3 的观测结果也形成一个套袋树，称为**袋外（Out-of-Bag，OOB）**观测结果，可以作为一个验证集。

和普通交叉验证一样，对于每棵不用观测的树的 OOB 样本，通过平均预测响应（对回归问题）或多数投票或预测概率（对分类问题）为一个集成预测每个 OOB 样本。这些预测可以产生训练期间非常容易计算的泛化误差无偏估计。

因为预测是在没有观测的情况下由学习到的决策规则产生的，由此产生的 OOB 误差是对该观测结果的泛化误差的有效估计。只要随机森林足够大，OOB 误差非常接近留一法交叉验证误差。用于估计测试误差的 OOB 方法对于交叉验证计算成本很高的大型数据集非常有效。

当然，交叉验证过程中一样需要注意一个问题：如果 OOB 观测结果被无序选择，那就需要留意避免前视偏差。事实上，数据的顺序属性导致对时间序列数据使用 OOB 验证是非常困难的。

11.2.7 随机森林的优缺点

套袋法模型集成既有**优点**也有缺点。优点如下：
- 根据用例不同，随机森林可以与最好的监督学习算法相媲美。
- 随机森林提供可靠的特征重要性估计。
- 随机森林提供测试错误的有效估计，同时又不产生与交叉验证相关的重复训练成本。

另外，我们也要清楚地了解随机森林的**缺点**，具体如下：
- 模型集成本质上比单独的决策树更难解释。
- 训练大量的深度树可能意味着很高的计算成本（当然可以并行化处理），占用大量内存。
- 预测速度较慢，这对低延迟应用来说是个挑战。

11.3 日本股市的多空信号

在第 9 章中，我们使用协整检验识别成对的具有长期平衡关系的股票，这些配对价格以共同趋势回归。

在本章中，我们将使用机器学习模型预测识别可能上升或下降的资产，这样就可以相应地在市场中确定多头和空头头寸。该方法类似于第 7 章和第 8 章中使用的线性回归。

这里我们将使用 LightGBM 代替 scikit-learn 实现随机森林算法，前者专门为梯度提升而设计。LightGBM 优点颇多，其中之一是能够将分类变量有效编码为数字特征，而不需要使用一个热门的虚拟编码。我们将在第 12 章更详细地介绍，不过此处不影响代码示例的理解，因为其逻辑与 scikit-learn 版本完全类似。

11.3.1 数据——日本股票

我们将使用波兰供应商 Stooq 提供的数据设计针对日本股票的策略，该公司目前为各种资产类别、市场和频率提供有趣的数据集。

虽然我们对这些数据的来源和质量所知甚少，但 Stooq 的数据有个无可比拟的优势——免费。换句话说，我们可以每天、每小时或每 5 分钟对股票、债券、大宗商品和外汇数据进行测试，但应该谨慎对待实验结果。

本书 GitHub 存储库的数据目录中的 create_datasets 笔记介绍了如何下载数据并以 HDF5 格式存储这些数据。本例使用的是 2010—2019 年约 3000 只日本股票价格数据。最后两年数据作为样本外测试数据，可以用于交叉验证，进行模型选择。

有关本节中的代码示例请参考笔记 japanese_equity_features。删除超过 5 个连续缺失值的股票，只保留 1000 只交易最频繁的股票。

1. 特征——滞后收益与技术指标

为了便于理解，这里主要将 1、5、10、21 和 63 个交易日的历史收益率与 TA-Lib 提供的几个技术指标结合起来。

更具体地说，计算每只股票的如下指标：

- 百分比价格指标（PPO）：移动平均趋同/背离指标（MACD）的标准化版本，用于衡量 14 日和 26 日指数移动平均线之间的差异，进而捕捉资产动量差异。
- 标准化平均真实范围（NATR）：通过比较不同资产的方式衡量价格波动。
- 相对强度指数（RSI）：另一个流行动量指标。
- 布林带：用于识别均值回归机会的移动平均线与移动标准偏差的比值。

我们还将引入周期（年、月和工作日）标记，并根据每个交易日 6 个间隔中的每一个最新收益以 1~20 的等级对股票进行排名。

2. 结果——不同水平的预期收益

为了测试给定特征的随机森林预测能力，我们生成了 21 个交易日（1 个月）的相同时间间隔的预期收益。

历史和预期收益所隐含的领先和滞后会导致一些数据缺失，投资范围越大，这种缺失越多。最后，我们对 941 只股票的 18 种特征和 4 种结果进行了 230 万次观测。

11.3.2 ML4T 工作流与 LightGBM

现在我们选择一个产生可交易信号的随机森林模型。使用快速和内存高效的微软开源 LightGBM 实现，这也是最受欢迎的梯度提升应用，梯度提升是第 12 章将要介绍的内容，届时我们将进一步讲解 LightGBM 的各种特性。

首先讨论关键的实验设计决策，然后建立并评估一个预测模型，该模型的信号将驱动最后一步设计和评估的交易策略。除非另有说明，本节代码示例请参阅笔记 random_forest_return_signals。

1. 从范围选择到超参数调优

开发一个机器学习模型交易策略，需要就模型范围和设计作出几个抉择，具体如下：

- 回溯时间：用于训练的历史交易日。
- 展望期：预测未来多少天的收益。
- 测试周期：连续多少天使用同一模型进行预测。
- 超参数：需要评估的参数和配置。
- 集成：依赖于单个模型或多个模型的某种组合。

为了评估感兴趣的模型，还需要选择交叉验证域、时间周期以及样本外测试周期和域。更具体地说是对截至 2017 年的几个日本股票样本进行交叉验证。

确定一个模型后定义交易和回测规则，使用模型**样本外**信号过去两年数据验证其性能。

对于时间序列交叉验证，我们将通过在第 7 章中开发的 MultipleTimeSeriesCV 对训练和测试周期的长度进行调整，同时避免前视偏差。这个自定义 CV 类将帮助我们实现以下目标：

- 对每个 ticker 在 train_length 天数范围内训练模型。
- 在包含 test_length 天数和 lookahead 天数的后续期间（除了训练期间）验证其性能，避免数据遗漏。
- 重复给定数量的 n_split，同时将训练和验证周期向前滚动，每次滚动天数为 test_length。

2. 加速交叉验证取样器

训练一个随机森林比线性回归花费的时间要长得多，而且取决于数据结构，树的数量和深度是主要驱动因子。

为了便于测试，这里选择2010—2017年交易最活跃的250只股票，评估不同结果和模型配置的表现，代码如下：

```
DATA_DIR = Path('..', 'data')
prices = (pd.read_hdf(DATA_DIR / 'assets.h5', 'stooq/jp/tse/stocks/prices')
          .loc[idx[:, '2010': '2017'], :])

dollar_vol = prices.close.mul(prices.volume)
dollar_vol_rank = dollar_vol.groupby(level='date').rank(ascending=False)
universe = dollar_vol_rank.groupby(level='symbol').mean().nsmallest(250).index
```

3. 定义回溯、前视和展望周期

运行策略需要在滚动基础上训练模型，也就是通过特定交易日（回溯期）学习模型参数，预测未来特定天数结果。本例考虑 63、126、252、756 和 1260 个交易日训练，同时在每个迭代中向前滚动和预测 5、21 或 63 天。

为了便于迭代和采样选择和/或变换，我们将参数对放在一个列表中，代码如下：

```
train_lengths = [1260, 756, 252, 126, 63]
test_lengths = [5, 21, 63]

test_params = list(product(train_lengths, test_lengths))
n = len(test_params)
test_param_sample = np.random.choice(list(range(n)),
```

```
                                    size=int(n),
                                    replace=False)
test_params = [test_params[i] for i in test_param_sample]
```

4. LightGBM 超参数调优

LightGBM 模型接收大量的参数。当然我们只是为了启用随机森林算法，因此只需要定义 boosting_type，设置 bagging_freq 为正数，objective 为 regression，代码如下：

```
base_params = dict(boosting_type='rf',
                   objective='regression',
                   bagging_freq=1)
```

接下来，选择最可能影响预测精度的超参数，具体如下：

- 树的数量（num_boost_round）。
- 用于套袋的行（bagging_fraction）和列（feature_fraction）比例。
- 叶子所需的最小样本数（min_data_in_leaf），这一点是为了控制过度拟合。

LightGBM 的另一个好处是可以通过树的子集评估一个训练过的模型（也可以进行一定数量的评估之后继续训练），这也意味着在单个训练中可以测试多个 num_iteration 值。

或者，验证集损失不能继续改善时，可以通过 early_stopping 中断训练。当然，因为模型中会使用现实情况下无法获得的结果信息，交叉验证的性能估计可能过于乐观。

使用以下值作为控制套袋方法和树木生长的超参数。

```
bagging_fraction_opts = [.5, .75, .95]
feature_fraction_opts = [.75, .95]
min_data_in_leaf_opts = [250, 500, 1000]

cv_params = list(product(bagging_fraction_opts,
                         feature_fraction_opts,
                         min_data_in_leaf_opts))
n_cv_params = len(cv_params)
```

5. 交叉验证不同范围信号

为了评估给定超参数集的模型，使用回溯、前视和展望周期生成预测结果。

首先识别分类变量，这里 LightGBM 不需要一次性编码，而是可以根据结果进行分类，这为回归树提供了更好的结果，创造了有利条件。接下来创建识别不同的时期的变量，代码如下：

```
categoricals = ['year', 'weekday', 'month']
for feature in categoricals:
    data[feature] = pd.factorize(data[feature], sort=True)[0]
```

为此需要创建二进制 LightGBM 数据集，使用给定的 train_length 和 test_length 配置 MultipleTimeSeriesCV，这将决定两年验证期的分割次数，代码如下：

```
for train_length, test_length in test_params:
    n_splits = int(2 * YEAR / test_length)
    cv = MultipleTimeSeriesCV(n_splits=n_splits,
                              test_period_length=test_length,
                              lookahead=lookahead,
                              train_period_length=train_length)
```

```
label = label_dict[lookahead]
outcome_data = data.loc[:, features + [label]].dropna()

lgb_data = lgb.Dataset(data=outcome_data.drop(label, axis=1),
                       label=outcome_data[label],
                       categorical_feature=categoricals,
                       free_raw_data=False)
```

接下来采取以下步骤：

（1）选择迭代超参数。

（2）将刚刚创建的二进制 LightGBM 数据集切片作为训练集和测试集。

（3）训练模型。

（4）为一系列 num_iteration 设置生成验证集预测，代码如下：

```
for p, (bagging_fraction, feature_fraction, min_data_in_leaf) \
        in enumerate(cv_params_):
    params = base_params.copy()
    params.update(dict(bagging_fraction=bagging_fraction,
                  feature_fraction=feature_fraction,
                  min_data_in_leaf=min_data_in_leaf))

    start = time()
    cv_preds, nrounds = [], []
    for i, (train_idx, test_idx) in \
            enumerate(cv.split(X=outcome_data)):
        lgb_train = lgb_data.subset(train_idx.tolist()).construct()
        lgb_test = lgb_data.subset(test_idx.tolist()).construct()

        model = lgb.train(params=params,
                          train_set=lgb_train,
                          num_boost_round=num_boost_round,
                          verbose_eval=False)

        test_set = outcome_data.iloc[test_idx, :]
        X_test = test_set.loc[:, model.feature_name()]
        y_test = test_set.loc[:, label]
        y_pred = {str(n): model.predict(X_test, num_iteration=n)
                  for n in num_iterations}
        cv_preds.append(y_test.to_frame('y_test')
                        .assign(**y_pred).assign(i=i))
        nrounds.append(model.best_iteration)
```

（5）计算完整的预测集的 IC，并在每天的基础上进行一系列迭代，据此评估验证性能，代码如下：

```
df = [by_day.apply(lambda x: spearmanr(x.y_test,
                   x[str(n)])[0]).to_frame(n)
      for n in num_iterations]
ic_by_day = pd.concat(df, axis=1)

daily_ic.append(ic_by_day.assign(bagging_fraction=bagging_fraction,
                                 feature_fraction=feature_fraction,
                                 min_data_in_leaf=min_data_in_leaf))
```

```
cv_ic = [spearmanr(cv_preds.y_test, cv_preds[str(n)])[0]
        for n in num_iterations]
ic.append([bagging_fraction, feature_fraction,
        min_data_in_leaf, lookahead] + cv_ic)
```

接下来我们需要评估预测的信号内容，进而为交易策略选择更好的模型。

6. 分析交叉验证性能

首先查看各种训练和测试窗口的 IC 分布，以及所有超参数设置的预测范围；然后进一步研究超参数设置对模型预测精度的影响。

7. 不同回溯、展望和前视期 IC

图 11.14 展示了 4 个预测层和 5 个训练窗口以及表现最好的 21 天测试窗口的日平均 IC 分布和分位数。不幸的是，我们无法得出关于较短或较长窗口是否更好的结论，只能说明测试模型配置范围和结果缺乏一致性而导致的数据噪声程度。

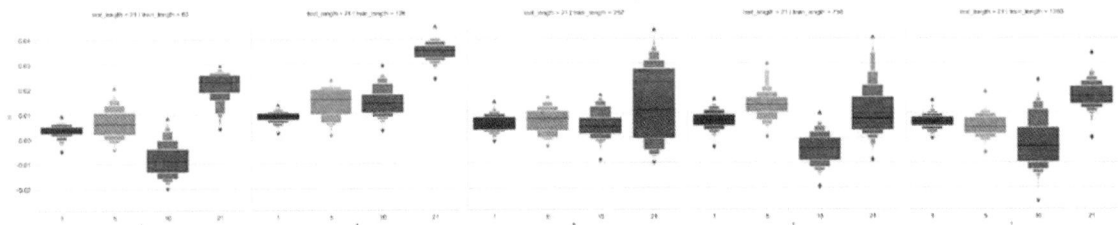

图 11.14　不同模型配置的日均信息系数分布

8. 随机森林配置参数的 OLS 回归

为了更详细地了解试验参数对结果的影响，对参数进行日均信息系数 OLS 回归。图 11.15 显示了 1 天和 5 天预测期的系数和置信区间。

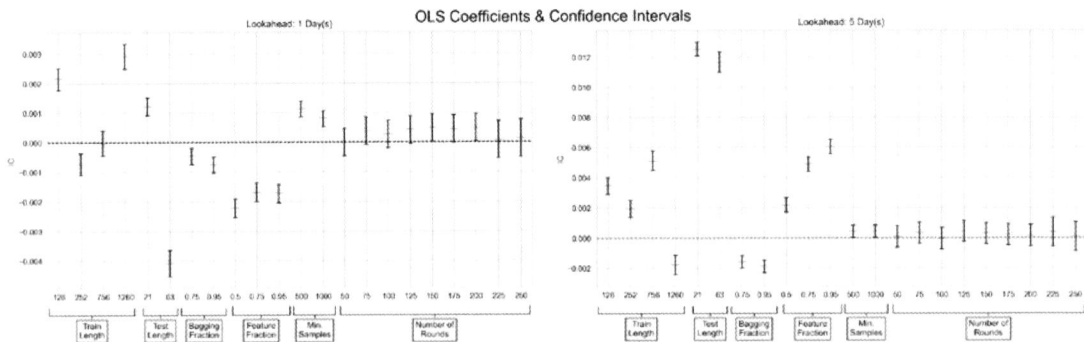

图 11.15　各种随机森林配置参数的 OLS 系数和置信区间

所有变量都是一次性编码的，可以相对于被常量捕获的每个变量的最小类别进行解释。结果因范围有所不同，最长的训练周期对于 1 天的预测效果最好，但是对于 5 天的预测效果最差，也无法识别明确模型。更长时间的训练似乎能将 1 天模型提高到一定程度，但这种提高对于 5 天模型似乎无能为力。唯一一致的结论似乎也就是较低的套袋率和较高的最小样本设置。

9. 综合预测——Alphalens 信号分析

最终我们关心的是投资领域和持有期模型预测的信号内容。为此,我们将使用 Alphalens 评估投资于预测收益的不同分位数的等权投资组合产生的收益差。

正如第 4 章中所介绍的,Alphalens 可以帮助我们计算、可视化各种指标并评估阿尔法因子预测性能。笔记 alphalens_signals_quality 演示了如何使用实用函数 get_clean_factor_and_forward_returns,该函数可以以适当格式将模型预测与价格数据结合起来。

为了解决 CV 预测固有噪声问题,我们根据每日平均 IC 选择前 3 个 1 天模型并对其结果进行平均。将信号提供给 Alphalens,我们发现,对于 1 天持有期,有以下表现:

- 年化阿尔法值为 0.081,贝塔值为 0.083。
- 最高和最低五分位数收益率之间的平均周期差为 5.16 个基点。

图 11.16 显示了因子五分位数的平均周期收益和与每个五分位数股票相关的每日累计收益。

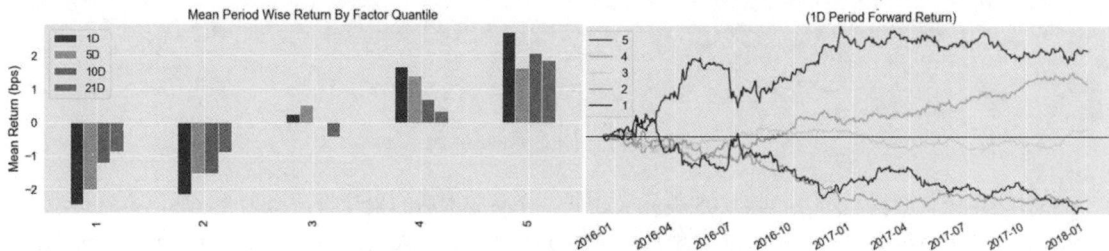

图 11.16 Alphalens 因子信号评估

图 11.16 显示,基于顶部和底部五分位数的收益率差,提前一天的预测在短时间内似乎包含了有用的交易信号。现在,我们将继续开发和回测一个策略,该策略使用由验证期内前 10 个提前 1 天预测模型生成的预测。

11.3.3 基于 Zipline 的策略设计和回测

基于 Zipline 设计和回测交易策略需要先确定测试范围,捕获日本股票数据并将信号加载到 Zipline 中,然后建立一个管道并定义相应的再平衡规则触发相应的交易。

1. 将日本股票数据加载到 Zipline

按照第 8 章中描述的过程,将 Stooq 股票 OHLCV 数据转换为 Zipline 包。目录 custom_bundle 包含资产 id 创建和元数据的预处理模块,可以定义加载函数并注册扩展 bundle。

2. 运行样本内和样本外策略回测

笔记 random_forest_return_signals 展示了选择产生最佳验证 IC 性能的超参数并据此生成预测的过程。我们将使用我们的 1 天模型预测,同时应用一些简单的逻辑:对预测收益最高的正收益和最低的负收益的 25 种资产配置多头和空头头寸。只要双方至少有 15 名候选人,我们将每天进行交易,同时结清所有不在当前最高预测中的头寸。

• 269 •

模型中加入每股 0.05 美元的小额交易佣金，但是不用考虑滑点，因为这里交易的是流动性最强、资本基础相对好的日本股票。

3. 结果——pyfolio 评价

图 11.17 左侧显示了该策略相对于日经 225 指数在样本内（2016—2017 年）和样本外（2018—2019 年）的表现，日经 225 指数在此期间基本持平。该策略在样本内的年化收益率为 10.4%，样本外的年化收益率为 5.5%。图 11.17 右侧为 3 个月滚动夏普比率，样本内达到 0.96，样本外达到 0.61。

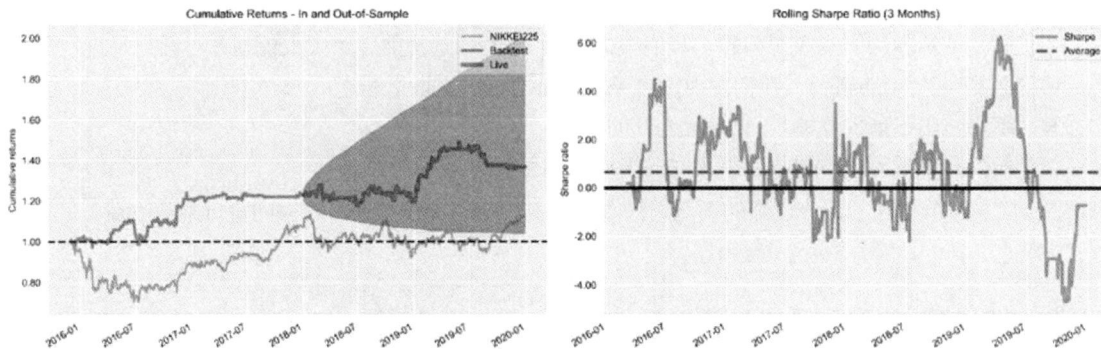

图 11.17　pyfolio 策略评估

整体表现统计数据显示，扣除 0.05 美元（较低）交易成本后的累计收益率为 36.6%，也就是说，样本外阿尔法值为 0.06，贝塔值为 0.08（相对于日经 225 指数）。样本内最大回撤为 11.0%，样本外最大回撤为 8.7%，见表 11.5。

表　11.5

指　　标	所有样本	样本内	样本外
#月份	48	25	23
年收益	8.00%	10.40%	5.50%
累计收益	36.60%	22.80%	11.20%
年波动性	10.20%	10.90%	9.60%
夏普比率	0.8	0.96	0.61
Calmar 比率	0.72	0.94	0.63
稳定性	0.82	0.82	0.64
最大回撤	−11.00%	−11.00%	−8.70%
Sortino 比率	1.26	1.53	0.95
日风险值	−1.30%	−1.30%	−1.20%
阿尔法值	0.08	0.11	0.06
贝塔值	0.06	0.04	0.08

pyfolio tearsheets 包含了许多关于风险敞口、风险概况和其他方面的额外细节。

11.4　本章小结

在本章中，我们学习了能够捕捉非线性关系的新模型，这是经典线性模型无法比拟的，看到了决策树是如何学习规则、划分特征空间，从而将输入数据分割到特定区域开展预测的。

决策树非常有用，因为它们为特征和目标变量之间的关系提供了独特的洞见，我们还讲解了如何对编码在树结构中的决策规则进行可视化处理。

不幸的是，决策树容易过度拟合，而模型集成和 bootstrap 聚合方法成功地克服了这一缺点。

在第 12 章中，我们将介绍另一种模型集成——提升算法（boosting），提升算法也被认为是最重要的机器学习算法之一。

第*12*章

交易策略的提升

在第 11 章中，我们介绍了**随机森林**如何通过将许多树组合成一个集成来改进决策树的预测性能。减少单个树高方差的关键是，使用**套袋法**将随机性引入到单个树的生长过程中。更具体地说，就是对数据样本进行套袋替换，使每棵树都在一个不同但大小相等的随机子集上训练，同时重复部分观测。此外，随机森林随机选择特征子集，使得每棵树训练集的行和列都是随机原始数据。最后，随机森林通过单个树的输出平均生成预测。

随机森林中的每个个体树通常长得很深，这是为了确保低偏差，同时随机训练过程产生不同的、不相关的预测误差，这些预测误差在聚合时比个体树预测的方差更低。换句话说，随机训练的目的是将单个树的误差去关联化（可以理解为多样化）。这样模型集成就不会轻易过度拟合，同时方差较低，方便更好地推广应用到新的数据中。

本章重点介绍**提升算法**，这是另一种能产生更好结果的决策树集成算法。两者的关键区别在于，提升算法基于模型所犯的累积错误修改每棵新树的训练数据，而随机森林使用训练集的样本独立训练许多树，通过数据重新赋权提高收益。当然两者也并不完全冲突，最先进的提升算法实现甚至采用了随机森林的随机化策略。

在过去 30 年里，提升算法已经成为最成功的**机器学习算法**之一，主导了许多结构化、表格数据的机器学习竞赛（对于具有更复杂输入/输出关系的高维图像或语音数据，深度学习则更擅长）。我们将展示如何运用提升算法的基本机理，并介绍几个高性能实现，最后将提升算法应用于**高频数据**和**日内交易策略回测**。

本章将涵盖以下内容：

- 了解提升算法和套袋法的区别，同时了解自适应提升算法向梯度提升算法的演化过程。
- 基于 scikit-learn 设计和调整自适应提升模型和梯度提升模型。
- 使用最先进的 XGBoost、LightGBM 和 CatBoost 在大型数据集上构建、调优和评估梯度提升模型。
- 解释梯度提升模型并从中获得洞见。
- 适应高频数据应用提升算法，设计日内交易策略。

> 读者可以在 GitHub 存储库的对应目录中找到本章的代码示例和附加资源的链接。笔记中有彩色版本的图像。

12.1 "热身"——适应性提升

与套袋法一样，提升算法也是一种集成学习算法，提升算法将基学习器（通常是决策树）组合成一个集成。提升算法最初是为分类问题开发的，但也可以用于回归，该方法被称为在过去 20 年中引入的最有效的机器学习思想之一（Hastie、Tibshirani 和 Friedman，2009）。与套袋法一样，它是一种通用方法或元方法，可以应用于许多统计学习方法。

提升的本质在于将**许多弱模型**的输出（"弱"意味着这些模型表现只比随机猜测略好一点）**组合**成一个高度**准确的、提升后的联合预测**（Schapire 和 Freund，2012）。

一般来说，提升算法先学习一个形式类似于线性回归的加法假设 H_M。然而，对于 $m=1,\cdots,M$，每个元素是一个弱基学习器 h_t，这些弱基学习器本身需要训练。该方法可以表示如下：

$$H_M(x) = \sum_{m=1}^{M} \underbrace{h_t(x)}_{\text{weak learner}}$$

在第 11 章中，套袋法在数据的不同随机样本上训练基学习器。相比之下，本章中，提升算法则是通过重复修改反映累积学习的数据来训练基学习器，目标是确保下一个基学习器可以弥补当前集成的缺点，最后集成使用弱模型的预测的加权平均值进行预测。我们也将看到，根据"弱"的不同定义方式，提升算法彼此也有差异。

1990 年前后，Robert Schapire 和 Yoav Freund 开发出第一个提升算法，该算法通过数学证明提高了弱学习器学习性能的可行性。1997 年，一个实用的分类问题解决方案以自适应提升算法（AdaBoost 算法）的形式出现，**AdaBoost 算法**获得了 2003 年的 Göedel 奖（Freund 和 Schapire，1997）。大约又过了 5 年，Leo Breiman（随机森林算法的发明者）将这种方法与梯度下降联系起来，Jerome Friedman 在 1999 年提出了**梯度提升概念**（Friedman，2001），进一步将这种提升算法扩展到任意目标函数。

近年来出现了许多优化实现，如 XGBoost、LightGBM 和 CatBoost，又进一步强化了梯度提升算法在结构化数据处理中的首选解决方案地位。接下来，首先简要介绍 AdaBoost 算法，然后重点介绍梯度提升模型，以及我们刚刚提到的这个强大模型的三种最先进实现。

12.1.1 AdaBoost 算法

20 世纪 90 年代，为了适应拟合附加集成成员的累积学习过程，AdaBoost 首次被开发出来。特别是，在拟合一个新的弱学习器之前，AdaBoost 能够改变训练数据权重，从而反映当前集成在训练集上的累积误差。

AdaBoost 是当时最精确的分类算法，Leo Breiman 在 1996 年 NIPS 会议上称其为世界上最好的现成分类器（Hastie、Tibshirani 和 Friedman，2009）。

随后几十年里，AdaBoost 算法对机器学习产生了深远影响，该算法提供了机器学习最需要的性能保证，哪怕只是理论上的。换句话说，这种保证只需要足够的数据和一个能可靠预测的弱学习器，哪怕只是一个不是随机猜测的"学习器"。得益于这种分阶段学习的自适应方法，开发一个准确的机器学习模型不再需要在整个特征空间上的精确性能。相反，模型设计可以专注于寻找那些只使用一小部分特征就比抛硬币表现更好的弱学习器。

与套袋法需要构建非常大的树集成以减少偏差不同，AdaBoost 更注重弱学习器也就是比较浅层的树，即可对"树桩"（即由单个分裂形成的树）产生更高的准确率。该算法从一个等权训练集开始，依次改变样本分布。每一次迭代后，AdaBoost 都会增加不正确分类的观测值权重，减少正确预测样本权重，从而使后续的弱学习器更关注特别困难的案例。一旦训练完毕，新的决策树就被纳入集成中，这个权重反映了决策树对减少训练误差的贡献。

一个基学习器 $h_m(x)$ 集成（$m=1,\cdots,M$）、预测离散类 $y \in [-1,1]$、N 训练观测结果的 AdaBoost 算法可归纳如下：

（1）对观测 $i=1, \cdots, N$ 初始化样本权重 $w_i=1/N$。

（2）对于每个基分类器，$h_m, m=1, \cdots, M$，进行如下操作：

① 对训练数据拟合 $h_m(x)$，加权 w_i。

② 计算基学习器在训练集上的加权错误率。

③ 计算基学习器集成权值作为其错误率的函数，公式如下：

$$\alpha_m = \log\left(\frac{1-\varepsilon_m}{\varepsilon_m}\right)$$

④ 根据错误分类的样本更新权重。

（3）当集成成员加权和为正时预测为正类，否则预测为负类，公式如下：

$$H(x) = \text{sign}\left(\sum_{m=1}^{M} \underbrace{\alpha_m h_m(x)}_{\text{weighted weak learner}}\right)$$

AdaBoost 有许多实际**优势**，如易于实现、可以快速计算，AdaBoost 可以与任何识别弱学习器的方法相结合。除了集成本身的大小，AdaBoost 无须调优超参数。AdaBoost 对于识别离群值也很有用，因为获得最高权值的样本就是那些一贯错误分类的和模棱两可的，这也正是离群值的典型特征。

AdaBoost 当然也有**缺点**，算法在给定数据集上的性能取决于弱学习器能否充分捕捉特征和结果之间的关系。正如理论所指出的，当数据不足时，或者当集成成员的复杂度与数据的复杂度不匹配时，自适应提升本身容易受到噪声影响，因此提升效果一般。

12.1.2 AdaBoost 预测月度价格变动

作为集成模块的一部分，scikit-learn 提供了一个支持两类或更多类的 AdaBoostClassifier 实现。本小节代码示例在笔记 boosting_baseline 中，这些代码比较了各种算法与一个总能预测最频繁类的虚拟分类器的性能。

（1）先定义一个 base_estimator 作为所有集成成员模板，然后配置集成本身。使用默认的 max_depth=1 的 DecisionTreeClassifier，也就是说，这是一个带有单个分割的树桩。当然，我们也有其他替代方案，甚至可以是包括从线性或逻辑回归到符合 scikit-learn 接口的神经网络等任何其他模型。当然，截至目前，最常见的还是决策树。

base_estimator 的复杂性表现在一个关键的调优参数，因为这个参数与数据性质密切相关。如第 11 章所述，对 max_depth 的更改应该与适当正则化约束结合起来。例如，对 min_samples_split 进行调整，代码如下：

```
base_estimator = DecisionTreeClassifier(criterion='gini',
                                        splitter='best',
                                        max_depth=1,
                                        min_samples_split=2,
                                        min_samples_leaf=20,
                                        min_weight_fraction_leaf=0.0,
                                        max_features=None,
                                        random_state=None,
                                        max_leaf_nodes=None,
                                        min_impurity_decrease=0.0,
                                        min_impurity_split=None)
```

（2）设计集成。n_estimators 参数控制弱学习器数量，learning_rate 决定每个弱学习器的贡献。默认情况下，弱学习器就是一个决策树"树桩"，代码如下：

```
ada_clf = AdaBoostClassifier(base_estimator=base_estimator,
                             n_estimators=100,
                             learning_rate=1.0,
                             algorithm='SAMME.R',
                             random_state=42)
```

主要调优参数 n_estimators 和 base_estimator 的复杂度是能否获得良好结果的关键。这是因为树的深度控制了功能之间交互的程度。

（3）使用自定义 OneStepTimeSeriesSplit 交叉验证 AdaBoost 模型集成，OneStepTimeSeriesSplit 是第 6 章中 MultipleTimeSeriesCV 的灵活、简化版本，能够实现 12 倍滚动时间序列分割，使用所有可用的之前数据进行训练，提前 1 个月预测样本中过去 12 个月的情况，代码如下：

```
cv = OneStepTimeSeriesSplit(n_splits=12, test_period_length=1, shuffle=True)
def run_cv(clf, X=X_dummies, y=y, metrics=metrics, cv=cv, fit_params=None):
    return cross_validate(estimator=clf,
                          X=X,
                          y=y,
                          scoring=list(metrics.keys()),
                          cv=cv,
                          return_train_score=True,

                          n_jobs=-1,          # 使用所有核

                          verbose=1,
                          fit_params=fit_params)
```

验证结果显示，加权正确率为 0.5068，AUC 得分为 0.5348，准确率和查全率分别为 0.5471 和 0.5759，F1 得分为 0.4669。这一结果略低于默认设置的随机森林，默认设置的随机森林能够给出 0.5348 的验证 AUC。图 12.1 以箱线图显示了 12 个 fold 训练、验证的各种指标的分布（值得注意的是，随机森林完全符合训练集）。

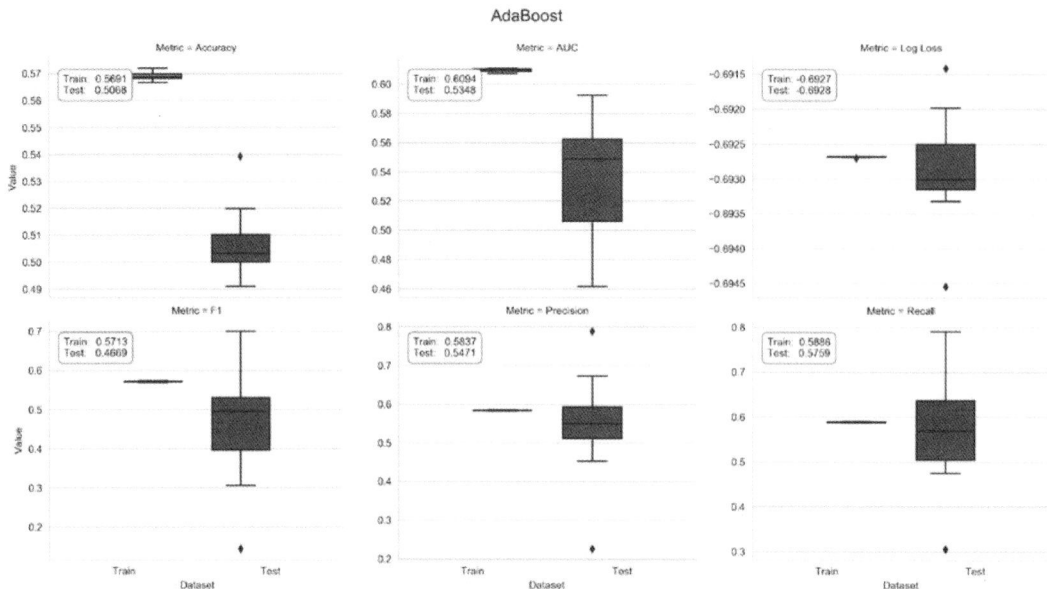

图 12.1　AdaBoost 交叉验证性能

12.2　梯度提升——大任务模型集成

AdaBoost 也可以看作一种前向分布算法，目的是寻找指数损失函数的最小值，其中二进制结果 $y \in (-1,1)$ 对每次迭代 m 以及相应权重 α_m 定义新的基学习器 h_m，并将其加入到新的集成中，公式如下：

$$\arg\min_{\alpha,h} \sum_{i=1}^{N} \exp\left(\underbrace{-y_i[f_{m-1}(x_i)]}_{\text{current ensemble}} + \underbrace{\alpha_m h_m(x_i)}_{\text{new member}}\right)$$

这种对 AdaBoost 的解释是一种将特定损失函数（即指数损失函数）最小化的梯度下降算法，这种解释一直到其最初发表后几年才被发现。

梯度提升利用了这种见解，并将提升方法应用于更广泛的损失函数，让机器学习算法的设计能够解决任何回归、分类或排序问题，只要相应问题可以表达为可微损失函数具备梯度即可。不同任务的常见损失函数示例包括以下几点：

● 回归问题：均方和绝对损失。

● 分类问题：交叉熵。

● 排序问题：Lambda 排序损失函数。

我们在第 6 章中介绍过回归和分类损失函数，排序问题则超出本书的范围，感兴趣的读者可以自行查阅相关参考资料。

为许多特定的预测任务定制这种通用方法的灵活性是提升算法迅速风靡的关键。梯度提升也不局限于弱学习器，而且往往在决策树的几层深度下更能获得最佳性能。

梯度提升机（GBM） 背后的主要思想是训练基学习器学习集成的当前损失函数的负梯度。因此，考虑到先前的集成成员所犯的错误，对集成的每一个添加都直接有助于减少总的训练误差。因为每个新成员代表了数据的一个新功能，梯度提升也被认为以加法的方式优化功能 h_m。

简而言之，该算法依次将决策树等弱学习器 h_m 拟合到当前集成评估的损失函数的负梯度上，公式如下：

$$H_m(x) = \underbrace{H_{m-1}(x)}_{\text{current ensemble}} + \underbrace{\gamma_m h_m(x)}_{\text{new memble}} = H_{m-1}(x) + \underset{\gamma,h}{\text{argmin}} \underbrace{\sum_{i=1}^{N} L[y_i, H_{m-1}(x_i) + h(x)]}_{\text{loss function}}$$

换句话说，在给定迭代 m 处，算法计算每个观测的当前损失函数梯度，然后将这些伪残差拟合成回归树。接着，算法为每个叶子节点确定一个最优预测，使由于将这个新的学习器添加到集成中而造成的增量损失最小化。

与独立的决策树和随机森林不同的是，在这些树中，预测取决于分配给终端节点的训练样本的结果，即回归问题中的平均值，或二值分类问题中正类的频率。梯度总是一个连续函数，因此对损失函数梯度的关注也意味着梯度增强在用回归树的同时学习回归和分类规则。

最终的集成模型根据单个决策树的预测值加权和进行预测，每棵决策树都经过训练，目的是使集成损失最小化，给出对一组给定特征值的先验预测，如图 12.2 所示。

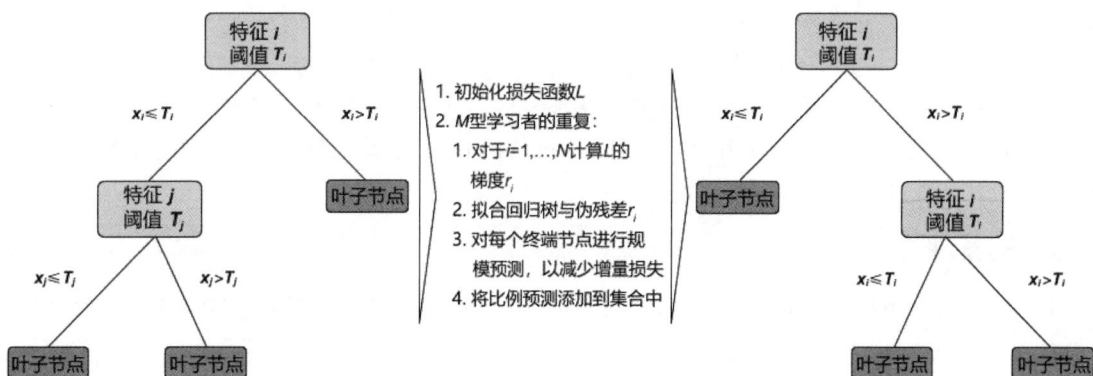

图 12.2　梯度提升算法

梯度提升树在**许多分类、回归和排序问题**上都展示出很高的性能优势。事实上，在机器学习竞赛中，作为独立的预测器，梯度提升算法可能是非常受欢迎的集成学习算法，在对在线广告点击率的预测等真实场景中应用也很广泛。

梯度提升的成功主要依赖于其以增量方式学习复杂函数关系的能力。然而，这种算法的灵活性要求通过调整超参数来谨慎管理**过度拟合**的风险，这些**超参数**要能有效限制模型学习训练数据中的噪声（而不是信号）。

接下来，我们将介绍控制梯度提升树模型复杂性的关键机制，然后说明如何基于 sklearn 实现模型调优。

12.2.1　GBM 模型的训练与调优

尽管整体增长显著，模型也很复杂，提升算法却能够**显著适应过度拟合**。训练误差非常低而且还在不断减少，同时验证误差并不增加，两者结合使用通常可以提高预测的可信度。随着提升的继续，算法不断调整决策边界完成最具挑战性的改进预测，以最大化数据点的距离或边缘。

当然，过度拟合肯定会发生，**梯度提升性能的两个关键驱动因子**是集成的规模和组成决策树的复杂度。

控制决策树复杂度可以避免学习高度特定的规则，通常这些规则意味着叶子节点中样本数量非常少。在第11章中，我们介绍了限制决策树对训练数据过度拟合的最有效约束，包括以下最低阈值：

- 分割一个节点或接受它作为终端节点的样本数。
- 节点质量的改进，通过分类的纯度或熵，或回归的均方误差来衡量。

除了直接控制集成的规模之外，还有**收缩**等各种正则化技术。此外，在随机森林环境中使用的随机化技术也经常应用于梯度提升机。

1. 集成规模和早停法

每次迭代都是为了减少训练损失，对于大集成而言，这也意味着过度拟合风险的增加。交叉验证是寻找最优集成规模、使泛化误差最小化的最佳方法。

由于需要在训练前指定集成规模，因此监控验证性能并在给定迭代次数后验证错误不再减少时中止训练过程是有用的。这种技术被称为**早停法**，经常用于深度神经网络等需要大量迭代和容易过度拟合的模型。

需要记住的是，在大量试验中对相同验证集使用早停法也会导致过度拟合，但只是针对特定的验证集，对训练集则不存在该问题。因此，在制定交易策略时，最好避免进行大量实验，因为这可能意味着**错误的风险**显著增加。我们建议使用**"留出法"（Hold-out Test）**，即在任何情况下都保留测试集，这有助于获得泛化误差的无偏估计。

2. 收缩和学习率

收缩技术随着复杂性的增加对模型损失函数进行惩罚。对于提升集成，收缩可以通过将每个新集成成员的贡献作为0~1的一个因子来实现。这一因子被称为促进集成的**学习率**。减少学习率可以降低每个新决策树对集成的贡献，进而实现收缩。

学习率与集成规模相反，学习率越低，集成规模越大。较低的学习率加上较大的集成可以减少测试误差，这一点在回归和概率估计方面特别有用。大量迭代计算成本当然更好，但只要单个树层次不深，快速、先进的实现通常是可行的。

根据实现的不同，还可以使用适应迭代次数的**自适应学习率**，这通常可以降低流程中稍后添加的树的影响。

3. 分段采样和随机梯度提升

bootstrap平均会提高其他噪声分类器的性能。随机梯度提升在每次迭代时对训练数据进行采样而不进行替换，从而生成下一棵树（而bagging使用的是带替换的采样）。其好处是由于样本更小、计算量更小，通常精度更高，但需要注意的是，次级采样应该与收缩相结合。

超参数的数量不断增加，这也增加了潜在组合的数量。因此，当基于有限的训练数据从大量试验中选择最佳模型时，假阳性的风险增加了。最好的方法是依次进行，分别选择参数值或使用低基数子集的组合。

12.2.2 基于 sklearn 的梯度提升

sklearn 的集成模块包含一个用于回归和分类的梯度提升树的实现，其中分类问题可以是二元分类，也可以是多类别分类。下面的 GradientBoostingClassifier 初始化代码演示了关键的调优参数，笔记 sklearn_gbm_tuning 包含本节的代码示例。最新的 0.21 版本中，scikit-learn 引入了一个更快但仍处于实验阶段的 HistGradientBoostingClassifier。

可用的损失函数包括 AdaBoost 算法的指数损失和对应于概率输出的逻辑回归的偏差函数等。friedman_mse 节点质量指标是均方误差的一个变种,其中包括一个改进分数(参考 GitHub 上链接的 scikit-learn 文档)，代码如下：

```
# 偏差 = 逻辑回归； 指数：AdaBoost
gb_clf = GradientBoostingClassifier(loss='deviance',
# 缩减每个树的贡献
                                    learning_rate=0.1,
# 提升级数
                                    n_estimators=100,
# 用于拟合基学习器的样本比例
                                    subsample=1.0,
# 衡量分割质量
                                    criterion='friedman_mse',
                                    min_samples_split=2,
                                    min_samples_leaf=1,
# 权和最小比例
                                    min_weight_fraction_leaf=0.0,
# 最优值与迭代相关
                                    max_depth=3,
                                    min_impurity_decrease=0.0,
                                    min_impurity_split=None,
                                    max_features=None,
                                    max_leaf_nodes=None,
                                    warm_start=False,
                                    presort='auto',
                                    validation_fraction=0.1,
                                    tol=0.0001)
```

类似于 AdaBoostClassifier，这个模型不能处理缺失值。我们将再次使用 12 个 fold 交叉验证来获得对滚动 1 个月持仓期的经济收益进行分类的误差，代码如下：

```
gb_cv_result = run_cv(gb_clf, y=y_clean, X=X_dummies_clean)
gb_result = stack_results(gb_cv_result)
```

当测试 AUC 增加到 0.537 时，我们解析并绘制结果，可以发现 AdaBoostClassifier 和随机森林的轻微改进（使用默认参数值）。图 12.3 显示了跟踪的各种损失指标的箱线图。

1. GridSearchCV 参数调优

model_selection 模块中的 GridSearchCV 类有助于对想要测试的所有超参数值组合进行系统评估。我们将为 7 个调优参数演示这个功能,这些参数的定义将产生 24×32×4=576 种不同的模型配置,代码如下：

```
cv = OneStepTimeSeriesSplit(n_splits=12)
param_grid = dict(
                    n_estimators=[100, 300],
                    learning_rate=[.01, .1, .2],
                    max_depth=list(range(3, 13, 3)),
                    subsample=[.8, 1],
                    min_samples_split=[10, 50],
                    min_impurity_decrease=[0, .01],
                    max_features=['sqrt', .8, 1])
```

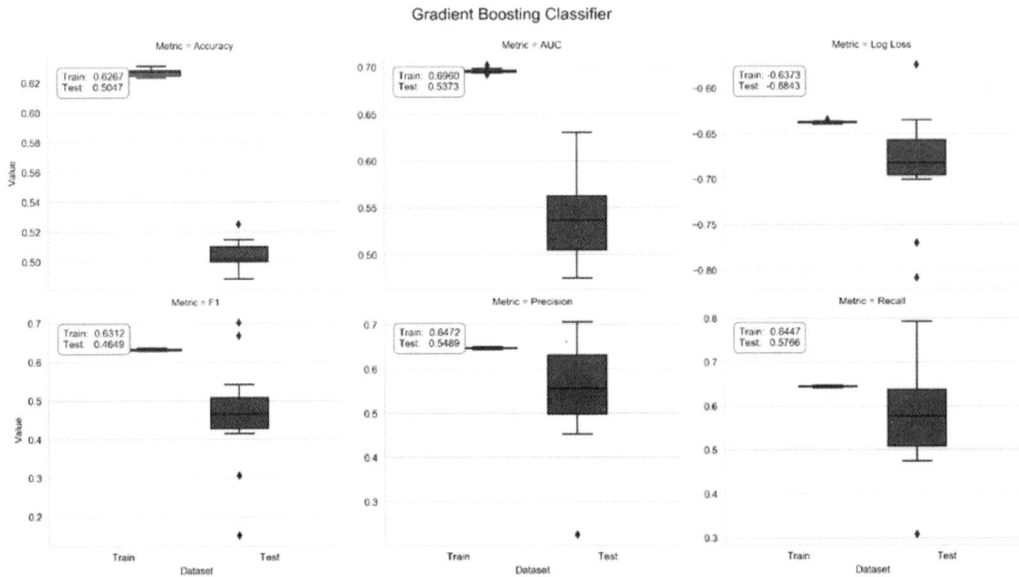

图 12.3　scikit-learn 梯度提升分类机交叉验证性能

　　.fit()方法使用自定义的 OneStepTimeSeriesSplit 和 roc_auc 分数执行交叉验证，评估 12 个 fold。使用 joblib pickle 实现[1]，可以像对任何其他模型那样保存结果，代码如下：

```
gs = GridSearchCV(gb_clf,
                    param_grid,
                    cv=cv,
                    scoring='roc_auc',
                    verbose=3,
                    n_jobs=-1,
                    return_train_score=True)
gs.fit(X=X, y=y)
# 对大型 NumPy 数组，使用 joblib 实现高效存储
joblib.dump(gs, 'gbm_gridsearch.joblib')
```

　　GridSearchCV 对象有几个附加属性，完成之后可以加载 pickle 的结果并访问，这些结果可以帮助我们了解哪个超参数组合表现最好，同时给出平均交叉验证 AUC 得分，后者又可以相对默认值适度改善，

---

[1] 译者注：pickle 提供了一个简单的持久化功能，可以将对象以文件的形式存放在磁盘上。pickle 模块只能在 Python 中使用，Python 中几乎所有的数据类型（如列表、字典、集合、类等）都可以用 pickle 实现序列化，不过 pickle 序列化后的数据的可读性差，我们一般无法识别。

代码如下:

```
pd.Series(gridsearch_result.best_params_)
learning_rate              0.01
max_depth                  9.00
max_features               1.00
min_impurity_decrease      0.01
min_samples_split         50.00
n_estimators             300.00
subsample                  1.00
gridsearch_result.best_score_
0.5569
```

2. 参数对测试结果的影响

GridSearchCV 结果存储平均交叉验证得分，可以用于分析不同超参数设置对结果的影响。

图 12.4 右侧的 6 个 seaborn 分簇散点图显示了所有超参数值的 AUC 得分分布。本例中，最高的 AUC 得分需要较低的学习率和较大的 max_features 值。低学习率等参数设置只能产生比较宽泛的结果，进一步分析需要对其他参数进行补充设置。

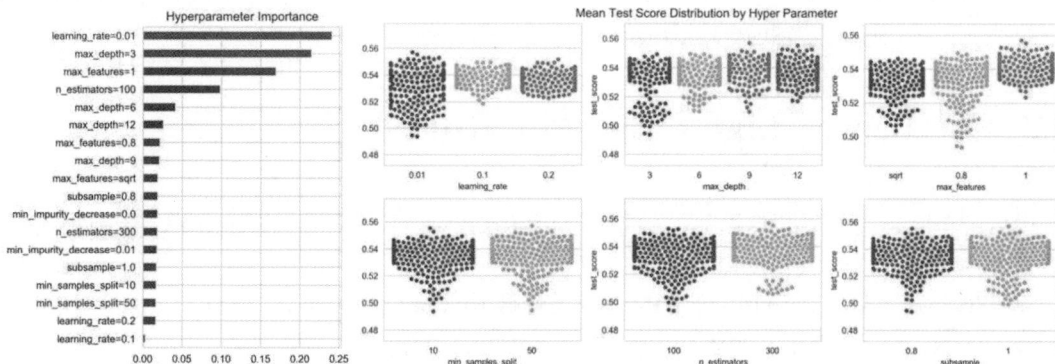

图 12.4　scikit learn 梯度提升模型的超参数影响

接下来介绍超参数设置如何共同影响交叉验证性能。为了深入了解参数设置是如何相互作用的，可以训练一个 DecisionTreeRegressor，使用平均 CV AUC 作为结果，参数设置以一次性或虚拟格式编码。树图显示，应用所有特征（max_features=1）、低学习率、max_depth 大于 3 会得到最好的结果，如图 12.5 所示。

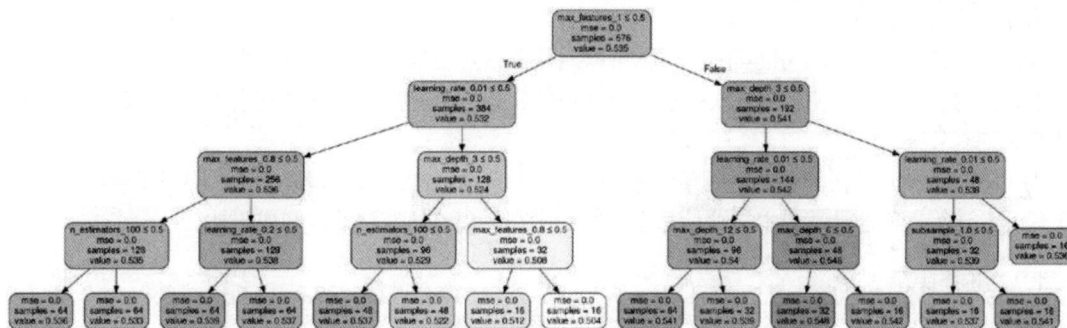

图 12.5　梯度提升模型超参数设置对试验性能的影响

图 12.4 左侧条形图显示了超参数设置对结果的影响，主要通过它们对已增长到最大深度的决策树的特征重要性来衡量。自然地，出现在树顶部附近的特征也会积累最高的重要性得分。

3. 保留集测试

最后，我们希望评估从 GridSearchCV 练习中排除的保留集上的最佳模型性能。保留集包含样本周期的最后 7 个月（截至 2018 年 2 月，详见笔记）。

基于保留集第一个月的 AUC 得分 0.5381，得到一个泛化性能估计，代码如下：

```
idx = pd.IndexSlice
auc = {}
for i, test_date in enumerate(test_dates):
    test_data = test_feature_data.loc[idx[:, test_date], :]
    preds = best_model.predict(test_data)
    auc[i] = roc_auc_score(y_true=test_target.loc[test_data.index],
y_score=preds)
auc = pd.Series(auc)
```

sklearn 梯度提升实现的缺点是**训练速度有限**，这使得快速尝试不同超参数设置变得较为困难。在 12.3 节中，我们将看到在过去几年中出现的几种优化实现，这些实现大大减少了训练（甚至是大规模模型）所需的时间，为这种高效算法的更广泛应用提供了更高的便利性。

12.3 XGBoost、LightGBM 和 CatBoost

过去几年中，一些新的梯度提升实现使用了各种创新来加速训练，提高资源效率，并允许算法扩展到非常大的数据集。新的实现及其来源如下：

- XGBoost：由 T. Chen 博士于 2014 年开始使用（T. Chen 和 Guestrin，2016）。
- LightGBM：由微软于 2017 年 1 月发布（Ke 等人，2017）。
- CatBoost：由 Yandex 于 2017 年 4 月发布（Prokhorenkova 等人，2019）。

这些创新实现化解了训练梯度提升模型的具体挑战（请参考本章 GitHub 上的 README 文件的文档链接）。XGBoost 实现是第一个广泛使用的新实现，在 2015 年 Kaggle 发布的 29 个获奖解决方案中，有 17 个解决方案使用了 XGBoost，其中 8 个完全依赖于 XGBoost，其他的则将 XGBoost 与神经网络结合起来。

在说明这些实现之前，首先介绍随着时间的推移先后出现并逐步"收敛"的关键创新（以便大多数特征可用于所有实现）。

算法创新是提升性能的关键。随机森林可以通过在独立的 bootstrap 样本上生长单个树并行训练，相比之下，因为需要根据任务和数据集性质大量调整超参数，**梯度提升的顺序方法**会减慢训练速度，甚至会让测试变得复杂。

为了将树添加到模型集成中，该算法将损失函数的负梯度的预测误差最小化，类似于传统的梯度下降优化器。**训练期间的计算成本与评估每个特征的潜在分裂点所花费的时间成正比。**

1. 二阶损失函数近似

最重要的创新类似于牛顿寻找平稳点的方法，通过使用二阶导数近似降低损失函数评估成本，得分的潜在分割变得更快。

如前所述，梯度提升集成 H_M 通过增量训练最小化预测误差和正则化惩罚的总和。第 m 步后的集成对结果 y_i 的预测记为 $\hat{y}_i(m)$，也是衡量结果和预测之间差异的可微凸损失函数，其中 Ω 是随着集成 H_M 复杂度增加的惩罚。增量假设 h_m 旨在求目标 $\mathcal{L}$ 函数的最小值，公式如下：

$$\mathcal{L}^{(m)} = \sum_{i=1}^{n} \underbrace{l(y_i, \hat{y}_i^2)}_{\text{Loss at step } m} + \sum_{i=1}^{t} \underbrace{\Omega(H_m)}_{\text{Regulation}} = \sum_{i=1}^{n} l\left[y_i, \hat{y}_i^{m-1} + \underbrace{h_m(x_i)}_{\text{additional tree}} \right] + \Omega(H_m)$$

正则化惩罚倾向于使用简单但具有预测性的回归树的模型，因此有助于避免过度拟合。例如，对于 XGBoost，对回归树 h 的惩罚取决于每棵树 T 的叶数量、每个终端节点 w 的回归树得分以及超参数 γ 和 λ，公式如下：

$$\Omega(h) = \gamma T + \frac{1}{2} \lambda \|w\|^2$$

在每一步中，算法贪婪地添加对正则化目标改善最大假设 h_m。根据泰勒展开式，损失函数二阶近似可以加快目标评估，公式如下：

$$\mathcal{L}^{(m)} \cong \sum_{i=1}^{n} \left[g_i f_m(x_i) + \frac{1}{2} h_i f_m^2(x_i) \right] + \Omega(h_m)$$

其中，g_i 为给定特征值加入新学习器前损失函数的一阶梯度，h_i 为对应的二阶梯度（或 Hessian）值，公式如下：

$$g_i = \partial_{\hat{y}_i^{(m-1)}} l(y_i, \hat{y}_i^{(m-1)})$$

$$h_i = \partial_{\hat{y}_i^{(m-1)}}^2 l(y_i, \hat{y}_i^{(m-1)})$$

XGBoost 是第一个利用这种损失函数近似值计算给定树结构最优叶子得分和损失函数相应值的开源算法，该得分由终端节点中样本梯度和二阶梯度 Hessian 的比值组成。算法使用此值对分裂产生的信息增益进行评分，类似于第 11 章提到的节点不纯度，但可以适用于任意损失函数。

2. 简化分裂点搜索算法（split-finding）

sklearn 最初的梯度提升实现枚举连续特征的所有选项的最优分割。这种**精确的贪婪算法**计算非常苛刻，因为每个特征可能有非常多的分割选项。当数据不适合存储或在多台机器上分布式训练时，麻烦也就来了。

简化分裂点搜索算法通过将特征值分配给用户确定的一组箱子减少分裂点的数量，这样可以极大地减少训练内存需求，因为每个仓库只需要存储一个值。XGBoost 引入了一种**分位数 sketch 算法**，该算法将加权训练样本分成百分比箱，从而实现均匀分布。XGBoost 还引入了处理稀疏数据的能力，可以有效解决缺失值、频繁的零梯度统计信息和一位有效编码等以前的稀疏数据问题，并可以学习给定分割最佳的默认方向，这样算法只需要计算非缺失值。

相比之下，LightGBM 使用**基于梯度的单侧采样（GOSS）**排除很大比例的梯度较小的样本，只使用剩余样本估计信息增益并选择相应的分割值。梯度越大的样本需要的训练越多，对信息增益的贡献也越大。

因为互斥特征很少同时使用非零值，LightGBM 使用独占特征捆绑组合互斥特征，可以减少特征数量。因此，LightGBM 在发布时是当时最快的实现，目前通常表现也仍然最好。

3. Depth-wise（按层生长）与 Leaf-wise（按叶子生长或最佳优先生长）

LightGBM 与 XGBoost 和 CatBoost 的不同之处在于，算法对要拆分的节点进行优先级划分。LightGBM 按叶子节点进行拆分，也就是说，拆分叶子节点的目标在于获得最大的信息增益，尽管这会导致树的不平衡。相反，XGBoost 和 CatBoost 将按深度展开所有节点，在添加更多级别之前，首先以给定的深度对所有节点进行拆分。除了完整的树之外，这两种方法以不同的顺序展开节点，将产生不同的结果。图 12.6 说明了这两种方法。

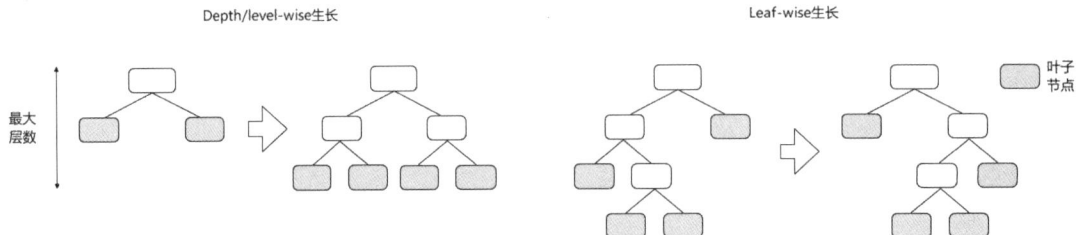

图 12.6　Depth-wise 生长与 Leaf-wise 生长

LightGBM 的 leaf-wise 分裂倾向于增加模型的复杂度，这可能会加快收敛速度，但也会增加过拟合的风险。具有 n 层深度的树最多有 2^n 个终端节点，而具有 2^n 个叶子节点的树明显可以有更多的层数，并相应地在某些叶节点子中包含更少的样本。

因此，调整 LightGBM 的 num_leaves 设置需要格外小心，LightGBM 库也允许我们同时控制 max_depth，这样可以尽量避免节点不平衡。LightGBM 的最新版本也支持按层生长。

4. 基于 GPU 的训练

所有新的实现都支持在一个或多个 GPU 上进行训练和预测，这样可以显著加速运算。这些实现与当前 CUDA 支持的 GPU 兼容。安装要求各不相同，而且本身变化很快。XGBoost 和 CatBoost 实现适用于几个当前版本，LightGBM 可能需要本地编译（参考 GitHub 中的文档链接）。

加速取决于库和数据类型，范围可以低如个位数倍数，也可以复杂如几十个因子。激活 GPU 只需要修改任务参数，不需要修改其他超参数。

5. DART——加法回归树中的 dropout

2015 年，Rashmi 和 Gilad-Bachrach 提出一种训练梯度提升树的新模型，该模型能够解决它们标记为**过度专业化**的问题，在随后的迭代中添加的树往往只会影响少数实例的预测，而对剩余实例的贡献很小。然而，模型的样本外性能可能会受到影响，同时可能对少量树的贡献过于敏感。

这些新算法采用了已被成功用于学习更精确深度神经网络的退出算法，在训练过程中，退出算法会去除神经连接的随机部分。因此，较高层的节点不会依赖少数几个连接传递预测所需的信息。退出算法为深度神经网络在许多任务中的成功做出了重要贡献，也被用于逻辑回归等其他学习技术。

DART 回归树，也就是加法回归树中的 dropout 在树的层次上运行，对完整的树进行抑制，但是不影响单个特征。目的是让 DART 回归树生成的集成中的树木对最终预测做出更均匀的贡献。某些情况下，人们已经证明这种方法可以对排序、回归和分类任务产生更准确的预测，该方法首先在 LightGBM 中实现，目前 XGBoost 也支持相关实现。

6. 分类特征处理

CatBoost 和 LightGBM 实现可以直接处理类别变量，不需要虚拟编码。

CatBoost 实现（因其对分类特征的处理而命名）除了自动一次编码外，还包含几个处理此类特征的选项。CatBoost 实现将单个特征的类别或几个特征的类别组合赋值，换句话说，CatBoost 可以从现有特征组合中创建新的分类特征。与单个特征或特征组合的类别级别相关的数值取决于它们与结果值的关系，在分类情况下，与观测正类的概率有关，基于先验和平滑因子在样本上累积计算。更详细的数值示例请参阅 CatBoost 文档。

LightGBM对分类特征的级别进行分组，目的在于使组内关于结果值的同质性最大化（或方差最小化）。XGBoost不能直接处理分类特征，需要一次有效编码或虚拟编码。

7. 附加功能及优化

XGBoost 在多个方面优化计算过程，这些优化可以用于多线程运算。最重要的是，XGBoost 将数据以压缩列块的形式保存在内存中，其中每个列按对应的特征值排序。在训练之前计算一次输入数据布局，并在整个过程中重用该布局摊销初始成本。因此，在列上搜索分割统计信息变成了一个可并行执行的分位数线性扫描，同时还支持列采样。

随后发布的 LightGBM 和 CatBoost 库都应用了这些创新，LightGBM 还通过优化线程和减少内存使用进一步加速训练过程。随着时间的推移，开源特性让这些库彼此趋向"收敛"。

XGBoost 还支持单调性约束，**单调性约束**确保给定特征值只与整个范围内的结果有正相关或负相关关系，这一约束有助于合并关于模型已知正确的外部假设。

12.4 提升算法在多空交易策略中的应用

在本节中，我们将设计、实施和评估一种基于梯度提升模型的美股交易策略，策略主要是预测每日收益。使用 Quandl Wiki 数据设计一些简单的特征（详情请参考 prepareing the model data），然后选择一个模型，以 2015 年和 2016 年作为验证期，同时在 2017 年运行样本外测试。

如前所示，列出一个框架并构建特定示例，可以应用它来运行测试，也可以自定义设置，从资产类别、投资领域到特征、持有期或交易规则等进行更细粒度的设置，可以按需参考附录阿尔法因子库选取其他特征。

为了保持交易策略简单移动，这里只使用一个机器学习信号，实际的应用程序则可能会使用不同来源的多个信号，如在不同数据集上训练的互补机器学习模型，或者使用不同的预测或回溯周期，应用场景既可以是简单的止损，也可以是风险价值分析等的复杂风险管理。

12.4.1 基于 LightGBM 和 CatBoost 产生信号

XGBoost、LightGBM 和 CatBoost 提供包括 Python 在内的多种语言接口，同时还兼容其他 scikit-learn 特征接口，如 GridSearchCV 以及相应训练和预测的梯度提升模型。第 1 和第 2 章中的 boosting_baseline.ipynb 笔记 boosting_baseline 演示了每个库的 scikit-learn 接口，笔记还比较了各种库的预测性能和运行时间，通过训练提升模型预测 2001—2018 年美国股票的月度收益，这里我们使用第 4 章中创建的特征。

图 12.7 左侧显示了使用默认设置对所有实现 1 个月股票价格变化的预测精度，衡量标准是 12 个 fold 交叉验证的平均 AUC。

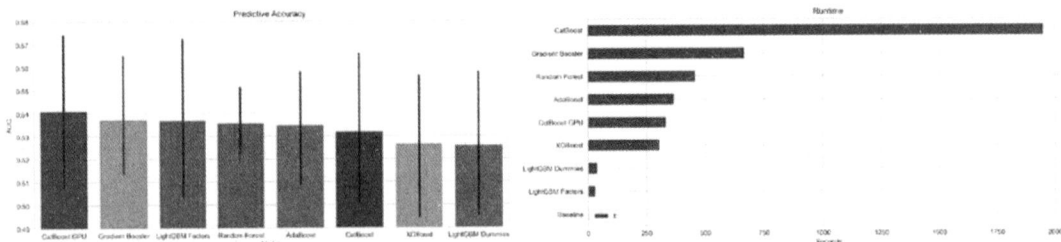

图 12.7　各种梯度提升模型的预测性能和运行时间

结果从 0.525 至 0.541 不等，这看起来可能是一个很小的范围，但在随机基准 AUC 为 0.5 的情况下，表现最差的模型在基准基础上提高了 5%，表现最好的模型提高了 8%，换句话说，相对差距达到了 60%。使用 GPU 的 CatBoost 和 LightGBM（使用整数编码的分类变量）的性能最好，这也证明了前面概述的将分类变量转换为数字变量的好处。

运行时间差距比预测性能变化更大，LightGBM 在这个数据集上比 XGBoost 或使用 GPU 的 CatBoost 快了 10 倍，同时还能提供相似的预测性能。这无疑是个巨大的速度优势，因为 GPU 不是每个人都能用的，所以后面我们将目光集中到 LightGBM，当然偶尔也会说明如何使用 CatBoost，XGBoost 则不作太多介绍，它的工作机理与其他两者非常相似。

使用 LightGBM 和 CatBoost 模型的步骤如下：

● 创建特定库的二进制数据格式。

● 配置和调优各种超参数。

● 评估结果。

下面我们将描述这些步骤。除非另有说明，本小节代码示例都在笔记 trading_signals_with_lightgbm_and_catboost 中。

1．从 Python 到 C++ ——创建二进制数据格式

LightGBM 和 CatBoost 是用 C++编写的，在预计算特征统计数据之前将 Python 对象（如 pandas DataFrame）转换为二进制数据格式，以便加快对分割点的搜索。这个结果可以持续下去，进一步加速后续训练。

我们对 12.3 节中提到的数据集中 2016 年年底之前的数据进行子集化处理，并对不同回望和预测窗口以及不同的前滚周期与超参数交叉验证多个模型配置。选择方法与第 11 章类似，同时也将使用在第 7 章中介绍的自定义 MultipleTimeSeriesCV。

选择训练集和验证集，识别标签和特征以及 LightGBM 期待的整数编码值从 0 开始的分类变量（只要类别代码的值小于 2^{32}，这一点也不是必需的，但是这样做可以避免相关警告），代码如下：

```
data = (pd.read_hdf('data.h5', 'model_data')
            .sort_index())
```

```
                    .loc[idx[:, :'2016'], :])
labels = sorted(data.filter(like='fwd').columns)
features = data.columns.difference(labels).tolist()
categoricals = ['year', 'weekday', 'month']
for feature in categoricals:
    data[feature] = pd.factorize(data[feature], sort=True)[0]
```

笔记示例会遍历许多配置，这里可选择使用随机样本加快基于不同子集的模型选择。目标是在不尝试所有可能组合的情况下确定最有效的参数。

为此，我们创建二进制 Dataset 对象。对于 LightGBM，代码如下：

```
import lightgbm as lgb
outcome_data = data.loc[:, features + [label]].dropna()
lgb_data = lgb.Dataset(data=outcome_data.drop(label, axis=1),
                       label=outcome_data[label],
                       categorical_feature=categoricals,
                       free_raw_data=False)
```

CatBoost 数据结构也称 Pool，其工作机理可以类似概述，代码如下：

```
cat_cols_idx = [outcome_data.columns.get_loc(c) for c in categoricals]
catboost_data = Pool(label=outcome_data[label],
                     data=outcome_data.drop(label, axis=1),
                     cat_features=cat_cols_idx)
```

对于这两个库，根据结果信息确定分类变量，如 12.3 节所述将其转换为数值变量。CatBoost 实现需要使用索引标识特征列（而不是标签）。

在交叉验证过程中，可以使用 MultipleTimeSeriesCV 提供的训练和验证集索引简单地对二进制数据集进行切片，将两个示例合并到一个片段中，代码如下：

```
for i, (train_idx, test_idx) in enumerate(cv.split(X=outcome_data)):
    lgb_train = lgb_data.subset(train_idx.tolist()).construct()
    train_set = catboost_data.slice(train_idx.tolist())
```

2．超参数调优

LightGBM 和 CatBoost 提供了许多超参数，同时允许细粒度控制。每个库都有参数设置，具体如下：
- 指定任务目标和学习算法。
- 设计基学习器。
- 应用各种正则化技术。
- 处理训练中过早停止的问题。
- 在 CPU 上启用 GPU 或并行化。

每个库的文档详细说明了各种参数。因为它们实现了相同算法的变体，所以参数可能引用相同的概念，却在库中有不同的名称。GitHub 存储库列出了一些资源，说明了 XGBoost 和 LightGBM 具有类似效果的参数。

3．目标函数与损失函数

这些库支持用于决策树和线性基学习器梯度提升的多种提升算法，也包括基于 LightGBM 和 XGBoost 的 DART 算法，LightGBM 同时还支持前面描述的 GOSS 算法和随机森林算法。

梯度提升的吸引力在于对任意可微损失函数的有效支持，而且每个库都提供了回归、分类和排序任务的各种选项。除了所选择的损失函数本身，还可以使用其他评估指标来监控模型在训练和交叉验证期间的表现。

4. 学习参数

梯度提升模型通常使用决策树捕获特征交互，单棵树的大小是最重要的调整参数。XGBoost 和 CatBoost 将 max_depth 默认值设置为 6。相比之下，LightGBM 使用默认值的 num_leaves 为 31，对应于平衡树的层级为 5，但是不对级别的数量施加限制。为了避免过度拟合，num_leaves 应该小于 2^{max_depth}。例如，对于性能良好的 max_depth 值 7，可以将 num_leaves 设置为 70~80，但是不能设置为 2^7（即 128）以上的值，或者也直接设置 max_depth 约束。

树的数量或提升迭代定义了集成的总体规模。所有库都支持 early_stop，一旦损失函数在给定迭代次数中没有进一步改进，就中止训练。因此，通常最有效的方法是根据验证集上的预测性能设置大量迭代并按需停止训练。需要记住的是，由于隐含前视偏差，验证误差往往会向上偏移。

这些库还允许使用定制的损失度量跟踪训练和验证性能，并执行 early_stopping。本笔记演示了如何对 LightGBM 和 CatBoost 的**信息系数**进行编码。然而，我们的测试不会依赖于 early_stopping 避免上述偏差。

5. 正则化

所有库都可以实现基学习器的正则化。例如，可以通过样本数量的最小值或最小分割，也可以通过叶子节点所需的最小信息增益。

这些库还支持使用收缩实现集成层次上的正则化，这一点主要通过限制新树贡献的学习率来实现。也可以通过回调函数实现自适应学习率，事实上，随着训练的进展降低学习率已经在神经网络环境中成功使用。此外，也可以使用 L1 或 L2 正则化约束梯度提升损失函数，这一点类似于岭回归和套索回归模型，如我们可以对增加的树添加更多的惩罚。

这些库还允许使用套袋法或列采样法对随机森林的树木生长进行随机化处理，并消除预测误差从而减少总体方差。简化点分裂算法则将特征量化，从而增加了更大的箱子作为额外选项防止过度拟合。

6. 随机网格搜索

为了探索超参数空间，我们为将要组合测试的关键参数设置指定值。sklearn 库支持 RandomizedSearchCV 交叉验证从指定分布中随机采样的参数组合子集。我们将实现一个自定义版本，该版本也允许监控性能，但是与预先指定一组迭代次数不同，一旦我们对结果感到满意，就可以中止搜索过程。

因子可以为每个库的相关超参数指定选项，使用 itertools 库提供的笛卡儿积生成器生成所有组合，并打乱结果。

在 LightGBM 实现中，我们关注学习速率、树的最大规模、训练过程中特征空间的随机化和分割所需的最小数据点数等。其中我们随机选择了一半样本，代码如下：

```
learning_rate_ops = [.01, .1, .3]
max_depths = [2, 3, 5, 7]
num_leaves_opts = [2 ** i for i in max_depths]
```

```
feature_fraction_opts = [.3, .6, .95]
min_data_in_leaf_opts = [250, 500, 1000]

cv_params = list(product(learning_rate_ops,
                         num_leaves_opts,
                         feature_fraction_opts,
                         min_data_in_leaf_opts))
n_params = len(cv_params)
# 随机选择一半样本
cvp = np.random.choice(list(range(n_params)),
                       size=int(n_params / 2),
                       replace=False)
cv_params_ = [cv_params[i] for i in cvp]
```

在每次迭代中，基于 lookahead、train_period_length 和 test_period_length 参数创建一个 MultipleTimeSeriesCV 实例，并在 2 年期内相应地交叉验证所选择的超参数。

需要注意的是，这里生成一系列集成规模的验证预测，我们可以据此推断最佳迭代次数，代码如下：

```
num_iterations = [10, 25, 50, 75] + list(range(100, 501, 50))
num_boost_round = num_iterations[-1]
    for lookahead, train_length, test_length in test_params:
    n_splits = int(2 * YEAR / test_length)
    cv = MultipleTimeSeriesCV(n_splits=n_splits,
                              lookahead=lookahead,
                              test_period_length=test_length,
                              train_period_length=train_length)
    for p, param_vals in enumerate(cv_params_):
        for i, (train_idx, test_idx) in enumerate(cv.split(X=outcome_data)):
            lgb_train = lgb_data.subset(train_idx.tolist()).construct()
            model = lgb.train(params=params,
                              train_set=lgb_train,
                              num_boost_round=num_boost_round,
                              verbose_eval=False)
            test_set = outcome_data.iloc[test_idx, :]
            X_test = test_set.loc[:, model.feature_name()]
            y_test = test_set.loc[:, label]
            y_pred = {str(n): model.predict(X_test, num_iteration=n) for n in
            num_iterations}
```

请参阅笔记 trading_signals_with_lightgbm_and_catboost 了解更多细节，笔记中包括如何记录结果、计算和捕获评估结果所需的各种指标。

7. 评价结果

既然众多配置的交叉验证已经产生了大量的结果，预测性能评估就必不可少了，只有这样才能确定为我们的预期交易策略产生最可靠和盈利信号的模型。笔记 evaluate_trading_signals 包含本节的代码示例。

因为 LightGBM 运行速度比 CatBoost 快一个数量级，我们生成大量基于 LightGBM 的模型，并相应地演示一些评估策略。

8. 交叉验证结果——LightGBM 与 CatBoost

首先，基于验证信息系数比较了两个库生成的模型在所有配置下的预测性能，包括整个验证期间的预测性能和平均每日预测性能。

图 12.8 显示了 LightGBM 中性能（略）好于 CatBoost，在较长周期中更是如此。需要说明的是，这并不是一个完全公平的较量，因为我们的确为 LightGBM 进行了更多的配置，也显示出了更广泛的结果分散。

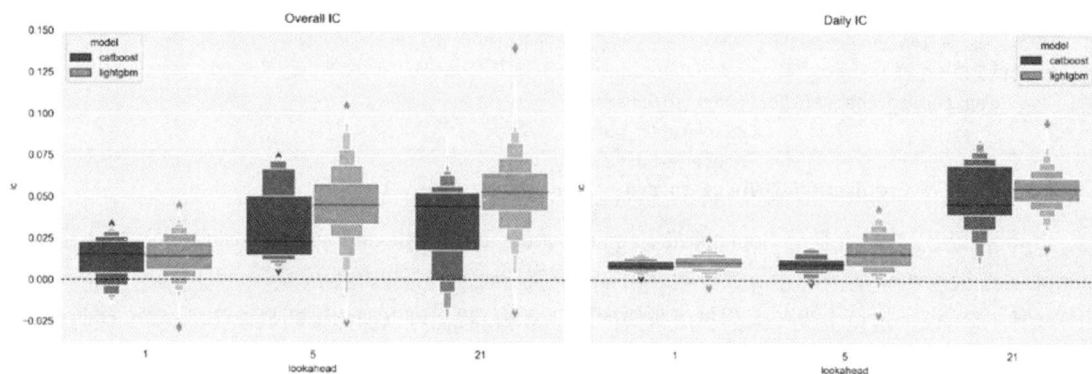

图 12.8　LightGBM 和 CatBoost 模型在三个预测范围上的总体和每日信息系数

无论如何，我们还是将重点放在 LightGBM 上，有关 CatBoost 的更多细节，请参阅 trading_signals_with_lightgbm_and_catboost 和 evaluate_trading_signals 笔记，读者也可以自己测试。

考虑到模型结果之间的巨大差异，我们需要更仔细地研究最佳性能的参数设置。

9．最佳性能的参数设置

性能最好的 LightGBM 模型对三个不同的预测层使用了一些参数，见表 12.1。

表　12.1

Lookahead	Learning rate	#Leaves	Feature Fraction	Min. Data in Leaf	Daily Average		Overall	
					IC	#Rounds	IC	#Rounds
1	0.3	4	95%	1 000	1.7	75	4.41	50
1	0.3	4	95%	250	1.34	250	4.36	25
1	0.3	4	95%	1 000	1.7	75	4.3	75
5	0.1	8	95%	1 000	3.95	300	10.46	300
5	0.3	4	95%	1 000	3.43	150	10.32	50
5	0.3	4	95%	1 000	3.43	150	10.24	150
21	0.1	8	60%	500	5.84	25	13.97	10
21	0.1	32	60%	250	5.89	50	11.59	10
21	0.1	4	60%	250	7.33	75	11.4	10

值得注意的是，较浅的树在三个预测范围上都产生了最好的总体 IC，超过 4.5 年的长期训练也产生了更好的效果。

10. 超参数影响——线性回归

接下来，我们想要了解日常预测的结果和超参数之间是否有系统的统计关系。为此，我们要将各种LightGBM 超参数设置作为虚拟变量，对每日验证 IC 进行线性回归。

图 12.9 显示了 1 天和 21 天预测期的系数估计及其置信区间。对于较短范围，较长的回望周期、较高的学习率和更深的树（更多的叶子节点）影响更为积极。对于较长范围，情况就不那么清楚了，浅层的树木表现得更好，但回望时间并不显著。更高的特征采样率也有帮助。在这两种情况下，更大的继承效果更好。需要说明的是，这些结果只适用于这个特定的示例。

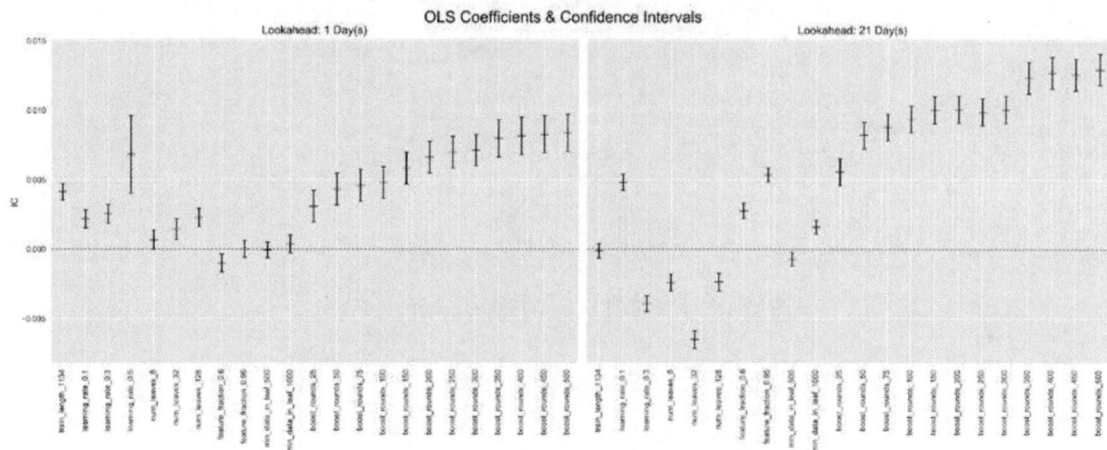

图 12.9　不同预测范围系数估计及其置信区间

11. 新 IC 与旧 IC

对前 5 种模型进行平均，并向 Alphalens 提供相应的价格，计算不同持有期因子五分位数上等权重投资组合的平均收益，见表 12.2。

表　12.2

指标	持有期			
	1 天	5 天	10 天	21 天
平均分位收益差（b/s）	12.1654	6.9514	4.9465	4.4079
年化阿尔法值	0.1759	0.0776	0.0446	0.0374
贝塔值	0.0891	0.1516	0.1919	0.1983

我们发现顶部和底部五分位数之间有 12 个基点的分位收益差，这意味着年化阿尔法值为 0.176，相应的贝塔值最低为 0.089（见图 12.10）。

图 12.11 显示了表现最好的模型在两年验证期内 1 天和 21 天的季度滚动 IC 预测。

对于较短和较长范围的模型，平均 IC 分别为 2.35 和 8.52，并且在样本的大部分时间内为正值。

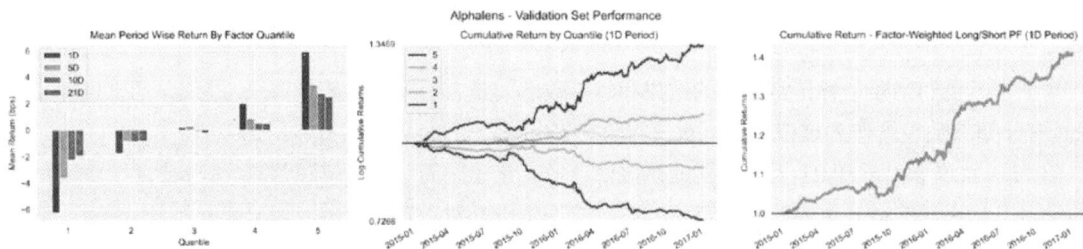

图 12.10　按因子分位数计算的平均和累计收益

图 12.11　1 天和 21 天收益预测的滚动信息系数

在选择模型、进行预测、定义交易策略并评估其表现之前，我们将了解如何进一步了解模型的工作机理。

12.4.2　黑盒解密——GBM 结果阐释

理解一个模型为什么能预测一个特定的结果是非常重要的，原因有几个，包括信任、可操作性、可问责性和调试。当我们的目标是更多地了解正在研究的现象的潜在驱动因素时，深入了解特征和模型所揭示的结果之间的非线性关系以及特征之间的相互作用也很有价值。

要深入了解树木集成方法（如梯度提升或随机森林模型）所作的预测，常用方法是将特征重要性赋值给每个输入变量。这些特征重要性可以在单个预测的基础上计算，也可以在整个数据集（即所有样本）的基础上计算，这样可以在更高层次视角上理解模型是如何进行预测的。

本节代码示例在笔记 model_interpretation 中。

1．特征重要性

计算全局特征重要性的主要的方法如下：
- 增益信息：这个经典的方法由 Leo Breiman 于 1984 年引入，基于对给定特征的所有分割所造成的损失或杂质的总减少，尽管增益信息法在很大程度上只是启发式的，却是选择特征的最常用方法。
- 分割计数：基于最终的信息收益，计算特征被用于分割决策的频次。
- 特征重要性排序：该方法随机排列测试集中的特征值，并测量模型的误差变化，基本假设是一个重要的特征应该会造成预测误差的大幅增加。不同的排列选择将导致这种基本方法的不同实现。

为单一预测计算特征相关性的自定义特征重要性值则并不常见，这是因为可用的与模型无关的解释方法比特定于树的方法要慢得多。

所有梯度提升实现都提供训练后的特征重要性分数作为模型的基本属性，LightGBM 库提供以下两个值：

- Split：该特征被使用的次数。
- Gain：一个特征对减少损失的贡献。

这些值可以通过训练模型的.feature_importance()方法和相应的 importance_type 参数获得。对于性能最好的 LightGBM 模型，20 个最重要特征的特征重要性如图 12.12 所示。

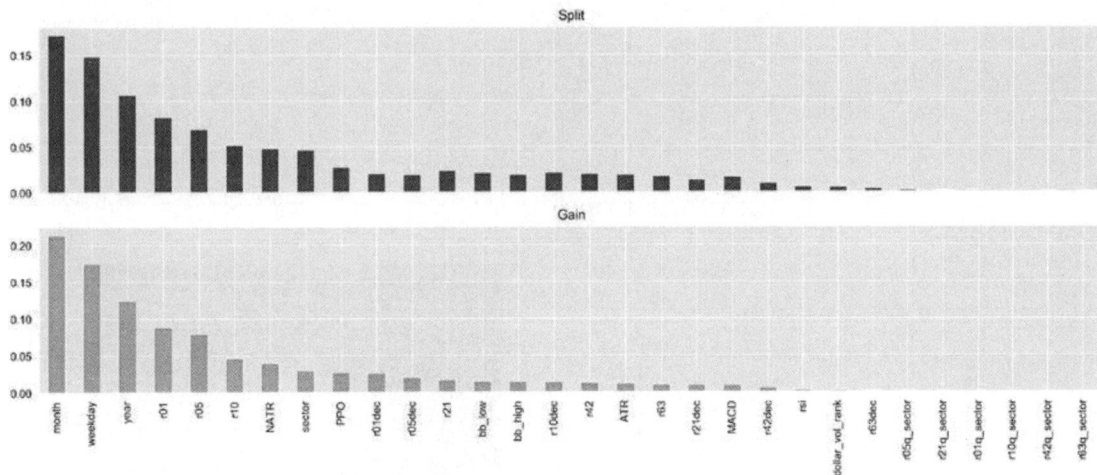

图 12.12　LightGBM 特征重要性

时间周期指标占主导地位，紧随其后的是最新收益、NATR、板块虚拟值和动量指标（具体实现详见笔记）。

2. 部分依赖图（PDP）

除了单个特征对模型预测的概括贡献外，部分依赖图可以实现目标变量和一组特征之间关系的可视化。梯度提升树的非线性性质导致这种关系依赖于所有其他特征的值，因此，首先需要将这些特征边缘化。这样做可以将部分依赖解释为预期目标响应。

可以只对个别特征或特征对进行部分依赖可视化。后者得到的等高线图显示了特征值组合如何产生不同的预测概率，代码如下：

```
fig, axes = plot_partial_dependence(estimator=best_model,
                                    X=X,
                                    features=['return_12m', 'return_6m',
                                             'CMA', ('return_12m',
                                                     'return_6m')],
                                    percentiles=(0.01, 0.99),
                                    n_jobs=-1,
                                    n_cols=2,
                                    grid_resolution=250)
```

稍作一些格式处理（参见附带笔记），结果如图 12.13 所示。

图 12.13 的右侧第二个图显示了下月正收益概率的依赖关系，给出了排除[1%,99%]百分位异常值后

滞后 12 个月和 6 个月收益的值范围。month_9 变量是一个虚拟变量，因此出现了类似阶梯函数的图。我们也可以在 3D 中可视化依赖性，具体代码见下面。

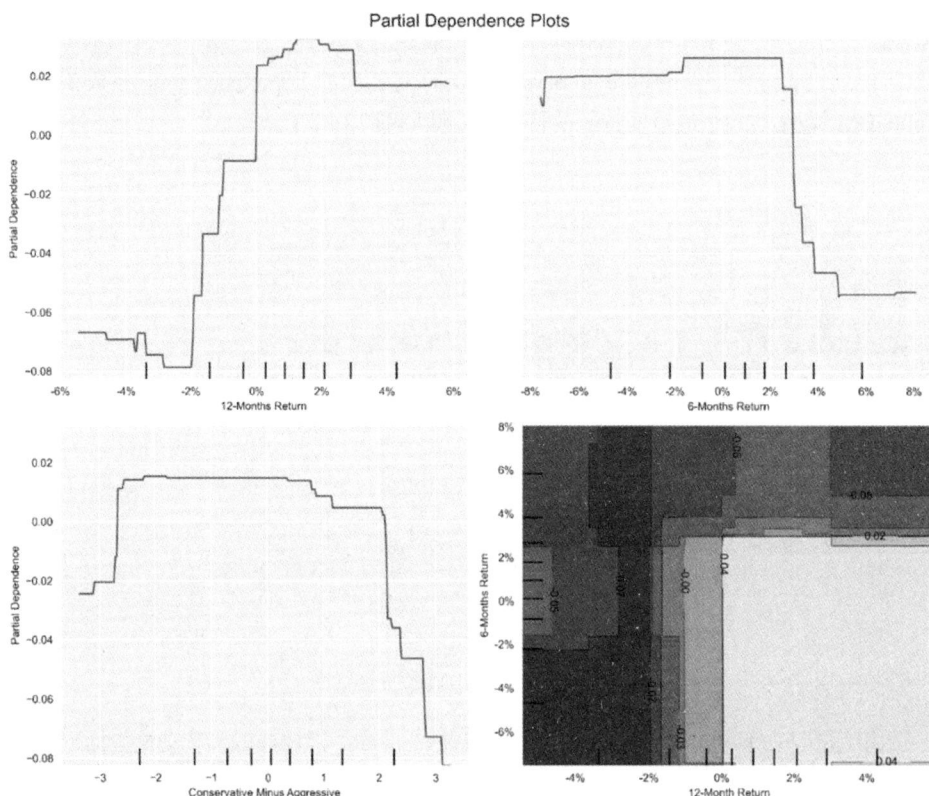

图 12.13 scikit-learn GradientBoostingClassifier 部分依赖图

```
targets = ['return_12m', 'return_6m']
pdp, axes = partial_dependence(estimator=gb_clf,
                               features=targets,
                               X=X_,
                               grid_resolution=100)
XX, YY = np.meshgrid(axes[0], axes[1])
Z = pdp[0].reshape(list(map(np.size, axes))).T
fig = plt.figure(figsize=(14, 8))
ax = Axes3D(fig)
surf = ax.plot_surface(XX, YY, Z,
                       rstride=1,
                       cstride=1,
                       cmap=plt.cm.BuPu,
                       edgecolor='k')
ax.set_xlabel(' '.join(targets[0].split('_')).capitalize())
ax.set_ylabel(' '.join(targets[1].split('_')).capitalize())
ax.set_zlabel('Partial Dependence')
ax.view_init(elev=22, azim=30)
```

结果为 1 个月收益方向对滞后 6 个月和 12 个月收益的部分依赖的三维图，如图 12.14 所示。

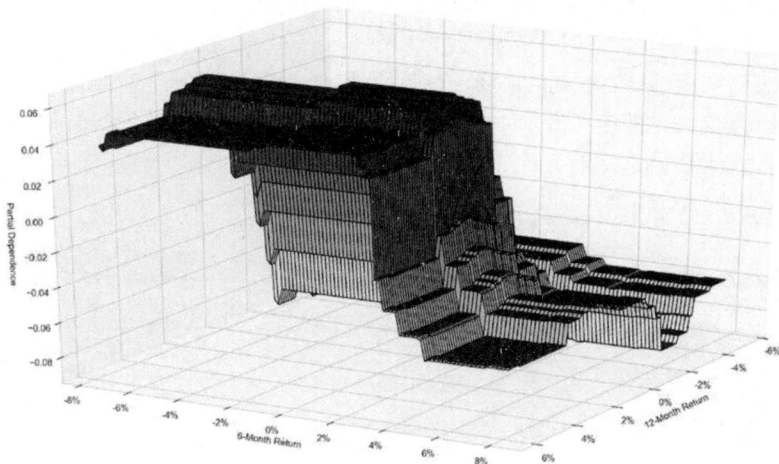

图 12.14　部分依赖的三维图

3．SHAP 值

在 2017 年的 NIPS 会议上，来自华盛顿大学的 Scott Lundberg 和 Su-In Lee 提出了一种新的更精确的方法解释单个特征对树形集成模型输出的贡献，称为 **SHAP 值**（SHapley Additive exPlanations）。

这种新的方法不同于之前观测到的树形集合特征属性方法——也就是说，模型中的一个变化会增加某个特征对输出的影响，降低该特征的重要值（详细说明参考 GitHub 上的参考资料）。

SHAP 值实现了合作博弈和局部解释观点的统一，而且已经被证明是我们目前能够期待的理论最优解释、一致解释和局部准确解释。最重要的是，Lundberg 和 Lee 开发了一种算法，成功地降低了从 $O(TLDM)$ 到 $O(TLD^2)$ 不依赖于模型的附加特征属性方法的计算复杂性，其中 T 和 M 是树的数量和特征，D 和 L 是最大深度和叶子的数量。这一重要创新使得之前难以处理的有数千棵树和特征的模型的预测可以在几分之一秒内得到解释。2017 年年底，首个升源实现诞生，该实现可以与 XGBoost、LightGBM、CatBoost 和 sklearn 树模型兼容。

SHAP 值起源于博弈论，是一种为合作游戏中每个玩家分配价值的技术，反映了每个玩家对团队成功的贡献。SHAP 值是博弈论概念对基于树的模型的适应，对每个特征和每个样本分别计算，结果测量一个特征对给定观测模型输出的贡献。因此，SHAP 值可以提供不同样本间特征影响如何变化的不同见解，考虑到非线性模型中交互效应的作用，这一点很重要。

4．根据特征总结 SHAP 值

为了从多个示例中获得特征重要性的更高层级理解，一般使用两种方法来绘制 SHAP 值：一种是与之前计算全局特征重要性度量相似的所有样本的简单平均值（见图 12.15 左侧），一种是显示每个特征对每个样本影响的散点图（见图 12.15 右侧）。使用一个经过训练的模型从兼容的库和匹配的输入数据生成这些图表是非常简单的，代码如下：

```
# 将 JS 可视化代码加载到笔记本
shap.initjs()
# 用 SHAP 值解释模型预测
```

```
explainer = shap.TreeExplainer(model)
shap_values = explainer.shap_values(X_test)
shap.summary_plot(shap_values, X_test, show=False)
```

SHAP 摘要图是针对全部样本预测的解释，有两种图：一种是取每个特征 SHAP 值的平均绝对值获得标准条形图，也就是全局重要度；另一种是通过散点简单绘制每个样本每个特征的 SHAP 值，通过颜色保证特征值大小与预测影响之间的关系，同时展示其特征值分布。

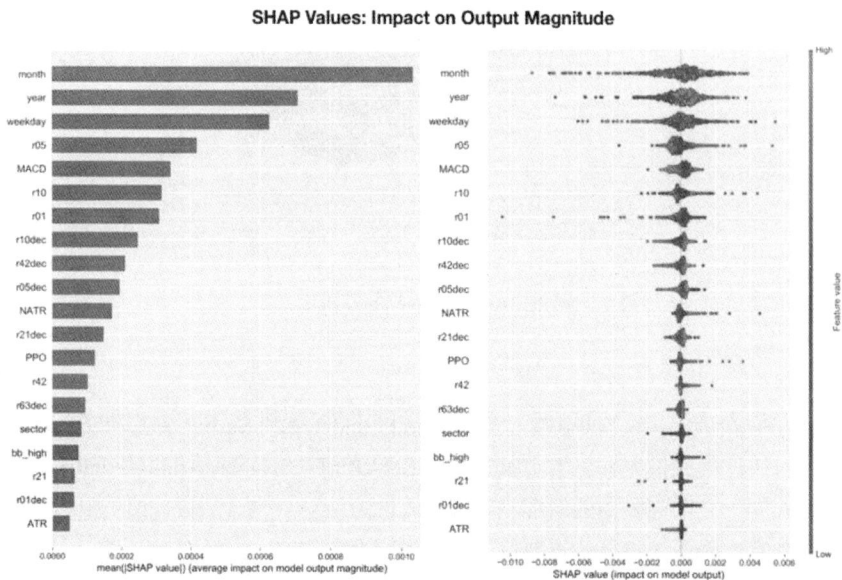

图 12.15　SHAP 摘要图

与图 12.12 所示的常规特征重要性相比，我们能够看到一些有趣的差异，那就是 MACD 指标和相对收益指标变得更加重要。

5. 用 SHAP 力图解释预测

图 12.16 所示的力图显示了**各种特征及其值对模型输出的累积影响**，在本例中为 0.60，比基础值 0.13（提供数据集上的平均模型输出）高出很多。红色（0.60 左侧）为正贡献，蓝色（0.60 右侧）为负贡献。用红色突出显示的特征和指向右边的箭头增加了输出。10 月份成了最重要的特征，输出也从 0.338 增加到 0.537，而 2017 年则减少了输出。

由此可以得到模型是如何达到特定预测详细分解的，如图 12.16 所示。

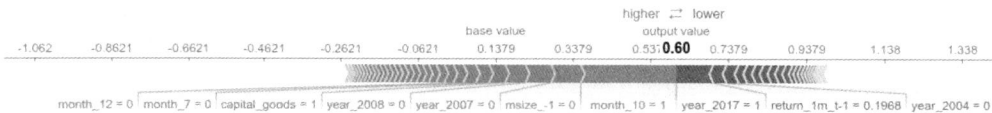

图 12.16　SHAP 力图

我们还可以一次为**多个数据点或预测**计算力图，并使用**聚类可视化**深入了解某些影响模型在整个数据集中的流行程度。图 12.17 显示了前 1000 个观测的力图，这些力图被旋转了 90°，水平堆叠，并根据不同特征对给定观测结果的影响排序。

该实现使用特征 SHAP 值上的数据点层次聚类识别这些模型，交互显示结果有助于探索性分析，代码如下：

```
shap.force_plot(explainer.expected_value, shap_values[:1000,:],
                X_test.iloc[:1000])
```

结果如图 12.17 所示。

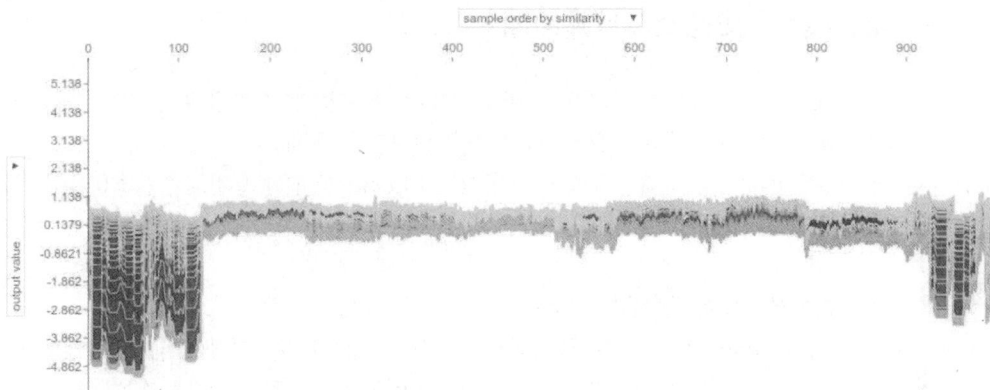

图 12.17　SHAP 聚类力图

6. 分析特征交互

将这些交互从主效应中分离出来，SHAP 值可以帮助我们进一步了解不同特征之间的交互效应。shap.dependence_plot 代码如下：

```
shap.dependence_plot(ind='r01',
                     shap_values=shap_values,
                     features=X,
                     interaction_index='r05',
                     title='Interaction between 1- and 5-Day Returns')
```

结果如图 12.18 所示，图 12.18 显示了单月收益值（x 轴）对输出（y 轴 SHAP 值）的影响，以及与季度收益的不同。

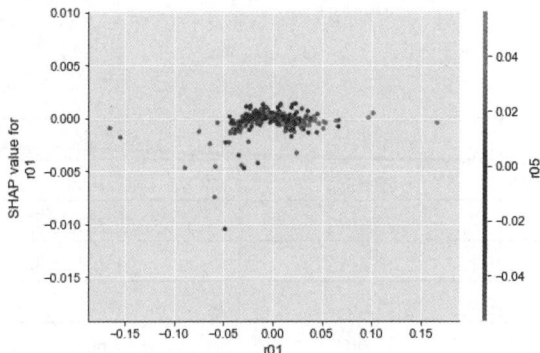

图 12.18　SHAP 交互图

SHAP 值在每个个体预测的层次上提供粒度特征属性，并通过（交互式）可视化对复杂模型进行更丰富的检查。本节前面显示的 SHAP 摘要图（见图 12.15）提供了比全局特征重要性柱状图更有区分度的见解。单个聚类预测的力图允许更详细的分析，而 SHAP 依赖图则捕捉交互效应，从而给出比部分依赖图更准确和更详细的结果。

与当前任何特征重要性指标一样，SHAP 值的局限性也涉及高度相关变量的影响归因，因为它们的类似影响可以以任意方式分解。

12.4.3　基于提升模型集成的交易策略回测

本小节中基于 Zipline 评估每日收益预测信号驱动的 25 个多头和 25 个空头头寸的多空策略表现。为此，我们将选择性能最佳模型生成预测，并根据这些预测设计交易规则。

基于对交叉验证结果的评估，选择一个或多个模型来生成新的样本外周期信号。本例中，我们将结合最好的 10 个 LightGBM 模型预测，从而减少基于 Alphalens 计算的固定平均分位数分布的 1 天预测范围的方差。

只需要获得性能最好的模型参数设置，然后进行相应训练即可。

making_out_of_sample_predictions 文件中包含了必要的代码。模型训练在测试期间使用性能最好的模型和数据的超参数设置，但在其他方面遵循交叉验证期间使用的逻辑，我们这里忽略这些细节。

在笔记 backtesting_with_zipline 中，我们综合验证和测试阶段前 10 个模型的预测，代码如下：

```
def load_predictions(bundle):
predictions = (pd.read_hdf('predictions.h5', 'train/01')
                .append(pd.read_hdf('predictions.h5', 'test/01')
                .drop('y_test', axis=1)))
predictions = (predictions.loc[~predictions.index.duplicated()]
                .iloc[:, :10]
                .mean(1)
                .sort_index()
                .dropna()
                .to_frame('prediction'))
```

我们使用第 8 章中介绍的定制机器学习因子导入预测并使其在管道中可访问。

执行管道，从验证阶段开始到测试阶段结束。不出意外，图 12.19 显示了样本内的稳定表现，年化收益率为 27.3%，样本外为 8.0%，见表 12.3。图 12.19 的右侧显示了相对于标准普尔 500 指数的累计收益率。

表　12.3

指　　标	所有样本	样本内	样本外
年收益	20.60%	27.30%	8.00%
累计收益	75.00%	62.20%	7.90%
年波动性	19.40%	21.40%	14.40%
夏普比率	1.06	1.24	0.61
最大回撤	−17.60%	−17.60%	−9.80%
Sortino 比率	1.69	2.01	0.87

指　　标	所有样本	样本内	样本外
偏度	0.86	0.95	−0.16
峰度	8.61	7.94	3.07
日风险值	−2.40%	−2.60%	−1.80%
日内回转率	115.10%	108.60%	127.30%
阿尔法值	0.18	0.25	0.05
贝塔值	0.24	0.24	0.22

夏普比率在样本内为 1.24，样本外为 0.61，图 12.19 的右侧显示了季度滚动值；阿尔法值在样本内为 0.25，样本外为 0.05；贝塔值则分别为 0.24 和 0.22。其中，2015 年下半年的亏损达到了 17.59%。

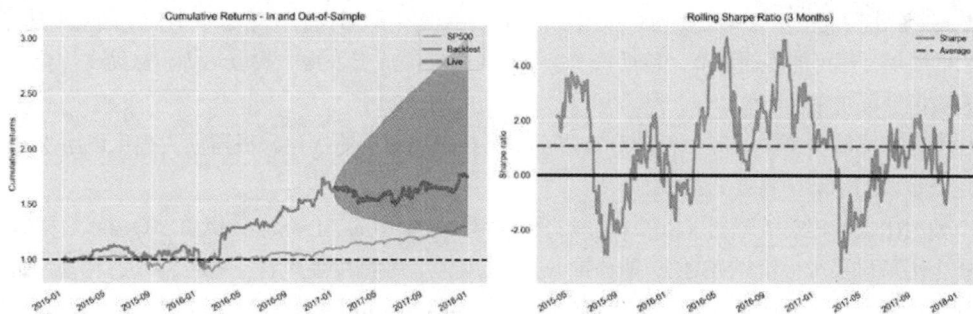

图 12.19　策略性能——累计收益和滚动夏普比率

多头交易的利润略高于空头交易，后者平均是亏损的，见表 12.4。

表　12.4

数据汇总	所有交易	空头交易	多头交易
round_trips 总数	22 352	11 631	10 721
利润百分比	50.00%	48.00%	51.00%
赢利的 round_trips	11 131	5 616	5 515
亏损的 round_trips	11 023	5 935	5 088
超出的 round_trips	198	80	118

12.4.4　经验教训和展望

总的来说，我们可以看到，尽管在流动性较好的环境中只使用市场数据，梯度提升模型还是能够提供比随机猜测更好的预测，但是很显然利润没有任何保证，尤其是因为我们对交易成本作出了非常慷慨的假设（如注意高换手率）。

有几种方法可以改进这一基本框架，通过改变参数可以将一般性的战略指导变成更加确定的战术，具体如下：

- 尝试不同的投资领域（例如，低流动性股票或其他资产）。
- 创造性地添加补充数据源。

- 设计更复杂的特征。
- 改变测试设置。例如，使用更长的或更短的持有时间和回望时间。
- 思考更有趣的交易规则。例如，使用多个而不是单一的机器学习信号。

希望这些方法能激励你在我们列出的模板上建立一个更加有效的机器学习驱动的交易策略。

12.5 日内策略提升

在第 1 章中，我们介绍了**高频交易**也是算法交易加速普及的趋势之一。高频交易目前还没有一个客观的定义来确定它所包含活动的属性，包括持有期、指令类型（如被动与主动）和策略（动量或反转、方向或流动性等）。然而，大多数更具技术性的高频交易似乎都表示驱动高频交易活动的数据往往是最细化的可用数据。通常情况下一般是交易所直接给出的微观结构数据，如我们在第 2 章中介绍的纳斯达克 ITCH 数据，它们展示了尽可能多的细节，包括每一次下单、每一次成交、每一次取消等，从而支持至少对股票和某些隐藏指令重建完整订单。

机器学习在高频交易中的应用包括对官方交易所和暗池交易的优化。机器学习也可以用来产生交易信号，这正是我们本节中将要介绍的。

本节使用由证券信息处理器（SIP）生成的综合市场数据中的 AlgoSeek NASDAQ 100 数据集。数据包括美国全国最佳买卖报价（NBBO）和分钟 bar 交易价格。数据中还包含一些价格动态特征，如买价成交数量和卖价成交数量，或者是成交价附近的正负价格移动（可以参考第 2 章获取更多背景信息，并从 GitHub 存储库数据目录中找到下载和预处理指令）。

首先为这个数据集设计特征，然后训练一个梯度提升模型，预测下一分钟的成交量加权平均价格，最后评估产生的交易信号的质量。

12.5.1 高频数据特征工程

AlgoSeek 为本书提供了包含 2013—2017 年任何一天的 100 只股票上的 50 多个变量的数据集。数据还包括盘前和盘后交易信息，本书中我们将把这个例子限制在官方市场时间内，即从上午 9:30 到下午 4:00 的 390 分钟，这样可以在某种程度上限制数据的规模，也能避免不得不处理的非常规交易活动。有关本节中的代码示例，请参阅笔记 intraday_features。

选择 12 个具有超过 5100 万观测数据的变量作为原始数据为机器学习模型创建特征。目标是对成交量加权平均价格预测 1 分钟预期收益，代码如下：

```
MultiIndex: 51242505 entries, ('AAL', Timestamp('2014-12-22 09:30:00')) to
('YHOO', Timestamp('2017-06-16 16:00:00'))
Data columns (total 12 columns):
#    Column     Non-Null   Count      Dtype
---  ------     --------   --------   -----
0    first      51242500   non-null   float64
1    high       51242500   non-null   float64
2    low        51242500   non-null   float64
3    last       51242500   non-null   float64
4    price      49242369   non-null   float64
5    volume     51242505   non-null   int64
```

```
6    up       51242505    non-null    int64
7    down     51242505    non-null    int64
8    rup      51242505    non-null    int64
9    rdown    51242505    non-null    int64
10   atask    51242505    non-null    int64
11   atbid    51242505    non-null    int64
dtypes: float64(5), int64(7)
memory usage: 6.1+ GB
```

由于数据占用的内存很大，我们只创建 20 个简单的特征，具体如下：

● 最后 10 分钟的滞后收益。

● 一个 bar 中涨跌的股票交易数量除以总股票数量。

● 交易价格相同（重复）、上涨或下跌的股票数量除以总股票数量。

● 买入价与卖出价之间的股票交易数量之差，除以 bar 中总成交量。

● 若干技术指标，包括力量平衡、顺势指标（CCI）和随机 RSI。

必要时可以适当改变数据避免前视偏差，如使用 TA-Lib 实现的 Money Flow Index 计算，代码如下：

```
data['MFI'] = (by_ticker
               .apply(lambda x: talib.MFI(x.high,
                                           x.low,
                                           x['last'],
                                           x.volume,
                                           timeperiod=14)
               .shift()))
```

图 12.20 显示了单特征 1 分钟预期收益秩相关预测内容的独立评估结果。结果显示最近的滞后收益大概是最有价值的变量。

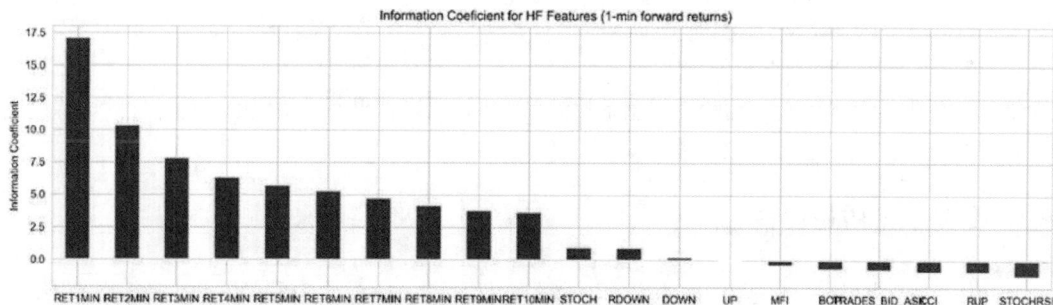

图 12.20　高频特征信息系数

12.5.2　LightGBM 分钟频率信号

为了生成高频交易策略预测信号，我们将基于 LightGBM 训练一个提升模型来预测 1 分钟预期收益。该模型在训练过程中接收 12 个月的每分钟数据，并为随后的 21 个交易日生成样本外预测。对 24 次测试进行重复试验，覆盖 5 年样本的最后 2 年。

训练过程与前面 LightGBM 例子相同，有关实现细节请参阅笔记 intraday_model。

关键区别在于自定义 MultipleTimeSeriesCV 对分钟频率的使用，我们将引用 MultiIndex 的 date_time

（参见笔记实现），根据每次训练和每天的 390 次观测结果计算训练和测试周期，代码如下：

```
DAY = 390          # 分钟数：6.5 小时(9:30—15:59)
MONTH = 21         # 交易日
n_splits = 24

cv = MultipleTimeSeriesCV(n_splits=n_splits,
                          lookahead=1,
                          test_period_length=MONTH * DAY,
                          train_period_length=12 * MONTH * DAY,
                          date_idx='date_time')
```

训练时间随数据规模显著增加，所以我们使用默认设置，同时将每个集合的树的数量设置为 250。使用 .train() 方法的 ic_lgbm() 自定义指标定义跟踪测试集中的信息系数。

自定义指标接收模型预测和二值训练数据集，可以基于此计算任何感兴趣的指标。需要注意的是，这里我们将 is_higher_better 设置为 True，因为该模型在默认情况下将损失函数最小化（其他信息请参考 LightGBM 文档），代码如下：

```
def ic_lgbm(preds, train_data):
    """自定义 IC 版本度量"""
    is_higher_better = True
    return 'ic', spearmanr(preds, train_data.get_label())[0], is_higher_
better

model = lgb.train(params=params,
                  train_set=lgb_train,
                  valid_sets=[lgb_train, lgb_test],
                  feval=ic_lgbm,
                  num_boost_round=num_boost_round,
                  early_stopping_rounds=50,
                  verbose_eval=50)
```

250 次迭代中，大多数 fold 的验证信息系数仍在改进，所以结果不是最优的，但这样的训练已经花费了几个小时。

12.5.3 交易信号质量评估

我们想知道模型的样本外预测的准确率，看看模型是否可以成为一个有利可图的交易策略的基础。

首先需要计算 IC，包括整体预测和每日预测结果，代码如下：

```
ic = spearmanr(cv_preds.y_test, cv_preds.y_pred)[0]

by_day = cv_preds.groupby(cv_preds.index.get_level_values('date_time').date)
ic_by_day = by_day.apply(lambda x: spearmanr(x.y_test, x.y_pred)[0])
daily_ic_mean = ic_by_day.mean()
daily_ic_median = ic_by_day.median()
```

在两年的滚动样本外测试中，我们获得了统计学上显著的正 1.90。按日计算，平均信息系数为 1.98，中位数为 1.91。这些结果清楚地表明，这些预测包含了有关短期价格波动方向和规模的有意义信号，可以将其用于交易策略。

接下来计算每个十分位数预测的平均和累计预期收益，代码如下：

```
dates = cv_preds.index.get_level_values('date_time').date
cv_preds['decile'] = (cv_preds.groupby(dates, group_keys=False)
min_ret_by_decile = cv_preds.groupby(['date_time', 'decile']).y_test.mean()
                     .apply(lambda x: pd.qcut(x.y_pred, q=10))))

cumulative_ret_by_decile = (min_ret_by_decile
                            .unstack('decile')
                            .add(1)
                            .cumprod()
                            .sub(1))
```

结果如图 12.21 所示，左侧显示了每十分位数 1 分钟平均收益率，每分钟有 0.5 个基点的平均价差。右侧显示了在每个十分位数上投资的等权重投资组合的累计收益，这表明在不考虑交易成本的情况下，我们的多空策略看起来颇具吸引力。

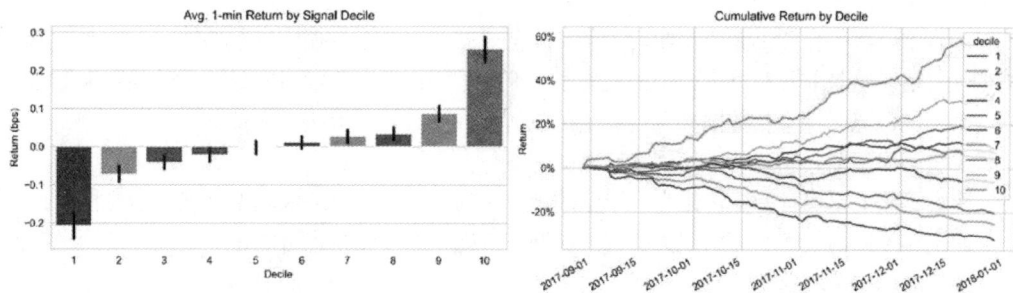

图 12.21　十分位数平均 1 分钟收益和累计收益

使用分钟数据进行回测非常耗时，这里省略这一步。不过，可以在更现实的交易成本假设下，或使用适当的风险控制，基于 Zipline 或 backtrader 来评估这一策略。

12.6　本章小结

在本章中，我们介绍了梯度提升算法，该算法以顺序的方式构建模型集成，通过添加一个只需非常少量特征的浅层决策树改进既有预测。我们看到了梯度提升树可以非常灵活地应用于大量损失函数，同时能够调整模型适应不同的数据集和学习任务。

XGBoost、LightGBM 和 CatBoost 等实现极大地拓展了梯度提升的应用范围。这些实现可以加速训练过程，并为特征重要性和单个预测驱动提供更一致、更详细的洞见。

最后，我们开发了一个由一系列梯度提升模型驱动的简单交易策略，即使如此简单，策略仍然是有利可图，至少在不考虑可能巨大的交易成本之前是这样。我们还介绍了梯度提升在高频交易中的应用。在第 13 章中，我们将再回到贝叶斯机器学习。

第**13**章

数据驱动的风险因子与基于无监督学习的资产配置

在第 6 章中，我们介绍了无监督学习无须结果变量就可以在指导搜索过程的情况下，通过揭示数据结构来增加价值。这与前几章重点介绍的监督学习完全不同：无监督学习的目的不是预测未来的结果，而是学习数据的信息，探索新数据并发现有用的见解，或更有效地解决一些任务。

降维和聚类是无监督学习的主要任务，具体如下：

- 降维算法：将现有特征转化为一个新的、更小的集合，同时最大限度地减少信息损失。算法之间也有不同，如衡量信息损失的方式不同，可能是线性转换也可能是非线性转换，对新特征集施加的约束也不尽相同。
- 聚类算法：主要是识别和分组相似的观测或特征，这个过程中不会识别新的特征。算法之间的不同之处主要看如何定义观测结果的相似性以及对结果群组的假设。

当数据集不包含结果时，无监督法是非常有价值的。例如，我们可能希望从大量财务报告或新闻文章中提取可交易信息。在第 14 章中，我们将使用主题建模发现隐藏主题，从而更有效地探索和摘要内容并确定有意义的关系，依此分析得到信号。

算法同样能够从结果中独立提取信号。例如，与使用第三方行业分类相比，聚类使我们能够根据对目标资产属性综合分组，比如按照特定时间范围内的收益、按照风险因子暴露或根据类似的基本面等。本章中，我们将学习如何通过识别资产收益之间的层次关系来使用聚类理念管理投资组合风险。

本章将涵盖以下内容：

- **主成分分析（PCA）**和**独立成分分析（ICA）**线性降维。
- 利用主成分分析从资产收益中识别数据驱动的风险因子和特征投资组合。
- 使用流形学习有效可视化非线性、高维数据。
- 使用 t 分布随机近邻嵌套算法（t-SNE）和一致流形逼近和投影（UMAP）探索高维图像数据。
- K - 均值聚类算法（KMC）、层次聚类算法（HBC）和密度聚类算法（DBC）的工作机理。
- 使用凝聚聚类（AC）构建具有分级风险平价的稳健投资组合。

读者可以在 GitHub 存储库的对应目录中找到本章的示例代码和附加资源的链接。笔记中有彩色版本的图像。

13.1 降维

在线性代数中，数据集特征可以创建一个**向量空间**，空间维数对应于线性无关的行或列的数量，具体取两者中较大的一个。当两列完全相关时，它们是线性相关的，即一列可以通过加法和乘法的线性运算从另一列计算出来。

换句话说，两个向量是表示数据中相同方向而不是不同方向的平行向量，因此只构成一个维度。类似地，如果一个变量是其他几个变量的线性组合，那么它就是由这些列创建的向量空间中的一个元素，并不添加新的维数。

数据集的维数很重要，因为每个新维数都可以添加一个有关结果的信号。当然，它也有一个缺点，我们称之为**"维数诅咒"**：独立特征数量增长，而观测数量保持不变，数据点之间的平均距离也增长，特征空间的密度指数下降，这会对**机器学习产生灾难性的影响**。当观测距离较远，也就是观测彼此不同时，**预测变得更加困难**。不幸的是，文本和图像等另类数据源通常是高维的，同时影响依赖大量特征的模型，这正是我们在 13.2 节中将着力解决的挑战。

降维是通过使用更少的特征**更有效地表示数据**。为此，算法将数据投射到低维空间，同时丢弃任何不具有信息性的变化，或者在数据所在位置或其附近识别一个低维子空间或流形。

流形是局部类似于欧几里得空间的空间。一维流形可以是一条线或一个圆，但视觉上有交叉点的数字 8 则不算流形[1]。

流形假设认为，高维数据通常驻留在低维空间中，如果确定了这个低维空间，就可以如实反映该子空间中的数据。

降维通过寻找不同的、更小的变量集压缩数据，这些变量集可以捕捉到原始特征中最重要的部分，同时减少信息损失。这种压缩有助于有效破除"维数诅咒"，同时节省内存并对高维数据的显著方面进行可视化处理，没有这些我们就很难探索这些数据。

降维算法之间彼此也不尽相同，如算法对新变量施加的约束不同，再如最小化信息损失的方式也不同，具体如下：

- 线性算法如 PCA 和 ICA 将新变量约束为原始特征的线性组合，如低维空间中的超平面。其中，主成分分析要求新特征是不相关的，独立成分分析则更进一步要求统计的独立性，这意味着线性和非线性关系都不存在。
- 非线性算法则不局限于超平面，可以从数据中捕获更复杂的结构。然而，考虑到选择的数量是无限的，算法仍然需要作出假设才能得到一个解决方案。在这一节的后面，我们将解释 **t 分布随机近邻嵌套算法**和**一致流形逼近与投影**如何有效可视化高维数据。图 13.1 说明了流形学习如何在三维特征空间中识别二维子空间。

---

[1] 译者注：更精确地说，在拓扑学上，n-流形上的每一点都有一个同胚于 n 维欧式空间的邻域。

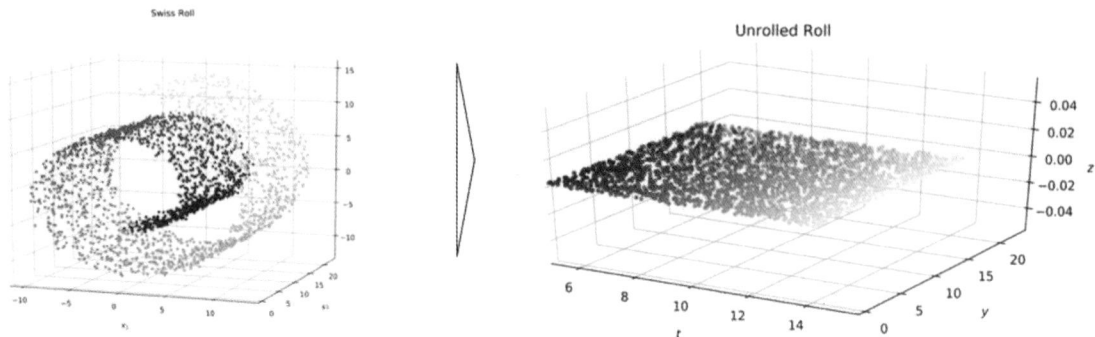

图 13.1　非线性降维

13.1.1　维数诅咒

数据集维数的增加意味着在对应的欧几里得空间中代表每个观测的特征向量更多。

我们使用欧氏距离测量向量空间中的距离，也称 L2 范数，将其应用于线性回归系数的向量来训练正则化的岭回归。

两个 n 维向量 $p = (p_1, p_2, ..., p_n)$ 和 $q = (q_1, q_2, ..., q_n)$ 在笛卡儿坐标系下的欧氏距离计算运用我们耳熟能详的毕达哥拉斯公式，公式如下：

$$d(p,q) = \sqrt{\sum_{i=1}^{n}(p_i - q_i)^2}$$

因此，每个新维数在总和上增加一个非负项，使得距离随着不同向量维数的增加而增加。换句话说，在给定的观测数据中，随着特征数量的增加，特征空间变得越来越稀疏或者说更空。另外，为了保持数据点之间的平均距离相同，较低的数据密度需要更多的观测。

图 13.2 说明了随着维数的增加，维持观测之间平均距离所需的数据点数量呈指数增长。为了保持密度不变，10 个均匀分布在一条线上的点分别对应于 10^2 个二维点和 10^3 个三维点。

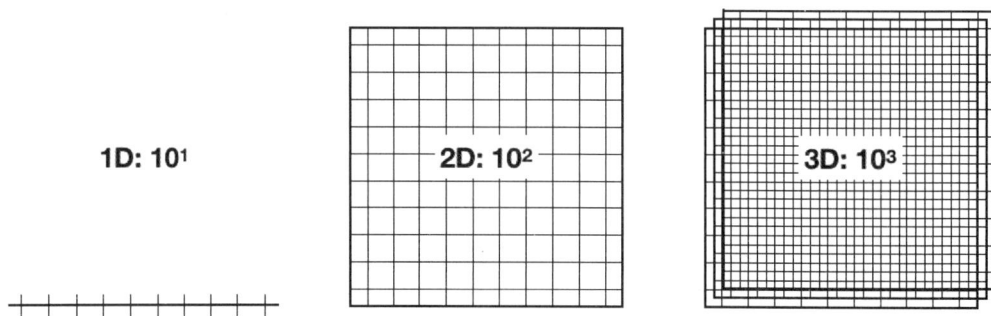

图 13.2　保持平均距离不变所需的特征数量随着维数的增加呈指数增长

本小节的 GitHub 存储库文件夹中的笔记 the_curse_of_dimensionality 模拟了数据点之间的平均距离和最小距离如何随着维度的增加而增加（见图 13.3）。

该**模拟**从一个不相关的均匀或相关正态分布中随机采样[0,1]的 2500 个特征。数据点之间的平均距离增加到正态分布的单一特征范围的 11 倍以上，在（极端）不相关均匀分布的情况下增加到 20 倍以上。

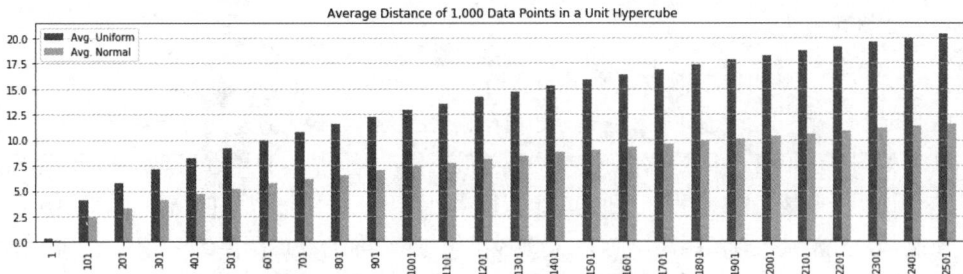

图 13.3　单位超立方体中 1000 个数据点的平均距离

当观测之间的距离增加时，监督学习会变得更加困难，这是因为对新样本的预测不太可能基于从相似的训练特征学习。简单地说，可能的唯一一行的数量随着特征数量的增加呈指数级增长，这使得有效地对空间进行采样变得更加困难。类似地，通过灵活的算法学习到的函数的复杂度随着维数的增加也呈指数级增长，同时这些算法对实际关系的假设更少。

灵活的算法既包括我们在第 11 章和第 12 章中介绍的基于树的模型，也包括从第 16 章开始介绍的深度神经网络等。这些算法中，**维度的增加意味着方差的增加**，同时对噪声的过度拟合风险也会增加，从而导致较差的泛化性能。

降维利用实际中特征相关或表征变换很少的事实，如果是这样，我们可以在不丢失大量信号的情况下压缩数据，并补充正则化应用，从而管理由于方差和模型复杂性造成的预测误差。

13.1.2　线性降维

线性降维算法计算**平移、旋转和缩放原始特征**的线性组合，从而捕获受新特征约束的数据中的显著变化。

PCA 由 Karl Pearson 于 1901 年发明，它发现了反映数据中最大方差方向的新特征，而这些特征互不相关。相比之下，ICA 则起源于 20 世纪 80 年代的信号处理，目标是分离不同的信号，同时给予更强的统计独立性限制。

本小节中我们将介绍这两种算法，然后举例说明如何应用 PCA 从数据中学习风险因子从而管理资产收益并为系统性交易策略构建所谓的特征投资组合。

1．主成分分析

主成分分析寻找现有特征的线性组合，并使用这些主成分来表示原始数据。分量的数量是决定目标维度的超参数，最多等于行数或列数中的较小值。

主成分分析的目的是捕获数据中的大部分方差，使其易于恢复原始特征并确保每个分量的添加信息，主要是原始数据投影到主分量空间来降低维数。

主成分分析算法的工作机理是识别一组分量，每个分量在计算了之前计算的分量所捕获的变化后，与数据中最大方差的方向一致。序列优化确保新分量与现有分量的不相关，并为向量空间产生正交基。

这个新基是对原始基的旋转，使新轴指向方差依次减小的方向。各主成分所解释的原始数据的方差量的下降反映了原始特征之间的相关程度。

2．PCA 二维可视化

图 13.4 说明了二维随机数据集 PCA 的几个方面（参考笔记 pca_key_ideas），具体如下：

● 左侧显示了第一主成分和第二主成分如何在正交的同时与最大方差的方向对齐。

● 中间的图显示了第一主成分如何使重构误差最小化，测量值为数据点和新轴之间的距离之和。

● 右侧说明了**监督 OLS** 过程，它通过单个特征 x_1 计算出一条线近似 x_2 的结果。垂直线显示了 OLS 如何最小化沿结果轴的距离，而 PCA 则最小化与超平面正交的距离。

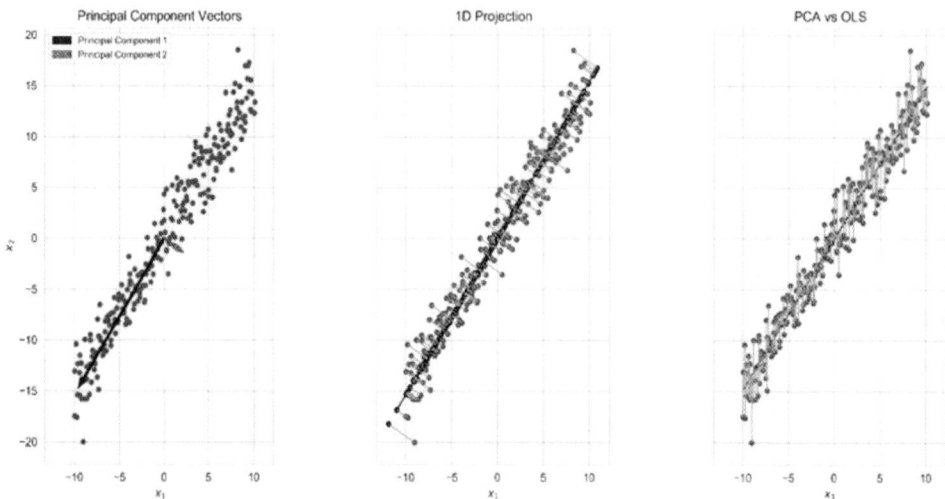

图 13.4　二维 PCA 的几个方面

3．主成分分析关键假设

PCA 提出几个需要记住的重要假设，具体如下：

● 高方差意味着高信噪比。

● 数据是标准化的，因此方差是可比较的特征。

● 线性转换捕捉数据的相关性。

● 高于一阶和二阶的高阶统计量并不重要，这意味着数据具有正态分布。

对一阶和二阶的强调与标准风险/收益指标相一致，但正态性假设则可能与市场数据的特征相冲突。市场数据通常表现出与正态分布不同的偏态或峰态（肥尾），PCA 中不考虑这一点。

4．PCA 算法工作机理

PCA 算法寻找向量创建目标维度超平面，使重构误差最小化，测量为数据点到该平面的平方距离之和。如前所述，PCA 的目标对应于寻找与给定的其他分量的最大保留方差方向一致，同时确保所有主分量相互正交的向量序列。

实际应用中，PCA 算法既可以通过计算协方差矩阵的特征向量来解决问题，也可以通过**奇异值分解（SVD）**来解决问题。

我们使用随机生成的具有 100 个数据点的三维椭圆来说明计算过程，如图 13.5 左侧所示，其中前两个主分量定义二维超平面（以下代码示例请参阅笔记 the_math_behind_pca）。

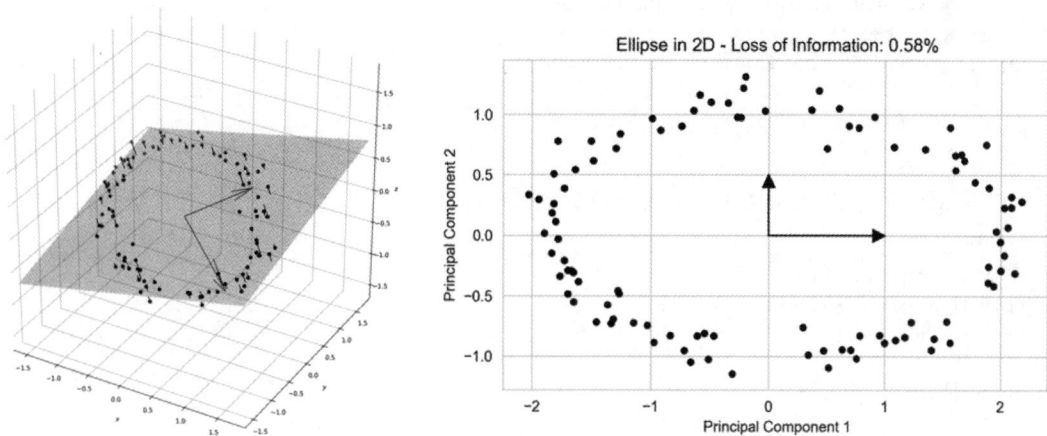

图 13.5　三维到二维的降维可视化

5. 基于协方差矩阵的主成分分析

首先对 $x_i, x_j (i, j = 1, \cdots, n)$ 特征用带有成对样本协方差的平方协方差矩阵计算主成分，公式如下：

$$\text{cov}_{i,j} = \frac{\sum_{k=1}^{N}(x_{ik} - \overline{x}_i)(x_{jk} - \overline{x}_j)}{N-1}$$

对于 n 维矩阵 M，定义了特征向量和特征值，$i = 1, \cdots, n$，公式如下：

$$Mw_i = \lambda_i w_i$$

因此，我们可以用特征向量和特征值来表示矩阵 M，其中 w 是一个包含特征向量为列向量的矩阵，L 是一个包含 i 为对角元素的矩阵（否则为 0）。定义**特征分解**，公式如下：

$$M = wLw^{-1}$$

（1）使用 NumPy 实现，其中 pandas DataFrame 数据包含椭圆的 100 个数据点，代码如下：

```
# 计算协方差矩阵
cov = np.cov(data.T) # 默认情况下预计行变量
cov.shape
(3, 3)
```

（2）计算协方差矩阵的特征向量和特征值。特征向量包含主分量（符号可以是任意的），代码如下：

```
eigen_values, eigen_vectors = eig(cov)
eigen_vectors

array([[ 0.71409739, -0.66929454, -0.20520656],
       [-0.70000234, -0.68597301, -0.1985894 ],
       [ 0.00785136, -0.28545725,  0.95835928]])
```

（3）将结果与 sklearn 得到的结果进行比较，结果显示在绝对值上是彼此匹配的，代码如下：

```
pca = PCA()
pca.fit(data)
C = pca.components_.T    # 列=主分量
C
```

```
array([[ 0.71409739,  0.66929454,  0.20520656],
       [-0.70000234,  0.68597301,  0.1985894 ],
       [ 0.00785136,  0.28545725, -0.95835928]])
```

```
np.allclose(np.abs(C), np.abs(eigen_vectors))
True
```

也可以从包含特征值的对角矩阵 *L* 验证特征分解，代码如下：

```
# 特征值矩阵
ev = np.zeros((3, 3))
np.fill_diagonal(ev, eigen_values)
ev # 对角矩阵
```

```
array([[1.92923132, 0.        , 0.        ],
       [0.        , 0.55811089, 0.        ],
       [0.        , 0.        , 0.00581353]])
```

可以发现这个结果确实成立，代码如下：

```
decomposition = eigen_vectors.dot(ev).dot(inv(eigen_vectors))
np.allclose(cov, decomposition)
```

6. 奇异值分解主成分分析

接下来，我们将介绍 SVD 的计算。当观测的数量大于特征的数量时（通常都是如此），这种算法会比较慢，但会产生更好的**数值稳定性**，特别是当一些特征是强相关时（这也是我们首先使用 PCA 的原因）。

SVD 将我们刚刚应用于方阵和对称协方差矩阵上的特征分解推广到更一般的情况下的 $m \times n$ 矩阵，如图 13.6 所示，其中，$\sum$ 的对角线值为奇异值，V^*的转置包含主分量作为列向量。

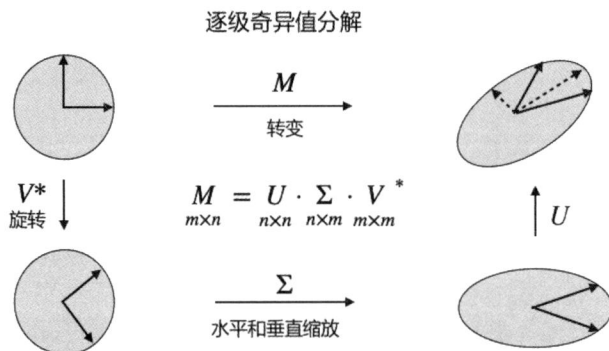

图 13.6 SVD 分解

这种情况下，需要确保我们的数据以零均值为中心（之前的协方差计算处理了这一点），代码如下：

```
n_features = data.shape[1]
data_ = data - data.mean(axis=0)
```

利用中心数据计算 SVD，代码如下：

```
U, s, Vt = svd(data_)
U.shape, s.shape, Vt.shape
```

```
((100, 100), (3,), (3, 3))
```

可以将只包含奇异值的向量 *s* 转换成一个 *n*×*m* 矩阵并证明分解是有效的，代码如下：

```
S = np.zeros_like(data_)
S[:n_features, : n_features] = np.diag(s)
S.shape
(100, 3)
```

分解确实重现了标准化数据，代码如下：

```
np.allclose(data_, U.dot(S).dot(Vt))
True
```

最后，确定 *V**的转置列包含主分量，代码如下：

```
np.allclose(np.abs(C), np.abs(Vt.T))
```

在 13.2 节中，我们将演示 sklearn 如何实现 PCA。

7. sklearn 主成分分析

sklearn.decomposition.PCA 遵循标准 API，该 API 基于 fit()和 transform()方法，分别计算所需的主成分数量，并将数据投射到主成分空间。更方便的 fit_transform()方法则只需一个步骤就可以完成这一点。

PCA 提供了三种不同的算法，可以通过 svd_solver 参数确定，具体如下：

- 精确 SVD 的完整计算，具体使用 scipy 中的 LAPACK 求解器。
- arpack 运行一个删节版本，适合计算少于全部分量的数量。
- 随机使用一种基于采样的算法，当数据集有超过 500 个观测数据和特征时，这种会更高效，目标是计算不到 80%的组成部分。
- 对最有效部分自动随机处理，如果不存在该部分则应用完整 SVD。

算法实现细节请查看 GitHub 上的参考资料。

PCA 对象的其他关键配置参数如下：

- n_components：通过传递 None（默认值）计算所有主分量，或者将数量限制为 int。对于 svd_solver=full，还有两个附加选项，即间隔[0,1]中的浮点数计算保留数据中相应的方差份额所需的分量数量以及选项 mle 使用最大似然估计维数。
- whiten：一般默认值为 False，如果设置为 True，它将分量向量标准化为单位方差，某些情况下，这在预测模型中是有用的。

为了计算三维椭圆的前两个主分量并将数据投影到新空间中，使用 fit_transform()，代码如下：

```
pca2 = PCA(n_components=2)
projected_data = pca2.fit_transform(data)
projected_data.shape
(100, 2)
```

前两个成分的方差解释非常接近 100%，如下所示：

```
pca2.explained_variance_ratio_
array([0.77381099, 0.22385721])
```

数据在新的二维空间中的投影，如图 13.5 所示。

8. 独立成分分析

ICA 是另一种线性算法，该算法识别新的基来表示原始数据，但 ICA 与 PCA 目标不同。

独立成分分析技术出现于信号处理领域，初始要解决的问题被称为**盲源分离**。这一技术通常被定义为鸡尾酒会问题，即给定数量的客人在同一时间讲话，因此一个麦克风可以记录重叠的信号。ICA 假设有多少个扬声器就有多少个麦克风，每个麦克风都放在不同的位置，以便记录不同的信号混合，ICA 的目标是从这些不同的记录中恢复单个信号。

换句话说，由 n 个原始信号和一个未知的平方混合矩阵 A 产生一个 n 维的 m 个观测值集，公式如下：

$$\underset{n\times m}{X} = \underset{n\times n}{A} \ \underset{m\times m}{s}$$

ICA 的目标是找到矩阵 $W = A^{-1}$，从而解码混合信号并恢复目标源。

唯一确定矩阵 W 的能力取决于数据的非高斯分布；否则，由于多元正态分布在旋转下的对称性，W 可以任意旋转。此外，因为高斯分量的和也是正态分布的，ICA 假设混合信号是其分量之和，因此无法识别高斯分量。

9. 独立成分分析假设

ICA 作出以下关键假设：
- 信号源是统计独立的。
- 线性转换足以捕获相关信息。
- 独立成分不具有正态分布。
- 混合矩阵 A 是可逆的。

ICA 还要求数据居中并白化，即与单位方差不相关。如前所述，使用 PCA 对数据进行预处理可以实现所需的转换。

10. ICA 算法工作机理

sklearn 使用的 FastICA 是一种使用高阶统计量恢复独立源的定点算法。特别需要强调的是，它最大化了每个分量的正态分布距离，这一点可以代表独立性。另一种名为 InfoMax 的算法为了衡量统计独立性将分量之间的互信息最小化。

11. sklearn 独立成分分析

sklearn 的 ICA 实现使用了与 PCA 相同的接口，这里没有什么需要额外补充的。当然也要注意，因为 ICA 不会连续计算组件，所以不会对已解释的方差进行测量，相反，每个分量的目标是为了捕获数据的独立特征。

13.1.3 流形学习——非线性降维

线性降维将原始数据投影到一个与数据信息方向一致的低维超平面上。对线性转换的关注简化了计算，并与常见的金融指标相呼应，如 PCA 的目标是捕获最大的方差。

然而，线性方法会自然而然地忽略数据中非线性关系信号，这种关系在包含图像或文本数据的另类数据集中又非常重要。在探索性分析中，检测这种关系能为数据的潜在信号内容提供重要线索。

相比之下，**流形假设**强调高维数据通常位于或靠近嵌入在高维空间中的低维非线性流形。本章开始的图 13.1 中显示的二维瑞士卷（Swiss roll）说明了这种拓扑结构。流形学习的目的是找到内在维度的流形，然后将数据表示在这个子空间中。一个简单的例子是将道路作为三维空间中的一维流形，并使用门牌号码作为局部坐标来识别数据点。

有几种方法近似于低维流形，如 Lawrence Saul 和 Sam Roweis 于 2000 年发明的**局部线性嵌入（LLE）**，主要用于"展开"图 13.1 所示的瑞士卷。

对于每个数据点，LLE 确定给定数量的近邻，并计算将每个点表示为其近邻的线性组合的权值。通过在低维流形上的全局内坐标上线性投影每个邻域来找到一个低维嵌入，也可以被认为是一个 PCA 应用序列。

可视化要求至少减少三个维度，这甚至可能低于内在维度，因此这一方法存在一个挑战——**如何如实表示局部和全局结构**。这个挑战也与"维数诅咒"有关，也就是说，虽然球体体积随维数呈指数级膨胀，但可用来表示高维数据的低维空间则有限得多。例如，在 12 个维度中，可以有 13 个等距点，然而，在二维空间中只有 3 个三角形的边长相等。因此，准确地反映一个点到其最低维度高维近邻的距离可能会扭曲其他点之间的关系。结果就导致了所谓的**拥挤问题**，即为了保持全局距离，局部点可能需要被放置得太近。

接下来我们将介绍一些技术，这些技术能够帮助我们在解决复杂数据集的可视化拥挤问题方面取得一定进展。我们将使用广为流行的 MNIST 数据集，它是用于计算机视觉的经典手写数字 MNIST 基准数据的一个更复杂的另类数据集，包含了 10 个类的 60 000 个训练集和 10 000 测试集（详见笔记中的样本图片）。该数据的流形学习算法目标是检测类是否位于不同的流形上，以此识别和区分它们。

1. t-SNE

t-SNE 算法屡获殊荣，该算法于 2008 年由 Laurens van der Maaten 和 Geoff Hinton 开发，用于检测高维数据模式。t-SNE 算法采用一种概率的、非线性的方法定位几个不同但相关的低维流形上的数据，在低维度中保持相似的点在一起，而不是在高维中保持点之间的距离，这是通过像 PCA 这样最小化平方距离算法得出的结果。

该算法通过**将高维距离转换为（条件）概率**，其中高概率意味着低距离，并反映基于相似性的采样点的可能性。首先，在每个点上定位一个正态分布，计算一个点和每个相邻点的密度，其中 perplexity（困惑度）参数控制了相邻点的有效数量；然后，以低维排列点使用类似计算的低维概率匹配高维分布。t-SNE 算法使用 Kullback-Leibler 散度测量分布之间的差异，这种散度对在低维中放置相似点的错误施加很高的惩罚。

低维概率使用一个单自由度的学生 t 分布，它的肥尾可以减少高维中距离较远的点的惩罚，从而很好地解决拥挤问题。

图 13.7 的上半部分显示了 t-SNE 如何区分 FashionMNIST 图像类。较高的困惑度增加了用于计算局部结构的邻居数量，并间接导致对全局关系的重视（请访问 GitHub 存储库，获得此图的高分辨率彩色版本）。

t-SNE 是当前高维数据可视化的最新技术，当然也有一定缺点，比如因为需要计算所有成对距离，所以计算过程相对复杂，计算复杂度为 n 个点的平方，但随后的基于树的实现会将计算成本降低到 $n \times \log(n)$。

不幸的是，t-SNE 不利于新数据点在低维空间的投影，因为 t-SNE 对待小距离和大距离是不同的，所以压缩输出对于基于距离或密度的聚类算法来说也不是很有用的输入。

图 13.7　不同超参数下 Fashion MNIST 图像数据的 t-SNE 和 UMAP 可视化

2．UMAP

UMAP 是一种用于可视化和一般降维的最新算法，UMAP 算法假设数据均匀分布在一个局部连通流形上，并利用模糊拓扑寻找最近的低维等价分量。UMAP 使用 neighbors 参数，该参数类似于 perplexity 参数。

UMAP 比 t-SNE 执行速度更快，因此也能更好地扩展到大数据集，有时还能比 t-SNE 更好地保留全局结构。UMAP 还能与余弦相似度等其他距离函数一起使用，后者可以用来衡量单词计数向量之间的距离。

图 13.7 说明了 UMAP 是如何进一步区分聚类的，而 t-SNE 则提供对局部结构更细粒度的洞察。

笔记中还包含了每个算法的交互式 Plotly 可视化，可以帮助我们探索标签和识别哪些物体被放置在彼此的附近。

13.2　PCA 在交易中的应用

PCA 在某些方面对算法交易很有用，包括以下两方面：
- 将 PCA 应用于资产收益分析，推导数据驱动的风险因子。
- 基于资产收益相关矩阵的主成分构建不相关投资组合。

13.2.1　数据驱动的风险因子

在第 7 章中，我们探索了用于量化金融的**风险因子模型**，目的在于捕获主要收益驱动因子。这些模型解释了基于系统风险因子的资产收益差异以及与这些因子相关的收益。重点介绍了 **Fama-French 方法**，Fama-French 方法基于对平均收益经验行为的先验知识指定因子并将这些因子视为可贯彻的，然后使用线性回归估计风险模型系数。

　　另一种方法将风险因子视为**潜在变量**，并使用 PCA 等因子分析技术，同时从数据中了解这些因子并估计这些因子是如何驱动收益的。在本节中，我们将演示该方法如何可以无须事先了解资产收益行为，只是以纯统计或数据驱动的方式获取因子（更多细节请参阅笔记 pca_and_risk_factor_models）。

1. 数据准备——美国前 350 只股票

　　（1）使用 Quandl 股价数据，选取 2010—2018 年期间市值最大的 500 只股票每日调整后的收盘价和数据，然后计算每日收益，代码如下：

```
idx = pd.IndexSlice
with pd.HDFStore('../../data/assets.h5') as store:
    stocks = store['us_equities/stocks'].marketcap.nlargest(500)
    returns = (store['quandl/wiki/prices']
               .loc[idx['2010': '2018', stocks.index], 'adj_close']
               .unstack('ticker')
               .pct_change())
```

结果获得超过 2000 个交易日的 351 只股票和收益，如下所示：

```
returns.info()
DatetimeIndex: 2072 entries, 2010-01-04 to 2018-03-27
Columns: 351 entries, A to ZTS
```

　　（2）PCA 对异常值很敏感，所以我们分别以 2.5% 和 97.5% 的分位数对数据进行 winsorize 处理。

　　PCA 不允许丢失数据，因此我们将删除任何至少 95% 的时间段内没有数据的股票。然后在第二步中，我们将删除那些没有观测到至少 95% 剩余股票的交易日，如下所示：

```
returns = returns.dropna(thresh=int(returns.shape[0] * .95), axis=1)
returns = returns.dropna(thresh=int(returns.shape[1] * .95))
```

得到剩下 315 只类似时期的股票收益序列如下：

```
returns.info()
DatetimeIndex:  2071 entries, 2010-01-05 to 2018-03-27
Columns: 315 entries, A to LYB
```

　　（3）使用任何给定交易日的平均收益计算剩余缺失值，代码如下：

```
daily_avg = returns.mean(1)
returns = returns.apply(lambda x:  x.fillna(daily_avg))
```

2. 运行 PCA 识别关键收益驱动因子

使用默认参数将主成分模型与资产收益进行拟合，使用完整 SVD 算法计算所有成分，代码如下：

```
pca = PCA(n_components='mle')
pca.fit(returns)
```

　　结果显示，最重要的因子解释了约 55% 的每日收益变化。主导因子通常被解释为"市场"，而其余因子可以被解释为行业或风格因子，这与我们在第 5 章和第 7 章中介绍的一致。

　　图 13.8 右侧显示了累积解释方差，表明大约 10 个因子可以解释这只股票横截面收益的 60%。

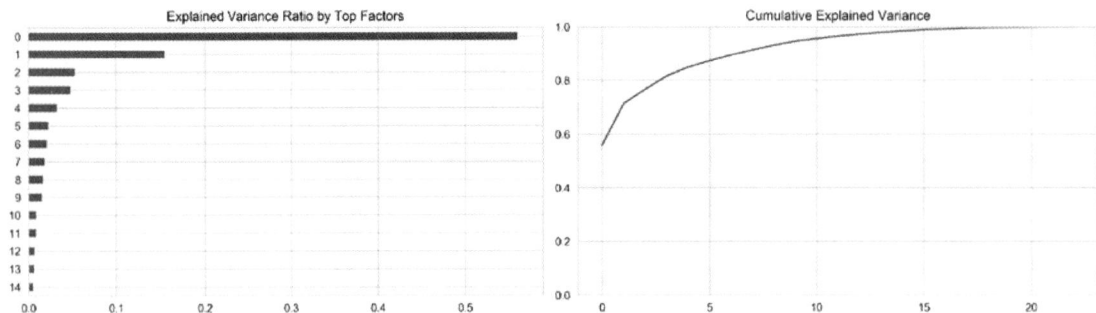

图 13.8　基于 PCA 风险因子累积解释方差

　　笔记中包含了对更广泛的股票横截面和更长的 2000—2018 年这一时间段的**模拟**。结果显示，平均而言，前三个成分解释了 500 只随机选择的股票的 40%、10% 和 5%，如图 13.9 所示。

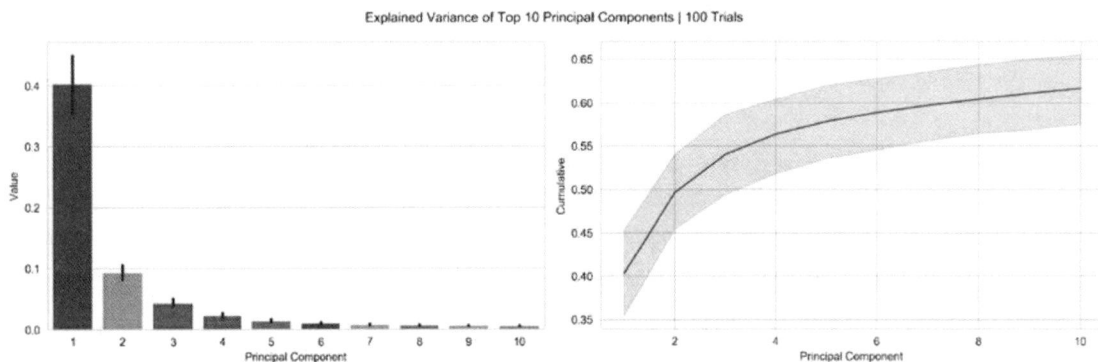

图 13.9　前 10 个主要成分解释方差（100 次试验）

　　累积图呈现典型的"肘形"模式，这可以帮助我们确定一个合适的目标维度，也就是附加成分增加的价值不大。

　　可以选择前两个主成分来验证彼此的不相关性，代码如下：

```
risk_factors = pd.DataFrame(pca.transform(returns)[: , : 2],
                            columns=['Principal Component 1',
                                     'Principal Component 2'],
                            index=returns.index)
(risk_factors['Principal Component 1']
.corr(risk_factors['Principal Component 2']))
7.773256996252084e-15
```

　　此外，我们也可以绘制时间序列，进一步突出每个因子如何捕捉不同的波动模式，如图 13.10 所示。

　　风险因子模型采用主成分的一个子集作为特征来预测未来收益，这一点类似于我们在第 7 章中使用的方法。

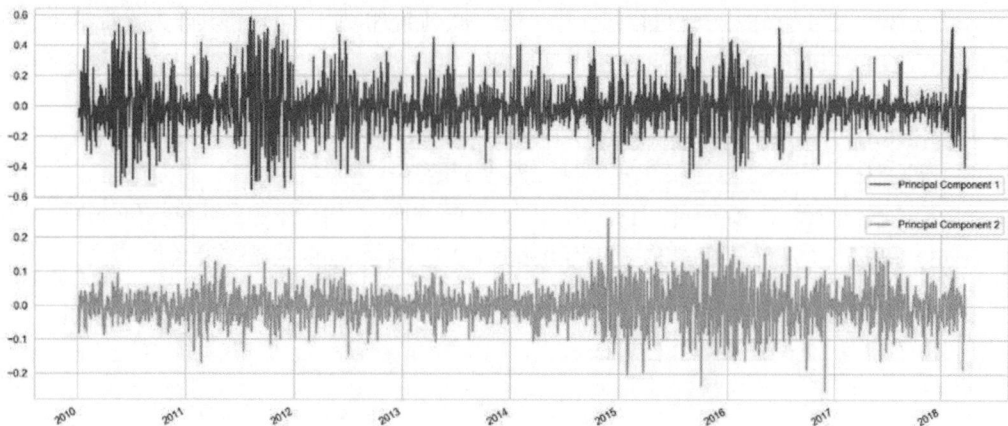

图 13.10 由前两个主成分捕获的收益波动模式

13.2.2 特征组合 Eigenportfolios

PCA 的另一个应用主要涉及归一化收益的协方差矩阵。矩阵主成分降序捕获了资产之间的大部分协变，且相互不相关。此外，我们还可以使用标准化主成分作为投资组合的权重，你可以在笔记 pca_and_eigen_portfolio 中找到本节的代码示例。

以 2010—2018 年期间最大的 30 只股票为例：

```
idx = pd.IndexSlice
with pd.HDFStore('../../data/assets.h5') as store:
    stocks = store['us_equities/stocks'].marketcap.nlargest(30)
    returns = (store['quandl/wiki/prices']
                .loc[idx['2010': '2018', stocks.index], 'adj_close']
                .unstack('ticker')
                .pct_change())
```

再次对收益进行 winsorize 和归一化处理，代码如下：

```
normed_returns = scale(returns
                        .clip(lower=returns.quantile(q=.025),
                              upper=returns.quantile(q=.975),
                              axis=1)
                        .apply(lambda x:  x.sub(x.mean()).div(x.std())))
```

像 13.2.1 节中的例子那样，在删除资产和交易日之后，我们只剩下 23 项资产和 2000 多个交易日。计算收益协方差并估计所有的主成分，发现最大的两个分量分别解释约 55.9% 和 15.5% 的协方差，代码如下：

```
cov = returns.cov()
pca = PCA()
pca.fit(cov)
pd.Series(pca.explained_variance_ratio_).head()
0 55.91%
1 15.52%
2 5.36%
3 4.85%
4 3.32%
```

接下来，选择并对 4 个最大分量进行归一化处理，使它们的和为 1，可以将其作为投资组合的权重，以便与由所有股票组成的 EW 投资组合进行比较，代码如下：

```
top4 = pd.DataFrame(pca.components_[: 4], columns=cov.columns)
eigen_portfolios = top4.div(top4.sum(1), axis=0)
eigen_portfolios.index = [f'Portfolio {i}' for i in range(1, 5)]
```

权重显示了不同的重点，如图 13.11 所示。例如，Portfolio 3 对样本中的两家支付处理公司万事达（Mastercard）和维萨（Visa）的权重较大，而 Portfolio 2 对科技公司的权重较大。

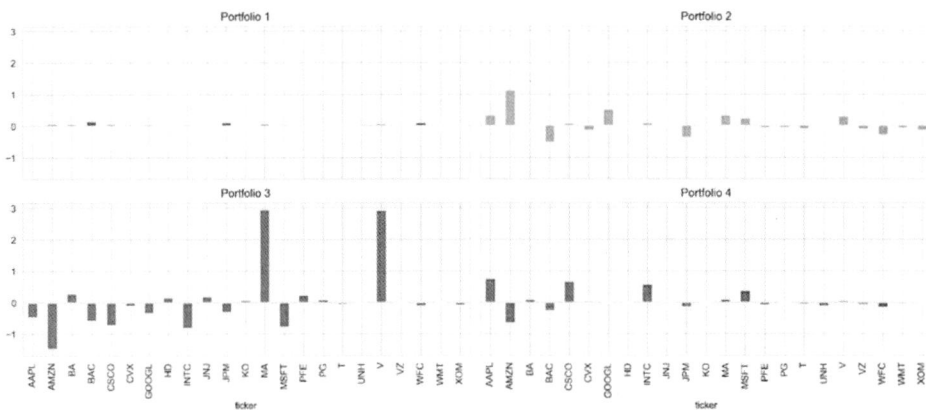

图 13.11　Eigenportfolio 权重

当将每个投资组合在样本期间的表现与由我们的小样本组成的"市场"进行比较时，如图 13.12 所示，Portfolio 1 的表现非常相似，而其他投资组合捕获的收益模式则不尽不同。

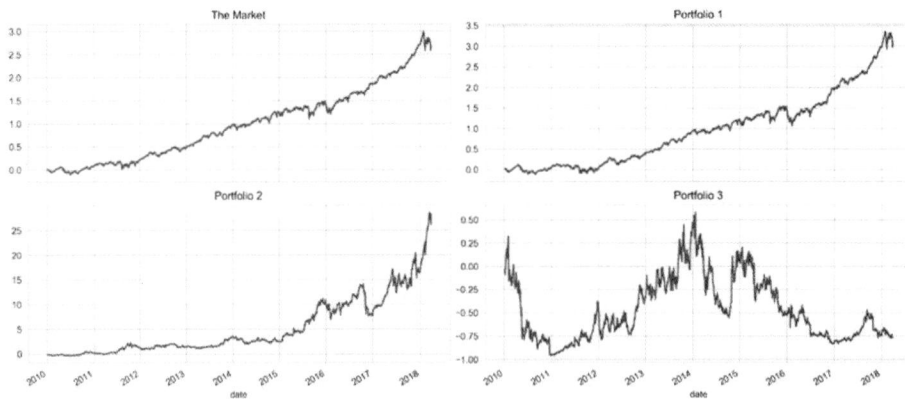

图 13.12　组合特征累计收益

13.3　聚类

聚类和降维都是对数据的归纳处理。降维通过使用新的、更少的特征来表示数据，捕获最相关的信息并据此对数据进行压缩。相比之下，聚类算法将现有的观测结果分配给由相似数据点组成的子组。

聚类可以通过从连续变量中学习到的类别来更好地理解数据。聚类还可以根据学习到的条件自动对新对象进行分类。相关应用包括层次分类、医疗诊断和客户细分等。或者，我们也可以使用聚类将组表示为原型。例如，使用聚类的中点作为学习型分组的最佳代表，典型应用如图像压缩。

聚类算法根据识别分组的策略彼此不同，具体如下：

- **组合算法**选择不同观测分组中最一致的。
- **概率模型**估计最有可能产生聚类的分布。
- **层次聚类**发现一系列给定阶段优化连贯性的嵌套簇。

算法还因组成有用对象集合概念的不同而不同，这些对象需要匹配应用程序的数据特征、领域和目标。分组的类型如下：

- 清晰的不同形状组。
- 原型或基于中心的紧凑聚类。
- 基于密度的任意形状的聚类。
- 基于连接性或图形的聚类。

其他重要聚类算法如下：

- 专属集群聚类。
- 二进制硬聚类，概率分配软聚类。
- 将所有数据点分配给聚类。

接下来介绍 **K-均值聚类、层次聚类、密度聚类**等关键算法以及**高斯混合模型（GMM）**。clustering_algos 笔记比较了这些算法在不同数据集上的性能及相应优缺点，其中，我们使用第 6 章中了解到的互信息来测量聚类分配和标签的一致性。

13.3.1 K-均值聚类

K-均值聚类算法是最著名的聚类算法，由贝尔实验室的 Stuart Lloyd 于 1957 年首次提出。它找到 k 个质心，并将每个数据点精确地分配给一个簇，目标是最小化簇内方差（也称惯性）。通常我们使用欧几里得距离，当然也可以使用其他指标。K-均值算法假设簇是球形的，大小相等，忽略了特征之间的协方差。

1．将观测值分配给聚类

因为将 N 个观测结果划分为 k 个聚类有 k^N 种方法，这个问题是难于计算的（即 NP 问题）。标准迭代算法给出给定 k 的局部最优解，其过程如下：

（1）随机定义 k 个聚类中心，并分配点到最近的质心。

（2）重复以下过程：

　　①对于每个簇，计算特征的平均值为质心。

　　②将每个观测值分配到最近的质心。

（3）收敛：赋值（或簇内变异）恒定。

笔记 kmeans_implementation 展示了如何使用 Python 编写算法，同时实现了算法的迭代优化的可视化，演示生成的质心如何将特征空间划分为描述聚类的 Voronoi 区域。这个结果对于给定的初始化是最优的，但是不同的起始位置会产生不同的结果。因此，我们需要从不同的初始值计算多个聚类，并选择最小化簇内方差的解决方案。

K-均值算法要求连续的或一次性编码的分类变量。距离指标通常对规模很敏感，因此有必要对特征进行归一化处理以确保它们具有相同的权重。

K-均值算法的**优点**在于适用范围广、可快速收敛、对大数据的线性可伸缩，同时能够产生均匀大小的聚类。其**缺点**则包括需要调整超参数 k，算法本身无法保证找到全局最优，限制性假设（如簇是球体、特征不相关等）并不总是成立，对异常值也很敏感。

2. 聚类质量评估

聚类质量评估有助于从不同的聚类结果中择优选择。

K-均值目标函数建议我们比较惯性或簇内方差演化。最初，因为新的簇提高了整体适配，额外的质心急剧减少惯性。因为它们倾向于自然分裂分组，一旦找到适当数量的聚类（假设它存在），新的质心将大大减少**聚类内方差**。

因此，当 K-均值算法找到数据的良好聚类表示时，惯性倾向于遵循与 PCA 解释的方差比类似的"肘形"路径。

轮廓系数（Silhouette Coefficient，SC）提供了更详细的聚类质量图像。SC 能够有效回答"在最近的簇中的点相对于分配的簇中的点有多远？"这个问题，为此，算法将簇内平均距离 a 与最近簇 b 的平均距离进行比较，计算得分 s，公式如下：

$$s = \frac{b-a}{\max(a,b)} \in [-1,1]$$

得分可以在-1 和 1 之间变化，但负值在实践中是不太可能出现的，因为它们意味着大部分得分分配给了错误的群集。轮廓系数的一个有用的可视化方法是将每个数据点的值与全局平均值进行比较，突出每个簇相对于全局配置的一致性。经验法则是避免所有样本的平均得分低于平均值的分组。

图 13.13 显示了 3 个和 4 个聚类的轮廓系数，前者通过对全局轮廓得分的低于平均水平的贡献突出了聚类 1 的较差拟合，而所有 4 个聚类都有一些高于平均得分的值。

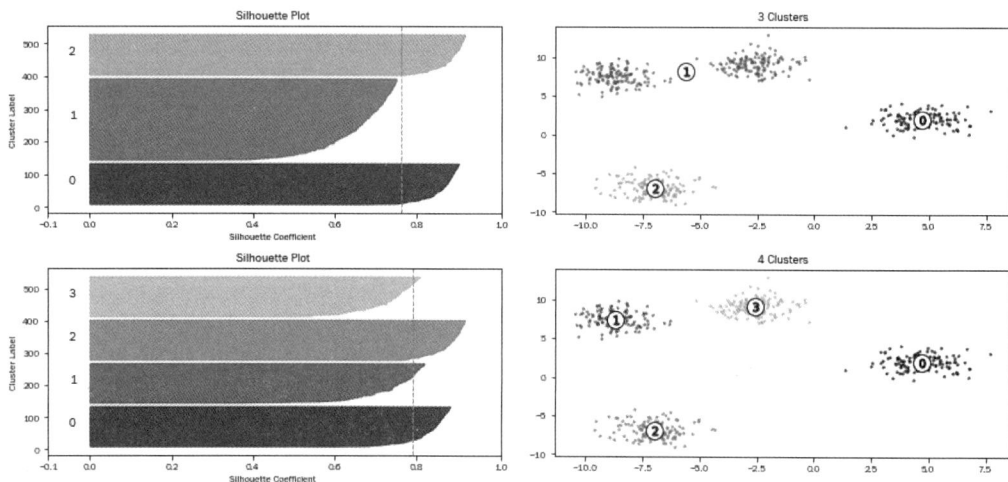

图 13.13　3 个和 4 个聚类的轮廓系数图

综上所述，由于聚类算法通常是无监督的，因此有必要改变聚类算法的超参数并评估不同结果。校准特征尺度的选择也很重要，特别是当一些特征应该被赋予更高的权重，从而在更大的尺度上测量时。最后，为了确保验证结果的稳健性，需要使用数据子集识别特定的聚类模式是否一致。

13.3.2 层次聚类

层次聚类避免了指定目标簇数的需要，层次聚类假设数据可以依次合并到逐渐不同的簇中。层次聚类不追求全局目标，而是渐进地决定如何产生从单个聚类到包含单个数据点的聚类的嵌套聚类序列。

1. 不同策略和措施

层次聚类主要包括以下两种方法：

（1）**凝聚聚类**自下而上，根据相似性依次合并剩下的两个组。

（2）**分裂聚类**自上而下，并按顺序分割剩余的聚类，产生不同的子组。

这两个组都产生 $N-1$ 级的层次，有助于在将数据最佳地划分到同构组的级别上选择聚类。我们将关注更常见的凝聚聚类。

聚类算法从单个数据点出发，计算包含所有相互距离的相似矩阵。然后进行 $N-1$ 步，直到不再有不同的聚类，每次更新相似矩阵，替换被新聚类合并的元素，从而使矩阵逐渐缩小。

虽然层次聚类没有像 K-均值聚类算法中的超参数，但聚类之间的**不相似性（相对于单个数据点）度量**对聚类结果有重要影响。其中又有几个不同的选项，具体如下：

- 单链接：两个簇最近邻居之间的距离。
- 完整链接：每个聚类成员之间的最大距离。
- 离差平方和法（Ward 方法）：最小化聚类内方差。
- 组平均值：使用簇中点作为参考距离。

2. 可视化——系统树图（Dendrogram）

当继续合并数据时，层次聚类提供了对观测数据相似性程度的洞察。从一次合并到下一次合并的相似性测量的显著变化表明，在此之前存在自然聚类。

系统树图将连续的合并可视化为二叉树，将单个数据点显示为叶子，最后的合并显示为树的根。系统树图表明相似性是如何自下而上单调递减的，因此，通过切割系统树图可以自然选择聚类，有关实现细节请参阅笔记的 hierarchical_clustering。

图 13.14 演示了经典 Iris 数据集的系统树图，该数据集使用 4 个不同的距离度量，具有 4 个类和 3 个特征。使用比较点之间成对距离的**同源相关系数（Cophenetic 相关系数）**和成对合并发生时的**聚类相似性度量**来评估层次聚类的拟合性。系数为 1 意味着越近的点总是越早合并。

不同的连接方法产生不同的系统树图"外观"，我们不能使用这种可视化来比较差异结果。此外，Ward 方法使聚类内方差最小化，可能不能恰当地反映从一个水平到下一个水平的方差变化。相反，系统树图可以反映不同层次的总体聚类内方差，而这可能会引起误解。备选质量指标可能更加合适，如同形相关性或与总体目标一致的惯性指标。

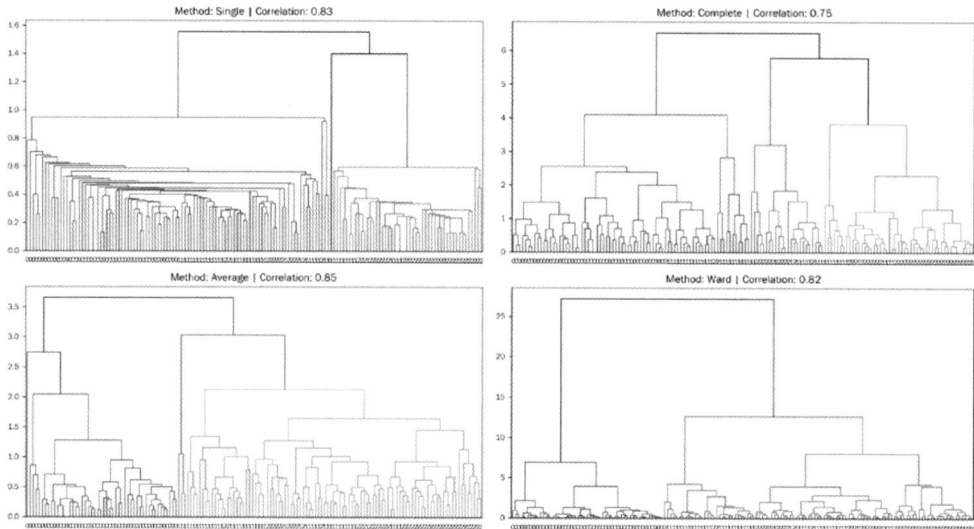

图 13.14　不同差异指标的系统树图和同源相关

层次聚类的**优点**如下：

● 层次聚类算法不需要具体聚类数量，而是通过直观的可视化方式提供潜在聚类洞见。

● 层次聚类算法生成聚类的层次结构，可以作为一个分类。

● 层次聚类算法可以与 K-均值算法结合，从而减少在凝聚过程开始时的项数。

当然，层次聚类也有一些**缺点**，具体如下：

● 大量的相似矩阵更新使得计算和存储成本较高。

● 所有的合并都是最终的，因此无法达到全局最优。

● "维数诅咒"导致了处理有噪声的高维数据存在困难。

13.3.3　密度聚类

密度聚类算法根据与其他聚类成员的接近程度来分配聚类成员。目标是识别任意形状和大小的密集区域。密度聚类算法不需要指定特定数量的聚类，而是依赖于定义邻域大小和密度阈值的参数。

我们将概述**具有噪声的基于密度的聚类方法（DBSCAN）**和**基于细化层次的 DBSCAN 算法**。density_based_clustering 笔记中有相关代码示例，本章 README 中的 GitHub 链接到 Jonathan Larking 的 Quantopian 例子，Jonathan Larking 运用 DBSCAN 开发配对交易策略。

1. DBSCAN

DBSCAN 于 1996 年成功开发，并因其在理论和实践中受到的广泛关注于 2014 年 KDD 会议上荣获 KDD 时间测试奖。

DBSCAN 的目的是识别核心和非核心样本，其中前者扩展了一个聚类，后者是一个聚类的一部分，但没有足够的近邻来进一步增长聚类。其他样本是离群值，不分配给任何群集。

DBSCAN 使用参数 eps 表示邻域半径，min_samples 表示核心样本所需的成员数。DBSCAN 具有确定性和排他性，难以处理不同密度和高维数据的簇。特别是当密度往往不是恒定的，如何将参数调整到合适密度是个挑战。

2. 层次 DBSCAN

层次 DBSCAN（HDBSCAN）最近才发展起来，HDBSCAN 假定聚类是潜在密度不同的"岛屿"，以此克服刚才提到的 DBSCAN 挑战。HDBSCAN 同时识别核心和非核心样本，使用参数 min_cluster_size 和 min_samples 来选择一个邻域并扩展一个聚类。HDBSCAN 算法迭代多个 eps 值，并选择最稳定的聚类。除了识别不同密度的聚类外，HDBSCAN 还能够提供对数据密度和层次结构的洞察。

图 13.15 分别显示了 DBSCAN 和 HDBSCAN 如何识别形状与 K-均值聚类有显著差异的聚类。聚类算法的选择取决于数据结构。

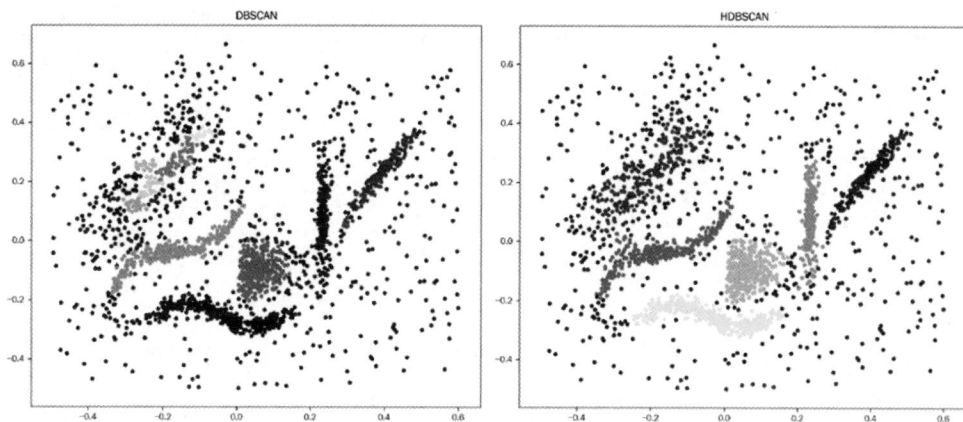

图 13.15　DBSCAN 和 HDBSCAN 聚类算法对比

13.3.4　高斯混合模型

高斯混合模型（GMM 算法）假设数据由多种多元正态分布混合生成。算法的目的是估计这些分布的均值矩阵和协方差矩阵。

GMM 算法将 K-均值算法进行了推广，在特征之间增加协方差，使得聚类可以是椭球体而不是球体，质心则用每个分布的均值表示。因为每个点都有可能成为任何簇的成员，所以 GMM 算法实际上执行的是软分配。

笔记 gaussian_mixture_models 演示了该实现并可视化生成聚类。当球体聚类的 K-均值假设约束太大时，我们可能会更喜欢 GMM 算法而不是其他聚类算法。GMM 算法具有更大的灵活性，因此通常只需要更少的聚类来产生良好的匹配。由于 GMM 算法估计了生成样本的概率分布，因此很容易根据结果生成新的样本，所以在需要生成模型时，GMM 算法也更加方便。

13.4　层次聚类在投资组合优化中的应用

在第 5 章中，我们介绍了几种旨在为给定组资产选择投资组合权重的方法，以此优化所得到的投资组合的风险和收益轮廓，具体包括 Markowitz 现代投资组合理论的均值-方差优化、凯利准则和风险平价等。本节中，我们将介绍**分层风险平价（HRP）**，这是一项利用层次聚类根据子组的风险特征为资产分配头寸规模的最新成果。

首先将介绍 HRP 的工作机理，然后使用梯队提升模型驱动的只做多策略，将其性能与替代方案进行比较。

13.4.1　HRP 的工作机理

分层风险平价的关键思想如下：

● 使用协方差矩阵层次聚类将具有相似相关结构的资产分成一组。

● 构建投资组合时，只考虑类似资产作为替代品，从而减少自由度。

有关实现细节，请参阅子文件夹 hierarchical_risk_parity 中的笔记和 Python 文件。

（1）计算距离矩阵，该矩阵表示满足距离度量要求的相关资产的接近度。所得到的矩阵将作为 SciPy 层次聚类函数的输入，该函数使用几种可用方法中的一种计算连续聚类，代码如下：

```
def get_distance_matrix(corr):
    """从相关性开始计算距离矩阵,
        0 <= d[i,j] <= 1"""
    return np.sqrt((1 - corr) / 2)
distance_matrix = get_distance_matrix(corr)
linkage_matrix = linkage(squareform(distance_matrix), 'single')
```

（2）linkage_matrix 可以作为 sns 的输入，clustermap 函数用于可视化生成层次聚类。seaborn 系统树图显示了单个资产和资产聚类是根据相对距离的合并（见图 13.16 左侧）。

```
clustergrid = sns.clustermap(distance_matrix,
                             method='single',
                             row_linkage=linkage_matrix,
                             col_linkage=linkage_matrix,
                             cmap=cmap, center=0)
sorted_idx = clustergrid.dendrogram_row.reordered_ind
sorted_tickers = corr.index[sorted_idx].tolist()
```

与中间的原始相关矩阵热图 seaborn.heatmap 相比，排序数据（见图 13.16 右侧）中明显结构更加丰富。

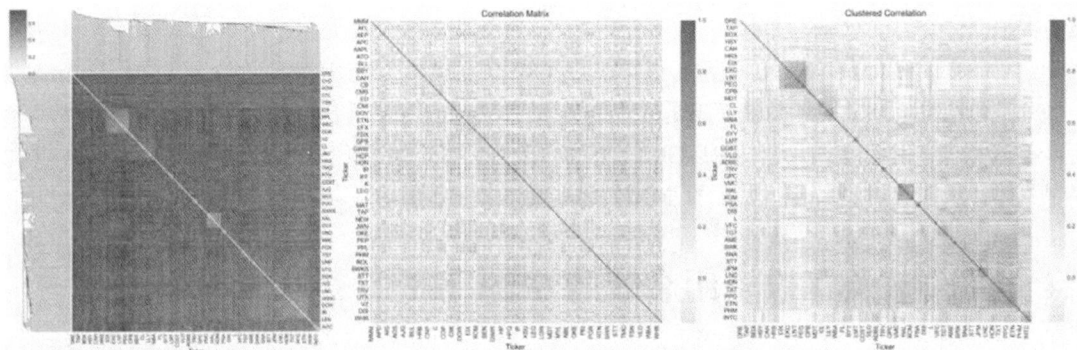

图 13.16　原始相关矩阵和聚类相关矩阵

（3）使用根据聚类算法推导出的层次排序的股票，HRP 继续计算自顶向下的逆方差分配，该分配根据树下的子簇方差依次调整权重，代码如下：

```python
def get_inverse_var_pf(cov):
    """计算逆方差的投资组合"""
    ivp = 1/np.diag(cov)
    return ivp / ivp.sum()
def get_cluster_var(cov, cluster_items):
    """计算每个子簇的方差"""
    cov_ = cov.loc[cluster_items, cluster_items]  # 矩阵块
    w_ = get_inverse_var_pf(cov_)
    return (w_ @ cov_ @ w_).item()
```

（4）为此，该算法采用对分搜索，将聚类的方差根据相对风险分配给其元素，代码如下：

```python
def get_hrp_allocation(cov, tickers):
    """计算自上而下的 HRR 权重"""
    weights = pd.Series(1, index=tickers)
    clusters = [tickers]                            # 对所有资产初始化一个子簇
    while len(clusters) > 0:
        # 运行对分搜索:
        clusters = [c[start:stop] for c in clusters
                    for start, stop in ((0, int(len(c) / 2)),
                                        (int(len(c) / 2), len(c)))
                    if len(c) > 1]
        for i in range(0, len(clusters), 2):        # 解析成对
            cluster0 = clusters[i]
            cluster1 = clusters[i + 1]
            cluster0_var = get_cluster_var(cov, cluster0)
            cluster1_var = get_cluster_var(cov, cluster1)
            weight_scaler = 1 - cluster0_var / (cluster0_var + cluster1_var)
            weights[cluster0] *= weight_scaler
            weights[cluster1] *= 1 - weight_scaler
    return weights
```

由此产生的投资组合分配产生的权重总和为 1，并反映了相关矩阵中所呈现的结构。

13.4.2 机器学习交易策略回测 HRP

既然我们知道了 HRP 是如何工作的，接下来测试它在实践中与其他备选方案（如简单的等权投资组合和均值方差优化投资组合）相比是如何执行的。你可以在笔记 pf_optimization_with_hrp_zipline_benchmark 中找到本小节代码示例以及其他详细信息和分析。

为此，我们将建立梯度提升模型。以 1000 只流动性最好的美国股票为样本，对 2015—2017 年的基于机器学习模型预测的相关策略进行回测，选择第二天预测收益最高的 25 只股票为多头头寸。每天平衡持仓，以便目标头寸权重与 HRP 建议值相匹配。

1. 集成梯度提升模型预测

首先对 2015—2016 年交叉验证期间表现最好的 10 个模型的预测进行平均，代码如下：

```python
def load_predictions(bundle):
    path = Path('../../12_gradient_boosting_machines/data')
```

```
predictions = (pd.read_hdf(path / 'predictions.h5', 'lgb/train/01')
                .append(pd.read_hdf(path / 'predictions.h5', 'lgb/
                test/01').drop('y_test', axis=1)))
predictions = (predictions.loc[~predictions.index.duplicated()]
                .iloc[:, :10]
                .mean(1)
                .sort_index()
                .dropna()
                .to_frame('prediction'))
```

基于每天结果获取模型预测，并选择前 25 只股票。如果至少有 20 只股票的预测是正面的，我们进入多头仓位，并结清所有其他仓位，代码如下：

```
def before_trading_start(context, data):
    """
    每天在市场开盘前都会获取模型预测
    """
    output = pipeline_output('signals')['longs'].astype(int)
    context.longs = output[output!=0].index
    if len(context.longs) < MIN_POSITIONS:
        context.divest = set(context.portfolio.positions.keys())
    else:
        context.divest = context.portfolio.positions.keys() - context.longs
```

2. 使用 PyPortfolioOpt 计算 HRP 权重

使用第 5 章中介绍过的 PyPortfolioOpt 计算均值-方差优化权值，同时实现 HRP。将其作为每天早上发生的计划再平衡的一部分迭代运行，需要返回历史为目标资产，同时需要返回一个字典 ticker-weight 对，根据这些我们继续下单，代码如下：

```
def rebalance_hierarchical_risk_parity(context, data):
    """根据 schedule_function()函数下单"""
    for symbol, open_orders in get_open_orders().items():
        for open_order in open_orders:
            cancel_order(open_order)
    for asset in context.divest:
        order_target(asset, target=0)
    if len(context.longs) > context.min_positions:
        returns = (data.history(context.longs, fields='price',
                                bar_count=252+1,        # 1年的收益
                                frequency='1d')
                    .pct_change()
                    .dropna(how='all'))
        hrp_weights = HRPOpt(returns=returns).hrp_portfolio()
        for asset, target in hrp_weights.items():
            order_target_percent(asset=asset, target=target)
```

3. pyfolio 性能比较

图 13.17 显示了**等权（EW）**、**HRP** 和**均值-方差（MV）**优化投资组合的样本内和样本外（关于机器模型选择过程）的累计收益。

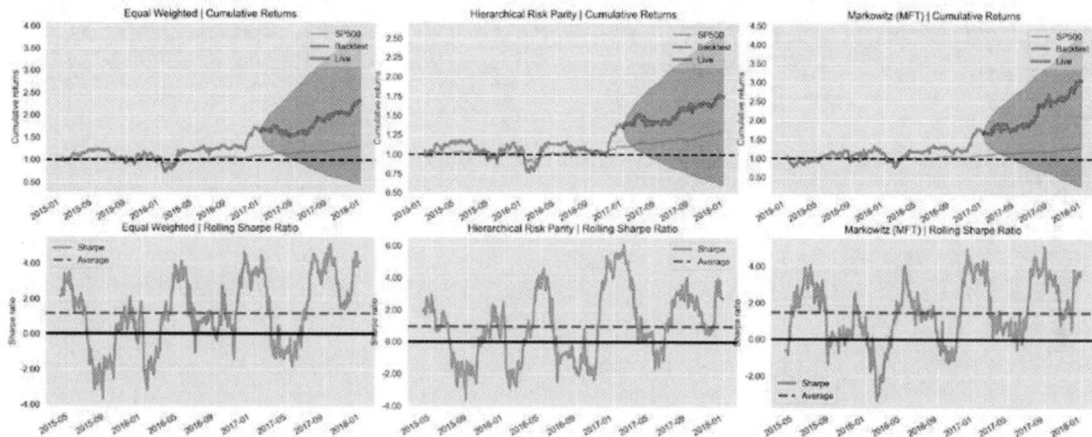

图 13.17　不同投资组合的累计收益

　　MV 的累计收益率为 207.3%，EW 的收益率为 133%，HRP 的收益率为 75.1%。夏普比率分别为 1.16、1.01 和 0.83。MV 的阿尔法收益为 0.28，EW 为 0.16，HRP 为 0.16，相应的贝塔值分别为 1.77、1.87 和 1.67。

　　结果表明，在这个特定条件下，饱受非议的 MV 方法效果反而最好，HRP 效果最差。但是，需要注意的是，这一结果对股票交易数量、时间段和其他因子是极为敏感的。

13.5　本章小结

　　在本章中，我们探索了无监督学习方法，该方法可以不依赖于标签提供的结果信息从数据中提取有价值的信号。

　　我们学习了如何使用 PCA 和 ICA 等线性降维方法从数据中提取不相关或独立的成分，这些成分可以用作分析风险因子或设计投资组合权重。我们还介绍了适用于另类数据的先进非线性流形学习技术机器可视化技术。本章后半部分介绍了几种聚类方法，聚类可以在不同的假设下产生数据驱动的分组，而这些分组又进一步帮助投资组合（如 HRP）。

　　在接下来的 3 章中，我们将学习用于另类数据处理（主要是文本文档自然语言处理）的各种机器学习技术。

第 3 部分
自然语言处理

第14章

与交易相关的文本数据
——情感分析

这是第 3 部分的第 1 章，我们将致力于使用**自然语言处理（NLP）**和**机器学习（ML）**从文本数据中提取算法交易策略的信号。

文本数据内容非常丰富，但也高度非结构化，因此需要更多的预处理才能通过机器学习算法提取相关信息。一个关键的挑战是将文本转换为数字格式，同时又不失去文本的意义。我们将介绍几种能够捕捉语言细微差别的技术，以此为机器学习算法提供能够学习的输入。

在本章中，我们将介绍**基本特征提取技术**，该技术关注于单个语义单位，即单词或业内称之为标记（token）[1]的单词（组）。我们将展示如何通过创建文档术语矩阵来将文档表示为单词（组）计数的向量，并将其作为**新闻分类和情感分析**的输入。我们也将介绍在这一领域颇为流行的朴素贝叶斯算法。

在第 3 部分的后面两章中，本书将以这些技术为基础，并使用机器学习算法（如主题建模和词向量嵌入）捕获更广泛的上下文中包含的信息。

本章将涵盖以下内容：

- 基本的自然语言处理工作流。
- 使用 spaCy 和 TextBlob 构建多语言特征提取管道。
- 执行自然语言处理任务，如**词性标注（POS）** tagging 或命名实体识别（NER）。
- 使用文档术语矩阵将单词（组）转换为数字。
- 使用朴素贝叶斯模型对文本进行分类。
- 进行情感分析。

> 读者可以在 GitHub 存储库的对应目录中找到本章的示例代码和附加资源的链接。笔记中有彩色版本的图像。

---

[1] 译者注：文中大部分保留 token 不作翻译，少部分为上下文通顺翻译为标记，以一个单词或几个连续单词为单位，与标识化、分词（tokennization）相比，tokennization 侧重于过程，而 token 侧重于标识化结果。

14.1 机器学习与文本数据——从语言到特征

考虑到人类使用自然语言交流和存储的信息量，文本数据非常有价值。与金融投资相关的数据的来源多种多样，这里面包括公司报表、合同、专利等正式文件，也包括新闻、观点、分析师研究或评论，甚至包括各种类型的社交媒体帖子或消息。

线上有许多不同的文本数据样本，可以用于研究自然语言处理算法应用，其中很多都列在 GitHub 上本章的 README 文件所包含的资源中。

为了挖掘文本数据的潜在价值，我们将介绍专业的自然语言处理技术和最有效的 Python 库，概述处理语言数据的关键挑战，介绍自然语言处理工作流的关键元素，并突出与算法交易相关的自然语言处理应用程序。

14.1.1 处理文本数据的关键挑战

将非结构化文本转换为机器可读格式需要经过仔细的预处理，确保保留在语义方面有价值的数据。事实上，人类是如何理解语言内容的还没有一个完整的解释。因此，如何提高机器理解语言的能力仍然是一个非常活跃的研究领域。

自然语言处理尤其具有挑战性，因为有效地将文本数据应用于机器学习不仅需要理解语言的内部工作机理，同样也需要语言本身涉及的地域、领域等诸多知识。主要挑战如下：

● 一词多义导致的歧义，即一个词或短语根据上下文有不同的意思（如"Local High School Dropouts Cut in Half"）。
● 语言的不规范和不断发展的使用，这一点在社交媒体上表现得尤为明显。
● 习语的使用，如"throw in the towel"。
● 复杂的实体名称，如"Where is A Bug's Life playing?"。
● 有关世界的知识，如"玛丽和苏是姐妹"和"玛丽和苏是母亲"。

14.1.2 自然语言处理工作流

通过机器学习使用文本数据服务算法交易的关键目标是从文档中提取信号。文档是来自相关文本数据源的单个样本，如一份公司报告公告、一个标题、一篇新闻文章或一条推文等。反过来，语料库是文档的集合。

自然语言处理工作流就是将文档转换为数据集的**关键步骤**，如图 14.1 所示，数据集可以用来训练监督学习算法，并作出可操作的预测。

图 14.1 自然语言处理工作流

基本技术将文本特征提取为独立语义单元，我们称之为标记（token），并使用规则和词典用语言与语义信息对它们进行标注。词袋模型（Bag-of-Words Model，BOWM）使用标记频率将文档建模为标记向量，生成文档术语矩阵，该矩阵经常用于文本分类、检索或摘要。

更加先进的方法是通过机器学习细化 token 等基本特性，生成更丰富的文档模型。其中包括反映跨文档 token 运用的主题模型，也包括旨在捕获 token 上下文的词向量模型。

接下来，我们将更详细地回顾工作流每一步中的关键决策和相关权衡，然后基于 spaCy 库说明如何实现这些步骤。自然语言处理管道的关键任务见表 14.1。

表 14.1

特 征	描 述
Tokenization（分词）	将文本分成单词、标点符号等
Part-of-speech tagging（词性标注）	将单词类型分配给 token，如动词或名词
Dependency parsing（依存解析）	标记句法 token 依存关系，如 subject <=> object
Stemming and lemmatization（词干提取和词形还原）	分配单词的基本形式："was" => "be"，"rats" => "rat"
Sentence boundary detection（断句）	找出每个句子并分段
Named entity recognition（命名实体识别）	标记"真实世界"的对象，如人物、公司或地点
Similarity（相似度）	评估单词、文本范围和文档的相似性

1. 解析和标记文本数据——选择词汇

token 是给定文档中字符序列的实例，也是基本语义单位。词汇是语料库中被认为与进一步处理相关的 token 集，不在词汇表中的 tokens 将被忽略。

NPL 算法的目标是提取能够最准确地反映文档含义的 tokens。这一步的关键是内容和模型复杂度之间的权衡，我们当然希望选择更大的词汇表来更好地反映文本内容，当然这也意味着牺牲更多的特征和更高的模型复杂性。

基本选择主要涉及标点、大小写处理、拼写校对以及是否排除"停顿词"（如英文中的 and 或 the）。

此外，我们需要决定是否将 n 个称为 n-gram 的独立 token 作为语义单位（单个 token 也称为 unigram）。例如，"New York"是 two-gram（也称 bigram），而"New York City"则是 three-gram（也称 trigram）。我们可以依靠字典作出决策，也可以根据其单独或联合使用的相对频率确定。当然，tokens 的独立组合比 unigram 要多，所以添加 n-gram 可能会增加特征数量并提高增加无用噪声信号的风险，除非根据频率等先进行过滤处理。

2. 语言注释——token 之间的关系

语言注释包括使用句法和语法规则在标点存在歧义的情况下进行断句，同时识别 token 在句子中的作用和关系，并最终进行词性标注和依存分析。语言注释同时识别词干的共同词根，并将相关的词组合在一起。

以下是与注释相关的一些关键概念。

● 词干提取：使用简单的规则去掉词尾，如 s、ly、ing 或 ed，并将其简化为词干或词根。

● 词形还原：使用更复杂的规则来推导一个词的规范根（lemma）。它可以检测出 better 和 best 等不规则变换的共同词根，从而更有效地压缩词汇，当然这种方法比词干提取法要慢。两种方法都以牺牲语义的细微差别为代价简化了词汇表。

- 词性标注：根据 token 的功能帮助消除歧义（如当动词和名词具有相同的形式时），这一过程会增加词汇量，却可能捕获有意义的区别。
- 依存解析：识别 token 之间的层次关系，通常用于翻译。对于需要更高级语言理解能力的交互式应用程序（如聊天机器人）来说，这一点非常重要。

3. 语义注释——从实体到知识图谱

命名实体识别（NER）旨在识别代表感兴趣对象的 token，如个人、国家或公司等。它可以进一步发展为一个**知识图谱**，进一步捕获这些实体之间的语义和层次关系。对于那些旨在预测新闻事件对情绪影响的应用程序来说，这一点无疑是一个关键要素。

4. 标注——为预测建模分配结果

许多自然语言处理应用程序基于从文本中提取的有意义的信息进行学习并预测结果。为了给算法明确真正的输入/输出关系，监督学习需要将标签交给算法。对于文本数据，建立这种关系则可能很困难，需要显式地建模和收集数据。

例如，如何量化文本文档（如电子邮件、转录采访或与新领域有关的推文）中隐含的情绪，或者研究文档或新闻报道的哪个方面应该被指定一个特定结果的决定。

14.1.3　应用

将机器学习与文本数据一起用于交易，需要从特征中提取有意义的信息，这些特征必须是有助于预测未来价格走势的。这个应用范围很大，可能是看新闻对市场的短期影响，也可能是对资产估值驱动因子的长期基本面分析，相关例子如下：

- 评估产品评论情绪，从而评估公司的竞争地位或行业趋势。
- 检测信用合同中的异常，预测违约可能性或违约影响。
- 对新闻影响的方向、幅度和受影响实体进行预测。

例如，摩根大通（JP Morgan）基于 25 万份分析师报告开发了一个预测模型，该模型产生每股收益共识和建议变动形成的情绪因子不相关的交易信号，好消息是该模型的表现好于几个基准指数。

14.2　从文本到 token——NLP 管道

本节我们将演示如何使用开源 Python 库 spaCy 构造一个 NLP 管道。我们还基于 spaCy 构建了 textacy 库，该库支持对 spaCy 属性和其他功能的便捷访问。

以下代码示例、安装说明和其他详细信息请参考笔记 nlp_pipeline_with_spaCy。

14.2.1　基于 spaCy 和 textacy 的 NLP 管道

spaCy 是一个广泛使用的 Python 库，spaCy 具有用于多语言文本快速处理的综合特征集。使用分词和注释引擎时需要安装语言模型。对于本章涉及的特征，我们只需要使用小型模型；更大的模型还包括词向量模型等。

安装库并完成链接之后，我们可以实例化一个 spaCy 语言模型，然后将它应用到文档分析中。结果是一个 Doc 对象，该对象可以对文本进行分词处理，并根据可配置的管道组件进一步处理，这些组件默认由标记器、解析器和命名实体识别器组成，代码如下：

```
nlp = spacy.load('en')
nlp.pipe_names
['tagger', 'parser', 'ner']
```

以一个简单的句子为例，代码如下：

```
sample_text = 'Apple is looking at buying U.K. startup for $1 billion'
doc = nlp(sample_text)
```

1. 句子的解析、分词和注释

解析后的文档内容是可迭代的，每个元素都有许多由处理管道而产生的属性。下一个示例演示了如何访问以下属性：

- .text：原文文本。
- .lemma_：词根。
- .pos_：一个基本的 POS 标签。
- .tag_：详细的 POS 标签。
- .dep_：token 之间的语法关系或依存关系。
- .shape_：单词的形状，包括大写、标点符号和数字。
- .is alpha：检查 token 是否为字母数字。
- .is stop：检查 token 是否在给定语言的常用单词列表中。

遍历每个token并将其属性分配给pd.DataFrame，代码如下：

```
pd.DataFrame([[t.text, t.lemma_, t.pos_, t.tag_, t.dep_, t.shape_,
              t.is_alpha, t.is_stop]
             for t in doc],
             columns=['text', 'lemma', 'pos', 'tag', 'dep', 'shape',
             'is_alpha', is_stop])
```

上述过程产生的结果见表 14.2。

表 14.2

text	lemma	pos	tag	dep	shape	is_alpha	is_stop
Apple	apple	PROPN	NNP	nsubj	Xxxxx	TRUE	FALSE
is	be	VERB	VBZ	aux	xx	TRUE	TRUE
looking	look	VERB	VBG	ROOT	xxxx	TRUE	FALSE
at	at	ADP	IN	prep	xx	TRUE	TRUE
buying	buy	VERB	VBG	pcomp	xxxx	TRUE	FALSE
U.K.	u.k.	PROPN	NNP	compound	X.X.	FALSE	FALSE
startup	startup	NOUN	NN	dobj	xxxx	TRUE	FALSE
for	for	ADP	IN	prep	xxx	TRUE	TRUE

text	lemma	pos	tag	dep	shape	is_alpha	is_stop
$	$	SYM	$	quantmod	$	FALSE	FALSE
1	1	NUM	CD	compound	d	FALSE	FALSE
billion	billion	NUM	CD	pobj	xxxx	TRUE	FALSE

可以使用如下代码在浏览器或笔记中可视化句法依存关系：

```
displacy.render(doc, style='dep', options=options, jupyter=True)
```

上面的代码可以帮助我们获得如图 14.2 所示的 spaCy 依存树。

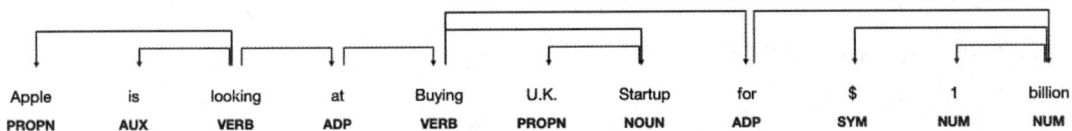

图 14.2　spaCy 依存树

可以使用 spacy.explain()进一步深入了解属性含义，代码如下：

```
spacy.explain("VBZ")
verb, 3rd person singular present
```

2. 批处理文件

现在我们将阅读 2225 篇 BBC 新闻文章（数据源细节请参阅 GitHub），这些文章属于 5 个类别，分别存储在单独的文本文件中。我们需要完成以下工作：

（1）调用 pathlib 模块的 Path 对象中的.glob()方法。

（2）遍历生成的路径列表。

（3）把新闻除第一行的标题外的所有行都读一遍。

（4）将清理后的结果添加到列表中，代码如下：

```
files = Path('..', 'data', 'bbc').glob('**/*.txt')
bbc_articles = []
for i, file in enumerate(sorted(list(files))):
    with file.open(encoding='latin1') as f:
        lines = f.readlines()
        body = ' '.join([l.strip() for l in lines[1: ]]).strip()
        bbc_articles.append(body)
len(bbc_articles)
2225
```

3. 断句

在第一篇文章中，调用 NLP 对象断句，代码如下：

```
doc = nlp(bbc_articles[0])
type(doc)
spacy.tokens.doc.Doc
```

spaCy 从句法分析树中计算句子边界，因此标点和大写起着重要作用（但不是决定性作用）。因此，即使是标点符号不完善的文本，边界也可能与子句边界重合。

可以使用.sent属性访问已解析的句子，代码如下：

```
sentences = [s for s in doc.sents]
sentences[:3]
[Quarterly profits at US media giant TimeWarner jumped 76% to $1.13bn (Â£600m)
for the three months to December, from $639m year-earlier. ,
The firm, which is now one of the biggest investors in Google, benefited from
sales of high-speed internet connections and higher advert sales.,
TimeWarner said fourth quarter sales rose 2% to $11.1bn from $10.9bn.]
```

4. 命名实体识别

spaCy 使用.ent_type_ 属性启动命名实体识别，代码如下：

```
for t in sentences[0]:
    if t.ent_type_:
        print('{} | {} | {}'.format(t.text, t.ent_type_, spacy.explain(t.ent_type_)))
Quarterly | DATE | Absolute or relative dates or periods
US | GPE | Countries, cities, states
TimeWarner | ORG | Companies, agencies, institutions, etc.
```

通过 textacy，可以轻松访问出现在第一篇文章中的命名实体，代码如下：

```
entities = [e.text for e in entities(doc)]
pd.Series(entities).value_counts().head()
TimeWarner        7
AOL               5
fourth quarter    3
year-earlier      2
one               2
```

5. n-gram

n-gram 组合 n 个连续 token。这对于词袋模型特别有用，因为根据文本上下文，处理作为单个 token 的 data scientist 可能比两个不同 token 的 data 和 scientist 更有意义，相应的例子还有很多。

通过 textacy，可以轻松查看给定长度 n 至少出现 min_freq 次的 n-gram，代码如下：

```
pd.Series([n.text for n in ngrams(doc, n=2, min_freq=2)]).value_counts()
fourth quarter    3
quarter profits   2
Time Warner       2
company said      2
AOL Europe        2
```

6. spaCy 流媒体 API

借助 spaCy 的流媒体 API，我们通过管道处理更多的文件，代码如下：

```
iter_texts = (bbc_articles[i] for i in range(len(bbc_articles)))
for i, doc in enumerate(nlp.pipe(iter_texts, batch_size=50, n_threads=8)):
    assert doc.is_parsed
```

7. 多语言 NLP

spaCy 提供英语、德语、西班牙语、葡萄牙语、法语、意大利语和荷兰语的训练语言模型，以及用于命名实体识别的多语言模型。只要 API 没有改变，跨语言使用将非常简单。

我们将使用 TED 演讲字幕并行语料库来演示西班牙语语言模型（数据源参见 GitHub repo）。为此，我们对英语、西班牙语进行了实例化处理，代码如下：

```
model = {}
for language in ['en', 'es']:
    model[language] = spacy.load(language)
```

在每个模型中读取相应的小文本样本，代码如下：

```
text = {}
path = Path('../data/TED')
for language in ['en', 'es']:
    file_name = path / 'TED2013_sample.{}'.format(language)
    text[language] = file_name.read_text()
```

使用相同逻辑断句，但会使分解结果不同，代码如下：

```
parsed, sentences = {}, {}
for language in ['en', 'es']:
    parsed[language] = model[language](text[language])
    sentences[language] = list(parsed[language].sents)
    print('Sentences:', language, len(sentences[language]))
Sentences: en 22
Sentences: es 22
```

词性标记也完全采取相同方法，代码如下：

```
pos = {}
for language in ['en', 'es']:
    pos[language] = pd.DataFrame([[t.text, t.pos_, spacy.explain(t.pos_)]
                                 for t in sentences[language][0]],
                                 columns=['Token', 'POS Tag', 'Meaning'])
pd.concat([pos['en'], pos['es']], axis=1).head()
```

结果见表 14.3。

表 14.3

Token	POS Tag	Meaning	Token	POS Tag	Meaning
There	ADV	adverb	Existe	VERB	verb
s	VERB	verb	una	DET	determiner
a	DET	determiner	estrecha	ADJ	adjective
tight	ADJ	adjective	y	CONJ	conjunction
and	CCONJ	coordinating conjunction	sorprendente	ADJ	adjective

14.2.2　TextBlob 自然语言处理

TextBlob 是一个 Python 库，基于**自然语言工具包（NLTK）**和 Pattern web 挖掘库构建，TextBlob 为常见的自然语言处理任务提供了简单的 API。TextBlob 有助于词性标注、名词短语提取、情感分析、分类和翻译等。

为了演示 TextBlob，我们以 BBC Sport 的一篇文章为例，文章标题为 "Robinson ready for difficult task"。与 spaCy 和其他库类似，第一步是通过 TextBlob 对象表示的管道传递文档，分配各种任务所需的注释（参见笔记 nlp_with_textblob），代码如下：

```
from textblob import TextBlob
article = docs.sample(1).squeeze()
parsed_body = TextBlob(article.body)
```

1. 词干提取

为了执行词干提取，我们从 NTLK 库实例化 SnowballStemmer，对每个 token 调用它的.stem()方法，并显示修改后的 token，代码如下：

```
from nltk.stem.snowball import SnowballStemmer
stemmer = SnowballStemmer('english')
[(word, stemmer.stem(word)) for i, word in enumerate(parsed_body.words)
  if word.lower() != stemmer.stem(parsed_body.words[i])]
[('Manchester', 'manchest'),
 ('United', 'unit'),
 ('reduced', 'reduc'),
 ('points', 'point'),
 ('scrappy', 'scrappi')]
```

2. 情感极性与主观性

TextBlob 使用 Pattern 库提供的字典为解析后的文档提供极性和主观性估计。这些字典中的词典地图将产品评论中经常出现的形容词映射到情感极性得分，分值为-1～+1（负面到正面），与之类似的还有主观性得分（客观到主观）。

.sentiment 属性提供了相关 token 每个得分的平均值，而.sentiment_assessments 属性列出了每个 token 的基础值（见笔记），代码如下：

```
parsed_body.sentiment
Sentiment(polarity=0.088031914893617, subjectivity=0.46456433637284694)
```

14.3　token 计数——文档术语矩阵

本节中，首先介绍词袋模型如何将文本数据转换为数字向量空间。目标是通过文档在该空间中的距离来近似模拟文档相似度。然后，继续讲解如何使用 sklearn 库创建文档术语矩阵。

14.3.1 词袋模型

词袋模型根据包含的术语或 token 的频率表示文档。每个文档成为一个向量，词汇表中的每个 token 都有一个条目，这些条目反映了 token 与文档的相关性。

1. 创建 Document-Term（文档术语）矩阵

对于给定的词汇表，可以很容易地计算出文档术语矩阵。然而，它也是一种粗略的简化，因为它是从采样词序和语法关系中抽象出来的。尽管如此，它通常在文本分类中快速地获得良好的结果，因此，至少文档术语矩阵提供了一个非常有用的"支点"。

图 14.3 的左侧展示了该文档模型如何将文本数据转换为带有数值的矩阵，其中，每一行对应于一个文档，每一列对应于词汇表中的一个 token。得到的通常是高维稀疏矩阵，也就是说，因为大多数文档只包含整个词汇表的一小部分，该矩阵包含许多 0 项。

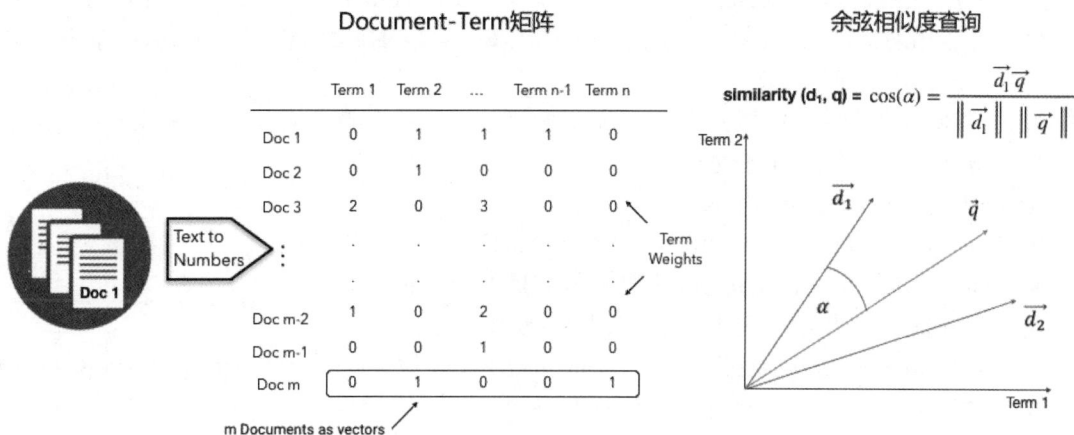

图 14.3　文档术语矩阵和余弦相似度

有几种方法可以衡量 token 的向量条目，以捕获其与文档的相关性。我们将演示如何使用 sklearn 基于二进制标志来表示存在或不存在、计数和加权计数，这些计数解释了语料库中所有文档中术语频率的差异。

2. 文档相似性测量

将文档表示为词向量，将词汇表创建的向量空间中的一个位置赋给每个文档。将向量项解释为这个空间中的笛卡儿坐标，我们可以使用两个向量之间的角度来测量它们的相似性，因为指向相同方向的向量包含相同的项和相同的频率权值。

图 14.3 的右侧演示了（经二维简化后）用向量 $\vec{d_1}$ 表示的文档和用向量 $\vec{q}$ 表示的查询向量（一组搜索词或另一个文档）之间的距离计算过程。

余弦相似度等于两个向量夹角的余弦。它将角度的大小转换为一个[0,1]的数字，因为所有向量项都是非负的 token 权值。值为 1 意味着这两个文档的 token 权重是相同的，而值为 0 意味着这两个文档包含的 token 完全不同。

如图 14.3 所示，每个向量使用欧几里得范数来测量，两个向量之间角度余弦等于向量的点积（即它们坐标的和的乘积）除以每个向量的长度的乘积。

14.3.2　scikit-learn 处理文档术语矩阵

scikit-learn 预处理模块提供了两个工具来创建文档术语矩阵。CountVectorizer 使用二进制或绝对计数来测量每个文档 d 和 token t 的**术语频率（TF）**，即 tf(d, t)。

相比之下，TfidfVectorizer 通过**逆文档频率（IDF）**来衡量（绝对）术语频率。因此，出现在更多文档中的术语将比对于给定文档具有相同频率但在所有文档中出现频率较低的 token 获得更低的权重。更具体地说，使用默认设置，文档术语矩阵的 tf-idf(d, t) 可以计算为 tf-idf(d, t) = tf$(d, t) \times$ idf(t)，完整公式如下：

$$idf(t) = \log \frac{1 + n_d}{1 + df(d, t)} + 1$$

其中，n_d 是文档数量，df(d, t) 是 t 术语文档频率。每个文档 TF-IDF 向量相对于它们的绝对总数或平方总数进行归一化处理。TF-IDF 指标最初用于信息检索，主要是对搜索引擎结果进行排名，后来逐步被证明对文本分类和聚类十分有效。

两个工具使用相同的接口，通过生成 token 计数填充文档术语矩阵对文本进行向量化之前，对文档列表执行标记化和进一步的可选预处理。

影响词汇表大小的关键参数如下：

- stop_words：使用内置的或用户定义的（频繁的）单词列表来排除。
- ngram_range：元组(n_{min}, n_{max})定义的 n 范围内包含 n 个 grams。
- lowercase：相应转换字符大小写（默认为 True）。
- min_df/max_df: 忽略出现在更少/更多(int)或出现在更小/更大的文档中的单词(if float [0.0,1.0])。
- max_features：相应限制词汇表中 token 的数量。
- binary：将非 0 计数设置为 1（True）。

请参阅笔记 document_term_matrix 获取以下代码示例和其他详细信息。我们再次以 2225 篇 BBC 新闻文章为例。

1. 使用 CountVectorizer

这个笔记包含一个研究 min_df 和 max_df 设置对词汇表大小的影响的交互式可视化功能。将文章读到一个数据帧（Dataframe）中，设置 CountVectorizer 生成二进制标志，使用所有 token，调用.fit_transform() 方法生成文档术语矩阵，代码如下：

```
binary_vectorizer = CountVectorizer(max_df=1.0,
                                    min_df=1,
                                    binary=True)
binary_dtm = binary_vectorizer.fit_transform(docs.body)
<2225x29275 sparse matrix of type '<class 'numpy.int64'>'
with 445870 stored elements in Compressed Sparse Row format>
```

输出是行格式的 scipy.sparse 稀疏矩阵，该矩阵可以有效地存储 2225（文档）行和 29 275（token）列中的 445 870 个非 0 条目的一小部分（＜0.7%）。

2. 可视化词汇分布

图 14.4 中的可视化显示，要求 token 出现在至少 1%和不到 50%的文档中，将词汇表限制在近 30 000 个 token 中的大约 10%的范围内。

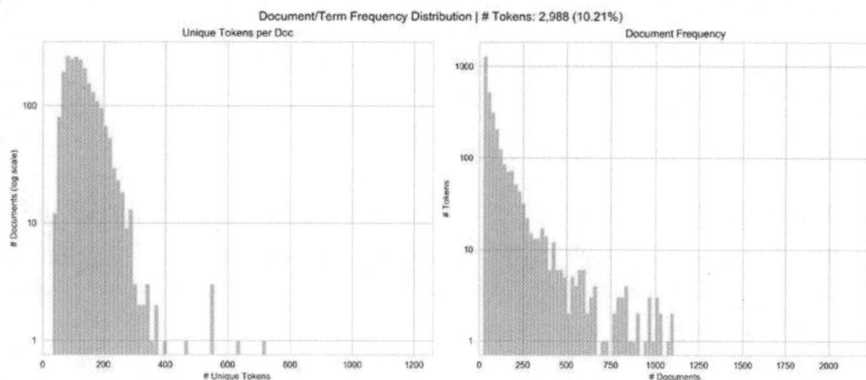

图 14.4　每个文档唯一 token 的 token 和 token 数量分布

如图 14.4 左侧所示，每个文档的唯一 token 略多于 100 个。图 14.4 右侧则显示了其余的文档频率直方图。

3. 寻找最相似的文档

CountVectorizer 可以使用 pdist()函数查找最相似的文档，pdist()函数使用 scipy.spatial.distance 模块提供的成对距离。pdist()函数返回一个压缩距离矩阵，其中的项对应于矩阵的上三角形。使用 np.triu_indices() 来转换索引，该索引最小化到行和列索引的距离，而行和列索引又对应最近的 token 向量，代码如下：

```
m = binary_dtm.todense()                    # pdist 不接受稀疏格式
pairwise_distances = pdist(m, metric='cosine')
closest = np.argmin(pairwise_distances)     # 使距离最小化的索引
rows, cols = np.triu_indices(n_docs)        # 得到 row-col 索引
rows[closest], cols[closest]
(6, 245)
```

文章 6 和文章 245 余弦相似性最为接近，303 个组合词汇表多达 38 个 token。表 14.4 总结了这两篇文章，并展示了基于词计数的相似度度量在识别更深层次语义相似度方面的有限能力。

表　14.4

	文章 6	文章 245
主题	Business	Business
题目	Jobs growth still slow in the US	Ebbers 'aware' of WorldCom fraud
正文	The US created fewer jobs than expected in January, but a fall in jobseekers pushed the unemployment rate to its lowest level in three years. According to Labor Department figures, US firms added only 146,000 jobs in January.	Former WorldCom boss Bernie Ebbers was directly involved in the $11bn financial fraud at the firm, his closest associate has told a US court. Giving evidence in the criminal trial of Mr. Ebbers, ex-finance chief Scott Sullivan implicated his colleague in the accounting scandal at the firm.

CountVectorizer 和 TfidfVectorizer 可以与 spaCy 一起使用。例如，进行词形还原或在分词过程中排除某些字符，代码如下：

```
nlp = spacy.load('en')
def tokenizer(doc):
    return [w.lemma_ for w in nlp(doc)
                if not w.is_punct | w.is_space]
vectorizer = CountVectorizer(tokenizer=tokenizer, binary=True)
doc_term_matrix = vectorizer.fit_transform(docs.body)
```

4. TfidfTransformer 和 TfidfVectorizer

TfidfTransformer 从类似 CountVectorizer 产生的 token 计数文档术语矩阵计算 TF-IDF 权重。

TfidfVectorizer 在一个步骤中执行两个计算。它向 CountVectorizer API 添加了一些用于控制平滑行为的参数。

（1）对于一个小文本样本，TF-IDF 计算代码如下：

```
sample_docs = ['call you tomorrow',
               'Call me a taxi',
               'please call me... PLEASE!']
```

（2）像前面一样，计算这个词的频率，代码如下：

```
vectorizer = CountVectorizer()
tf_dtm = vectorizer.fit_transform(sample_docs).todense()
tokens = vectorizer.get_feature_names()
term_frequency = pd.DataFrame(data=tf_dtm,
                              columns=tokens)
```

	Call	me	please	taxi	tomorrow	you
0	1	0	0	0	1	1
1	1	1	0	1	0	0
2	1	1	2	0	0	0

（3）文档频率是包含 token 的文档数量，代码如下：

```
vectorizer = CountVectorizer(binary=True)
df_dtm = vectorizer.fit_transform(sample_docs).todense().sum(axis=0)
document_frequency = pd.DataFrame(data=df_dtm,
                                  columns=tokens)
```

	call	me	please	taxi	tomorrow	you
0	3	2	1	1	1	1

（4）TF-IDF 权重是这些值的比值，代码如下：

```
tfidf = pd.DataFrame(data=tf_dtm/df_dtm, columns=tokens)
```

	Call	me	please	taxi	tomorrow	you
0	0.33	0.00	0.00	0.00	1.00	1.00
1	0.33	0.50	0.00	1.00	0.00	0.00
2	0.33	0.50	2.00	0.00	0.00	0.00

5. 平滑处理效应

为了避免 0 除法，TfidfVectorizer 使用对文档和词汇频率进行平滑处理，具体如下：

- smooth_idf：在文档频率中加 1，就好比增加一个额外的包含词汇表中每个标记 token 的文档，从而避免 0 除法。
- sublinear_tf：应用次线性 tf 缩放，即用 1 + log(tf)替换 tf。

结合规范权重，会发现结果略有不同，代码如下：

```
vect = TfidfVectorizer(smooth_idf=True,
                       norm='l2',          # 平方权重总和为 1 的文档
                       sublinear_tf=False, # 如果为 True, 使用 1+log(tf)
                       binary=False)
pd.DataFrame(vect.fit_transform(sample_docs).todense(),
            columns=vect.get_feature_names())
      Call      me  please    taxi  tomorrow     you
0     0.39    0.00    0.00    0.00      0.65    0.65
1     0.43    0.55    0.00    0.72      0.00    0.00
2     0.27    0.34    0.90    0.00      0.00    0.00
```

14.3.3 尝试即有所得，不要怕"教训"

1. 使用 TfidfVectorizer 摘要新闻文章

由于 TF-IDF 向量可以分配有意义的 token 权重，因此也常被用于总结文本数据。例如，Reddit 的 autotldr 函数就是基于类似算法的，具体可以查看笔记中 BBC 文章的例子。

2. 关键是经验，不要怕"教训"

因为高度非结构化数据源的复杂性质，机器学习模型应用于自然语言处理需要大量技术，选项也很多。好的语言特征工程既是挑战也是机遇，甚至可以说是解开文本数据中隐藏的语义价值最重要的一步。

在实践中，经验能够帮助我们选择合适的转换，尽可能地去除噪声而不影响信号，但交叉验证和比较不同预处理选择组合的性能仍然是必要的。

14.4 交易中的自然语言处理

一旦使用前面介绍的自然语言处理技术将文本数据转换为数值特征，就可以像其他任何分类任务一样处理文本分类问题。

在本节中，我们将对新闻文章、产品评论和推特数据应用这些预处理技术，同时使用各种分类器来预测离散的新闻类别、评论分数和情感极性。

首先介绍朴素贝叶斯模型，朴素贝叶斯模型是一种概率分类算法，可以很好地处理词袋模型产生的文本特征。本节代码示例在笔记 news_text_classification 中。

14.4.1 朴素贝叶斯算法

朴素贝叶斯算法在文本分类中非常流行，算法计算成本低，存储需求小，便于在非常大的高维数据集上开展训练。即使与更复杂的模型相比，朴素贝叶斯算法预测性能也颇具竞争力，最重要的是，朴素贝叶斯算法可以提供一个良好的基线，这一优势在垃圾邮件检测中取得了巨大成功。

朴素贝叶斯算法基于贝叶斯定理，并且假设在给定的结果类中，各种特征相互独立。换句话说，对于给定的结果，知道一个特征的值（如文档中存在某一 token）并不能提供关于其他特征的任何信息。

1. 贝叶斯定理复习

贝叶斯定理给定随机事件之间的条件概率，即某事件（如电子邮件是垃圾邮件，而不是善意的 ham）在另一给定事件（如电子邮件包含某些单词）下的条件概率，公式如下：

$$\underbrace{P(\text{is spam}|\text{has word})}_{Posterior} = \frac{\overbrace{P(\text{has word}|\text{is spam})}^{Likelihood}\overbrace{P(\text{is spam})}^{Prior}}{\underbrace{P(\text{has word})}_{Evidence}}\%$$

一封包含特定单词的电子邮件是否为垃圾邮件的后验概率取决于以下三个因子的相互作用：

● 垃圾邮件的**先验概率**。

● 在垃圾邮件中遇到这些词的**可能性**。

● 证据，即在电子邮件中看到这些词的概率。

为了计算后验概率，我们可以忽略证据，因为它对所有结果都是一样的，而且无条件先验也更容易计算。

然而，这种可能性对合理规模的词汇量和真实世界的电子邮件库造成了不可逾越的挑战。其原因是在不同文档中共同出现或没有出现的单词的组合是天量级的，这就使得计算概率表和为可能性赋值所需的评估变得不可能。

2. 条件独立假设

朴素贝叶斯算法有个关键假设，通俗地讲就是假设各个维度特征互相独立，该模型也正因此变得容易处理，从而获得了其 naive（天真）的名字。举个例子，依据 Send money now 对电子邮件进行分类，这样贝叶斯定理就变成如下形式：

$$P(\text{spam}|\text{send money now}) = \frac{P(\text{send money now}|\text{spam})\times P(\text{spam})}{P(\text{send money now})}$$

形式上，假设这三个词在条件上是独立的，这意味着如果邮件是垃圾邮件，我们观测到"发送"的概率不受其他术语的影响，即 $P(\text{send} | \text{money, now, spam}) = P(\text{send} | \text{spam})$。因此，我们可以简化似然函数，公式如下：

$$P(\text{spam}|\text{send money now}) = \frac{P(\text{send}|\text{spam})\times P(\text{money}|\text{spam})\times P(\text{now}|\text{spam})\times P(\text{spam})}{P(\text{send money now})}$$

使用"朴素"条件独立假设，分子中的每一项都可以直接从训练数据中计算相对频率。分母在所有类别中都是常数，如果只是用于比较后验概率而无须校准时，该项可以忽略不计。随着因子（也就是特征）数量的增加，先验概率相关性也会变得越来越小。

总之，朴素贝叶斯算法的优点是可以快速训练和预测，因为参数的数量与特征的数量成正比，朴素贝叶斯算法的估计具有封闭形式的解决方案（基于训练数据频率），无须代价较高的迭代优化。模型本身也比较直观，不需要超参数调优，对于给定充分信号的无关特征鲁棒性较好。

但是，当条件独立假设不成立，或者文本分类依赖于特征的组合，或者特征之间存在相关性时，模型的性能则可能会比较差。

14.4.2　新闻文章分类

（1）下面展示新闻文章分类的朴素贝叶斯算法，使用之前读过的 BBC 文章获取一个包含 5 个类别 2225 篇文章的数据帧（Dataframe），代码如下：

```
<class 'Pandas.core.frame.DataFrame'>
RangeIndex: 2225 entries, 0 to 2224
Data columns (total 3 columns):
topic        2225 non-null object
Heading      2225 non-null object
Body         2225 non-null object
```

（2）将数据分割成默认的 75 : 25 的训练集和测试集，同时尽量确保测试集与训练集非常相似，训练和评估一个多项式朴素贝叶斯分类器，代码如下：

```
y = pd.factorize(docs.topic)[0]              # 创建整型类值
X = docs.body
X_train, X_test, y_train, y_test = train_test_split(X, y, random_state=1,
                                                    stratify=y)
```

（3）继续学习来自训练集的词汇，使用默认设置的 CountVectorizer 转换两个数据集，获得近 26 000 个特征，代码如下：

```
vectorizer = CountVectorizer()
X_train_dtm = vectorizer.fit_transform(X_train)
X_test_dtm = vectorizer.transform(X_test)
X_train_dtm.shape, X_test_dtm.shape
((1668, 25919), (557, 25919))
```

（4）训练和预测遵循标准的 sklearn fit/predict 界面，代码如下：

```
nb = MultinomialNB()
nb.fit(X_train_dtm, y_train)
y_pred_class = nb.predict(X_test_dtm)
```

（5）多类别预测评估显示，使用准确率来找到默认分类器准确率几乎达到了 98%，代码如下：

```
accuracy_score(y_test, y_pred_class)
0.97666068222621
```

14.4.3　基于推特和 Yelp 数据的情绪分析

情绪分析是自然语言处理和机器学习在交易中最流行的应用领域之一，因为对资产或其他价格驱动因子的正面或负面看法很可能会影响投资收益。

通常，情感分析的建模方法依赖于字典（就像 TextBlob 库一样）或针对特定领域的训练模型，后者通常更受欢迎，因为它允许更有针对性的标签。例如，通过将文本功能与随后的价格变化联系起来，而不是间接的情绪评分。

接下来使用带有二元极性标签的推特数据集和带有五点结果量表的大型 Yelp 商业评论数据集来说明机器学习在情感分析中的应用。

1. 使用推特数据进行二元情绪分类

我们使用了一个数据集，其中包含了 2009 年的 160 万条训练推文和 350 条测试推文，算法分配了两种正面和负面的情绪得分，得分相当平均（更多详细的数据探索，请参阅笔记）。

2. 多项式朴素贝叶斯

创建一个包含 934 个 token 的文档术语矩阵，代码如下：

```
vectorizer = CountVectorizer(min_df=.001, max_df=.8, stop_words='english')
train_dtm = vectorizer.fit_transform(train.text)
<1566668x934 sparse matrix of type '<class 'numpy.int64'>'
    with 6332930 stored elements in Compressed Sparse Row format>
```

像前面一样训练 MultinomialNB 分类器，预测测试集，代码如下：

```
nb = MultinomialNB()
nb.fit(train_dtm, train.polarity)
predicted_polarity = nb.predict(test_dtm)
```

结果准确率超过 77.5%，如下所示：

```
accuracy_score(test.polarity, predicted_polarity)
0.7768361581920904
```

3. TextBlob 情感得分比较

我们还获得了这些推文的 TextBlob 情绪得分，并注意到（见图 14.5 左侧）正面测试推文受到了明显更高的情绪估计。然后，我们使用多项式朴素贝叶斯算法的.predict_proba()方法计算预测概率，并使用**曲线下面积（AUC）**比较两个模型（见图 14.5 右侧）。

自定义朴素贝叶斯算法在这种情况下优于 TextBlob，测试 AUC 为 0.848，TextBlob 为 0.825。

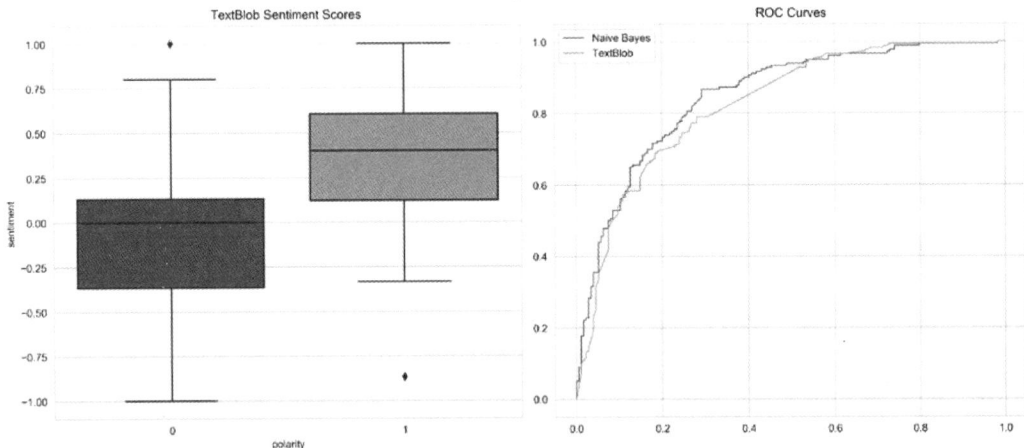

图 14.5　自定义与一般情感得分的准确率对比

4. Yelp 商业评论多类别情绪分析

最后，将情感分析应用于具有 5 个结果类的更大的 Yelp 商业评论数据集（代码和其他细节详见笔记

sentiment_analysis_yelp）。

这些数据由几个文件组成，其中包含了 Yelp 为鼓励数据科学创新而提供的业务、用户、评论和其他方面的信息。

我们将使用 2010—2018 年产生的约 600 万篇评论。图 14.6 显示了评论的数量和每年的平均星级评分及所有评论中的星级分布。

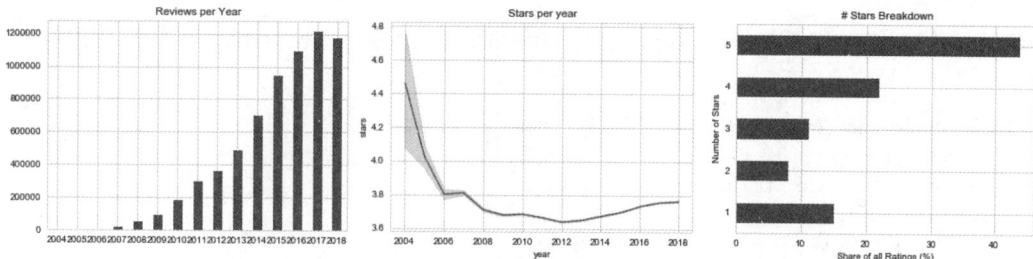

图 14.6　Yelp 评论的基础探索性分析

我们使用 2017 年 10%的数据样本训练各种模型，并使用 2018 年的评论作为测试集。除了由评论文本产生的文本特征外，我们还将使用与评论一起提交的关于给定用户的其他信息。

5. 文本和数值特征的结合

数据集包含各种数值特性，向量则生成 scipy.sparse 稀疏矩阵。为了将矢量化的文本数据与其他特征相结合，首先需要将这些特征转换为稀疏矩阵，许多 sklearn 对象和像 LightGBM 的其他库都可以处理这些非常有效的内存数据结构。将稀疏矩阵转换为密集的 NumPy 数组，当然这可能会有内存溢出的风险。

大多数变量都是分类的，所以我们使用一次性编码，因为我们有一个相当大的数据集来适应特征的增加。转换编码的数值特征，并将其与文档术语矩阵结合起来，代码如下：

```
train_numeric = sparse.csr_matrix(train_dummies.astype(np.uint))
train_dtm_numeric = sparse.hstack((train_dtm, train_numeric))
```

6. 基准准确率

使用最频繁的星级数（=5）来预测测试集，准确率接近 52%，代码如下：

```
test['predicted'] = train.stars.mode().iloc[0]
accuracy_score(test.stars, test.predicted)
0.5196950594793454
```

7. 多项式朴素贝叶斯算法

使用带有默认设置的 CountVectorizer 生成的文档术语矩阵,训练一个朴素贝叶斯分类器,代码如下：

```
nb = MultinomialNB()
nb.fit(train_dtm,train.stars)
predicted_stars = nb.predict(test_dtm)
```

该预测在测试集上的准确率约达到 64.7%，比基准提高了 24.4%，如下所示：

```
accuracy_score(test.stars, predicted_stars)
0.6465164206691094
```

结合文本和其他特征进行训练，将测试准确率提高到 0.671。

8. 逻辑回归

在第 7 章中，我们介绍了二元逻辑回归。sklearn 还实现了一个多类模型和一个单一对所有的训练选项，后者为每个类训练一个二元模型，同时将所有其他类视为负类。多项选项比单一对所有的实现要快得多，也更准确。

我们对正则化参数 C 的取值范围进行评估，确定性能最佳的模型，使用 lbfgs 求解器，代码如下（详见 sklearn 文档）：

```
def evaluate_model(model, X_train, X_test, name, store=False):
    start = time()
    model.fit(X_train, train.stars)
    runtime[name] = time() - start
    predictions[name] = model.predict(X_test)
    accuracy[result] = accuracy_score(test.stars, predictions[result])
    if store:
        joblib.dump(model, f'results/{result}.joblib')
Cs = np.logspace(-5, 5, 11)
for C in Cs:
    model = LogisticRegression(C=C, multi_class='multinomial',
                               solver='lbfgs')
    evaluate_model(model, train_dtm, test_dtm, result, store=True)
```

验证结果如图 14.7 所示。

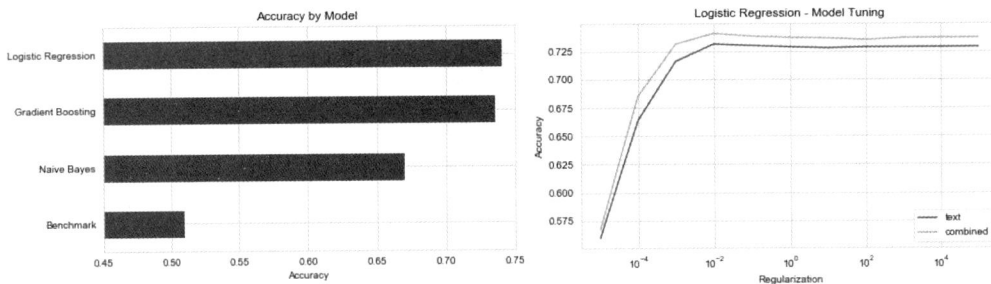

图 14.7　组合数据（左侧为所有模型）的测试性能以及不同正则化的逻辑回归的测试性能

9. LightGBM 多类别梯度提升

为了比较，我们还训练了一个带有默认设置和多类目标的 LightGBM 梯度增强树集合，代码如下：

```
param = {'objective': 'multiclass', 'num_class': 5}
booster = lgb.train(params=param,
                    train_set=lgb_train,
                    num_boost_round=500,
                    early_stopping_rounds=20,
                    valid_sets=[lgb_train, lgb_test])
```

10. 预测性能

图 14.7 显示了组合数据每个模型的准确率。右侧显示数据集和不同正则化水平的逻辑回归模型的验

证性能。

多项逻辑回归表现最好，测试精度略高于 0.74，朴素贝叶斯的表现比较差。默认 LightGBM 设置并不比线性模型更好，精度为 0.736。然而，我们可以调整梯度提升模型的超参数，很可能会看到性能的改善，使其至少与逻辑回归水平相当。不管怎样，这个结果提醒我们不要忽视简单的、规范化的模型，因为它们不仅可以提供良好的结果，而且可以快速地实现。

14.5　本章小结

在本章中，我们介绍了处理非结构化数据的技术和选项，目的是提取语义上有意义的数字特征，并用于机器学习模型。

我们介绍了基本分词和注释管道，演示了如何使用 spaCy 和 TextBlob 实现多语言分词和注释管道。在此基础上建立了一个基于词袋模型的文档模型，将文档表示为数值向量。我们学习了如何细化预处理管道，然后使用向量化文本数据进行分类和情感分析。

接下来的第 15 和第 16 章也是关于另类文本数据的。我们将在第 15 章学习如何用无监督学习来总结文本识别潜在的主题；在第 16 章中学习如何将词表示为反映词本身关于上下文的向量，这种技术已经被非常成功地用于为各种分类任务提供更丰富的文本特征。

第 **15** 章

主题模型——财经新闻摘要

在第 14 章中，我们使用 **BOW 模型**将非结构化文本数据转换为数值格式。BOW 模型从词序中提取单词，并将文档表示为词向量，其中每个条目表示一个 token 与文档的相关性。生成的**文档术语矩阵 DTM** 或转置形式的术语文档矩阵，对于比较文档之间或基于 token 内容相似性查询是非常有用的，谚语云"大海捞针"，不外如是。正如情感分析中我们看到的那样，至少矩阵提供了文档分类的信号特性。

然而，这种文档模型既生成高维数据，也生成非常稀疏的数据，后者对摘要内容或理解其内容几乎没有作用。在本章中，我们将基于**无监督学习**运用**主题建模**从文档中提取隐藏主题，这些主题支持以自动化的方式形成对大量文档的详细理解。从另一个角度讲，这允许我们根据文档与各种主题的相关性来标记文档，对于理解"大海"本身也颇有裨益[1]。

主题模型生成复杂的、可解释的文本特征，这是从大量文档中提取交易信号的第一步。主题模型加快了文档的审查，有助于识别和聚类相似的文档，并支持预测模型。

相关应用包括在公司披露或财报电话会议记录、客户评论或合同中无监督地发现具备潜在交易价值的相关主题。此外，文档与主题关联可以促进标签分配，如与情感指标或更直接的与资产收益关联。

本章将涵盖以下内容：

● 主题模型是如何发展的，主题模型能够实现什么，为什么主题模型很重要。

● 利用**潜在语义索引（LSI）**降低 DTM 的维数。

● 基于**概率潜在语义分析**的主题抽取。

● **潜在狄利克雷分布（LDA）**如何改进 pLSA 使之成为最受欢迎的主题模型。

● 可视化和评估主题建模结果。

● 基于 sklearn 和 Gensim 实现 LDA。

● 主题建模在财报电话和财经新闻文章集合中的应用。

---

[1] 译者注：这里的"大海"指原文的 haystack，与原文中的"finding the proverbial needle in a haystack"（大海捞针）相对应。事实上，Python 中专门有一个搜索框架——haystack，这是 django 的开源搜索框架，支持 Solr, Elasticsearch、Whoosh、*Xapian*搜索引擎，英文分词搜索用 Whoosh，中文分词搜索用 Jieba。

15.1 潜在主题学习——目标与方法

主题模型可以发现隐藏的主题，通过主题捕获文档主体中单个单词之外的语义信息。主题模型旨在解决机器学习算法从文本数据中学习的关键挑战，完成词汇层面"实际写了什么"到语义层面"意图是什么"的跨越。生成的主题可用于根据文档与各种主题的关联对文档进行注释。

实际上，为了方便组织和管理，主题模型会自动总结、搜索和推荐大量文档。主题模型同时支持对文档的理解，帮助人们更好地理解与主题相关的描述。

主题模型有效缓解了经常困扰 BOW 模型的"**维数诅咒**"。用高维稀疏向量表示文档会使相似度度量变得具有更多"噪声"，影响距离车辆的准确率并最终导致文本分类模型的过度拟合。

此外，BOW 模型会忽略语序并因此丢失上下文和语义信息。BOW 模型也无法捕获同义词（多个单词具有相同的含义）或区分一词多义的情况（一个单词具有多个含义）。后者的存在意味着，当文档无法使用搜索或比较术语进行索引时，文档检索或相似度搜索可能会漏掉要点。

BOW 模型的这些缺点引出了一个问题：如何从数据中学习有意义的主题，如何实现文档数据更有效的交互？

20 世纪 70 年代中期开始，主题模型最初尝试的是改进向量空间模型，应用线性代数来降低 DTM 的维数。这种方法类似于我们在第 13 章中介绍的主成分分析算法，虽然有效，但如果没有基准模型则很难评估模型结果。于是，出现了假设显式文档生成过程的概率模型，并提供了对该过程进行逆向工程并恢复基本主题的算法。

模型演进的关键节点见表 15.1，接下来将详细介绍各个节点。

表 15.1

模 型	年 份	描 述
潜在语义索引（LSI）	1988	通过减少单词空间的维数来捕获语义文档 - 术语关系
概率潜在语义分析（pLSA）	1999	逆向工程生成过程，假定单词生成主题和文档是主题的混合
潜在狄利克雷分布（LDA）	2003	为文档添加了一个生成过程：一个三级分层贝叶斯模型

15.1.1 潜在语义索引

潜在语义索引也可称为**潜在语义分析（LSA）**，是为了改善查询结果，查询省略了包含查询术语同义词的相关文档（Dumais 等人，1988）。LSI 对文档和术语之间的关系建模，能够预测一个术语是否应该与一个文档相关联，即使由于单词使用的可变性无法直接观测到这种关联。

LSI 使用线性代数方法分解 DTM 来找到给定的 k 个潜在主题。更具体地说，LSI 使用**奇异值分解（SVD）**找到最好的低秩 DTM 近似使用 k 个奇异值和向量。换句话说，LSI 模型建立在我们在第 13 章中遇到的一些降维技术的基础上。此外，本书还将尝试层次聚类，但很明显，后者限制太大。

SVD 通过因子值向量识别一组不相关的索引变量或因子，这些变量或因子表示每个术语和文档。图 15.1 展示了 SVD 如何将 DTM 分解为三个矩阵：两个包含正交奇异向量矩阵和一个具有奇异值的对角矩阵作为比例因子。

假设输入 DTM 中存在一定的相关性，奇异值会衰减。因此，选择 T 最大的奇异值可以得到原始 DTM 的低维近似值，丢失的信息相对较少。在压缩版本中，有 N 个项目的行或列只有 $T<N$ 个条目。

DTM 的 LSI 分解过程如图 15.1 所示。

● 第一个 $M×T$ 矩阵表示文档和主题（Document-Topic）之间的关系。

● 对角线矩阵根据主题语料库强度来划分主题。

● 第三个矩阵为术语和主题（Term-Topic）关系建模。

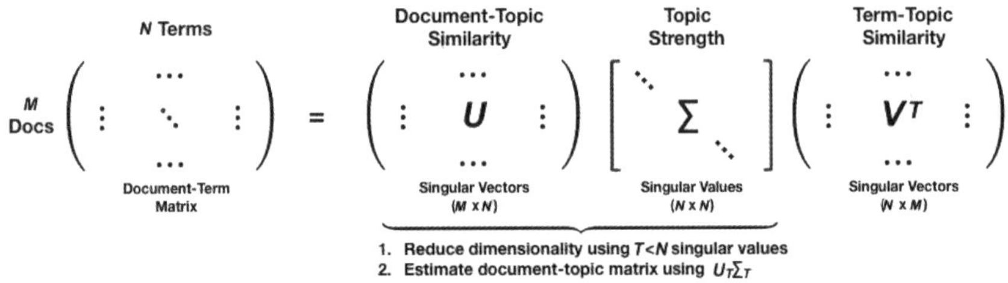

图 15.1 LSI 和 SVD

通过将前两个矩阵 $U_T\Sigma_T$ 相乘产生的矩阵行对应于投射到潜在主题空间中的原始文档位置。

15.1.2 基于 sklearn 的 LSI 实现

使用第 14 章介绍的 BBC 文章数据来说明 LSI 的实现过程，这些数据足够小，适合快速训练，也允许我们将主题任务与类别标签进行比较。有关其他实现细节，请参阅笔记 latent_semantic_indexing。

（1）加载文档并创建一个包含 50 篇文章的测试集。然后，使用 TfidfVectorizer 对数据进行向量化处理，得到加权 DTM 计数，同时过滤掉文档中少于 1%或超过 25%的单词以及通用停用词，最终得到一个大约 2900 个单词的词汇表，代码如下：

```
vectorizer = TfidfVectorizer(max_df=.25, min_df=.01,
                             stop_words='english',
                             binary=False)
train_dtm = vectorizer.fit_transform(train_docs.article)
test_dtm = vectorizer.transform(test_docs.article)
```

（2）使用 scikit-learn 的 TruncatedSVD 类，TruncatedSVD 类只计算 k 最大的奇异值，从而有效降低 DTM 维数。确定性函数 arpack 算法提供了一个精确的解决方案，但默认的"随机"实现则对大型矩阵更加有效。计算 5 个主题匹配 5 个类别，结果只解释了总 DTM 方差的 5.4%，所以更多主题才更合理，代码如下：

```
svd = TruncatedSVD(n_components=5, n_iter=5, random_state=42)
svd.fit(train_dtm)
svd.explained_variance_ratio_.sum()
0.05382357286057269
```

（3）LSI 为 DTM 识别了一种将秩降低到所需主题数量的新的正交基，训练过的 svd 对象的.transform() 方法将文档投射到新的文档向量降维后的主题空间中，对应于 $U_T\Sigma_T$ 转换，代码如下：

```
train_doc_topics = svd.transform(train_dtm)
train_doc_topics.shape
```

```
(2175, 5)
```

（4）对一篇文章进行采样，查看其在主题空间中的位置。我们绘制了一篇与主题 1 和主题 2 最（正）相关的 Politics 文章，代码如下：

```
i = randint(0, len(train_docs))
train_docs.iloc[i, :2].append(pd.Series(doc_topics[i], index=topic_labels))
Category                            Politics
Heading What the election should really be about?
Topic 1                             0.33
Topic 2                             0.18
Topic 3                             0.12
Topic 4                             0.02
Topic 5                             0.06
```

主题分配与如图 15.2 所示的每个类别的平均主题权重相一致（Politics 是最右边的一栏）。这说明了 LSI 如何将 k 个主题表示于 k 维空间中的方向（笔记包括将每个类别的平均主题分配投影到二维空间中）。

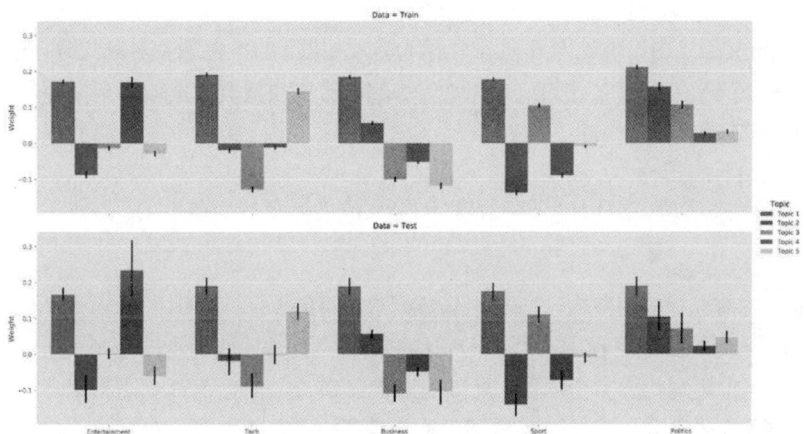

图 15.2　训练和测试数据的 LSI 主题权重

每个类别都有了明确的定义，并且测试分配与训练分配相匹配。然而，权重还是正负交织，这使得理解主题更加困难。

还可以显示与每个主题联系最紧密的单词（以绝对术语表示）。这些主题似乎捕获了一些语义信息，但没有明确区分（见图 15.3）。

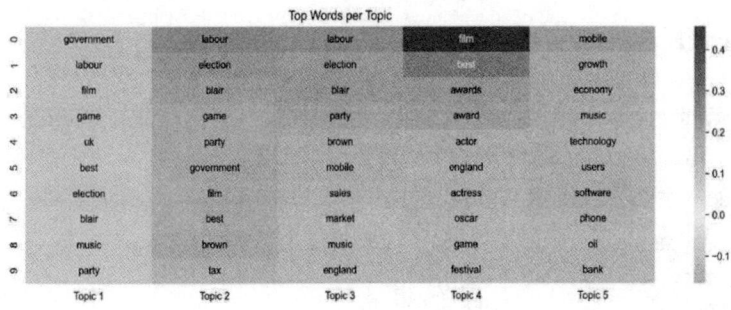

图 15.3　每个 LSI 主题的前 10 个单词

15.1.3　LSI 的优势和局限性

大规模 LSI 的优点在于可以消除噪声并减轻"维数诅咒"。LSI 还能捕获一些同义词等语义方面的信息，并通过主题关联对文档和术语进行聚类。此外，同义词不需要文档语言知识，而且信息检索查询和文档比较都很容易做到。

因为主题是带有正负词条的词向量，所以 LSI 的结果很难解释。此外，在选择要使用的维度或主题的数量时，LSI 不存在支持评估适合性或提供指导的基础模型。

15.2　概率潜在语义分析

概率潜在语义分析（pLSA）从统计角度对 LSI/LSA 进行分析，通过建立了生成模型解决 LSA 缺乏理论基础的问题。

pLSA 显式地将文档 d 中出现的概率词 w 建模为涉及主题 t 的条件独立多项式分布的混合。

单词 - 文档共现的产生既有对称的，也有不对称的。对称模型假设单词和文档都是由潜在主题类生成的；相反，非对称模型假设在给定文档的情况下选择主题，而在给定主题的情况下，单词才会导致第二步的选择，公式如下：

$$P(w,d) = \underbrace{\sum_t P(d|t)P(w|t)}_{\text{对称的}} = \underbrace{P(d)\sum_t P(t|d)P(w|t)}_{\text{不对称的}}$$

主题数量是训练前选择的**超参数**，而不是从数据中学习的。

图 15.4 中的图形符号描述了概率模型中的统计相关性。更具体地说，它对刚才描述的非对称模型的关系进行了编码。每个矩形代表多个项目：外部矩形代表 M 个文档，而内部阴影矩形代表每个文档的 N 个单词。我们只观察文件及其内容；该模型可以推断隐藏或潜在的主题分布。

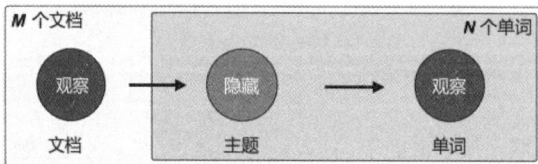

图 15.4　使用图形符号表示由 pLSA 建模的统计相关性

15.2.1　基于 sklearn 的 pLSA 实现

pLSA 等价于使用 Kullback-Leibler 散度目标的**非负矩阵分解**（NMF，详见 GitHub 上的参考文献）。因此，可以使用 sklearn.decomposition.NMF 类来实现这个模型。

基于 TfidfVectorizer 产生的 DTM 的相同训练测试分解，拟合 pLSA 的代码如下：

```
nmf = NMF(n_components=n_components,
          random_state=42,
          solver='mu',
          beta_loss='kullback-leibler',
```

```
        max_iter=1000)
nmf.fit(train_dtm)
```

结果得到了一个重建误差度量，该度量可以替代先前的解释方差度量，如下所示：

```
nmf.reconstruction_err_
316.2609400385988
```

由于其概率性质，pLSA 只产生正的主题权重，从而为测试集和训练集产生更直接的主题类别关系，如图 15.5 所示。

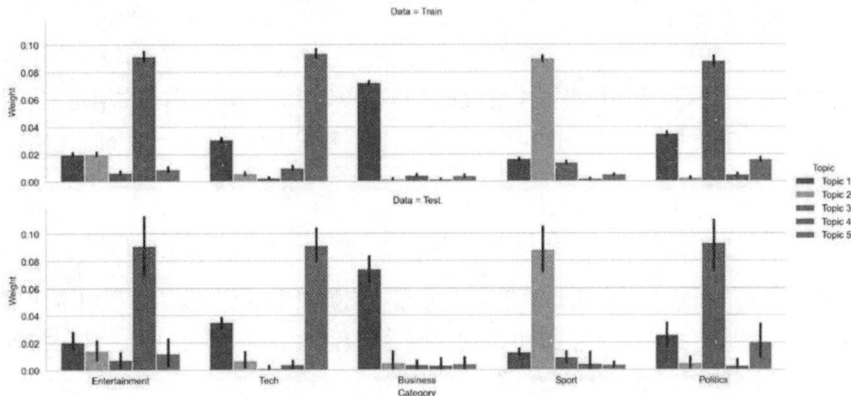

图 15.5　训练和测试数据的 pLSA 权重（按主题）

我们还注意到，描述每个主题的单词列表开始变得更有意义。例如，"娱乐"类别与主题 4 最直接相关，包括"电影""明星"等，如图 15.6 所示。

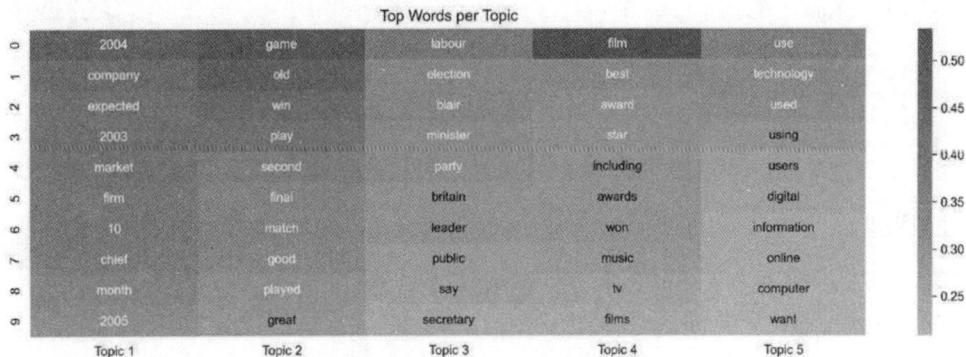

图 15.6　每个话题的热门单词

15.2.2　pLSA 的优势和局限性

使用概率模型的好处是，可以通过评估不同模型分配给新文档的概率来比较不同模型的性能，这也意味着结果有一个明确的概率解释。此外，pLSA 能够捕获包括多义词等更多的语义信息。

此外，与 LSI 算法相比，pLSA 计算更加复杂，而且 pLSA 算法只产生局部极大值，不产生全局极大值。最后，pLSA 不会为新文档创建生成模型，而是将它们视为给定文档。

15.3　潜在狄利克雷分布

潜在狄利克雷分布通过添加主题生成过程扩展 pLSA。LDA 是目前最流行的主题模型，倾向于生成与人类相关的有意义的主题，可以将主题分配给新文档，并且是可扩展的。LDA 模型变体可以处理包括作者、图像数据或层次主题等在内的元数据。

15.3.1　LDA 工作机理

LDA 本质上是一个层次贝叶斯模型，模型假定主题是单词上的概率分布，文档是主题上的分布。更具体地说，该模型假设主题服从稀疏的狄利克雷分布，也就是说文档只反映一小部分主题，而且主题经常只使用有限数量的术语。

1. 狄利克雷分布

狄利克雷分布产生的概率向量可用作离散概率分布。它随机生成给定数量和为 1 的正值，拥有一个正实值的参数 α 来控制概率的集中。接近于 0 的值意味着只有少数值是正的，并且接收大部分概率质量。图 15.7 显示了 $\alpha = 0.1$ 样本大小为 10 的三幅图。

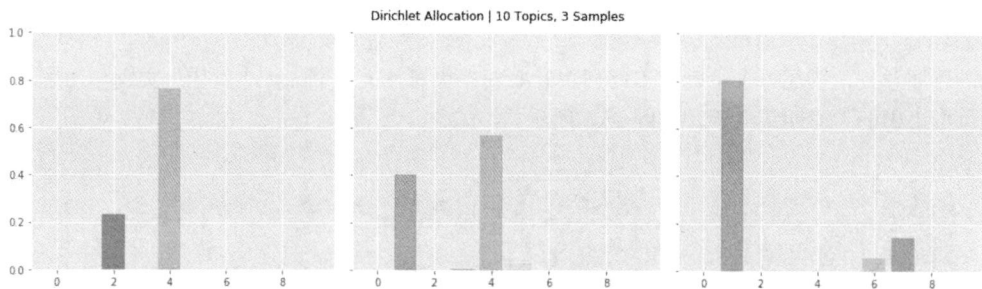

图 15.7　从狄利克雷分布中提取的三幅图

2. 生成模型

当作者将一篇文章添加到文档正文时，LDA 主题模型假定的生成过程如下：

（1）用狄利克雷概率定义的比例随机混合一小部分主题。

（2）对于文本中的每个单词，根据文档 - 主题概率选择一个主题。

（3）根据主题词概率从主题词列表中选择一个词。

因此，文章内容取决于每个主题的权重和构成每个主题的术语。狄利克雷分布控制文档主题和主题词的选择。相应按照这种想法进行编码：一个文档只包含几个主题，而每个主题只经常使用少量的单词。

图 15.8[1] 中 LDA 模型的图形符号总结了这些关系，并突出显示了关键模型参数。

---

[1] 译者注：首先，从狄利克雷分布 α 中取样生成文档 m 的主题多项式分布 θ_m；其次，从主题多项式分布 θ_m 中取样生成文档 m 第 n 个词语的主题 z_{mn}；再次，从狄利克雷分布 β 中取样生成主题 k 对应的词语分布 Φ_k，即对应主题 z_m 的词语分布 Φ_{zmn}；最后，从中采样得到最终的可观测变量。

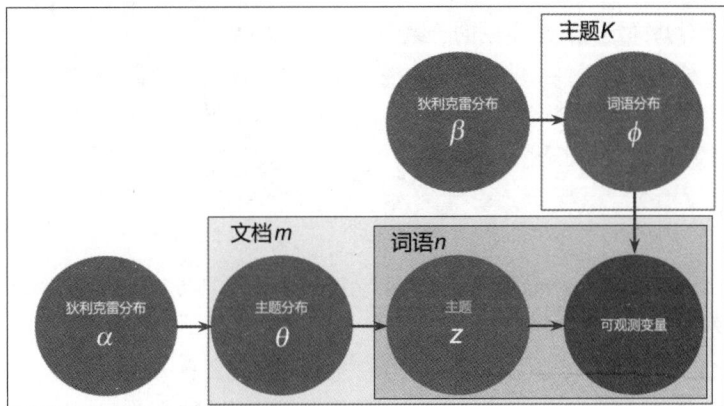

图 15.8　使用图形表示由 LDA 建模的统计相关性

3. 逆向工程过程

生成过程显然是虚构的，但事实证明是有用的，因为这意味着恢复各种分布成为可能。LDA 算法对假想作者的工作进行逆向工程，得到一个文档－主题－单词关系（document-topic-word）的摘要，该摘要简要地描述了文档－主题－单词的关系，具体如下：

● 每个主题对文档的贡献百分比。
● 每个单词与一个主题的概率关联。

LDA 通过对假定内容生成过程进行逆向工程，解决了从文档及其包含的单词中恢复分布的**贝叶斯推断**问题。Blei 等人的原始论文使用变分贝叶斯（VB）来近似后验分布，当然也可以使用吉布斯采样和期望传播。下面简单说明 sklearn 和 Gensim 库的实现方法。

15.3.2　LDA 主题模型评价

无监督的主题模型不能保证结果是有意义的或可解释的，也不能像在监督学习中一样提供客观标准评估结果质量，目前人工主题评估依然是黄金标准，但它可能很昂贵，并不容易大规模地使用。

两种更客观地评价结果的方法包括**困惑度**和**主题一致性**，前者是对不可见文档的模型进行评价，后者是对未发现模式的语义质量进行评价。

1. 困惑度

LDA 中的困惑度主要度量模型恢复的主题－单词概率分布对未显示文本文档样本的预测效果。度量过程基于该分布 p 的熵 $H(p)$，并根据标签集合 w 计算，公式如下：

$$2^{h(p)} = 2^{-\sum_w p(w)\log_2 p(w)}$$

接近于 0 意味着分布在预测样本方面更好。

2. 主题一致性

主题一致性衡量主题模型结果的语义一致性，也就是说，人们是否会认为与主题相关的词语及其概率是有意义的。

衡量过程通过测量与主题最相关的单词之间的语义相似度来对每个主题进行评分。更具体地说，主题一致性指标是基于对共同定义一个主题的一组词 w 的观测概率。

UMass 和 UCI 是两种专为 LDA 设计的一致性指标，与人对主题质量的判断相一致。

UCI 度量将一个单词对的得分定义为两对不同的（顶部）主题词 $(w_i, w_j) \in W$ 与平滑因子 ε 之间的**逐点互信息（PMI）**之和，公式如下：

$$一致性_{\text{UCI}} = \sum_{(w_i, w_j) \in W} \log \frac{p(w_i, w_j) + \varepsilon}{p(w_i) p(w_j)}$$

概率则根据外部语料库（如 Wikipedia）上的滑动窗口中的单词共现频率来计算，因此这个指标可以被认为是与语义基本事实的外部比较。

相比之下，UMass 使用训练语料库中大量文档中的共现情况计算一致性得分，公式如下：

$$一致性_{\text{UMass}} = \sum_{(w_i, w_j) \in W} \log \frac{D(w_i, w_j) + \varepsilon}{D(w_j)}$$

这个指标反映了内在的一致性，而不是将模型结果与外在的基本事实进行比较。这两种方法的评估都与人类的判断相一致。在这两种情况下，接近 0 的值意味着一个主题更连贯。

15.3.3 基于 sklearn 的 LDA 实现

像以前一样使用 BBC 数据，基于 sklearn 分解训练 LDA 模型。LatentDirichletAllocation 类有 5 个主题（关于参数的详细信息请参考 sklearn 文档，关于实现细节请参考笔记 lda_with_sklearn），代码如下：

```
lda_opt = LatentDirichletAllocation(n_components=5,
                                     n_jobs=-1,
                                     max_iter=500,
                                     learning_method='batch',
                                     evaluate_every=5,
                                     verbose=1,
                                     random_state=42)
ldat.fit(train_dtm)
LatentDirichletAllocation(batch_size=128, doc_topic_prior=None,
                          evaluate_every=5, learning_decay=0.7, learning_method='batch',
                          learning_offset=10.0, max_doc_update_iter=100, max_iter=500,
                          mean_change_tol=0.001, n_components=5, n_jobs=-1,
                          n_topics=None, perp_tol=0.1, random_state=42,
                          topic_word_prior=None, total_samples=1000000.0, verbose=1)
```

模型在训练过程中跟踪样本中的困惑度，一旦困惑度停止改进，就停止迭代。可以像对待 sklearn 对象一样保存并加载结果，代码如下：

```
joblib.dump(lda, model_path / 'lda_opt.pkl')
lda_opt = joblib.load(model_path / 'lda_opt.pkl')
```

15.3.4 基于 pyLDAvis 的 LDA 结果可视化

主题可视化有助于借助人工判断对主题质量进行评价。R 和 D3.js 开发的 pyLDAvis 是 LDAvis 的 Python 端口。下面我们将只介绍关键概念，每个 LDA 应用程序笔记中都包含相关示例。

pyLDAvis 显示主题之间的全局关系，同时检查与每个单独主题关联最密切的术语以及与每个术语关联的主题，以此来促进语义评估。pyLDAvis 还解决了一个挑战，即语料库中频繁出现的术语往往会主导定义主题的词的分布。

为此，LDAVis 将术语 w 的**相关性** r 引入到主题 t 中。相关性通过计算两个指标的加权平均值，按主题对术语进行灵活的排序。

- 主题 t 与术语 w 的关联度，表示为条件概率 $p(w|t)$。
- 显著性（或提升）用于衡量主题 t 的术语 w 的频率 $p(w|t)$ 与它在所有文档中的总体频率 $p(w)$ 的比较情况。

更具体地说，可以计算给定用户定义的权重 $0 \leqslant \lambda \leqslant 1$ 的术语 w 和主题 t 的相关度 r，公式如下：

$$r(w,t \mid \lambda) = \lambda \log[p(w \mid t)] + (1-\lambda) \log \frac{p(w \mid t)}{p(w)}$$

该工具允许用户以交互方式更改 λ 调整相关度，从而更新术语的排名。用户研究发现，$\lambda = 0.6$ 可以产生最合理的结果。

15.3.5 基于 Gensim 的 LDA 实现

Gensim 是一个专门的**自然语言处理库**，能够快速实现 LDA，同时提供许多附加特性。我们将在第 16 章中使用它（详细信息请参考笔记 lda_with_gensim，相关说明请参考安装目录）。

将 sklearn 的 CountVectorizer 或 TfIdfVectorizer 生成的 DTM 转换为 Gensim 数据结构，代码如下：

```
train_corpus = Sparse2Corpus(train_dtm, documents_columns=False)
test_corpus = Sparse2Corpus(test_dtm, documents_columns=False)
id2word = pd.Series(vectorizer.get_feature_names()).to_dict()
```

Gensim 的 LDA 算法包括许多设置，代码如下：

```
LdaModel(corpus=None,
         num_topics=100,
         id2word=None,
         distributed=False,
         chunksize=2000,            # 每个训练单元的文档数量
         passes=1,                  # 训练时通过语料库的次数
         update_every=1,            # 每次更新需要迭代的文档数量
         alpha='symmetric',
         eta=None,                  # 单词概率的先验信念
         decay=0.5,                 # 检查新文档时忘记的 lambda 的百分比
         offset=1.0,                # 控制减慢前几个迭代
         eval_every=10,             # 评估困惑度（log 形式）频率（代价很高）
         iterations=50,             # 通过语料库的最大迭代
         gamma_threshold=0.001,     # 继续的γ最小变化设置
         minimum_probability=0.01,  # 过滤概率较低的主题
         random_state=None,
         ns_conf=None,
         minimum_phi_value=0.01,    # 单词概率下限
         per_word_topics=False,     # 计算单词-主题概率
         callbacks=None,
         dtype=<class 'numpy.float32'>)
```

Gensim 还提供用于并行训练的 LdaMulticore 模型，LdaMulticore 模型可以使用 Python 的多处理特性加速并行计算训练。

模型训练只需要实例化 LdaModel，代码如下：

```
lda_gensim = LdaModel(corpus=train_corpus,
                      num_topics=5,
                      id2word=id2word)
```

就像前面介绍的那样，Gensim 评估主题的一致性，并显示每个主题中最重要的单词，代码如下：

```
coherence = lda_gensim.top_topics(corpus=train_corpus, coherence='u_mass')
```

结果如下：

```
topic_coherence = []
topic_words = pd.DataFrame()
for t in range(len(coherence)):
    label = topic_labels[t]
    topic_coherence.append(coherence[t][1])
    df = pd.DataFrame(coherence[t][0], columns=[(label, 'prob'),
                                                (label, 'term')])
    df[(label, 'prob')] = df[(label, 'prob')].apply(
                              lambda x: '{:.2%}'.format(x))
    topic_words = pd.concat([topic_words, df], axis=1)
    topic_words.columns = pd.MultiIndex.from_tuples(topic_words.columns)

pd.set_option('expand_frame_repr', False)
print(topic_words.head())
```

每个主题的关键词见表 15.2。

表　15.2

主题 1		主题 2		主题 3		主题 4		主题 5	
Probability	Term	Probability	Term	Probability	Term	Probability	Term	Probability	Term
0.55%	online	0.90%	best	1.04%	mobile	0.64%	market	0.94%	labour
0.51%	site	0.87%	game	0.98%	phone	0.53%	growth	0.72%	blair
0.46%	game	0.62%	play	0.51%	music	0.52%	sales	0.72%	brown
0.45%	net	0.61%	won	0.48%	film	0.49%	economy	0.65%	election
0.44%	used	0.56%	win	0.48%	use	0.45%	prices	0.57%	united

图 15.9 左侧显示了主题一致性得分，也显示了主题质量的下降情况（至少，部分原因是相对较小的数据集）。

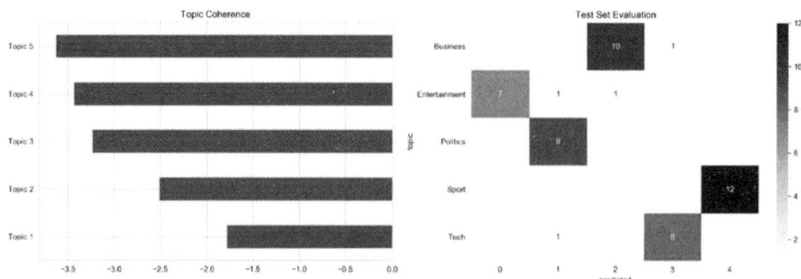

图 15.9　主题一致性和测试集分配

图 15.9 右侧显示了对 50 篇文章测试集的评估结果，共有 4 个错误，模型准确率为 92%。

15.4 财报电话会议主题建模

在第 3 章中，我们学习了如何从 SeekingAlpha 站点获取财报电话数据。本节中，我们将使用这一数据源演示主题建模过程。示例应用 2018—2019 年之间的 700 个收入电话记录样本，这是一个相当小的数据集，而实际应用则需要更大的数据集。

目录 earnings_calls 中包含几个文件，其中有本节中需要使用的代码示例。详情请参阅笔记 lda_earnings_calls 文件，进一步了解有关加载、探索和预处理数据、训练和评估单个模型的详细信息，以及下面将要执行的 run_ experiments.py 文件。

15.4.1 数据预处理

会议记录包括公司代表、运营商的个人陈述以及与分析师的问答。我们将把这些语句视为单独的文档，忽略操作符语句，得到 32 047 个项，单词计数平均值和中位数分别为 137 和 62。

```
documents = []
for transcript in earnings_path.iterdir():
    content = pd.read_csv(transcript / 'content.csv')
    documents.extend(content.loc[(content.speaker!='Operator') & (content.
content.str.len() > 5), 'content'].tolist())
len(documents)
32047
```

使用 spaCy 对这些文档进行预处理，将清理后的文本存储为新的文本文件。

对最常见标签研究（见图 15.10）显示了我们在第二步中删除的 year 和 quarter 等特定于领域的停止词，第二步还过滤了少于 10 个单词的语句，保留了大约 22 582 个单词。

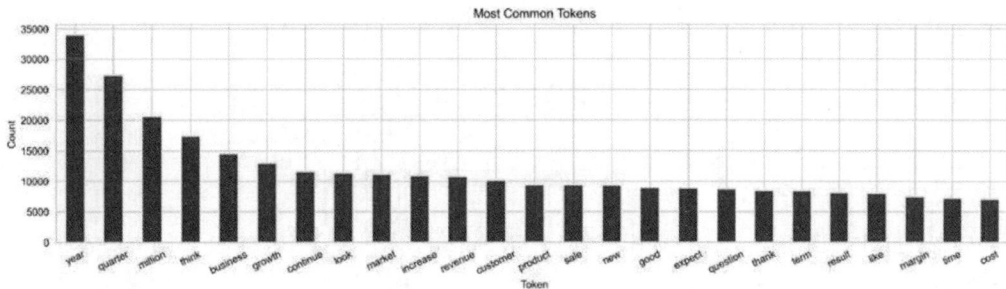

图 15.10 最常见的财报电话标签

15.4.2 模型训练与评估

例如，创建一个 DTM，其中包含出现在 0.5%～25%文档中的术语，共计产生 1529 个特征。继续使用 25 个语料库训练一个 15 个主题的模型。在 4 核 i7 的系统中，这需要 2 分多钟的时间。

如图 15.11 所示，每个主题的前 10 个单词确定了几个不同的主题，范围从明显的财务信息到临床试验（主题 5）、技术问题等（主题 11）。

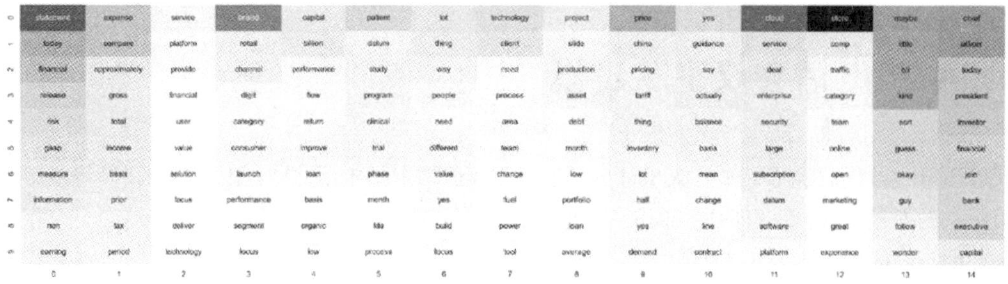

图 15.11　财报电话会议主题最重要的词汇

使用 pyLDAvis 一致性指标（相当于 lift 的无条件频率权重为 0.6），主题定义变得更加直观。

笔记还演示了如何通过文档 - 主题关联来查找文档。在这种情况下，分析师可以查看相关语句的细微差别，使用情感分析来进一步处理特定主题的文本数据，或者分配源自市场价格的标签。

15.4.3　运行实验

为了说明不同参数设置的影响，我们对不同的 DTM 约束和模型参数进行了数百次实验。更具体地说，设置 min_df 和 max_df 参数范围分别为 50～500 个单词和 10%～100% 的文档，同时使用二进制计数和绝对计数，使用 3～50 个主题训练 LDA 模型。

图 15.12 显示了主题一致性（越高越好）和困惑度（越低越好）的结果。在 25～30 个话题后，主题一致性下降，困惑度相应增加。

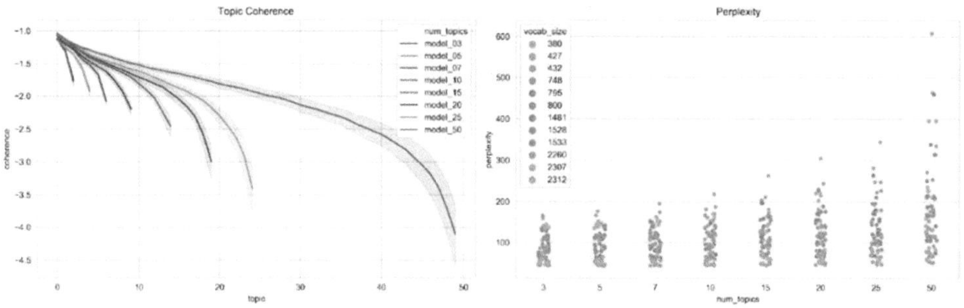

图 15.12　LDA 超参数设置对主题质量的影响

笔记中还包括回归结果、量化参数和结果之间的关系等。使用绝对计数和更小的词汇表通常会得到更好的结果。

15.5　财经新闻主题建模

文件 lda_financial_news 包含一个应用于 2018 年前 5 个月超过 306 000 篇财经新闻文章子集的 LDA 示例。数据集已经发布在 Kaggle 上，文章则来自 CNBC、路透社、华尔街日报等。

根据章节标题选择最相关的 12 万篇文章，共使用了 5400 万 token，平均每篇文章有 429 个单词。为了准备 LDA 模型的数据，首先使用 spaCy 来删除数字和标点符号，并对结果进行词形还原处理。

图 15.13 突出显示了其余最常见的标签和文章长度分布，中位数为 231 个 token，第 90 个百分位是 642 个单词。

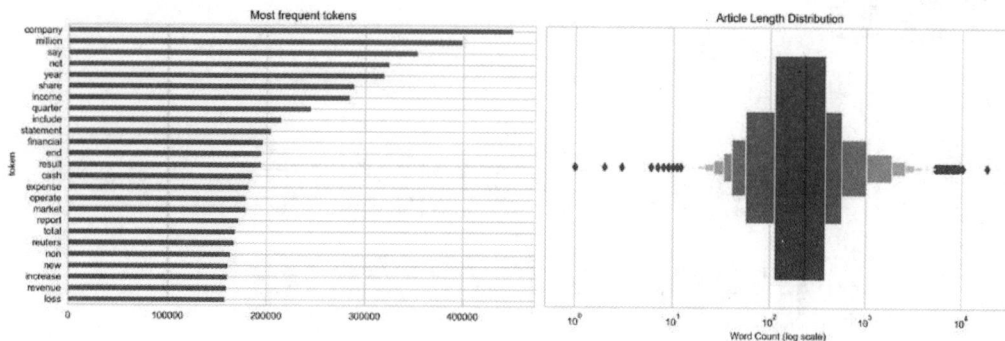

图 15.13 财经新闻数据语料库统计

在图 15.14 中展示了模型结果，该模型使用基于 min_df=0.005 和 max_df=0.1 的 3570 个标签的词汇表，通过一次遍历避免了 15 个主题的长训练时间。使用经过训练的 LdaModel 的 top_topics 属性来获取每个主题最可能的单词（详情请参阅笔记）。

图 15.14 财经新闻话题 15 大热门词汇

主题概述了几个与时间有关的问题，包括英国脱欧（主题 8）和特斯拉（主题 14）。

Gensim 提供了 LdaMultiCore 实现，该实现支持基于 Python 多处理模块并行训练，使用 4 个 worker 时，性能可以提高 50%。但是，由于 I/O 瓶颈，更多的 worker 无法进一步减少训练时间。

15.6 本章小结

在本章中，我们介绍了如何使用主题建模来深入了解大量文档的内容，以及使用 DTM 降维将文档投射到潜在主题空间的潜在语义索引。虽然潜在语义索引能有效解决由高维词向量引起的"维数诅咒"，却无法捕获太多的语义信息。相比支线，概率模型对文档、主题和单词之间的相互作用作出明确假设，允许算法对文档生成过程进行逆向工程，从而评估模型是否适合新文档。我们了解到 LDA 能够提取合理的主题，以自动化的方式获得对大量文本的高级理解，同时还能有针对性地识别相关文档。

在第 16 章中，我们将学习如何训练神经网络，将单个词嵌入高维向量空间，捕捉重要的语义信息，从而进一步使用生成的词向量作为高质量的文本特征。

第 16 章

词嵌入——财报会议和 SEC 文件的数字化

在前两章中，我们使用**词袋模型**将文本数据转换为了数字格式。转换结果是稀疏的、固定长度的向量，这些向量表示高维单词空间中的文档。这一点为评估文档的相似性奠定了基础，同时也可以创建特征训练模型、对文档内容进行分类或对其中表达的情感进行评级。但是，这些向量忽略了使用术语的上下文，因此，即使含义完全不同，包含相同单词但按不同顺序排列的两个句子也将由相同向量编码。

本章将介绍另一种算法，使用神经网络学习单个语义单元（如单词或段落）的向量表示。这些向量是密集的而不是稀疏的，拥有几百个实值项，我们也称之为"**嵌入**"，因为它们在连续的向量空间中为每个语义单元分配一个位置。通过训练一个模型来预测上下文中的 token，类似的用法意味着相似的嵌入向量。而且，"嵌入"通过相对位置对诸如词之间的关系等语义进行编码。这正是深度学习模型的强大功能所在，可以用于解决机器翻译、问题解答或维护对话等需要解决语义信息的任务。

为了开发**基于文本数据的交易策略**，我们通常感兴趣的是文档的含义而不是单个 token。例如，我们可能希望创建一个能够反映推文或新闻文章情感信息的特征数据集（参考第 14 章），或者能够反映资产在发布后给定期限的收益。尽管词袋模型在编码文本数据时会丢失大量信息，但却在表示整个文档方面有明显的优势。不过，词嵌入也已经得到了进一步的发展，可以代表超过单个 token 的语义信息，如 doc2vec 扩展就采用了加权词嵌入。最近，**注意力机制**又应运而生，能够产生更多上下文相关的句子表示方式，从而产生了诸如来自**变换器**的双向编码器表征量 **BERT** 系列模型之类的转换器架构，极大地提高了许多自然语言任务的处理性能。

本章将涵盖以下内容：

- 词嵌入的含义，词嵌入工作机理以及语义信息捕获途径。
- 获取和使用预训练的词向量的方法。
- 在训练 word2vec 模型时，哪些网络架构是最有效的。
- 基于 Keras、Gensim 和 TensorFlow 训练 word2vec 模型。
- 词向量质量的可视化和评价。
- 在 SEC 文件中训练 word2vec 模型预测股价走势。
- doc2vec 如何扩展到 word2vec 并用于情感分析。
- 转换器的注意力机制对自然语言处理产生如此大的影响的原因。

● 在金融数据上微调预训练 BERT 模型并提取高质量的嵌入。

> 读者可以在本章的 **GitHub** 目录中找到代码示例和指向其他资源的链接。本章使用神经网络和深度学习，如果对这两者不熟悉，则可能需要先阅读第 17 章的内容，里面会介绍一些关键的概念和库。

16.1 词嵌入编码语义的过程

词袋模型将文档表示为稀疏的高维向量，这些向量反映了文档中包含的 token。词嵌入将 token 表示为密集的低维向量，因此单词的相对位置反映了它们在上下文中的使用方式。它们体现了语言学的**分布假设**[1]，即单词最好由单词的上下文来定义。

词向量能够捕捉大量的语义信息，不仅同义词被分配到附近的嵌入，而且词可以具有多个相似度。例如，单词 driver 可能类似于 motorist 或 factor。此外，嵌入通过类比等方式对单词之间的关系进行编码。例如，东京对于日本就像巴黎对于法国一样，或者 went 对于 go，saw 对于 see，这些我们将在本节后面进行讲解。

16.1.1 神经语言模型在语境中的学习

词嵌入通过训练浅层神经网络预测给定上下文的单词。传统的语言模型将上下文定义为目标前面的单词，而词嵌入模型则使用目标周围对称窗口中包含的单词。作为对比，词袋模型使用整个文档作为上下文，并依赖（加权）计数来捕获单词的共现。

早期使用的神经语言模型（NLM）包括非线性隐藏层，这一点增加了计算复杂度。2013 年，Mikolov、Sutskever 等人引入 **word2vec**，扩展并简化了体系结构，让模型支持对大型数据集的训练。例如，维基百科语料库就包含 20 多亿个 token。

16.1.2 word2vec——可扩展词和短语嵌入

word2vec 模型是一个两层神经网络，模型以文本语料库为输入，并为该语料库中的单词输出一组嵌入向量。图 16.1 显示了两种不同的体系结构，两种结构都可以使用浅层神经网络有效地学习词向量。

连续词袋（CBOW）模型使用上下文词向量的平均值作为输入预测目标词，因此顺序无关紧要。CBOW 的训练速度更快，而且对于频繁的词来说往往更加准确，但是对于不常用的词来说则可能因关注较少而效果不佳。

相反，**skip-gram（SG）**模型使用目标词预测从上下文中抽取的词。SG 模型可以很好地处理小数据集，甚至对于罕见的单词或短语来说，也能找到很好的表示。

SG 接收一个嵌入向量作为输入，计算与另一个嵌入向量的点积。注意，假设是范数向量，当向量相等时，点积最大（以绝对值表示）；当向量正交时，点积最小。

---

[1] 译者注：Harris 在 1954 年提出的分布假说（Distributional Hypothesis）为这一设想提供了理论基础：上下文相似的词，其语义也相似。

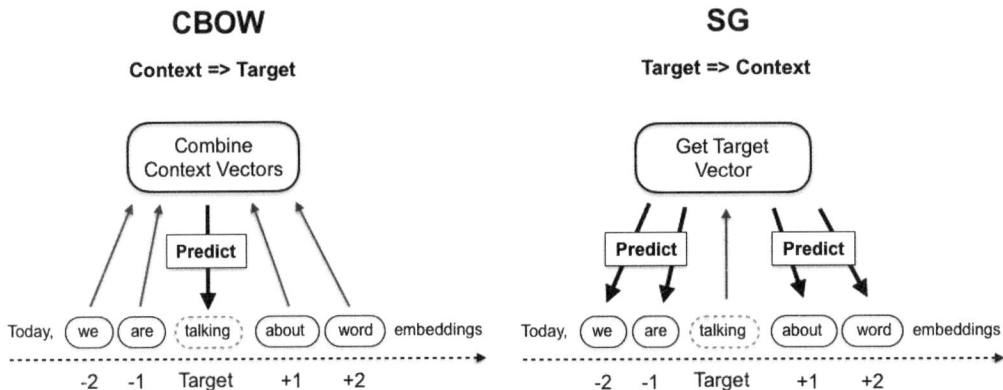

图 16.1　CBOW 与 SG 语法处理逻辑

训练过程中，**反向传播算法**根据基于分类误差的目标函数计算的损失调整嵌入权值。

训练是通过在文档上滑动**上下文窗口**进行的，通常将文档分割成多个句子。语料库上的每个完整迭代都称为一个**时期（epoch）**。根据数据，向量质量的收敛可能需要几十个时期。

SG 模型隐式分解了一个单词上下文矩阵，该矩阵包含各个单词和上下文对的逐点互信息。

1. 模型目标——简化 softmax

word2vec 模型旨在从一个潜在的非常大的词汇表中预测一个单词。神经网络通常使用 softmax 函数作为最后一层的输出单元来实现多类目标，因为它将任意数量的实值映射到相同数量的概率。函数定义如下：

$$p(w|c) = \frac{\exp(h^{\mathrm{T}} v'_w)}{\sum_{w_i \in V} \exp(h^{\mathrm{T}} v'_{w_i})}$$

其中，h 表示嵌入，v 表示输入向量，c 表示单词 w 的上下文。

然而，因为分母需要计算词汇表中所有单词的点积标准化概率，softmax 复杂度也会随着类的数量而变化。word2vec 通过使用 softmax 的改进版本或基于采样的近似值来提高效率，具体如下：

- **层次化 softmax** 将词汇组织为一个以单词为叶子节点的二叉树。每个节点是可用于计算单词概率的唯一路径。
- **噪声对比估计（NCE）** 从上下文中抽取"噪声词"，通过二元分类逼近多类任务。随着样本数量的增加，NCE 导数接近 softmax 梯度，只要 25 个样本就能产生与 softmax 相似的 45 倍的收敛速度。
- **负采样（NEG）** 通过省略噪声词样本近似执行 NCE，直接最大化目标词的概率。因此，NEG 优化了嵌入向量的语义质量（类似的向量用于类似的用途），而不是测试集的准确率。然而，它可能会产生比分层 softmax 目标更差的罕见词表示。

2. 自动断句

预处理通常涉及词组检测，即识别通常一起使用并应接收单个向量表示的 token。

最初的 word2vec 开发人员使用了一种简单的评分方法，如果两个单词 w_i 和 w_j 联合出现超过了相对于每个单词单独外观的给定阈值，则将其识别为二元图，并通过贴现因子 δ 校正，公式如下：

$$score(w_i, w_j) = \frac{count(w_i, w_j) - \delta}{count(w_i)count(w_j)}$$

该评分器可以被反复应用以确定连续较长的短语。

另一种方法是标准化逐点互信息得分，这一方法更精确但计算成本也更高。标准化逐点互信息得分使用相对词频 $P(w)$，其值在 +1 和 -1 之间变化，公式如下：

$$NPMI = \frac{\ln[P(w_i, w_j) / P(w_i)P(w_j)]}{-\ln[P(w_i, w_j)]}$$

16.1.3　使用语义算法评估嵌入

词袋模型创建文档向量，反映 token 与文档的存在和相关性。我们在第 15 章中讲解过，**LSA** 可以降低向量维数，并在这个过程中确定可以解释为潜在主题的内容，**LDA** 则将文档和术语表示为包含潜在主题权重的向量。

由 word2vec 生成的词和短语向量的确没有明确的意义，但嵌入编码的相似应用可以作为接近创建潜在空间的模型。嵌入同时也能捕获语义关系，比如通过添加和减去词向量来表达类比等。

图 16.2 显示了从 Paris 指向 France 的向量（用于度量其嵌入向量之间的差异）如何反映"×××的首都"关系。London 和 UK 之间的类似关系对应于相同的向量：术语 UK 的嵌入位置非常接近于通过将"×××的首都"（capital of）向量添加到术语 London 的嵌入中获得的位置。

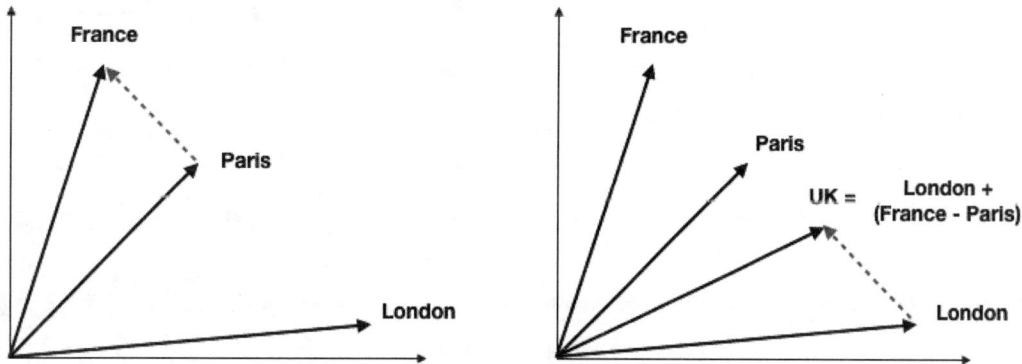

图 16.2　嵌入向量算法

正如单词可以在不同的上下文中使用一样，嵌入向量也可以以不同的方式与其他单词相关联，并且这些关系对应于潜在空间中的不同方向。因此，如果训练数据允许，嵌入应反映几种类型的类比。

word2vec 开发人员提供了一个超过 25 000 个关系的列表，分为 14 个类别，涉及地理、语法和句法以及家庭关系等各个方面，可以方便地评估嵌入向量的质量。如图 16.2 所示，测试验证显示，目标词 UK 与将表示类似关系的向量"Paris：France"添加到目标补语 London 的结果最接近。

样本数量说明见表 16.1，同时说明了一些类比类别。该测试检查 d 的嵌入距离 $c + (b - a)$ 确定的位置有多近。有关实现的详细信息请参阅 evaluating_embeddings 笔记。

表　16.1

类　　别	样本量	a	b	c	d
Capital-Country（首都-国家）	506	athens	greece	baghdad	iraq
City-State（城市-州）	4242	chicago	illinois	houston	texas
Past Tense（过去式）	1560	dancing	danced	decreasing	decreased
Plural（复数）	1332	banana	bananas	bird	birds
Comparative（比较级）	1332	bad	worse	big	bigger
Opposite（反义词）	812	acceptable	unacceptable	aware	unaware
Superlative（最高级）	1122	bad	worst	big	biggest
Plural (Verbs)（复数动词）	870	decrease	decreases	describe	describes
Currency（货币）	866	algeria	dinar	angola	kwanza
Family（家庭关系）	506	boy	girl	brother	sister

与其他无监督学习技术类似，学习嵌入向量的目的是为文本分类或情感分析等其他任务生成特征。获取给定文档语料库的嵌入向量主要有以下两个途径：

● 使用从维基百科或谷歌新闻等通用大型语料库中学习的预训练嵌入。

● 使用反映感兴趣领域的文档训练来构建自己的模型。

后续文本建模任务的内容越不通用且越专业，第二种方法就越可取。然而，高质量的词嵌入模型需要大量数据，也需要包含数亿单词的信息文档。

接下来将首先介绍如何使用预训练向量，然后演示如何使用财经新闻和 SEC 文件数据构建自己的 word2vec 模型。

16.2　预训练词向量应用

有几种预训练词嵌入的来源。常用的选项包括斯坦福的 GloVe 和 spaCy 的内置向量（有关详细信息，请参阅 using_pretrained_vectors 笔记）。在本节中，我们将重点介绍 GloVe。

GloVe（Global Vectors for Word Representation，单词表示的全局向量）是斯坦福 NLP 实验室开发的一种无监督学习算法，GloVe 从聚合的全局单词共现统计数据中学习词向量表示。我们可在以下网络范围数据源上进行预训练的向量：

● Common Crawl 语料库：拥有 420 亿到 8400 亿个 token 和 190 万到 220 万个 token 的词汇表。

● 维基百科 2014+Gigaword 5 语料库：拥有 60 亿个 token 和 40 万个 token 的词汇表。

● 推特：拥有 20 亿条推文、270 亿个 token 和 120 万个 token 的词汇表。

基于 Gensim 使用 glove2word2vec 转换向量文本文件，然后将它们加载到 KeyedVectors 对象中，代码如下：

```
from gensim.models import word2vec, KeyedVectors
from gensim.scripts.glove2word2vec import glove2word2vec
glove2word2vec(glove_input_file=glove_file, word2vec_output_file=w2v_file)
model = KeyedVectors.load_word2vec_format(w2v_file, binary=False)
```

Gensim 使用 16.1 节中描述的 **word2vec 类比测试**，基于开发人员提供的文本文件来评估词向量。该库的 wv.accuracy 函数能够以路径传递给类比文件，指示词向量是否为二进制格式以及是否要忽略大小写。我们还可以将词汇表限制为最频繁使用的，以加快测试速度，代码如下：

```
accuracy = model.wv.accuracy(analogies_path,
                             restrict_vocab=300000,
                             case_insensitive=True)
```

在维基百科语料库上训练的词向量涵盖了所有的类比，总体准确率达到 75.44%，但在不同类别之间存在一些差异，见表 16.2。

表 16.2

类　　别	样本量	准确率	类　　别	样本量	准确率
Capital-Country	506	94.86%	Comparative	1332	88.21%
Capitals RoW	8372	96.46%	Opposite	756	28.57%
City-State	4242	60.00%	Superlative	1056	74.62%
Currency	752	17.42%	Present-Participle	1056	69.98%
Family	506	88.14%	Past Tense	1560	61.15%
Nationality	1640	92.50%	Plural	1332	78.08%
Adjective-Adverb	992	22.58%	Plural Verbs	870	58.51%

图 16.3 比较了 100 000 个最常见 token 的三个 GloVe 源。比较结果表明，涵盖大约 80%类比的 Common Crawl 向量实现了 78%的更高准确率。推特向量仅覆盖 25%，准确率为 56.4%。

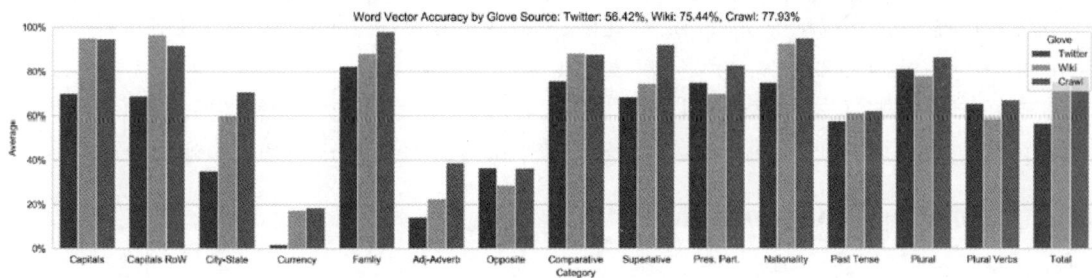

图 16.3　word2vec 类比的 GloVe 准确率

图 16.4 使用主成分分析法将在维基百科语料库上训练的 word2vec 模型的 300 维最密切相关的类比嵌入到二维中，该模型包含 20 多亿个 token。对来自以下类别的 24 400 多个类似对象进行测试，准确率超过 73.5%。

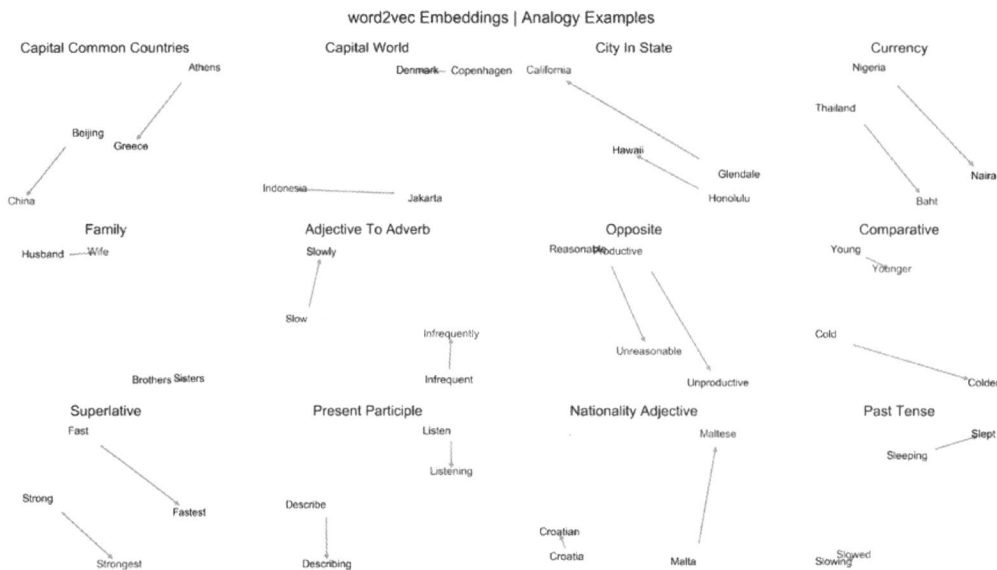

图 16.4　所选模拟嵌入的二维可视化

16.3　财经新闻自定义嵌入

部分情况下，预先训练的模型可能无法从通用语料库中获取足够好的语料，这就需要嵌入特定领域的词汇表。标准 word2vec 模型无法将向量分配给词汇外的单词，而是使用默认向量来降低其预测值。

例如，在处理特定行业的文档时，词汇表或其用法可能会随着新技术或新产品的出现而改变。因此，嵌入也需要与时俱进。再如，诸如公司财报发布之类的文档使用细微的语言可能在维基百科文章上的 GloVe 向量中无法正确反映。

在本节中，我们将使用财经新闻来训练和评估特定领域的词嵌入。首先展示如何为该任务重新处理数据，然后展示 SG 结构的工作流程，最后将结果可视化。我们还将介绍替代的更快训练方法。

16.3.1　预处理——断句和 *n*-gram

为了说明 word2vec 网络体系结构，我们将使用财经新闻数据集，其中包含了第 15 章中介绍过的 125 000 多篇相关文章。按照本章 lda_financial_news.ipynb 笔记中概述的方式加载数据，代码详见笔记 financial_news_preprocessing.ipynb。

使用 spaCy 内置断句模块，删除数字和标点符号等信息量较小的项，保留长度在 6~99 个 token 之间的结果，代码如下：

```
def clean_doc(d):
    doc = []
    for sent in d.sents:
        s = [t.text.lower() for t in sent if not
        any([t.is_digit, not t.is_alpha, t.is_punct, t.is_space])]
```

```
        if len(s) > 5 or len(sent) < 100:
            doc.append(' '.join(s))
    return doc

nlp = English()
sentencizer = nlp.create_pipe("sentencizer")
nlp.add_pipe(sentencizer)

clean_articles = []
iter_articles = (article for article in articles)
for i, doc in enumerate(nlp.pipe(iter_articles, batch_size=100, n_process=8),
1):
    clean_articles.extend(clean_doc(doc))
```

最终得到 243 万个句子，平均每个句子包含 15 个 token。

接下来，创建 *n*-gram 捕获复合术语。Gensim 通过比较组合和单词个体的相对频率识别 *n*-gram。Phrases 模块对 token 进行评分，Phraser 类则相应地转换文本数据。

Phraser 类将句子列表转换为一个可以写入文件的新的数据集，代码如下：

```
sentences = LineSentence((data_path / f'articles_clean.txt').as_posix())
phrases = Phrases(sentences=sentences,
                  min_count=10,       # 删除短的
                  threshold=0.5,      # 保留评分高的短语
                  delimiter=b'_',     # 组合 ngram token
                  scoring='npmi')     # 替代方案：default
grams = Phraser(phrases)
sentences = grams[sentences]

with (data_path / f'articles_ngrams.txt').open('w') as f:
    for sentence in sentences:
        f.write(' '.join(sentence) + '\n')
```

笔记说明了使用 2-gram 文件作为输入重复创建 3-gram 的过程。最终得到约 25 000 个 2-gram 和 15 000 个 3-gram 或 4-gram。检查结果表明，得分最高的术语是公司或个人的名称，这表明我们可能需要收紧最初的清理标准。

16.3.2 Tensorflow 2 中的 skip-gram 架构

在本节中，我们将介绍如何使用 TensorFlow 2 的 Keras 接口构建 word2vec 模型。

首先对文档进行标记，并为词汇表中的每个项目分配一个唯一的 ID。第一步，对 16.3.1 小节中创建的句子子集进行采样，限制训练时间，代码如下：

```
SAMPLE_SIZE=.5
sentences = file_path.read_text().split('\n')
words = ' '.join(np.random.choice(sentences, size=int(SAMLE_SIZE* l
en(sentences)), replace=False)).split()
```

要求语料库中至少出现 10 次，得到 31 300 个 token 的词汇表，可以从以下步骤开始。

（1）提取前 *n* 个最常见的单词来学习嵌入。

（2）用整数索引这 *n* 个单词。

（3）创建{index:word}字典。

（4）将 n 个单词替换为其索引，并在其他位置替换一个虚拟值 UNK[1]，代码如下：

```
# 获取符合 MIN_FREQ 的 token(token，计数)元组
MIN_FREQ = 10
token_counts = [t for t in Counter(words).most_common() if t[1] >=
MIN_FREQ]
tokens, counts = list(zip(*token_counts))

# 创建 id-token 字典和反向字典
id_to_token = pd.Series(tokens, index=range(1, len(tokens) + 1)).to_
dict()
id_to_token.update({0: 'UNK'})
token_to_id = {t:i for i, t in id_to_token.items()}
data = [token_to_id.get(word, 0) for word in words]
```

最终拥有 1740 万个 token 和近 6 万个 token 的词汇表，最多包含 3-gram 的 token，这个词汇表涵盖了大约 72.5%的类比。

1. 噪声对比评估——创建验证样本

Keras 包含一个 make_sampling_table 方法，该方法支持创建一个包含上下文和噪声词的训练集，同时支持根据它们的语料库频率进行采样。较低的系数会增加选择频率较低的 token 的概率。笔记中的图表显示，0.1 的值将采样限制为前 10 000 个 token，代码如下：

```
SAMPLING_FACTOR = 1e-4
sampling_table = make_sampling_table(vocab_size,
                            sampling_factor=SAMPLING_FACTOR)
```

2. 生成目标上下文词对

模型的训练需要一对 token，其中一个表示目标，另一个从周围的上下文窗口中选择，如图 16.1 右侧所示，我们使用 Keras 的 skipgrams()函数，代码如下：

```
pairs, labels = skipgrams(sequence=data,
                    vocabulary_size=vocab_size,
                    window_size=WINDOW_SIZE,
                    sampling_table=sampling_table,
                    negative_samples=1.0,
                    shuffle=True)
```

结果返回 1.204 亿个上下文目标对，在正样本和负样本之间平均分配。负样本是根据我们在上一步中创建的 sampling_table 概率生成的。前 5 个目标和上下文单词 ID 及其匹配的标签代码如下：

```
pd.DataFrame({'target': target_word[:5],
            'context': context_word[:5],
            'label': labels[:5]})
```

	Target	context	label
0	30867	2117	1

---

[1] 译者注：count[0]。

1	196	359	1
2	17960	32467	0
3	314	1721	1
4	28387	7811	0

3. 创建 word2vec 模型层

word2vec 模型包含以下内容：
- 输入层：接收表示目标上下文对的两个标量值。
- 共享嵌入层：可为目标词和上下文词计算向量点积。
- sigmoid 输出层。

输入层有两个元素，分别用于目标上下文对，代码如下：

```
input_target = Input((1,), name='target_input')
input_context = Input((1,), name='context_input')
```

共享嵌入层包含一个向量，对应于根据目标 token 和上下文 token 索引选择的词汇表的每个元素，代码如下：

```
embedding = Embedding(input_dim=vocab_size,
                      output_dim=EMBEDDING_SIZE,
                      input_length=1,
                      name='embedding_layer')
target = embedding(input_target)
target = Reshape((EMBEDDING_SIZE, 1), name='target_embedding')(target)

context = embedding(input_context)
context = Reshape((EMBEDDING_SIZE, 1), name='context_embedding')(context)
```

输出层通过点积测量两个嵌入向量的相似性，并使用第 7 章中介绍逻辑回归时遇到的 sigmoid 函数转换结果，代码如下：

```
# 相似性测量
dot_product = Dot(axes=1)([target, context])
dot_product = Reshape((1,), name='similarity')(dot_product)
output = Dense(units=1, activation='sigmoid', name='output')(dot_product)
```

这个 SG 语法模型包含一个 200 维的嵌入层，该层将为每个词汇表项采用不同的值。结果得到了 59 617×200 可训练的参数，再加上两个用于 sigmoid 型的输出。

每次迭代中的模型都会计算上下文和目标嵌入向量的点积，将结果传递通过 sigmoid 型曲面以产生概率，然后根据损失的梯度调整嵌入。

16.3.3　使用 TensorBoard 可视化嵌入

TensorBoard 是一种可视化工具，支持将嵌入向量投影到二维或三维空间，目的在于探索单词和短语的位置。加载创建好的嵌入元数据文件后，也可以搜索特定的术语来查看和浏览其邻居，使用 UMAP、t-SNE 或 PCA 将其投影到二维或三维。有关如图 16.5 所示的屏幕截图的更高分辨率的彩色版本，请参阅笔记。

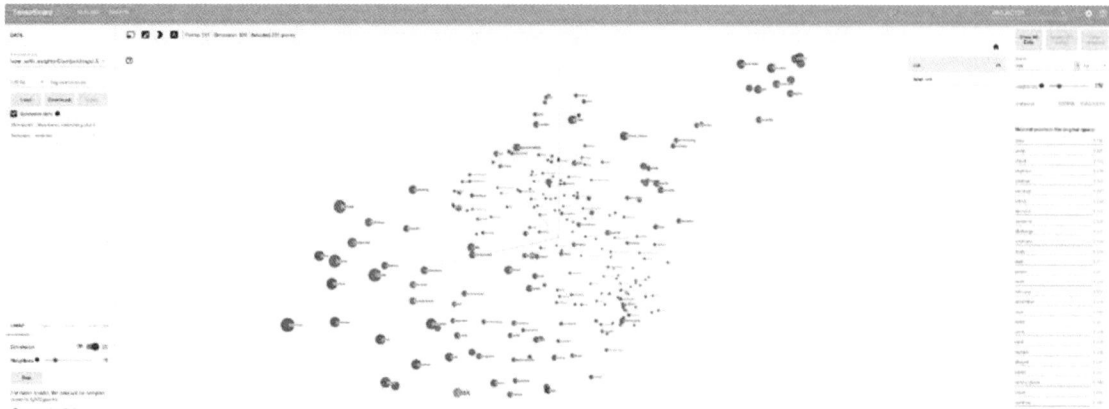

图 16.5　3D 嵌入和元数据可视化

16.3.4　基于 Gensim 更快地训练嵌入

TensorFlow 实现架构非常透明，缺点是不算特别快。在第 15 章主题建模时我们介绍了自然语言处理库 Gensim，它提供了更好的运算性能，而且也更类似于原始开发人员提供的基于 C 语言的 word2vec 实现。

其用法非常简单，首先创建一个句子生成器，该句子生成器仅将在预处理步骤中生成的文件的名称作为输入（将再次使用 3-gram 语法），代码如下：

```
sentence_path = data_path / FILE_NAME
sentences = LineSentence(str(sentence_path))
```

接下来，使用熟悉的参数配置 word2vec 模型，参数涉及嵌入向量、上下文窗口的大小、最小 token 频率和否定样本的数量，当然也包括一些其他内容，代码如下：

```
model = word2vec(sentences,
                 sg=1,              # 设置为 1 表示 SG，否则为 CBOW
                 size=300,
                 window=5,
                 min_count=20,
                 negative=15,
                 workers=8,
                 iter=EPOCHS,
                 alpha=0.05)
```

在现代 4 核 i7 处理器上，一个 epoch[1]训练需要大于 2 分钟的时间。可以同时保存模型和词向量，或者只保存词向量，代码如下：

---

[1] 译者注：epoch（时期）：当一个完整的数据集通过了神经网络一次并且返回了一次，这个称为一个 epoch。也就是说，所有训练样本在神经网络中都进行了一次前向传播和一次反向传播。一个 epoch 就是将所有训练样本训练一次的过程。当一个 epoch 的样本（也就是所有的训练样本）数量可能太过庞大（对于计算机而言），就需要把它分成多个小块，也就是分成多个 batch 来进行训练。batch（批/一批样本）：将整个训练样本分成若干个 batch。batch_size（批大小）：每批样本的大小。Iteration（一次迭代）：训练一个 batch 就是一次 Iteration（这个概念跟程序语言中的迭代器相似）。

```
# 保存模型
model.save(str(gensim_path / 'word2vec.model'))
# 保存词向量
model.wv.save(str(gensim_path / 'word_vectors.bin'))
```

验证模型性能并继续训练，直到对结果满意为止，代码如下：

```
model.train(sentences, epochs=1, total_examples=model.corpus_count)
```

在这种情况下，对另外 6 个时期的训练产生了最好的结果，在词汇表涵盖的所有类别中，准确率为 41.75%。图 16.6 左侧显示了每个类别的正确/错误预测和准确率细分。

Gensim 还支持评估自定义语义代数。例如，常见的"woman"+"king"-"man" ~ "queen"，代码如下：

```
most_sim = best_model.wv.most_similar(positive=['woman', 'king'],
negative=['man'], topn=10)
```

图 16.6 显示了 queen 是第三个 token，紧随 king 和不太明显的 lewis 之后，后面是几个其他成员。

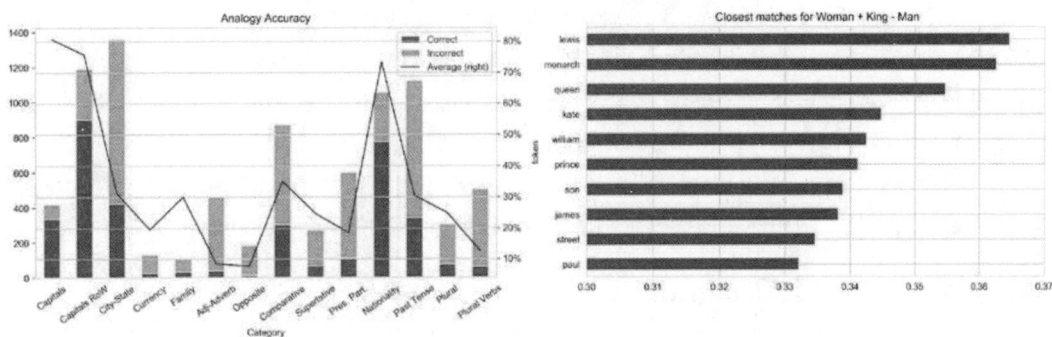

图 16.6　按类别和特定示例的类比准确率

我们还可以评估与给定目标最相似的 token，从而更好地了解嵌入特征。根据语料库频率随机选择，代码如下：

```
counter = Counter(sentence_path.read_text().split())
most_common = pd.DataFrame(counter.most_common(), columns=['token', 'count'])
most_common['p'] = np.log(most_common['count'])/np.log(most_common['count']).
sum()similars = pd.DataFrame()
for token in np.random.choice(most_common.token, size=10, p=most_common.p):
similars[token] = [s[0] for s in best_model.wv.most_similar(token)]
```

下面举例说明了包括几个 n-gram 的结果，见表 16.3。

表　16.3

目　　标	最接近的匹配				
	0	1	2	3	4
profiles	profile	users	political_ consultancy_ cambridge_ analytica	sophisticated	facebook

目　标	最接近的匹配				
	0	1	2	3	4
divestments	divestitures	acquisitions	takeovers	bayer	consolidation
readiness	training	military	command	air_force	preparations
arsenal	nuclear_weapons	russia	ballistic_missile	weapons	hezbolah
supply_disruptions	disruptions	raw_material	disruption	prices	downturn

现在，继续使用 SEC 文件开发与真实交易更紧密相关的应用程序。

16.4　word2vec——与 SEC 文件进行交易

在这一节中，我们将基于 Gensim 学习 SEC 文件，证明词嵌入算法交易的潜在价值。把提取的单词或短语向量作为特征与价格收益相结合，训练神经网络，基于证券文件内容预测股票价格。

特别是，我们将使用一个包含 6500 多家上市公司提交的 22 000 多份 2013—2016 年 10-K 年度报告的数据集，数据集同时包含财务信息和管理层评论。

对于大约 3000 家公司，对应文件达到了 11 000 份，我们本身就有用于标记预测模型的股价数据（数据源详细信息以及下载说明和预处理代码示例请参阅 SEC 文件夹中的 sec_preprocessing 笔记）。

16.4.1　预处理——断句和 *n*-gram

每个归档都是一个单独的文本文件，主索引包含归档元数据。我们提取了信息量最大的部分，具体如下：

- Item 1 和 Item 1A：业务和风险因子。
- Item 7：管理讨论。
- Item 7a：市场风险披露。

sec_preprocessing 笔记显示了如何使用 spaCy 解析和标记文本，方法与第 14 章中类似。为了保留单词用法的细微差别，此处不作词形还原处理。

1．自动短语检测

与 16.3 节一样，基于 Gensim 检测由多个 token 或 *n*-gram 组成的短语。笔记显示，最常见的二元组包括普通股（common_stock）、美股（united_states）、现金流（cash_flows）、房地产（real_estate）和利率（interest_rates）。

最终得到了一个 201 000 多一点的词汇表，频率中位数为 7，这表明在训练 word2vec 模型时可以通过增加最小频率来消除大量的噪声。

2．文件的标签化——预测意外收益

该数据集附带了一个与 10 000 份文件相关联的股票行情清单和提交日期列表。可以使用此信息选择申请公布前后一定时期内的股票价格。我们的目标是训练一个使用给定文件词向量作为输入来预测文件

提交后的收益的模型。

以申请后 1 个月以内收益表来标记单个申请，代码如下：

```
with pd.HDFStore(DATA_FOLDER / 'assets.h5') as store:
prices = store['quandl/wiki/prices'].adj_close

sec = pd.read_csv('sec_path/filing_index.csv').rename(columns=str.lower)
sec.date_filed = pd.to_datetime(sec.date_filed)
sec = sec.loc[sec.ticker.isin(prices.columns), ['ticker', 'date_filed']]
price_data = []
for ticker, date in sec.values.tolist():
    target = date + relativedelta(months=1)
    s = prices.loc[date:  target, ticker]
    price_data.append(s.iloc[-1] / s.iloc[0] - 1)

df = pd.DataFrame(price_data,
                  columns=['returns'],
                  index=sec.index)
```

16.4.2 模型训练

gensim.models.word2vec 类可以实现前面介绍的 SG 和 CBOW 体系结构。笔记 word2vec 中还包含其他实现细节。

为了便于高效地获取内存，LineSentence 类从提供的文本文件中包含的单个句子中创建一个生成器，代码如下：

```
sentence_path = Path('data', 'ngrams', f'ngrams_2.txt')
sentences = LineSentence(sentence_path)
```

word2vec 类同时提供本章前面介绍的配置选项，代码如下：

```
model = word2vec(sentences,
                 sg=1,            # 设置为 1 表示 SG，否则表示 CBOW
                 hs=0,            # 1 表示层次化 softmax，0 表示负采样
                 size=300,        # 向量维数
                 window=3,        # 目标词和上下文词的最大距离
                 min_count=50,    # 忽略频率较低的单词
                 negative=10,     # 噪声字计数为负采样
                 workers=8,       # 不适合使用线程
                 iter=1,          # 不设时期 = 在语料库迭代
                 alpha=0.025,     # 初始学习率
                 min_alpha=0.0001 # 最终学习率
                 )
```

笔记显示了如何保存和重新加载模型进而继续训练，或者如何分别存储用于机器学习模型等的嵌入向量。

1. 模型评估

模型评估的基本功能包括识别相似单词，代码如下：

```
sims=model.wv.most_similar(positive=['iphone'], restrict_vocab=15000)
        term     similarity
0       ipad        0.795460
```

```
1         android        0.694014
2         smartphone     0.665732
```

也可以相应地使用正负贡献来验证各个类比，代码如下：

```
model.wv.most_similar(positive=['france', 'london'],
                      negative=['paris'],
                      restrict_vocab=15000)
```

```
              term         similarity
0     united_kingdom         0.606630
1            germany         0.585644
2        netherlands         0.578868
```

2. 参数设置对性能的影响

使用类比评估不同参数设置的影响，结果如下（请参考 models 文件夹中的详细结果）：

● 负采样优于分层 softmax，训练速度也更快。
● SG 优于 CBOW。
● 不同的 min_count 设置影响较小，中点 50 表现得最好。

使用负采样和 min_count 为 50 的性能的最佳 SG 模型的进一步测试的结果如下：

● 小于 5 的上下文窗口会降低性能。
● 较高的负采样率可以提高性能，但也会降低训练速度。
● 较大的向量可以提高性能，大小为 600 的向量可以产生 38.5%的最佳精度。

16.5 基于 doc2vec 嵌入的情感分析

文本分类需要组合多个词嵌入，常用的方法是对文档中每个单词的嵌入向量取平均值。这样的好处在于可以使用所有嵌入的信息，并且有效地使用向量加法到达嵌入空间中的不同位置点。当然，代价是丢失词序信息。

相反，文档嵌入模型 doc2vec 是在发表最初想法后不久开发的，该模型直接为段落或产品评论等文本片段生成嵌入。与 word2vec 类似，doc2vec 也有两种风格，具体如下：

● **分布式单词包（DBOW）**模型对应于 word2vec CBOW 模型。文档向量来自基于上下文词向量和文档的文档向量预测目标词的合成任务上训练网络的结果。
● **分布式内存（DM）**模型对应于 word2wec SG 语法架构，文档向量来自使用完整文档的文档向量训练神经网络预测目标词后的结果。

基于 Gensim 的 doc2vec 类可以用于实现此算法。我们将通过 doc2vec 的 Yelp 情感数据集中的应用说明其用法。为了加快训练速度，将数据限制在 50 万个 Yelp 评论及其相关星级评定的分层随机样本中。doc2vec_yelp_sentiment 笔记中有这一部分的代码示例。

16.5.1 基于 Yelp 情感数据创建 doc2vec 嵌入

如第 14 章所述，加载了包含 600 万条评论的 Yelp 数据集，为每个星级提供 100 000 条评论样本，代码如下：

```
df = pd.read_parquet('data_path / 'user_reviews.parquet').loc[:, ['stars',
                                                                    'text']]
```

```
stars = range(1, 6)
sample = pd.concat([df[df.stars==s].sample(n=100000) for s in stars])
```

使用 nltk 的 RegexpTokenizer 进行简单快速的文本清理，代码如下：

```
tokenizer = RegexpTokenizer(r'\w+')
stopword_set = set(stopwords.words('english'))

def clean(review):
    tokens = tokenizer.tokenize(review)
    return ' '.join([t for t in tokens if t not in stopword_set])
sample.text = sample.text.str.lower().apply(clean)
```

筛选出少于 10 个 token 的评论之后，只剩下 485 825 个样本。图 16.6 左侧显示了每次评审的 token 数量分布。

gensim.models.doc2vec 类可以处理 TaggedDocument 格式的文档，后者包含标记化文档和唯一的 token，而相应 token 则允许在训练后访问文档向量，代码如下：

```
sample = pd.read_parquet('yelp_sample.parquet')
sentences = []
for i, (stars, text) in df.iterrows():
    sentences.append(TaggedDocument(words=text.split(), tags=[i]))
```

16.5.2　训练 doc2vec 模型

训练界面与 word2vec 相似，同时支持继续进行训练和保存，代码如下：

```
model = doc2vec(documents=sentences,
                dm=1,            # 1=分布式内存，0=分布式单词包
                epochs=5,
                size=300,        # 向量大小
                window=5,        # 目标和上下文之间的最大距离
                min_count=50,    # 忽略频率较低的词
                negative=5,      # 负采样
                dm_concat=0,     # 1=合并向量，0=加和
                dbow_words=0,    # 1=同时训练词向量
                workers=4)

model.save((results_path / 'sample.model').as_posix())
```

为了快速评估结果，可以查询与给定 token 最相似的 n 个术语，代码如下：

```
model.most_similar('good')
```

图 16.7 右侧显示了返回的 token 及其相似性。

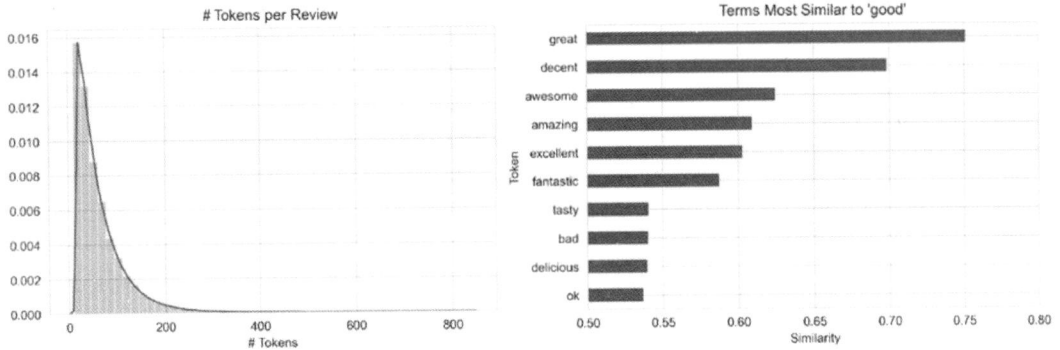

图 16.7　每次评论的 token 数量（左侧）和与 token 'good'最相似的术语的直方图（右侧）

16.5.3　文档向量分类器训练

接下来，访问文档向量并为情感分类器创建特征，代码如下：

```
y = sample.stars.sub(1)
X = np.zeros(shape=(len(y), size))      # size=300
for i in range(len(sample)):
    X[i] = model.docvecs[i]

X.shape
(485825, 300)
```

照常创建训练和测试集，代码如下：

```
X_train, X_test, y_train, y_test = train_test_split(X, y,
                                                    test_size=0.2,
                                                    random_state=42,
                                                    stratify=y)
```

继续训练一个随机分类器、一个 LightGBM 梯度增强模型和一个多项式逻辑回归。使用 500 棵树生成随机森林，代码如下：

```
rf = RandomForestClassifier(n_jobs=-1, n_estimators=500)
rf.fit(X_train, y_train)
rf_pred = rf.predict(X_test)
```

在 LightGBM 分类器中需要使用早停法，因为它为了继续改进验证性能已经运行了整整 5000 轮，代码如下：

```
train_data = lgb.Dataset(data=X_train, label=y_train)
test_data = train_data.create_valid(X_test, label=y_test)
params = {'objective': 'multiclass',
         'num_classes': 5}
lgb_model = lgb.train(params=params,
                      train_set=train_data,
                      num_boost_round=5000,
                      valid_sets=[train_data, test_data],
                      early_stopping_rounds=25,
                      verbose_eval=50)
```

```
# 生成多类预测
lgb_pred = np.argmax(lgb_model.predict(X_test), axis=1)
```

最后，建立一个多项式逻辑回归模型，代码如下：

```
lr = LogisticRegression(multi_class='multinomial', solver='lbfgs',
                        class_weight='balanced')
lr.fit(X_train, y_train)
lr_pred = lr.predict(X_test)
```

在验证集上计算每个模型的精度时，梯度提升模型性能显著提高，达到 62.24%。图 16.8 显示了每个模型的混淆矩阵和精度。

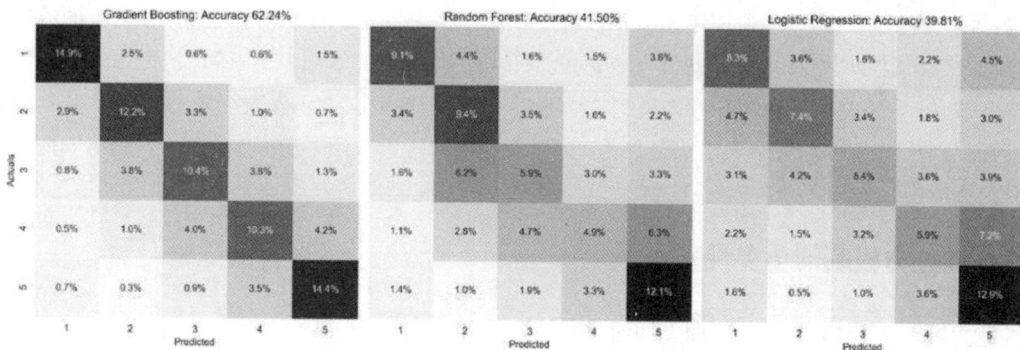

图 16.8　混淆矩阵与替代模型的检验精度

第 14 章中的情感分类结果可以帮助 LightGBM 提供更好的准确率（73.6%），当然，这里我们使用了完整的数据集，也就是说，同时包含了其他特征。更严格的可能需要测试增加样本或调整模型参数，看是否会使 doc2vec 表现得同样好。

16.5.4　经验教训及展望

这个情感分析中，我们将 doc2vec 的情绪分析应用于**产品评论**而不是财务文档。之所以选择产品评论，是因为很难找到足够大的，并且具有有用情感标签或足够信息用于分配资产收益等标签的金融文本数据，以便从头开始训练词嵌入。

尽管这种面向产品的文件可以帮助我们演示工作流程，但需要牢记的是，这种文件和财务文件有着明显的**结构差异**：前者通常是简短、非正式的，而且多应用于特定对象。相比之下，许多财务文件更长、更正式，目标对象可能是明确的也可能不是特别明确的。例如，财经新闻文章可能涉及多个目标，尽管公司披露可能有明确的消息来源，但其中也可能存在竞争对手。再如，分析师报告还可以讨论同一对象或主题的正、负两个方面。

简而言之，对财务文件的情况分析通常需要一种更复杂、更细化的方法，要从不同的角度对内容含义进行理解。决策者同时也经常关心模型是如何得出结论的。

这些挑战正是该研究领域依然活跃的源头，尤其是由于缺乏合适的数据源更使得不确定性复杂化。不过，自 2018 年以来，有几个重大突破显著提高了各种 NLP 任务的处理效率，这意味着财务情感分析在未来几年中可能还会变得更加强大。接下来，我们也将转向这些相关创新。

16.6 新领域——预训练转换器模型

与单词袋方法相比，word2vec 和 GloVe 嵌入捕获的语义信息更多。但是，嵌入仅支持每个 token 的单个固定长度表示方式，无法区分特定于上下文的用法。为了解决包括一词多义在内的这些问题，一些新的模型不断涌现，这些模型多建立在**注意力机制**基础上，可以学习更多上下文相关的词嵌入信息。这些模型的主要特征如下：

- 使用**双向语言模型**处理文本，既从左到右又从右到左，从而获得更丰富的上下文表示。
- 在大型通用语料库上使用**半监督预训练**，以嵌入和网络权重的形式学习通用语言方面的知识，这些知识可用于特定任务并进行微调（一种迁移学习的形式，详细内容请参考第 18 章）。

在本节中，我们将简要介绍注意力机制，概述来自变换器的**双向编码器表征量（BERT）**开始的最新转换器模型以及如何借此提高关键 NLP 任务，同时参考预训练语言模型的多个来源，并说明如何使用它们进行财务情感分析。

16.6.1 注意力机制的重要性

注意力机制（AM）句子中单词之间的关系是为了更好地融入上下文。注意力机制最初被用于机器翻译，后来逐步演变为神经网络模型的重要组成部分，在自然语言处理、统计学习、语音和计算机等领域被广泛应用。

到 2017 年，**循环神经网络（RNN）**实现了顺序地从左到右或从右到左处理文本，这一点代表了 NLP 任务（如翻译）的最新发展。例如，谷歌自 2016 年年底以来已在实际运用中采用这种模型。顺序处理意味着需要几个步骤在语义上连接远处的单词，这就排除了并行处理的可能，于是极大地促进了计算速度的发展，这一点在现代专用硬件（如 GPU）上表现得尤为明显。

相比之下，2017 年，Vaswani 等人发表的原创性论文 *Attention is all you need* 完全抛弃了 RNN 和 CNN 等网络结构，仅需要固定数量步骤来识别语义相关的单词。模型基于一种捕捉句子中所有单词之间联系的自我注意机制，而不管它们的相对位置如何。模型通过给句子中的每个其他单词分配一个注意力权重来学习单词表征，该权重决定了每个其他单词对表征的贡献程度。这些权重然后给出所有单词表示的加权平均值，并将其输入到一个完全连通的网络中，为目标单词生成一个新的表示。

传输模型使用了多层编码器-解码器架构，每个层并行使用多个注意力机制（称为头部）。注意力机制在各种翻译任务上大获成功，更重要的是，它激发了对处理更广泛任务的神经语言模型的新研究浪潮。GitHub 上链接的资源包含了注意力机制工作机理的多种优秀视觉解释，这里不再赘述。

16.6.2 BERT——走向更通用的语言模型

2018 年，谷歌发布了 BERT 模型，全称是"来自变换器的双向编码器表征量"（Devlin 等人，2019）。这是自然语言处理领域的重大突破，**通用语言理解评估（GLUE）**基准测试结果显示，BERT 模型在从问答和命名实体识别到释义和情感分析等 11 个自然语言理解任务上取得了突破性进展（参见 GitHub 以获得任务描述和排行链接）。

BERT 提出的新想法引发了一系列新研究，进而产生了数十项改进，这些改进很快就在 GLUE 任务上超越了非专家级人员，同时驱动 DeepMind 设计更具挑战性的 **SuperGLUE 基准测试**（Wang 等人，2019）。自然而然地，2018 年已经被认为是 NLP 研究的转折点，谷歌搜索和微软的 Bing 现在也都使用 BERT 模型或者 BERT 模型变体来解释用户查询，同时提供更准确的结果。

我们将简要概述 BERT 的关键创新，同时提供预训练模型的几个开源库之一，主要是展示如何使用 BERT 模型及其后续增强功能。

1．关键创新——深度关注和预训练

BERT 模型建立在**两个关键思想**的基础上，即**传输器结构**和**无监督预训练**，这样我们不需要为每个新任务从头开始进行训练，只需要对其权重进行微调。根据架构的不同，BERT 使用 12 层或 24 层将**注意力机制**提升到一个新的（更深的）层次，每层都有 12 或 16 个关注头，这意味着同时有多达 24×16=384 个注意力机制学习特定于上下文的嵌入。

BERT 使用**无监督双向预训练**提前学习两个任务上的权重：**蒙面语言建模**（MLM，即根据上下文预测缺失的单词[1]）和**下一个句子预测**（NSP，即预测一个句子是否跟在另一个句子后面）。

诸如 word2vec 或 GloVe 之类的上下文无关的模型为词汇表中的每个单词生成一个嵌入：单词"bank"在"bank account"和"the river of bank"中将具有相同的上下文无关表示。相反，BERT 模型根据句子中的其他单词表示每个单词。作为**双向模型**，BERT 可以完整地基于"I accessed the bank account."表示"bank"。换句话说，BERT 既可以像单向上下文模型一样基于"I accessed the"表示"bank"，也同样考虑了"account."。

可以在像维基百科这样的通用语料库上对 BERT 及其辩题模型进行预训练，然后将其最终层适应特定任务并调整其权重。因此，我们只需花费几个小时而不是几天或几周的训练成本，便可以使用具有数十亿参数的大规模、最先进的模型。一些库提供了这种预训练的模型，我们可以在这些模型的基础上为所选数据集开发自定义情感分类器。

2．使用预训练的最新模型

自然语言处理在不断发展。最新的突破显示，即使对于极少使用的长尾现象，也可以通过足够大的网络获取未标记文本中的语言知识。由此产生的传输器架构对词序和上下文的假设更少；相反，它们倒可以从大量的数据中学习对语言更微妙的理解，使用数亿甚至数十亿的参数。

3．Hugging Face 传输器库

Hugging Face 是一家美国的新兴公司，主业是开发聊天机器人应用程序，旨在提供自定义的 AI 驱动的通信。2019 年年底，Hugging Face 募资 1500 万美元，用于进一步开发其已经非常成功的开源 NLP 传输器库。

Hugging Face 的 NLP 库提供了用于自然语言理解和生成的通用架构，其中包含 32 种经过预训练的模型，支持 100 多种语言，深度兼容 TensorFlow 2 和 PyTorch，文档内核管理工具也非常出色。

---

[1] 译者注：通俗地说，就是在输入一句话时，随机地选一些要预测的词，然后用一个特殊的符号来代替它们，之后让模型根据所给的标签去学习这些地方该填的词。

spaCy 传输器库包含包装器，便于在 spaCy 管道中包含预训练的传输器模型。更多信息请参考 GitHub 上的链接。

4．AllenNLP

AllenNLP 由艾伦人工智能研究所（Allen Institute for AI）与华盛顿大学（University of Washington）研究人员密切合作建立和维护，艾伦人工智能研究所由微软联合创始人保罗·艾伦（Paul Allen）创办。AllenNLP 被设计为一个研究库，可以用于开发基于 PyTorch 的各种语言任务的最先进深度学习模型。

AllenNLP 提供从回答问题到句子注释等关键任务的解决方案，也包括阅读理解、命名实体识别和情感分析。预训练 **RoBERTa 模型**（BERT 的更强大版本；Liu 等人，2019）在斯坦福大学情感树库上实现了 95% 以上的准确率，而且仅需几行代码即可使用（请参考 GitHub 文档上的链接）。

16.6.3　文本数据交易——经验教训及展望

正如在使用 doc2vec 嵌入进行情感分析的部分结尾处突出显示的那样，金融文档具有重要的结构特征，这些特征通常会使它们的解释复杂化，并破坏基于字典的简单方法。

2019 年，Man、Luo 和 Lin 在最近对金融情感分析的调查中发现，大多数现有方法仅能够识别出积极、消极或中立等高阶极性，但实际决策中通常需要更加细微和透明的分析。此外，缺少带有相关标签的大型财务文本数据集限制了使用传统机器学习方法或神经网络进行情感分析的潜力。

刚刚描述的预训练方法，原则上可以对文本信息有更深入的了解，因此可以提供新的希望。当然，大多数使用传输器的应用研究都还集中在 NLP 任务上，如翻译、问题解答、逻辑或对话系统等，有关财务数据的应用仍处于起步阶段。

16.7　本章小结

在本章中，我们介绍了一种生成文本特征的新方法，该方法使用浅层神经网络进行无监督学习。我们看到了生成的词嵌入如何使用某些上下文捕获各个 token 含义之外的有趣语义，还介绍了如何使用类比和线性代数评估词向量的质量。

我们基于 Keras 构建了实现上述功能的网络结构，并将性能更高的 Gensim 实现应用于财经新闻和 SEC 文件。尽管数据集相对较小，但 word2vec 嵌入确实捕获了有意义的关系。我们还展示了适当的带有股票价格数据的标签如何构成监督学习的基础。

我们应用了生成文档而不是标记向量的 doc2vec 算法，基于 Yelp 业务评论构建了情感分类器。尽管例子中这不太可能产生可交易的信号，但这一过程说明了如何从相关文本数据中提取特征并训练模型，从而预测可能有益于交易策略的结果。

本章的最后，我们概述了最近的研究突破，这些突破显示：通过微调预训练体系结构，我们有望产生更强大的自然语言模型。当然，关于金融数据的应用依然在研究的前沿。

从第 17 章开始，我们将深入讲解这本书的最后一部分，这部分涵盖了各种深度学习架构在算法交易中的应用。

第 4 部分
深度学习和强化学习

第*17*章

深度学习在交易中的应用

在本章中，我们将介绍几种**深度学习（DL）建模技术**在投资和交易中的应用。事实上，从图像和语音识别到机器人与智能代理，深度学习已经在许多领域取得了众多令人瞩目的突破，甚至使得**人工智能**的大规模研究重新活跃起来。人们对这种快速发展的趋势憧憬颇多，并期待更多解决棘手问题的方案出现。

在本章中，我们将介绍**前馈神经网络**，并借此了解与神经网络相关的主要元素，这些神经网络与后面各章中介绍的各种 DL 架构密切相关。更具体地说，我们将演示如何使用**反向传播算法**有效地训练大型模型，同时管理过度拟合的风险。我们还将展示如何使用 TensorFlow 2 和 PyTorch 框架，这也是在整个第 4 部分中即将使用的框架。

最后，我们将基于深度前馈神经网络生成的信号开发、回测和评估交易策略，具体包括设计和调整神经网络，以及分析关键超参数选择对模型性能的影响。

本章将涵盖以下内容：

- 深度学习如何解决复杂领域 AI 挑战。
- 推动深度学习流行的关键创新。
- 前馈网络如何从数据中学习表示方式。
- 基于 Python 设计和训练深度神经网络（NN）。
- 基于 Keras、TensorFlow 和 PyTorch 的深度神经网络实现。
- 建立和调整深度神经网络，预测资产收益。
- 基于深度神经网络信号设计和回测交易策略。

在后面的章节中，我们将在此基础上设计适合于不同投资应用的各种架构，在此过程中我们主要关注文本和图像等另类数据。

其中包括为序列型数据（如时间序列或自然语言）量身定制的**循环神经网络（RNN）**、特别适合于图像数据的**卷积神经网络（CNN）**，也可以用于时间序列数据。我们还将涵盖深度无监督学习，如自编码器、**生成式对抗网络（GAN）**等，也包括在交易环境交互学习中训练"机器人"的强化学习。

> 读者可以在 GitHub 存储库的对应目录中找到本章的示例代码和附加资源的链接。笔记中有彩色版本的图像。

17.1 深度学习的新增功能及其重要性

第 2 部分介绍的**机器学习（ML）算法**可以很好地处理各种重要问题，包括文本数据，如第 3 部分所示；但是，在解决诸如识别语音或对图像中的物体进行分类等核心人工智能问题时，它们却不太成功。这些局限性进一步推动了深度学习的发展，后者最近的突破极大地提高了人们对 AI 的兴趣。

在本节中，我们将概述深度学习如何克服其他机器学习算法的许多限制，尤其是对高维和非结构化数据处理的限制，这些数据的确需要复杂的工作来提取信号特征。

在第 2 部分和第 3 部分中，我们介绍了机器学习技术最适合于处理具有明确功能定义的结构化数据。例如，在第 14 章中，我们介绍了如何使用文档术语矩阵将文本数据转换为表格数据。DL 则通过学习更好地捕获结果特征的数据表示方式，从而克服可能需要通过手工设计信号特征的挑战。

更具体地说，我们将看到深度学习如何学习数据的层次表示，以及为什么这种方法能够适用于高维、非结构化数据。我们将描述神经网络如何使用多层、深层架构组成一组嵌套函数并发现层次结构。这些函数基于前一层的学习，计算每一层中数据的连续且日益抽象的表示。我们还将研究反向传播算法如何调整通过网络参数促成表示最符合模型的目标，最后简要概述 DL 与 AI 的融合发展，以及旨在实现 AI 当前目标的各种方法。

17.1.1 层次结构特征更适合高维数据

正如在第 2 部分中介绍的那样，监督学习的关键挑战之一是如何将训练数据推广到新样本。随着数据维数的增加，推广变得越来越困难，这一挑战的根本原因是我们在第 13 章中提到的"维数诅咒"。

一方面，体积随着维数呈指数级增长：对于边长为 10 的超立方体，维数从 3 增加到 4 意味着体积从 10^3 增加到 10^4。与此同时，**给定样本大小的数据密度呈指数级下降**。换句话说，保持一定密度所需的观测次数呈指数增长。

另一方面，当允许要素与输出之间的函数关系在越来越多的尺寸范围内变化时，函数关系也可能会更加复杂。如第 6 章中所介绍的，因为候选函数的数量呈指数级增长同时用于推断关系的数据密度急剧下降，**机器学习算法很难在高维空间中学习任意函数**。为了缓解这个问题，算法需要假设目标函数属于某一类，并对在该类中搜索当前问题的最优解施加约束。

此外，算法通常需要假设新训练点的输出应与附近训练点的输出相似。这种先验的光滑度或局部恒定假设认为，学习函数在很小的区域内不会有太大变化，典型的如 K 近邻算法。然而，随着数据密度呈指数级下降（随维数的增加），训练样本之间的距离自然也在增加，这也意味着目标函数潜在复杂性的增加，邻近训练示例的概念将变得没有意义。

对于传统的机器学习算法，参数和训练样本通常与算法能够识别的输入空间中的区域数量成正比。通过假设特征层次结构生成数据，深度学习应运而生，生来就是为了克服从有限数量训练点学习指数数量区域的挑战。

17.1.2 深度学习之表示学习

许多人工智能任务需要图像或语音识别等对世界的知识，关键挑战之一是对这些知识进行编码，因为只有这样，计算机才可以利用这些知识。几十年来，ML 系统的发展需要相当多的领域专业知识来将原始数据（如图像像素）转换为一种内部表示，算法可以使用这种表示来检测或分类模式。

类似地，机器学习算法为交易策略增加了多少价值，在很大程度上取决于我们设计表示数据中能够为算法所处理的预测信号特征的能力。理想的情况是，这些特征能够捕获独立的驱动因子，正如第 4 章和贯穿第 2、3 部分的设计与评估捕获交易信号因子"美梦"所想。

表示学习不依赖于手工设计的特征，而是允许机器学习算法自动发现对检测或分类模式最有用的数据表示。深度学习将此技术与有关特性性质的特定假设相结合。

1. 从数据中提取层次结构特征

深度学习背后的核心思想是要素的多级层次结构本身就已经生成数据。因此，深度学习模型对先验"真实"进行编码，即目标函数由一组较简单的函数嵌套组成。该假设允许在可以为给定数量的训练样本进行区分的区域数量中实现指数级增长。

换句话说，深度学习是一种可以从数据中提取概念层次结构的表示学习方法，可以通过组成**简单但非线性的函数**来学习这种层次表示，这些函数将一个层次的表示（从输入数据开始）连续转换为更高、更抽象层次上的新表示。通过结合足够多的相应转换，深度学习能够学习非常复杂的特征。

例如，应用于**分类任务**时，更高层次的表示往往会放大数据中最有助于区分对象的方面，同时抑制不相关的变化源。正如我们将在第 18 章中介绍的，原始图像数据只是一个二维或三维像素值数组。表示的第一层通常将学习聚焦于特定方向和位置边缘的特征，第二层通常学习依赖于特定边缘排列的图案，却不管其位置的微小变化，下一层可能会组合表示相关对象部分的基序，随后的层则将对象检测为这些部分的组合。

深度学习的**关键突破**在于，通用的学习算法能够以一种比手工特征工程更具伸缩性的方式提取适合于高维、非结构化数据建模的层次特征。也正因此，深度学习与非结构化图像或文本数据的大规模运用并行而至、相辅相成。在某种程度上，这些数据源在另类数据中也占有重要地位，深度学习也日益成为算法交易的重要组成部分。

2. 好消息与坏消息——通用近似定理

通用近似定理形象表达了神经网络捕捉输入/输出数据之间任意关系的能力。1989 年，George Cybenko 证明了使用 sigmoid 激活函数的单层卷积神经网络可以表示有界闭子集 $\mathbf{R}n$ 上的任意连续函数。1991 年，Kurt Hornik 进一步指出，造就通用拟合这一特性的根源并非 sigmoid 函数，而是多层前馈神经网络这一架构本身，也就是说"一个包含足够多的隐藏层神经元的多层前馈网络，能以任意精度逼近任意预定的连续函数"。

然而，这个定理并不能帮助我们确定表示特定目标函数所需的网络体系结构。我们将在本章的最后一节看到，还有许多参数需要优化，包括网络的宽度和深度、神经元之间连接的数量以及激活函数的类型。

此外，表示任意函数的能力并不意味着网络实际上可以学习给定函数的参数。**反向传播是神经网络中最流行的学习算法**，它花了 20 多年的时间才在大规模应用上小有所成。然而，考虑到优化问题的高度非线性性质，我们并不能保证它会找到绝对最好的解决方案，而仅仅是一个相对较好的解决方案。

17.1.3 深度学习与机器学习和人工智能

人工智能有着悠久的历史，在学术领域，作为人类研究的主题，人工智能的历史要长得多，至少可以追溯到 20 世纪 50 年代，但从那时起，人工智能经历了几次起伏。机器学习则是一个重要的子领域，在统计学等相关学科中有着悠久的历史，并在 20 世纪 80 年代异军突起。正如我们刚才介绍的，深度学习是表示学习的一种形式，它本身就是机器学习的一个子领域，如图 17.1 所示。

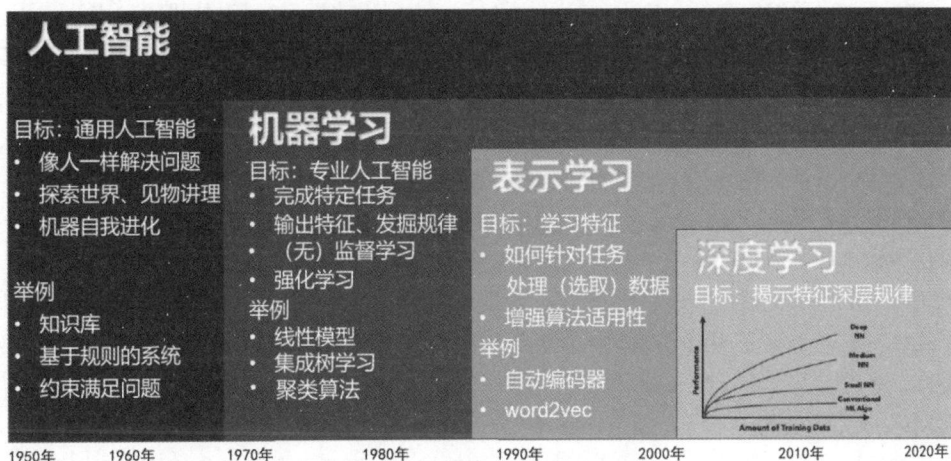

图 17.1　人工智能时间轴和子领域

人工智能的最初目标是实现**通用人工智能**，即解决被认为需要人类的智力水平的问题的能力，以及对世界进行推断和得出逻辑结论并自动改进自身的能力。不涉及机器学习的人工智能应用程序包括编码世界信息的知识库，以及用于逻辑操作的语言等。

从历史上看，许多人工智能致力于开发**基于规则**的系统，目标是获取专家知识和决策规则，但硬编码这些规则往往因为过于复杂而失败。相反，机器学习则意味着从数据中学习规则的**概率方法**，可以规避人类设计的基于规则的系统限制，同时也可以向更窄的、具体任务的目标转变。

图 17.1 概述了各个人工智能子领域之间的关系，其中既概述了彼此的目标，也强调了各个领域在时间轴上的相关性。

17.2　神经网络设计

深度学习依赖于神经网络，神经网络由几个关键构建模块组成，而这些构建模块又可以通过多种方式配置。在本节中，我们将介绍神经网络的工作机理，并说明用于设计不同体系结构的最重要的构建模块。

人工神经网络最初的灵感来自仿生学（如人类大脑），或者是为了模仿人类大脑的工作机理而取得类似成功，再或者是通过模拟获得更好的理解。当前的神经网络研究较少涉及神经科学，主要的因素是我们对大脑的理解还没有达到足够的精细程度。另一个制约因素则是总体规模：即使神经网络中使用的神经元数量自 20 世纪 50 年代问世以来每年翻一番，也要在 2050 年左右才能达到人类大脑的规模。

我们还将说明**反向传播**（backpropagation，通常简称为 backprop）如何使用梯度信息（成本函数相对于参数的偏微分值）基于训练误差调整所有神经网络参数。当然，各种非线性模块的组成意味着目标函数的优化可能非常具有挑战性。我们还将介绍用于加快学习过程的反向传播改进方法。

17.2.1　简单的前馈神经网络架构

在本节中，我们介绍**基于多层感知器（MLP）**的**前馈神经网络**，由一个或多个将输入连接到输出层的隐藏层组成。在前馈神经网络中，信息仅从输入流向输出，因此可以表示为有向无环图，如图 17.2 所示。相反，**循环神经网络**则包括从输出到输入的循环，可以跟踪或记忆过去的模式和事件。

首先，将描述前馈神经网络体系结构以及如何基于 NumPy 实现前馈神经网络；然后，解释反向传播如何学习神经网络权重，并在 Python 中实现反向传播，进而训练一个二元分类网络，即使不是线性可分的，模型也能产生完美的结果。有关实现的详细信息，请参见笔记 build_and_train_feedforward_nn。

前馈神经网络由若干层组成，每层都接收输入数据的样本并产生输出。转换链从输入层开始，输入层将源数据传递到几个内部层或隐藏层之一，到输出层结束，输出层计算结果以便与样本的输出值进行比较。

隐藏层和输出层由节点或神经元组成。完全连接或密集层的节点连接到上一层的部分或所有节点。网络结构可以用深度来概括，也可以用隐藏层的数量来衡量，还可以用每层的宽度和节点的数量来衡量。

每个连接都有一个**权重**，用于计算输入值的线性组合。一个层也可以有一个总是输出 1 的偏置节点，就像线性回归中的常数一样，这一结果可供下一层中的节点使用。训练阶段的目的是学习这些权重的值，从而优化网络的预测性能。

隐藏层的每个节点都会计算权重的**点积**与上一层的输出。**激活函数**将结果转换为后续层的输入。这种转换通常是非线性的（如用于逻辑回归的 sigmoid 函数，这样网络就可以学习非线性关系。输出层计算最后一个隐藏层的输出及其权重的线性组合，并使用与机器学习问题类型匹配的激活函数。

因此，从输入中计算网络输出将流经嵌套函数链，称为**前向传播**。图 17.2 展示了一个单层前馈神经网络，包含一个二维输入层、一个宽度为 3 的隐藏层和输出层中的两个节点。这个体系结构非常简单，因此可以很容易地将其绘制出来并说明关键概念。

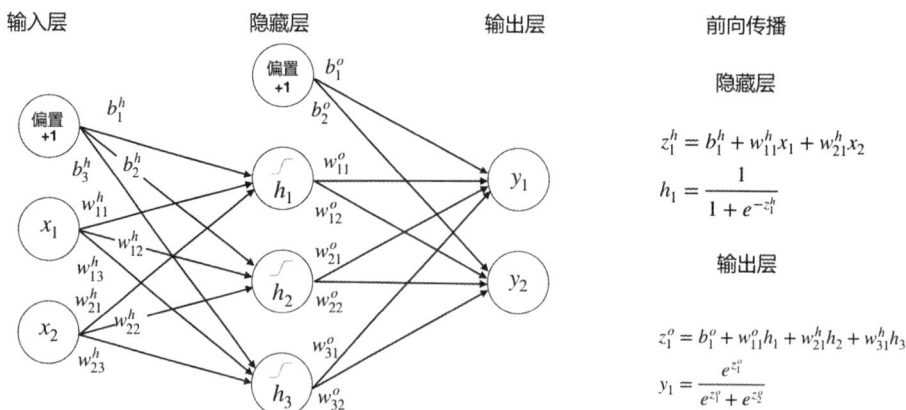

图 17.2　具有一个隐藏层的前馈结构

图 17.2 显示，三个隐藏层节点（不计算偏置）中的每一个都有三个权重，一个用于输入层偏置，两个分别用于两个输入变量。类似地，每个输出层节点有四个权重来计算隐藏层偏置和激活的乘积和或点积。总共有 17 个参数需要学习。

图 17.2 右侧的**前向传播图**分别列出了隐藏层和输出层 h 和 o 的示例节点的计算过程。隐藏层中的第一个节点将 sigmoid 函数应用于其权重和输入的线性组合 z，类似于逻辑回归。因此，隐藏层将并行运行三个逻辑回归，而反向传播算法则确保它们的参数尽可能不同从而更好地通知后续层。

输出层使用 softmax 激活函数，该函数将逻辑函数 sigmoid 概括为多个类，并使用其权重来调整隐藏层输出的点积，从而表示类的概率（这里我们简化表示为只有两类）。

前向传播也可以表示为嵌套函数，其中 h 还是表示隐藏层，o 表示输出层，从而生成输出的 NN 估计：$\hat{y} = o[h(x)]$。

17.2.2 关键设计选择

神经网络的设计选择类似于其他监督学习模型。例如，输出由机器学习问题的类型（如回归、分类或排序）决定。在给定输出的情况下，需要选择一个成本函数来衡量预测的成功与失败，同时也需要一个优化网络参数使代价最小化的算法。

专门用于神经网络的选择包括每层的层数和节点数、不同层的节点之间的连接以及激活函数的类型。

关键的一点是**训练效率**：激活函数可以促进或阻碍梯度信息的流动，而梯度信息又可用于反向传播算法，反向传播算法根据训练错误调整权重。对于较大的输入范围，具有平坦区域的函数具有非常低的梯度，并且当参数值卡在这样的范围内时就会阻碍训练进度。

一些架构添加了**跳过连接**，在相邻层之外建立直接连接，这样可以促进梯度信息的流动。另外，故意省略连接可以减少限制网络容量的参数数量，同时也能够降低泛化误差和计算成本。

1. 隐藏单元和激活函数

除 sigmoid 函数外，我们还成功地应用了几种非线性激活函数。激活函数的设计也是一个热门研究领域，因为函数也是支持神经网络学习非线性关系的关键元素。激活函数对训练过程也有重要影响，因为激活函数微分决定了错误并进而影响权重调整。

时下非常流行的一个激活函数是**修正线性单元（ReLU）**。对于给定的激活 z，激活函数计算为 $g(z) = \max(0, z)$，从而得到类似于看涨期权收益的函数形式。当单元为激活时，导数是恒定的。ReLU 通常与仿射输入变换组合使用，后者要求存在偏置节点。与 sigmoid 单元相比，ReLU 通常与仿射输入变换极大地提高了前馈网络的性能，并且经常被推荐为默认值。同时还有几个 ReLU 扩展，能够有效解决 ReLU 在不活动且梯度为 0 时通过梯度下降学习的局限性（Goodfello、Bengio 和 Courville，2016）。

逻辑函数 σ 的另一种替代方法是**双曲正切函数 tanh**，tanh 生成范围[-1,1]内的输出值。因为 $\tanh(z) = 2\sigma(2z) - 1$，它们密切相关。这两个函数都会受到饱和度的影响，因为对于非常低和非常高的输入值，两个函数的梯度变得非常小。然而，tanh 通常表现得更好，因为它更接近于恒等函数，因此对于较小的激活值网络行为更像一个线性模型，这反过来又有利于训练。

2. 输出单位和成本函数

神经网络输出格式和成本函数的选择取决于监督学习问题的类型，具体如下：

- **回归问题**使用线性输出单元计算其权重与最终隐藏层激活的点积，通常与均方误差成本组合使用。
- **二元分类**使用 sigmoid 函数输出单元模拟伯努利分布，就像以隐藏激活作为输入的逻辑回归一样。
- 如前所述，**多类问题**依赖于 softmax 单元，该函数将逻辑函数 sigmoid 概括为多个类，并对两个以上类的离散分布进行建模。

二进制和多类问题通常使用交叉熵损失，与均方误差相比，交叉熵损失可以显著提高训练效率。

17.2.3　深度神经网络的规范化

深度神经网络逼近任意函数的**缺点**是过度拟合的风险大大增加，**防止过度拟合的最佳方法**是在更大的数据集上训练模型。数据增强（如创建稍微修改的图像版本等）就是一种强大的替代方法。为此目的生成的综合金融训练数据是另一个活跃的研究领域，这也是我们在第 20 章中将要介绍的主要内容之一。

作为替代方法或补充，正则化可以减轻过度拟合的风险。对于本书到目前为止介绍的所有模型，都有某种形式的正则化方法，可以在减少泛化误差的同时不会影响其训练误差。示例包括添加到岭回归和套索回归的惩罚，以及决策树和基于树的集成模型中使用的拆分或深度约束。

通常，正则化是对参数值进行软约束，从而抵消一些额外的误差，获得较低的方差。人们普遍发现，具有最小泛化误差的模型不是具有精确参数大小的模型，而是一个经过良好正则化的较大模型。流行的神经网络正则化技术包括参数范数惩罚、早停法和丢弃法等。

1. 参数范数惩罚

在第 7 章中，我们介绍了套索回归和岭回归的**参数范数惩罚**，分别对应 L1 和 L2 正则化。在深度学习中，参数范数惩罚也类似地通过添加一个表示参数的 L1 或 L2 范数修改目标函数，该项由需要调整的超参数加权确定。对于深度学习，通常不限制偏置参数，而仅限制权重。

通过将权重一直减小到 0，L1 正则化可以产生稀疏参数估计。相比之下，L2 正则化保留了方向，参数可沿这些方向显著降低成本函数。惩罚或超参数值可以在各个层之间变化，但是增加的调整复杂度很快变得令人望而却步。

2. 早停法

我们在第 12 章中介绍过另一种正则化方法——**早停法**。这也许是最常见的神经网络正则化方法，因为它既有效又简单。早停法监视模型在验证集上的性能，并在性能停止改善时停止训练，防止过度拟合。

早停法可以被视为有效的超参数选择方法，可以自动确定正则化的正确数量，而参数惩罚则需要超参数调整来识别理想的权重衰减。当然，这里需要注意避免前视偏差：当早停法使用在策略的实际实施过程中不可用的样本外数据时，一定要警惕那些让我们"喜出望外"的回测结果。

3. 丢弃法

丢弃法是指在向前或向后的传播过程中对给定概率单个单元的随机省略，这些省略的单元不会导致训练错误或接收更新。

该技术计算成本低，不限制模型或训练程序的选择。虽然需要更多的迭代来获得相同的学习量，但是由于计算成本较低，每次迭代都会更快。丢弃法的本质是通过防止单元对其他单元在训练过程中犯下的错误进行补偿，从而降低了过度拟合的风险。

17.2.4 深度学习优化

反向传播是指计算成本函数相对于我们希望更新的内部参数的梯度，并使用此信息更新参数值。梯度之所以有用，是因为它指示了导致成本函数最大增加的参数更改的方向。因此，至少对于非常接近观测样本的区域，可以根据负梯度调整参数以产生最佳的成本降低。

由于具有非凸目标函数和大量参数，训练深度神经网络需要很长的时间。以下几个挑战可能会显著延迟收敛，或者找到一个较差的最优值，或者导致目标的振荡或发散。

- 局部最小值会阻碍收敛到全局最优，导致性能下降。
- 具有非局部最小值的低梯度平坦区域也会阻止收敛，同时很可能远离全局最优值。
- 将几个较大的权重相乘后，坡度较高的陡峭区域可能会导致过度调整。
- 循环神经网络中的深层架构或长期依赖关系要求在反向传播期间乘以许多权重，导致梯度消失，这样至少部分神经网络难以收敛或几乎没有更新。

研究者们已经开发了几种算法来解决其中的一些挑战，如随机梯度下降的变化和使用自适应学习率的方法。尽管自适应学习率已经在某种程度上崭露头角，但截至目前，还没有一种最佳算法。

1. 随机梯度下降

随机梯度下降迭代调整参数使用的梯度信息。对于给定的参数 θ，基本梯度下降通过与此参数相关的损失函数的负梯度乘以学习率来调整值 η，公式如下：

$$\theta = \theta - \underbrace{\eta}_{\text{学习率}} \cdot \underbrace{\nabla_\theta J(\theta)}_{\text{梯度}}$$

对于所有的训练数据、随机的一批数据或个人观测（称为在线学习）都可以进行梯度评估，随机样本产生**随机梯度下降（SGD）**，如果随机样本是训练过程中梯度方向的无偏估计，则通常可以更快地进行收敛。

但是，这也存在许多挑战。例如，很难定义一个学习率或速率表；速率太低会延长收敛过程，而速率太高会导致反复的过冲和振荡，甚至振荡偏离[1]。此外，对于所有参数，即在所有变化方向上，相同的学习率可能都不足够。

2. 动量梯度下降

在普遍流行的基本梯度下降方法上，我们增加将收敛速度加快到局部最小值的动力形成动量梯度下降法（Momentum），动量的图示通常以在拉长的沟壑中心处的局部最优为例（实际上，维数将远大于 3）。它意味着在一个深而狭窄的峡谷中的最小值，该峡谷的壁非常陡峭，一侧的梯度较大，而另一侧区域底部的局部最小值的斜率则平缓得多。梯度下降自然会遵循陡峭的梯度，并且将在峡谷壁上进行反复的向上和向下调整，而向最小方向的移动则要慢得多。

---

[1] 译者注：事实上，对于精准度来说，随机梯度下降法每次训练仅仅用一个样本决定梯度的方向，可能得到局部最小值，精准度不高。对于收敛速度来说，由于随机梯度下降法一次迭代一个样本，导致迭代方向变化很大，不能很快地收敛到局部最优解。

17

深度学习在交易中的应用

动量法的目的是通过**跟踪最近的方向**并通过最近梯度和当前计算值的加权平均来调整参数以解决这种情况。它使用动量项 γ 来权衡最新调整对该迭代的更新 v_t 的贡献，公式如下：

$$v_t = \gamma v_{t-1} + \eta \nabla_\theta J(\theta)$$

牛顿动量是对正常动量的简单改变。在此，梯度项不是在当前参数空间位置计算的，而是在中间位置计算的。目标是纠正动量项过冲或指向错误的方向[1]（Sutskever 等人，2013）。

3. 适应性学习率

选择合适的学习率非常具有挑战性，但同时，它又是最重要的参数之一，会极大地影响训练时间和泛化性能。

动量解决了学习率的某些问题，但这样做却引入了另一个超参数——**动量率**。有几种算法可以根据梯度信息在整个训练过程中适应学习率。

4. 自适应梯度算法

自适应梯度算法（AdaGrad）会累积所有历史参数特定的梯度信息，并继续以与给定参数的平方累积梯度成反比的方式重新调整学习率。目标是放慢对已经更改很多的参数的更改，并鼓励对未更改的参数进行调整。

AdaGrad 设计之初在凸函数上表现良好，而且因为它可以根据早期的梯度信息过快地降低学习率，在深度学习中表现也不错。

5. 均方根梯度下降算法

均方根梯度下降算法（RMSProp）使用累积梯度信息的指数加权平均值，可以视为对 AdaGrad 的改进。目标是更加强调最近的梯度，同时还引入了一个新的超参数控制移动平均线的长度。

RMSProp 是一种时下流行且表现出色的算法，各种库都支持相关实现。

6. Adam

Adam 全称为 Adaptive Moment Derivation，可以算是将 Momentum 算法和 RMSProp 算法组合使用的算法[2]，结果相当稳健，也经常被用作默认优化算法（Kingma 和 Ba，2014）。

Adam 有多个超参数，这些超参数具有推荐的默认值，当然也可以从某些调整中受益，具体如下：

- alpha：学习速率或步长决定了权值的更新量，使得较大（较小）的值在速率更新之前加快（减慢）学习，许多库使用 0.001 作为默认值。
- beta$_1$：一阶矩估计的指数衰减率，通常设置为 0.9。
- beta$_2$：二阶矩估计的指数衰减率，通常设置为 0.999。
- epsilon：一个非常小的数字，用来防止被 0 除，通常设置为 1e-8。

---

[1] 译者注：也就是说，每次梯度下降都考虑之前的速度作用，如果方向与之前相同，则会继续加速；如果方向与之前相反，由于之前存在速度，不会出现振荡式的急转弯，而是尽量把路线向一条直线拉过去。

[2] 译者注：Momentum 算法和 RMSProp 算法分别从动量和收敛速度的角度累积梯度，Adam 则将两者组合使用，在训练的最开始初始化梯度的累积量和平方累积量，根据 Momentum 和 RMSProp 算法的结合对权重和偏置进行更新。

17.2.5 小结——关键超参数调整

超参数优化的目的是**调整模型容量**，使其与输入数据之间的复杂关系相匹配。容量过大可能会导致过度拟合，需要更多的数据将额外的信息引入学习过程，减小模型的大小，或者更积极地使用刚才描述的各种正则化工具。

主要的诊断工具是第 6 章中介绍的训练和验证错误行为。一方面，如果验证错误恶化，而训练错误继续下降，则模型因容量过高而过度拟合；另一方面，如果性能低于预期，则可能需要增加模型的大小。

参数优化最重要的方面是架构本身，因为它在很大程度上决定了参数的数量：在其他条件相同的情况下，更多或更宽的隐藏层会增加容量。如前所述，最佳性能通常与容量过剩的模型相关联，但使用诸如 dropout 或 L1/L2 惩罚等机制进行了很好的正则化。

除了**平衡模型大小和正则化**之外，调整**学习速率**也很重要，因为它会破坏优化过程并降低有效模型容量。正如最受欢迎的 Adam 所述，自适应优化算法提供了一个很好的起点。

17.3 基于 Python 从零开始构建神经网络

为了更好地理解神经网络的工作机理，我们将使用矩阵代数来描述图 17.2 所示的单层体系结构和前向传播计算，并使用 NumPy 来实现它。可以在笔记 build_and_train_feedforward_nn 文件中找到代码示例。

17.3.1 输入层

图 17.2 所示的体系结构是为表示两个不同类 Y 的二维输入数据 X 设计的。以矩阵形式表示，X 和 Y 均为 $N \times 2$：

$$X = \begin{bmatrix} x_{11} & x_{12} \\ \vdots & \vdots \\ x_{N1} & x_{N2} \end{bmatrix} \qquad Y = \begin{bmatrix} y_{11} & y_{12} \\ \vdots & \vdots \\ y_{N1} & y_{N2} \end{bmatrix}$$

使用 scikit-learn 的 make_circles 函数以两个半径不同的同心圆的形式生成 50 000 个随机二进制样本，以使这些类不是线性可分离的，代码如下：

```
N = 50000
factor = 0.1
noise = 0.1

X, y = make_circles(n_samples=N, shuffle=True,
                    factor=factor, noise=noise)
```

然后将一维输出转换为二维数组，代码如下：

```
Y = np.zeros((N, 2))
for c in [0, 1]:
    Y[y == c, c] = 1
'Shape of: X: (50000, 2) | Y: (50000, 2) | y: (50000,)'
```

图 17.3 显示了数据的散点图，显然不是线性可分离的。

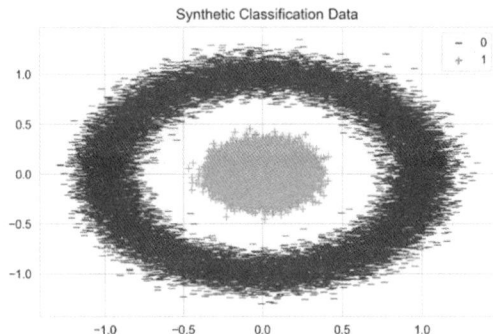

图 17.3 二进制分类的合成数据

17.3.2 隐藏层

隐藏层 h 使用权重 $\boldsymbol{W}^h$ 将二维输入投影到三维空间中，并通过偏置向量 $\boldsymbol{b}^h$ 转换结果。要执行此仿射变换，隐藏层权重由 2×3 矩阵 $\boldsymbol{W}^h$ 表示，隐藏层偏置向量用三维向量表示：

$$
\underset{2\times3}{\boldsymbol{W}^h}=\begin{bmatrix} w^h_{11} & w^h_{12} & w^h_{13} \\ w^h_{21} & w^h_{22} & w^h_{23} \end{bmatrix} \quad \underset{1\times3}{\boldsymbol{b}^h}\begin{bmatrix} b^h_1 & b^h_2 & b^h_3 \end{bmatrix}
$$

隐藏层激活 $\boldsymbol{H}$ 是将 sigmoid 函数应用于输入数据与加偏向量后的权重的点积：

$$
\underset{N\times3}{\boldsymbol{H}}=\sigma(X\cdot\boldsymbol{W}^h+\boldsymbol{b}^h)=\frac{1}{1+e^{-(X\cdot\boldsymbol{W}^h+\boldsymbol{b}^h)}}=\begin{bmatrix} h_{11} & h_{12} & h_{13} \\ \vdots & \vdots & \vdots \\ h_{N1} & h_{N2} & h_{N3} \end{bmatrix}
$$

为了基于 NumPy 实现隐藏层，首先定义 logistic sigmoid 函数，代码如下：

```
def logistic(z):
    """logistic sigmoid 函数"""
    return 1 / (1 + np.exp(-z))
```

然后定义一个函数，根据相关输入、权重和偏置值来计算隐藏层的激活 $\boldsymbol{H}$：

```
def hidden_layer(input_data, weights, bias):
    """计算隐藏层的激活"""
    return logistic(input_data @ weights + bias)
```

17.3.3 输出层

输出层使用 3×2 权重矩阵 $\boldsymbol{W}^o$ 和二维偏置向量 $\boldsymbol{b}^o$ 将三维隐藏层激活 $\boldsymbol{H}$ 压缩回二维：

$$
\underset{3\times2}{\boldsymbol{W}^o}=\begin{bmatrix} w^o_{11} & w^o_{12} \\ w^o_{21} & w^o_{22} \\ w^o_{31} & w^o_{32} \end{bmatrix} \quad \underset{1\times2}{\boldsymbol{b}^o}=\begin{bmatrix} b^o_1 & b^o_2 \end{bmatrix}
$$

隐藏层输出的线性组合可以产生一个 $N\times2$ 的矩阵 $\boldsymbol{Z}^o$：

$$
\underset{N\times2}{\boldsymbol{Z}^o}=\underset{N\times3}{\boldsymbol{H}}\cdot\underset{3\times2}{\boldsymbol{W}^o}+\underset{1\times2}{\boldsymbol{b}^o}
$$

输出层激活由 softmax 函数 ς 计算将 $\boldsymbol{Z}^o$ 标准化以符合离散概率分布的惯例:

$$\underset{N\times 2}{\boldsymbol{Y}} = \varsigma(\boldsymbol{H}\cdot\boldsymbol{W}^o + \boldsymbol{b}^o) = \begin{bmatrix} y_{11} & y_{12} \\ \vdots & \vdots \\ y_{n1} & y_{n2} \end{bmatrix}$$

在 Python 中创建一个 softmax 函数,代码如下:

```
def softmax(z):
    """softmax 函数"""
    return np.exp(z) / np.sum(np.exp(z), axis=1, keepdims=True)
```

如此处定义,输出层激活取决于隐藏层激活以及输出层权重和偏置,代码如下:

```
def output_layer(hidden_activations, weights, bias):
    """计算输出 y_hat"""
    return softmax(hidden_activations @ weights + bias)
```

现在我们就有了集成图层并直接从输入中计算神经网络输出所需的所有模块。

17.3.4 前向传播

forward_prop 函数结合了先前的操作,以权重和偏置的函数形式从输入数据中产生输出激活,代码如下:

```
def forward_prop(data, hidden_weights, hidden_bias, output_weights, output_
bias):
    """神经网络作为函数"""
    hidden_activations = hidden_layer(data, hidden_weights, hidden_bias)
    return output_layer(hidden_activations, output_weights, output_bias)
```

predict 函数生成给定权重、偏置和输入的二进制类预测数据,代码如下:

```
def predict(data, hidden_weights, hidden_bias, output_weights, output_bias):
    """二进制类预测数据(0 或 1)"""
    y_pred_proba = forward_prop(data,
                                hidden_weights,
                                hidden_bias,
                                output_weights,
                                output_bias)
    return np.around(y_pred_proba)
```

17.3.5 交叉熵成本函数

最后一部分是成本函数,用于基于给定标签评估神经网络输出。成本函数 J 使用交叉熵损失 ξ 表示,J 将每个类 c 的预测与实际结果的偏置相加,公式如下:

$$J(\boldsymbol{Y},\hat{\boldsymbol{Y}}) = \sum_{i=1}^{n}\xi(y_i,\hat{y}_i) = -\sum_{i=1}^{N}\sum_{i=c}^{C} y_{ic}\cdot\log(\hat{y}_{ic})$$

它在 Python 中采用以下形式:

```
def loss(y_hat, y_true):
    """交叉熵"""
    return - (y_true * np.log(y_hat)).sum()
```

17.3.6 基于 Python 的反向传播实现

要使用反向传播更新神经网络的权重和偏置值，需要计算成本函数的梯度。梯度表示成本函数相对于目标参数的偏导数。

1. 计算梯度

神经网络包含一组嵌套函数。因此，损失函数相对于内部隐藏参数的梯度是使用微积分的链式规则计算的。

对于标量值，给定函数 $z = h(x)$ 和 $y = o[h(x)] = o(z)$，我们使用链式规则计算 y 相对于 x 的导数，公式如下：

$$\frac{\mathrm{d}y}{\mathrm{d}x} = \frac{\mathrm{d}y}{\mathrm{d}z}\frac{\mathrm{d}z}{\mathrm{d}x}$$

对于这些向量，使用 $z \in \mathbf{R}^m$ 和 $x \in \mathbf{R}^n$ 使得隐藏层 h 从 $\mathbf{R}^n$ 映射到 $\mathbf{R}^m$，并且有 $z = h(x)$ 和 $y = o(z)$，可以得到：

$$\frac{\partial y}{\partial x_i} = \sum_j \frac{\partial y}{\partial z_j}\frac{\partial z_j}{\partial x_i}$$

可以使用 $m \times n$ 的雅可比矩阵来更简洁地表达 h，如下所示：

$$m \times n \frac{\mathrm{d}z}{\mathrm{d}x}$$

它包含 z 的 m 个分量对 n 个输入 x 的偏导数。梯度 ∇y 相对于 x 的导数包含所有偏导数，因此可以写成：

$$\nabla_x y = \left(\frac{\mathrm{d}z}{\mathrm{d}x}\right)^T \nabla_z y$$

2. 损失函数梯度

关于每个输出层激活 $i = 1, \cdots, N$ 的交叉熵损失函数 J 的导数是一个非常简单的表达式，如下所示，左式为标量值，右式为矩阵表示方法：

$$\frac{\partial J}{\partial z_i^0} = \hat{y}_i - y_i \qquad \nabla_{z^0} J = \hat{Y} - Y = \delta^0$$

相应地定义 loss_gradient 函数，代码如下：

```python
def loss_gradient(y_hat, y_true):
    """输出层梯度"""
    return y_hat - y_true
```

3. 输出层梯度

为了将更新传播回输出层权重，使用损失函数 J 相对于权重矩阵的梯度，公式如下：

$$\frac{\partial J}{\partial W^0} = H^T(\hat{Y} - Y) = H^T \delta^0$$

至于偏置则为

$$\frac{\partial J}{\partial \boldsymbol{b}^0} = \frac{\partial J}{\partial Y}\frac{\partial Y}{\partial Z^0}\frac{\partial Z^0}{\partial \boldsymbol{b}^0} = \sum_{i=1}^{N} 1\times(\hat{y}_i - y_i) = \sum_{i=1}^{n}\delta_i^{\,0}$$

现在,可以相应地定义 output_weight_gradient 和 output_bias_gradient,并都将损耗梯度 δ^0 作为输入,代码如下:

```python
def output_weight_gradient(H, loss_grad):
    """输出层权重的梯度"""
    return H.T @ loss_grad

def output_bias_gradient(loss_grad):
    """输出层偏置的梯度"""
    return np.sum(loss_grad, axis=0, keepdims=True)
```

4. 隐藏层梯度

损失函数相对于隐藏层值的梯度计算方法如下,其中,∘表示元素矩阵乘积:

$$\nabla_{Z^h} J = \boldsymbol{H}\circ(1-\boldsymbol{H})\circ[\delta_0(\boldsymbol{W}^0)^{\mathrm{T}}] = \delta_h$$

定义 hidden_layer_gradient 函数来对这个结果进行编码,代码如下:

```python
def hidden_layer_gradient(H, out_weights, loss_grad):
    """在隐藏层出现错误 H * (1-H) * (E . Wo^T)"""
    return H * (1 - H) * (loss_grad @ out_weights.T)
```

隐藏层权重和偏置的梯度为

$$\nabla_{\boldsymbol{W}^h} J = \boldsymbol{X}^{\mathrm{T}}\cdot\delta^h \qquad \nabla_{\boldsymbol{b}^h} J = \sum_{j=1}^{N}\delta_{hj}$$

相应地,定义 hidden_weight_gradient 的代码如下:

```python
def hidden_weight_gradient(X, hidden_layer_grad):
    """隐藏层的权重参数的梯度"""
    return X.T @ hidden_layer_grad

def hidden_bias_gradient(hidden_layer_grad):
    """输出层的偏置参数的梯度"""
    return np.sum(hidden_layer_grad, axis=0, keepdims=True)
```

5. 整合以上梯度

为了准备网络训练,需要创建一个函数,结合之前的梯度定义,并从训练数据和标签计算相关的权重与偏置更新以及定义当前的权重和偏置值,代码如下:

```python
def compute_gradients(X, y_true, w_h, b_h, w_o, b_o):
    """评估参数更新的梯度"""

    # 计算隐藏层和输出层激活
    hidden_activations = hidden_layer(X, w_h, b_h)
    y_hat = output_layer(hidden_activations, w_o, b_o)

    # 计算输出层梯度
    loss_grad = loss_gradient(y_hat, y_true)
    out_weight_grad = output_weight_gradient(hidden_activations, loss_grad)
```

```
out_bias_grad = output_bias_gradient(loss_grad)
# 计算隐藏层梯度
hidden_layer_grad = hidden_layer_gradient(hidden_activations,
                                          w_o, loss_grad)
hidden_weight_grad = hidden_weight_gradient(X, hidden_layer_grad)
hidden_bias_grad = hidden_bias_gradient(hidden_layer_grad)

return [hidden_weight_grad, hidden_bias_grad, out_weight_grad, out_bias_grad]
```

6. 测试梯度

笔记中包含一个测试函数，该函数将以前使用多元演算解析得出的梯度与通过略微扰动各个参数而获得的数值估算值进行比较，测试函数用于验证输出值的最终变化与解析梯度估计的变化是否相似。

7. 基于 Python 实现动量更新

要将动量合并到参数更新中，需要定义一个 update_momentum 函数，该函数将 compute_gradients 函数的结果与每个参数矩阵的最新动量更新相结合，代码如下：

```
def update_momentum(X, y_true, param_list, Ms, momentum_term, learning_rate):
    """用动量计算更新"""
    gradients = compute_gradients(X, y_true, *param_list)
    return [momentum_term * momentum - learning_rate * grads
            for momentum, grads in zip(Ms, gradients)]
```

update_params 函数执行实际更新，代码如下：

```
def update_params(param_list, Ms):
    """更新参数"""
    return [P + M for P, M in zip(param_list, Ms)]
```

8. 训练网络

为了训练网络，首先使用标准正态分布（请参阅笔记）随机初始化所有网络参数。对于给定的迭代次数或时期数，运行动量更新并按以下方式计算训练损失，代码如下：

```
def train_network(iterations=1000, lr=.01, mf=.1):
    # 初始化权重和偏置
    param_list = list(initialize_weights())

    # 动量矩阵 = [MWh, Mbh, MWo, Mbo]
    Ms = [np.zeros_like(M) for M in param_list]

    train_loss = [loss(forward_prop(X, *param_list), Y)]
    for i in range(iterations):

        # 更新动量和参数
        Ms = update_momentum(X, Y, param_list, Ms, mf, lr)
        param_list = update_params(param_list, Ms)
        train_loss.append(loss(forward_prop(X, *param_list), Y))

    return param_list, train_loss
```

图 17.4 绘制了 50 000 个训练样本在 50 000 次迭代中的训练损失，这些样本的动量项为 0.5，学习速率为 1e-4。结果表明，需要超过 5000 次的迭代，损失才会开始下降，但随后又很快地收敛了。当然，这里没有使用 SGD，SGD 有可能会加快收敛速度。

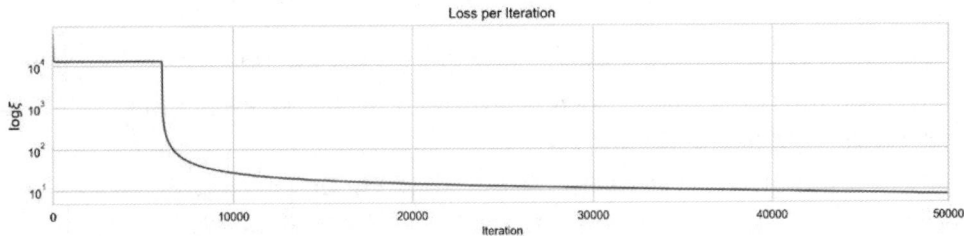

图 17.4　多次迭代的训练损失

图 17.5 显示了神经网络从具有两个不可线性可分的类的二维数据中学习到的具有三维隐藏层的函数。左侧图显示源数据和决策边界，错误分类的数据点很少，而且还将随着继续训练进一步改善；中间图显示了隐藏层学习到的输入数据的表示方式。该网络主要学习将输入从二维投影到三维的权重，目的是可以线性分离两个类别；右侧图显示了输出层如何在输出维度上以截断值 0.5 的形式实现线性分离。

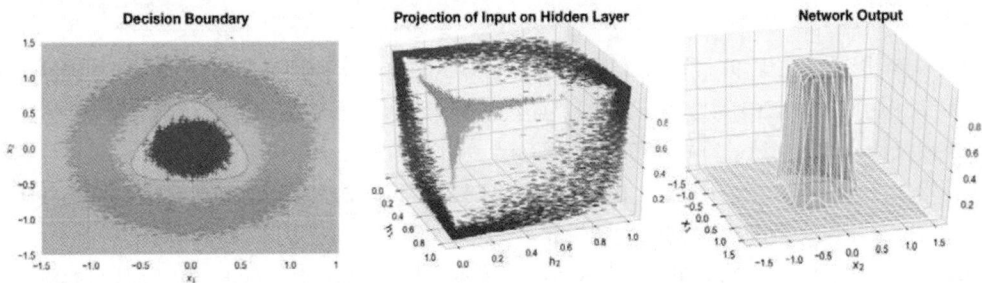

图 17.5　神经网络学习到的函数的可视化效果

综上所述，我们已经看到了一个非常简单的网络——只有一个单一的隐藏层、三个节点，总共 17 个参数，同时基于这个网络使用反向传播和动量梯度下降解决了非线性分类问题。

接下来我们将回顾如何使用流行的深度学习库来促进复杂架构的设计和快速训练，同时使用复杂的技术来防止过度拟合和评估结果。

17.4　常用的深度学习库

当前最受欢迎的深度学习库包括 TensorFlow（由 Google 支持）、Keras（由 Francois Chollet 领导，现在由 Google 支持）和 PyTorch（由 Facebook 支持）。截至 2020 年 3 月，基于 PyTorch 1.4 和 TensorFlow 2.2 的开发都非常活跃。TensorFlow 2 采用 Keras 作为其主要接口，可以有效地实现两库融合。

所有库都提供了我们在本章前面介绍过的设计选择、正则化方法和后台优化等。这些库还有助于在一个或多个**图形处理单元（GPU）**上进行快速训练。这些库的侧重点彼此略有不同，TensorFlow 最初是为在生产环境中部署而设计的，在业界颇为流行；而 PyTorch 更广泛应用于学术研究人员中。当然，这些库之间的整合也是显而易见的。

我们将使用与 17.3 节相同的网络架构和数据集来演示 TensorFlow 和 PyTorch 的使用。

17.4.1 GPU 加速

对于深度学习而言，要获得良好的结果通常需要使用大型数据集，所以计算量往往非常大，模型训练和评估可能会变得非常耗时。GPU 已针对深度学习模型所需的矩阵运算进行了高度优化，并趋向于具有更大的处理能力，提速 10 倍甚至更多。

所有流行的深度学习库都支持使用 GPU，有些还允许在多个 GPU 上并行训练。最常见的 GPU 类型由 NVIDIA 生产，配置过程需要安装和设置 CUDA 环境[1]。这个过程会继续发展，当然根据不同的计算环境，可能会有一定的挑战性。

利用 GPU 的一个更直接的方式是通过 Docker 虚拟化平台。可以在本地运行许多可用的镜像，这些镜像可以避免可能遇到的驱动程序和版本冲突。TensorFlow 在其网站上提供了 Docker 镜像，相关镜像也可以用于 Keras。

请参阅 GitHub 中的深度学习笔记和安装目录中的参考资料与相关说明。

17.4.2 TensorFlow 2

TensorFlow 于 2015 年 9 月发布（即 PyTorch 推出的前一年），不久就成为领先的深度学习库。TensorFlow 2 使用 Keras API 作为其主要接口，简化了随着时间而变得越来越复杂的 API。

Keras 被设计为高级 API，可用于加速使用 TensorFlow、Theano 或 CNTK 等计算后端设计和训练深度神经网络的迭代工作流程。2017 年，Keras 被集成到 TensorFlow 中。可以结合这两个库的代码来利用 Keras 的高级抽象以及定制的 TensorFlow 图操作。

另外，TensorFlow 采用了急切执行。以前，需要定义一个完整的计算图，以便编译为优化的操作。运行编译的图需要配置会话和提供必需的数据。在急切执行的情况下，可以像普通的 Python 代码一样逐行运行 TensorFlow 代码。

Keras 支持简单的顺序 API 和更灵活的函数 API。我们将在这里介绍前者，并在第 18 章中在更为复杂的示例中使用函数 API。

要创建一个模型，只需要实例化一个顺序对象，提供一个包含标准层序列及其配置的列表，包括单元的数量、激活函数的类型或名称。

第一隐藏层需要关于通过input_shape参数从输入层接收的矩阵中要素数量的信息。在这个简单的例子中只有两个。Keras通过batch_size参数推断出它在训练期间需要处理的行数，本小节稍后介绍将该参数传递给fit的方法。TensorFlow从上一层的units参数中推断出其他层接收到的输入的大小，代码如下：

```
from tensorflow.keras.models import Sequential
from tensorflow.keras.layers import Dense, Activation
model = Sequential([
    Dense(units=3, input_shape=(2,), name='hidden'),
    Activation('sigmoid', name='logistic'),
```

---

[1] 译者注：CUDA（Compute Unified Device Architecture）是显卡厂商 NVIDIA 推出的运算平台。CUDA™是一种由 NVIDIA 推出的通用并行计算架构，该架构使 GPU 能够解决复杂的计算问题。

```
    Dense(2, name='output'),
    Activation('softmax', name='softmax'),
])
```

Keras API 提供了许多标准的构建模块，包括循环层、卷积层、各种正则化选项、一系列损失函数和优化器，以及预处理、可视化和日志记录等（请参阅 GitHub 上 TensorFlow 文档的链接以获得参考），同时支持扩展。

该模型的 summary 方法可以对网络体系结构进行简洁的描述，包括层类型和形状的列表以及参数的数量，具体如下：

```
model.summary()

Layer (type)                  Output Shape              Param #
=================================================================
hidden (Dense)                (None, 3)                 9
_____
logistic (Activation)         (None, 3)                 0
_____
output (Dense)                (None, 2)                 8
_____
softmax (Activation)          (None, 2)                 0
=================================================================
Total params:  17
Trainable params:  17
Non-trainable params:  0
```

接下来，编译顺序模型，配置学习过程。为此，我们定义了优化器、损失函数以及在训练期间要监控的一个或几个性能指标，代码如下：

```
model.compile(optimizer='rmsprop',
              loss='binary_crossentropy',
              metrics=['accuracy'])
```

Keras在训练期间使用回调启用某些功能。例如，在TensorBoard中记录信息以进行交互式显示，代码如下：

```
tb_callback = TensorBoard(log_dir='./tensorboard',
                          histogram_freq=1,
                          write_graph=True,
                          write_images=True)
```

为了训练模型，调用fit方法并在训练数据之外传递几个参数，代码如下：

```
model.fit(X, Y,
          epochs=25,
          validation_split=.2,
          batch_size=128,
          verbose=1,
          callbacks=[tb_callback])
```

有关决策边界的可视化，请参阅笔记，该边界类似于我们之前的手动网络实现的结果。不过，TensorFlow 的训练速度要快几个数量级。

17.4.3 TensorBoard

TensorBoard 是一套很棒的可视化工具，与 TensorFlow 组合使用，可以通过可视化工具来简化网络的理解、调试和优化。

我们可以使用它来可视化计算图、绘制各种执行和性能指标，甚至可视化由网络处理的图像数据，TensorBoard 还支持对不同的训练进行比较。

在安装了 TensorFlow 的情况下，运行笔记中的 how_to_use_tensorflow 时，可以从命令行启动 TensorBoard，代码如下：

```
tensorboard --logdir=/full_path_to_your_logs     ## e.g. ./tensorboard
```

或者，也可以在笔记中使用它，首先加载扩展，然后通过引用日志目录类似地启动 TensorBoard，代码如下：

```
%load_ext tensorboard
%tensorboard --logdir tensorboard/
```

对于初学者，建议从训练和验证指标开始可视化（见图 17.6 左侧）。

此外，也可以查看不同时期的权重和偏置的直方图（见图 17.6 右侧，时期由后向前演变）。这一点是非常有用的，我们可以基于此监视反向传播是否在学习过程中成功地调整权值，同时掌握是否正在收敛。

权重的值应在几个时期内从其初始值更改，并最终保持稳定。

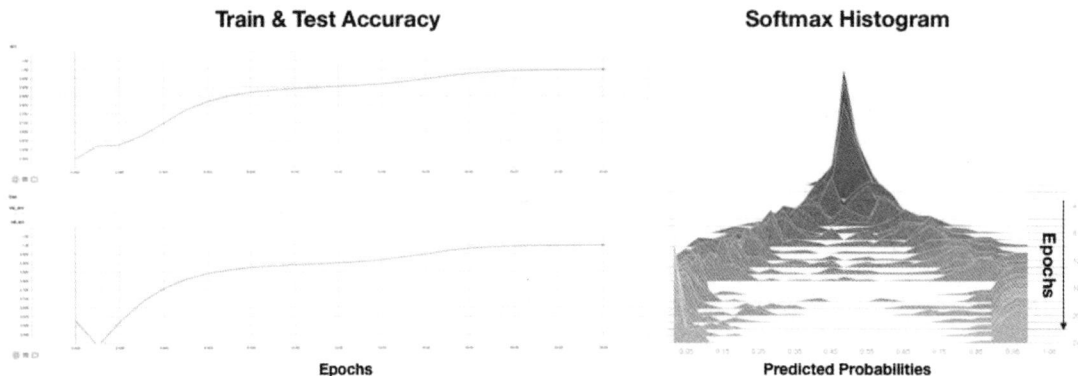

图 17.6　TensorBoard 学习过程的可视化

17.4.4 PyTorch 1.4

PyTorch 由 Yann LeCunn 领导的 Facebook 人工智能研究（FAIR）小组开发，第一个 Alpha 版本于 2016 年 9 月发布。PyTorch 提供与 Python 库的深度集成，如 NumPy，可以用来扩展其功能，支持强大的 GPU 加速，并使用 autograd 系统自动差异化。PyTorch 通过一个较低层次的 API 提供了比 Keras 更细颗粒度的控制，主要用作深度学习研究平台，但也可以取代 NumPy，同时支持 GPU 计算。

与诸如 Theano 或 TensorFlow 等使用的静态计算图不同，PyTorch 采用急切执行。与其最初为快速但静态地执行而定义和编译网络，不如依靠它的 autograd 软件包来自动区分张量操作。也就是说，PyTorch

可以"实时"计算梯度，从而可以更轻松地修改部分网络结构。这就是所谓的 define-by-run，意味着反向传播是由代码的运行方式定义的，反过来意味着每次迭代都可以不同。PyTorch 文档提供了有关此内容的详细教程。

由此产生的灵活性，加上直观的 Python 优先接口和执行速度，使其迅速风靡，同时也促进了扩展其功能的许多支持库的开发。

让我们通过实现简单的网络架构来了解 PyTorch 和 autograd 是如何工作的（详情请参阅笔记 how_to_use_pytorch）。

1. 创建一个 PyTorch 数据加载器

首先将 NumPy 或 pandas 输入数据转换为 torch 张量。从 NumPy 和到 NumPy 的转换都非常简单，代码如下：

```
import torch
X_tensor = torch.from_numpy(X)
y_tensor = torch.from_numpy(y)

X_tensor.shape, y_tensor.shape
(torch.Size([50000, 2]), torch.Size([50000]))
```

可以首先使用这些 PyTorch 张量实例化一个 TensorDataset；然后进行第二步：实例化一个包含 batch_size 信息的数据加载器，代码如下：

```
import torch.utils.data as utils

dataset = utils.TensorDataset(X_tensor,y_tensor)
dataloader = utils.DataLoader(dataset,
                              batch_size=batch_size,
                              shuffle=True)
```

2. 定义神经网络结构

PyTorch 使用 Net()类定义了 NN 结构，核心模块是 forward 函数，autograd 自动定义相应的 backward 函数来计算梯度。

任何合法的张量运算都是 forward 函数的公平博弈，提供了设计灵活性的日志。在我们的简单例子中，只需在初始化张量属性后，通过函数式的输入/输出关系将张量连接起来，代码如下：

```
import torch.nn as nn

class Net(nn.Module):
    def __init__(self, input_size, hidden_size, num_classes):
        super(Net, self).__init__()          # 从 nn.Module 继承
        self.fc1 = nn.Linear(input_size, hidden_size)
        self.logistic = nn.LogSigmoid()
        self.fc2 = nn.Linear(hidden_size, num_classes)
        self.softmax = nn.Softmax(dim=1)

    def forward(self, x):
        """前向传播：每一层堆叠在一起"""
        out = self.fc1(x)
```

```
out = self.logistic(out)
out = self.fc2(out)
out = self.softmax(out)
return out
```

然后实例化一个 Net() 对象，检查体系结构如下：

```
net = Net(input_size, hidden_size, num_classes)
net
Net(
    (fc1): Linear(in_features=2, out_features=3, bias=True)
    (logistic): LogSigmoid()
    (fc2): Linear(in_features=3, out_features=2, bias=True)
    (softmax): Softmax()
)
```

检查第一个张量中的初始化参数，代码如下：

```
list(net.parameters())[0]
Parameter containing:
tensor([[ 0.3008, -0.2117],
        [-0.5846, -0.1690],
        [-0.6639, 0.1887]], requires_grad=True)
```

要启用 GPU 处理，可以使用 net.cuda()。有关在 CPU 和一个或多个 GPU 单元上放置张量的信息，请参阅 PyTorch 文档。

还需要使用一些内置选项定义损失函数和优化器，代码如下：

```
criterion = nn.CrossEntropyLoss()
optimizer = torch.optim.Adam(net.parameters(), lr=learning_rate)
```

3. 训练模型

模型的训练由每个回合的一个外部循环（即每次传递训练数据）和一个内部循环（通过数据加载器生成的批次）组成。执行学习算法的前向和后向传播。需要注意调整数据类型以适应各种对象和函数的需求。例如，标签需要是整数，特征应该是浮点数，代码如下：

```
for epoch in range(num_epochs):
    print(epoch)
    for i, (features, label) in enumerate(dataloader):

        features = Variable(features.float())
        label = Variable(label.long())

        # 初始化隐藏权重
        optimizer.zero_grad()

        # 前向传播：计算给定输出特征
outputs = net(features)
        # 计算损失
        loss = criterion(outputs, label)
        # 后向传播：计算梯度
        loss.backward()
        # 更新权重
        optimizer.step()
```

笔记还包含一个示例，使用 Keras 的 livelossplot 包绘制整个训练过程中的损失。

4. 评估模型预测

为了从我们训练的模型中获得预测，我们将特征数据传递给它，并将预测转换为 NumPy 数组。得到了两个类的 softmax 概率，代码如下：

```
test_value = Variable(torch.from_numpy(X)).float()
prediction = net(test_value).data.numpy()
Prediction.shape
(50000, 2)
```

从这里开始，就可以像以前一样继续计算损失指标或可视化结果，从而再现我们先前发现的决策边界。

17.4.5　替代方案

有利可图的深度学习促使几个库竞相发展，这些库又促进了神经网络的设计和训练。最突出的例子包括以下几个示例（也可以参阅 GitHub 上的参考资料）。

1. Apache MXNet

MXNet 由 Apache 基金会孵化而成，是一个用于训练和部署深度神经网络的开源深度学习软件框架。MXNet 侧重于可伸缩性和快速模型训练，其中包括 Gluon 高级界面，Gluon 可以使原型设计、训练和部署深度学习模型变得更容易。MXNet 被亚马逊选中用于 AWS 深度学习。

2. Microsoft 认知工具包

认知工具包（CNTK）是 Microsoft 对深度学习库的集成贡献。类似于 TensorFlow，CNTK 通过有向图将 NN 描述为一系列计算步骤。在这个有向图中，叶节点表示输入值或网络参数，而其他节点表示对其输入的矩阵操作。CNTK 允许用户构建和组合流行的模型架构，包括深度前馈网络、卷积网络和循环网络（RNN/LSTM）。

3. fastai

fastai 库旨在简化使用现代最佳实践快速而准确地训练神经网络的过程，fastai 支持处理图像、文本、表格和协同过滤数据的模型，该公司提供免费的软件和相关课程。

17.5　多空策略神经网络优化

在实践中，我们需要探索 NN 体系结构的设计选项的变体，以及我们如何根据先前概述的方法对其进行训练，因为从一开始就无法确定哪种配置最适合数据。在本节中，我们将探索一个简单前馈神经网络的各种体系结构，以使用第 12 章中开发的数据集来预测每日股票收益（参见该章 GitHub 目录中的 prepareing_the_model_data）。

为此，我们将定义一个函数，该函数基于多个体系结构输入参数返回 TensorFlow 模型，并使用我们在第 7 章中介绍的 MultipleTimeSeriesCV 来交叉验证备选模型。为了评估模型预测的信号质量，我们选取样本内交叉验证期间表现最好的模型集成，基于该模型集成建立一个简单的基于排序的多/空策略。为了限制错误发现的风险，我们随后将在样本外测试期间评估该策略的性能。详情请参阅笔记 optimizing_a_NN_architecture_for_trading。

17.5.1 每日股票收益预测特征工程

为了设计交易策略，我们使用了从 2010 年到 2017 年的 995 只美国股票的每日股票收益率。我们将使用第 12 章中开发的特征因子（包括波动性和动量因子以及横截面和行业排名的滞后收益）按如下方式加载数据：

```
data = pd.read_hdf('../12_gradient_boosting_machines/data/data.h5',
                   'model_data').dropna()
outcomes = data.filter(like='fwd').columns.tolist()
lookahead = 1

outcome= f'r{lookahead: 02}_fwd'
X = data.loc[idx[:, :'2017'], :].drop(outcomes, axis=1)
y = data.loc[idx[:, :'2017'], outcome]
```

17.5.2 神经网络架构定义

为了自动化生成 TensorFlow 模型，我们创建了一个函数，该函数基于随后在交叉验证迭代过程中传递的参数来构造和编译模型。

下面的 make_model 函数演示了如何为搜索过程灵活地定义各种体系结构元素。dense_layers 参数将网络的深度和宽度定义为一个整数列表。这里使用丢弃法进行正则化，表示为[0,1]的浮点数定义给定单元从训练迭代中排除的概率，代码如下：

```
def make_model(dense_layers, activation, dropout):
    '''创建一个多层感知器模型

    dense_layers: 层大小列表；每层一个数字
    '''

    model = Sequential()
    for i, layer_size in enumerate(dense_layers, 1):
        if i == 1:
            model.add(Dense(layer_size, input_dim=X_cv.shape[1]))
            model.add(Activation(activation))
        else:
            model.add(Dense(layer_size))
            model.add(Activation(activation))
    model.add(Dropout(dropout))

    model.add(Dense(1))

    model.compile(loss='mean_squared_error',
                  optimizer='Adam')

    return model
```

接下来进入交叉验证过程评估各种神经网络架构。

17.5.3　交叉验证设计选择——神经网络调优

使用 MultipleTimeSeriesCV 将数据分解为包含 24×12 个月数据的滚动训练和验证集，同时将最后 12×21 天的数据（从 2016 年 11 月 30 日开始）作为保留测试。对每个模型进行 48 个 21 天周期的训练，并在 3 个 21 天周期中评估其结果，这意味着交叉验证和测试周期合并为 12 次，代码如下：

```
n_splits = 12
train_period_length=21 * 12 * 4
test_period_length=21 * 3
cv = MultipleTimeSeriesCV(n_splits=n_splits,
                          train_period_length=train_period_length,
                          test_period_length=test_period_length,
                          lookahead=lookahead)
```

接下来，定义一组用于交叉验证的配置，包括两个隐藏层和退出概率的几个选项；我们将只使用 tanh 激活，因为实验结果表明与 ReLU 相比没有显著差异（也可以尝试不同的优化器，但建议你不要做这个实验，因为计算量已经足够大了），代码如下：

```
dense_layer_opts = [(16, 8), (32, 16), (32, 32), (64, 32)]
dropout_opts = [0, .1, .2]

param_grid = list(product(dense_layer_opts, activation_opts, dropout_opts))
np.random.shuffle(param_grid)
len(param_grid)
12
```

为了运行交叉验证，我们定义了一个函数，该函数基于 MultipleTimeSeriesCV 生成的整数索引生成训练和验证数据，代码如下：

```
def get_train_valid_data(X, y, train_idx, test_idx):
    x_train, y_train = X.iloc[train_idx, :], y.iloc[train_idx]
    x_val, y_val = X.iloc[test_idx, :], y.iloc[test_idx]
    return x_train, y_train, x_val, y_val
```

交叉验证过程中，我们使用之前定义的网格中的一组参数对模型进行 20 个回合的训练。在每个回合之后，存储一个包含学习到的权重的检查点，可以重新加载这些权重来快速生成最佳配置的预测而无须重新训练。

每个回合之后，计算并存储每日验证集的**信息系数（IC）**，代码如下：

```
ic = []
scaler = StandardScaler()
for params in param_grid:
    dense_layers, activation, dropout = params
    for batch_size in [64, 256]:
        checkpoint_path = checkpoint_dir / str(dense_layers) / activation /
                          str(dropout) / str(batch_size)
        for fold, (train_idx, test_idx) in enumerate(cv.split(X_cv)):
            x_train, y_train, x_val, y_val = get_train_valid_data(X_cv, y_cv,
                                             train_idx, test_idx)
```

```
x_train = scaler.fit_transform(x_train)
x_val = scaler.transform(x_val)
preds = y_val.to_frame('actual')
r = pd.DataFrame(index=y_val.groupby(level='date').size().index)
model = make_model(dense_layers, activation, dropout)
for epoch in range(20):
    model.fit(x_train, y_train,
              batch_size=batch_size,
              epochs=1, validation_data=(x_val, y_val))
    model.save_weights((checkpoint_path / f'ckpt_{fold}_{epoch}').as_posix())
    preds[epoch] = model.predict(x_val).squeeze()
    r[epoch] = preds.groupby(level='date').apply(lambda x:
        spearmanr(x.actual, x[epoch])[0]).to_frame(epoch)
        ic.append(r.assign(dense_layers=str(dense_layers),
                  activation=activation,
                  dropout=dropout,
                  batch_size=batch_size,
                  fold=fold))
```

使用 NVIDIA GTX 1080 GPU，对于 20 个时期 64 个样本批次需要一个多小时，而对于 256 个样本批次，大约需要 20 分钟。

17.5.4 预测性能评估

首先让我们看一看在交叉验证期间获得最高日 IC 中值的 5 个模型。计算这些值的代码如下：

```
dates = sorted(ic.index.unique())
cv_period = 24 * 21
cv_dates = dates[: cv_period]
ic_cv = ic.loc[cv_dates]

(ic_cv.drop('fold', axis=1).groupby(params).median().stack()
  .to_frame('ic').reset_index().rename(columns={'level_3': 'epoch'})
  .nlargest(n=5, columns='ic'))
```

结果显示，在两个层中分别使用 32 个单元和在第一、第二层中分别使用 16、8 个单元的体系结构的性能最好。这些模型运用了丢弃法，并且对于所有 fold 使用 64 个样本批大小训练给定时期（epoch），IC 中值在 0.0236 和 0.0246 之间变化，见表 17.1。

表 17.1

分 层	丢 弃	批容量大小	时 期	IC
(32,32)	0.1	64	7	0.0246
(16,8)	0.2	64	14	0.0241
(16,8)	0.1	64	3	0.0238
(32,32)	0.1	64	10	0.0237
(16,8)	0.2	256	3	0.0236

接下来看一看参数选择对预测性能的影响。

首先，可视化不同配置的每日信息系数（按 fold 平均），这样可以了解训练的持续时间对预测精度的影响。然而，如图 17.7 所示，IC 在各个模型之间变化不大，在各个回合之间没有特别系统地变化。

为了获得更可靠的统计数据，我们使用**普通最小二乘法（OLS）**进行线性回归，使用虚拟变量对于每个时期进行分层、丢弃、批容量大小选择，代码如下：

```
data = pd.melt(ic, id_vars=params, var_name='epoch', value_name='ic')
data = pd.get_dummies(data, columns=['epoch'] + params, drop_first=True)
model = sm.OLS(endog=data.ic, exog=sm.add_constant(data.drop('ic', axis=1)))
```

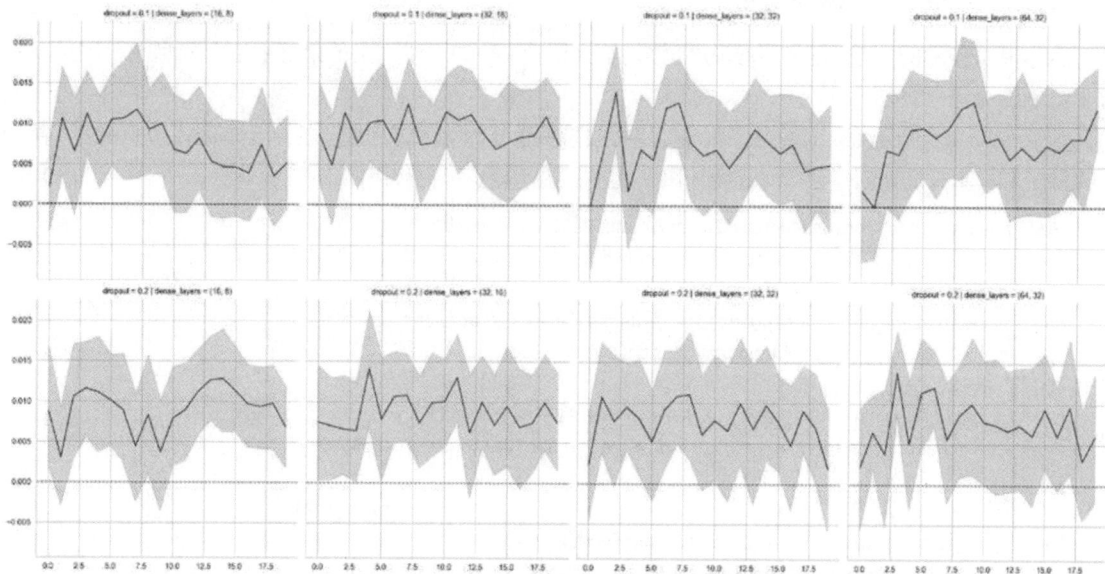

图 17.7　各种模型配置的信息系数

图 17.8 绘制了每个回归系数的置信区间，如果不包括 0，那么该系数在 5% 的水平上是显著的。y 轴上的 IC 值反映了与常数（0.0027，p 值：0.017）的差值，该常数表示当排除每个虚拟变量的一个类别时排除的样本平均值。

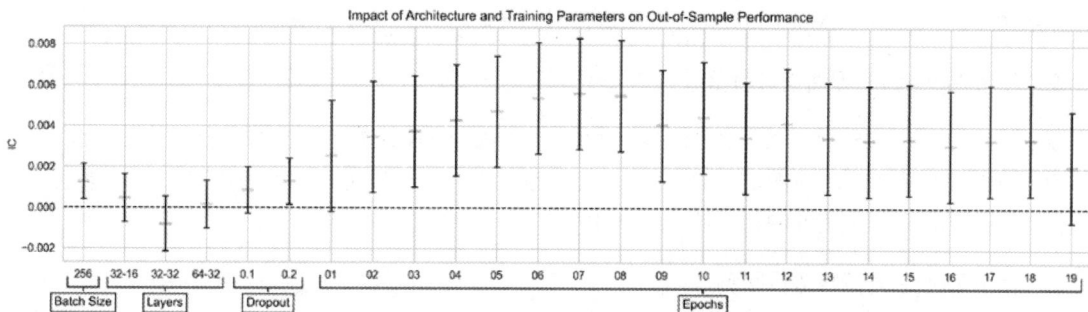

图 17.8　OLS 系数和置信区间

在所有配置中，256 的批容量大小和 0.2 的丢弃对性能有显著（但很小）的正向贡献。同样地，对 7 个回合的训练也产生了较好的结果。根据 F 统计量，回归总体上是显著的，但有一个非常低的接近 0 的 R^2 值，这一点说明了数据中相对于参数选择所传达的信号的高噪声程度。

17.5.5　基于集成信号的策略回测

为了将我们的神经网络模型转化为一种交易策略，生成预测并评估信号质量，创建规则来定义如何根据这些预测进行交易，同时对实现这些规则的策略的性能进行回测。有关本节中的代码示例，请参阅笔记 backtesting_with_zipline。

1. 综合预测产生可交易的信号

为了减少预测的方差，避免样本内过度拟合，我们将表 17.1 中列出的最好的三个模型的预测结合起来，并对结果进行平均。

定义 generate_predictions()函数，该函数接收模型参数作为输入，为期望的回合加载模型的权重，并为交叉验证和样本外周期创建预测（篇幅所限，这里只显示要点），代码如下：

```python
def generate_predictions(dense_layers, activation, dropout,
                         batch_size, epoch):
    checkpoint_dir = Path('logs')
    checkpoint_path = checkpoint_dir / dense_layers / activation /
                      str(dropout) / str(batch_size)

    for fold, (train_idx, test_idx) in enumerate(cv.split(X_cv)):
        x_train, y_train, x_val, y_val = get_train_valid_data(X_cv, y_cv,
                                                              train_idx,
                                                              test_idx)
        x_val = scaler.fit(x_train).transform(x_val)
        model = make_model(dense_layers, activation, dropout, input_dim)
        status = model.load_weights(
            (checkpoint_path / f'ckpt_{fold}_{epoch}').as_posix())
        status.expect_partial()
        predictions.append(pd.Series(model.predict(x_val).squeeze(),
                                     index=y_val.index))
    return pd.concat(predictions)
```

将结果存储起来，用 Alphalens 和 Zipline 进行回测评估。

2. 使用 Alphalens 评估信号质量

为了深入了解集成模型预测的信号内容，我们使用 Alphalens 计算 5 个按预测分位数区分的等权重投资组合的投资收益差异（见图 17.9）。在一天的持仓期内，顶部和底部五分位数之间的价差约为 8 个基点，这意味着阿尔法值为 0.094，贝塔值为 0.107。

3. 使用 Zipline 对策略进行回测

根据 Alphalens 分析，只要双方至少有 10 个选择权，我们的策略将分别为 50 只具有最高正和最低负预期收益的股票建立多头和空头头寸。该策略每天都在交易。

图 17.10 显示，该策略在样本内和样本外（在交易成本之前）表现良好。

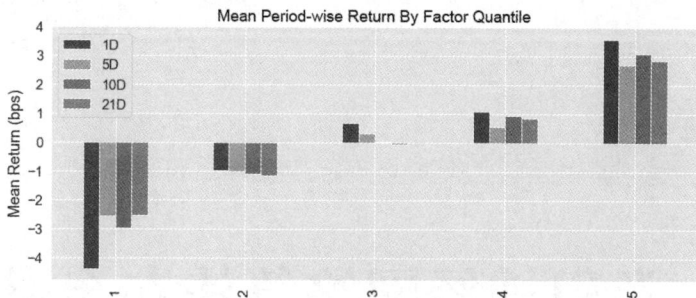

图 17.9　信号质量评估

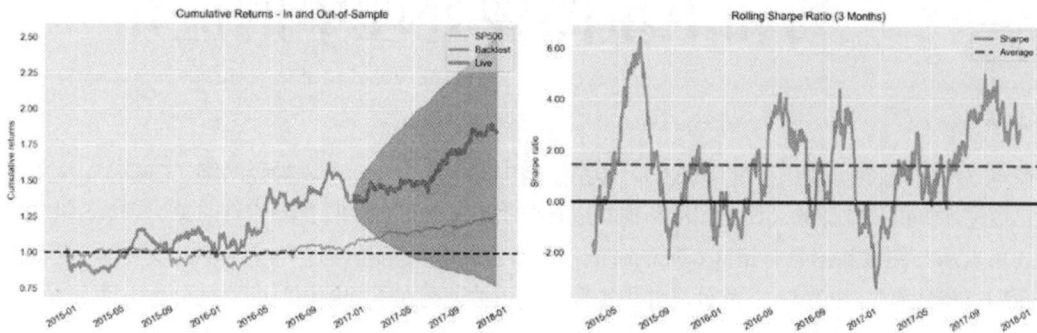

图 17.10　样本内和样本外回测性能

36 个月的年化收益率为 22.8%，样本内 24 个月的年化收益率为 16.5%，样本外 12 个月的年化收益率为 35.7%。样本内的夏普比率为 0.72，样本外的夏普比率为 2.15，样本内和样本外的阿尔法值分别为 0.18 和 0.29，贝塔值分别为 0.24 和 0.16。

17.5.6　进一步提高性能

相对简单的体系结构产生了一些有希望的结果。为了进　步提高性能，可以向模型添加新功能和更多数据。或者，也可以使用更复杂的体系结构，如循环神经网络和卷积神经网络，它们非常适合于顺序数据，而普通的前馈神经网络并不是为了捕捉特征的有序性而设计的。

17.6　本章小结

在本章中，我们介绍了深度学习这种从高维、非结构化数据中提取层次特征的表示学习形式，也看到了如何基于 NumPy 设计、训练和正则化前馈神经网络，演示了如何使用流行的深度学习库 PyTorch 和 TensorFlow，这些库可以实现快速开发原型和实际部署。

最重要的是，我们使用 TensorFlow 设计和调整了一个神经网络，生成了可交易的信号，信号在样本内和样本外期间都能提供诱人的收益。

在第 18 章中，我们将介绍卷积神经网络，卷积神经网络特别适用于图像数据，但也非常适用于序列数据。

第 *18* 章

卷积神经网络算法在金融时间序列和卫星图像处理中的应用

在本章中，我们将介绍专门的深度学习体系结构中的第一个——**卷积神经网络（CNN）**。卷积神经网络在各种计算机视觉任务（如对图像和视频进行分类以及在图像中检测和识别对象）中表现得都非常好，还可以从与图像数据具有相同特征的时间序列数据中提取信号，这一点已经成功应用于语音识别（Abdel-Hamid 等人，2014）。此外，卷积神经网络已被证明在不同领域时间序列分类方面具有最先进的性能（Ismail Fawaz 等人，2019）。

卷积神经网络是以一种称为卷积的线性代数运算命名的，这种运算至少在一层中取代前馈网络的一般矩阵乘法。我们将展示卷积是如何工作的，以及为什么它们特别适合于具有某种规则结构的数据，这种结构通常存在于图像中，有时也存在于时间序列中。

对**卷积神经网络体系结构**的研究进展神速，提高基准性能的新体系结构不断涌现。我们将描述一组成功的应用程序经常使用的构建模块，还将演示**迁移学习**如何通过对靠近输入的卷积神经网络层使用预训练权重来加速学习，同时根据特定任务微调最终层。我们还将说明如何使用卷积神经网络的具体计算机视觉任务的**目标检测**。

卷积神经网络可以通过从图像或（多个）时间序列数据生成信号建立**交易策略**。卫星数据可能预示未来的商品趋势，包括通过农业区、矿山或油轮等运输网络的航空图像预判某些作物或原材料的价格走势。再比如，通过购物中心监控录像跟踪和预测消费者的活动。

时间序列数据包含了非常广泛的数据源，卷积神经网络通过利用其与图像的结构相似性提供高质量的分类结果。

我们将基于卷积神经网络预测创建一个交易策略，用例中时间序列数据将被刻意格式化为图像，还将演示如何建立一个分类卫星图像的卷积神经网络。

本章将涵盖以下内容：

- 卷积神经网络使用几个构建模块来有效地模拟网格数据的方法。
- 基于 TensorFlow 对图像和时间序列数据训练、调整和正则化卷积神经网络。
- 使用迁移学习简化数据量不多的卷积神经网络。
- 通过卷积神经网络对图像格式的时间序列数据进行训练，设计一个收益预测驱动的交易策略。
- 分类卫星图像的方法。

读者可以在 GitHub 存储库的对应目录中找到本章示例的代码和附加资源的链接。笔记中有彩色版本的图像。

18.1　卷积神经网络如何学习建模网格状数据

卷积神经网络在概念上类似于**前馈神经网络（NN）**：由带有权重和偏置参数的单元组成，训练过程根据损失函数调整这些参数，优化给定输入的网络输出。卷积神经网络最常用于分类，每个单元使用其参数对输入数据或从其他单元接收到的激活进行线性运算，这一点与非线性变换组合进行。

整个网络模型是一个**可微函数**，它使用输出激活函数（如 softmax）将原始数据（如图像像素）映射到类别概率。卷积神经网络使用一个目标函数（如交叉熵损失），通过单个指标衡量输出质量，卷积神经网络还可以基于损失相对于网络参数的梯度通过反向传播来学习。

具有全连接层的前馈神经网络不能很好地适应像素值较大的高维图像数据。即使是我们将使用的 CIFAR-10 数据集[1]中包含的低分辨率图像，也包含 32×32 像素，最多 256 种不同的颜色值，每个颜色值用 8 位表示。以 RGB 颜色模型中的红、绿、蓝三个通道为例，全连接输入层中的单个单元意味着 32×32×3=3072 权重。对于单个输入单元，更标准的 640×480 像素分辨率已经可以产生接近 100 万个权重。深度学习体系结构中有几层有意义的宽度，很快会导致参数的爆炸式增长，使得训练过程中的过度拟合几乎是必然的。

具有全连接层的前馈神经网络对输入数据的局部结构不作任何假设，因此随意对特征进行重新排序不会对训练结果产生影响。相比之下，卷积神经网络作出了关键的假设，即**数据具有类似网格的拓扑结构**，并且局部结构很重要。换句话说，卷积神经网络对输入具有典型的图像数据结构的假设进行编码：像素构成一个二维网格，可能有几个通道来表示颜色信号的组成部分。此外，相对于远处的数据点，邻近的像素值可能更适合检测边缘和角落等关键特征。当然，最初对于字迹等的卷积神经网络应用侧重于图像数据。

然而，随着时间的推移，研究人员在时间序列数据中发现了相似的特征，进而扩大了卷积神经网络的有效使用范围。时间序列数据由在时间轴上创建一维网格的定期间隔的测量组成，如给定的股票的滞后收益。也可以有第二个维度，为这个股票和相同的时间周期提供额外的功能。最后，我们可以使用第三维表示其他标签。

卷积神经网络在图像之外的一个常见使用案例包括音频数据，要么是在时域内的一维波形，要么是经过傅里叶变换后，在频域内的二维频谱。卷积神经网络在 AlphaGo 中也发挥了关键作用。AlphaGo 是首个战胜人类的围棋人工智能机器人，它能评估网格状棋盘上的不同位置。

编码类似网格的拓扑假设的最重要的元素是卷积运算，卷积运算与**池化**结合在一起，为卷积神经网络命名。我们将看到，关于输入和输出数据之间的函数关系的具体假设表明，卷积神经网络需要的参数要少得多，计算效率也更高。

在这一节中，我们将解释卷积和池化层如何学习提取局部特征的筛选器，以及为什么这些操作特别

---

[1] 译者注：CIFAR 由 Alex Krizhevsky、Vinod Nair 和 Geoffrey Hinton 收集而来，起初的数据集共分 10 类，分别为飞机、汽车、鸟、猫、鹿、狗、青蛙、马、船、卡车，所以 CIFAR 数据集常以 CIFAR-10 命名。

适合于具有刚才描述的结构的数据。最先进的卷积神经网络结合了许多这些基本构建模块来实现第 17 章中描述的分层表示学习。最后，我们将描述过去十年中的关键体系结构创新，这些创新带来了巨大的性能提升。

18.1.1 从手工编码到数据学习筛选器

对于图像数据，这种局部结构在传统上推动了手工编码筛选器的开发，这些筛选器提取这些模型作为**机器学习模型**的特征。

图 18.1 显示了用于检测某些边缘的简单筛选器的效果。笔记 filter_example.ipynb 演示了如何在卷积神经网络中使用手工编码的筛选器，并可视化图像的最终转换。滤波器是简单的[-1,1]模式，排列在一个 2×2 矩阵中，如图 18.1 的右上方所示。在每个筛选器下面显示其效果。它们有点微妙，在笔记中更容易被发现。

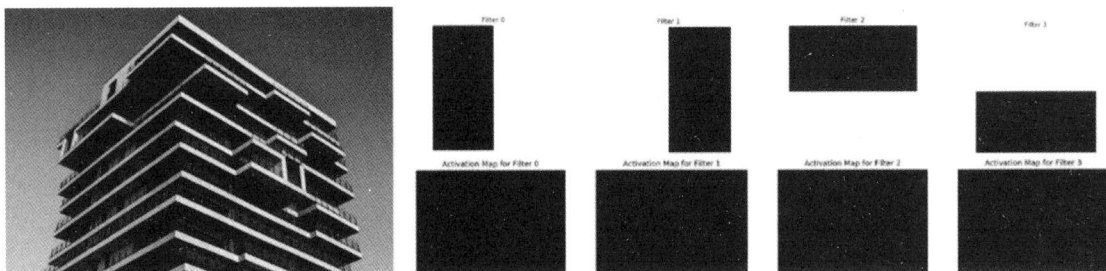

图 18.1　基本边缘筛选器应用于图像的结果

相比之下，卷积层的设计目的是从数据中学习这种局部特征表示。一个关键的观点是，将它们的输入（也就是所谓的**接受域**）限制在输入的一个小区域内，这样它就能捕捉反映像边或角这样的常见模型的基本像素群。然而，这样的模型可能出现在图像的任何地方，所以卷积神经网络也需要在不同的位置识别相似的模型，而且可能有小的变化。

随后的卷积层学习综合这些局部特征来检测**高阶特征**。GitHub 上的链接资源包括如何使用一些深度学习体系结构可视化深度卷积神经网络时学习到的筛选器的例子。

18.1.2 卷积层元素工作机理

卷积层集成了**三种体系结构思想**，使其能够学习特征表示，这些特征表示在某种程度上对位移、比例变化和失真保持不变，具体如下：

● 稀疏而非密集连接。

● 权重分享。

● 空间或时间降采样。

此外，卷积层允许可变大小的输入。我们将介绍一个典型的卷积层，并依次描述其中的每个概念。

图 18.2 概述了在三维卷积层中通常发生的一组操作，假设图像数据是用高度、宽度和深度三个维度或通道数输入的。像素值的范围取决于位表示，如[0,255]表示 8 位。另外，宽度轴可以代表时间、高度和不同的特征，通道可以捕捉不同对象（如报价机）上的观测结果。

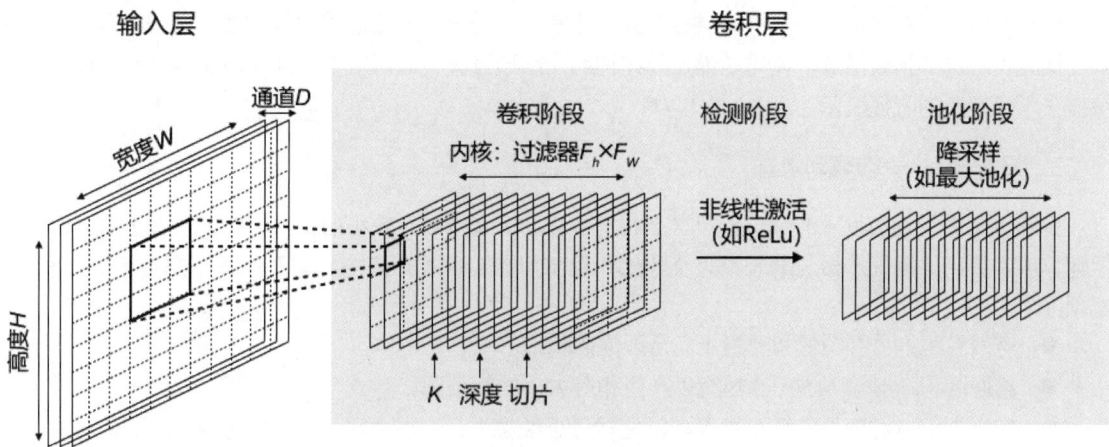

图 18.2　三维卷积层中的典型运算

后续的计算通过卷积、检测器和池化阶段处理输入，在接下来我们将描述这些阶段。在图 18.2 所示的示例中，卷积层接收三维输入并产生相同维度的输出。

最先进的卷积神经网络由几个不同大小的层组成，这些层要么堆叠在彼此之上，要么在不同的分支上并行运行。每一层，网络都能检测出更高层次、更抽象的特征。

1. 卷积阶段——提取局部特征

第一阶段对输入图像的重叠部分应用一个筛选器，也称为**内核**。该筛选器是一个比输入小得多的矩阵，因此它的接收域被限制为几个连续的值，如像素或时间序列值。因此，它专注于局部模式，并相对于完全连接的层显著减少了参数和计算的数量。

一个完整的卷积层具有几个按深度切片组织的**特征图**（见图 18.2），因此每个层都可以提取多个特征。

2. 从筛选器到特征图

当扫描输入时，内核对接收域覆盖的每个输入段进行卷积。卷积运算就是将筛选器权值和匹配的输入区域的值都重整为向量后的点积。因此，每个卷积产生一个数字，整个扫描产生一个特征图。因为点积对于相同的向量已最大化，所以特征图指示每个输入区域的激活程度。

图 18.3 展示了使用给定值的 3×3 筛选器扫描一个 5×5 输入的结果，以及平面化输入区域与内核的点积是如何在特征映射的右上角激活的。

图 18.3　从卷积到特征图

最重要的是，筛选器的值是卷积层的参数，这些卷积层是在训练过程中从数据中学到的，可以最大限度地减少所选的损失函数。换句话说，卷积神经网络通过查找激活对当前任务最有用的输入模式的内核值来学习有用的特征表示。

3．扫描输入——步幅和填充

步幅定义用于扫描输入的步长，即水平和垂直移动的像素数。较小的步幅扫描更多（重叠）区域，但计算成本更高。当筛选器与输入不完全匹配并且在扫描期间部分穿过图像边界时，通常使用以下四个选项：

- 有效卷积：丢弃图像和滤镜不完全匹配的扫描。
- 相同卷积：对输入进行 0 填充以产生相等大小的特征图。
- 完全卷积：对输入进行 0 填充，以便对每个像素进行相同次数的扫描，包括边界处的像素（以避免对靠近中心的像素进行过采样）。
- 因果关系：0 只在左边填充输入，这样输出就不依赖于后期的输入，维护时间序列数据的时间顺序。

选择取决于数据性质和最有可能的有用特征所在的位置。结合深度切片的数量，它们决定了卷积级的输出大小。Andrew karphy 在斯坦福大学的课堂讲稿（参见 GitHub）中包含基于 NumPy 的用例。

4．参数共享——提高鲁棒性和快速计算

突出特征的位置可能会由于变形或移位而发生变化。此外，基本特征检测器可能对整个图像有用。卷积神经网络通过共享或绑定给定深度切片中的筛选器权重来对这些假设进行编码。

结果，每个深度切片专门处理特定的模式，并且进一步减少了参数的数量。然而，当图像在空间上居中且关键模式不太可能均匀分布在输入区域时，权重共享的效果则不太好。

5．检测器阶段——增加非线性

特征映射通常经过非线性变换。我们在第 17 章中遇到的 ReLU 是用于此目的的一个常用函数。ReLU 将负激活元素替换为 0，并减轻了其他激活函数（如 tanh）中梯度消失的风险。

一个常用的替代方法是 softplus 函数，代码如下：

$$f(x) = \ln(1 + e^x)$$

与 ReLU 相反，softplus 在所有位置都有导数，softplus 函数是 logistic-sigmoid 函数的原函数。

6．池化阶段——对特征图进行降采样

卷积层的最后阶段可以对特征图的输入表示进行降采样，可执行以下操作：

- 降低维数，防止过度拟合。
- 降低计算成本。
- 满足基本特征不变。

假定特征的精确位置不仅对于识别图案不太重要，甚至可能有害，实际上，实例的确可能会因目标的不同而有所不同。池化降低了地形图的空间分辨率，这是一种使位置信息不那么精确的简单方法。当然，这个步骤是可选的，许多体系结构只需要对某些层使用池化，或者根本不使用池化。

常见的池化操作是**最大池化**，最大池化仅使用（通常）非重叠子区域中的最大激活值。例如，对于较小的 4×4 特征图，2×2 最大池化为 4 个不重叠的 2×2 区域中的每一个输出最大值。不太常见的池化运算符使用平均值或中位数。池化不会添加或学习新参数，但是输入窗口的大小以及可能的步幅是额外的超参数。

18.1.3 卷积神经网络架构的演变——关键创新

在过去的 20 年里，一些卷积神经网络架构通过引入重要创新不断突破性能界限。随着 ImageNet 形式的大数据的到来，预测性能的增长显著加快，人类通过亚马逊的 Mechanical Turk 为 2 万个类别分配了 1400 万张图片。ImageNet 大规模视觉识别挑战赛（ILSVRC）成为卷积神经网络发展的关键，围绕着来自 1000 个类别的 120 万幅图像。

基于实际情况，熟悉主导这些竞争的参考架构是很有用的。正如我们在使用卷积神经网络处理图像数据时所看到的，它们为标准任务提供了一个很好的起点。此外，**迁移学习**允许我们通过预先训练的权重建立一个成功的架构来解决许多计算机视觉任务。迁移学习不仅加快了体系结构的选择和训练，而且能够在更小的数据集上成功应用。

此外，许多出版物都提到了这些架构，它们通常是为细分或本地化任务量身定制的网络的基础。我们将在图像分类和迁移学习部分进一步描述一些标志性架构。

1. 性能突破和网络规模

图 18.4 的左侧绘制了各种网络体系结构计算成本的 top-1 精度。这表明了参数数量与性能之间的正相关关系，但也表明，更多参数的边际效益下降，并且架构设计和创新也很重要。

图 18.4 的右侧绘制了所有网络的每个参数的 top-1 精度。一些新的架构针对功能较弱的设备（如移动电话）上的用例。尽管它们无法实现最先进的性能，但它们发现了更为有效的实现方式。有关这些架构以及这些图表背后的分析的更多详细信息，请参见 GitHub 上的资源。

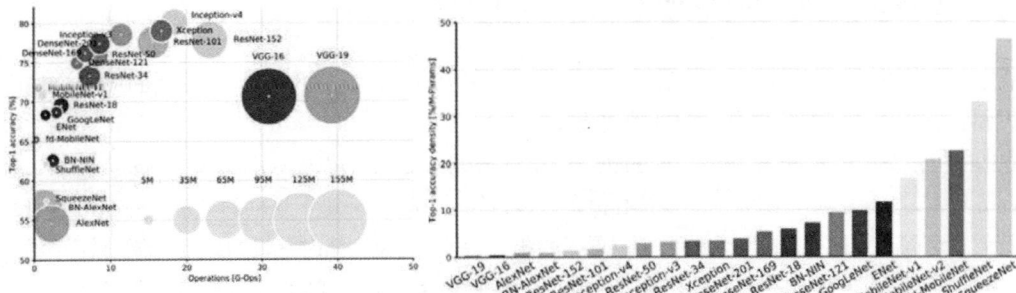

图 18.4 预测性能和计算复杂度

2. 经验教训

在 CNN 20 年的发展过程中也有一些值得汲取的经验教训，尤其是自 2012 年以来，具体如下：

- 较小的卷积筛选器性能更好（可能第一层除外），因为几个较小的筛选器能够以较低的计算成本代替较大的筛选器。
- 1×1 卷积降低了特征图的维数，因此网络可以从整体上学习更多的数量。
- 跳过连接能够通过网络创建多条路径，并能够训练容量大得多的卷积神经网络。

18.2　卷积神经网络在卫星图像和目标检测中的应用

在本节中，我们将演示如何解决关键的计算机视觉任务，如图像分类和目标检测。图像数据可以通过提供关于未来趋势、变化的基本面或与目标资产类别或投资领域相关的特定事件的线索来指导交易策略。常见的例子包括利用卫星图像寻找有关农产品供应、消费者和经济活动一级制造业或原材料供应链状况的线索。具体任务包括以下内容：

● 图像分类：确定某些农作物的耕地面积是否正在扩大，或者预测收成的质量和数量。

● 对象检测：计算特定运输路线上的油轮数量或停车场中的汽车数量，或者确定购物者在购物中心的位置。

本节中，我们将演示如何设计卷积神经网络，可以使用常见的体系结构从头开始，也可以通过迁移学习将预先训练的权重微调到给定任务。我们还将演示如何在给定的场景中检测物体。

介绍这些任务的关键卷积神经网络架构，解释为什么它们运行良好，并展示如何使用 TensorFlow 2 训练它们。我们还将演示如何获取预训练的权重和微调时间。不幸的是，带有与贸易战略直接相关的信息的卫星图像获取成本很高，而且不易获得。但是，我们将演示如何使用 EuroSat 数据集来构建识别不同土地用途的分类器。本节简要介绍了用于计算机视觉的卷积神经网络，目的是演示如何处理基于与所选择的投资领域相关的图像来设计交易策略时可能需要解决的常见任务。

本节我们将专注于 TensorFlow 2 的 Keras 接口。首先，我们将使用 MNIST 手写数字数据集演示 LeNet5 体系结构；接下来，我们将演示在 CIFAR-10（原始 ImageNet 的简化版本）上使用 AlexNet 进行数据增强的方法；然后，我们将继续基于最先进的体系结构进行迁移学习，并将学到的知识应用于实际卫星图像；最后，我们以一个在现实场景中检测物体的例子结束。

18.2.1　LeNet5——卷积神经网络的第一次工业应用

在 20 世纪 80 年代开始几次迭代之后，LeNet5 于 1998 年成为在现实世界中使用的第一个现代卷积神经网络，它引入了当今仍然有用的几种架构元素。

LeNet5 发表在一篇非常有启发性的论文 *Gradient-Based Learning Applied to Document Recognition*（LeCun 等人，1989）中，阐述了许多核心概念。最重要的是，它促进了这样的见解：使用可学习的筛选器进行卷积可以有效地在很少参数的多个位置提取相关特征。考虑到当时有限的计算资源，效率至关重要。

LeNet5 为识别支票上的字迹而设计，并被几家银行使用。在 MNIST 手写数字数据集上，建立了一个新的分类精度基准，结果为 99.2%。它由三个卷积层组成，每个层包含非线性 tanh 变换、池化运算和一个完全连接的输出层。在整个卷积层中，特征映射的数量随着尺寸的减小而增加。LeNet5 共有 60 850 个可训练参数（Lecun 等人，1998）。

1. 卷积神经网络的"Hello World"——手写数字分类

在本节中，我们将实现一个稍微简化的 LeNet5 版本，以演示如何使用 TensorFlow 实现卷积神经网络。原始 MNIST 数据集包含 60 000 个灰度图像，共 28×28 像素分辨率，每个图像包含从 0～9 的手写数字。一个好的替代方法是我们在第 13 章中介绍的更具挑战性但结构类似的 Fashion MNIST 数据集。有关实现的详细信息，请参见 digit_classification_with_lenet5。

可以在 Keras 中加载它，代码如下：

```
from tensorflow.keras.datasets import mnist
(X_train, y_train), (X_test, y_test) = mnist.load_data()
X_train.shape, X_test.shape
((60000, 28, 28), (10000, 28, 28))
```

图 18.5 显示了数据集中的前 10 张图像，并突出显示了相同数字实例之间的显著差异。在图 18.5 的最右侧，显示了单个图像的像素值如何在 0～255 之间变化。

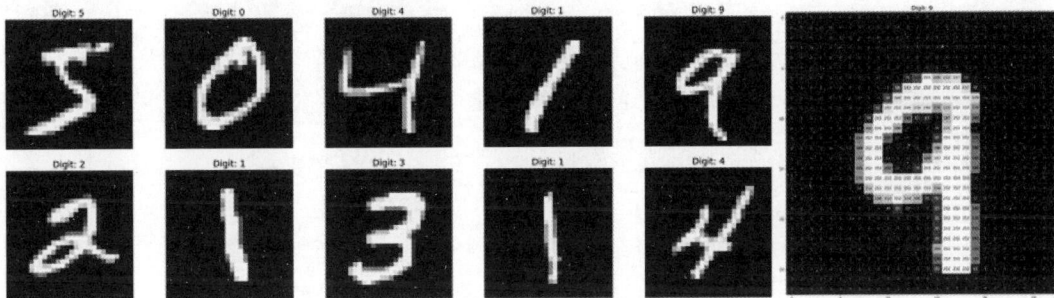

图 18.5　MNIST 样本图像

将像素值范围调整为[0,1]，规范化训练数据，促进反向传播过程，并将数据转换为 32 位浮点数，这样可以降低内存需求和计算成本，同时为用例提供了足够的精度，代码如下：

```
X_train = X_train.astype('float32')/255
X_test = X_test.astype('float32')/255
```

2. 定义 LeNet5 体系结构

定义 LeNet5 的简化版本，使用默认的"有效"填充和单步步幅来省略包含径向基函数的原始最终层，代码如下（除非另有定义）：

```
lenet5 = Sequential([
    Conv2D(filters=6, kernel_size=5, activation='relu',
            input_shape=(28, 28, 1), name='CONV1'),
    AveragePooling2D(pool_size=(2, 2), strides=(1, 1),
                    padding='valid', name='POOL1'),
    Conv2D(filters=16, kernel_size=(5, 5), activation='tanh', name='CONV2'),
    AveragePooling2D(pool_size=(2, 2), strides=(2, 2), name='POOL2'),
    Conv2D(filters=120, kernel_size=(5, 5), activation='tanh', name='CONV3'),
    Flatten(name='FLAT'),
    Dense(units=84, activation='tanh', name='FC6'),
    Dense(units=10, activation='softmax', name='FC7')
])
```

结果表明，这样定义的模型具有 300 000 多个参数，如下所示：

Layer (type)	Output Shape	Param #
CONV1 (Conv2D)	(None, 24, 24, 6)	156
POOL1 (AveragePooling2D)	(None, 23, 23, 6)	0
CONV2 (Conv2D)	(None, 19, 19, 16)	2416

POOL2 (AveragePooling2D)	(None, 9, 9, 16)	0
CONV3 (Conv2D)	(None, 5, 5, 120)	48120
FLAT (Flatten)	(None, 3000)	0
FC6 (Dense)	(None, 84)	252084
FC7 (Dense)	(None, 10)	850

```
=================================================================
Total params: 303,626
Trainable params: 303,626
```

使用 sparse_crossentropy_loss 进行编译，它接受整数而不是经过一次有效编码的标签和原始的随机梯度优化器：

```
lenet5.compile(loss='sparse_categorical_crossentropy',
               optimizer='SGD',
               metrics=['accuracy'])
```

3. 训练和评估模型

现在我们准备好训练模型，该模型需要四维输入，因此我们相应地进行重塑。使用 32 的标准批量和 80：20 的序列验证分割。此外，如果验证误差有所改善，我们会利用检查点来存储模型权重，并确保数据集是随机打乱的。我们还定义了一个 early_stopping 回调函数，以在 20 次迭代中验证精度不再提高时中断训练，代码如下：

```
lenet_history = lenet5.fit(X_train.reshape(-1, 28, 28, 1),
                           y_train,
                           batch_size=32,
                           epochs=100,
                           validation_split=0.2,       # 使用 0 训练所有数据
                           callbacks=[checkpointer, early_stopping],
                           verbose=1,
                           shuffle=True)
```

训练历史记录了在单个 GPU 上进行了大约 4 分钟的 81 个时期之后的最后一次改进。此样本运行的测试准确率为 99.09%，几乎与原始 LeNet5 的结果完全相同，如下所示：

```
accuracy = lenet5.evaluate(X_test.reshape(-1, 28, 28, 1), y_test, verbose=0)
[1]
print('Test accuracy: {:.2%}'.format(accuracy))
Test accuracy: 99.09%
```

相比之下，一个简单的两层前馈网络仅能达到 97.04% 的测试精度（见笔记）。事实上，LeNet5 对 MNIST 的改进是适度的。非神经方法也实现了不低于 99% 的分类准确率，包括 K - 近邻和支持向量机。接下来我们会看到卷积神经网络在更有挑战性的数据集上的表现也非常出色。

18.2.2 AlexNet——深度学习的"复兴"

由 Alex Krizhevsky、Ilya Sutskever 和多伦多大学的 Geoff Hinton 开发的 AlexNet 大大降低了错误率，

并且在 2012 年的 ILSVRC 上获得亚军，其前五名的错误率分别为 16% 和 26%（Krizhevsky、Sutskever 和 Hinton，2012）。这一突破引发了机器学习研究的复兴，并将用于计算机视觉的深度学习牢固地置于全球技术地图上。

AlexNet 架构与 LeNet 相似，但更深入、更广泛。AlexNet 通常被认为发现了深度的重要性，大约有 6000 万个参数，超过 LeNet5 的 1000 倍，证明了计算能力的提高，特别是图形处理器的使用，以及更大的数据集。

AlexNet 架构包括了堆叠在彼此之上的卷积，而不是将每个卷积与池化阶段相结合，并成功地使用丢弃进行正则化，使用 ReLU 进行有效的非线性转换。它还使用了数据增强来增加训练样本的数量，增加了权重衰减，并使用了更有效的卷积实现。它还通过将网络分布在两个图形处理器上来加速训练。

笔记 image_classification_with_alexnet.ipynb 中具有一个稍微简化一点的 AlexNet 版本，该版本针对 CIFAR-10 数据集而定制，该数据集包含来自原始 1000 类中的 10 类的 60 000 张图像。它已从原始的 224×224 压缩到 32×32 像素分辨率，但仍具有三个颜色通道。

有关实现的详细信息，请参见笔记 image_classification_with_alexnet。我们将在此处跳过一些重复的步骤。

1. 利用图像增强技术对 CIFAR-10 数据集进行预处理

可以使用 TensorFlow 的 Keras 界面下载 CIFAR-10 数据集，就像在 MNIST 中那样，我们重新缩放像素值并对 10 个类别标签进行一次热编码。

首先在 50 000 个训练样本上进行 45 时期的两层前馈网络训练，达到 45.78% 的测试精度。我们还使用三层卷积网络进行了实验，该网络具有超过 28 000 个参数，可达到 74.51% 的测试准确率（请参阅笔记）。

```
from tensorflow.keras.preprocessing.image import ImageDataGenerator
datagen = ImageDataGenerator(
    width_shift_range=0.1,      # 随机横向变化
    height_shift_range=0.1,     # 随机纵向变化
    horizontal_flip=True)       # 随机横向翻转
datagen.fit(X_train)
```

结果显示了增强后的图像（在低 32×32 分辨率）是如何按照预期的方式改变的，如图 18.6 所示。

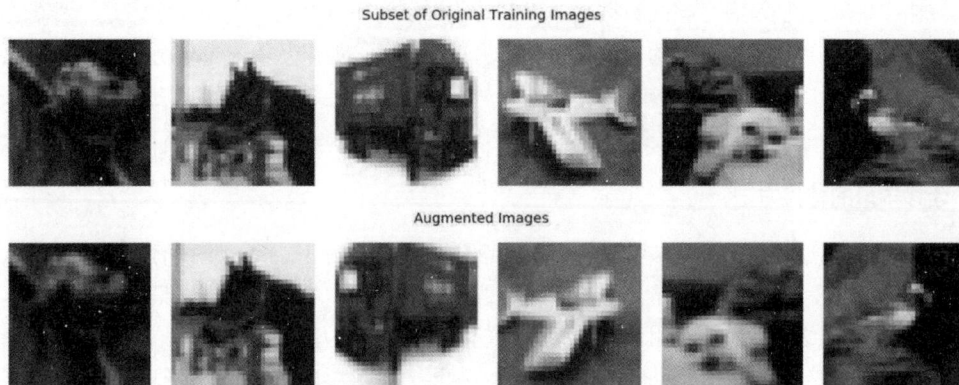

图 18.6　原始样本和增强后的样本

在更大的增强数据上训练后，三层卷积神经网络的测试准确率略有提高，达到 76.71%。

2. 定义模型架构

相对于竞赛中使用的 ImageNet 样本，我们需要使 AlexNet 架构适应 CIFAR-10 图像的较低维度。为此，我们使用原始数量但使它们变小的筛选器（有关实现的详细信息，请参阅笔记）。

结果（请参阅笔记）显示了五个卷积层，然后是两个全连接的层，频繁使用批处理归一化，共有 2150 万个参数。

3. 比较 AlexNet 的性能

除了 AlexNet，我们还训练了两层前馈神经网络和三层卷积神经网络，后者可选是否添加图像增强功能。经过 100 个时期后（如果验证准确率在 20 个回合中没有提高，则采用早停法），我们获得了四个模型的交叉验证轨迹和测试准确率，如图 18.7 所示。

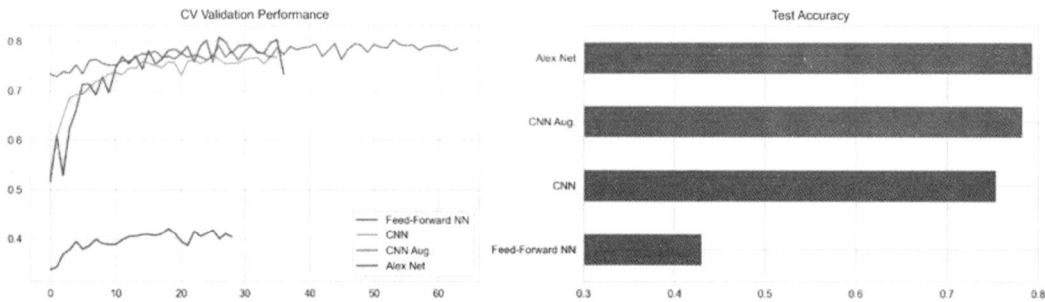

图 18.7　CIFAR-10 的验证性能和测试准确率

AlexNet 在大约 35 个时期后达到了最高的测试精度，即 79.33%，紧随其后的是浅层的卷积神经网络，其具有 78.29% 的增强图像，由于数据集更大，因此训练时间更长。在这个更复杂的数据集上，前馈神经网络的性能比 MNIST 差得多，测试准确率为 43.05%。

18.2.3　迁移学习——更少数据、更快训练

在实践中，有时我们没有足够的数据来随机初始化训练卷积神经网络。迁移学习是一种机器学习技术，它将一个在一组数据上训练过的模型重新用于另一项任务。如果从第一个任务中学习到感兴趣的任务，它自然会起作用。如果成功，与在目标任务上从头开始训练神经网络相比，它可以带来更好的性能和更快的训练，所需的 token 数据更少。

1. 迁移学习的替代方法

卷积神经网络的迁移学习方法依赖于一个非常大的数据集（如 ImageNet）的预训练。其目标是通过卷积滤波器提取出一种特征表示，从而推广到新图像中。在第二步中，它利用结果来初始化并重新训练一个新的卷积神经网络，或者将其用作处理感兴趣任务的新网络的输入。

如前所述，卷积神经网络架构通常使用一系列卷积层来检测层次模式，添加一个或多个完全连接的层来将卷积激活映射到结果类或值。输入到完全连接部分的最后一个卷积层的输出称为**瓶颈特征**。通常

应用 ReLU 激活函数后，我们可以将一个预训练网络的瓶颈特征作为新的全连接网络的输入。

换句话说，我们冻结了卷积层并替换了网络的密集层。另外一个好处是我们可以使用不同大小的输入，因为密集层限制了输入大小。

或者，我们可以使用瓶颈特征作为输入用于不同的机器学习算法。例如，在 AlexNet 架构中，瓶颈层为每一个 224×224 的输入图像计算一个具有 4096 个条目的向量，然后使用这个向量作为新模型的特征。

我们还可以更进一步，不仅使用新数据替换和再训练最终层，而且可以微调预处理卷积神经网络的权重。为了达到这个目的，我们继续训练，或者只训练后面的几层，同时冻结前面几层的权重，或者训练所有的层。这样做的目的是保留更低级别的学习模式，如边缘或颜色斑点检测器，同时允许卷积神经网络的后续层适应新任务的细节。例如，ImageNet 中包含了各种各样的狗品种，这可能导致特征表示对于区分这些品种十分有用。

2．建立在最先进的架构上

迁移学习使我们能够利用性能最高的体系结构，而无须进行可能相当密集的图形处理器和数据密集型训练。我们简要概述了一些作为流行起点的其他流行架构的关键特征。

3．VGGNet——更大的深度和更小的滤波器

2014 年 ILSVRC 的亚军是由牛津大学视觉几何组（VGG，Simonyan，2015）开发的。它证明了按顺序组合使用的小得多的 3×3 **卷积滤波器** 的有效性，并增强了深度对于增强性能的重要性。VGG16 包含 16 个卷积和完全连接的层，它们仅执行 3×3 卷积和 2×2 池化（见图 18.5）。

VGG16 有 1.4 亿个参数，这增加了训练和推断的计算成本以及内存需求。然而，大多数参数都位于完全连接层中，后来发现这些层并非必需，因此删除它们可以大大减少参数的数量，同时不会对性能产生负面影响。

4．GoogLeNet——通过 Inception 模块减少参数

Google 的 Christian Szegedy 使用更有效的卷积神经网络实现方法减少了大规模的实际应用，从而降低了计算成本。最终的 GoogLeNet（Szegedy 等人，2015）凭借 Inception 模块以仅 400 万个参数获得了 2014 年 ILSVRC 的冠军，而 AlexNet 的参数为 6000 万，VGG16 的参数为 1.4 亿。

Inception 模块建立在网络中网络概念的基础上，它使用 1×1 卷积来压缩深度卷积滤波器堆栈，从而降低了计算成本。该模块使用并行的 1×1、3×3 和 5×5 并行滤波器，将后两者与 1×1 卷积组合在一起，以减小前一层传递的滤波器的维数。

此外，它使用平均池，而不是在卷积层之上的完全连接层，以消除许多影响较小的参数。有几个增强版本，最近的是 Inception-v4。

5．ResNet——超越人类的快捷连接

ResNet（残差网络）体系结构是由 Microsoft 开发的，并赢得了 2015 年 ILSVRC 的冠军。该结构将前 5 个错误提高到 3.7%，低于人类在这项任务上约 5% 的表现水平（He 等人，2015）。

ResNet 引入了身份快捷方式连接，该连接跳过了几层并克服了训练深度网络的一些挑战，从而可以

使用数百个甚至上千个层。它还大量使用批处理归一化，这被证明可以提高学习速度，并且对权重初始化更加宽容。该架构还忽略了完全连接的最终层。

正如第 17 章提到的，深度网络的训练面临着著名的消失梯度挑战：随着梯度传播到更早的层，小权重的重复乘法有将梯度缩小到 0 的风险。因此，增加深度可能会限制学习。

这种跳过两层或两层以上的快捷连接已经成为神经网络架构中最流行的发展之一，并引发了大量的研究来努力完善和解释其性能（可查看 GitHub 上的参考资料获取更多信息）。

6. 在实践中使用 VGG16 进行迁移学习

现代的卷积神经网络可能需要花费数周的时间才能在 ImageNet 上的多个图形处理器上进行训练，但是幸运的是，许多研究人员分享了它们的最终权重。例如，TensorFlow 2 包含针对先前讨论的几种参考架构的预训练模型，即 VGG16 及其更高的版本 VGG19、ResNet50、InceptionV3 和 InceptionResNetV2，以及 MobileNet、DenseNet、NASNet 和 MobileNetV2。

7. 提取瓶颈特征

笔记 bottleneck_features.ipynb 演示了如何下载经过预训练的 VGG16 模型（具有最终层以生成预测，也可以不具有最终层），如图 18.8 所示，以提取由瓶颈特征产生的输出。

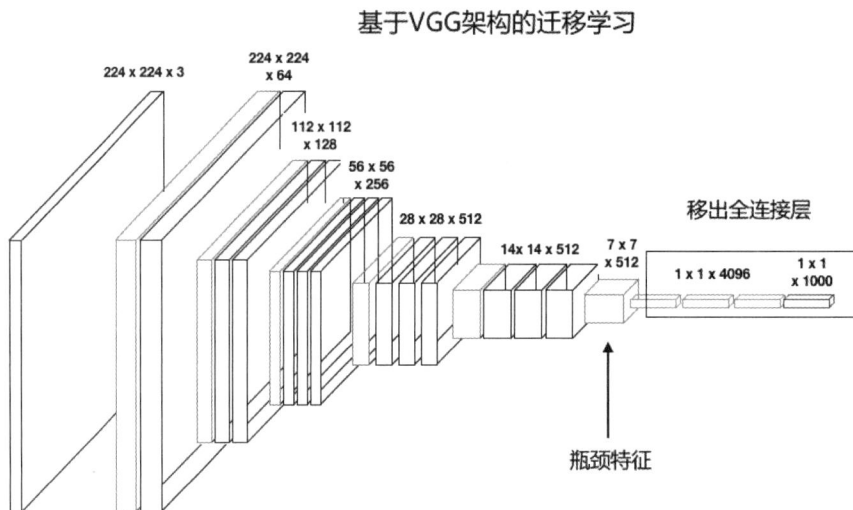

图 18.8　VGG16 模型

TensorFlow 2 使下载和使用预训练的模型变得非常简单，代码如下：

```
from tensorflow.keras.applications.vgg16 import VGG16
vgg16 = VGG16()
vgg16.summary()
Layer (type)              Output Shape        Param #
input_1 (InputLayer)      (None, 224, 224, 3) 0
...several layers omitted...
block5_conv4 (Conv2D)     (None, 14, 14, 512) 2359808

block5_pool (MaxPooling2D) (None, 7, 7, 512)   0
```

```
flatten (Flatten)          (None, 25088)        0
fc1 (Dense)                (None, 4096)         102764544
fc2 (Dense)                (None, 4096)         16781312
predictions (Dense)        (None, 1000)         4097000
Total params: 138,357,544
Trainable params: 138,357,544
```

可以像使用其他任何 Keras 模型一样，使用此模型进行预测。我们传递了 7 个样本图像，并获得了 1000 个 ImageNet 类别中每个类别的类概率，代码如下：

```
y_pred = vgg16.predict(img_input)
Y_pred.shape
(7, 1000)
```

要排除完全连接的层，只需添加关键字 include_top=False。现在，最终卷积层 block5_pool 会输出预测，并与该层的形状匹配，代码如下：

```
vgg16 = VGG16(include_top=False)
vgg16.predict(img_input).shape
(7, 7, 7, 512)
```

通过省略完全连接的层并仅保留卷积模块，我们不再被迫为模型使用固定的输入大小，如原始的 224×224 ImageNet 格式。相反，我们可以使模型适应任意输入大小。

8. 微调预训练模型

我们将演示如何冻结预训练模型的某些或所有层，并使用一组新的完全连接的层和数据以不同的格式继续训练（有关代码示例，请参见笔记 transfer_learning.ipynb，该示例改编自 TensorFlow 2 教程）。

使用 VGG16 权重，在 ImageNet 上预先训练 TensorFlow 内置的猫和狗的图像（有关如何获取数据集的信息，请参阅笔记）。

预处理会将所有图像调整为 160×160 像素。实例化预训练的 VGG16 实例，然后冻结所有权重，以指示新的输入大小，代码如下：

```
vgg16 = VGG16(input_shape=IMG_SHAPE, include_top=False, weights='imagenet')
vgg16.trainable = False
vgg16.summary()
Layer (type)               Output Shape         Param #
... omitted layers...
block5_conv3 (Conv2D)      (None, 10, 10, 512)  2359808
block5_pool (MaxPooling2D) (None, 5, 5, 512)    0
Total params: 14,714,688
Trainable params: 0
Non-trainable params: 14,714,688
```

针对 32 个样本图像的模型输出形状与无头模型中最后一个卷积层的形状匹配，代码如下：

```
feature_batch = vgg16(image_batch)
Feature_batch.shape
TensorShape([32, 5, 5, 512])
```

可以使用 Sequential 或 Functional API 向无头模型添加新层。对于顺序 API，添加 GlobalAveragePooling2D、Dense 和 Dropout 层的工作机理的代码如下：

```
global_average_layer = GlobalAveragePooling2D()
dense_layer = Dense(64, activation='relu')
dropout = Dropout(0.5)
prediction_layer = Dense(1, activation='sigmoid')
seq_model = tf.keras.Sequential([vgg16,
                                global_average_layer,
                                dense_layer,
                                dropout,
                                prediction_layer])
seq_model.compile(loss = tf.keras.losses.BinaryCrossentropy(from_logits=True),
                  optimizer = 'Adam',
                  metrics=["accuracy"])
```

因为模型提供了线性输出，所以我们将 from_logits = True 设置为 BinaryCrossentropy 损失。摘要显示了新模型如何将预先训练的 VGG16 卷积层和新的最终层结合起来，如下所示：

```
seq_model.summary()
Layer (type)                    Output Shape         Param #
vgg16 (Model)                   (None, 5, 5, 512)    14714688
global_average_pooling2d (Gl    (None, 512)          0
dense_7 (Dense)                 (None, 64)           32832
dropout_3 (Dropout)             (None, 64)           0
dense_8 (Dense)                 (None, 1)            65
Total params: 14,747,585
Trainable params: 11,831,937
Non-trainable params: 2,915,648
```

有关功能 API 版本，请参阅笔记。

在训练新的最终层之前，预训练 VGG16 的验证精度为 48.75%。现在，训练模型的 10 个时期，仅调整最终图层的权重，代码如下：

```
history = transfer_model.fit(train_batches,
                            epochs=initial_epochs,
                            validation_data=validation_batches)
```

10 个时期将验证准确率提高到 94% 以上。为了微调模型，我们可以解冻 VGG16 模型并继续训练。请注意，只有在训练了新的最终层之后才应该这样做：随机初始化的分类层可能会产生较大的梯度更新，从而消除了预训练的结果。

要解冻模型的各部分，请选择一个层，然后将权重设置为可训练。在这种情况下，选择 VGG16 体系结构中（共 19 层）的第 12 层，代码如下：

```
vgg16.trainable = True
len(vgg16.layers)
19
# 从这一层开始进行微调
start_fine_tuning_at = 12
# 冻结 fine_tuning_at 图层之前的所有图层
for layer in vgg16.layers[:start_fine_tuning_at]:
    layer.trainable = False
```

现在只需重新编译模型并使用早停法继续训练 50 个时期，从时期 10 开始，代码如下：

```
fine_tune_epochs = 50
```

```
total_epochs = initial_epochs + fine_tune_epochs
history_fine_tune = transfer_model.fit(train_batches,
                                       epochs=total_epochs,
                                       initial_epoch=history.epoch[-1],
                                       validation_data=validation_batches,
                                       callbacks=[early_stopping])
```

结果如图 18.9 所示，图中显示验证准确率大幅提高，经过 22 个时期后达到 97.89%。

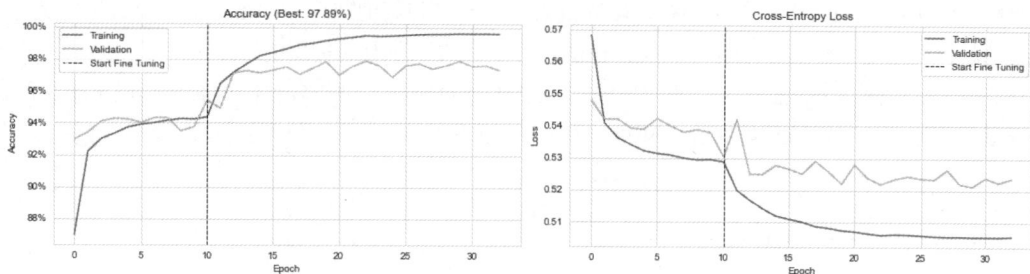

图 18.9　交叉验证性能：准确率和交叉熵损失

在训练数据有限的情况下，迁移学习是一项重要的技术。虽然猫和狗不太可能产生可交换的信号，但是迁移学习可以帮助提高对相关另类数据集的预测的准确率。

9. 通过迁移学习对卫星图像进行分类

卫星图像在另类数据中占突出地位。例如，商品贸易商可以依靠卫星图像，通过监测农场、矿场或油轮运输的活动来预测某些作物或资源的供应情况。

10. EuroSat 数据集

为了说明如何使用这种类型的数据，我们加载了 TensorFlow 2 数据集中包含的 EuroSat 数据集（Helber 等人，2019）。EuroSat 数据集包含约 27 000 张 64×64 像素格式的图像，代表 10 种不同类型的土地用途。图 18.10 显示了每个标签的示例。

图 18.10　数据集中包含的 10 种土地利用类型

类似数据的时间序列可以用来跟踪耕地、工业和居民区的相对规模，或者特定作物的状况，以预测如葡萄酒（相关的葡萄）等的收成数量或质量。

11. 深度微调的卷积神经网络——DenseNet201

2018 年，Huang 等人开发了一种被称为"紧密连接"的新体系结构，基本理念是：如果卷积神经网络在靠近输入和靠近输出的层之间包含更短的连接，那么它们可以更深入、更准确、更高效地训练。

一种名为 DenseNet201 的体系结构以前馈方式将每一层与其他层连接起来。DenseNet201 使用所有前面层的特性要素作为输入，这样每个层自己的特性要素成为所有后续层的输入。

从 tensorflow.keras.applications 下载了 DenseNet201 体系结构，并将其最终层替换为以下密集层，在其中批量归一化，这样可以缓解在这个超过 700 层的深度网络中爆发或消失的梯度，如下所示：

```
Layer (type)                      Output Shape        Param #
densenet201 (Model)               (None, 1920)        18321984
batch_normalization (BatchNo      (None, 1920)        7680
dense (Dense)                     (None, 2048)        3934208
batch_normalization_1 (Batch      (None, 2048)        8192
dense_1 (Dense)                   (None, 2048)        4196352
batch_normalization_2 (Batch      (None, 2048)        8192
dense_2 (Dense)                   (None, 2048)        4196352
batch_normalization_3 (Batch      (None, 2048)        8192
dense_3 (Dense)                   (None, 2048)        4196352
batch_normalization_4 (Batch      (None, 2048)        8192
dense_4 (Dense)                   (None, 10)          20490
Total params: 34,906,186
Trainable params: 34,656,906
Non-trainable params: 249,280
```

12. 模式训练和结果评估

使用 10%的训练图像进行验证，并在 10 个时期后达到 97.96%的最佳样本外分类精度（见图 18.11）。这超过了原始论文中引用的性能最佳的 ResNet-50 体系结构（拆分为 90 – 10）时所引用的性能。

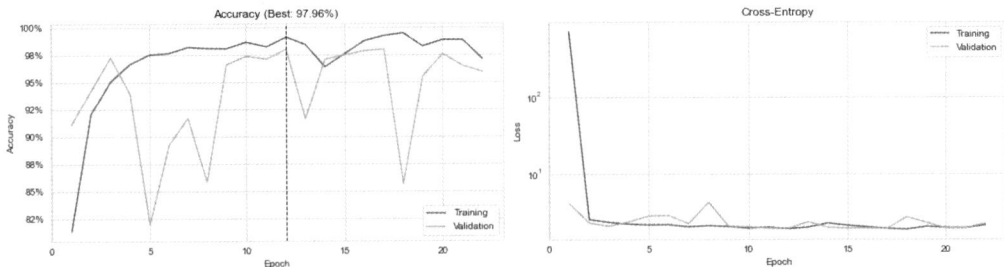

图 18.11　交叉验证性能

扩充相对较小的训练集可能会带来更高的性能提升。

18.2.4　对象检测与分割

图像分类是一项基本的计算机视觉任务，需要根据图像中包含的某些对象对图像进行标记。许多实际应用程序，包括投资和交易策略，都需要其他信息，具体如下：

- 对象检测，通常使用边界框进行物体检测任务时不仅需要识别，还需要所有感兴趣物体的空间位置。人们已经开发了多种算法来克服蛮力滑动窗口方法的低效率，包括区域建议方法（R-CNN）和 You Only Look Once（YOLO）等实时对象检测算法（Redmon，2016 年）。
- 对象分割则更进一步，需要输入图像中的每个对象的类别标签和轮廓。这对于计算图像中的油罐车、人或汽车等对象和评估活动水平可能很有用。
- 语义分割（也称为场景解析）进行密集的预测，以将类别标签分配给图像中的每个像素。结果，图像被分成语义区域，并且每个像素被分配给其包围的对象或区域。

目标检测要求能够区分不同类别的目标，并决定图像中有多少和哪些目标。

1. 实践中的对象检测

一个著名的例子是 Ian Goodfellow 从 Google 的街景门牌号码（SVHN）数据集中识别门牌号码（Goodfellow，2014）。它要求模型标识以下内容：

- 门牌号由多少位（最多 5 位）组成。
- 每一组中的正确数字。
- 组成数字的正确顺序。

我们将展示如何预处理不规则形状的源图像，适应 VGG16 体系结构以产生多个输出，并训练最后一层，然后微调预先训练的权重来解决任务。

2. 预处理源图像

笔记 svhn_preprocessing.ipynb 包含生成一个简化的、裁剪的数据集的代码，该数据集使用边界框信息创建规则形状的 32×32 的包含数字的图像，原始图像具有任意形状（Netzer，2011），如图 18.12 所示。

图 18.12　SVHN 数据集裁剪后的样本图像

SVHN 数据集包含最多 5 位数字的门牌号，如果没有数字，则使用类别 10。但是，由于很少有 5 位数字的示例，因此我们将图像限制为仅包含最多 4 位数字的图像。

3. 通过自定义的最终层迁移学习

笔记 svhn_object_detection.ipynb 演示了如何将**迁移学习**应用到基于 VGG16 架构的深度卷积神经网络中。我们将介绍如何创建新的最终层，生成多个输出来满足三个 SVHN 任务目标，包括一项存在多少个数字的预测和一项涉及每个数字的出现顺序的预测。

在原始数据集上表现最好的架构有8个卷积层和两个全连接层，我们将从VGG16架构出发使用迁移学习。与之前一样，我们导入了ImageNet上预训练的VGG16网络权重，删除了卷积块之后的层，冻结了权重，并使用Functional API创建了新的密集的预测层，代码如下：

```
vgg16 = VGG16(input_shape=IMG_SHAPE, include_top=False, weights='imagenet')
vgg16.trainable = False
x = vgg16.output
x = Flatten()(x)
x = BatchNormalization()(x)
x = Dense(256)(x)
x = BatchNormalization()(x)
x = Activation('relu')(x)
x = Dense(128)(x)
x = BatchNormalization()(x)
x = Activation('relu')(x)
n_digits = Dense(SEQ_LENGTH, activation='softmax', name='n_digits')(x)
digit1 = Dense(N_CLASSES-1, activation='softmax', name='d1')(x)
digit2 = Dense(N_CLASSES, activation='softmax', name='d2')(x)
digit3 = Dense(N_CLASSES, activation='softmax', name='d3')(x)
digit4 = Dense(N_CLASSES, activation='softmax', name='d4')(x)
predictions = Concatenate()([n_digits, digit1, digit2, digit3, digit4])
```

预测层将数字个数为 n_digits 的 4 类输出与预测在该位置上出现哪个数位的 4 个输出相结合。

4. 创建自定义损失函数和评估指标

自定义输出要求我们定义一个损失函数来捕获模型满足其目标的程度。我们还希望以反映针对特定标签的预测准确率的方式来衡量准确率。

对于自定义损失，我们将交叉熵在 5 种分类输出上取平均值，即位数及其各自的值，代码如下：

```
def weighted_entropy(y_true, y_pred):
    cce = tf.keras.losses.SparseCategoricalCrossentropy()
    n_digits = y_pred[:, :SEQ_LENGTH]
    digits = {}
    for digit, (start, end) in digit_pos.items():
        digits[digit] = y_pred[:, start: end]
    return (cce(y_true[:, 0], n_digits) +
            cce(y_true[:, 1], digits[1]) +
            cce(y_true[:, 2], digits[2]) +
            cce(y_true[:, 3], digits[3]) +
            cce(y_true[:, 4], digits[4])) / 5
```

为了测量预测的准确性，我们将这 5 种预测与相应的标签值进行比较，并将这批样本中正确匹配的份额平均化，代码如下：

```
def weighted_accuracy(y_true, y_pred):
    n_digits_pred = K.argmax(y_pred[:, :SEQ_LENGTH], axis=1)

    digit_preds = {}
    for digit, (start, end) in digit_pos.items():
        digit_preds[digit] = K.argmax(y_pred[:, start: end], axis=1)
    preds = tf.dtypes.cast(tf.stack((n_digits_pred,
```

```
                                    digit_preds[1],
                                    digit_preds[2],
                                    digit_preds[3],
                                    digit_preds[4]), axis=1), tf.float32)
    return K.mean(K.sum(tf.dtypes.cast(K.equal(y_true, preds), tf.int64),axis=1) / 5)
```

最后，将基础层和最终层集成在一起，并使用自定义损耗和准确率标准编译模型，代码如下：

```
model = Model(inputs=vgg16.input, outputs=predictions)
model.compile(optimizer='adam',
              loss=weighted_entropy,
              metrics=[weighted_accuracy])
```

5. 微调 VGG16 的权重和最终层

我们对新的最终层进行了 14 个时期的训练，并继续对所有 VGG16 的权重进行微调，以保留另外 23 个时期（在这两种情况下都使用早停法）。

图 18.13 显示了训练和验证的准确率以及整个训练期间的损失。当我们在初始训练期后解冻 VGG16 权重时，准确率先下降后提高，达到了 94.52% 的验证性能。

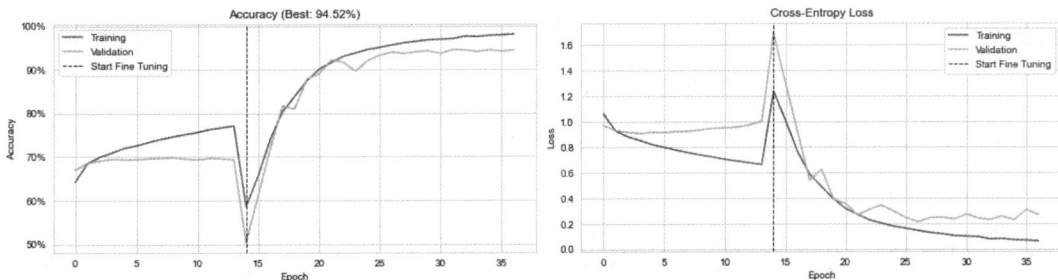

图 18.13　交叉验证性能

有关其他实施细节和结果评估，请参见笔记。

6. 经验教训

仅使用少量训练集，我们就可以达到很高的准确率。然而，最先进的性能达到的错误率只有 1.02%，要想更接近，最重要的步骤就是增加训练数据量。

有两种简单的方法可以实现这一点：一是可以在额外的数据集中包含更多的样本，二是可以使用图像增强。目前表现最好的方法在很大程度上依赖于从数据中学习的增强（Cubuk，2019）。

18.3　时序数据卷积神经网络应用——预测收益

卷积神经网络最初是为了处理图像数据而开发的，并在各种计算机视觉任务中取得了卓越的性能。正如第 1 部分所介绍的，时间序列数据具有类似于图像的网格状结构，卷积神经网络已经成功地应用于时间数据的一维、二维和三维表示。

如果数据符合模型的关键假设，即局部模式或关系有助于预测结果，那么将卷积神经网络应用到时间序列将最有可能取得成果。在时间序列的背景下，局部模式可以是自相关或在相关间隔处具有类似的非线性关系。在第二个和第三个维度上，局部模式意味着一个多元序列的不同组成部分之间的系统关系，或者对于不同的标签来说，则意味着这些序列之间的系统关系。由于位置很重要，因此数据被相应地组织起来也很重要，这与前馈网络不同，前馈网络对任何维度的元素进行变换都不会对学习过程产生负面影响。

在本节中，我们提供了一个相对简单的例子，使用一维卷积来建模一个自回归过程，该过程基于滞后收益来预测未来收益。然后，我们复现了最近的一篇研究论文，该论文通过格式化多变量时间序列数据（如图像）来预测收益，并取得了良好的效果。我们还将根据预测中包含的信号开发和测试一个交易策略。

18.3.1　一维卷积自回归卷积神经网络

我们将介绍卷积神经网络使用单变量自回归资产收益模型的时间序列用例。更具体地说，该模型接收最近 12 个月的收益，并使用单层的一维卷积来预测接下来月份的收益。

所需步骤如下：

（1）创建连续 12 个月的滞后收益和相应结果。

（2）定义模型结构。

（3）训练模型并评估结果。

接下来，我们将依次描述每个步骤。笔记 time_series_prediction 中包含此部分的代码示例。

1．预处理数据

首先，选择 2000 年以来所有 Quandl Wiki 股票的调整后收盘价，代码如下：

```
prices = (pd.read_hdf('../data/assets.h5', 'quandl/wiki/prices')
          .adj_close
          .unstack().loc['2000':])
prices.info()
DatetimeIndex: 2896 entries, 2007-01-01 to 2018-03-27
Columns: 3199 entries, A to ZUMZ
```

接下来，按照月末频率重新采样价格数据，计算收益，并将超过 100% 的月度收益设置为缺失，因为它们可能代表数据错误。丢弃缺失观测值的股票，保留 1511 只股票，每只股票有 215 个观测值，代码如下：

```
returns = (prices
           .resample('M')
           .last()
           .pct_change()
           .dropna(how='all')
           .loc['2000': '2017']
           .dropna(axis=1)
           .sort_index(ascending=False))

# 去除可能错误的异常值
returns = returns.where(returns<1).dropna(axis=1)
returns.info()
DatetimeIndex: 215 entries, 2017-12-31 to 2000-02-29
```

Columns: 1511 entries, A to ZQK

为了创建 12 个滞后月收益及其相应结果的滚动序列，我们迭代滚动 13 个月的采样，并在将结果日期分配给索引后，将每个采样的转置添加到一个列表中。完成循环后，我们将列表中的数据帧连接起来，代码如下：

```
n = len(returns)
nlags = 12
lags = list(range(1, nlags + 1))
cnn_data = []
for i in range(n-nlags-1):
    df = returns.iloc[i:i+nlags+1]          # 选择结果和滞后
    date = df.index.max()                    # 使用结果日期
    cnn_data.append(df.reset_index(drop=True) # 附加转置系列
                    .transpose()
                    .assign(date=date)
                    .set_index('date', append=True)
                    .sort_index(1, ascending=True))
cnn_data = (pd.concat(cnn_data)
            .rename(columns={0: 'label'})
            .sort_index())
```

在 2001—2017 年期间得到超过 305 000 对结果和滞后收益，代码如下：

```
cnn_data.info(null_counts=True)
MultiIndex:  305222 entries, ('A', Timestamp('2001-03-31 00:00:00')) to
                             ('ZQK', Timestamp('2017-12-31 00:00:00'))
Data columns (total 13 columns):
...
```

计算每个滞后收益和结果的信息系数，发现只有 Lag-5 在统计上不太明显，如图 18.14 所示。

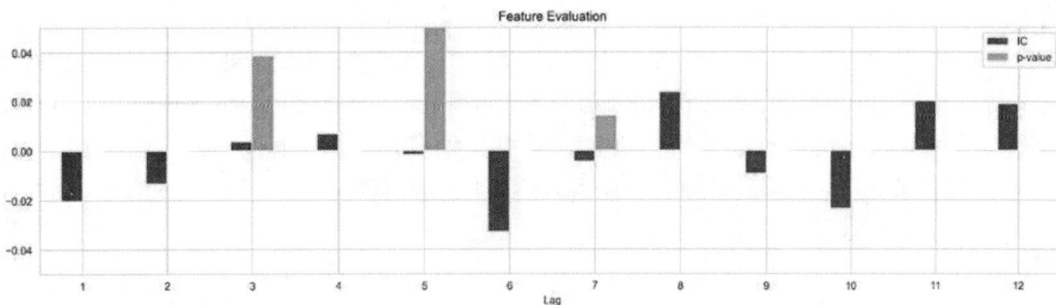

图 18.14　关于滞后正向收益的信息系数

2. 定义模型结构

使用 TensorFlow 的 Keras 接口定义模型体系结构，将一维卷积层与最大池化和批处理归一化相结合，生成一个实值标量输出，代码如下：

```
model = Sequential([Conv1D(filters=32,
                           kernel_size=4,
                           activation='relu',
                           padding='causal',
```

```
                                    input_shape=(12, 1),
                                    use_bias=True,
                                    kernel_regularizer=regularizers.l1_l2(l1=1e-5,
                                                                          l2=1e-5)),
                          MaxPooling1D(pool_size=4),
                          Flatten(),
                          BatchNormalization(),
                          Dense(1, activation='linear')])
```

一维卷积计算长度为 4 的（正则化）向量与长度为 12 的每个输入序列的滑动点积，使用因果填充来保持时间顺序。当大小为 4 的最大池化组的输入减少到 32 个长度为 3 的向量时，得到的 32 个特征映射具有相同的长度，即 12。

该模型输出长度为 96 的扁平归一化单向量的加权平均值加上偏差，有 449 个可训练参数，代码如下：

```
Layer (type)                    Output Shape              Param #
conv1d (Conv1D)                 (None, 12, 32)            160
max_pooling1d (MaxPooling1D)    (None, 3, 32)             0
flatten (Flatten)               (None, 96)                0
batch_normalization (BatchNo    (None, 96)                384
dense (Dense)                   (None, 1)                 97
Total params: 641
Trainable params: 449
Non-trainable params: 192
```

笔记将模型生成和随后的编译封装到 get_model() 函数中，该函数对模型配置进行了参数化，以便于实验。

3. 训练和评估模型

我们根据每只股票 5 年的数据训练模型，以预测这段时期后的第一个月，并使用我们在第 7 章中开发的 MultipleTimeSeriesCV 重复这一过程 36 次。请参阅笔记上的循环训练，该循环训练遵循上一章演示的模式。

我们在 5 个时期之后使用了早停法来简化说明，从而产生正偏差，因此结果仅具有说明性。训练时间从 1 到 27 个时期不等，中位数为 5 个时期，这表明该模型通常只能从过去的收益中学习非常有限的系统信息。因此，精挑细选得到的累积平均信息系数约为 4，如图 18.15 所示。

继续使用更复杂的示例，将卷积神经网络用于多个时间序列数据。

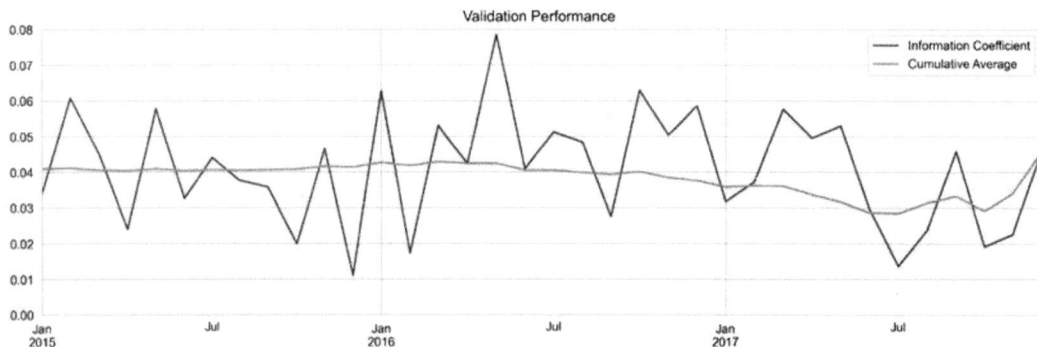

图 18.15　最佳时期的（存在偏差的）样本外信息系数

18.3.2　CNN-TA——二维聚类时间序列

为了利用时间序列数据的网格状结构，我们可以将卷积神经网络体系结构用于单变量和多变量时间序列。在后一种情况下，我们将不同的时间序列视为通道，类似于不同颜色的信号。

另一种方法是将阿尔法因子的时间序列转换为二维格式，以利用卷积神经网络检测局部模式的能力。Sezer 和 Ozbayoglu 在 2018 年提出了 CNN-TA 算法，该算法在不同的时间间隔内计算 15 个技术指标，并使用层次聚类来定位二维网格中行为相似的指标。

他们训练了一个卷积神经网络，类似于我们之前使用的 CIFAR-10 示例，用于预测在某一天是否购买、持有或出售资产。他们将卷积神经网络的表现与"买入并持有"模型和其他模型进行比较，发现在 2007—2017 年期间，道琼斯 30 种股票和九种交易量最大的 ETF 使用每日价格序列，其表现优于所有替代方案。

在本小节中，我们将使用每日美国股票价格数据试验这种方法，并演示如何计算并将一组类似的指标转换为图像格式；然后训练卷积神经网络来预测每日收益，并根据结果信号评估简单的多空交易策略。

1. 在不同的时间间隔创建技术指标

我们首先从 Quandl Wiki 数据集中按美元交易量选择了 500 只交易最多的美国股票，以 2007—2017 年为五年期滚动计算。有关本节中的代码示例和一些其他详细信息，请参阅笔记 engineer_cnn_features.ipynb。

我们的特征包括 15 个技术指标和风险因子，按 15 个不同的间隔计算，然后将它们排列在 15×15 的网格中。部分技术指标见表 18.1。此外，我们跟随开发人员使用以下指标（有关更多信息，请参见笔记）：
- 收盘价的加权和指数移动平均线（WMA 和 EMA）。
- 收盘价变化率（ROC）。
- 钱氏动量振荡器（CMO）。
- Chaikin A/D 振荡器（ADOSC）。
- 平均方向运动指数（ADX）。

表　18.1

指标名称	描述	计算公式
相对强弱指数（RSI）	在 0~100 之间波动，低于 30 表示超卖，高于 70 表示超买	见第 4 章
威廉指标（%R）	在-100~0 之间波动的动量指标，低于-80 表示超卖，高于-20 表示超买	$R = \dfrac{\max(\text{high}) - \text{close}}{\max(\text{high}) - \min(\text{low})}$
布林带	由三条线组成，中间的线为 20 天平均线，上下两条线分别为 20 天平均线加减标准差。超出布林带外则分别表示超买、超卖	见第 4 章
标准化平均真实范围（NATR）	平均真实波动范围（average true range）简称 ATR 指标，计算以下 3 者的最大值：当前最高价减去当前最低价；当前最高价减去之前收盘价的绝对值；当前最低价减去之前收盘价的收盘价	$\text{NATR} = \dfrac{\text{ATR}}{\text{close}}$

指标名称	描述	计算公式
百分比价格指标（PPO）	一种动量指标，用于衡量两条移动平均线之间的差异相对于较大范围移动平均线的百分比	$$PPO = \frac{EMA_{12} - EMA_{26}}{EMA_{26}}$$
顺势指标（CCI）	一种动量指标，计算当前典型价格与历史平均价格的简单移动平均差值，然后用其差值均值进行标准化处理	$$p^{\text{hist}} = \sum_{t=1}^{P}(high + low + close)/3$$ $$CCI = \frac{p^{\text{hist}} - SMA(p^{\text{hist}})}{0.15 \times \sum_{t=1}^{P}[|\,p^{\text{hist}} - SMA(p^{\text{hist}})\,|]/p}$$

对于每个指标，将时间段从 6 更改为 20，获得 15 个不同的测量值。例如，下面的代码示例计算相对强度指数（RSI）：

```
T = list(range(6, 21))
for t in T:
    universe[f'{t: 02}_RSI'] = universe.groupby(level='symbol').close.
apply(RSI, timeperiod=t)
```

对于需要多个输入的标准化平均真实范围（NATR），计算代码如下：

```
for t in T:
    universe[f'{t: 02}_NATR'] = universe.groupby(
                            level='symbol', group_keys=False).apply(
                            lambda x: NATR(x.high, x.low, x.close, timeperiod=t))
```

更多细节请参见 TA-Lib 文档。

2. 计算不同层位的滚动因子

我们还使用了 5 个 Fama-French 风险因子。这些因子反映了股票收益率对影响股票收益的因子的敏感性，通过计算一只股票的日收益率的滚动 OLS 回归系数来获取这些因子，这些收益率旨在反映潜在驱动力，其投资组合收益率如下：

- 股票风险溢价：指美国股票的价值加权收益率减去 1 个月期美国国债收益率。
- 规模（SMB）：归类为小（按市值）的股票收益减去大的股票的收益。
- 价值（HML）：账面市值高的股票的收益减去价值低的股票的收益。
- 投资（CMA）：保守投资支出公司的收益差异减去激进投资支出公司的收益差异。
- 获利能力（RMW）：获利能力强的股票的收益差减去盈利能力弱的股票的收益差。

使用 pandas_datareader 从 Kenneth French 的数据库中获取数据，代码如下：

```
import pandas_datareader.data as web
factor_data = (web.DataReader('F-F_Research_Data_5_Factors_2x3_daily',
                            'famafrench', start=START)[0])
```

接下来，应用统计模型的 RollingOLS() 在不同长度的窗口期（15～90 天不等）上运行回归。我们在.fit() 方法上设置了 params_only 参数，以加快计算速度，并使用拟合的 factor_model 的 params 属性获取系数，代码如下：

```
factors = [Mkt-RF, 'SMB', 'HML', 'RMW', 'CMA']
windows = list(range(15, 90, 5))
for window in windows:
    betas = []
    for symbol, data in universe.groupby(level='symbol'):
        model_data = data[[ret]].merge(factor_data, on='date').dropna()
        model_data[ret] -= model_data.RF
        rolling_ols = RollingOLS(endog=model_data[ret],
                                 exog=sm.add_constant(model_data[factors]), window=window)
        factor_model = rolling_ols.fit(params_only=True).params.drop('const', axis=1)
        result = factor_model.assign(symbol=symbol).set_index('symbol', append=True)
        betas.append(result)
    betas = pd.concat(betas).rename(columns=lambda x:  f'{window: 02}_{x}')
    universe = universe.join(betas)
```

3. 基于互信息的特征选择

接下来，从 20 个候选项中选择 15 个最相关的特征来填充 15×15 个输入网格。笔记 convert_cnn_features_to_image_format 中提供了以下步骤的代码示例。

为此，我们估计每个指标的互信息以及相对于目标的 15 个间隔，即一天的预期收益。正如第 4 章所讲解的，scikit-learn 提供 mutual_info_regression()函数，可以简单明了地展示过程，不过既耗时又占用内存。为了加速，我们随机采样了 100 000 个观测值，代码如下：

```
df = features.join(targets[target]).dropna().sample(n=100000)
X = df.drop(target, axis=1)
y = df[target]
mi[t] = pd.Series(mutual_info_regression(X=X, y=y), index=X.columns)
```

图 18.16 的左侧显示了每个指示器在 15 个间隔内的平均互信息。从这个指标的角度来看，NATR、BBH 和 PPO 是最重要的。

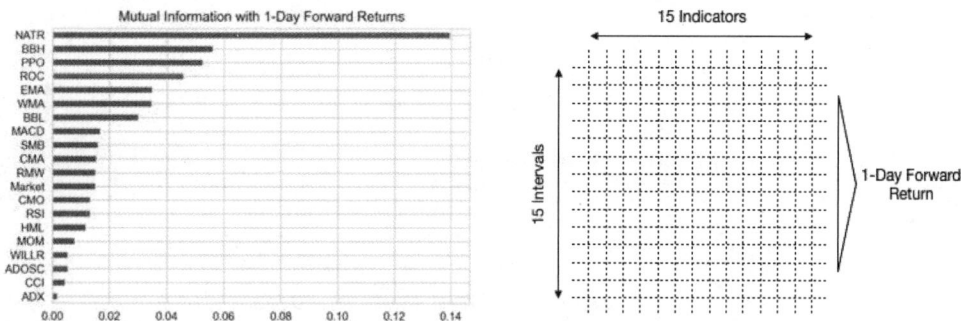

图 18.16 时间序列的平均互信息和二维网格布局

4. 层次特征聚类

图 18.16 的右侧描绘了我们将输入卷积神经网络的 15×15 二维特征网格。卷积神经网络依赖于相关模型的局部性，这些模型通常在图像中发现，附近的像素是密切相关的，从一个像素到下一个像素的变化通常是渐进的。

为了以类似的方式组织我们的指标，我们将遵循 Sezer 和 Ozbayoglu 的层次聚类方法。目标是识别行为类似的特性，并相应地对网格的列和行进行排序。

可以借助 SciPy 的 pairwise_distance()、linkage()和 dendrogram()函数，这些函数在第 13 章中已经介绍过。创建了一个辅助函数，对输入进行了逐行标准化，从而避免因比例差异而导致要素之间的距离失真，使用 Ward 准则合并聚类以最大限度地减少方差。该函数返回树状图中叶节点的顺序，进而显示更大聚类的连续形成，代码如下：

```
def cluster_features(data, labels, ax, title):
    data = StandardScaler().fit_transform(data)
    pairwise_distance = pdist(data)
    Z = linkage(data, 'ward')
    dend = dendrogram(Z,
                      labels=labels,
                      orientation='top',
                      leaf_rotation=0.,
                      leaf_font_size=8.,
                      ax=ax)
    return dend['ivl']
```

为了获得技术指标在列中的优化顺序和行中的不同间隔，使用 NumPy 的 reshape()方法来确保我们想要聚类的维度出现在传递给 cluster_features()的二维数组的列中，代码如下：

```
labels = sorted(best_features)
col_order = cluster_features(features.dropna().values.reshape(-1, 15).T,
                             labels)
labels = list(range(1, 16))
row_order = cluster_features(
    features.dropna().values.reshape(-1, 15, 15).transpose((0, 2, 1)).
reshape(-1, 15).T, labels)
```

图 18.17 显示了行和列特征的树状图。

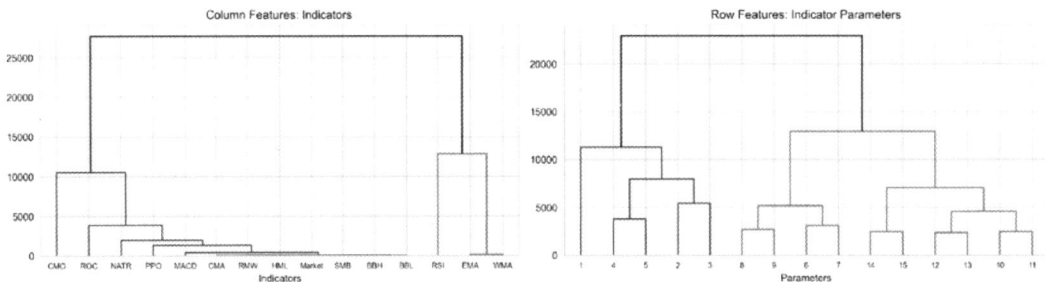

图 18.17　行和列特征的树状图

相应地对特征重新排序，并将结果存储为下一步将创建的卷积神经网络的输入。

5. 创建和训练卷积神经网络

现在，我们已经准备好按照之前概述的步骤来设计、训练和评估卷积神经网络。笔记 cnn_for_trading.ipynb 中包含相关的代码示例。

首先创建一个具有两个卷积层的卷积神经网络，其内核大小分别为 3 和 16，有 32 个过滤器，然后是一个大小为 2 的最大池化层；将最后一堆过滤器的输出展平，并将产生的 1568 个输出连接到大小为

32 的密集层，对输入和输出的连接设置 25%和 50%的丢失概率，以减轻过度拟合。CNN 结构如下（其中包含 55 041 个可训练参数）：

```
Layer (type)              Output Shape             Param #
CONV1 (Conv2D)            (None, 15, 15, 16)       160
CONV2 (Conv2D)            (None, 15, 15, 32)       4640
POOL1 (MaxPooling2D)      (None, 7, 7, 32)         0
DROP1 (Dropout)           (None, 7, 7, 32)         0
FLAT1 (Flatten)           (None, 1568)             0
FC1 (Dense)               (None, 32)               50208
DROP2 (Dropout)           (None, 32)               0
FC2 (Dense)               (None, 1)                33
Total params: 55,041
Trainable params: 55,041
Non-trainable params: 0
```

应用第 7 章中介绍的 MultipleTimeSeriesCV 训练和验证集索引生成器对模型进行交叉验证。我们在训练期间以 64 个随机样本为批次，提供 5 年的交易日，并使用随后的 3 个月（覆盖 2014—2017 年）进行验证。

将要素范围缩放到[-1,1]，再次使用 NumPy 的 reshape()方法创建必需的 $N \times 15 \times 15 \times 1$ 格式，代码如下：

```
def get_train_valid_data(X, y, train_idx, test_idx):
    x_train, y_train = X.iloc[train_idx, :], y.iloc[train_idx]
    x_val, y_val = X.iloc[test_idx, :], y.iloc[test_idx]
    scaler = MinMaxScaler(feature_range=(-1, 1))
    x_train = scaler.fit_transform(x_train)
    x_val = scaler.transform(x_val)
    return (x_train.reshape(-1, size, size, 1), y_train,
            x_val.reshape(-1, size, size, 1), y_val)
```

训练和验证遵循第 17 章中介绍的过程，依靠检查点在每个时期后存储权重，并为最佳性能的迭代生成预测，而无须重新训练。

为了评估模型的预测准确率，我们为验证集计算每日**信息系数（IC）**，代码如下：

```
checkpoint_path = Path('models', 'cnn_ts')
for fold, (train_idx, test_idx) in enumerate(cv.split(features)):
    X_train, y_train, X_val, y_val = get_train_valid_data(features, target, train_idx, test_idx)
    preds = y_val.to_frame('actual')
    r = pd.DataFrame(index=y_val.index.unique(level='date')).sort_index()
    model = make_model(filter1=16, act1='relu', filter2=32,
                       act2='relu', do1=.25, do2=.5, dense=32)
    for epoch in range(n_epochs):
        model.fit(X_train, y_train,
                  batch_size=batch_size,
                  validation_data=(X_val, y_val),
                  epochs=1, verbose=0, shuffle=True)
        model.save_weights(
            (checkpoint_path / f'ckpt_{fold}_{epoch}').as_posix())
        preds[epoch] = model.predict(X_val).squeeze()
        r[epoch] = preds.groupby(level='date').apply(
            lambda x: spearmanr(x.actual, x[epoch])[0]).to_frame(epoch)
```

使用带有 Nesterov 动量的**随机梯度下降**训练该模型以达到 10 个时期，结果显示性能最好的是时期 8 和时期 9，达到了（低）日均 IC，约 0.009。

6. 组合最佳模型以生成可交易的信号

为了减少测试期预测的方差，我们生成了在交叉验证中表现最好的 3 个模型的预测并取其平均值，这里对应的是第 4、8 和 9 时期的训练。与前面的时间序列示例中一样，相对较短的训练时期强调，与图像数据中包含的系统信息相比，金融时间序列中的信号量较低。

generate_predictions()函数重新加载模型权重，并返回目标时段的预测，代码如下：

```
def generate_predictions(epoch):
    predictions = []
    for fold, (train_idx, test_idx) in enumerate(cv.split(features)):
        X_train, y_train, X_val, y_val = get_train_valid_data(
            features, target, train_idx, test_idx)
        preds = y_val.to_frame('actual')
        model = make_model(filter1=16, act1='relu', filter2=32,
                           act2='relu', do1=.25, do2=.5, dense=32)
        status = model.load_weights(
            (checkpoint_path / f'ckpt_{fold}_{epoch}').as_posix())
        status.expect_partial()
        predictions.append(pd.Series(model.predict(X_val).squeeze(),
                                     index=y_val.index))
    return pd.concat(predictions)

preds = {}
for i, epoch in enumerate(ic.drop('fold', axis=1).mean().nlargest(3).index):
    preds[i] = generate_predictions(epoch)
```

存储这些预测，并根据这些每日收益预测对交易策略进行回测。

7. 回测多空交易策略

为了了解信号质量，使用 Alphalens 计算投资于根据信号五分位数选择的股票的等加权投资组合之间的价差。

如图 18.18 所示，对于一天的投资范围，这种"幼稚"的策略在 2013—2017 年期间每天将获得超过 4 个基点的收益。

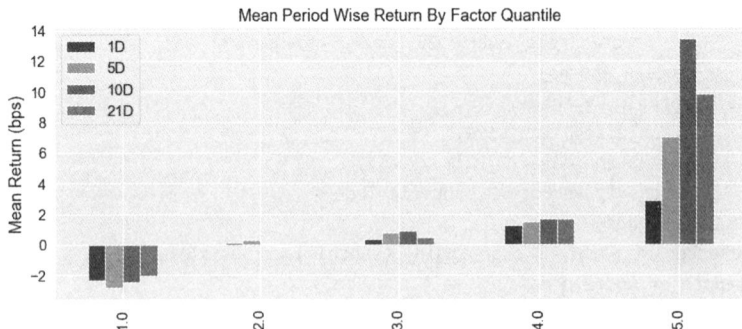

图 18.18　Alphalens 信号质量评估

将此稍微令人鼓舞的结果转化为一种简单的策略，即对收益率最高（最低）的 25 只股票输入多头（空头）头寸，每天进行交易。如图 18.19 所示，该策略在大部分回测期间（见图 18.19 左侧）可以与标准普尔 500 基准指数竞争，其累计收益率为 35.6%，夏普比率为 0.53（未计交易成本见图 18.19 右侧）。

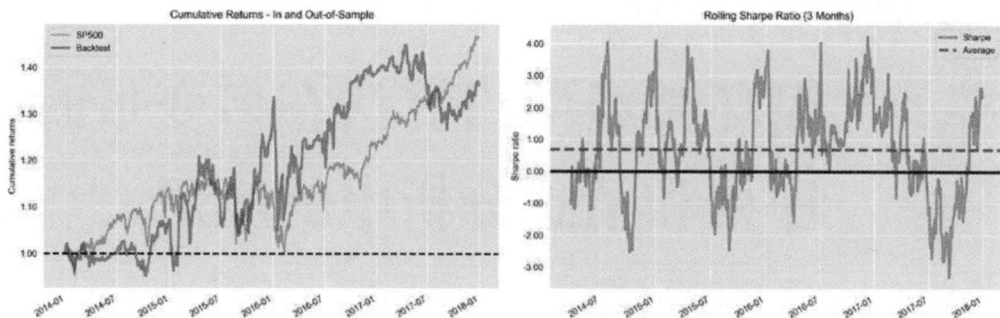

图 18.19　样本内和样本外回测性能

8．总结与经验教训

看来卷积神经网络能够从阿尔法因子的时间序列中提取有意义的信息并转换成二维网格。对不同结构和训练参数的实验表明，结果鲁棒性不是很好，细微的修改也可能导致性能明显下降。

优化尝试也暴露了成功训练深度神经网络众所周知的困难，特别是当信噪比较低时。过于复杂的网络或错误的优化器会导致卷积神经网络始终处于局部最优值，从而始终预测恒定值。

改善结果并获得与开发人员（使用不同的结果）更接近的性能的最重要步骤是重新审视功能。对于一组有限的技术指标的不同间隔，有许多替代方案。任何适当数量的时间序列特征都可以被转换为一个 $n×m$ 格式的矩形，并受益于卷积神经网络学习局部模式的能力。通过选择 n 个指标和 m 个间隔，可以更轻松地组织二维网格的行和列。

此外，开发人员们采用了一种分类方法，确定买入、持有和卖出，实验则将回归应用于日收益。图 18.17 中的 Alphalens 图表表明，较长的持有期（尤其是 10 天）可能会更好，因此也有空间能够相应地调整策略或切换到分类方法。

18.4　本章小结

在本章中，我们介绍了卷积神经网络，这是一种特殊的神经网络架构，它从我们对人类视觉的（有限的）理解中得到启示，并且在类似网格的数据上表现得特别好。我们还介绍了卷积或互相关的中心运算，该操作促使发现过滤器，这些过滤器反过来又会检测对解决当前任务有用的功能。

我们回顾了几个最先进的体系结构，它们都是很好的起点，特别是迁移学习使我们能够重用预先训练的权重，从而减少计算和数据密集型训练的工作量。我们还介绍了如何简单地基于 Keras 实现和训练各种深度的卷积神经网络架构。

在第 19 章中，我们将注意力转向专为序列数据（如时间序列数据）设计的循环神经网络，这对投资和交易至关重要。

第19章

循环神经网络算法在多变量时间序列和情感分析中的应用

在第 18 章中我们介绍了如何设计**卷积神经网络**以学习表示网格状数据（尤其是图像）和时间序列的空间结构特征。本章我们将介绍**循环神经网络（RNN）**，循环神经网络专门为研究顺序数据而设计，其中模型随时间变化，学习通常需要存储先前的数据点。

前馈神经网络（FFNN）将每个样本的特征向量视为独立且均匀分布的。因此，在评估当前观测值时，它们没有考虑先前的数据点。换句话说，它们没有记忆。

卷积神经网络使用的一维和二维卷积滤波器可以提取特征，这些特征通常是少量相邻数据点的函数。但是，它们仅允许浅层参数共享：每个输出都是通过将相同的滤波器应用于相关的时间步长和特征而得到的。

循环神经网络模型的主要创新在于，每个输出都是先前输出和新信息的函数。因此，循环神经网络可以将有关先前观测的信息合并到它们使用当前特征向量执行的计算中。这种循环公式使参数共享可以在更深的计算图中进行（Goodfellow、Bengio 和 Courville，2016）。在本章中，将介绍**长短期记忆单元（LSTM）**和**门控循环单元（GRU）**，其目的是克服与学习远程依赖项有关的梯度消失的挑战，在这种情况下，错误需要通过许多连接传播。

成功的循环神经网络用例包括各种任务，这些任务需要将一个或多个输入序列映射到一个或多个输出序列，并且突出显示自然语言应用程序。我们将探索如何将循环神经网络应用于单变量和多变量时间序列，以使用市场或基本数据预测资产价格。我们还将介绍循环神经网络如何进行词嵌入来利用替代文本数据，我们在第 16 章中介绍了财报电话和 SEC 文件的词嵌入，以及文档中表达的情感如何进行分类。最后，我们将使用 SEC 文件中信息最丰富的部分来学习词嵌入，并预测归档日期前后的收益。

本章将涵盖以下内容：

- 循环连接如何允许循环神经网络记忆模式并为隐藏状态建模。
- 展开并分析循环神经网络的计算图。
- 门控单元如何学习从数据调节循环神经网络存储器以实现长期依赖。
- 使用 Python 为单变量和多变量时间序列设计与训练循环神经网络。
- 如何学习词嵌入或使用预训练的词向量进行循环神经网络情感分析。
- 使用自定义词嵌入构建双向循环神经网络以预测股票收益。

可以在本章的 **GitHub** 存储库目录中找到代码示例和其他资源。

19.1　循环神经网络的工作机理

循环神经网络假定输入数据已按顺序生成，因此先前的数据点会影响当前的观测值，并且与预测后续值有关。因此，与前馈神经网络和卷积神经网络相比，循环神经网络允许更复杂的输入/输出关系，后者被设计为使用给定数量的计算步骤将一个输入向量映射到一个输出向量。相比之下，循环神经网络可以为任务的数据建模，其中最好将输入/输出或两者都表示为向量序列。

图 19.1 受安德鲁·卡帕蒂（Andrew Karpathy）2015 年发表的博客文章 *The Unreasonable Effectiveness of Recurrent Neural Networks*（参见 GitHub 的链接）的启发，说明了使用一个或多个神经网络层执行的非线性变换从输入向量到输出向量的映射。

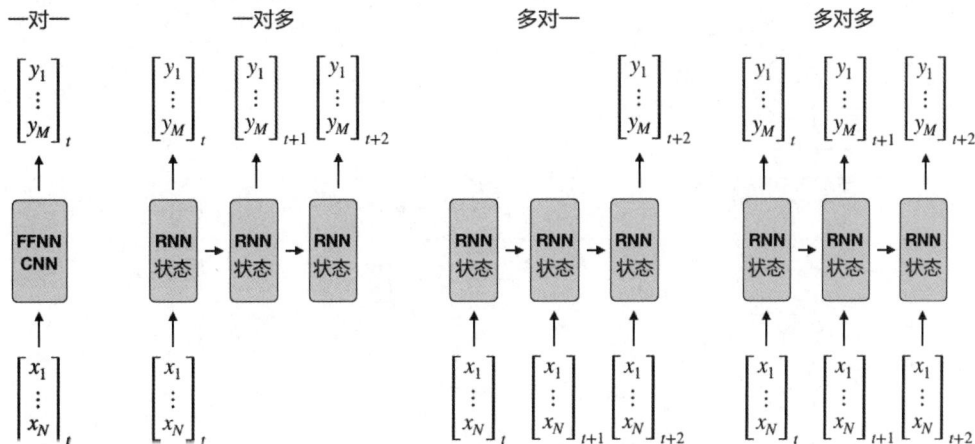

图 19.1　各种类型的序列到序列模型

图 19.1 最左侧显示了固定大小的向量之间的一对一映射，这是前馈神经网络和卷积神经网络的典型映射。图 19.1 的其他部分展示了各种循环神经网络应用，它们通过对新输入和前一次迭代产生的状态进行递归变换，将输入向量映射到输出向量。循环神经网络的 *x* 输入向量也称为上下文。

向量是时间索引的，通常是与交易相关的应用程序所要求的，但是它们也可以用一组不同的顺序值来标记。通用序列到序列的映射任务和示例应用程序包括以下几种：

- 一对多：如图像字幕使用单个像素向量并将其映射到单词序列。
- 多对一：情感分析采用一系列单词或 token，并将其映射到输出标量或向量。
- 多对多：以同步或异步方式将输入向量的视频帧映射序列机器翻译或标记为输出向量序列。多元时间序列的多步预测也将几个输入向量映射到几个输出向量。

请注意，输入和输出序列可以具有任意长度，因为可以根据需要应用多次固定的循环变换，但是可以从数据中学习。

正如卷积神经网络可以轻易放大为大图像，并且某些卷积神经网络可以处理可变大小的图像一样，循环神经网络可以缩放到比不适合基于序列的任务的网络更长的序列。大多数循环神经网络也可以处理可变长度的序列。

19.1.1 循环展开计算图

循环神经网络之所以称为循环，因为它们对序列的每个元素都应用相同的转换，而循环神经网络的输出依赖于之前迭代的结果。因此，循环神经网络维持一种捕获序列中前一个元素信息的内部状态，就像内存一样。

图 19.2 显示了一个隐藏的循环神经网络单元所隐含的**计算图**，该单元在训练期间学习了以下两个权重矩阵：

- W_{hh}：应用于先前的隐藏状态 h_{t-1}。
- W_h：应用于当前输入 x_t。

循环神经网络的输出 y_t 是使用 tanh 或 ReLU 激活函数对两个矩阵相乘之和的非线性变换，公式如下：

$$y_t = g(W_{hh}h_{t-1} + W_{xh}x_t)$$

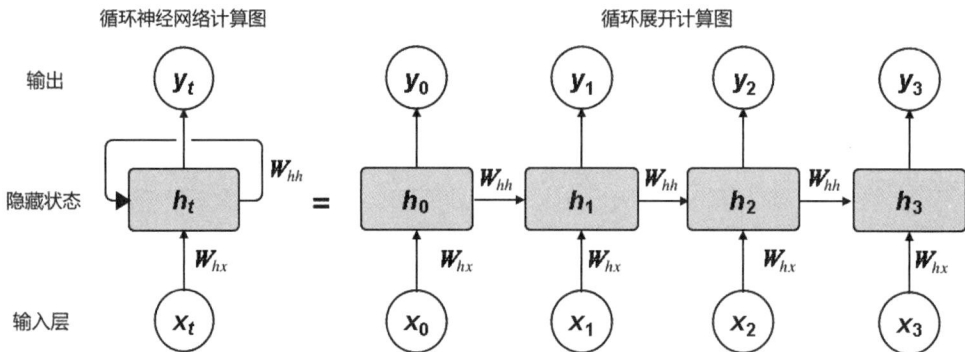

图 19.2　具有单个隐藏单元的循环神经网络计算图的循环展开计算图

等式的右侧显示了图 19.2 展开的右侧部分所示的递归关系的效果。它突出显示了重复的线性代数变换以及将来自过去序列元素的信息与当前输入或上下文相结合的结果隐藏状态。另一种选择是将上下文向量仅连接到第一个隐藏状态。

19.1.2 通过时间反向传播

图 19.2 中展开的计算图强调了学习过程必然包含给定输入序列的所有时间步长。在训练期间更新权重的反向传播算法包括从左向右的前向传播和展开的计算图，然后是反向传播。

在用于交易的深度学习中，反向传播算法评估损失函数并计算其相对于参数的梯度以相应地更新权重。在循环神经网络上下文中，反向传播在计算图中从右到左运行，从最后一个时间步长一直到初始时间步长更新参数。因此，该算法称为**时间反向传播**（Werbos，1990）。

它突出了循环神经网络通过在任意数量的序列元素上共享参数，同时保持相应状态的方式对远程依赖关系进行建模的能力。另外，这在计算上是相当昂贵的，并且由于其固有的顺序性质，每个时间步的计算不能并行化。

19.1.3　循环神经网络替代架构

就像前馈神经网络和卷积神经网络架构一样，可以通过多种方式对卷积神经网络架构进行优化，以捕获输入和输出数据之间的动态关系。

除了修改隐藏状态之间的循环连接之外，替代方法还包括循环输出关系、双向循环神经网络和编码器－解码器体系结构。详细信息请参考 GitHub 上的内容。

1．输出循环和强制教学

降低隐藏状态重复的计算复杂度的一种方法是将单元的隐藏状态连接到先前单元的输出，而不是其隐藏状态。最终的循环神经网络具有比之前讨论的体系结构更低的容量，但是现在可以解耦不同的时间步长，并且可以并行地对其进行训练。

要成功学习相关的历史信息，训练输出样本需要反映此信息，以便反向传播可以相应地调整网络参数。在一定程度上，资产收益与其滞后值无关，财务数据可能无法满足此要求。将先前的结果值与输入向量一起使用称为**强制教学**（Williams 和 Zipser，1989）。

从输出到后续隐藏状态的连接也可以与隐藏循环结合使用。但是，训练需要经过一段时间的反向传播，因此无法并行进行。

2．双向循环神经网络

对于某些任务，输出不仅取决于过去的序列元素，还取决于未来的元素，这是现实且有益的（Schuster 和 Paliwal，1997）。机器翻译或语音和手写识别是示例，其中后续序列元素既可提供信息又可实际用于消除竞争输出的歧义。

对于一维序列，**双向循环神经网络**结合了向前移动的循环神经网络和沿相反方向扫描序列的另一个循环神经网络。结果，输出取决于序列的未来和过去。在自然语言和音乐领域中的应用非常成功（Sigtia 等人，2014）。

双向循环神经网络也可以与二维图像数据一起使用。在这种情况下，一对循环神经网络在每个维度上执行序列的前向和后向处理。

3．编码器-解码器体系结构，注意力机制和转换器

到目前为止介绍的体系结构假定输入和输出序列具有相等的长度。编码器-解码器体系结构 [也称为**序列到序列**（seq2seq）体系结构] 放宽了这一假设，并已在具有此特征的机器翻译和其他应用中变得非常流行（Prabhavalkar 等人，2017）。

编码器是将输入空间映射到不同空间（也称为**潜在空间**）的循环神经网络，而**解码器**则是将编码后的输入映射到目标空间的互补循环神经网络（Cho 等人，2014）。

联合训练编码器和解码器循环神经网络，以便最终编码器隐藏状态的输入成为解码器的输入，进而学习匹配训练样本。

注意力机制解决了输入序列本身大小变化时使用固定大小的编码器输入的限制。该机制将原始文本数据转换为分布式表示方式，将结果存储，并将这些特征向量的加权平均值用作上下文。权重是由模型学习的，并且在将更多的权重或注意力放在输入的不同元素之间交替进行。

最近的**转换器**结构省去了循环和卷积，并且仅依靠这种注意力机制来学习输入/输出映射。它在机器翻译任务上表现很好，同时所需的训练时间更少了，主要是因为它可以并行化（Vaswani 等人，2017）。

19.1.4 深度循环神经网络设计

图 19.2 中展开的计算图表明，每个变换都涉及一个线性矩阵运算，然后是一个非线性变换，该变换可以由一个网络层共同表示。

在前两章中，我们了解了添加深度如何使前馈神经网络（尤其是卷积神经网络学习更有用的层次表示。循环神经网络还会受益于将输入/输出映射分解为多层。对于循环神经网络，此映射通常会转换为：

- 输入和先前的隐藏状态进入当前的隐藏状态。
- 隐藏状态进入输出。

一种常见的方法是将循环层堆叠在彼此之上，以便它们学习输入数据的分层时间表示。这意味着较低的层可能会捕获较高的频率模式，这些较高的模式由较高的层合成为较低的频率特征，这些特征对于分类或回归任务很有用。

较不常用的替代方法包括在从输入到隐藏状态、在隐藏状态之间或从隐藏状态到输出的连接中添加层。这些设计采用跳过连接来避免时间步长之间的最短路径增加和训练变得更加困难的情况。

19.1.5 长期依赖性学习挑战

从理论上讲，循环神经网络可以按任意长的序列使用信息。但是，实际上，它们仅限于回顾一些步骤。更具体地说，循环神经网络较难从与当前观测值相距甚远的时间步长中获取有用的上下文信息（Hochreiter 等人，2001）。

基本问题是在许多时间步的反向传播过程中，重复乘法对梯度的影响。结果，梯度趋向于消失并朝着 0 减小（典型情况），或者爆炸并朝着无穷大增长（不那么频繁，但是使优化变得非常困难）。

即使参数允许稳定性且网络能够存储，长期交互会因为许多雅可比矩阵（包含梯度信息的矩阵）相乘而获得指数较小的权重。实验表明，随机梯度下降法在训练仅具有 10 或 20 个元素的序列的循环神经网络时会面临严峻挑战。

已经引入了几种循环神经网络设计技术来应对这一挑战，包括**回声状态网络**（Jaeger，2001）和**泄漏单元**（Hihi 和 Bengio，1996）。后者在不同的时间尺度上运行，将模型的一部分集中在高频上，而将其他部分集中在低频上，以有意地学习和组合来自不同方面的数据。其他策略包括跳过时间步长的连接或对来自不同频率的信号进行积分的单元。

最成功的方法是使用经过训练的门控单元，以调节单元在其当前状态下保持多少历史信息以及何时重置或忘记该信息。结果，它们能够在数百个时间步骤中学习依赖关系。最受欢迎的示例包括**长短期记忆单元（LSTM）**和**门控循环单元（GRU）**。Chung 等人（2014）的实证比较发现，两种单位都优于更简单的循环单位，如 tanh 单位，但在各种演讲和音乐建模任务中表现相同。

具有长短期记忆体系结构的循环神经网络具有维护内部状态的更复杂的单元。它们包含门，以跟踪输入序列的元素之间的依赖关系，并相应地调节单元的状态。这些门经常相互连接，而不是我们之前遇到的隐藏单元。它们的目标是通过让梯度不变地通过来解决由于可能非常小或非常大的值的重复相乘而导致的梯度消失和爆炸的问题（Hochreiter 和 Schmidhuber，1996）。

图 19.3 显示了展开的长短期记忆单元的信息流，并概述了其典型的门控机制。

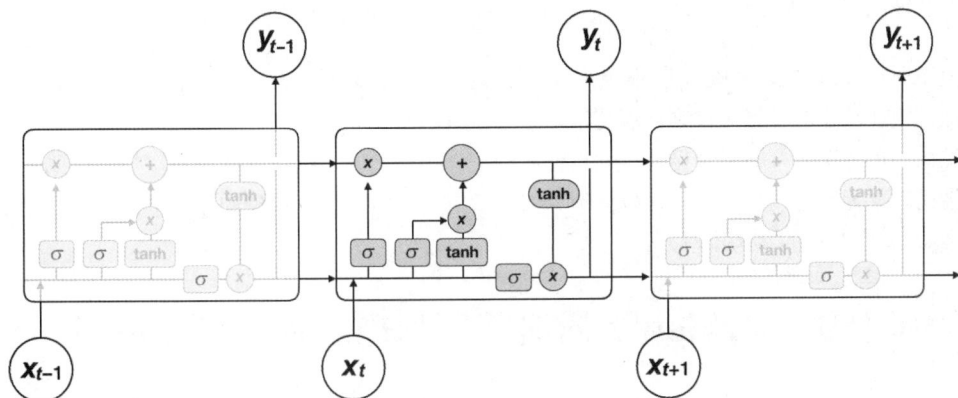

图 19.3　信息流通过一个展开的长短期记忆单元

典型的长短期记忆单元结合了**四个参数化的层**，这些层通过转换和传递向量彼此交互，并与单元状态相互作用。这些层通常包括输入门、输出门和遗忘门，但是有些变化可能具有其他门或缺少其中一些机制。图 19.4 中的白色节点表示按元素进行的操作，灰色节点表示具有在训练过程中学习的权重和偏置参数的层。

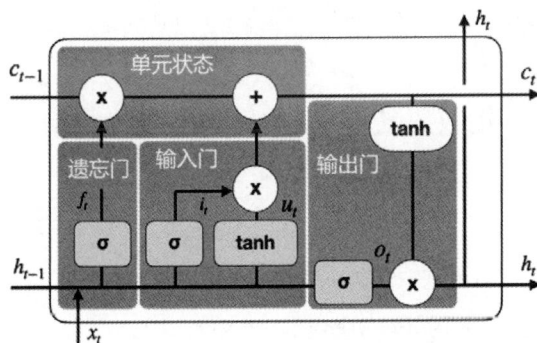

LSTM 公式

$$f_t = \sigma(W_f x_t + U_f h_{t-1} + b_f)$$

$$i_t = \sigma(W_i x_t + U_i h_{t-1} + b_i)$$

$$o_t = \sigma(W_o x_t + U_o h_{t-1} + b_o)$$

$$u_t = \tanh(W_c x_t + U_c h_{t-1} + b_c)$$

$$c_t = f_t \odot c_{t-1} + i_t \odot u_t$$

$$h_t = o_t \odot \tanh c_t$$

图 19.4　长短期记忆单元的逻辑和背后的数学运算

单元状态 c 沿单元顶部的水平连接传递。单元状态与各个门的交互作用导致一系列的周期性决策，具体如下：

● 遗忘门控制应该使多少个单元状态无效以调节网络的内存。它接收先前的隐藏状态 h_{t-1}，并将当前输入 x_t 作为输入，计算出 sigmoid 激活，并将结果值 f_t（已归一化到[0,1]）乘以单元状态，相应地减少或保持它。

● 输入门还根据 h_{t-1} 和 x_t 计算 sigmoid 激活，从而产生更新候选项。在[-1,1]内的 tanh 激活与更新候选项相乘，并且根据产生的符号，将单元状态的结果相加或相减。

● 输出门使用 sigmoid 激活 o_t 过滤更新的单元状态，并使用 tanh 激活将其乘以归一化为 [-1,1]的单元状态。

19.1.6 门控循环单元

门控循环单元通过省略输出门来简化长短期记忆单位。已证明它们在某些语言建模任务上可实现类似的性能，但在较小的数据集上则表现更好。

门控循环单元的目标是每个循环单元自适应地捕获不同时间尺度的依赖关系。与长短期记忆单元类似，门控循环单元具有门控单元，可以调节单元内部的信息流，丢弃单独的存储单元（有关更多详细信息，请参阅 GitHub 上的参考资料）。

19.2 基于 TensorFlow 2 的时间序列循环神经网络应用

在本节中，我们将介绍如何使用 TensorFlow 2 库在各种情况下构建循环神经网络。第一组模型包括单变量和多变量时间序列的回归与分类。第二组任务集中在文本数据上，该文本数据使用转换为词嵌入的文本数据进行情感分析。

更具体地说，我们将先演示如何准备时间序列数据以通过单个长短期记忆层预测股票指数值来预测**单变量时间序列**的下一个值。

接下来，我们将使用三个不同的输入来构建**深度循环神经网络**，以对资产价格变动进行分类。为此，我们将两层堆叠的长短期记忆与学习的嵌入和一次有效编码的分类数据结合在一起。最后，我们将演示如何使用循环神经网络对**多元时间序列**进行建模。

19.2.1 单变量回归——标准普尔 500 指数预测

在本小节中，我们将预测标准普尔 500 指数(有关实现的详细信息,请参阅笔记 univariate_time_series_regression）。

我们将从美联储的数据服务（请参阅第 2 章）获取 2010—2019 年的数据，代码如下：

```
sp500 = web.DataReader('SP500', 'fred', start='2010', end='2020').dropna()
sp500.info()
DatetimeIndex:  2463 entries, 2010-03-22 to 2019-12-31
Data columns (total 1 columns):
 #   Column   Non-Null   Count      Dtype
---  ------   ---------------   -----
 0   SP500    2463       non-null   float64
```

使用 scikit-learn 的 MinMaxScaler() 类将数据缩放到[0,1]来预处理数据，代码如下：

```
from sklearn.preprocessing import MinMaxScaler
scaler = MinMaxScaler()
sp500_scaled = pd.Series(scaler.fit_transform(sp500).squeeze(),
                          index=sp500.index)
```

19.2.2 时间序列数据"整形"到循环神经网络

生成约 63 个连续交易日（约 3 个月）的序列，并使用具有 20 个隐藏单位的单个长短期记忆层来提前一步预测缩放的指数值。

每个长短期层的输入必须具有三个维度，具体如下：

● 批量大小：一个序列就是一个样本。一批包含一个或多个样本。

● 时间步长：一个时间步是在样本中进行一次观测。

● 特征：一个特征是在一个时间步中观测一次。

图 19.5 显示了输入张量的三个维度。

所用标准普尔 500 指数样本有 2463 个观测或时间步长。我们将使用 63 个观测点的窗口创建重叠序列。使用一个规模为 $T=5$ 的简单窗口来说明这个自回归序列模式，得到输入/输出对，其中每个输出与其前 5 个滞后相关联，如图 19.6 所示。

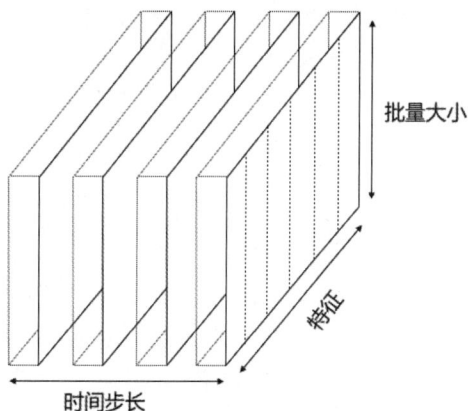

图 19.5 循环神经网络输入张量的三个维度

输入	输出
$\langle x_1, x_2, x_3, x_4, x_5 \rangle$	x_6
$\langle x_2, x_3, x_4, x_5, x_6 \rangle$	x_7
$\vdots$	$\vdots$
$\langle x_{T-5}, x_{T-4}, x_{T-3}, x_{T-2}, x_{T-1} \rangle$	x_T

图 19.6 窗口大小为 $T=5$ 的输入/输出对

可以使用 create_univariate_rnn_data()函数来堆叠使用滚动窗口选择的重叠序列，代码如下：

```
def create_univariate_rnn_data(data, window_size):
    y = data[window_size:]
    data = data.values.reshape(-1, 1)            # 二维
    n = data.shape[0]
    X = np.hstack(tuple([data[i: n-j, :] for i, j in enumerate(range(
                        window_size, 0, -1))]))
    return pd.DataFrame(X, index=y.index), y
```

使用 window_size＝63 将此函数应用于重新缩放的股票指数，以获得形状为样本数×时间步长的二维数据集，代码如下：

```
X, y = create_univariate_rnn_data(sp500_scaled, window_size=63)
X.shape
(2356, 63)
```

使用 2019 年的数据作为测试集并重塑功能以添加必要的三维尺寸，代码如下：

```
X_train = X[:'2018'].values.reshape(-1, window_size, 1)
y_train = y[:'2018']

# 最后一年留作测试
X_test = X['2019'].values.reshape(-1, window_size, 1)
y_test = y['2019']
```

1. 用一个长短期记忆层定义一个两层循环神经网络

现在，我们已经从时间序列中创建了自回归输入/输出对，并将它们分成训练和测试集，接下来我们可以定义循环神经网络体系结构。TensorFlow 2 的 Keras 接口使得构建具有两个隐藏层的循环神经网络非常简单，其规范如下：

- 第 1 层：具有 10 个隐藏单元的长短期记忆模块 [具有 input_shape =(window_size,1)，我们将在训练过程中在省略的第一维中定义 batch_size]。
- 第 2 层：具有单个单元和线性激活函数的完全连接的模块。
- 损失：mean_squared_error 以匹配回归目标。

只需几行代码即可创建计算图，如下所示：

```
rnn = Sequential([
    LSTM(units=10, input_shape=(window_size, n_features), name='LSTM'),
    Dense(1, name='Output')
])
```

摘要显示该模型具有 491 个参数，如下所示：

```
rnn.summary()
Layer (type)           Output Shape    Param #
LSTM (LSTM)            (None, 10)      480
Output (Dense)         (None, 1)       11
Total params: 491
Trainable params: 491
```

2. 模型训练和评估

我们使用循环神经网络的 RMSprop 优化器并使用默认设置来训练模型，并针对此回归问题使用 mean_squared_error 编译模型，代码如下：

```
optimizer = keras.optimizers.RMSprop(lr=0.001,
                                     rho=0.9,
                                     epsilon=1e-08,
                                     decay=0.0)
rnn.compile(loss='mean_squared_error', optimizer=optimizer)
```

定义 EarlyStopping 回归并训练 500 时期的模型，代码如下：

```
early_stopping = EarlyStopping(monitor='val_loss',
                              patience=50,
                              restore_best_weights=True)

lstm_training = rnn.fit(X_train,
                        y_train,
                        epochs=500,
                        batch_size=20,
                        validation_data=(X_test, y_test),
                        callbacks=[checkpointer, early_stopping],
                        verbose=1)
```

138 个时期后训练停止，图 19.7 中的损失历史记录显示了训练和验证 RMSE 的 5 个时期的滚动平均值，突出显示了最佳时期，并显示损失为 0.9983%，代码如下：

```
loss_history = pd.DataFrame(lstm_training.history).pow(.5)
loss_history.index += 1
best_rmse = loss_history.val_loss.min()
best_epoch = loss_history.val_loss.idxmin()
loss_history.columns=['Training RMSE', 'Validation RMSE']
title = f'Best Validation RMSE: {best_rmse:.4%}'
loss_history.rolling(5).mean().plot(logy=True, lw=2, title=title, ax=ax)
```

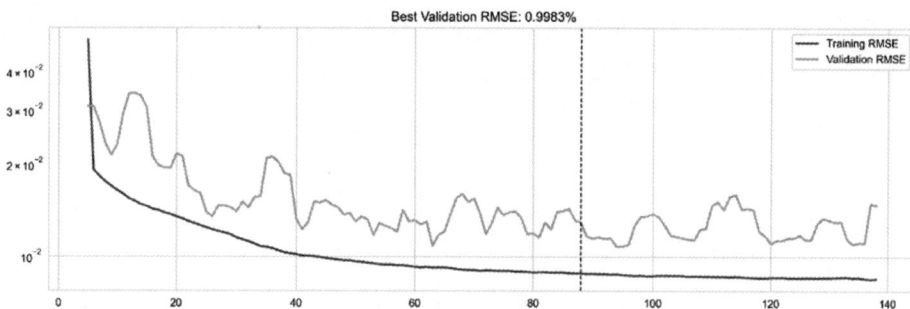

图 19.7　交叉验证性能

3. 重新调整预测

使用 MinMaxScaler()的 inverse_transform()方法将模型预测缩放到原始标准普尔 500 指数值范围，代码如下：

```
test_predict_scaled = rnn.predict(X_test)
test_predict = (pd.Series(scaler.inverse_transform(test_predict_scaled)
                          .squeeze(),
                          index=y_test.index))
```

图 19.8 中的四个图说明了基于跟踪 2019 年样本外标准普尔 500 指数数据 [测试信息系数（IC）为 98.18%] 的重新调整预测的预测性能。

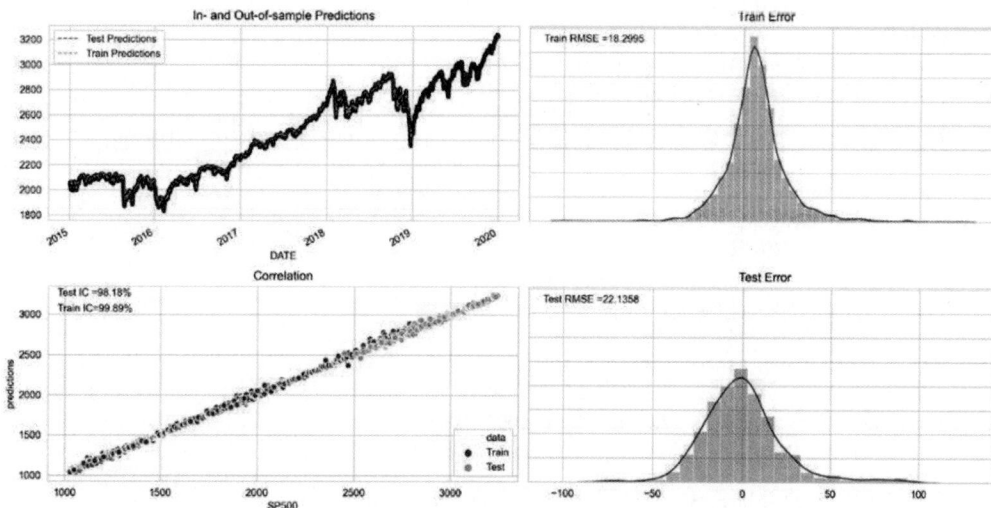

图 19.8　循环神经网络在标准普尔 500 指数数据预测中的性能

19.2.3 堆叠式长短期记忆——预测价格波动和收益

使用 Quandl 股票价格数据堆叠两个长短期记忆层来构建更深层的模型（有关实现的详细信息，请参见笔记 stacked_lstm_with_feature_embeddings.ipynb）。此外，我们将包括本质上不是顺序的特征，即标识权益和月份的指标变量。

图 19.9 概述了如何在单个深度神经网络中组合不同数据源的体系结构。例如，不用（不仅仅）局限于一位有效编码月，也可以添加技术或基本面特征。

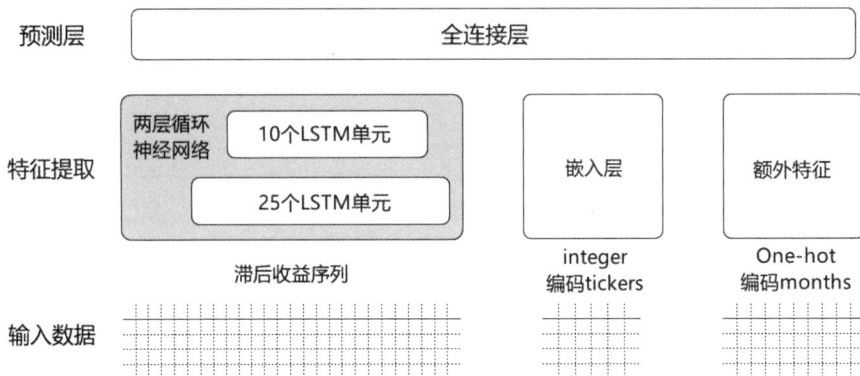

图 19.9 具有额外特征的堆叠长短期记忆架构

1. 准备数据——创建每周库存收益

加载 Quandl 调整后的股票价格数据（参见 GitHub 上如何获取源数据的说明），代码如下（参见笔记 build_dataset.ipynb）：

```
prices = (pd.read_hdf('../data/assets.h5', 'quandl/wiki/prices')
          .adj_close
          .unstack().loc['2007':])
prices.info()
DatetimeIndex: 2896 entries, 2007-01-01 to 2018-03-27
Columns: 3199 entries, A to ZUMZ
```

首先为近 2500 只股票生成每周收益，并提供 2008—2017 年间的完整数据，代码如下：

```
returns = (prices
           .resample('W')
           .last()
           .pct_change()
           .loc['2008': '2017']
           .dropna(axis=1)
           .sort_index(ascending=False))
returns.info()
DatetimeIndex: 2576 entries, 2017-12-29 to 2008-01-01
Columns: 2489 entries, A to ZUMZ
```

为每个报价和周创建并堆叠 52 个每周收益的滚动序列，代码如下：

```
n = len(returns)
```

```
T = 52
tcols = list(range(T))
tickers = returns.columns

data = pd.DataFrame()
for i in range(n-T-1):
    df = returns.iloc[i: i+T+1]
    date = df.index.max()
    data = pd.concat([data, (df.reset_index(drop=True).T
                             .assign(date=date, ticker=tickers)
                             .set_index(['ticker', 'date']))])
```

将 1 和 99 个百分位数的异常值消除，创建一个二进制标签用于指示每周收益是否为正，代码如下：

```
data[tcols] = (data[tcols].apply(lambda x: x.clip(lower=x.quantile(.01),
                                                  upper=x.quantile(.99))))
data['label'] = (data['fwd_returns'] > 0).astype(int)
```

结果获得了对 2400 只股票的 116 万个观测值，每只股票具有 52 周的滞后收益（加上标签），如下所示：

```
data.shape
(1167341, 53)
```

现在，我们准备创建其他特征，将数据分为训练集和测试集，并将它们代入长短期记忆所需的三维格式。

2. 以长短期记忆格式创建多个输入

此示例说明了如何组合多个输入数据源，具体如下：
● 52 周滞后收益的滚动序列。
● 12 个月中每个月的一次性有效编码指标变量。
● 股票代码的整数编码值。

生成两个附加特征，代码如下：

```
data['month'] = data.index.get_level_values('date').month
data = pd.get_dummies(data, columns=['month'], prefix='month')
data['ticker'] = pd.factorize(data.index.get_level_values('ticker'))[0]
```

接下来创建一个涵盖 2009—2016 年的训练集和一个单独的测试集，其中包含 2017 年的数据，即后一年的数据，代码如下：

```
train_data = data[:'2016']
test_data = data['2017']
```

对于训练和测试集，我们生成一个包含三个输入数组的列表（见图 19.9），主要内容与代码如下：
● 滞后返回序列（使用图 19.5 中描述的格式）。
● 整数编码的股票行情作为一维数组。
● 月份模拟为每月一列的二维数组。

```
window_size=52
sequence = list(range(1, window_size+1))
```

```
X_train = [
    train_data.loc[:, sequence].values.reshape(-1, window_size , 1),
    train_data.ticker,
    train_data.filter(like='month')
]
y_train = train_data.label
[x.shape for x in X_train], y_train.shape
[(1035424, 52, 1), (1035424,), (1035424, 12)], (1035424,)]
```

3. 基于 Keras 函数 API 定义体系结构

Keras 的函数 API 使得设计一个架构变得很容易，它具有多个输入（或多个输出）。此示例说明了具有三个输入的网络，具体如下：

- 两层分别具有 25 个和 10 个单元的长短期记忆层。
- 嵌入层，可学习股票的 10 维实值表示。
- 每月一个一次有效编码表示。

首先定义三个输入及其各自的形状，代码如下：

```
n_features = 1
returns = Input(shape=(window_size, n_features), name='Returns')
tickers = Input(shape=(1,), name='Tickers')
months = Input(shape=(12,), name='Months')
```

为了定义堆叠的长短期记忆层，将第一层的 return_sequences 关键字设置为 True。这样可以确保第一层以预期的三维输入格式生成输出。请注意，我们还使用了丢弃法正则化以及函数 API 将张量输出从一层传递到下一层的输入，代码如下：

```
lstm1 = LSTM(units=lstm1_units,
             input_shape=(window_size, n_features),
             name='LSTM1',
             dropout=.2,
             return_sequences=True)(returns)
lstm_model = LSTM(units=lstm2_units,
                  dropout=.2,
                  name='LSTM2')(lstm1)
```

针对循环神经网络的 TensorFlow 2 指南强调了以下事实：GPU 支持仅在对大多数长短期记忆层设置使用默认值时可用。

要求嵌入层具有以下内容：

- input_dim 用于定义该层将学习多少个嵌入。
- output_dim 用于定义嵌入的大小。
- input_length 用于设置传递到图层的元素数（此处，每个样本只有一个股票行情指示器）。

嵌入层的目标是学习向量表示，这些向量表示可捕获特征值相对于结果的相对位置。我们将为大约 2500 种股票报价值选择一个五维嵌入，以将嵌入层与长短期记忆层以及我们需要重塑（或展平）的月份虚拟对象结合起来，代码如下：

```
ticker_embedding = Embedding(input_dim=n_tickers,
                             output_dim=5,
                             input_length=1)(tickers)
```

```
ticker_embedding = Reshape(target_shape=(5,))(ticker_embedding)
```

现在我们可以连接这三个张量，然后进行 BatchNormalization，如下所示：

```
merged = concatenate([lstm_model, ticker_embedding, months], name='Merged')
bn = BatchNormalization()(merged)
```

完全连接的最终层学习了从这些堆叠的长短期记忆层、股票行情嵌入和月份指标到二进制结果的映射，该结果反映了接下来一周的正收益或负收益。我们通过使用刚刚定义的隐式数据流定义其输入和输出来制定完整的循环神经网络，代码如下：

```
hidden_dense = Dense(10, name='FC1')(bn)
output = Dense(1, name='Output', activation='sigmoid')(hidden_dense)
rnn = Model(inputs=[returns, tickers, months], outputs=output)
```

摘要列出了具有 16 984 个参数的稍微复杂的体系结构，如下所示：

Layer (type)	Output Shape	Param #	Connected to
Returns (InputLayer)	[(None, 52, 1)]	0	
Tickers (InputLayer)	[(None, 1)]	0	
LSTM1 (LSTM)	(None, 52, 25)	2700	Returns[0][0]
embedding (Embedding)	(None, 1, 5)	12445	Tickers[0][0]
LSTM2 (LSTM)	(None, 10)	1440	LSTM1[0][0]
reshape (Reshape)	(None, 5)	0	embedding[0][0]
Months (InputLayer)	[(None, 12)]	0	
Merged (Concatenate)	(None, 27)	0	LSTM2[0][0]
			reshape[0][0]
			Months[0][0]
batch_normalization (BatchNorma	(None, 27)	108	Merged[0][0]
FC1 (Dense)	(None, 10)	280	
atch_normalization[0][0]			
Output (Dense)	(None, 1)	11	FC1[0][0]

```
Total params: 16,984
Trainable params: 16,930
Non-trainable params: 54
```

使用 RMSprop 优化器及默认设置来编译模型，计算将用于早停法的 AUC 指标，代码如下：

```
optimizer = tf.keras.optimizers.RMSprop(lr=0.001,
                                        rho=0.9,
                                        epsilon=1e-08,
                                        decay=0.0)
rnn.compile(loss='binary_crossentropy',
            optimizer=optimizer,
            metrics=['accuracy',
                    tf.keras.metrics.AUC(name='AUC')])
```

通过早停法训练 50 个时期，代码如下：

```
result = rnn.fit(X_train,
                y_train,
                epochs=50,
                batch_size=32,
                validation_data=(X_test, y_test),
                callbacks=[early_stopping])
```

图 19.10 显示了训练在 8 个时期后停止，每个时期在单个 GPU 上大约需要三分钟。对于最佳模型，它的测试 AUC 为 0.6816，测试精度为 0.6193。

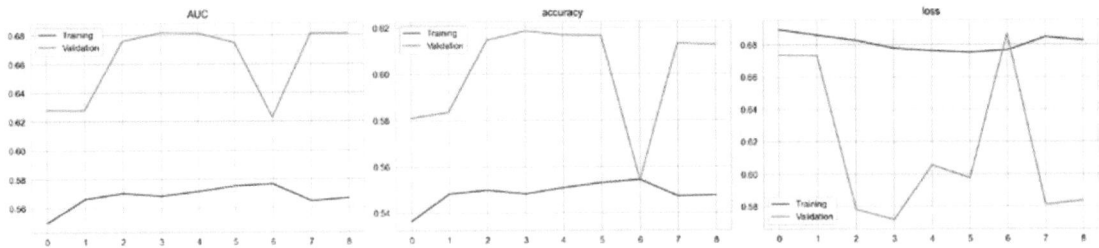

图 19.10　堆叠式长短期记忆分类——交叉验证性能

测试预测和实际每周收益 IC 为 0.32。

4．预测收益而不是定向价格走势

笔记 stacked_lstm_with_feature_embeddings_regression.ipynb 说明了如何使模型适应预测收益的回归任务，而不是二进制的价格变化。

所需的更改很小。只需执行以下操作：

（1）选择 fwd_returns 结果而不是二进制标签。

（2）将模型输出转换为线性（默认）而不是 sigmoid。

（3）将损失更新为均方误差（以及早停法的参考）。

（4）删除或更新可选指标以匹配回归任务。

使用其他相同的训练参数，在这种情况下，除了使用默认设置的 Adam 优化器会产生更好的结果外，验证损失会减少 9 个时期。整个期间的平均每周 IC 为 3.32，而整个期间的平均 IC 为 6.68，而平均水平为 1%，如图 19.11 所示。预测收益最高和最低五分位数的股票之间的平均每周收益差异略高于 20 个基点。

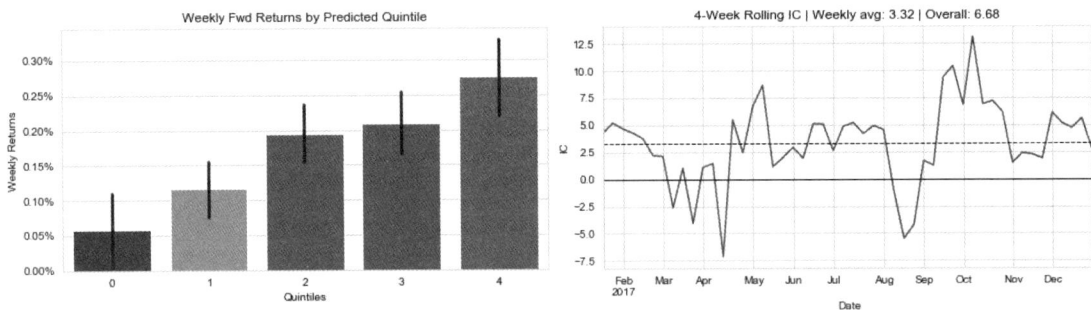

图 19.11　堆叠式长短期记忆回归在样本外的性能

19.2.4　宏观数据多变量时间序列回归

到目前为止，我们将建模工作限制在单个时间序列内。循环神经网络非常适合多元时间序列，并且代表了非线性自变量**向量自回归（VAR）**模型的替代方法，我们在第 9 章中介绍了波动率预测和统计套利的时间序列模型。有关实现的详细信息，请参阅 multivariate_timeseries 笔记。

1. 加载情感和工业生产数据

我们将展示如何使用循环神经网络（具有与 VAR 示例相同的数据集）对多个时间序列进行建模和预测。美联储 FRED 服务对消费者情感和工业生产进行了 40 个月的月度观测，代码如下：

```
df = web.DataReader(['UMCSENT', 'IPGMFN'], 'fred', '1980', '2019-12').
dropna()

df.columns = ['sentiment', 'ip']
df.info()

DatetimeIndex: 480 entries, 1980-01-01 to 2019-12-01

Data columns (total 2 columns):
Sentiment 480 non-null float64
Ip             480 non-null float64
```

2. 数据平稳性变换和缩放

为了达到数据平稳性，我们应用了相同转换（两个系列的年均差，工业生产的对数转换的年均差）实现平稳性。我们还将其范围缩放到[0,1]，确保网络在训练过程中赋予两个系列相同的权重，代码如下：

```
df_transformed = (pd.DataFrame({'ip': np.log(df.ip).diff(12),
                                'sentiment': df.sentiment.diff(12)}).dropna())
df_transformed = df_transformed.apply(minmax_scale)
```

图 19.12 显示了原始序列和转换后的宏观时间序列。

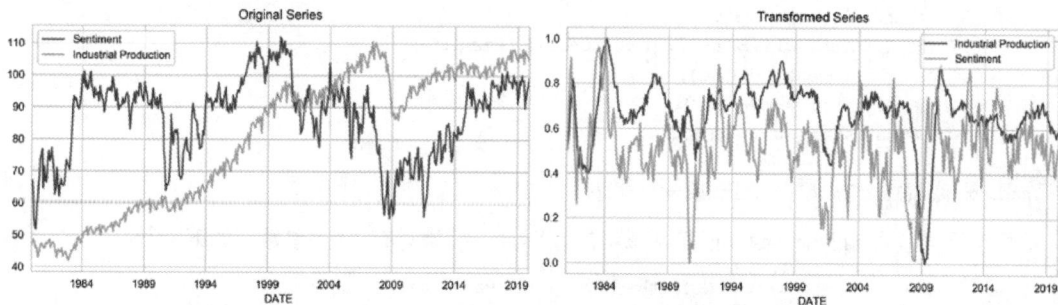

图 19.12　原始序列和转换后的宏观时间序列

3. 创建多元循环神经网络输入

create_multivariate_rnn_data()函数将几个时间序列的数据集转换为 TensorFlow 的循环神经网络层所需的三维形状，形式为 n_samples×window_size×n_series，代码如下：

```
def create_multivariate_rnn_data(data, window_size):
    y = data[window_size:]
    n = data.shape[0]
    X = np.stack([data[i: j] for i, j in enumerate(range(window_size, n))],
                 axis=0)
    return X, y
```

window_size 的值为 18，可以确保第二维中的条目是各个输出变量的滞后 18 个月。因此，为以下两个特征分别获取循环神经网络模型输入，代码如下：

```
X, y = create_multivariate_rnn_data(df_transformed, window_size=window_size)
X.shape, y.shape
((450, 18, 2), (450, 2))
```

最后，我们将数据分为训练和测试集，并使用最近 24 个月的数据来测试样本外性能，代码如下：

```
test_size = 24
train_size = X.shape[0]-test_size
X_train, y_train = X[:train_size], y[:train_size]
X_test, y_test = X[train_size:], y[train_size:]
X_train.shape, X_test.shape
((426, 18, 2), (24, 18, 2))
```

4. 定义和训练模型

给定相对较小的数据集，我们使用比上一个示例更简单的循环神经网络架构，包含 12 个单元的单个长短期记忆层，然后是包含 6 个单元的完全连接层。输出层有两个单元，每个时间序列一个。

使用平均绝对损失和 RMSprop 优化器进行编译，代码如下：

```
n_features = output_size = 2
lstm_units = 12
dense_units = 6
rnn = Sequential([
    LSTM(units=lstm_units,
         dropout=.1,
         recurrent_dropout=.1,
         input_shape=(window_size, n_features), name='LSTM',
         return_sequences=False),
    Dense(dense_units, name='FC'),
    Dense(output_size, name='Output')
])
rnn.compile(loss='mae', optimizer='RMSProp')
```

该模型仍然具有 812 个参数，而第 9 章中的 VAR(1,1)模型只有 10 个参数，如下所示：

```
Layer (type)         Output Shape         Param #
LSTM (LSTM)          (None, 12)           720
FC (Dense)           (None, 6)            78
Output (Dense)       (None, 2)            14
Total params:  812
Trainable params: 812
```

使用早停法训练 100 个时期，atch_size 为 20，代码如下：

```
result = rnn.fit(X_train,
                 y_train,
                 epochs=100,
                 batch_size=20,
                 shuffle=False,
                 validation_data=(X_test, y_test),
                 callbacks=[checkpointer, early_stopping],
                 verbose=1)
```

在 62 个时期之后，训练早停，从而产生 0.034 的测试 MAE，与同一任务上 VAR 模型的 0.043 的测试 MAE 相比，几乎提高了 25%。

但是，这种比较没有意义，因为循环神经网络会生成 18 个 1 步超前预测，而 VAR 模型使用其自己的预测作为样本外预测的输入。可能需要调整 VAR 设置以获得可比较的预测并比较性能。

图 19.13 突出显示了训练和验证错误，以及这两个系列的样本外预测。

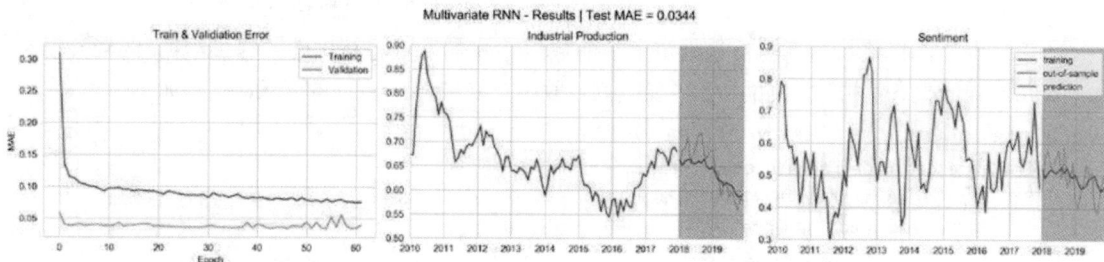

图 19.13　具有多个宏观序列的循环神经网络的交叉验证和测试结果

19.3　循环神经网络在文本数据处理中的应用

循环神经网络通常用于各种自然语言处理任务，从机器翻译到情感分析，我们已经在本书的第 3 部分中遇到过。在本节中，我们将介绍如何将循环神经网络应用于文本数据以检测积极情感或消极情感（可以轻松扩展到更细粒度的情感尺度）并预测股票收益。

更具体地说，我们将使用词嵌入来表示文档中的 token。我们在第 16 章中介绍了词嵌入，这些词嵌入是用于财报电话和 SEC 文件的，这是将 token 转换为密集的实值向量的出色技术，因为单词在嵌入空间中的相对位置编码了它们在训练文档中如何使用的有用语义方面。

在之前的堆叠循环神经网络示例中，我们看到 TensorFlow 具有内置的嵌入层，该层使我们能够训练特定于手头任务的向量表示。另外，我们可以使用预训练向量。

19.3.1　具有情感分类的嵌入长短期记忆

本小节将介绍如何在分类任务上训练循环神经网络的同时学习自定义嵌入向量。这不同于 word2vec 模型，该模型在优化相邻 token 的预测的同时学习向量，从而使它们能够捕获单词之间的某些语义关系。以预测情感为目标学习词向量意味着嵌入将反映一个 token 如何与它所关联的结果相关联。

1. 加载 IMDB 电影评论数据

为了使数据易于管理，我们将使用 IMDB 评论数据集来说明该用例，其中包含 50 000 个正面和负面的电影评论，并平均分为训练集和测试集，每个数据集中带有平衡标签。词汇表包含 88 586 个 token。或者，可以使用更大的 Yelp 评论数据。

数据集捆绑到 TensorFlow 中并加载，以便每个评论都表示为整数编码的序列。可以将词汇数限制为 num_words，同时使用 skip_top 过滤掉频率较高且信息量较小的单词以及长于 maxlen 的句子。还可以选择 oov_char 值，表示我们根据频率选择从词汇表中排除的 token，代码如下：

```
from tensorflow.keras.datasets import imdb
vocab_size = 20000
(X_train, y_train), (X_test, y_test) = imdb.load_data(seed=42,
                                                      skip_top=0,
                                                      maxlen=None,
                                                      oov_char=2,
                                                      index_from=3,
                                                      num_words=vocab_size)
```

在第二步中，将整数列表转换为固定大小的数组，我们可以将其堆叠并提供给循环神经网络。pad_sequences 函数产生相等长度的数组，将其截短并填充以符合 maxlen 的要求，代码如下：

```
maxlen = 100
X_train_padded = pad_sequences(X_train,
                    truncating='pre',
                    padding='pre',
                    maxlen=maxlen)
```

2. 定义嵌入和循环神经网络架构

现在我们可以建立自己的循环神经网络架构。第一层学习词嵌入。使用以下方法定义嵌入尺寸：

- input_dim 用于设置我们需要嵌入的 token 的数量。
- output_dim 用于定义每个嵌入的大小。
- input_len 用于指定每个输入序列将要持续多长时间。

请注意，这次我们使用的门控循环单元训练速度更快，并且在处理少量数据时表现更好。我们还将递归丢弃用于正则化，代码如下：

```
embedding_size = 100
rnn = Sequential([
    Embedding(input_dim=vocab_size,
              output_dim= embedding_size,
              input_length=maxlen),
    GRU(units=32,
        dropout=0.2,              # 注释出使用优化的 GPU 实现
        recurrent_dropout=0.2),
    Dense(1, activation='sigmoid')
])
```

得到的模型有超过 200 万个可训练参数，如下所示：

```
Layer (type)               Output Shape            Param #
embedding (Embedding)      (None, 100, 100)        2000000
gru (GRU)                  (None, 32)              12864
dense (Dense)              (None, 1)               33
Total params: 2,012,897
Trainable params: 2,012,897
```

将模型编译为使用 AUC 指标，并进行早停法训练，代码如下：

```
rnn.fit(X_train_padded,
        y_train,
        batch_size=32,
        epochs=25,
```

```
            validation_data=(X_test_padded, y_test),
            callbacks=[early_stopping],
            verbose=1)
```

训练在 12 个时期后停止，我们恢复最佳模型的权重以找到 0.9393 的高测试 AUC，代码如下：

```
y_score = rnn.predict(X_test_padded)
roc_auc_score(y_score=y_score.squeeze(), y_true=y_test)
0.9393289376
```

图 19.14 显示了使用自定义嵌入的 IMDB 数据的循环神经网络在准确率和 AUC 方面的交叉验证性能。

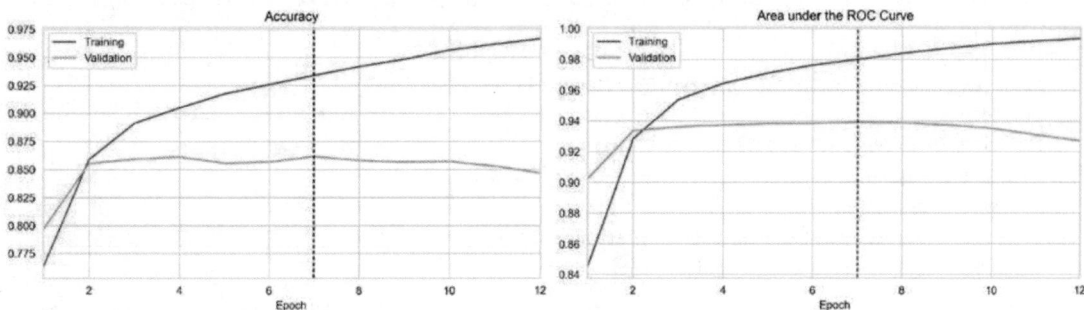

图 19.14　在准确率和 AUC 方面的交叉验证性能

19.3.2　预训练词向量情感分析

在第 16 章中，我们讨论了如何学习特定领域的词嵌入。word2vec 和相关的学习算法可生成高质量的词向量，但需要大量的数据集。因此，研究小组通常共享在大型数据集上训练的词向量，这与第 18 章关于迁移学习的部分中遇到的预训练深度学习模型的权重相似。

我们接下来将演示如何使用由斯坦福 NLP 小组提供的 IMDB 回顾数据集（参考 GitHub 和笔记 sentiment_analysis_pretrained_embeddings 获取实现细节）来使用预训练的全局向量进行单词表示（GloVe）。

1. 预处理文本数据

我们将从源数据中加载 IMDB 数据集以对其进行手动预处理（请参阅笔记）。TensorFlow 提供了 Tokenizer，我们将使用它将文本文档转换为整数编码的序列，代码如下：

```
num_words = 10000
t = Tokenizer(num_words=num_words,
            lower=True,
            oov_token=2)
t.fit_on_texts(train_data.review)
vocab_size = len(t.word_index) + 1
train_data_encoded = t.texts_to_sequences(train_data.review)
test_data_encoded = t.texts_to_sequences(test_data.review)
```

使用 pad_sequences 函数将列表的列表（长度不等）转换为训练数据和测试数据的填充与截断数组的堆叠集，代码如下：

```
max_length = 100
```

```
X_train_padded = pad_sequences(train_data_encoded,
                               maxlen=max_length,
                               padding='post',
                               truncating='post')
y_train = train_data['label']
X_train_padded.shape
(25000, 100)
```

2. 加载预训练的 GloVe 嵌入

下载 GloVe 数据并将其解压缩到代码中指定的位置，创建一个字典，将 GloVe token 映射到 100 维实值向量，代码如下：

```
glove_path = Path('data/glove/glove.6B.100d.txt')
embeddings_index = dict()
for line in glove_path.open(encoding='latin1'):
    values = line.split()
    word = values[0]
    coefs = np.asarray(values[1:], dtype='float32')
    embeddings_index[word] = coefs
```

使用大约 340 000 个词向量来创建与词汇表匹配的嵌入矩阵，这样循环神经网络可以通过标签索引访问嵌入，代码如下：

```
embedding_matrix = np.zeros((vocab_size, 100))
for word, i in t.word_index.items():
    embedding_vector = embeddings_index.get(word)
    if embedding_vector is not None:
        embedding_matrix[i] = embedding_vector
```

3. 用固定权重定义体系结构

与上一个示例中的循环神经网络设置的区别在于，把嵌入矩阵传递给嵌入层，并将其设置为不可训练，以便在训练过程中权重保持固定，代码如下：

```
rnn = Sequential([
    Embedding(input_dim=vocab_size,
              output_dim=embedding_size,
              input_length=max_length,
              weights=[embedding_matrix],
              trainable=False),
    GRU(units=32, dropout=0.2, recurrent_dropout=0.2),
    Dense(1, activation='sigmoid')])
```

从这里开始，我们将像以前一样进行训练。训练持续了 32 个时期，如图 19.15 所示，我们获得的测试 AUC 得分为 0.9109。与在前几节中学习该领域的自定义嵌入并强调训练词嵌入的价值相比，这里的结果略差一些。

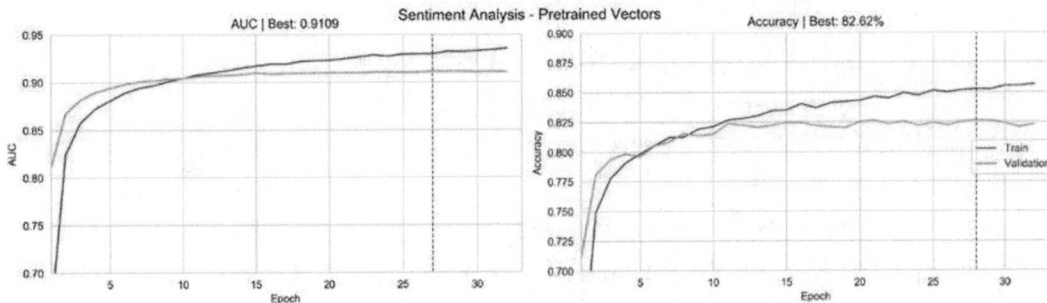

図 19.15　具有多个宏观序列的循环神经网络的交叉验证和测试结果

19.3.3　SEC 文件嵌入收益预测

在第 16 章中，我们介绍了产品评论和金融文本数据之间的重要区别。尽管前者对说明重要的工作流程很有用，但在本节中，我们将处理更具挑战性但也更相关的财务文件。更具体地说，我们将使用第 16 章介绍的美国证券交易委员会（SEC）文件数据，学习专门用于预测与披露相关的股票代码从公布前到公布后一周的回归情况的词嵌入。

笔记 sec_filings_return_prediction 包含本节的代码示例。可以参考第 16 章的笔记 sec_preprocessing，以及 GitHub 上的 data 文件夹中关于如何获取数据的介绍。

1. 使用 yfinance 获取股价数据

2013—2016 年期间有 22 631 个申请文件。使用 yfinance 获取 6630 个股票代码的相关股价数据，比 Quandl 的 WIKI 数据实现更高的覆盖率。我们使用备案索引中的股票代码和备案日期按以下方式下载备案数据前三个月和一个月后的每日调整后的股价，同时捕捉成交价格数据以及那些没有成交的买单和卖单，代码如下：

```
yf_data, missing = [], []
    for i, (symbol, dates) in enumerate(filing_index.groupby ('ticker').date_filed, 1):
    ticker = yf.Ticker(symbol)
    for idx, date in dates.to_dict().items():
        start = date - timedelta(days=93)
        end = date + timedelta(days=31)
        df = ticker.history(start=start, end=end)
        if df.empty:
            missing.append(symbol)
        else:
            yf_data.append(df.assign(ticker=symbol, filing=idx))
```

使用 Quandl Wiki 数据（见笔记）获得了 3954 个报价的数据和几百个缺失报价的来源价格，最终得到了 4762 个符号的 16 758 个报价。

2. 预处理 SEC 归档数据

与产品评论相比，财务文本文档往往更长，也更格式化。此外，在这种情况下，我们依赖于来自 EDGAR 的数据，需要解析 XBRL 源（见第 2 章），也可能会出现错误，如包含了所需部分之外的材料。为此，在预处理过程中采取了几个步骤来处理离群值，并将文本数据格式化为等长的整数序列，具体如下：

（1）删除所有包含少于 5 个或多于 50 个 token 的句子，这会影响约 5% 的句子。

（2）用 4 个元素创建 28 599 个二元组、10 032 个三元组和 2372 个 n 元组。

（3）将归档转换为表示 token 频率等级的整数序列，删除 token 少于 100 的归档，并在 20 000 个元素处截断序列。

图 19.16 显示了其余 16 538 个归档的一些语料库统计数据，其中有 179 214 369 个 token，约有 204 206 个是独一无二的。图 19.16 左侧显示了 token 频率在对数 - 对数尺度上的分布。最常见的术语是"million""business""company""products"，每一个出现的次数都超过 100 万次。通常，有一个很长的尾巴，60% 的 token 出现的次数少于 25 次。

图 19.16 的中间图显示了大约 10 个 token 的句子长度的分布。图 19.16 右侧显示了归档长度的分布，由于被截断了，因此峰值为 20 000。

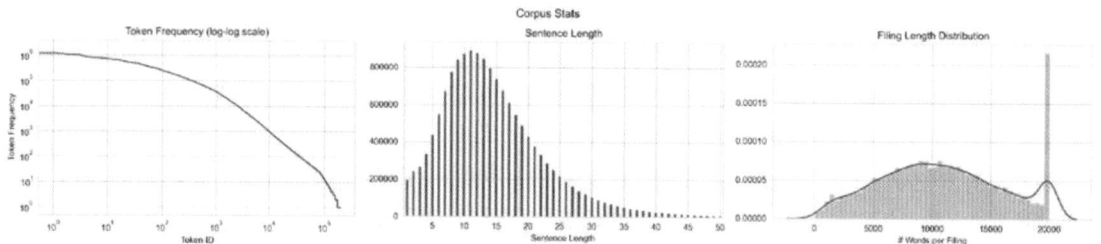

图 19.16　多重宏观序列的循环神经网络的交叉验证和测试结果

3. 为循环神经网络模型准备数据

现在，我们需要一个结果来对模型进行预测。假设提交时间是在交易时间之后，我们将计算（任意计算）提交日（或该日期没有价格的前一天）的五天预期收益。显然，这种假设可能是错误的，这也突出了对第 2 章和第 3 章中强调的时间点数据的需求。当然，我们将忽略此问题，因为这是使用免费数据的隐性代价。

将周收益低于 50% 或高于 100% 的异常值剔除后，计算预期收益，代码如下：

```
fwd_return = {}
for filing in filings:
    date_filed = filing_index.at[filing, 'date_filed']
    price_data = prices[prices.filing==filing].close.sort_index()
    try:
        r = (price_data
            .pct_change(periods=5)
            .shift(-5)
            .loc[:date_filed]
            .iloc[-1])
    except:
        continue
    if not np.isnan(r) and -.5 < r < 1:
        fwd_return[filing] = r
```

剩下 16 355 个数据点，将这些结果与其匹配的归档序列结合起来，并将返回列表转换为 NumPy 数组，代码如下：

```
y, X = [], []
for filing_id, fwd_ret in fwd_return.items():
    X.append(np.load(vector_path / f'{filing_id}.npy') + 2)
    y.append(fwd_ret)
y = np.array(y)
```

最后创建一个 90∶10 的训练集/测试集分割，并使用本节第一个示例中介绍的 pad_sequences 函数生成每个 20 000 个元素的固定长度序列，代码如下：

```
X_train, X_test, y_train, y_test = train_test_split(X, y, test_size=.1)
X_train = pad_sequences(X_train,
                        truncating='pre',
                        padding='pre',
                        maxlen=maxlen)
X_test = pad_sequences(X_test,
                       truncating='pre',
                       padding='pre',
                       maxlen=maxlen)
X_train.shape, X_test.shape
((14719, 20000), (1636, 20000))
```

4. 建立、训练和评估循环神经网络模型

定义我们的循环神经网络架构，第一层是学习词嵌入。我们按照之前的定义嵌入尺寸，并进行以下设置：

- 将 input_dim 关键字设置为词汇表的大小。
- 将 output_dim 关键字用于每个嵌入的大小。
- input_length 参数表示每个输入序列的长度。

对于循环层，使用双向门控循环单元，向前和向后扫描文本，并连接结果输出。在线性输出之前，添加批处理归一化和丢弃以使用五个单元密集层进行正则化，代码如下：

```
embedding_size = 100
input_dim = X_train.max() + 1
rnn = Sequential([
    Embedding(input_dim=input_dim,
              output_dim=embedding_size,
              input_length=maxlen,
              name='EMB'),
    BatchNormalization(name='BN1'),
    Bidirectional(GRU(32), name='BD1'),
    BatchNormalization(name='BN2'),
    Dropout(.1, name='DO1'),
    Dense(5, name='D'),
    Dense(1, activation='linear', name='OUT')])
```

得到的模型有超过 250 万个可训练参数，如下所示：

```
rnn.summary()
Layer (type)                 Output Shape              Param #
EMB (Embedding)              (None, 20000, 100)        2500000
BN1 (BatchNormalization)     (None, 20000, 100)        400
```

```
BD1 (Bidirectional)          (None, 64)          25728
BN2 (BatchNormalization)     (None, 64)          256
DO1 (Dropout)                (None, 64)          0
D (Dense)                    (None, 5)           325
OUT (Dense)                  (None, 1)           6
Total params: 2,526,715
Trainable params: 2,526,387
Non-trainable params: 328
```

使用 Adam 优化器进行编译，针对此回归任务的均方损失，同时还将损失的平方根和平均绝对误差作为可选指标进行跟踪，代码如下：

```
rnn.compile(loss='mse',
            optimizer='Adam',
            metrics=[RootMeanSquaredError(name='RMSE'),
                     MeanAbsoluteError(name='MAE')])
```

通过早停法，我们训练了多达 100 个时期，每批 32 个观测值，代码如下：

```
early_stopping = EarlyStopping(monitor='val_MAE',
                               patience=5,
                               restore_best_weights=True)
training = rnn.fit(X_train,
                   y_train,
                   batch_size=32,
                   epochs=100,
                   validation_data=(X_test, y_test),
                   callbacks=[early_stopping],
                   verbose=1)
```

平均绝对误差仅改善了 4 个时期，如图 19.17 所示（左侧）。

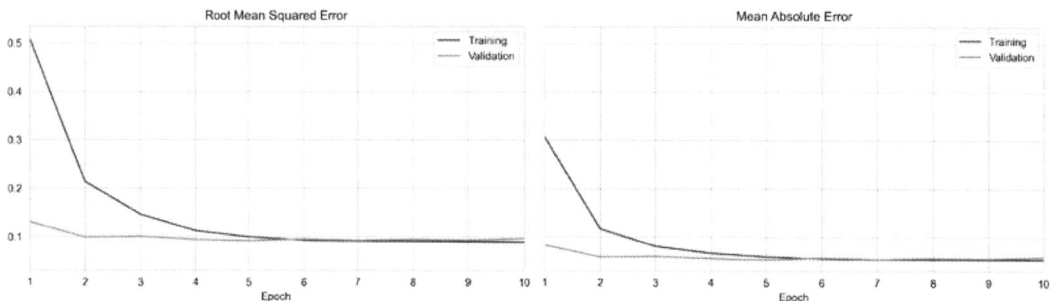

图 19.17　使用 SEC 文件预测每周收益的循环神经网络交叉验证和测试结果

在测试集上，最佳模型可实现高达 6.02 的 IC，代码如下：

```
y_score = rnn.predict(X_test)
rho, p = spearmanr(y_score.squeeze(), y_test)
print(f'{rho*100:.2f} ({p:.2%})')
6.02 (1.48%)
```

5. 经验教训及展望

循环神经网络模型能够产生比仅使用文本数据好得多的收益预测。不过也有两个警告，所以建议对结果持保留态度，也有理由相信我们可以改进这个实验的结果。

一方面，股价数据和经过分析的 SEC 文件的质量都远不完美。目前还不清楚价格数据是否会对结果产生正面或负面的影响，但它们肯定会增加误差。如果对 SEC 文件进行更仔细的分析和清理，很可能会消除干扰，从而改善结果。

另一方面，有许多优化可以很好地改善结果。从文本输入开始，除了选择某些部分外，我们没有试图解析文件内容、删除样本语言或尝试选择最有意义的语句。我们还对归档文件的最大长度和我们可以重新访问的词汇表的大小做了一些随意选择。我们也可以缩短或延长每周的预测时间。此外，我们还可以细化模型架构的多个方面，从嵌入的大小到层的数量和大小以及正则化的程度。

从根本上讲，我们可以将文本输入与更丰富的互补特征集结合起来，就像前面部分所演示的那样，使用具有多个输入的层叠 LSTM。最后我们肯定想要更大的文件集。

19.4　本章小结

在本章中，我们介绍了专门为序列数据量身定制的循环神经网络架构。我们介绍了循环神经网络的工作机理，分析了计算图，了解了循环神经网络是如何通过多个步骤实现参数共享的，从而捕获前馈神经网络和卷积神经网络不太适合的长期依赖关系。

我们还回顾了梯度消失和梯度爆炸的挑战，了解了门控单元（如长短期记忆单元）如何使循环神经网络在数百个时间步长上学习依赖关系。最后，我们将循环神经网络应用于算法交易常见的挑战中，如预测单变量和多变量时间序列并基于 SEC 文件进行情感分析。

接下来，我们将介绍无监督深度学习技术，如自编码器和生成式对抗网络及其在投资与交易策略中的应用。

第 20 章

自编码器在条件风险因子和资产定价中的应用

本章将展示无监督学习如何利用深度学习进行交易。更具体地说，我们将介绍已经存在了几十年但最近引起了新的关注的**自编码器**。

无监督学习可以解决一些实际的机器学习挑战，如 token 数据的有限可用性，再如"维数诅咒"——这意味着需要成倍增加的样本才能从具有许多特征的复杂现实数据中成功学习。在概念层面上，无监督学习比监督学习和强化学习更类似于人类学习和常识的发展。无监督学习也被称为**预测学习**，因为它旨在从数据中发现结构和规律，从而可以预测缺失的输入，即从观测到的部分填补空白。

自编码器是一种**神经网络（NN）**，经过训练可以在学习数据的新表示形式的同时再现输入，由隐藏层的参数编码。自编码器长期以来一直用于非线性降维和流形学习。各种设计利用了我们在前面 3 章中介绍的前馈、卷积和循环神经网络架构。我们将看到自编码器如何支持**交易策略**，将构建一个深度神经网络，该网络使用自编码器提取风险因子并预测股票收益，以一系列股票特征为条件（Gu、Kelly 和 Xiu，2020）。

本章将涵盖以下内容：

- 自编码器类型、实际用途及工作机理。
- 基于 Python 构建和训练自编码器。
- 使用自编码器提取数据驱动的风险因子，考虑资产特征来预测收益。

> 读者可以在 GitHub 存储库的对应目录中找到本章示例的代码和附加资源的链接。笔记中有彩色版本的图像。

20.1 自编码器在非线性特征提取中的应用

在第 17 章中，我们介绍了神经网络如何通过提取对给定任务有用的分层特征表示来成功进行监督学习。例如，卷积神经网络从类似网格的数据中学习和合成越来越复杂的模型，如识别或检测图像中的对象或对时间序列进行分类。

与之相反，自编码器是一种专门设计用来学习一种新的表示方式的神经网络，这种方式对输入的信息进行编码，以帮助解决另一项任务。为此，训练迫使网络再现输入。由于自编码器通常使用相同的数据作为输入和输出，它们也被认为是一个**自我监督学习**的实例。在这个过程中，一个隐藏层的参数 h 成为代表输入的代码，类似于第 16 章的 word2vec 模型。

更具体地说，该网络可以被视为由编码函数 $h = f(x)$ 和解码函数 g 组成，编码函数 h 学习重构输入，而不是学习恒等函数，公式如下：

$$x = g[f(x)]$$

自编码器只是简单地复制输入，它使用约束，强制隐藏层优先考虑数据的哪些方面需要编码。目标是获得具有实用价值的表现形式。

自编码器也可以被视为前馈神经网络的一个特例，并且可以使用相同的技术进行训练。与其他模型一样，容量过剩会导致过度拟合，从而阻止自编码器生成泛化超出训练样本的信息性编码。

20.1.1 广义线性降维

传统用例包括降维等通过限制隐藏层的大小来实现，从而创建一个"瓶颈"，执行有损压缩。这种自编码器被称为不完整的，其目的是通过最小化损失函数 L 的形式来学习数据的最显著特征，公式如下：

$$L(x, g(f(x)))$$

接下来，我们将介绍的一个损失函数示例就是对输入图像的像素值及其重建进行的均方误差计算。当我们为交易建立一个条件自编码器时，我们也将使用这个损失函数从金融特征的时间序列中提取风险因子。

不完全自编码器在使用非线性激活函数时不同于线性降维方法，如主成分分析（PCA）；否则，它们学习与 PCA 相同的子空间。因此，它们可以看作 PCA 的非线性概括，能够学习更广泛的编码。

图 20.1 说明了具有三个隐藏层的不完全前馈自编码器的编码器 – 解码器逻辑：编码器和解码器各有一个隐藏层，外加一个包含编码的共享编码器输出/解码器输入层。三个隐藏层使用非线性激活函数，如 ReLU、sigmoid 或 tanh，并且具有比网络旨在重建的输入更少的单元。

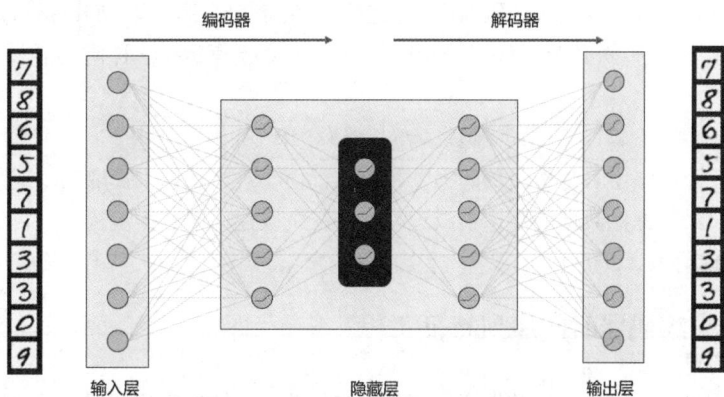

图 20.1　不完全编码器 – 解码器架构

根据任务的不同，具有单个编码器和解码器层的简单自编码器可能就足够了。然而，与其他神经网络一样，具有附加层的**更深的自编码器**可以有几个优势。这些优势包括能够学习更复杂的编码，实现更好的压缩，并且以更少的计算工作和更少的训练样本来做到这一点，但要承受长期存在的过度拟合风险。

20.1.2　卷积自编码器在图像压缩中的应用

正如第 18 章中所介绍的，全连接前馈架构不太适合捕获具有网格状结构的数据的典型局部相关性。相反，自编码器还可以使用卷积层来学习分层特征表示。卷积自编码器利用卷积和参数共享来学习分层模式与特征，而不管它们的位置、平移或大小变化。

接下来，我们将介绍用于图像数据的卷积自编码器的不同实现。或者，可以将卷积自编码器应用于以网格状格式排列的多元时间序列数据，就像我们在第 18 章中介绍过的那样。

20.1.3　正则化自编码器管理过度拟合

神经网络表示复杂函数的强大能力需要严格控制编码器和解码器提取信号而不是噪声的能力，以便编码对下游任务更有用。换句话说，当网络太容易重新创建输入时，它无法仅学习数据中最有趣的方面，也无法提高使用编码作为输入的机器学习模型的性能。

就像对于给定任务容量过大的其他模型一样，**正则化**可以通过约束自编码器的学习过程并迫使它产生有用的表示来帮助解决**过度拟合**的挑战。理想情况下，我们可以将模型的容量与数据分布的复杂性精确匹配。在实践中，最优模型通常将（有限的）过剩产能与适当的正则化相结合。为此，根据编码层 h 的权重的稀疏惩罚 $\Omega(h)$ 应用于训练目标，公式如下：

$$L(x, g(f(x))) + \Omega(h)$$

我们在本章后面介绍的一种常见方法是使用 **L1 正则化**，它以权重绝对值之和的形式向损失函数添加惩罚。L1 正则化导致稀疏编码，因为如果参数值不能捕获数据中的独立变化，它会强制参数值为 0。因此，即使是具有比输入更高维度的隐藏层的过于完备的自编码器也可能能够学习信号内容。

20.1.4　去噪自编码器修复损坏数据

到目前为止，我们已经介绍了自编码器，尽管它们存在容量限制，但它们还是可以再现输入。另一种方法是用损坏的输入 $\tilde{x}$ 训练自编码器，以输出所需的原始数据点。在这种情况下，自编码器使损坏 L 最小化，公式如下：

$$L(x, g(f(\tilde{x})))$$

损坏的输入是阻止网络学习身份函数的另一种方法，而不是从数据中提取信号或显著特征。降噪自编码器已被证明可以学习原始数据的数据生成过程，并在生成建模中变得流行，其目标是学习导致输入的**概率分布**（Vincent 等人，2008）。

20.1.5　seq2seq 自编码器时间序列特征工程

循环神经网络已经被开发用于以数据点之间的纵向依赖为特征的序列数据。类似地，seq2seq（序列到序列）自编码器旨在学习适应序列中生成的数据本质的表示（Srivastava、Mansimov 和 Salakhutdinov，2016）。

序列到序列自编码器基于循环神经网络组件，如**长短期记忆（LSTM）**或门控循环单元（**GRU**）。它们学习序列数据的表示，并已成功应用于视频、文本、音频和时间序列数据。

编码器－解码器架构允许循环神经网络处理可变长度的输入和输出序列。这些架构支撑了许多复杂序列预测任务的进步，如语音识别和文本翻译，并越来越多地应用于（金融）时间序列。在高层次上，它们的工作方式如下：

（1）长短期记忆编码器逐步处理输入序列以学习隐藏状态。

（2）这个状态变成了序列的固定长度向量的学习表示。

（3）长短期记忆解码器接收这个状态作为输入，并使用它来生成输出序列。

参见 GitHub 上链接的参考资料，了解如何构建序列到序列自编码器来压缩时间序列数据，并检测时间序列中的异常，这样监管机构就可能发现潜在的非法交易活动。

20.1.6　变分自编码器建模

变分自编码器（VAE）是最近开发的（Kingma 和 Welling, 2014），专注于建模。与学习给定数据的预测变量的判别模型相比，生成模型旨在解决一般性问题，即学习所有变量的联合概率分布。如果成功了，它可以模拟数据最初是如何产生的。学习数据生成过程是非常有价值的，它揭示了潜在的因果关系，并支持半监督学习，以有效地从一个小的 token 数据集泛化到一个大的未标记数据集。

更具体地说，变分自编码器旨在学习负责输入数据的模型的潜在变量（即未观测到的变量）。这里需要注意我们在第 15 章和第 16 章中遇到的潜在变量。

就像到目前为止介绍的自编码器一样，变分自编码器不让网络学习任意函数，只要它忠实地再现输入。相反，它们的目标是学习生成输入数据的概率分布的参数。

换句话说，变分自编码器是生成模型，如果成功，则可以通过从变分自编码器学习的分布中采样来生成新的数据点。

变分自编码器的操作比自编码器更复杂，因为它涉及随机反向传播，即对随机变量求导数，详细内容超出了本书的介绍范围。它们能够学习高容量的输入编码，而不需要正则化，因为模型的目标是最大化训练数据的概率，而不是再现输入（详细介绍请参见 Kingma 和 Welling, 2019）。

笔记 variational_autoencoder.ipynb 包括一个应用于 Fashion MNIST 数据的样例变分自编码器实现，改编 Francois Cholle 的 Keras 教程以使用 TensorFlow 2。GitHub 上链接的资源包含一个变分自编码器教程，其中引用了 PyTorch 和 TensorFlow 2 实现以及许多额外的参考资料。请参见 Wang 等人 2019 年的相关研究，了解一个使用长短期记忆将变分自编码器与循环神经网络结合起来的应用程序，该应用程序在期货市场中优于各种基准模型。

20.2　基于 TensorFlow 2 的自编码器实现

在本节中，我们将演示如何使用 TensorFlow 2 的 Keras 接口实现 20.1 节中介绍的几个自编码器模型。首先加载并准备一个我们将在本节中使用的图像数据集。我们将使用图像而不是金融时间序列，因为它使编码过程的结果更容易可视化。接下来将展示如何将金融数据作为更复杂体系结构的一部分以使用自编码器，该体系结构可以作为交易策略的基础。

准备好数据后，我们将继续使用深度前馈网络、稀疏约束和卷积构建自编码器，并将后者应用于图像去噪。

20.2.1　数据准备

为了便于介绍，我们将使用 Fashion MNIST 数据集，这是 Lecun 等推广的经典 MNIST 手写数字数据集的现代替代品。

Keras 可以轻松访问 60 000 个训练和 10 000 个测试灰度样本，分辨率为 28 像素×28 像素，代码如下：

```
from tensorflow.keras.datasets import fashion_mnist
(X_train, y_train), (X_test, y_test) = fashion_mnist.load_data()
X_train.shape, X_test.shape
((60000, 28, 28), (10000, 28, 28))
```

数据包含来自 10 个类别的服装项目。图 20.2 所示为每个类的示例图像。

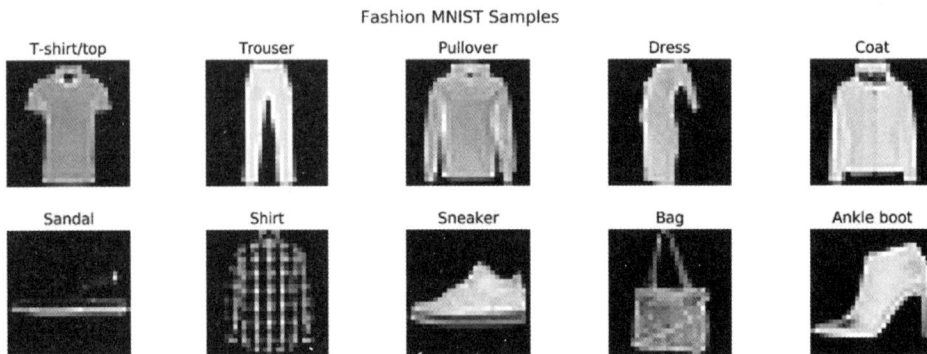

图 20.2　Fashion MNIST 示例图像

我们对数据进行重塑，使每一幅图像都用一个平坦的一维像素向量表示，这个像素向量有 28×28 = 784 个元素，归一化到范围[0,1]，代码如下：

```
image_size = 28                 # 每边像素量
input_size = image_size ** 2 # 784

def data_prep(x, size=input_size):
    return x.reshape(-1, size).astype('float32')/255

X_train_scaled = data_prep(X_train)
X_test_scaled = data_prep(X_test)
X_train_scaled.shape, X_test_scaled.shape
((60000, 784), (10000, 784))
```

20.2.2　一层前馈自编码器

从一个带有单一隐藏层的普通前馈自编码器开始，来介绍使用 Functional Keras API 的一般设计方法，并建立一个性能基线。

第一步是为带有 784 个元素的扁平图像向量设置一个占位符，代码如下：

```
input_ = Input(shape=(input_size,), name='Input')
```

模型的编码器部分由一个完全连接的层组成，该层学习输入的新的压缩表示。我们使用 32 个单位，压缩比为 24.5，代码如下：

```
encoding_size = 32  # 压缩系数：784 / 32 = 24.5
encoding = Dense(units=encoding_size,
                 activation='relu',
                 name='Encoder')(input_)
```

解码部分只需一步就能将压缩后的数据重建为其原始大小，代码如下：

```
decoding = Dense(units=input_size,
                 activation='sigmoid',
                 name='Decoder')(encoding)
```

采用链式输入和输出元素实例化模型类，这些元素隐式地定义了计算图，代码如下：

```
autoencoder = Model(inputs=input_,
                    outputs=decoding,
                    name='Autoencoder')
```

因此，定义的编码器 – 解码器计算使用了近 51 000 个参数，代码如下：

```
Layer (type)                Output Shape          Param #
Input (InputLayer)          (None, 784)           0
Encoder (Dense)             (None, 32)            25120
Decoder (Dense)             (None, 784)           25872
Total params: 50,992
Trainable params: 50,992
Non-trainable params: 0
```

Functional API 支持使用模型链的一部分作为单独的编码器和解码器模型，这些模型使用在训练中学习到的自编码器参数。

1. 定义编码器

编码器只使用输入层和隐藏层的大约一半的参数，代码如下：

```
encoder = Model(inputs=input_, outputs=encoding, name='Encoder')
encoder.summary()
Layer (type)                Output Shape          Param #
Input (InputLayer)          (None, 784)           0
Encoder (Dense)             (None, 32)            25120
Total params: 25,120
Trainable params: 25,120
Non-trainable params: 0
```

我们很快就会看到，一旦训练了自编码器，就可以使用编码器来压缩数据。

2. 定义解码器

解码器由最后一个自编码器层组成，由编码数据的占位符提供，代码如下：

```
encoded_input = Input(shape=(encoding_size,), name='Decoder_Input')
decoder_layer = autoencoder.layers[-1](encoded_input)
decoder = Model(inputs=encoded_input, outputs=decoder_layer)
decoder.summary()
Layer (type)                Output Shape          Param #
Decoder_Input (InputLayer)  (None, 32)            0
```

```
Decoder (Dense)                    (None, 784)              25872
Total params: 25,872
Trainable params: 25,872
Non-trainable params: 0
```

3. 训练模型

我们编译这个模型并使用Adam优化器来最小化输入数据和自编码器实现的复制之间的均方误差。为了保证自编码器学习再现输入，我们使用相同的输入和输出数据训练模型，代码如下：

```
autoencoder.compile(optimizer='adam', loss='mse')
autoencoder.fit(x=X_train_scaled, y=X_train_scaled,
                epochs=100, batch_size=32,
                shuffle=True, validation_split=.1,
                callbacks=[tb_callback, early_stopping, checkpointer])
```

4. 评估结果

训练在大约 20 个时期后停止，测试均方根误差为 0.1121，代码如下：

```
mse = autoencoder.evaluate(x=X_test_scaled, y=X_test_scaled)
f'MSE: {mse:.4f} | RMSE {mse**.5:.4f}'
'MSE: 0.0126 | RMSE 0.1121'
```

要对数据进行编码，我们使用刚才定义的编码器，代码如下：

```
encoded_test_img = encoder.predict(X_test_scaled)
Encoded_test_img.shape
(10000, 32)
```

解码器获取压缩数据，并根据自编码器的训练结果再现输出，代码如下：

```
decoded_test_img = decoder.predict(encoded_test_img)
decoded_test_img.shape
(10000, 784)
```

图 20.3 显示了 10 幅原始图像及其自编码器的重构，并说明了压缩后的损失。

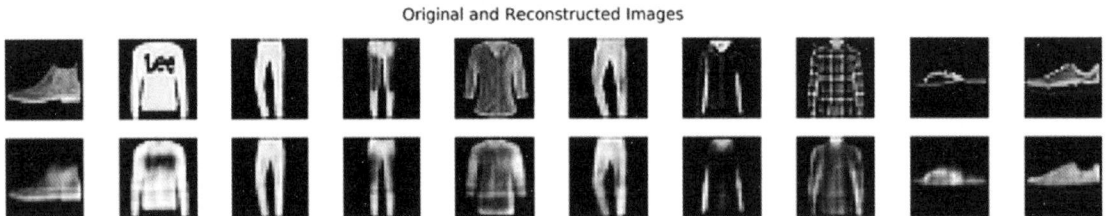

图 20.3　Fashion MNIST 样本原始图像及自编码器的重构

20.2.3　具有稀疏约束的前馈自编码器

正则化的添加是相当简单的。我们可以使用 Keras 的 activity_regularizer 将其应用到稠密的编码器层，代码如下：

```
encoding_l1 = Dense(units=encoding_size,
                    activation='relu',
```

```
                  activity_regularizer=regularizers.l1(10e-5),
                  name='Encoder_L1')(input_)
```

输入层和解码层保持不变。在这个压缩因子为 24.5 的例子中，正则化会对性能产生负面影响，测试均方根误差为 0.1229。

20.2.4　深度前馈自编码器

为了介绍为自编码器增加深度的好处，我们将构建一个三层前馈模型，将输入从 784 依次压缩到 128、64 和 32 个单位，代码如下：

```
input_ = Input(shape=(input_size,))
x = Dense(128, activation='relu', name='Encoding1')(input_)
x = Dense(64, activation='relu', name='Encoding2')(x)
encoding_deep = Dense(32, activation='relu', name='Encoding3')(x)

x = Dense(64, activation='relu', name='Decoding1')(encoding_deep)
x = Dense(128, activation='relu', name='Decoding2')(x)
decoding_deep = Dense(input_size, activation='sigmoid', name='Decoding3')(x)

autoencoder_deep = Model(input_, decoding_deep)
```

得到的模型有超过 22.2 万个参数，是以前单层模型容量的 4 倍多，代码如下：

```
Layer (type)                 Output Shape              Param #
=================================================================
input_1 (InputLayer)         (None, 784)               0

Encoding1 (Dense)            (None, 128)               100480

Encoding2 (Dense)            (None, 64)                8256

Encoding3 (Dense)            (None, 32)                2080

Decoding1 (Dense)            (None, 64)                2112

Decoding2 (Dense)            (None, 128)               8320

Decoding3 (Dense)            (None, 784)               101136
=================================================================
Total params: 222,384
Trainable params: 222,384
Non-trainable params: 0
```

训练在 45 个时期之后停止，均方根误差降低了 14%，降至 0.097。由于分辨率低，很难直观地注意到较好的重建结果。

20.2.5　编码可视化

可以利用流形学习技术 t 分布随机邻域嵌入（t-SNE）可视化和评估自编码器的隐藏层学习的编码质量。

如果编码成功捕获了数据的显著特征，那么数据的压缩表示仍然应该显示一个与区分观测结果的 10 个类一致的结构。使用刚才训练的深度编码器的输出来获得测试集的 32 维表示，代码如下：

```
tsne = TSNE(perplexity=25, n_iter=5000)
train_embed = tsne.fit_transform(encoder_deep.predict(X_train_scaled))
```

图 20.4 显示 10 个类被很好地分离，这表明编码作为保留数据关键特征的低维表示很有用（请参阅笔记 variational_autoencoder.ipynb 以获取彩色版本的图像）。

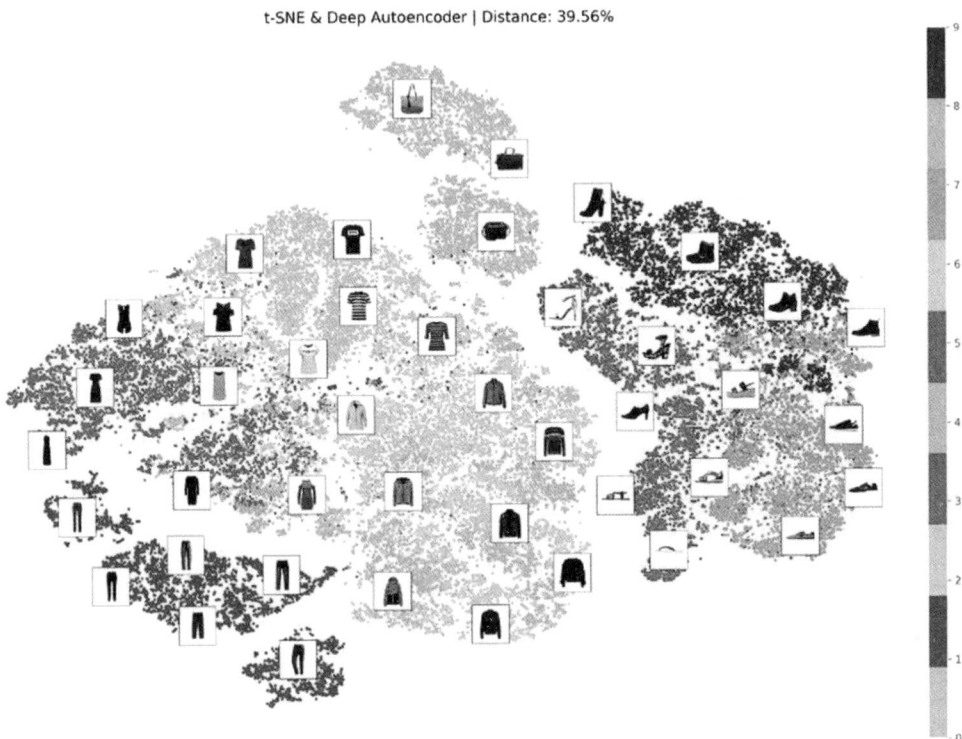

图 20.4　t-SNE 可视化的 Fashion MNIST 自编码器嵌入

20.2.6　卷积自编码器在交易中的应用

如第 18 章中所介绍的，我们将卷积层合并到自编码器中，以提取图像数据的网格状结构的信息特征。

定义一个三层编码器，它分别使用 32、16 和 8 个滤波器的 2D 卷积、ReLU 激活和"相同"填充来保持输入大小。第三层得到的编码大小是 4×4×8 =128，高于前面的例子，代码如下：

```
x = Conv2D(filters=32,
           kernel_size=(3, 3),
           activation='relu',
           padding='same',
           name='Encoding_Conv_1')(input_)
x = MaxPooling2D(pool_size=(2, 2), padding='same', name='Encoding_Max_1')(x)
x = Conv2D(filters=16,
           kernel_size=(3, 3),
           activation='relu',
```

```
                padding='same',
                name='Encoding_Conv_2')(x)
x = MaxPooling2D(pool_size=(2, 2), padding='same', name='Encoding_Max_2')(x)
x = Conv2D(filters=8,
                kernel_size=(3, 3),
                activation='relu',
                padding='same',
                name='Encoding_Conv_3')(x)
encoded_conv = MaxPooling2D(pool_size=(2, 2),
                            padding='same',
                            name='Encoding_Max_3')(x)
```

定义一个匹配解码器，该解码器逆转滤波器数量并使用 2D 上采样而不是最大池化来反向减少滤波器的大小。三层自编码器有 12 785 个参数，略高于深度自编码器容量的 5%。

训练在 67 个时期之后停止，结果在测试均方根误差中进一步减少了 9%，这是由于卷积滤波器更有效地从图像数据中进行学习的能力结合了更大的编码尺寸。

20.2.7 去噪自编码器

自编码器在去噪任务中的应用只影响训练阶段。在本例中，我们将标准正态分布的噪声添加到 Fashion MNIST 数据集中，同时保持像素值在[0,1]范围内，代码如下：

```
def add_noise(x, noise_factor=.3):
    return np.clip(x + noise_factor * np.random.normal(size=x.shape), 0, 1)
X_train_noisy = add_noise(X_train_scaled)
X_test_noisy = add_noise(X_test_scaled)
```

然后继续在有噪声的输入上训练卷积自编码器，目标是学习如何生成未损坏的原始数据，代码如下：

```
autoencoder_denoise.fit(x=X_train_noisy,
                        y=X_train_scaled,
                        ...)
```

60 个时期后的测试均方根误差（RMSE）为 0.0931，不出所料地高于之前。图 20.5 从上到下分别为原始图像、去噪过程中的图像和去噪后的图像。它说明了自编码器成功地从噪声图像中产生压缩编码，这些压缩编码与从原始图像中产生的非常相似。

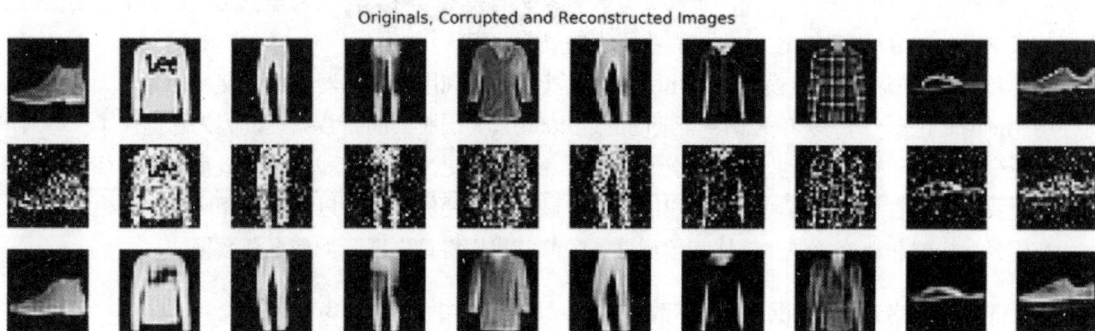

图 20.5　去噪输入和输出示例

20.3 条件自编码器在交易中的应用

Gu、Kelly 和 Xiu（GKX）在最近的研究中开发了一个基于证券风险因子暴露的资产定价模型。该模型建立在第 13 章中介绍 PCA 时提到的**数据驱动的风险因子**和第 4 章中涉及的**风险因子模型**的相关概念之上。该模型旨在表明：因子模型用来捕获异常的系统驱动因子的资产特征只是无法直接衡量的风险因子随时间变化的暴露的代表。在这种情况下，异常现象是指收益率超过了由市场总风险敞口所解释的收益率。

在第 4 章和第 7 章中讨论的 **Fama-French 因子模型**通过指定风险因子（如公司规模）来解释收益，这些风险因子是基于对股票平均收益差异的实证观测得出的，而这些差异是由总体市场风险造成的。考虑到这些特定的风险因子，这些模型能够通过设计相应的投资组合来衡量投资者因承担因子风险而获得的收益：按规模分类股票，买进最小的五分之一，卖出最大的五分之一，并计算收益。然后，观测到的风险因子收益允许线性回归来估计资产对这些因子的敏感性（称为**因子负荷**），这反过来有助于根据（少得多的）因子收益的预测来预测（许多）资产的收益。

相比之下，GKX 将风险因子视为潜在的或不可观测的，导致大量资产之间协方差的驱动因子，以防止投资者通过多元化避免风险敞口。因此，投资者需要像任何价格一样进行调整以实现均衡的收益，从而为不再异常的收益差异提供经济理由。在这种观点下，风险因子本质上是纯粹的统计数据，而潜在的经济力量可以是任意的和不同的来源。

在最近的另一篇论文中（由 Kelly、Pruitt 和 Su 于 2019 年发表），将机器学习应用于交易的先驱之一，在耶鲁大学教授金融的 Kelly 与 AQR 合作开发了一个线性模型，称为**工具主成分分析（IPCA）**，以从数据中估计潜在风险因子和资产的因子负荷。IPCA 扩展了 PCA，将资产特征作为协变量包括在内，并产生随时间变化的因子载荷。通过将资产风险暴露于可观测资产特征的因子，IPCA 旨在回答是否有一组共同的潜在风险因子可以解释观测到的异常情况，而不是是否有特定的可观测因子可以这样做。

GKX 创建了一个**条件自编码器架构**，以反映线性 Fama-French 模型和 IPCA 方法所忽略的收益动态的非线性本质。其结果是，一个深度神经网络使用自编码器同时学习给定数量的不可观测因子的溢价，并使用前馈网络学习基于广泛的时变资产特征的大范围股票的因子负荷。该模型成功地解释和预测了资产收益。它展示了一种在统计和经济上都具有显著意义的关系，将其转化为与我们在本书中使用的例子类似的多空十分位数策略时，会产生具有吸引力的夏普比率。

在本节中，我们将创建该模型的简化版本，以演示如何**利用自编码器生成可交易信号**。为此，我们将使用 yfinance 建立一个 1990—2019 年期间的近 4000 只美国股票的新数据集，因为它提供了一些有助于计算资产特征的额外信息。我们将采取一些捷径，如使用更少的资产和只使用最重要的特征。为了简化说明，我们还将省略一些实现细节。我们将突出显示最重要的差异，以便可以相应地增强模型。

在解释、构建和训练模型并评估其预测性能之前，我们将首先展示如何准备数据。

20.3.1 股票价格和元数据信息获取

GKX 参考实施每月来自证券价格研究中心（CRSP）3 万多只美国股票的股价和公司特征数据，这些数据来自 1957—2016 年。它计算了 94 个指标，其中包括一系列广泛的资产属性，这些属性在之前的学术研究中被认为可以预测收益，并被 Green、Hand 和 Zhang 于 2017 年列出，他们开始验证这些说法。

由于我们无法获得质量高但昂贵的 CRSP 数据，我们利用 yfinance（见第 2 章）从雅虎财经下载价格和元数据。选择免费数据也有缺点，具体如下：

- 缺乏关于调整的质量控制。
- 幸存者偏差，因为我们无法得到不再上市的股票的数据。
- 就股票数量和历史长度而言，范围较小。

笔记 build_us_stock_dataset.ipynb 包含本节的相关代码示例。

为了获取数据，我们使用 pandas_datareader 从纳斯达克获得了 8882 个当前交易品种的列表（请参考第 2 章），代码如下：

```
from pandas_datareader.nasdaq_trader import get_nasdaq_symbols
traded_symbols = get_nasdaq_symbols()
```

删除了 ETF 并为剩下的部分创建 yfinance Ticker()对象，代码如下：

```
import yfinance as yf
tickers = yf.Tickers(traded_symbols[~traded_symbols.ETF].index.to_list())
```

每个股票代码的 info 属性包含从雅虎财经提取的数据点，覆盖范围从流通股数和其他基本面到最新市值等因安全而异，代码如下：

```
info = []
for ticker in tickers.tickers:
    info.append(pd.Series(ticker.info).to_frame(ticker.ticker))
info = pd.concat(info, axis=1).dropna(how='all').T
info = info.apply(pd.to_numeric, errors='ignore')
```

对于带有元数据的股票报价器，下载调整后的和未调整的价格，后者包括像股票分割和股息支付这样的公司行为，可以使用它们来创建用于策略回测的 Zipline 包（参见第 8 章）。得到 4314 只股票调整后的 OHLCV 数据，代码如下：

```
prices_adj = []
with pd.HDFStore('chunks.h5') as store:
    for i, chunk in enumerate(chunks(tickers, 100)):
        print(i, end=' ', flush=True)
        prices_adj.append(yf.download(chunk,
                            period='max',
                            auto_adjust=True).stack(-1))
prices_adj = (pd.concat(prices_adj)
                .dropna(how='all', axis=1)
                .rename(columns=str.lower)
                .swaplevel())
prices_adj.index.names = ['ticker', 'date']
```

由于对基础价格数据和股票拆分的调整没有任何质量控制,需要剔除每日收益高于100%或低于-100%等可疑值的股票，代码如下：

```
df = prices_adj.close.unstack('ticker')
pmax = df.pct_change().max()
pmin = df.pct_change().min()
to_drop = pmax[pmax > 1].index.union(pmin[pmin<-1].index)
```

这又减少了约 10% 的报价，使我们在 1990—2019 年间拥有近 3900 项资产数据。

20.3.2　计算预测性资产特征

GKX 基于 Green 等在 2017 年的研究测试了 94 个资产属性，并确定了 20 个最具影响力的指标，同时断言功能的重要性随后会迅速下降。前 20 只股票的特征分为以下三类：

- 价格走势，包括（行业）动量、短期和长期反转以及最近的最大收益。
- 流动性，如成交量、美元交易量或市值。
- 风险指标，如总收益波动率和特殊收益波动率或市场贝塔系数。

在这 20 种分析中，我们将分析限制在 16 种我们拥有的或可以近似相关输入的分析。笔记 conditional_autoencoder_for_trading_data.ipynb 演示了如何计算相关指标。在本小节中，我们将重点介绍几个示例（请参见附录 A）。

有些指标需要行业、市值和流通股等信息，所以我们将股票价格数据集限制为具有相关元数据的证券，代码如下：

```
tickers_with_metadata = (metadata[metadata.sector.isin(sectors) &
                         metadata.marketcap.notnull() &
                         metadata.sharesoutstanding.notnull() &
                         (metadata.sharesoutstanding > 0)]
                          .index.drop(tickers_with_errors))
```

我们每周进行分析，而不是每月进行分析，以弥补 50% 的时间段和大约 80% 的股票数量的减少。我们获得的每周收益如下：

```
returns = (prices.close
           .unstack('ticker')
           .resample('W-FRI').last()
           .sort_index().pct_change().iloc[1: ])
```

大多数指标都很容易计算。**股票动量**，即截至当日 1 个月前的 11 个月累计股票收益，可按如下代码进行计算：

```
MONTH = 21
mom12m = (close
          .pct_change(periods=11 * MONTH)
          .shift(MONTH)
          .resample('W-FRI')
          .last()
          .stack()
          .to_frame('mom12m'))
```

Amihud 非流动性指标是一只股票绝对收益与其美元交易量的比率，用 21 天滚动平均线衡量，代码如下：

```
dv = close.mul(volume)
ill = (close.pct_change().abs()
       .div(dv)
       .rolling(21)
       .mean()
       .resample('W-FRI').last()
```

```
        .stack()
        .to_frame('ill'))
```

特质波动率是用周收益的残差与前三年同等权重市场指数收益的回归的标准差来衡量的。我们使用统计模型来计算这个计算密集的度量，代码如下：

```
index = close.resample('W-FRI').last().pct_change().mean(1).to_frame('x')
    def get_ols_residuals(y, x=index):
    df = x.join(y.to_frame('y')).dropna()
    model = sm.OLS(endog=df.y, exog=sm.add_constant(df[['x']]))
    result = model.fit()
    return result.resid.std()
idiovol = (returns.apply(lambda x:  x.rolling(3 * 52)
                        .apply(get_ols_residuals)))
```

对于市场 beta，我们可以使用统计模型的 RollingOLS 类，以每周资产收益为结果，以等权重指数为输入，代码如下：

```
def get_market_beta(y, x=index):
    df = x.join(y.to_frame('y')).dropna()
    model = RollingOLS(endog=df.y,
                       exog=sm.add_constant(df[['x']]),
                       window=3*52)
    return model.fit(params_only=True).params['x']
beta = (returns.dropna(thresh=3*52, axis=1)
        .apply(get_market_beta).stack().to_frame('beta'))
```

在 1990—2019 年间，对约 3800 种证券的 16 个指标进行了大约 300 万次观测。图 20.6 显示了每周股票收益的直方图（左侧）和框图（右侧），框图概述了每个特征的观测次数的分布。

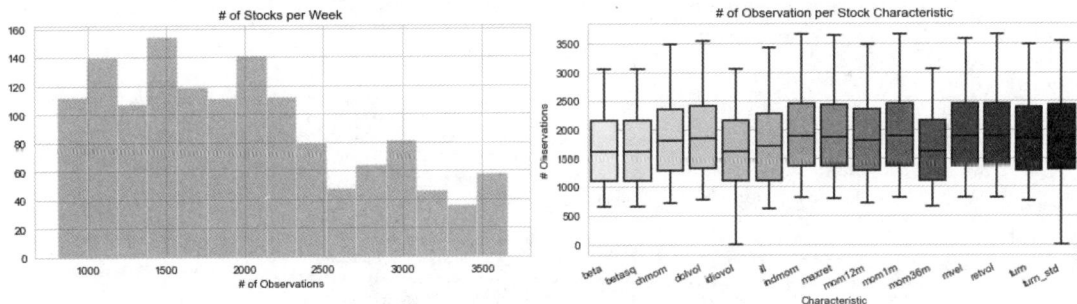

图 20.6   随着时间的推移的股票数量和每只股票的特征

为了限制离群值的影响，我们遵循 GKX，将特征秩区间归一化到[-1,1]，代码如下：

```
data.loc[:, characteristics] = (data.loc[:, characteristics]
                                .groupby(level='date')
                                .apply(lambda x:
                                    pd.DataFrame(quantile_transform(
                                    x,
                                    copy=True,
                                    n_quantiles=x.shape[0]),
                                    columns=characteristics,
                                    index=x.index.get_level_values('ticker'))
```

```
    )
    .mul(2).sub(1))
```

由于神经网络无法处理缺失数据，我们将缺失值设置为–2，这超出了每周收益和特征的范围。

这里采用了其他方法来避免高估小盘股的权重，如市值加权最小二乘回归。它们还通过考虑特征的保守报告滞后来调整数据窥探偏差。

20.3.3 条件自编码器架构创建

GKX 提出的条件自编码器允许考虑资产特性变化的时变收益分布。为此，算法开发人员扩展了标准自编码器架构，以允许形成编码的特性。

图 20.7 说明了将结果（资产收益，图 20.7 上面一部分）建模为资产特征（左输入）和单个资产收益（右输入）的函数的架构。模型允许资产收益是基于资产特征的个股收益或投资组合，类似于我们在第 4 章介绍的 Fama-French 因子投资组合，并在本节的介绍中进行了总结（右下方框中从股票到投资组合的虚线）。我们将使用个股收益，有关如何以及为何使用投资组合的详细信息，请参阅 GKX。

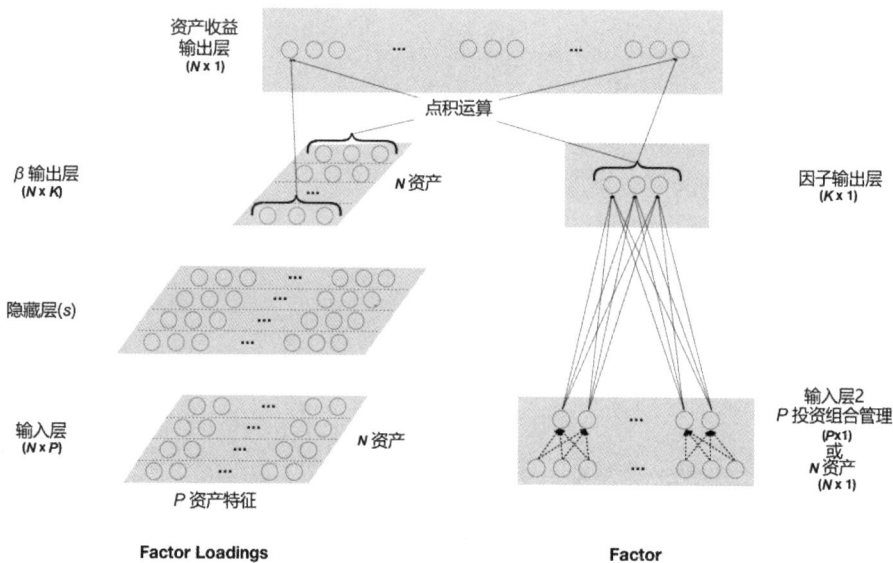

图 20.7 由 GKX 设计的条件自编码器架构

条件自编码器左侧的**前馈神经网络**将 N 只股票的 K 因子负荷（β 输出）建模为其 P 特征（输入）的函数。在我们的例子中，N 约为 3800，P 等于 16。这里分别用 32、16 和 8 个单位的三个隐藏层进行实验，发现两个隐藏层的性能最好。由于特征数较少，我们仅使用相似层，并找到 8 个最有效的单元。

这个架构的右边是一个传统的自编码器，当它与单个资产返回作为输入一起使用时，因为它将 N 个资产返回映射到它们自己，用这种方法来衡量衍生因子对同期收益的解释程度。此外，他们使用自编码器通过使用输入预测未来收益的收益周期 $t-1$ 的输出返回周期 t。我们将专注于使用该架构进行预测，强调自编码器是前馈神经网络的一个特例。

模型输出是左边的 $N \times K$ 因子载荷与右边的 $K \times 1$ 因子溢价的点积。开发人员们使用 2~6 的 K 值进行实验，类似于已建立的因子模型。

为了使用 TensorFlow 2 创建这个架构，我们使用了 Functional Keras API 并定义了一个 make_model() 函数来自动化模型编译过程，代码如下：

```python
def make_model(hidden_units=8, n_factors=3):
    input_beta = Input((n_tickers, n_characteristics), name='input_beta')
    input_factor = Input((n_tickers,), name='input_factor')

    hidden_layer = Dense(units=hidden_units,
                         activation='relu',
                         name='hidden_layer')(input_beta)
    batch_norm = BatchNormalization(name='batch_norm')(hidden_layer)

    output_beta = Dense(units=n_factors, name='output_beta')(batch_norm)

    output_factor = Dense(units=n_factors,
                          name='output_factor')(input_factor)

    output = Dot(axes=(2,1),
                 name='output_layer')([output_beta, output_factor])

    model = Model(inputs=[input_beta, input_factor], outputs=output)
    model.compile(loss='mse', optimizer='adam')
    return model
```

使用批量归一化并编译模型以在此回归任务和 Adam 优化器中使用均方误差。该模型有 12 418 个参数（见笔记）。

这里还使用了额外的正则化技术，如对网络权值进行 L1 惩罚，并将具有相同架构但使用不同随机种子的各种网络的结果结合起来。它们也使用早停法。

我们使用 20 年的训练进行交叉验证，并预测下一年的每周收益与 2015—2019 年对应的五倍。我们通过计算验证集的**信息系数（IC）**来评估从 2 到 6、8、16 或 32 个隐藏层单元的因子 K 数量的组合，代码如下：

```python
factor_opts = [2, 3, 4, 5, 6]
unit_opts = [8, 16, 32]
param_grid = list(product(unit_opts, factor_opts))

for units, n_factors in param_grid:
    scores = []
    model = make_model(hidden_units=units, n_factors=n_factors)
    for fold, (train_idx, val_idx) in enumerate(cv.split(data)):
        X1_train, X2_train, y_train, X1_val, X2_val, y_val = \
            get_train_valid_data(data, train_idx, val_idx)
        for epoch in range(250):
            model.fit([X1_train, X2_train], y_train,
                      batch_size=batch_size,
                      validation_data=([X1_val, X2_val], y_val),
                      epochs=epoch + 1,
                      initial_epoch=epoch,
                      verbose=0, shuffle=True)
        result = (pd.DataFrame({'y_pred': model.predict([X1_val,X2_val])
                                .reshape(-1),
```

```
                              'y_true': y_val.stack().values},
                          index=y_val.stack().index)
            .replace(-2, np.nan).dropna())
r0 = spearmanr(result.y_true, result.y_pred)[0]
r1 = result.groupby(level='date').apply(lambda x:
        spearmanr(x.y_pred, x.y_true)[0])
scores.append([units, n_factors, fold, epoch, r0, r1.mean(),
                r1.std(), r1.median()])
```

图 20.8 绘制了五因子计数和三种隐藏层大小组合的验证 IC 在 5 年内按时期平均的折射率。图 20.8 的上半部分显示了 52 周的 IC，下半部分显示了平均每周的 IC（见笔记的彩色版本）。

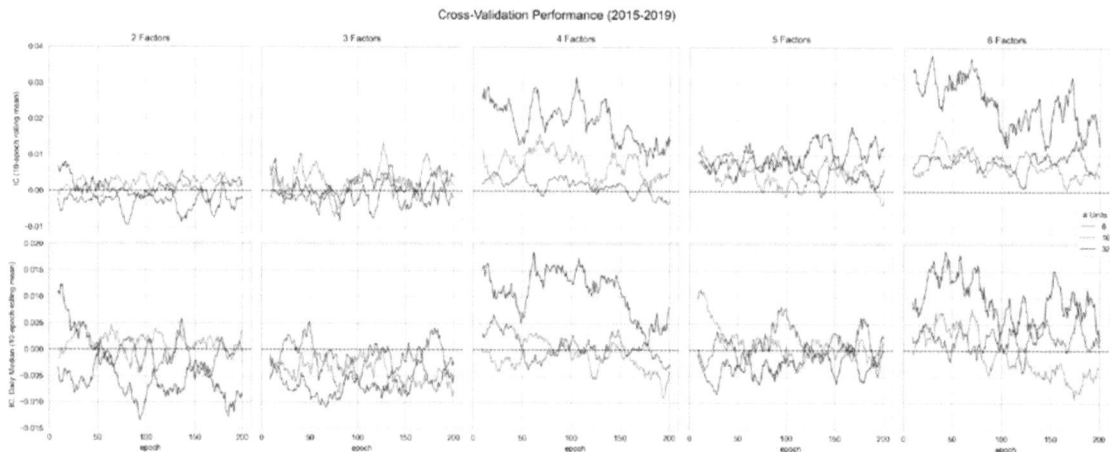

图 20.8　所有因子和隐藏层大小组合的交叉验证性能

结果表明，更多的因子和更少的隐藏层单元效果更好，尤其是四因子和六因子的 8 个单元表现得最好，整体 IC 值在 0.02~0.03。

为了评估模型预测性能的经济意义，我们对一个四因子模型进行了预测，该模型有 8 个单元，训练了 15 个时间点。然后，我们使用 Alphalens 计算每个时间点的 1/5 预测投资的等权重投资组合之间的差价，而忽略交易成本（参见笔记 alphalens_analysis.ipynb）。

图 20.9 显示了 5~21 天的持有期的平均价差。对于反映预测范围的较短端，底部和顶部十分位数之间的差价约为 10 个基点。

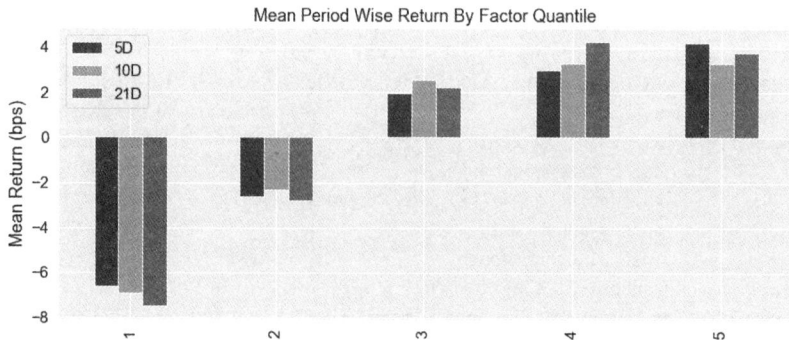

图 20.9　预测五分位数的平均周期分布

为了评估预测绩效如何转化为随着时间的推移的收益，我们分别计算了类似投资组合的累计收益，以及投资于上半部分和下半部分的多/空投资组合的累计收益，如图 20.10 所示。

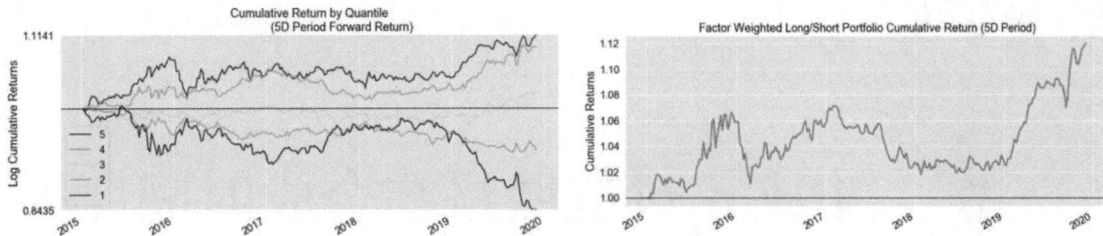

图 20.10　五分位数和多空组合累计收益

结果显示，五分位组合之间存在显著差异，而基于更广泛的多/空组合的累计收益随着时间的推移为正。这支持了条件自编码器模型有助于盈利的交易策略的假设。

20.3.4　经验教训及展望

条件自编码器结合了我们在第 13 章中使用 PCA 介绍的数据驱动风险因子的非线性版本，以及在第 4 章和第 7 章中讨论的风险因子建模收益的方法。条件自编码器说明了深度神经网络架构如何灵活地适应各种任务，以及自编码器和前馈神经网络之间的流动边界。

从数据源到架构的众多简化指出了若干改进途径。除了采购更多质量更好的数据，也允许计算额外的特征，以下修改是一个起点，当然还有更多：

● 尝试每周以外的**数据频率**和每年以外的预测范围，其中较短的时间段也会增加训练数据量。

● 修改**模型结构**，如果使用更多的数据，则可能会逆转更小的隐藏层以更好地估计因子负载。

20.4　本章小结

在本章中，我们介绍了无监督学习如何进行深度学习。自编码器可以学习复杂的、非线性的特征表示，能够显著地压缩复杂的数据，同时丢失很少的信息，因此非常有助于对抗与具有许多特征的丰富数据集相关的"维数诅咒"，特别是具有另类数据的普通数据集。我们还看到了如何使用 TensorFlow 2 实现各种类型的自编码器。

最重要的是，我们实现了最近的一些学术研究成果，从数据中提取数据驱动的风险因子以预测收益。与我们在第 13 章中针对这一挑战所采用的线性方法不同，自编码器可以捕捉非线性关系。此外，深度学习的灵活性使我们能够结合众多关键资产特征来对有助于预测收益的更敏感因子进行建模。

在第 21 章中，我们将介绍生成式对抗网络（GAN），通常生成式对抗网络也被称为人工智能领域最令人兴奋的最新发展之一，在第 21 章中，会介绍它是如何创造合成训练数据的。

第 *21* 章

生成式对抗网络在合成时间序列数据中的应用

继第 20 章对自编码器的介绍之后，本章介绍了第二种无监督深度学习技术——**生成式对抗网络**，即 GAN。与自编码器一样，生成式对抗网络补充了第 13 章中介绍的降维和聚类方法。

生成式对抗网络是 Goodfellow 等人于 2014 年发明的。Yann LeCun 称生成式对抗网络是"过去十年来人工智能领域最令人兴奋的想法"。一个生成式对抗网络训练在竞争环境中训练两个神经网络，称为**生成器**和**判别器**。生成器的目的是产生判别器无法从给定的训练数据类中区分的样本。其结果是生成一个模型，能够生成具有一定目标分布代表性的合成样本，但需要人工创建，因此成本较低。

生成式对抗网络在许多领域产生了大量的研究和成功的应用。生成式对抗网络最初应用于图像，2017 年，Esteban、Hyland 和 Rätsch 将其应用于医疗领域，生成**合成时间序列数据**。随后的金融数据实验（Koshiyama、Firoozye 和 Treleaven，2019；Wiese 等人，2019；Zhou 等人，2018；Fu 等人，2019）探索生成式对抗网络是否可以生成数据来模拟替代资产价格轨迹，以训练监督或强化算法，或回溯交易策略。我们将复制 Yoon、Jarrett 和 van der Schaar 于 2019 年在 NeurIPS 上展示的时间序列生成式对抗网络，以说明该方法和结果。

本章将涵盖以下内容：

- 生成式对抗网络的工作机理、有用的原因以及将其应用于交易的方法。
- 基于 TensorFlow 2 设计和训练生成式对抗网络。
- 生成合成的财务数据，以扩大训练机器学习模型和回测可用的输入。

> 读者可以在 GitHub 存储库的对应目录中找到本章示例的代码和附加资源的链接。笔记中有彩色版本的图像。

21.1　使用生成式对抗网络创建合成数据

本书主要关注监督学习算法，这些算法接收输入数据并预测结果，我们可以将其与实际情况进行比较，以评估它们的性能。这种算法也被称为**判别模型**，因为它们学会了区分不同的输出值。

生成式对抗网络是**生成模型**的一个实例，就像变分自编码器。生成模型从一些分布 p_{data} 中抽取样本，并学习表示该数据生成分布的估计 p_{model}。

正如引言中提到的，生成式对抗网络被认为是最近最令人兴奋的机器学习创新之一，因为它们似乎能够生成高质量的样本，忠实地模拟一系列输入数据。这是非常有吸引力的，因为监督学习需要标记数据或高成本。

生成式对抗网络引发了一波研究热潮，最初专注于生成令人惊讶的逼真图像。最近，由于历史市场数据的有限可用性是回溯过度拟合风险的关键驱动因子，生成式对抗网络实例产生了具有巨大交易潜力的合成时间序列。

在本节中，我们将更详细地解释生成模型和对抗性训练是如何工作的，并回顾各种生成式对抗网络架构。在 21.1 节中，我们将演示如何使用 TensorFlow 2 设计和训练生成式对抗网络。在 21.3 节中，我们将描述如何调整生成式对抗网络，使其创建合成时间序列数据。

21.1.1　比较生成模型和判别模型

判别模型学习如何在给定输入数据 X 的情况下区分结果 y。换句话说，它们学习给定数据的结果概率：$p(y|X)$ 生成模型；另外，生成模型学习输入和结果 $p(y, X)$ 的联合分布。虽然生成模型可以用作使用贝叶斯定理的判别模型来计算最有可能的类别，但更可取的是直接解决预测问题而不是通过求解。

生成式对抗网络有一个生成目标：它们产生复杂的输出，如逼真的图像，给出简单的输入，甚至可以是随机数。他们通过对可能输出的概率分布进行建模来实现这一点。这种概率分布可以有多个维度，例如，一个用于图像中的每个像素、文档中的每个字符或 token 时间序列中的每个值。因此，该模型可以生成很可能代表输出类别的输出。

理查德·费曼（Richard Feynman）的名言"我不能创造的，就表示我没有理解"（What I cannot create, I do not understand）强调了生成分布建模是迈向更通用的人工智能的重要一步，它类似于人类的学习，后者成功地使用了更少的样本。

生成模型有几个**用例**，超出了从给定分布生成额外样本的能力。例如，它们可以被整合到基于模型的**强化学习（RL）**算法中。生成模型还可以应用于时间序列数据，以模拟过去或未来可能的轨迹，这些轨迹可用于强化学习或更普遍的监督学习的规划，包括交易算法的设计。其他的用例包括半监督学习，在这种情况下，比起目前的方法，生成式对抗网络可以通过更少的训练样本来帮助特征匹配并分配缺失的标签。

21.1.2　对抗性训练——零和游戏

生成式对抗网络的关键创新是一种学习数据生成概率分布的新方法。该算法在**生成器**和**判别器**两个神经网络之间建立了一个竞争或对抗性游戏。

生成器的目标是将随机噪声输入转换为特定类别物体的虚假实例，如人脸图像或股票价格时间序列。判别器的目的是将生成器的欺骗性输出与一组包含目标对象的真实样本的训练数据区分开。生成式对抗网络的总体目标是让两个网络都能更好地完成各自的任务，这样生成器产生的输出就不再能从原始网络中区分出来（此时我们就不需要判别器了，判别器不再是必要的，可以丢弃它）。

图 21.1 说明了使用设计用于生成图像的通用生成式对抗网络体系结构的对抗性训练。我们假设生成

器使用一个深度生成式对抗网络架构，它就像卷积自编码器的解码器部分一样。该生成器接收具有随机像素值的输入图像，并生成一个假输出图像，该输出图像被传递给使用镜像卷积神经网络结构的判别器网络。判别器网络还接收表示目标分布的真实样本，并预测输入是真实的，而不是虚假的概率。学习是通过反向传播判别器和生成器损耗的梯度到各自的网络参数进行的。

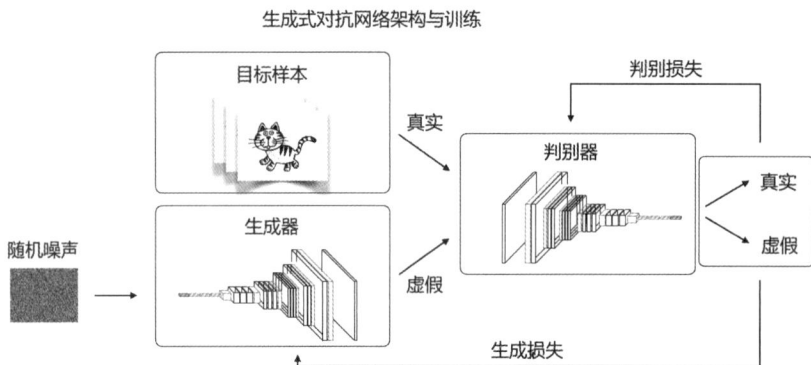

图 21.1　生成式对抗网络架构

　　最近的 GAN Lab 是一个受 TensorFlow Playground 启发的很棒的交互式工具，它允许用户设计生成式对抗网络并随着时间的推移可视化学习过程和性能的各个方面（请参阅 GitHub 上的资源链接）。

21.1.3　生成式对抗网络"动物园式野蛮生长"

　　自 2014 年 Goodfellow 等人的论文发表以来，生成式对抗网络引起了人们极大的兴趣，并引发了相应的研究热潮。

　　该论文的大部分工作改进了原始网络架构，使其能够适应不同的领域和任务，并将其扩展为包含附加信息和创建有条件的生成式对抗网络。其他的研究集中于改进具有挑战性的训练过程的方法，这需要在两个网络之间实现稳定的博弈论平衡，而每个网络单独训练可能会很棘手。生成式对抗网络已经变得更加多样化，超出了我们在这里所能涵盖的范围。

1. 用于表示学习的深度卷积生成式对抗网络

　　深度卷积生成式对抗网络（DCGAN） 的目的是将卷积神经网络成功应用于网格状数据的监督学习（Radford、Metz 和 Chintala，2016）。该网络通过开发基于对抗性训练的特征提取器，率先将生成式对抗网络用于无监督学习，使训练和生成更高质量的图像更容易。它现在被认为是一个基线实现，有许多开源示例可用（参见 GitHub 上的参考资料）。

　　深度卷积生成式对抗网络以均匀分布的随机数作为输入/输出分辨率为 64 像素×64 像素的彩色图像。随着输入的增量变化，生成的图像也随之变化。该网络由标准的卷积神经网络组件组成，包括反卷积层（如卷积自编码器示例中的反卷积层）或完全连接层。

　　开发人员进行了详尽的实验并提出了一些建议，如在两个网络中使用批量归一化和 ReLU 激活。

2. 用于图像到图像转换的条件生成式对抗网络

　　条件生成式对抗网络（CGAN） 在训练过程中引入了额外的标签信息，并且对输出有了一定的控制，从而提高了质量。

通过向包含类标签的判别器添加第三个输入，条件生成式对抗网络改变了图 21.1 中显示的基线体系结构。例如，这些标签可以在生成图像时传达性别或头发颜色等信息。

扩展包括**生成式对抗性what-where网络（GAWWN）**，它不仅使用边界框信息来生成合成图像，还可以将对象放置在给定位置。

21.1.4 生成式对抗网络在图像和时间序列数据中的应用

随着对原始架构的大量扩展和修改，对图像以及语音和音乐等顺序数据的大量应用已经出现。图像应用尤其多样化，从图像混合和超分辨率到视频生成和人体姿态识别。此外，生成式对抗网络被用来提高监督学习性能。

1. CycleGAN——不配对的图像到图像的传输

监督的图像到图像转换旨在学习对齐的输入和输出图像之间的映射。当配对图像不可用时，CycleGAN 解决了这一任务，并将图像从一个域转换为另一个域。

常见的例子包括马的合成"绘画"作为斑马，反之亦然。它还包括风格的转移，通过从任意风景照片生成印象派印刷品的真实样本（Zhu 等人，2018）。

2. 文本到照片的图像合成

生成式对抗网络在域转移方面的早期应用之一是基于文本生成图像。堆叠生成式对抗网络，通常简称为 StackGAN，使用一个句子作为输入，生成多个匹配描述的图像。

该架构分两个阶段运行，第一个阶段生成低分辨率的形状和颜色草图，第二个阶段将结果增强为具有逼真细节的高分辨率图像（Zhang 等人，2017）。

3. 逼真的单图像超分辨率

超分辨率旨在从低分辨率输入生成更高分辨率的逼真图像。应用于此任务的生成式对抗网络具有深度卷积神经网络架构，这些架构使用批量归一化、ReLU 和 ResNet 中遇到的跳过连接来产生令人印象深刻的结果，这些结果已经在商业中得到了应用（Ledig 等人，2017）。

4. 具有循环条件生成式对抗网络的合成时间序列

循环生成式对抗网络（RGAN）和**循环条件生成式对抗网络（RCGAN）**是两种模型架构，旨在合成现实的实值多元时间序列（Esteban、Hyland 和 Rätsch，2017）。目标是应用于医疗领域，但该方法对于克服历史市场数据的局限性非常有价值。

循环生成式对抗网络依赖**循环神经网络**作为生成器和判别器。循环条件生成式对抗网络在条件对抗神经网络的精神中添加了辅助信息。

开发人员们成功地生成了视觉上和定量上引人注目的现实样本。此外，他们评估合成数据的质量，包括合成标签，使用它来训练一个模型，在真实测试集上的预测性能只有轻微的退化。开发人员们还使用一组来自重症监护病房的 17 000 名患者的医疗数据集，演示了循环条件生成式对抗网络在早期预警系统中的成功应用。因此，结论说明了循环条件生成式对抗网络能够生成对监督训练有用的时间序列数据。

21.2　基于 TensorFlow 2 构建生成式对抗网络

为了演示使用 Python 实现生成式对抗网络，我们将使用本节前面讨论的深度卷积生成式对抗网络示例来合成第 13 章中介绍的 Fashion MNIST 数据集的图像。

有关实现细节和参考，请参阅笔记 deep_convolutional_generative_adversarial_network。

21.2.1　构建生成器网络

生成器和判别器都使用了层数较少的深度卷积神经网络架构。生成器使用一个完全连接的输入层和三个卷积层，如 build_generator()函数所定义的，它返回一个 Keras 模型实例，代码如下：

```python
def build_generator():
    return Sequential([Dense(7 * 7 * 256,
                             use_bias=False,
                             input_shape=(100,),
                             name='IN'),
                       BatchNormalization(name='BN1'),
                       LeakyReLU(name='RELU1'),
                       Reshape((7, 7, 256), name='SHAPE1'),
                       Conv2DTranspose(128, (5, 5),
                                       strides=(1, 1),
                                       padding='same',
                                       use_bias=False,
                                       name='CONV1'),
                       BatchNormalization(name='BN2'),
                       LeakyReLU(name='RELU2'),
                       Conv2DTranspose(64, (5, 5),
                                       strides=(2, 2),
                                       padding='same',
                                       use_bias=False,
                                       name='CONV2'),
                       BatchNormalization(name='BN3'),
                       LeakyReLU(name='RELU3'),
                       Conv2DTranspose(1, (5, 5),
                                       strides=(2, 2),
                                       padding='same',
                                       use_bias=False,
                                       activation='tanh',
                                       name='CONV3')],
                      name='Generator')
```

该生成器接受 100 个一维随机值作为输入，并生成宽度和高度为 28 像素的图像，因此包含 784 个数据点。

调用此函数返回的模型的 summary()方法显示该网络有超过 230 万个参数（有关详细信息，请参阅笔记，包括训练前生成器输出的可视化）。

21.2.2　构建判别器网络

判别器网络使用两个卷积层,将从生成器接收的输入转换为单个输出值。该模型有大约212 000 个参数,代码如下:

```
def build_discriminator():
    return Sequential([Conv2D(64, (5, 5),
                              strides=(2, 2),
                              padding='same',
                              input_shape=[28, 28, 1],
                              name='CONV1'),
                       LeakyReLU(name='RELU1'),
                       Dropout(0.3, name='DO1'),
                       Conv2D(128, (5, 5),
                              strides=(2, 2),
                              padding='same',
                              name='CONV2'),
                       LeakyReLU(name='RELU2'),
                       Dropout(0.3, name='DO2'),
                       Flatten(name='FLAT'),
                       Dense(1, name='OUT')],
                      name='Discriminator')
```

图 21.2 描述了随机输入如何从生成器流到判别器,以及各种网络组件的输入和输出形状。

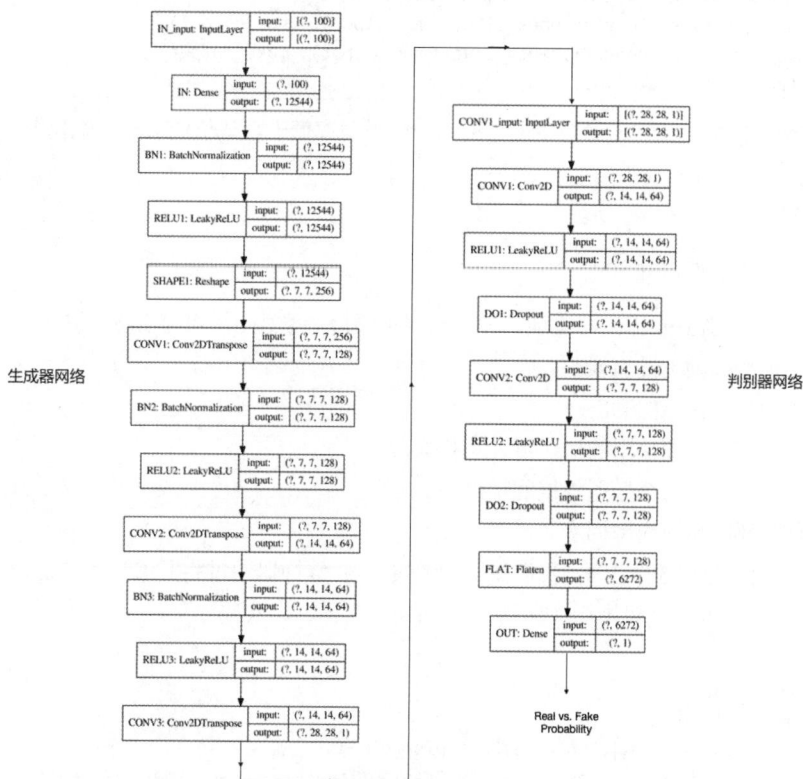

图21.2　深度卷积生成式对抗网络 TensorFlow 2 模型架构

21.2.3　设置对抗性训练过程

我们已经构建了生成器和判别器模型，接下来将设计和执行对抗性训练过程。为此，将定义以下内容：

- 反映竞争互动的两种模型的损失函数。
- 运行反向传播算法的单个训练步骤。
- 重复训练步骤的训练循环，直到模型性能满足我们的期望。

1．生成器和判别器损失函数定义

生成器损耗反映了判别器关于假输入的决定。如果判别器将生成器产生的图像错误地判别为真实图像，则该值为低，否则为高。在创建训练步骤时，我们将定义两个模型之间的交互。

生成器损耗用二元交叉熵损耗函数来度量，代码如下：

```
cross_entropy = BinaryCrossentropy(from_logits=True)
def generator_loss(fake_output):
    return cross_entropy(tf.ones_like(fake_output), fake_output)
```

判别器接收真实和虚假图像作为输入。它计算每个损失并尝试最小化总和，目的是准确识别两种类型的输入，代码如下：

```
def discriminator_loss(true_output, fake_output):
    true_loss = cross_entropy(tf.ones_like(true_output), true_output)
    fake_loss = cross_entropy(tf.zeros_like(fake_output), fake_output)
    return true_loss + fake_loss
```

为了训练这两个模型，我们为每个模型分配了一个学习率低于默认值的 Adam 优化器，代码如下：

```
gen_optimizer = Adam(1e-4)
dis_optimizer = Adam(1e-4)
```

2．核心——训练步骤设计

每个训练步骤使用 Adam 优化器实现一轮随机梯度下降。它由 5 个步骤组成，具体如下：

（1）为每个模型提供小批输入。
（2）获取模型当前权重的输出。
（3）在给定模型目标和输出的情况下计算损失。
（4）获得损失相对于每个模型权重的梯度。
（5）根据优化器的算法应用梯度。

函数 train_step()执行这 5 个步骤。我们使用@tf.function 修饰器通过将其编译为 TensorFlow 操作来加快执行速度，而不是依赖于立即执行（详见 TensorFlow 文档），代码如下：

```
@tf.function
def train_step(images):
    # 为生成器生成随机输入
    noise = tf.random.normal([BATCH_SIZE, noise_dim])
    with tf.GradientTape() as gen_tape, tf.GradientTape() as disc_tape:
        # 获得生成器输出
```

```
            generated_img = generator(noise, training=True)
        # 收集判别器关于真实和虚假输入的决定
        true_output = discriminator(images, training=True)
        fake_output = discriminator(generated_img, training=True)
        # 计算每个模型的损失
        gen_loss = generator_loss(fake_output)
        disc_loss = discriminator_loss(true_output, fake_output)
    # 计算每个损失相对于模型变量的梯度
    grad_generator = gen_tape.gradient(gen_loss,
                                       generator.trainable_variables)
    grad_discriminator = disc_tape.gradient(disc_loss,
                                            discriminator.trainable_variables)
    # 应用梯度完成反向传播步骤
    gen_optimizer.apply_gradients(zip(grad_generator,
                                      generator.trainable_variables))
    dis_optimizer.apply_gradients(zip(grad_discriminator,
                                      discriminator.trainable_variables))
```

3. 组合——训练循环

一旦我们正确定义了训练步骤，训练循环就非常容易实现。它由一个简单的 for 循环组成，在每次迭代中，我们将新一批真实图像传递给训练步骤。我们也将采样一些合成图像，偶尔保存模型的权重。我们使用 tqdm 包跟踪进度，该包显示了训练期间的完成百分比，代码如下：

```
def train(dataset, epochs, save_every=10):
    for epoch in tqdm(range(epochs)):
        for img_batch in dataset:
            train_step(img_batch)
        # 为 GIF 生成图像
        display.clear_output(wait=True)
        generate_and_save_images(generator, epoch + 1, seed)
        # 每 10 个 epoch 保存一次模型
        if (epoch + 1) % save_every == 0:
            checkpoint.save(file prefix=checkpoint_prefix)
        # 最后一个时期后的发生器
    display.clear_output(wait=True)
    generate_and_save_images(generator, epochs, seed)

train(train_set, EPOCHS)
```

4. 结果评估

在只需要几分钟的 100 个时期后，由随机噪声创建的合成图像开始明显地类似于原始图像，如图 21.3 所示（查看笔记获得清晰图像）。

此笔记还创建了一个动态 GIF 图像，可将合成图像的质量在训练过程中的改进情况可视化。

现在我们已经了解了如何使用 TensorFlow 2 构建和训练生成式对抗网络，我们将继续介绍一个更复杂的例子——从股票价格数据生成合成时间序列。

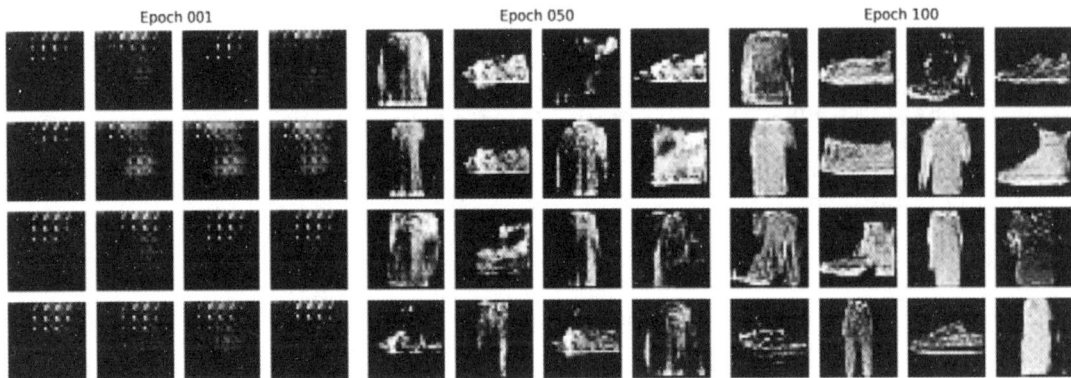

图 21.3　一个合成的 Fashion MNIST 图像样本

21.3　时间序列生成式对抗网络在合成金融数据中的应用

生成合成时间序列数据是在为图像设计生成式对抗网络时遇到的重大挑战。除了在任何给定点上的变量分布，如像素值或众多股票的价格，时间序列数据的生成模型还应该了解形成观测序列如何遵循另一个序列的时间动态。

Yoon、Jarrett 和 van der Schaar 于 2019 年 12 月在 NeurIPS 上发表了一项非常有前景的研究，介绍了一种新的**时间序列生成式对抗网络（TimeGAN）**架构，旨在通过结合监督和无监督训练来解释时间相关性。该网络学习一个时间序列嵌入空间，同时优化监督和对抗目标，这鼓励它坚持在训练期间从历史数据中取样时观测到的动态。开发人员在不同的时间序列（包括历史股票价格）上测试了该网络，发现合成数据的质量明显优于可用的另类数据。

在本节中，我们将概述这个复杂的网络是如何工作的，突出显示基于前面的深度条件生成式对抗网格示例的关键实现步骤，并展示如何评估产生的时间序列的质量。

21.3.1　学习跨特征和时间生成数据

一个成功的时间序列数据生成模型需要捕获每个时间点特征的横断面分布，以及这些特征之间随时间变化的纵向关系。在我们刚刚介绍的图像环境中，模型不仅需要学习真实的图像是什么样的，还需要学习一个图像是如何从之前的视频演变而来的。

1. 对抗训练和监督训练的结合

正如在第 21.1 节中提到的，之前生成时间序列数据的尝试，如循环生成式对抗网络和循环条件生成式对抗网络，都依赖于循环神经网络在生成器和识别器中的作用。时间序列生成式对抗网络明确地结合了时间序列的自回归特性，将真实序列和合成序列的**无监督对抗损失**与原始数据的**逐步监督损失**相结合。目标是奖励模型学习历史数据中从一个时间点到下一个时间点的**转换分布**。

此外，时间序列生成式对抗网络还包括一个嵌入网络，将时间序列特征映射到一个低维的潜在空间，以减少对抗空间的复杂性。其目的是捕捉通常具有较低维度的时间动态的驱动因子。

时间序列生成式对抗网络的一个关键元素是，生成器和嵌入（或自编码器）网络都负责最小化监督损失，而监督损失衡量的是模型学习动态关系的程度。因此，模型学习了一个潜在空间，条件是促进生成器的任务，以忠实地再现观测到的历史数据的时间关系。除了时间序列数据，该模型还可以处理静态数据，这些数据基本不会随时间变化或者变化频率较低。

2．时间序列生成式对抗网络架构的四个组成部分

时间序列生成式对抗网络架构将对抗网络与自编码器相结合，因此具有四个网络组件，如图 21.4 所示。
- 自编码器：嵌入和恢复网络。
- 对抗网络：序列生成器和序列判别器组成部分。

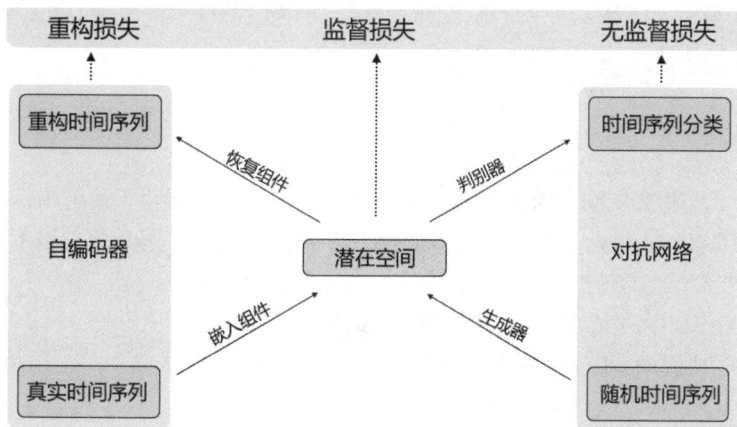

图 21.4　时间序列生成式对抗网络架构

开发人员通过**三种不同的损失函数**强调了自编码器和对抗网络的**联合训练**。**重建损失**优化自编码器，**无监督损失**训练对抗网络，**监督损失**加强时间动态。作为这一关键见解的结果，时间序列生成式对抗网络同时学习编码特征、生成表示和跨时间迭代。更具体地说，嵌入网络创建潜在空间，对抗网络在该空间内运行，监督损失同步真实数据和合成数据的潜在动态。

自编码器的嵌入和恢复组件将特征空间映射到潜在空间，反之亦然。这有助于对抗网络学习时间动态，它在低维空间学习。开发人员利用堆叠循环神经网络和前馈神经网络实现了嵌入与恢复网络。但是这些选择可以灵活地适应手头的任务，只要它们是自回归的，并且尊重数据的时间顺序。

对抗网络的**生成器和判别器**元素与深度卷积生成式对抗网络不同，不仅因为它们对序列数据进行操作，还因为合成特征是在模型同时学习的潜在空间中生成的。开发人员选择了一个循环神经网络作为生成器，并选择了一个带有前馈输出层的双向循环神经网络作为判别器。

3．自编码器和对抗网络的联合训练

图 21.4 所示的三个损失函数驱动了在真实随机生成的时间序列上进行训练时所描述的网元的联合优化。更详细地说，它们的目标是实现下列目标：
- **重构损失（Reconstruction Loss）**比较了重构后的编码数据与原始数据的相似程度。
- **无监督损失（Unsupervised Loss）**反映了深度卷积生成式对抗网络示例中描述的生成器和判别器之间的竞争交互作用。生成器的目标是最小化判别器将其输出分类为虚假的概率，而判别器的目标是优化正确的分类或真实和虚假的输入。

● **监督损失（Supervised Loss）**捕获了在接收前一个序列的编码真实数据时，生成器如何很好地逼近潜在空间中的下一个时间步长。

训练分**三个阶段**进行，具体如下：

（1）在实时序列上训练自编码器以优化重建。

（2）使用实时序列优化监督损失以捕捉历史数据的时间动态。

（3）联合训练四个组件，同时最小化所有损失函数。

时间序列生成式对抗网络包括几个**超参数**，用于衡量复合损失函数的分量。然而，开发人员发现网络对这些设置不那么敏感，考虑到生成式对抗网络训练的困难，事实上，他们并没有发现训练过程中的重大挑战，并认为嵌入任务有助于规则化对抗学习，因为它降低了对抗学习的维度，而监督损失限制了生成器的逐步动态。

21.3.2 基于 TensorFlow 2 的 TimeGAN 实现

在本小节中，我们将实现刚才描述的 TimeGAN 架构。开发人员提供了使用 TensorFlow 1 的示例代码，我们将它移植到 TensorFlow 2 中。建立和训练时间序列生成式对抗网络需要以下几个步骤：

（1）选择和准备真实与随机的时间序列输入。

（2）创建时间序列生成式对抗网络模型的关键组件。

（3）定义三个训练阶段中使用的各种损失函数和训练步骤。

（4）进行循环训练并记录结果。

（5）生成合成时间序列并对结果进行评价。

我们将遍历每一个步骤的关键项，请参考笔记 TimeGAN_TF2 获取本节中的代码示例（除非另有说明）以及其他实现细节。

1. 准备真实序列和随机输入序列

开发人员利用从雅虎财经下载的谷歌股票 15 年来的每日价格数据，展示了时间序列生成式对抗网络对金融数据的适用性，该数据具有开放、高、低、收盘价和调整收盘价以及交易量 6 个功能。我们将使用 6 种不同股票的近 20 年调整后的收盘价，因为它引入了更高的可变性。我们将按照原来的论文，以 24 个时间步的合成序列为目标。

Quandl Wiki 数据集中时间最长的股票是那些以规范化格式显示的，即从 1.0 开始，如图 21.5 所示。我们检索了 2000—2017 年调整后的接近点，获得了超过 4000 次观测结果。GE 和 CAT 的相关系数为 0.01，DIS 和 KO 的相关系数为 0.94。

我们使用 scikit-learn 的 MinMaxScaler 类将每个系列范围缩放到[0,1]，稍后将使用它来重新缩放合成数据，代码如下：

```
df = pd.read_hdf(hdf_store, 'data/real')
scaler = MinMaxScaler()
scaled_data = scaler.fit_transform(df).astype(np.float32)
```

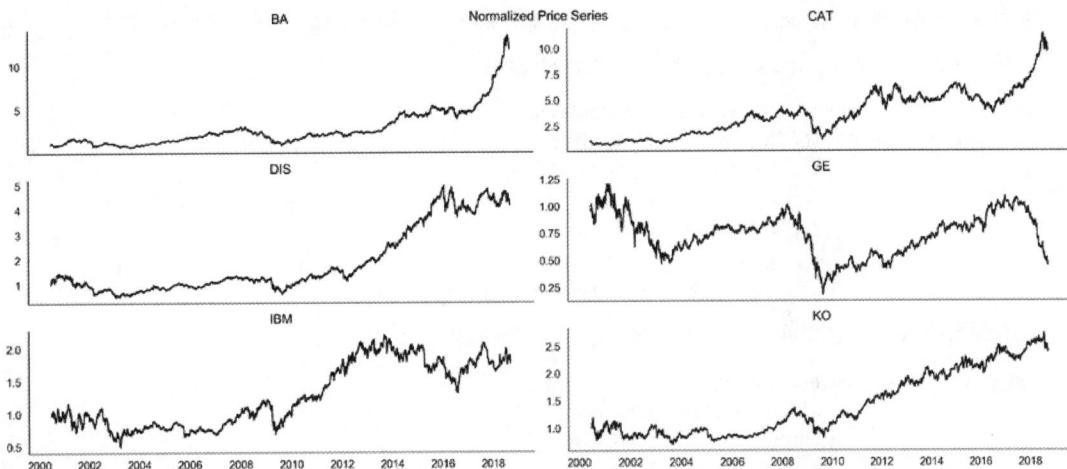

图 21.5　时间序列生成式对抗网络输入——6 种不同股票

创建滚动窗口，其中包含 6 个系列的 24 个连续数据点的重叠序列，代码如下：

```
data = []
for i in range(len(df) - seq_len):
    data.append(scaled_data[i:i + seq_len])
n_series = len(data)
```

从 NumPy 数组列表中创建一个 tf.data.Dataset 实例，确保在训练时数据被打乱，并设置批处理大小为 128，代码如下：

```
real_series = (tf.data.Dataset
               .from_tensor_slices(data)
               .shuffle(buffer_size=n_windows)
               .batch(batch_size))
real_series_iter = iter(real_series.repeat())
```

我们还需要一个随机的时间序列生成器，只要训练继续，它就会产生对 6 个序列进行 24 次观测的模拟数据。为此，我们将创建一个生成器，它随机绘制所需的统一数据，并将结果提供给第二个 tf.data.Dataset 实例。我们将此数据集设置为生成所需大小的批次，并根据需要重复此过程，代码如下：

```
def make_random_data():
    while True:
        yield np.random.uniform(low=0, high=1, size=(seq_len, n_seq))

random_series = iter(tf.data.Dataset
                     .from_generator(make_random_data,
                                     output_types=tf.float32)
                     .batch(batch_size)
                     .repeat())
```

2. 创建时间序列生成式对抗网络模型组件

现在，我们将创建两个自编码器组件和两个对抗网络元素，以及鼓励生成器学习历史价格序列的时间动态的监督者。

我们将按照示例代码创建带有三个隐藏层的循环神经网络，每个层都有 24 个 GRU 单元，除了监督者，它只使用两个隐藏层。make_rnn 函数会自动创建网络，代码如下：

```
def make_rnn(n_layers, hidden_units, output_units, name):
    return Sequential([GRU(units=hidden_units,
                           return_sequences=True,
                           name=f'GRU_{i + 1}') for i in range(n_layers)] +
                      [Dense(units=output_units,
                             activation='sigmoid',
                             name='OUT')], name=name)
```

自编码器由我们在这里实例化的嵌入器和恢复网络组成，代码如下：

```
embedder = make_rnn(n_layers=3,
                    hidden_units=hidden_dim,
                    output_units=hidden_dim,
                    name='Embedder')
recovery = make_rnn(n_layers=3,
                    hidden_units=hidden_dim,
                    output_units=n_seq,
                    name='Recovery')
```

创建生成器、判别器和监督器，代码如下：

```
generator = make_rnn(n_layers=3,
                     hidden_units=hidden_dim,
                     output_units=hidden_dim,
                     name='Generator')
discriminator = make_rnn(n_layers=3,
                         hidden_units=hidden_dim,
                         output_units=1,
                         name='Discriminator')
supervisor = make_rnn(n_layers=2,
                      hidden_units=hidden_dim,
                      output_units=hidden_dim,
                      name='Supervisor')
```

我们还定义了两个通用的损失函数，即 MeanSquaredError 和 BinaryCrossEntropy，稍后我们将使用它们在这三个阶段中创建各种特定的损失函数，代码如下：

```
mse = MeanSquaredError()
bce = BinaryCrossEntropy()
```

3. 训练阶段 1——真实数据自编码器

自编码器集成了嵌入器和恢复功能，代码如下：

```
H = embedder(X)
X_tilde = recovery(H)

autoencoder = Model(inputs=X,
                    outputs=X_tilde,
                    name='Autoencoder')
autoencoder.summary()
Model: "Autoencoder"
```

```
Layer (type)              Output Shape          Param #
==================================================================
RealData (InputLayer)     [(None, 24, 6)]       0

Embedder (Sequential)     (None, 24, 24)        10104

Recovery (Sequential)     (None, 24, 6)         10950
==================================================================
Trainable params:  21,054
```

它有 21 054 个参数。现在，我们将实例化这个训练阶段的优化器，并定义训练步骤。它遵循深度卷积生成式对抗网络示例中引入的模式，使用 tf.GradientTape 记录生成重构丢失的操作。这允许我们依赖于自动分化引擎来获得关于可训练嵌入器和恢复网络权重的梯度，这些权重驱动反向传播，代码如下：

```
autoencoder_optimizer = Adam()
@tf.function
def train_autoencoder_init(x):
    with tf.GradientTape() as tape:
        x_tilde = autoencoder(x)
        embedding_loss_t0 = mse(x, x_tilde)
        e_loss_0 = 10 * tf.sqrt(embedding_loss_t0)

    var_list = embedder.trainable_variables + recovery.trainable_variables
    gradients = tape.gradient(e_loss_0, var_list)
    autoencoder_optimizer.apply_gradients(zip(gradients, var_list))
    return tf.sqrt(embedding_loss_t0)
```

重构损失只是比较自编码器的输出和输入。我们在一分多钟的时间内训练了 10 000 步，使用这个训练循环记录了步长损失，并通过 TensorBoard 进行监测，代码如下：

```
for step in tqdm(range(train_steps)):
    X_ = next(real_series_iter)
    step_e_loss_t0 = train_autoencoder_init(X_)
    with writer.as_default():
        tf.summary.scalar('Loss Autoencoder Init', step_e_loss_t0, step=step)
```

4. 训练阶段 2——真实数据监督学习

我们已经创建了监督模型，所以只需实例化优化器并定义训练步骤，代码如下：

```
supervisor_optimizer = Adam()
@tf.function
def train_supervisor(x):
    with tf.GradientTape() as tape:
        h = embedder(x)
        h_hat_supervised = supervisor(h)
        g_loss_s = mse(h[":, 1:, :], h_hat_supervised[:, 1:, :])

    var_list = supervisor.trainable_variables
    gradients = tape.gradient(g_loss_s, var_list)
    supervisor_optimizer.apply_gradients(zip(gradients, var_list))
    return g_loss_s
```

在这种情况下，损失将管理者的输出与嵌入序列的下一个时间步长进行比较，从而学习历史价格序列的时间动态。训练循环的工作机理类似于第 20 章中的自编码器示例。

5．训练阶段 3——真实数据和随机数据联合训练

联合训练包括所有四个网络组成部分以及监督者。它使用多个损失函数和基组件的组合来实现潜在空间嵌入、过渡动态和合成数据生成的同步学习。

我们将强调几个突出的例子，请查看笔记以了解完整的实现，其中包括一些重复的步骤，这里将省略这些步骤。

为了确保生成器忠实地再现时间序列，时间序列生成式对抗网络包含一个矩损失（moment loss），当合成数据的均值和方差偏离真实版本时会受到惩罚，代码如下：

```
def get_generator_moment_loss(y_true, y_pred):
    y_true_mean, y_true_var = tf.nn.moments(x=y_true, axes=[0])
    y_pred_mean, y_pred_var = tf.nn.moments(x=y_pred, axes=[0])
    g_loss_mean = tf.reduce_mean(tf.abs(y_true_mean - y_pred_mean))
    g_loss_var = tf.reduce_mean(tf.abs(tf.sqrt(y_true_var + 1e-6) -
        tf.sqrt(y_pred_var + 1e-6)))

    return g_loss_mean + g_loss_var
```

生成合成数据的端到端模型涉及生成器、管理器和恢复组件。它有近 3 万个可训练参数，代码如下：

```
E_hat = generator(Z)
H_hat = supervisor(E_hat)
X_hat = recovery(H_hat)
synthetic_data = Model(inputs=Z,
                       outputs=X_hat,
                       name='SyntheticData')
Model: "SyntheticData"
```

Layer (type)	Output Shape	Param #
RandomData (InputLayer)	[(None, 24, 6)]	0
Generator (Sequential)	(None, 24, 24)	10104
Supervisor (Sequential)	(None, 24, 24)	7800
Recovery (Sequential)	(None, 24, 6)	10950

```
Trainable params: 28,854
```

联合训练包括自编码器、生成器和判别器的三个优化器，代码如下：

```
generator_optimizer = Adam()
discriminator_optimizer = Adam()
embedding_optimizer = Adam()
```

生成器的训练步骤说明了使用四个损失函数和相应的网络组件组合来实现本节开始时所概述的预期学习，代码如下：

```
@tf.function
def train_generator(x, z):
    with tf.GradientTape() as tape:
```

```
    y_fake = adversarial_supervised(z)
    generator_loss_unsupervised = bce(y_true=tf.ones_like(y_fake),
                                      y_pred=y_fake)

    y_fake_e = adversarial_emb(z)
    generator_loss_unsupervised_e = bce(y_true=tf.ones_like(y_fake_e),
                                        y_pred=y_fake_e)
    h = embedder(x)
    h_hat_supervised = supervisor(h)
    generator_loss_supervised = mse(h[:, 1:, :],
                                    h_hat_supervised[:, 1:, :])

    x_hat = synthetic_data(z)
    generator_moment_loss = get_generator_moment_loss(x, x_hat)
    generator_loss = (generator_loss_unsupervised +
                      generator_loss_unsupervised_e +
                      100 * tf.sqrt(generator_loss_supervised) +
                      100 * generator_moment_loss)

var_list = generator.trainable_variables + supervisor.trainable_variables
gradients = tape.gradient(generator_loss, var_list)
generator_optimizer.apply_gradients(zip(gradients, var_list))
return (generator_loss_unsupervised, generator_loss_supervised,
        generator_moment_loss)
```

最后，联合训练循环将各种训练步骤结合在一起，并在训练阶段 1 和训练阶段 2 的学习基础上，在真实和随机数据上训练时间序列生成式对抗网络组件。我们在 40 分钟内运行了 10 000 次循环，代码如下：

```
for step in range(train_steps):
    # 训练生成器（训练频率是判别器的两倍）
    for kk in range(2):
        X_ = next(real_series_iter)
        Z_ = next(random_series)
        # 训练生成器
        step_g_loss_u, step_g_loss_s, step_g_loss_v = train_generator(X_, Z_)
        # 训练嵌入器
        step_e_loss_t0 = train_embedder(X_)
    X_ = next(real_series_iter)
    Z_ = next(random_series)
    step_d_loss = get_discriminator_loss(X_, Z_)
    if step_d_loss > 0.15:
        step_d_loss = train_discriminator(X_, Z_)

    if step % 1000 == 0:
        print(f'{step: 6,.0f} | d_loss: {step_d_loss: 6.4f} | '
              f'g_loss_u: {step_g_loss_u: 6.4f} | '
              f'g_loss_s: {step_g_loss_s: 6.4f} | '
              f'g_loss_v: {step_g_loss_v: 6.4f} | '
              f'e_loss_t0: {step_e_loss_t0: 6.4f}')
    with writer.as_default():
        tf.summary.scalar('G Loss S', step_g_loss_s, step=step)
        tf.summary.scalar('G Loss U', step_g_loss_u, step=step)
        tf.summary.scalar('G Loss V', step_g_loss_v, step=step)
        tf.summary.scalar('E Loss T0', step_e_loss_t0, step=step)
```

```
tf.summary.scalar('D Loss', step_d_loss, step=step)
```

6. 生成合成时间序列数据

为了评估时间序列生成式对抗网络的结果，我们将通过绘制随机输入并将它们输入到前面描述的 synthetic_data 网络来生成合成时间序列数据。更具体地说，我们将创建与真实数据集中有重叠窗口一样多的人工序列，对 6 只股票数据进行 24 次观测，代码如下：

```
generated_data = []
for i in range(int(n_windows / batch_size)):
    Z_ = next(random_series)
    d = synthetic_data(Z_)
    generated_data.append(d)
len(generated_data)
35
```

结果是 35 批 128 个样本，每个尺寸为 24×6，代码如下：

```
generated_data = np.array(np.vstack(generated_data))
generated_data.shape
(4480, 24, 6)
```

我们可以使用经过训练的 MinMaxScaler 将合成输出还原为输入序列的规模，代码如下：

```
generated_data = (scaler.inverse_transform(generated_data
                                    .reshape(-1, n_seq))
              .reshape(-1, seq_len, n_seq))
```

图 21.6 显示了 6 个合成序列数据和相应的真实序列数据的示例。合成数据通常反映了与真实数据不同的行为变化，在重新缩放后，大致（由于随机输入）匹配其范围。

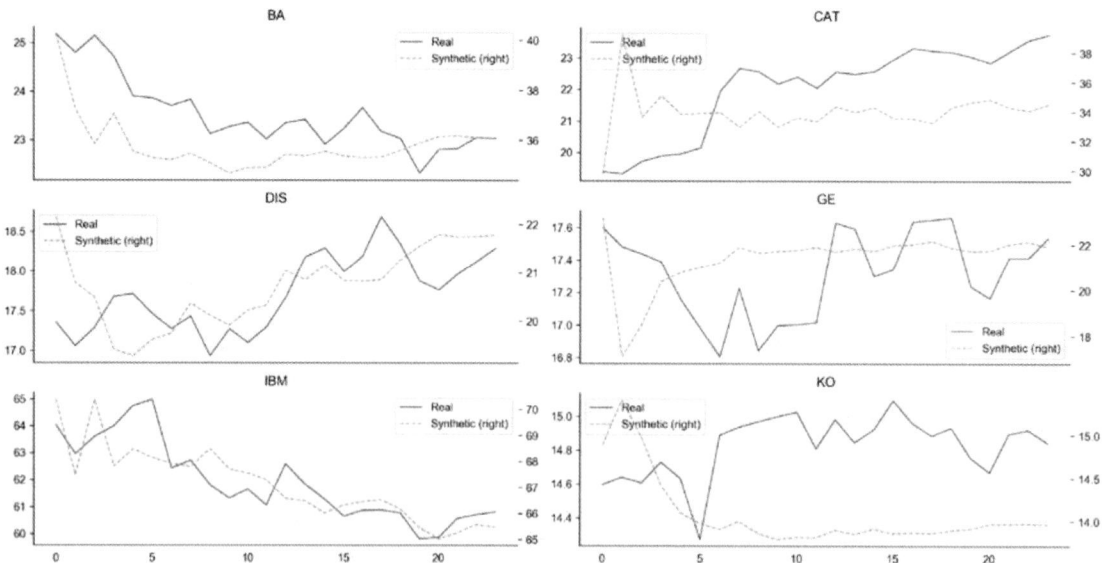

图 21.6　时间序列生成式对抗网络输出 6 个合成序列数据和相应的真实序列数据

21.3.3　合成时间序列数据质量评价

时间序列生成式对抗网络的开发人员根据三个实际标准评估生成数据的质量，具体如下：

● 多样性：合成样本的分布应该与真实数据的分布大致吻合。

● 保真度：样本数据应与真实数据难以区分。

● 有用性：在解决预测任务时，合成数据应该与真实数据一样有用。

他们采用三种方法来评估综合数据是否确实显示出这些特征，具体如下：

● 可视化：对于多样性的定性多样性评估，我们使用降维 - **主成分分析（PCA）** 和 **t-SNE** 来直观地检查合成样本的分布与原始数据的分布有多接近。

● 区别分数：保真度的定量评估，测试误差时间序列分类器，如一个两层 LSTM，让我们评估真实和合成时间序列是否可以被区分，事实上是无法区分的。

● 预测分数：为了定量测量有用性，我们可以比较序列预测模型在真实数据或合成数据上训练的测试误差，以预测真实数据的下一个时间步长。

我们将在下面的部分中应用并介绍每种方法的结果。请参阅笔记 evaluating_synthetic_data 获取代码示例和其他详细信息。

1.　多样性评估——可视化 PCA 和 t-SNE

为了将具有 24 个时间步长和 6 个特征的真实数据和合成数据可视化，我们将降低它们的维数，以便在二维空间中绘制它们。为此，我们将采样 250 个具有 6 个特征的归一化序列，并对其进行重塑，以获得维度为 1500×24 的数据（仅显示真实数据的步骤，合成数据见笔记），代码如下：

```
# 同样的步骤创建训练所需的真实数据
real_data = get_real_data()
# 重载合成数据
synthetic_data = np.load('generated_data.npy')
synthetic_data.shape
(4480, 24, 6)
# 确保相同数量的数据
real_data = real_data[:synthetic_data.shape[0]]

sample_size = 250
idx = np.random.permutation(len(real_data))[: sample_size]
real_sample = np.asarray(real_data)[idx]
real_sample_2d = real_sample.reshape(-1, seq_len)
real_sample_2d.shape
(1500, 24)
```

PCA 是一种线性方法，它用相互正交的向量识别新的基，依次捕获数据中最大方差的方向。我们将使用真实数据计算前两个分量，然后将真实数据和合成数据投影到新的坐标系中：

```
pca = PCA(n_components=2)
pca.fit(real_sample_2d)
pca_real = (pd.DataFrame(pca.transform(real_sample_2d))
            .assign(Data='Real'))
pca_synthetic = (pd.DataFrame(pca.transform(synthetic_sample_2d))
```

```
                    .assign(Data='Synthetic'))
```

t-SNE 是一种用于可视化高维数据的非线性流形学习方法，它将数据点之间的相似性转换为联合概率，旨在最小化低维嵌入和高维数据的联合概率之间的 Kullback-Leibler 差异。我们对合并的真实数据和合成数据计算 t-SNE，代码如下：

```
tsne_data = np.concatenate((real_sample_2d,
                            synthetic_sample_2d), axis=0)
tsne = TSNE(n_components=2, perplexity=40)
tsne_result = tsne.fit_transform(tsne_data)
```

图 21.7 显示了真实数据和合成数据分布相似性的定性评估的 PCA 和 t-SNE 结果。这两种方法都揭示了惊人的相似模式和显著的重叠，表明合成数据捕捉了真实数据特征的重要方面。

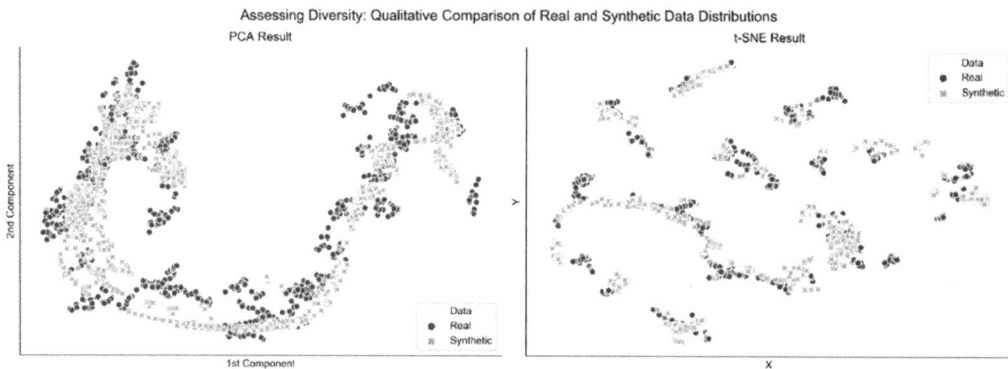

图 21.7　定性评估的 PCA 和 t-SNE 结果

2. 保真度评估——时间序列分类性能

可视化只提供定性的印象。为了定量评估合成数据的保真度，我们将训练一个时间序列分类器来区分真实数据和合成数据，并在一个保留的测试集中评估其性能。

具体来说，我们将选取前 80% 的滚动序列进行训练，后 20% 作为测试集，代码如下：

```
synthetic_data.shape
(4480, 24, 6)
n_series = synthetic_data.shape[0]
idx = np.arange(n_series)

n_train = int(.8*n_series)
train_idx, test_idx = idx[:n_train], idx[n_train:]

train_data = np.vstack((real_data[train_idx],
                        synthetic_data[train_idx]))
test_data = np.vstack((real_data[test_idx],
                       synthetic_data[test_idx]))
n_train, n_test = len(train_idx), len(test_idx)
train_labels = np.concatenate((np.ones(n_train),
                               np.zeros(n_train)))
test_labels = np.concatenate((np.ones(n_test),
                              np.zeros(n_test)))
```

创建一个简单的循环神经网络，包含 6 个单元，接收小批次的真实数据和合成数据，形状为 24×6，并使用一个 sigmoid 激活。我们将使用二元交叉熵损失和 Adam 优化器进行优化，同时跟踪 AUC 和精度指标，如下所示：

```
ts_classifier = Sequential([GRU(6, input_shape=(24, 6), name='GRU'),
                            Dense(1, activation='sigmoid', name='OUT')])
ts_classifier.compile(loss='binary_crossentropy',
                      optimizer='adam',
                      metrics=[AUC(name='AUC'), 'accuracy'])

Model: "Time Series Classifier"
_____
Layer (type)              Output Shape           Param #
===============================================================
GRU (GRU)                 (None, 6)              252
_____
OUT (Dense)               (None, 1)              7
===============================================================
Total params: 259
Trainable params: 259
```

该模型有 259 个可训练参数。我们将对 128 个随机抽取的样本进行 250 个时期的训练，并跟踪验证性能，代码如下：

```
result = ts_classifier.fit(x=train_data,
                           y=train_labels,
                           validation_data=(test_data, test_labels),
                           epochs=250, batch_size=128)
```

训练完成后，测试集评估产生了接近 56% 的平衡测试集分类错误和 0.1596 的 AUC（非常低），如下所示：

```
ts_classifier.evaluate(x=test_data, y=test_labels)
56/56 [==============================] - 0s 2ms/step - loss: 3.7510 - AUC:
0.1596 - accuracy: 0.4403
```

图 21.8 绘制了 250 个时期的训练和测试数据的准确率和 AUC 性能指标。

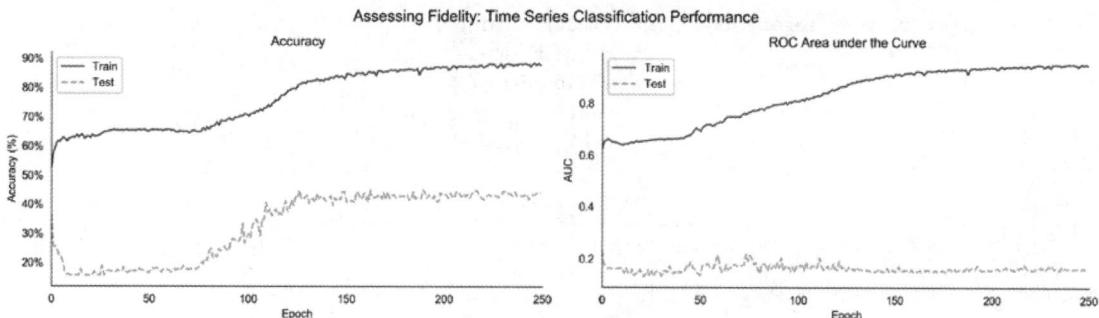

图 21.8　时间序列分类器在 250 个时期内的训练和测试性能

图 21.8 表明，该模型无法以一种推广到测试集的方式学习真实数据和合成数据之间的差异。结果表明，合成数据的质量达到了保真度标准。

3．有用性评估——合成训练、真实测试

最后，我们想知道合成数据在解决预测问题时有多有用。为此，我们将在合成数据和真实数据上交替训练时间序列预测模型，以预测下一个时间步长，并在真实数据创建的测试集上比较性能。

具体来说，我们将每个序列的前 23 个时间步长作为输入，最后一个时间步长作为输出。与此同时，我们将使用与前面分类示例相同的时间分割将真实数据分割为训练集和测试集，代码如下：

```
real_data.shape, synthetic_data.shape
((4480, 24, 6), (4480, 24, 6))
real_train_data = real_data[train_idx, : 23, :]
real_train_label = real_data[train_idx, -1, :]
real_test_data = real_data[test_idx, : 23, :]
real_test_label = real_data[test_idx, -1, :]
real_train_data.shape, real_train_label.shape
((3584, 23, 6), (3584, 6))
```

我们将选择完整的合成数据进行训练，因为完整性是我们首先生成它的原因之一，代码如下：

```
synthetic_train = synthetic_data[:, :23, :]
synthetic_label = synthetic_data[:, -1, :]
synthetic_train.shape, synthetic_label.shape
((4480, 23, 6), (4480, 6))
```

我们将创建一个含有 12 个 GRU 单元的单层循环神经网络，用于预测 6 只股票价格序列的最后时间步长，因此，有 6 个线性输出单元。该模型采用 Adam 优化器最小化平均绝对误差（MAE），代码如下：

```
def get_model():
    model = Sequential([GRU(12, input_shape=(seq_len-1, n_seq)),
                        Dense(6)])

    model.compile(optimizer=Adam(),
                  loss=MeanAbsoluteError(name='MAE'))
    return model
```

我们将分别使用合成数据和真实数据对模型进行两次训练，并使用真实测试集对样本外性能进行评估。关于合成数据的训练代码如下 [真实数据的训练代码与之类似（见笔记）]：

```
ts_regression = get_model()
synthetic_result = ts_regression.fit(x=synthetic_train,
                                     y=synthetic_label,
                                     validation_data=(
                                         real_test_data,
                                         real_test_label),
                                     epochs=100,
                                     batch_size=128)
```

图 21.9 绘制了两个模型在训练集和测试集上的 MAE（在对数刻度上，以便我们可以发现差异）。事实证明，在合成数据集上训练后，MAE 略低。

结果表明，合成训练数据确实是有用的。在预测 6 只股票的下一个每日股价的特定预测任务中，一个用合成时间序列生成式对抗网络数据训练的简单模型比用真实数据训练的模型具有相同或更好的性能。

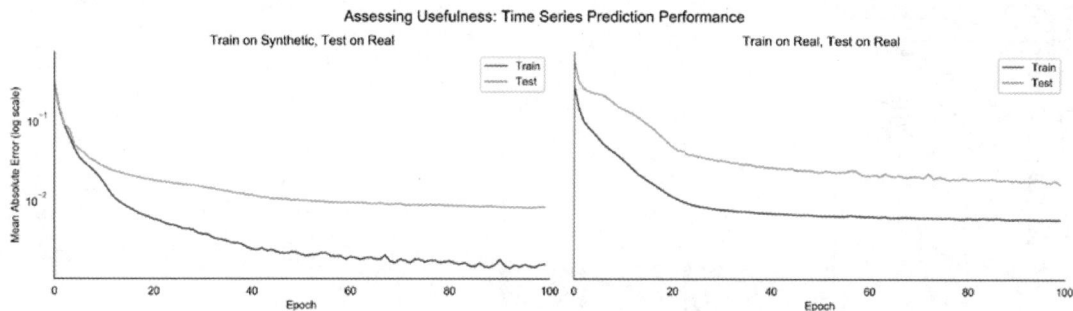

图21.9 对时间序列预测模型进行100个时期的训练和测试

4．经验教训和展望

我们在本书中经常遇到的过度拟合问题表明，生成有用的合成数据的能力是非常有价值的。时间序列生成式对抗网络示例证明在这方面持谨慎、乐观的态度是正确的。与此同时，还有一些需要注意的地方，我们每天为少量资产生成价格数据，在现实中，我们可能感兴趣的是更多资产的收益，频率可能更高。**横向和时间动态**肯定会变得更加复杂，可能需要调整时间序列生成式对抗网络架构和训练过程。

实验的这些局限性，无论多么有希望，都暗示着自然的下一步：我们需要将范围扩展到包含价格以外的信息的高维时间序列，还需要测试它们在更复杂的模型环境中的有效性，包括特征工程。这些是合成训练数据的早期阶段，但这个例子应该使大家能够追求自己的研究过程，以获得更现实的解决方案。

21.4 本章小结

在本章中，我们介绍了学习输入数据的概率分布的生成式对抗网格，从而能够生成代表目标数据的合成样本。

尽管这一最近的创新有许多实际应用，但如果在医学领域成功生成时间序列数据可以转移到金融市场数据，可能对算法交易更有价值。我们学习了如何使用 TensorFlow 设置实现对抗训练，还研究了一个最近的例子——时间序列生成式对抗网络，它专门用于生成合成时间序列数据。

在第22章中，我们将重点关注强化学习，建立从其所处市场环境中交互学习的"机器人"代理。

第 **22** 章

深度强化学习
——打造交易机器人

在本章中，我们将介绍**强化学习（RL）**，它采用了一种不同的**机器学习方法（ML）**，而不是我们迄今为止介绍过的监督算法和无监督算法。强化学习吸引了巨大的关注，因为它是 AlphaGo 等最令人兴奋的人工智能突破背后的主要驱动力。AlphaGo 的创造者、谷歌旗下 DeepMind 的首席强化学习研究员戴维·西尔弗（David Silver）以"在计算机游戏方面的突破性进展"获得了 2019 年美国计算机学会（ACM）计算奖。我们将看到，强化学习的互动性和在线性质使它特别适合用于交易和投资领域。

强化学习模拟了一个智能体的目标导向学习，该智能体与一个典型的随机环境交互，该环境具有不完整的信息。强化学习旨在通过从奖励信号中学习状态和动作的价值，使代理作出决策以实现长期目标，从而实现自动化。最终目标是推导出一种策略，对规则进行编码并将状态映射到动作。

强化学习被认为是**最类似于人类的学习**，是在现实世界中采取行动并观测结果的成果。它不同于监督学习，因为它基于一个标量奖励信号一次一次地优化代理的动作，而不是从正确标记的、有代表性的目标概念样本中一般化。此外，强化学习并不仅仅局限于作出预测，相反，它采用端到端视角，通过包括动作及其后果来进行面向目标的决策。

在本章中，将学习如何制定一个强化学习问题并应用各种解决方法。我们将介绍基于模型和无模型的方法，介绍 OpenAI Gym 环境，并将深度学习和强化学习结合起来训练一个机器人来导航一个复杂的环境。最后，我们将展示如何通过建模一个与金融市场交互以优化其利润目标的代理，使强化学习适应算法交易。

本章将涵盖以下内容：

- 定义一个马尔可夫决策问题（MDP）。
- 使用值和策略迭代来解决马尔可夫决策问题。
- 在具有离散状态和动作的环境中应用 Q 学习。
- 在持续的环境中建立并训练一个深度 Q 学习代理。
- 使用 OpenAI Gym 训练强化学习交易机器人。

💡**TIP** 读者可以在 GitHub 存储库的对应目录中找到本章示例的代码和附加资源的链接。笔记中有彩色版本的图像。

22.1 强化学习要素

强化学习问题具有几个要素，这些要素将它们与我们到目前为止介绍的机器学习区分开。

鉴于对环境的一些观测，强化学习问题旨在解决优化代理目标的操作，环境向代理提供有关其状态的信息，为动作分配奖励，并将代理转换到新状态，这取决于代理可能知道也可能不知道的概率分布。它可能是完全或部分可观测的，也可能包含其他代理。环境的结构对机器人学习给定任务的能力有很大影响，并且通常需要大量的前期设计工作来促进训练过程。

强化学习问题的不同取决于环境状态和主体动作空间的复杂性，它们可以是离散的，也可以是连续的。除非连续的动作和状态产生离散化，否则需要机器学习来近似状态、动作和它们的值之间的函数关系。它们还需要泛化，因为在训练过程中，机器人只经历了潜在无限数量的状态和动作中的一个子集。

解决复杂的决策问题通常需要一个能隔离关键方面的简化模型。图 22.1 为强化学习系统的组成部分，突出了**强化学习问题的显著特征**。这些通常包括以下内容：

- 机器人对环境状态的观测。
- 机器人可用的一组动作。
- 机器人决策管理策略。

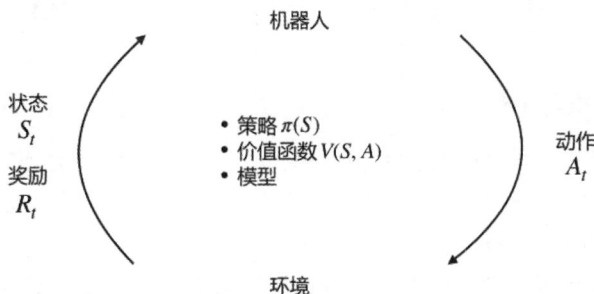

图 22.1 强化学习系统的组成部分

此外，当机器人的动作导致其过渡到一个新状态时，环境会发出一个**奖励信号**（可能是负面的）。在其核心组成部分，机器人通常学习一个价值函数，该函数通知其对可用动作的判断。机器人的目标函数对奖励信号进行处理，并将价值判断转化为最优策略。

1. 策略——将状态转变为动作

在任何时间点，策略定义机器人的动作。它将机器人可能遇到的任何状态映射为一个或多个动作。在一个状态和动作数量有限的环境中，策略可以是在训练期间填写的简单查找表。

2. 奖励——从动作中学习

奖励是环境在每个时间步向机器人发送的单个值。机器人的目标通常是随着时间的推移使总奖励最大化。奖励也可以是状态和动作的随机函数。它们通常被贴现以促进收敛，并反映价值的时间衰减。

奖励是机器人在给定状态下了解其决策的价值并相应地修改策略的唯一途径。由于奖励对机器人的学习具有重要的影响，因此它通常是强化学习系统设计中最具挑战性的部分。

奖励需要清楚地传达机器人应该完成什么（而不是如何完成），并且可能需要领域知识来正确地编码这些信息。例如，开发一个机器人可能需要定义购买、持有和卖出决策的奖励。这些可能仅限于利润和损失，但也可能需要包括波动性和风险考虑，如提款。

3．价值函数——长期最佳选择

奖励提供即时的动作反馈。然而，解决强化学习问题需要在很长一段时间内创造价值的决策，这就是价值函数的作用所在：它根据状态或特定状态中的动作的长期收益来总结状态或动作的效用。

换句话说，一个状态的值是机器人在未来开始该状态时期望获得的总奖励。一个很好的机器人的即时奖励可能是未来奖励，但机器人也需要考虑低奖励后可能出现更好的结果（或相反）的情况。

因此，价值评估的目的是预测未来的收益。奖励是关键的输入，作出价值评估的目标是获得更多奖励。然而，强化学习方法对学习准确的值十分关注，这些值能够在有效利用（通常是有限的）经验的同时作出好的决策。

还有一些不依赖于价值函数的强化学习方法，如遗传算法或模拟退火等随机优化方法，它们的目标是通过有效地探索策略空间来找到最优动作。然而，当前对强化学习的兴趣主要是由直接或间接估计状态和动作价值的方法驱动的。

策略梯度法是一种新的发展，它依赖于一种参数化的、可微的策略，这种策略可以使用梯度下降法直接针对目标进行优化（Sutton 等人，2000）。请参阅 GitHub 上的参考资料，其中包括超出本章范围的关键论文和算法的摘要。

4．有模型方法或无模型方法

基于模型的强化学习方法学习环境模型，允许代理通过预测其动作的结果提前计划。例如，这种模型可以用于基于当前状态和动作预测下一个状态和奖励。这是规划的基础，即通过在实现之前考虑可能发生的情况来决定最佳的行动策略。

相比之下，更简单的**无模型方法**则是从反复试验中学习。现代强化学习方法涵盖了从低级的试错法到高级的深思熟虑的计划，正确的方法更多地取决于环境的复杂性和可学习性。

22.2　解决强化学习问题

强化学习方法旨在从经验中学习如何采取动作来实现长期目标。为此，机器人和环境通过前文所述的动作、状态观测和奖励界面，在一系列离散的时间步骤中进行交互。

22.1.1　解决强化学习问题时的关键挑战

解决强化学习问题时需要解决两个独特的挑战：信用分配问题和探索－开发权衡。

1．信用分配问题

在强化学习中，奖励信号出现的时间比导致结果的动作要晚得多，这使得动作与结果的联系更加复杂。例如，当一个机器人持有 100 个不同的头寸并反复交易时，如果它只知道投资组合的收益，它如何意识到某些头寸的表现比其他头寸要好得多呢？

信用分配问题是，尽管存在这些延迟，但在给定状态下能够准确估计动作的收益和成本的挑战。强化学习算法需要找到一种方法，在可能涉及产生它的许多决策中分配正面和负面结果的功劳。

2. 探索 - 开发权衡

强化学习的动态性和交互性意味着，在经历所有相关轨迹之前，代理需要估计状态和动作的值。尽管它能够在任何阶段选择一个动作，但这些决策都是基于不完整的学习，并生成机器人对其动作的最佳选择的第一个洞见。

对动作价值的部分可见性创造了只利用过去成功的经验而不是探索未知领域的决策风险。这样的选择限制了机器人的风险敞口，并阻止其学习最优策略。

强化学习算法需要权衡这种探索 - 开发问题，太少的探索可能会产生有偏差的价值估计和次优策略，而太少的开发则会阻碍学习的发生。

22.2.2 解决强化学习问题的基本方法

有许多方法可以解决强化学习问题，所有这些都涉及为机器人的最优动作寻找规则，具体如下：

- 动态规划（DP）：此方法对环境的完整知识作出通常不切实际的假设，但它们是大多数其他方法的概念基础。
- 蒙特卡罗（MC）：此方法通过对整个状态 - 动作 - 奖励序列进行采样来了解环境以及不同决策的成本和收益。
- 时间差异（TD）：此方法通过从较短的序列中学习，显著提高了样本效率。为此目的，它依赖自举，自举的定义是根据其自己的先前估计来改进其估计。

当一个强化学习问题包含明确定义的转移概率和有限数量的状态与动作时，它可以被定义为有限**马尔可夫决策过程（MDP）**，而马尔可夫决策过程可以计算一个精确的解。目前大多数强化学习理论关注的是有限马尔可夫决策过程，但实际应用是用于（并且需要）更一般的设置。未知的转移概率需要有效的采样来了解它们的分布。

连续状态和动作空间的方法通常利用**机器学习**来近似一个值或策略函数。它们整合了监督学习，特别是前面 4 章中讨论的深度学习方法。然而，这些方法在强化学习环境中面临着不同的挑战，具体如下：

- 奖励信号不像标记的训练样本那样直接反映目标概念。
- 观测的分布取决于代理的动作和策略，策略本身就是学习过程的主题。

接下来将介绍并演示各种解决方法。我们将从动态规划方法的值迭代和策略迭代开始，这是有限的马尔可夫决策过程和已知的转移概率。正如我们将在第 22.3 节中介绍的，它们是 Q 学习的基础，Q 学习是基于时间差异学习的，不需要关于转移概率的信息。它的目标是获得与动态规划相似的结果，但需要较少的计算，并且没有假设一个完美的环境模型。最后，我们将把范围扩展到连续状态，并引入深度 Q 学习。

22.3 动态规划问题求解

有限马尔可夫决策过程是一个简单而基本的框架。我们将介绍机器人旨在优化的奖励轨迹，定义用于表述优化问题的策略和价值函数，以及构成解决方法基础的贝尔曼方程组。

22.3.1 有限马尔可夫决策问题

马尔可夫决策过程将主体 - 环境交互定义为一个序列决策问题，该问题在一系列时间步长 $t = 1, \cdots, T$ 上构成一个事件。假设时间步长是离散的，但框架可以扩展到连续时间。

马尔可夫决策过程提供的抽象使其应用程序易于适应许多上下文。时间步长可以是任意间隔的，动作和状态可以采用任何可以用数字表示的形式。

马尔可夫属性意味着当前状态完全描述了进程，即进程没有内存。当试图预测过程的未来时，来自过去状态的信息没有任何价值。由于这些特性，该框架已被用于根据第 5 章中介绍的有效市场假设的对模型资产价格进行建模的过程中。

1. 状态、动作和奖励的序列

马尔可夫决策过程以以下方式进行：在每个时间步 t 中，代理观测环境的状态 $S_t \in S$ 并选择一个动作 $A_t \in A$，其中 S 和 A 分别是状态和动作的集合。在下一个时间步 $t+1$ 中，代理接收奖励 S_{t+1}。随着时间的推移，马尔可夫决策过程会产生一个轨迹 $S_0, A_0, R_1, S_1, A_1, R_1, \cdots$，一直持续到机器人到达一个终端状态，事件结束。

有限马尔可夫决策过程与有限数量的动作 A、状态 S 和奖励 R 包含了这些元素的离散概率分布。由于马尔可夫性质，这些分布只依赖于之前的状态和动作。

轨迹的概率性质意味着代理最大化了未来收益的期望值。此外，奖励通常使用系数 $0 \leqslant \gamma \leqslant 1$ 以反映它们的时间价值。对于非间歇性但无限期持续的任务，需要一个严格小于 1 的折扣因子，以避免产生无限收益并确保收敛。因此，机器人最大化折现的预期未来收益总额 R_t，表示为 G_t，公式如下：

$$G_t = \mathbf{E}[R_{t+1} + \gamma R_{t+2} + \gamma^2 R_{t+3} + \cdots] = \sum_{s=0}^{T} \gamma^s \mathbf{E}[R_{t+s}]$$

这个关系也可以递归定义，因为从第二步开始的和与 G_{t+1} 折现一次相同，公式如下：

$$G_t = R_{t+1} + \gamma G_{t+1}$$

稍后我们将看到，这种类型的递归关系经常用于制定强化学习算法。

2. 价值函数——如何估计长期收益

如前所述，策略 π 将所有状态映射到动作的概率分布，以便在状态 S_t 中选择动作 A_t 的概率可以表示为 $\pi(a|s) = P(A_t = a | S_t = s)$。值函数估计每个状态或状态 - 动作对的长期返回。最基本的是找到状态与动作的最佳映射的策略。

策略 v 的状态值函数 $v_\pi(s)$ 给出了特定状态 s 的长期值 v 作为从 s 开始，然后始终遵循策略 π 的机器

人的预期收益 G。它的定义如下（其中，π 是指机器人遵循策略 π 时的期望值）：

$$v_\pi(s) = \mathbf{E}_\pi[G_t|S_t = s] = \mathbf{E}_\pi\left[\sum_{k=0}^{\infty}\gamma^k R_{t+k+1}\Big|S_t = s\right]$$

相似地，我们可以计算**状态-价值函数** $q(s,a)$ 作为从状态 s 开始，采取行动，然后始终遵循策略 π 的回报，公式如下：

$$q_\pi(s,a) = \mathbf{E}_\pi[G_t|S_t = s, A_t = a] = \mathbf{E}_\pi\left[\sum_{k=0}^{\infty}\gamma^k R_{t+k+1}\Big|S_t = s, A_t = a\right]$$

3. 贝尔曼方程组

贝尔曼方程组定义了在策略 π 的情况下，S 中的所有状态 s 的值函数和它们的任何后继状态 s 的值函数之间的递归关系。它们通过将价值函数分解为即时收益和下一个状态的贴现价值来做到这一点，公式如下：

$$v_\pi(s) = \mathbf{E}\left[G_t|S_t = s\right]$$
$$= \mathbf{E}\Big[\underbrace{R_{t+1}}_{\text{即时收益}} + \underbrace{\gamma v(S_{t+1})}_{\text{贴现价值}}\Big]$$
$$= \sum_a \pi(a|s)\sum_{s'}\sum_r p(s',r|s,a)[r + \gamma v_\pi(s')]\ \ \forall_s$$

这个公式表示，对于给定的策略，一个状态的价值必须等于该策略下其后继状态的预期值，加上到达该后继状态所获得的预期奖励。

这意味着，如果我们知道当前可用操作的后续状态的值，我们可以向前一步，计算当前状态的期望值。由于它适用于所有状态 S，该表达式定义了一组 $n = |S|$ 方程。一个类似的关系适用于 $q(s,a)$。

图 22.2 总结了这种递归关系：在当前状态下，机器人基于策略 π 选择动作 a。环境的反应根据产生的新状态 s' 分配奖励。

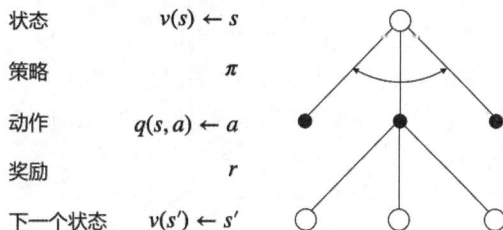

图 22.2　用贝尔曼方程组表示的递归关系

4. 从一个价值函数到一个最优策略

强化学习问题的解决方案是优化累积奖励的策略。策略和价值函数紧密相连，最优策略对每个状态 $v_\pi(s)$ 或状态-动作对 $q_\pi(s,a)$ 产生的价值估计至少与任何其他策略一样高，因为该值是给定策略下的累积奖励。因此，最优价值函数 $v^*(s) = \max_\pi v_\pi(s)$ 和 $q^*(s,a) = \max_\pi q_\pi(s,a)$ 可以隐式定义最优策略和解决马尔可夫决策过程。

最优价值函数 v^* 和 q^* 也满足贝尔曼方程组。这些贝尔曼最优方程可以省略对策略的显式引用，因为

这是由 v^* 和 q^* 所暗示的。对于 $v^*(s)$，递归关系将当前值等同于在当前状态中选择最佳动作所获得的即时收益之和，以及后续状态的预期贴现值，公式如下：

$$v^*(s) = \max_a q^*(s,a) = \max_a R_t + \gamma \sum_{s'} p(s'|s,a) v^*(s')$$

对于最优状态 - 动作价值函数 $q^*(s,a)$，贝尔曼最优性方程将当前状态 - 动作价值分解为隐含当前动作的奖励和所有后继状态下最优动作的贴现期望值之和，公式如下：

$$q^*(s) = R_t + \gamma \sum_{s'} p(s'|s,a) v^*(s') = R_t + \gamma \sum_{s'} p(s'|s,a) \max_a q^*(s,a)$$

最优性条件表明，最优策略总是以贪婪的方式选择使期望值最大化的动作，即只考虑单个时间步长的结果。

由于最大算子的存在，前两个表达式定义的最优性条件是非线性的，且缺乏一个解析解。相反，马尔可夫决策过程解决方案依赖于迭代解决方案（如策略迭代、价值迭代或 Q 学习）。

22.3.2　策略迭代

动态规划是一种解决问题的通用方法，这些问题可以被分解成更小的、重叠的子问题，并具有允许中间结果重用的递归结构。由于递归贝尔曼最优方程和值函数的累积性质，马尔可夫决策过程符合这一要求。更具体地说，最优原则是适用的，因为最优策略包括选择最优动作，然后遵循**最优策略**。

动态规划需要马尔可夫决策过程的转移概率的知识。通常情况下并非如此，但许多用于更一般情况的方法遵循类似于动态规划的方法，并从数据中获取缺失的信息。

动态规划对于估计价值函数的**预测任务**和关注最优决策并输出策略的控制任务是有用的（同时也在过程中估计价值函数）。

寻找最优策略的策略迭代算法重复以下两个步骤，直到策略收敛，即变化不再超过给定阈值。

（1）策略评估：根据当前策略更新价值函数。

（2）策略改进：更新策略，使动作最大化预期的 one-step 值。

策略评估依赖于贝尔曼方程组来估计价值函数。更具体地说，它选择由当前策略决定的动作，并计算结果奖励，以及下一个状态的贴现值，以更新当前状态的值。

反过来，策略改进会改变策略，以便对于每个状态，策略会产生在下一个状态中产生最高值的动作。这种改进被称为"贪婪"，因为它只考虑单个时间步的返回。策略迭代总是收敛到一个最优策略，并且经常在相对较少的迭代中完成。

22.3.3　价值迭代

策略迭代要求在每次迭代后对所有状态的策略进行评估。如前所述，对于基于搜索树的策略，评估的代价可能很高。价值迭代简化了策略评估和改进步骤的过程。在每个时间步中，它遍历所有状态，并根据下一个状态的当前估计价值选择最佳贪婪操作。然后，它使用贝尔曼最优方程隐含的 one-step 前瞻性来更新当前状态的价值函数。

价值函数 $v_{k+1}(s)$ 对应的更新规则几乎与策略评估更新相同，它只是最大化了可用操作，公式如下：

$$v_{k+1}(s) \leftarrow \max_a \sum_{s'} \sum_r p(s',r|s,a)[r + \gamma v_k(s')]$$

当价值函数已经收敛时，算法停止，并输出由其价值函数估计值导出的贪婪策略。它也保证收敛到一个最优策略。

22.3.4 广义策略迭代

在实践中，有几种方法可以截断策略迭代。例如，在改进策略之前评估策略 k 次。这就意味着 max 运算符只会在每 k 次迭代时使用。

大多数强化学习算法估计价值和策略函数，并依靠策略评估和改进的交互作用收敛到一个解决方案，如图 22.3 所示。一般方法是在调整价值函数使其与策略匹配的同时，对价值函数进行改进。

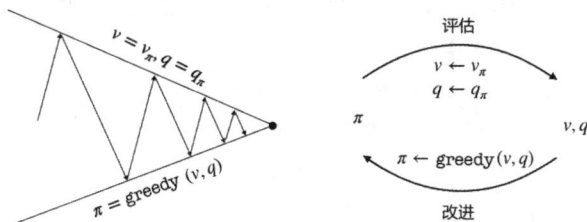

图 22.3　策略评估与改进收敛

收敛要求价值函数与策略保持一致，反过来，该策略需要稳定，同时对价值函数采取贪婪的动作。因此，只有当一个策略对其自身的评价函数是贪婪的时候，这两个进程才稳定下来。这意味着贝尔曼最优方程成立，因此策略和价值函数是最优的。

22.3.5 基于 Python 的动态规划

在本小节中，我们将把策略迭代和价值迭代应用到一个迷你环境中，它由一个 3×4 的网格组成，如图 22.4 所示，其具有以下特性：

- 状态：将 11 个状态表示为二维坐标。其中一个状态是不可访问的，最右边一列中最上面的两个状态是终端，也就是说，它们结束了这一过程。
- 动作：向上、向下、向左或向右一步的动作。环境是随机的，所以动作可能会产生意想不到的结果。对于每个操作，都有 80%的可能性移动到预期状态，10%的可能性移动到相邻方向（如向右或向左移动而不是向上，或者向上或向下移动而不是向右）。
- 奖励：如图 22.4 左侧所示，除了终止状态中的 1 和-1 奖励外，每个状态的结果为-0.02。

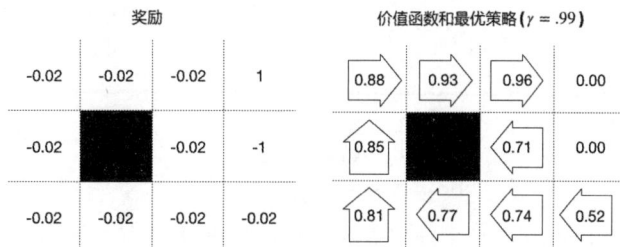

图 22.4　3×4 网格脉络的奖励、价值函数和最优策略

1. 设置网格

（1）从定义环境参数开始，代码如下：

```
grid_size = (3, 4)
blocked_cell = (1, 1)
baseline_reward = -0.02
absorbing_cells = {(0, 3): 1, (1, 3): -1}
actions = ['L', 'U', 'R', 'D']
num_actions = len(actions)
probs = [.1, .8, .1, 0]
```

（2）经常需要在一维表示和二维表示之间进行转换，因此我们将为此定义两个辅助函数：状态为一维，单元格为相应的二维坐标，代码如下：

```
to_1d = lambda x: np.ravel_multi_index(x, grid_size)
to_2d = lambda x: np.unravel_index(x, grid_size)
```

（3）预先计算一些数据点，这样可以使代码更加简洁，代码如下：

```
num_states = np.product(grid_size)
cells = list(np.ndindex(grid_size))
states = list(range(len(cells)))
cell_state = dict(zip(cells, states))
state_cell= dict(zip(states, cells))
absorbing_states = {to_1d(s): r for s, r in absorbing_cells.items()}
blocked_state = to_1d(blocked_cell)
```

（4）存储每个状态奖励，代码如下：

```
state_rewards = np.full(num_states, baseline_reward)
state_rewards[blocked_state] = 0
for state, reward in absorbing_states.items():
    state_rewards[state] = reward

state_rewards
array([-0.02, -0.02, -0.02,  1. , -0.02,  0. , -0.02, -1. , -0.02,
       -0.02, -0.02, -0.02])
```

（5）为了考虑概率环境，我们还需要计算一个给定动作的实际移动的概率分布，代码如下：

```
action_outcomes = {}
for i, action in enumerate(actions):
    probs_ = dict(zip([actions[j % 4] for j in range(i,
                                          num_actions + i)], probs))
    action_outcomes[actions[(i + 1) % 4]] = probs_
Action_outcomes
{'U': {'L': 0.1, 'U': 0.8, 'R': 0.1, 'D': 0},
 'R': {'U': 0.1, 'R': 0.8, 'D': 0.1, 'L': 0},
 'D': {'R': 0.1, 'D': 0.8, 'L': 0.1, 'U': 0},
 'L': {'D': 0.1, 'L': 0.8, 'U': 0.1, 'R': 0}}
```

2. 计算转换矩阵

转换矩阵定义了每一个之前的状态和动作 A 结束到某个状态 S 的概率 $P(s'|s,a)$。我们将演示

pymdptoolbox 并使用一种可用的格式来指定转换和奖励。对于这两个转换概率，我们将创建一个尺寸为 $A×S×S$ 的 NumPy 数组。

（1）计算每个起始单元格的目标单元格并移动，代码如下：

```
def get_new_cell(state, move):
    cell = to_2d(state)
    if actions[move] == 'U':
        return cell[0] - 1, cell[1]
    elif actions[move] == 'D':
        return cell[0] + 1, cell[1]
    elif actions[move] == 'R':
        return cell[0], cell[1] + 1
    elif actions[move] == 'L':
        return cell[0], cell[1] - 1
```

（2）使用参数开始状态、动作和结果来填充转换概率和奖励，代码如下：

```
def update_transitions_and_rewards(state, action, outcome):
    if state in absorbing_states.keys() or state == blocked_state:
        transitions[action, state, state] = 1
    else:
        new_cell = get_new_cell(state, outcome)
        p = action_outcomes[actions[action]][actions[outcome]]
        if new_cell not in cells or new_cell == blocked_cell:
            transitions[action, state, state] += p
            rewards[action, state, state] = baseline_reward
        else:
            new_state= to_1d(new_cell)
            transitions[action, state, new_state] = p
            rewards[action, state, new_state] = state_rewards[new_state]
```

（3）通过创建占位符数据结构并迭代 $A×S×S$ 的笛卡儿积来生成转换和奖励值，代码如下：

```
rewards = np.zeros(shape=(num_actions, num_states, num_states))
transitions = np.zeros((num_actions, num_states, num_states))
actions_ = list(range(num_actions))
for action, outcome, state in product(actions_, actions_, states):
    update_transitions_and_rewards(state, action, outcome)

rewards.shape, transitions.shape
((4,12,12), (4,12,12))
```

3．价值迭代算法实现

（1）创建价值迭代算法，它稍微简单一些，因为它在一个步骤中实现策略评估和改进。我们捕捉需要更新价值函数的状态，排除因缺乏奖励而值为 0 的终端状态（起始状态赋值为 1 或-1），并跳过阻塞的单元格，代码如下：

```
skip_states = list(absorbing_states.keys())+[blocked_state]
states_to_update = [s for s in states if s not in skip_states]
```

（2）初始化价值函数，并设置折现因子和收敛阈值，代码如下：

```
V = np.random.rand(num_states)
V[skip_states] = 0
```

```
gamma = .99
epsilon = 1e-5
```

（3）该算法使用贝尔曼最优方程更新价值函数，如前所述，当 V 的 L1 范数绝对值小于 epsilon 时终止，代码如下：

```
while True:
    V_ = np.copy(V)
    for state in states_to_update:
        q_sa = np.sum(transitions[:, state] * (rewards[:, state] + gamma* V), axis=1)
        V[state] = np.max(q_sa)
    if np.sum(np.fabs(V - V_)) < epsilon:
        break
```

（4）该算法在 16 次迭代和 0.011 7 秒内收敛。它产生以下最优估计值，以及隐含的最优策略，如图 22.4 右侧所示，代码如下：

```
pd.DataFrame(V.reshape(grid_size))
          0         1         2         3
   0.884143  0.925054  0.961986  0.000000
1  0.848181  0.000000  0.714643  0.000000
2  0.808344  0.773327  0.736099  0.516082
```

4．定义和运行策略迭代

（1）策略迭代包括单独的评估和改进步骤。我们通过选择使预期奖励和下一状态价值最大化的动作来定义改进部分。请注意，我们临时填写终端状态的收益，以避免忽略会导致我们到那里的动作，代码如下：

```
def policy_improvement(value, transitions):
    for state, reward in absorbing_states.items():
        value[state] = reward
    return np.argmax(np.sum(transitions * value, 2),0)
```

（2）像以前一样初始化价值函数，还包括一个随机启动策略，代码如下：

```
pi = np.random.choice(list(range(num_actions)), size=num_states)
```

（3）该算法在对贪婪选择的操作的策略评估和策略改进之间交替，直到策略稳定，代码如下：

```
iterations = 0
converged = False
while not converged:
    pi_ = np.copy(pi)
    for state in states_to_update:
        action = policy[state]
        V[state] = np.dot(transitions[action, state],
                                  rewards[action, state] + gamma* V)
        pi = policy_improvement(V.copy(), transitions)
    if np.array_equal(pi_, pi):
        converged = True
    iterations += 1
```

策略迭代只在三次迭代后收敛。策略在算法找到最优价值函数之前稳定下来，而最优策略则略有不同，最显著的是对负终端状态旁边的字段建议"上"而不是更安全的"左"。这可以通过收紧收敛标准来避免。例如，通过要求几个回合的稳定策略或通过为值函数增加一个阈值。

5. 使用 pymdptoolbox 解决马尔可夫决策过程

我们还可以使用 Python 库 pymdptoolbox 来解决马尔可夫决策过程，它包含一些其他算法，包括 Q 学习。

（1）要运行价值迭代，只需在调用.run()方法之前用所需的配置选项、奖励和转换矩阵实例化相应的对象，代码如下：

```
vi = mdp.ValueIteration(transitions=transitions,
                        reward=rewards,
                        discount=gamma,
                        epsilon=epsilon)
vi.run()
```

（2）价值函数估计与之前的结果相匹配，代码如下：

```
np.allclose(V.reshape(grid_size), np.asarray(vi.V).reshape(grid_size))
```

（3）策略迭代的工作机理类似，代码如下：

```
pi = mdp.PolicyIteration(transitions=transitions,
                         reward=rewards,
                         discount=gamma,
                         max_iter=1000)
pi.run()
```

它也产生相同的策略，但价值函数随运行而变化，并且在策略收敛前不需要达到最优值。

6. 经验教训

我们在图 22.4 中看到图的右侧展示了由价值迭代产生的最优值估计和相应的贪婪策略。负收益加上环境中的不确定性，产生了一种远离负终端状态的最优策略。

结果对奖励和折现因子都很敏感。消极状态的代价会影响周边字段中的策略，我们应该修改相应笔记中的示例，以识别改变最优动作选择的阈值水平。

22.4 Q 学习——寻找最优策略"在路上"

Q 学习是早期强化学习的突破，由 Christopher J. C. H. Watkins 于 1989 年在他的博士论文中提出。它介绍了增量动态规划来学习控制一个马尔可夫决策过程，而不知道或建模我们在 22.3 节中用于策略迭代和价值迭代的转换与奖励矩阵。3 年后又出现了收敛证明。

Q 学习直接优化动作 - 价值函数 q 来近似 q^*。学习是"脱离策略"进行的，也就是说，算法不需要仅根据价值函数所隐含的策略来选择操作。然而，收敛要求在整个训练过程中不断更新所有的状态 - 动作对，而确保这一点的一个简单方法是 ε - 贪婪策略。

22.4.1　探索与开发——ε-贪婪策略

ε-贪婪策略是一种简单的策略，它可以确保在给定状态下探索新的动作，同时也可以很好地利用学习经验，它通过随机选择动作来做到这一点。ε-贪婪策略一般以ε的概率随机选择一个动作，有时也会根据价值函数选择最优动作。

22.4.2　Q学习算法

该算法对给定集数的随机初始化后的状态-动作价值函数不断改进。在每个时间步中，它根据ε-贪婪策略选择一个动作，并使用学习速率α更新价值函数，公式如下：

$$Q(S_t, A_t) \leftarrow Q(S_t, A_t) + \alpha \underbrace{\left[\underbrace{R_t + \gamma \max_a Q(S_{t+1}, a)}_{\text{TD目标}} - \underbrace{Q(S_t, A_t)}_{\text{当前}Q\text{值}} \right]}_{\text{时域差分}}$$

注意，该算法并不基于转移概率计算期望值。相反，它从ε-贪婪策略产生的收益R_t及其对下一个状态的贴现价值函数的当前估计中学习Q函数。

利用估计价值函数来改进这种估计值叫作自举。Q学习算法是**时域差分（TD）学习算法**的一部分。时域差分学习不会等到收到最后的奖励。相反，它会使用更接近最终奖励的中间状态值来更新估计值。在这种情况下，中间状态提前了一个时间步。

22.4.3　使用Python训练Q学习机器人

在本小节中，我们将演示如何使用22.3节中的3×4状态网格构建Q学习机器人。

（1）训练机器人2500次，学习速率为$\alpha = 0.1$和$\varepsilon = 0.05$，学习ε-贪婪策略（细节请参阅笔记gridworld_q_learning.ipynb），代码如下：

```
max_episodes = 2500
alpha = .1
epsilon = .05
```

（2）随机初始化状态-动作价值函数为一个NumPy数组，其维度为状态数×动作数，代码如下：

```
Q = np.random.rand(num_states, num_actions)
Q[skip_states] = 0
```

（3）算法生成2500次，从随机位置开始，按照ε-贪婪策略进行，直到终止，并根据Q学习规则更新价值函数，代码如下：

```
for episode in range(max_episodes):
    state = np.random.choice([s for s in states if s not in skip_states])
    while not state in absorbing_states.keys():
        if np.random.rand() < epsilon:
            action = np.random.choice(num_actions)
        else:
            action = np.argmax(Q[state])
```

```
next_state = np.random.choice(states, p=transitions[action, state])
reward = rewards[action, state, next_state]
Q[state, action] += alpha * (reward +
                    gamma * np.max(Q[next_state])-Q[state, action])
state = next_state
```

这一次花了 0.6 秒，收敛到一个价值函数，非常接近 22.3 节中的价值迭代示例的结果。pymdptoolbox 实现的工作机理类似于前面的示例（有关详细信息，请参阅笔记）。

22.5　基于 OpenAI Gym 的深度强化学习交易应用

在 22.4 节中，我们看到了 Q 学习如何让我们在基于贝尔曼方程组的离散状态和离散动作的环境中使用迭代更新学习最优状态﹣动作价值函数 q^*。

在本节中，我们将把强化学习演示得更接近真实世界，并将算法升级到连续状态（同时保持动作离散）。这意味着我们不能再简单地使用状态动作值填充数组的表格解决方案。相反，我们将看到如何使用神经网络（NN）近似 q^*，这导致一个深度 Q 网络。我们将首先介绍深度学习如何与强化学习集成，然后介绍深度 Q 学习算法，以及加速其收敛并使其更鲁棒的各种改进。

连续状态还意味着更复杂的环境。我们将演示如何使用OpenAI Gym——一个用于设计和比较强化学习算法的工具包。首先，我们将通过训练深度Q学习机器人来说明工作流程，以在月球着陆器环境中导航玩具飞船。然后，我们将继续定制OpenAI Gym来设计一个模拟交易的环境，在那里，机器人可以在与市场竞争的同时买卖股票。

22.5.1　神经网络价值函数逼近

连续的状态和动作空间意味着无限数量的转换，这使得无法将状态﹣动作价值制成表格。相反，我们通过从训练样本中学习连续的参数化映射来近似 Q 函数。

由于神经网络在其他领域的成功，深度神经网络在价值函数逼近方面也很流行。然而，在强化学习环境中，使用（可能是随机的）策略通过模型与环境的交互来生成数据的机器学习面临着不同的挑战，具体如下：

- 如果是连续状态，机器人将无法访问大多数状态，因此需要泛化。
- 虽然监督学习的目的是从具有代表性和正确标记的独立与同分布的样本中进行归纳，但在强化学习环境中，每个时间步只有一个样本，所以学习需要在线进行。
- 当连续状态相似，并且状态和动作的行为分布不是平稳的，而是随着机器人的学习发生变化时，样本可以高度相关。

我们将研究几种已经开发出来的技术来解决这些额外的挑战。

22.5.2　深度 Q 学习算法及其扩展

深度 Q 学习算法利用深度神经网络估计给定状态下可用动作的价值。DeepMind 在使用深度强化学习（Mnih 等人，2013）玩雅达利游戏时引入了这一技术，机器人仅仅通过像素输入学习玩游戏。

深度 Q 学习算法通过学习将状态映射到动作的多层**深度 Q 网络（DQN）**的一组权重 θ 来近似动作价值函数 q，从而使 $q(s,a,\theta) \approx q^*(s,a)$。

深度 Q 学习算法基于损失函数应用梯度下降，该损失函数计算深度 Q 网络对目标的估计之间的平方差，公式如下：

$$y_i = \mathbb{E}\left[r + \gamma \max_{a'} Q(s', a'; \theta_{i-1} \,|\, s, a) \right]$$

并对当前状态-动作对 $q(s,a,\theta)$ 的动作价值进行估计以学习网络参数，公式如下：

$$L_i(\theta_i) = \left(\underbrace{\underbrace{y_i}_{\text{Q目标}} - \underbrace{Q(s,a;\theta)}_{\text{当前估计}}}_{\text{TD误差}} \right)^2$$

目标和当前估计都依赖于深度 Q 网络权重，这与监督学习的区别在于，在监督学习中，目标在训练前是固定的。

Q 学习算法不是计算完整的梯度，而是使用**随机梯度下降**，并在每个时间步 i 后更新权重 θ_i。为了探索状态-动作空间，机器人使用 ε-贪婪策略，即选择概率为 ε 的随机动作，否则遵循贪婪策略，即选择预测 q 值最高的动作。

基本的深度 Q 网络体系结构在几个方面进行了细化，使学习过程更加高效，并改善最终结果。Hessel 等人于 2017 年在 **Rainbow 代理**中结合了这些创新，并演示了每种创新如何在 Atari 基准测试中显著提高性能。

1.（优先）经验回放——专注于过去的错误

经验回放存储了机器人所经历的状态、动作、奖励和下一个状态转换的历史。在机器人选择一个 ε-贪婪动作之前，随机抽取小批量样本，在每个时间步更新网络权重。

经验回放提高了样本效率，降低了在线学习过程中收集的样本的自相关性，并由于当前的权重产生的训练样本可能导致局部最小或发散而限制了反馈（Lin 和 Mitchell，1992）。

这种技术后来被改进为优先考虑从学习的角度来看更重要的经验。2015 年，Schaul 等人通过时间差异误差的大小来估算过渡值，该误差捕获了该事件对机器人来说有多"令人惊讶"。在实践中，它使用相关的时间差异误差而不是统一概率对历史状态转换进行采样。

2. 目标网络——去相关学习过程

为了进一步削弱当前网络参数对神经网络权重更新的反馈环路，DeepMind 通过深度强化学习对算法进行了扩展，以使用一个缓慢变化的目标网络。

目标网络与 Q 网络具有相同的架构，但其权重 θ^- 只有在 τ 步后才会进行周期性更新，否则保持不变。目标网络生成时间差异目标预测，即代替 Q 网络进行估计，公式如下：

$$y_i = \mathbb{E}\left[r + \gamma \max_{a'} Q(s', a'; \theta^- \,|\, s, a) \right]$$

3. 双重深度 Q 学习——解耦动作与预测

Q 学习已经被证明高估了动作价值，因为它有目的地采样最大估计动作价值。

如果不统一应用并改变动作偏好，这种偏差会对学习过程和最终的策略产生负面影响，如使用了深度强化学习的双重 Q 学习（van Hasselt、Guez 和 Silver，2015）算法（DDQN）所示。

为了将动作价值的估计与动作的选择解耦，双重深度 Q 学习算法使用一个网络的权重 θ 在给定下一个状态时选择最佳动作，以及使用另一个网络的权重 θ' 提供相应的动作价值估计，公式如下：

$$y_i = \mathbb{E}\left[r + \gamma Q\left(s', \arg\max_{a'} Q(S_{t+1}, a, \theta_t); \theta'_t\right)\right]$$

一种选择是在每次迭代时从两个相同的网络中随机选择一个进行训练，这样它们的权重就会不同。一个更有效的替代方法是依赖目标网络来提供 θ'。

4. OpenAI Gym 简介

OpenAI Gym 是一个强化学习平台，提供了使用 Python 测试和基准测试强化学习算法的标准化环境，还可以扩展平台并注册自定义环境。

月球着陆器 v2（LL）环境要求机器人基于离散的动作空间以及包括位置、方向和速度在内的低维状态观测来控制其二维运动。在每个时间步中，环境提供了对新状态的观测，以及积极或消极的奖励。每一集包含 1000 个时间步。图 22.5 显示了我们稍后将训练的机器人在 250 个时间步之后成功着陆的选定帧。

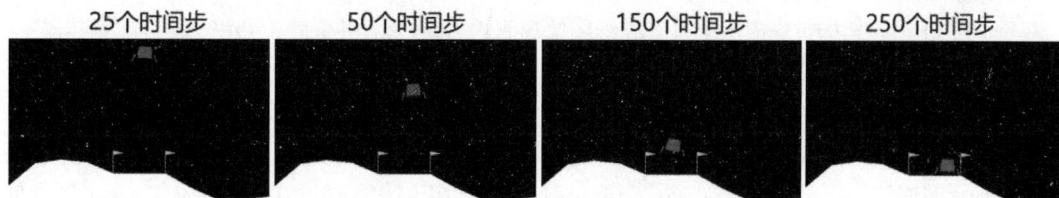

图 22.5　强化学习在"登陆月球"事件中的动作

更具体地说，**机器人观测状态的八个方面**，包括六个连续的和两个离散的要素。根据观测到的元素，机器人知道它的位置、方向和移动速度，以及它是否（部分）着陆。然而，它不知道自己应该朝哪个方向运动，也无法观测到环境的内部状态，从而了解支配自己运动的规则。

在每个时间步中，机器人使用**四个离散动作**中的一个来控制它的运动。它什么也不能做（并继续其当前的路径），点燃它的主引擎（以减少向下运动），向左或向右使用各自的方向引擎，而且没有燃料限制。

目标是在坐标(0,0)处着陆平台上的两个旗帜之间将机器人着陆，但在着陆平台外着陆也是可能的。根据准确的着陆点，机器人向发射台移动将获得 100～140 的奖励。然而，远离目标会抵消机器人通过向发射台移动而获得的奖励。每条腿接触地面增加 10 点，而使用主引擎消耗–0.3 点。

如果机器人着陆或崩溃，一个情节就会终止，分别加减 100 分或 1000 个时间步。解决月球着陆器 v2 需要在连续 100 个回合中获得至少 200 次的累计奖励。

22.5.3　使用 TensorFlow 2 实现双重深度 Q 学习

笔记 03_lunar_lander_deep_q_learning 使用 TensorFlow 2 实现了 DDQN 机器人，该机器人学习解决 OpenAI Gym 的月球着陆器 v2（LL）环境。笔记 03_lunar_lander_deep_q_learning 包含了 TensorFlow 1 的

实现，运行速度快得多，因为它不依赖于快速执行，而且收敛得更快。本小节重点介绍实现的关键元素，更多详细信息请参阅笔记。

1. 创建双重深度 Q 学习机器人

我们将双重深度 Q 学习机器人创建为一个 Python 类，以便将学习和执行逻辑与关键配置参数和性能跟踪集成在一起。机器人的 __init__()方法接收以下信息作为参数：

- 环境特征，如状态观测的维数和代理可用的操作数。
- 对 ε-贪婪策略随机探索的衰减。
- 用于训练和目标网络更新的神经网络架构与参数，代码如下：

```
class DDQNAgent:
    def __init__(self, state_dim, num_actions, gamma,
                 epsilon_start, epsilon_end, epsilon_decay_steps,
                 epsilon_exp_decay,replay_capacity, learning_rate,
                 architecture, l2_reg, tau, batch_size,
                 log_dir='results'):
```

2. 将双重深度 Q 学习架构应用于月球着陆器

双重深度 Q 学习架构首先应用于具有高维图像观测的 Atari 域，并依赖于卷积层。月球着陆器 v2 的低维状态表示使全连接层成为更好的选择。

更具体地说，网络将 8 个输入映射到 4 个输出，表示每个动作的 q 值，这样它只需要一次向前传递就可以计算动作价值。深度 Q 网络使用 Adam 优化器对前面的损失函数进行训练。机器人的深度 Q 网络使用了三个紧密连接的层，每个层有 256 个单元和 L2 活动正则化。通过 TensorFlow Docker 图像使用 GPU 可以显著提高神经网络的训练性能。

DDQNAgent 类的 build_model()方法基于体系结构参数创建主要的在线和缓慢移动的目标网络，体系结构参数指定层的数量及其单元的数量。

我们将主要在线网络的 trainable 设为 True，目标网络的 trainable 设为 False。这是因为我们只是周期性地复制在线的神经网络权重来更新目标网络，代码如下：

```
def build_model(self, trainable=True):
    layers = []
    for i, units in enumerate(self.architecture, 1):
    layers.append(Dense(units=units,
                        input_dim=self.state_dim if i == 1 else None,
                        activation='relu',
                        kernel_regularizer=l2(self.l2_reg),
                        trainable=trainable))
    layers.append(Dense(units=self.num_actions,
                        trainable=trainable))
    model = Sequential(layers)
    model.compile(loss='mean_squared_error',
                  optimizer=Adam(lr=self.learning_rate))
    return model
```

为了实现经验回放，机器人会记忆每个状态转换，以便在训练期间随机采样一个小批次。memorize_transition()方法接收对环境提供的当前和下一个状态的观测，以及机器人的动作、奖励和指示事件是否完成的标志。

它追踪每一个情节的奖励历史和时长，在每个周期结束时应用指数衰减，并将状态转换信息存储在缓冲区中，代码如下：

```python
def memorize_transition(self, s, a, r, s_prime, not_done):
    if not_done:
        self.episode_reward += r
        self.episode_length += 1
    else:
        self.episodes += 1
        self.rewards_history.append(self.episode_reward)
        self.steps_per_episode.append(self.episode_length)
        self.episode_reward, self.episode_length = 0, 0

    self.experience.append((s, a, r, s_prime, not_done))
```

一旦有足够的样本来创建一个完整的批次，记忆中的经验就开始回放。experience_replay()方法预测使用在线网络的下一个状态的 q 值，并选择最佳动作。然后，它从目标网络中为这些动作选择预测的 q 值，以到达时间差异目标。

接下来，以单批当前状态观测数据为输入，以时间差异目标为结果，以均方误差为损失函数对一次网络进行训练。最后，每隔 τ 步更新目标网络权重，代码如下：

```python
def experience_replay(self):
    if self.batch_size > len(self.experience):
        return
    # 根据经验对小批量样本进行取样
    minibatch = map(np.array, zip(*sample(self.experience,
                                           self.batch_size)))
    states, actions, rewards, next_states, not_done = minibatch

    # 预测下一个 q 值以选择最佳动作
    next_q_values = self.online_network.predict_on_batch(next_states)
    best_actions = tf.argmax(next_q_values, axis=1)

    # 预测 TD 目标
    next_q_values_target = self.target_network.predict_on_batch(
        next_states)
    target_q_values = tf.gather_nd(next_q_values_target,
                                   tf.stack((self.idx, tf.cast(
                                   best_actions, tf.int32)), axis=1))
    targets = rewards + not_done * self.gamma * target_q_values

    # 预测 q 值
    q_values = self.online_network.predict_on_batch(states)
    q_values[[self.idx, actions]] = targets
```

```
# 训练模型
loss = self.online_network.train_on_batch(x=states, y=q_values)
self.losses.append(loss)

if self.total_steps % self.tau == 0:
    self.update_target()

def update_target(self):
    self.target_network.set_weights(self.online_network.get_weights())
```

笔记中包含了 ε - 贪婪策略和目标网络权重更新的附加实现细节。

4. 设置 OpenAI 环境

我们将首先实例化并从月球着陆器 v2 环境中提取关键参数，代码如下：

```
env = gym.make('LunarLander-v2')
state_dim = env.observation_space.shape[0]        # 状态维数
num_actions = env.action_space.n                  # 动作数量
max_episode_steps = env.spec.max_episode_steps    # 每个 episode 的最大时间步
env.seed(42)
```

我们还将使用内置的包装器，允许定期存储显示机器人性能的视频，代码如下：

```
from gym import wrappers
env = wrappers.Monitor(env,
                       directory=monitor_path.as_posix(),
                       video_callable=lambda count:  count % video_freq == 0,
                       force=True)
```

在没有显示的服务器或 Docker 容器上运行时，可以使用 pyvirtualdisplay。

5. 关键超参数的选择

机器人的性能对几个超参数相当敏感。我们将从折现因子和学习率开始，代码如下：

```
gamma=.99,              # 折现因子
learning_rate=1e-4      # 学习率
```

我们将每 100 个时间步更新目标网络，在重放内存中存储多达 100 万个过去的情节，并从内存中采样 1024 个小批次来训练机器人，代码如下：

```
tau=100                 # 目标网络更新频率
replay_capacity=int(1e6)
batch_size = 1024
```

ε - 贪婪策略始于 $\varepsilon=1$ 的纯探索，250 个情节后线性衰减至 0.01，之后呈指数衰减，代码如下：

```
epsilon_start=1.0
epsilon_end=0.01
epsilon_linear_steps=250
epsilon_exp_decay=0.99
```

笔记包含训练循环，包括经验回放、随机梯度下降和缓慢的目标网络更新。

6. 月球着陆器学习性能

上述超参数设置使机器人能够使用 TensorFlow 1 实现在大约 300 个情节内解决环境问题。

图 22.6 的左侧图显示了 100 个时期的情节奖励和它们的移动平均值；右侧图显示了探索的衰减和每个情节的时间步。游戏中有大约 100 个情节，每一段通常需要 1000 个时间步，而机器人在开始着陆前会减少探索并"学习如何飞行"。

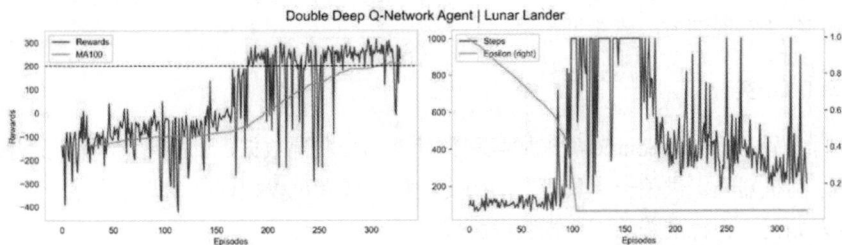

图 22.6　双重深度 Q 学习机器人在月球着陆器环境中的性能

22.5.4　创建一个简单的交易机器人

在本小节和接下来的几个小节中，我们将采用深度强化学习方法来设计一个学习如何交易单一资产的机器人。为了训练机器人，我们将建立一个具有有限动作集的简单环境，一个具有连续观测的相对低维状态，以及其他参数。

更具体地说，该环境使用随机开始日期来模拟默认包含 252 天或 1 年的交易周期，为单个股票代码采样股票价格时间序列。每个状态观测都为机器人提供了各种滞后和一些技术指标，如**相对强弱指数（RSI）**的历史收益。

机器人可以从以下三个操作中进行选择。

● 买入：将所有资金投资于股票的多头头寸。

● 平仓：只持有现金。

● 卖空：持有与资本金额相等的空头头寸。

环境账户的**交易成本**默认为 10 个基点，扣除一个基点的周期则没有交易。机器人的**报酬**是每日收益减去交易成本。

环境跟踪机器人的投资组合（包括一只股票）的**资产净值（NAV）**，并将其与市场投资组合进行比较，市场投资组合的交易无摩擦，从而提高机器人的操作门槛。

某一阶段的起始资产净值为 1，规则如下：

● 如果资产净值降至 0，则该情节将以亏损告终。

● 如果资产净值达到 2.0，机器人获胜。

这种设置限制了复杂性，因为它专注于单只股票，并从头寸调整中抽象出来，以避免需要连续操作或大量离散操作，以及更复杂的簿记。但是，演示如何定制环境并允许扩展是很有用的。

22.5.5　自定义 OpenAI 交易环境设计

要建立一个学习如何交易的机器人，我们需要创造一个市场环境，提供价格和其他信息，提供相关的动作，并跟踪投资组合，以相应地奖励机器人。

OpenAI Gym 允许设计、注册和使用符合其体系结构的环境。笔记 trading_env.py 包含以下代码示例，这些代码示例说明了整个过程，除非另有说明。

交易环境包括三个类，它们相互作用以促进机器人的活动。DataSource 类加载一个时间序列，生成一些特性，并在每个时间步向机器人提供最新的观测结果；TradingSimulator 跟踪头寸、交易、成本和性能，它还执行并记录购买 - 持有基准策略的结果；TradingEnvironment 本身协调这个过程。我们将依次简要描述每个类，有关实现细节，请参见笔记。

1. DataSource 类

首先，我们编写一个 DataSource 类来加载和预处理历史股票数据，以创建用于状态观测和奖励的信息。在本例中，向机器人提供关于单只股票的历史数据，或者可以把许多股票组合成一个时间序列。例如，训练机器人如何交易标准普尔 500 指数成分股。

我们将从 Quandl 数据集中加载一个股票报价器调整后的价格和成交量信息，在本例中为 AAPL 加载 20 世纪 80 年代早期至 2018 年的数据，代码如下：

```python
class DataSource:
    """交易环境中的数据源,

    为每个新的 episode 加载和处理每日价格和成交量信息
    """
    def __init__(self, trading_days=252, ticker='AAPL'):
        self.ticker = ticker
        self.trading_days = trading_days
    def load_data(self):
        idx = pd.IndexSlice
        with pd.HDFStore('../data/assets.h5') as store:
        df = (store['quandl/wiki/prices']
                .loc[idx[:, self.ticker],
                    ['adj_close', 'adj_volume', 'adj_low', 'adj_high']])
        df.columns = ['close', 'volume', 'low', 'high']
        return df
```

preprocess_data()方法创建了几个特征并将它们归一化。最近的每日收益有以下两个作用：

● 当前状态的一个观测元素。

● 交易成本的净资产价值，以及取决于持仓规模的最后一段时间收益。

方法包括的步骤（具体技术指标详见附录）代码如下：

```python
def preprocess_data(self):
    """计算返回值和百分位数, 然后删除缺失的值"""

    self.data['returns'] = self.data.close.pct_change()
    self.data['ret_2'] = self.data.close.pct_change(2)
    self.data['ret_5'] = self.data.close.pct_change(5)
    self.data['rsi'] = talib.STOCHRSI(self.data.close)[1]
    self.data['atr'] = talib.ATR(self.data.high,
                                self.data.low, self.data.close)
    self.data = (self.data.replace((np.inf, -np.inf), np.nan)
                .drop(['high', 'low', 'close'], axis=1)
```

```
                .dropna())

    if self.normalize:
        self.data = pd.DataFrame(scale(self.data),
                                 columns=self.data.columns,
                                 index=self.data.index)
```

DataSource 类跟踪情节进度，在每个时间步向 TradingEnvironment 类提供新数据，并标记情节的结束，代码如下：

```
def take_step(self):
    """返回当前交易日的数据并标记结束信号"""
    obs = self.data.iloc[self.offset + self.step].values
    self.step += 1
    done = self.step > self.trading_days
    return obs, done
```

2. TradingSimulator 类

交易模拟器计算机器人的收益，并跟踪机器人的净资产价值和"市场"，执行购买和持有策略与再投资。交易模拟器还跟踪头寸和市场收益，计算交易成本，并记录结果。

该类中最重要的方法是 take_step 方法，该方法基于机器人当前的位置、最新的股票收益和交易成本（略简化，详情请参见笔记）而编写，代码如下：

```
def take_step(self, action, market_return):
    """ 计算净资产价值、交易成本和收益，
    基于一个动作和最新的市场回报返回收益和活动摘要"""

    start_position = self.positions[max(0, self.step - 1)]
    start_nav = self.navs[max(0, self.step - 1)]
    start_market_nav = self.market_navs[max(0, self.step - 1)]
    self.market_returns[self.step] = market_return
    self.actions[self.step] = action

    end_position = action - 1
    n_trades = end_position - start_position
    self.positions[self.step] = end_position
    self.trades[self.step] = n_trades

    time_cost = 0 if n_trades else self.time_cost_bps
    self.costs[self.step] = abs(n_trades) * self.trading_cost_bps + time_cost

    if self.step > 0:
        reward = start_position * market_return - self.costs[self.step-1]
        self.strategy_returns[self.step] = reward
        self.navs[self.step] = start_nav * (1 + self.strategy_returns[self.step])
        self.market_navs[self.step] = start_market_nav * (1 + self.market_returns[self.step])
    self.step += 1
    return reward
```

3. TradingEnvironment 类

TradingEnvironment 类的子类 gym.Env 动态驱动环境。它实例化 DataSource 和 TradingSimulator 对

象，并设置动作和状态空间维度，后者取决于 DataSource 类定义的特征的范围，代码如下：

```
class TradingEnvironment(gym.Env):
    """一个简单的强化学习的交易环境。
    提供股票价格序列的每日观测情况。
    一个 episode 被定义为 252 个交易日的随机开始序列。
    每天都是一个时间步，允许代理从三个动作中选择一个

actions.
    """

    def __init__(self, trading_days=252, trading_cost_bps=1e-3,
                 time_cost_bps=1e-4, ticker='AAPL'):
        self.data_source = DataSource(trading_days=self.trading_days,
                                      ticker=ticker)
        self.simulator = TradingSimulator(
                steps=self.trading_days,
                trading_cost_bps=self.trading_cost_bps,
                time_cost_bps=self.time_cost_bps)
        self.action_space = spaces.Discrete(3)
        self.observation_space = spaces.Box(self.data_source.min_values,
                                            self.data_source.max_values)
```

TradingEnvironment 的两个关键方法是 reset() 和 step()。前者初始化 DataSource 和 TradingSimulator 实例，代码如下：

```
def reset(self):
    """重置数据源和交易模拟器，返回第一次的观测情况"""
    self.data_source.reset()
    self.simulator.reset()
    return self.data_source.take_step()[0]
```

每个时间步都依赖于 DataSource 类和 TradingSimulator 类来提供状态观测并奖励最近的操作，代码如下：

```
def step(self, action):
    """返回状态观测、奖励、已完成动作和信息"""
    assert self.action_space.contains(action),
      '{} {} invalid'.format(action, type(action))
    observation, done = self.data_source.take_step()
    reward, info = self.simulator.take_step(action=action,
                                            market_return=observation[0])
    return observation, reward, done, info
```

4. 注册并参数化自定义环境

使用自定义环境之前，就像月球着陆器环境，我们需要注册 gym 方案，提供信息方面的 entry_point 模块和类，并定义时间步中每个情节的最大数量（以下步骤包含于笔记 q_learning_for_trading 中），代码如下：

```
from gym.envs.registration import register
register(
        id='trading-v0',
        entry_point='trading_env: TradingEnvironment',
```

```
        max_episode_steps=252)
```

我们可以使用期望的交易成本和代码实例化环境，代码如下：

```
trading_environment = gym.make('trading-v0')
trading_environment.env.trading_cost_bps = 1e-3
trading_environment.env.time_cost_bps = 1e-4
trading_environment.env.ticker = 'AAPL'
trading_environment.seed(42)
```

22.5.6　深度 Q 学习在股票市场中的应用

笔记 q_learning_for_trading 中包含双重深度 Q 学习机器人训练代码。我们将只强调与前面示例的显著区别。

1. 双重深度 Q 学习机器人的适应和训练

我们将使用相同的双重深度 Q 学习机器人，但将神经网络架构简化为两层，每层 64 个单元，并添加 dropout 来进行正则化。在线网络可训练 5059 个参数，代码如下：

```
Layer (type)           Output Shape          Param #
Dense_1 (Dense)        (None, 64)            704
Dense_2 (Dense)        (None, 64)            4160
dropout (Dropout)      (None, 64)            0
Output (Dense)         (None, 3)             195
Total params: 5,059
Trainable params: 5,059
```

训练回路与自定义环境交互的方式与月球着陆器的情况非常相似。当情节处于活动状态时，机器人根据当前策略建议采取行动，并在记忆当前过渡过程后，使用经验回放对在线网络进行训练。以下代码强调了关键步骤：

```
for episode in range(1, max_episodes + 1):
    this_state = trading_environment.reset()
    for episode_step in range(max_episode_steps):
        action = ddqn.epsilon_greedy_policy(this_state.reshape(-1, state_dim))
        next_state, reward, done, _ = trading_environment.step(action)

        ddqn.memorize_transition(this_state, action, reward, next_state, 0.0 if done else 1.0)
        ddqn.experience_replay()
        if done:
            break
        this_state = next_state

trading_environment.close()
```

我们将继续探索 2000 个 1 年的交易集，对应约 50 万个时间步。我们利用 ε 在 500 个周期内从 1.0 到 0.1 的线性衰减，其后的指数衰减系数为 0.995。

2. 双重深度 Q 学习机器人性能的基准测试

为了比较双重深度 Q 学习机器人的性能，我们不仅跟踪买入持有策略，而且生成一个随机机器人的性能。

图 22.7 显示了 2000 个时期内三个累计收益值的过去 100 个情节的滚动平均值（左侧图），以及机器人表现超过购买和持有期间的最后 100 个情节的份额（右侧图）。它使用 AAPL 股票数据，其中有大约 9000 个每日价格和成交量观测值。

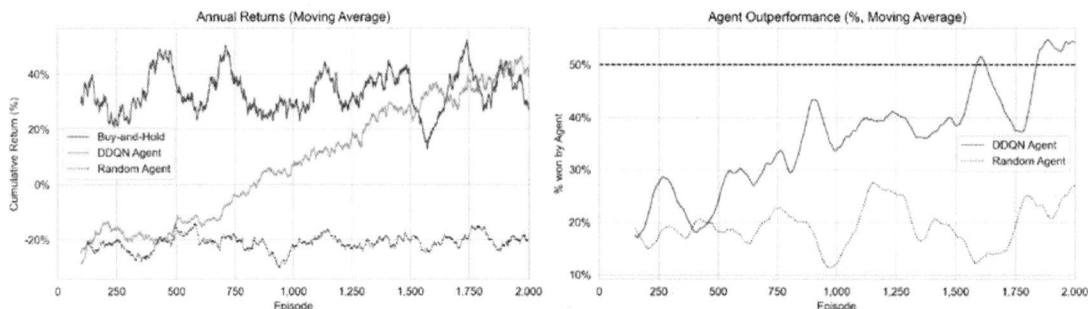

图 22.7　交易机器人相对于市场的表现

这表明，在 500 次之后机器人的表现从随机机器人的水平开始稳步提高，并且在接近实验结束时，超过一半的时间里，机器人的表现开始超过买入并持有策略。

3. 经验教训

相对于我们在本书其他地方提到的机器学习模型，这个相对简单的机器人除了使用最新的市场数据和奖励信号外，不使用任何信息。尽管如此，它学会了盈利，并获得与市场类似的性能（经过 2000 年的数据训练，这在 GPU 上只需要一小部分时间）。

请记住，使用单一股票也会增加对数据过度拟合的风险，而且会增加很多。可以使用保存的模型在新数据上测试你训练过的机器人（参见笔记中月球着陆器部分）。

总之，我们已经演示了建立强化学习交易环境的机制，并使用一个使用少量技术指标的基本机器人进行了实验。你应该尝试扩展环境和机器人，如从几种资产中进行选择，确定头寸大小并管理风险。

强化学习通常被认为是算法交易中最有前途的方法，因为它最准确地模拟了投资者面临的任务。然而，简化后的示例说明了创建现实环境是一个相当大的挑战。此外，鉴于金融数据嘈杂的特性，在其他领域取得重大突破的深度强化学习可能面临更大的障碍，这使得学习基于延迟奖励的价值函数变得更加困难。

尽管如此，对这一课题的巨大兴趣使得机构投资者很可能正在进行可能产生切实结果的更大规模的实验。一个有趣的补充方法超出了本书范围的是**反向强化学习**，它的目的是确定一个机器人（如一个人类交易员）的奖励功能可以给定其观测到的动作。

22.6　本章小结

在本章中，我们介绍了另一类机器学习算法，重点是通过与环境交互的机器人来实现自动决策。我们介绍了定义强化学习问题所需的关键特性和各种解决方案方法。

我们看到了如何将增强问题作为有限马尔可夫决策问题进行框架定义和分析，以及如何使用价值迭代和策略迭代来计算结果。然后，我们转向更现实的情况，其中转移概率和奖励对代理是未知的，并介绍了 Q 学习如何建立在有限马尔可夫决策过程情况下的贝尔曼方程组的最优方程定义的关键递归关系上。我们还介绍了如何使用 Python 解决简单有限马尔可夫决策过程的强化学习问题，以及如何使用 Q 学习来创造更复杂的环境。

然后，将我们的范围扩展到连续状态，并将深度 Q 学习算法应用到更复杂的月球着陆器环境。最后，我们使用 OpenAI Gym 平台设计了一个简单的交易环境，并演示了怎样训练机器人来学习如何在交易单只股票的同时盈利。

在第 23 章也是最后一章中，我们将介绍本书中的一些结论和关键收获，并列出一些步骤，供你在继续学习使用机器学习进行交易的技能时进行参考。

第 **23** 章

结论与展望

本书的目标是使你能够将**机器学习**应用于各种数据源并提取信号，从而为你的交易策略增加价值。为此，我们力求更全面地看待投资过程，从产生想法到策略评估并以 **ML4T 工作流**的形式完整并系统地展示这个过程。

在演示了大量机器学习算法（从基础算法到高级算法）用例后，我们看到了机器学习如何在设计、测试和执行策略过程的多个环节中大显身手。然而，大多数情况下，我们关注的核心是机器学习价值定位，如从大量数据中提取可操作信息的能力，可以说在机器这方面远远超过人类专家。

随着数字数据的爆炸式增长，利用计算能力从更加多样化的信息中提取价值变得更加有前景也更加有必要，这种价值主张早已深入人心。然而，机器学习应用仍然需要大量的人工干预和领域专业知识来定义目标、选择和管理数据、设计和优化模型、确保合理利用结果。

使用机器学习进行交易的特定领域的方面包括金融数据性质和金融市场环境，当信噪比像金融数据那样低时，使用具有高学习模式能力的强大模型需要特别小心，尤其要避免过度拟合。此外，交易的竞争性意味着模式会随着信号的衰减而迅速演变，这就需要额外关注性能监控和模型维护。

在本章中，我们将简要总结整本书中的关键工具、应用程序和经验教训，避免"一叶障目，不见泰山"。我们将简单介绍一些之前没有涉及的领域，当扩展引入许多机器学习技术并在日常工作中使用时，这些领域尤其值得关注。

本章将涵盖以下内容：

- 回顾重要经验教训。
- 在本书技术基础上进行展望。
- 将机器学习纳入投资过程的方法建议。

23.1 重要的经验教训

本书的核心目标是展示如何基于机器学习从数据中提取信号并形成交易策略。图 23.1 概述了 ML4T 工作流。本节主要介绍金融市场环境下为大型数据集构建复杂预测模型时遇到的具体挑战。

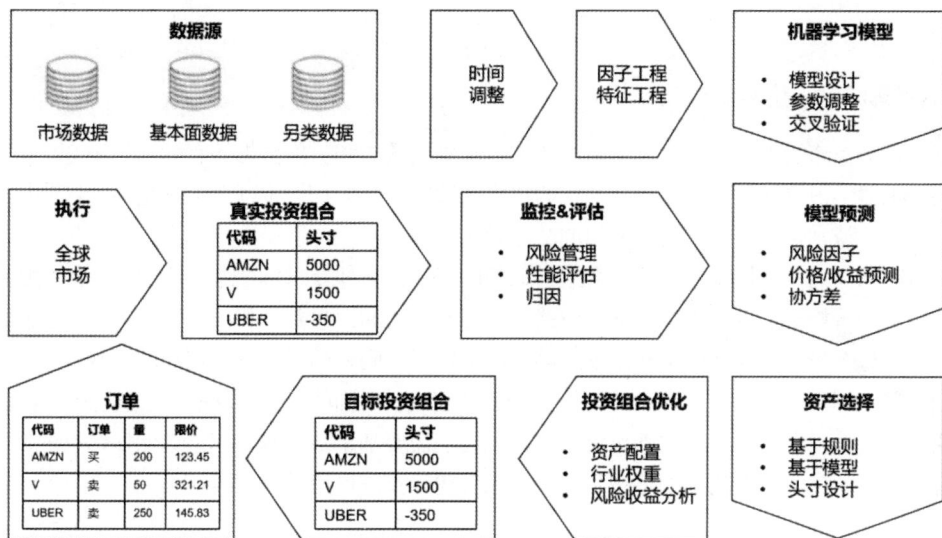

图 23.1　ML4T 工作流

当你继续进行机器学习交易实践时，需要牢记以下内容：

- **数据**是需要仔细获取和处理的最重要的要素。
- **专业知识**是发掘数据价值、避免使用机器学习应用误区的关键。
- 机器学习提供了一些**工具**，可以适应并组合它们为问题创建解决方案。
- **模型目标和性能诊断**的选择是实现最优系统生产迭代的关键。
- **回溯过度拟合**是一个巨大"陷阱"，需要特别关注。
- **黑盒模型透明化**有助于建立信心，也有助于让质疑者们打消疑虑并热爱机器学习。

23.1.1　数据是最重要的组成部分

机器学习在交易和其他领域的兴起，极人地补充了我们之前详细介绍过的数据爆炸。我们在第 2 章中说明了如何访问和使用这些数据集，它们曾是量化投资的主要依据。在第 3 章中，我们还提出了一个框架和标准用于评估另类数据集的潜在价值。

最关键的是，先进的机器学习技术（如深度神经网络）获得了成功，算法的预测性能能够持续改进，也能应用更多的数据。同时还需要匹配模型和数据复杂性实现平衡偏差权衡，数据的信噪比越高也越具有挑战性。总而言之，数据质量管理和数据集集成是实现潜在价值的关键步骤。

1. 对原始数据和中间数据的质量控制

数据就像石油（最近流行的一种比较方式）一样，数据经过不同阶段的管道传输，从原始形式到可以为交易策略提供燃料的精炼产品，产品的最终质量是关键。

有时，你可以获得原始数据并掌握大量转换工具。通常情况下，你需要处理得更多的是一个中间产品，这时你应该清楚此时数据所衡量的是什么。

与石油不同，随着数据来源的不断增加，如何衡量通常没有客观的标准。相反，数据质量取决于它的信号内容，而信号内容又取决于投资目标。新数据集的成本效益评估需要一个高效的工作流程和适当的基础设施。

2. 数据集成——整体大于部分之和

数据对投资策略的价值通常取决于市场数据、基本面数据和另类数据的有效互补结合。正如我们之前介绍的，机器学习算法的预测能力（如树的集成或神经网络）在一定程度上正是因为这些模型能够检测非线性关系，特别是能够洞察变量之间的交互影响。

将变量影响作为其他模型特性的函数进行调整的能力，在捕获目标结果的不同方面的数据输入上得到了发展。资产价格与宏观基本面、社会情绪、信用卡支付和卫星数据相结合，可在不同的经济和市场机制中产生比每个来源本身（如果数据量足够大，可以了解隐藏的关系）更可靠的预测。

使用多源数据又增加了正确标注的挑战，如何分配准确的时间戳精确反映历史情况至关重要。否则，就可能引入前视偏差，因此在算法真正可用之前，我们需要基于数据测试模型。例如，有的第三方数据可能本身就有时间戳，需要适当调整得到反映信息对实时算法可用的时间点。

23.1.2 专业性——从噪声中分辨信号

信息数据是机器学习应用程序成功的必要条件，特定领域的专业性对于定义策略方向、选择相关数据、设计信号特性和设计模型同样重要。

在任何领域，实践者都有关于关键结果驱动因子和它们之间的关系的理论。金融学的特点之一就是大量的定量研究，既有理论的，也有实证的。然而，Marcos López de Prado 和其他人（Cochrane，2011）批评了大多数实证结果，声称在数百个变量中发现的预测信号往往基于普遍的数据挖掘，对实验设置的变化不可靠。换句话说，统计上的显著性往往来自大规模的试错，而不是真正的系统关系，正所谓"如果你对数据进行足够长时间的折磨，它就会承认任何事情"。

一方面，人们对金融市场如何运作有着深刻的理解。这将有效地帮助数据的选择和使用，并有助于基于机器学习合理设计交易策略。我们建议优先考虑更有可能成功的想法，从而避免导致不可靠结果的多重测试陷阱，关于这一点可以多学习一下第 4 章和第 5 章。

另一方面，新的机器学习技术可能会发现驱动因子的新假设，进一步反哺理论，当然这一切都需要进行独立测试。

比起原始数据，特征工程通常是信号在算法中"变现"的关键。利用好数十年来风险因子研究的成果并在理论和经验基础上驱动收益是个很好的起点，可以优先考虑更可能反映相关信息的数据转换。

然而，随着时间的推移，只有创造性的特征工程才能产生新的策略并参与市场竞争。即使是对于新的阿尔法因子，如果有一个引人注目的解释——解释这些因子在市场动态和投资者行为方面的既定理念下是如何运作的，就会为资本配置注入更多信心。

错误的"发现"和对历史数据过度拟合的风险使得在测试之前需要优先考虑策略而不是"让数据说话"，关于这一点可以多学习一下第 7 章。

23.1.3 机器学习是一个用于解决数据问题的工具包

机器学习提供了可以应用于许多用例的算法解决方案和技术。本书的第 2～4 部分将机器学习描述为一组不同的工具，它们可以为策略过程的各个步骤增加价值，具体如下：

- 生成想法和阿尔法因子研究。
- 信号聚合和投资组合优化。
- 策略测试。
- 交易执行。
- 策略评估。

此外，机器学习算法还可以进一步发展、适应和组合，进而解决不同情境下的新问题。出于这些原因，除了将算法应用到数据中进行富有成效的测试和研究外，理解这些算法背后的关键概念和思想也是非常重要的，机器学习工作流如图 23.2 所示，关于这一点可以多学习一下第 6 章。

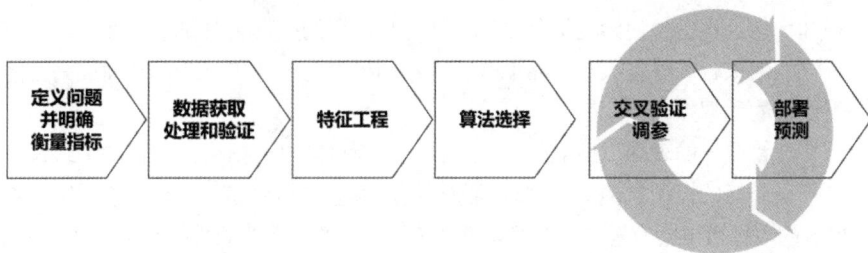

图 23.2　机器学习工作流

此外，最好的结果通常是通过将人与机器学习结合在一起的 human-in-the-loop 解决方案获得的。在第 1 章中，我们介绍了自主交易和算法交易相结合的量化投资方法，这种方法随着基本工具的创造性应用和对各种数据集的扩展重要性可能会进一步提高。

23.1.4　模型诊断有助于加快优化

在第 6 章中，我们概述了最重要的机器学习概念。机器学习算法通过假设函数学习输入数据和目标之间的关系。不幸的是，如果学习的是噪声而不是信号，预测性能将受到影响。

当然，我们今天也无法知道如何从明天的结果的角度来区分信号和噪声。仔细的交叉验证可以避免前视偏差并形成稳健的模型诊断，你可以选择学习曲线或优化验证测试，这些方法可以有效化解这一挑战，同时校准算法选择或配置。对于复杂的模型，通过重点定义模型目标，可以区分由于优化算法问题和目标本身问题造成的性能缺陷，从而简化这项任务。

23.1.5　"没有免费的午餐"

除了在训练中观测到的结果之外，没有任何系统（无论是计算机程序还是人）能够可靠地预测新例子的结果。唯一的解决办法是掌握一些额外的先验知识或作出超出训练示例的假设。关于这一点可以参考从第 7 章的线性模型到第 11 章和第 12 章的大量非线性集成算法，也可以学习一下本书第 4 部分的各个章节的神经网络模型。

线性模型强烈假定输入和输出之间的关系具有非常简单的形式，而梯度提升或神经网络等非线性模型则旨在学习更复杂的函数。虽然简单的模型在大多数情况下都会失败，但复杂的模型并不总是更好的。如果真实关系是线性的，且数据有噪声，复杂模型也将学习噪声并将其作为假定存在的复杂关系的一部分。这就是**"没有免费的午餐"**定理背后的基本思想，该定理指出，没有一种算法对所有任务都是普遍优越的。在某些情况下，良好的拟合度是以在其他方面表现不佳为代价的。

根据数据调整算法选择的关键在于对模型所作出的假设的数据探索和实验。

23.1.6 管理偏差和方差之间的权衡

使算法适应数据的一个关键挑战是偏差和方差之间的权衡，这两者都增加了预测误差，这些误差影响甚至超过了数据的自然噪声。如果一个简单的模型不能充分捕捉数据中的关系，那么它就会不匹配并表现出偏差，也就是说模型会作出错误的预测。一个过于复杂的模型将会过度拟合或者学习信号之外的噪声，因此结果将显示出很多不同样本的方差。

在模型选择和优化过程的任何给定迭代中，诊断这种权衡的关键工具是**学习曲线**。学习曲线能够显示训练和验证错误如何依赖于样本大小，帮助我们在不同模型之间作出选择，从而提高性能以调整模型的复杂性或获得更多的数据点。

训练误差越接近"应该的表现"或其他基准，模型越有可能过度拟合。较低的训练误差意味着，我们很幸运地找到了一个好的模型；但如果训练误差很高，就会事与愿违。如果误差继续随着训练规模的减少而减少，更多的数据可能会有所帮助。但如果训练误差很高，更多的数据也只是"添油战术"而已，这时应该考虑的是添加特征或尝试更灵活的算法。

1. 定义优化目标

机器学习过程的第一步是定义一个优化目标。有时，选择一个合适的目标很简单，如在回归问题中。但是当我们关注精度和查全率时，分类任务可能会更加困难。将相互冲突的目标合并成一个单一的指标，如F1得分，有助于集中优化工作。我们还可以定义需要满足的条件，而不是比较性的优化条件。我们也明白了强化学习是如何"赏罚分明"地指导学习过程的。

2. 优化验证测试

Andrew Ng还强调了由于学习算法问题或优化算法问题而导致的性能缺陷之间的区别，像神经网络这样的复杂模型假定非线性关系，优化算法的搜索过程可能会以局部最优而不是全局最优结束。

例如，如果一个模型不能正确翻译一个短语，测试就会比较正确地预测分数和搜索算法发现的答案。如果学习算法对于正确解的得分更高，搜索算法就需要改进。否则，学习算法就是在优化错误的目标。

23.1.7 谨防回测过度拟合

我们在整本书中反复提到了由于过度拟合历史数据而导致错误发现的风险。第5章在策略评估方面列出了主要的驱动因子和可能的补救措施。较低的信噪比和相对较小的数据集（与网络规模的图像或文本数据相比）使这一挑战在交易领域尤其严峻。认识到这一点至关重要，因为数据和应用机器学习工具的易用性大大增加了风险。

没有简单的答案，因为风险不可避免。因此，我们提出了调整回测指标的方法，这样可以考虑重复试验，缩小的夏普比率就是如此。在实施实时交易策略时，阶段性的模拟交易和在市场执行过程中密切监控模型的表现就成为实施过程的一部分。

23.1.8　洞见黑盒

当深度神经网络和复杂集成被认为是不可视的黑盒模型时，质疑也接踵而至，特别是考虑到过度拟合的风险。我们在第 12 章中介绍了几种方法来深入了解这些模型是如何进行预测的。

除了传统的特征重要性度量外，最近 **Shapley 可加性解释（SHAP）** 的博弈论创新是理解复杂模型机制的重要一步。SHAP 值允许将特征及其值精确地归因于预测，这样就更容易根据给定投资目标的市场行为的特定理论验证模型逻辑。除了证明本身，准确的特征重要性得分和预测属性的确可以更深入地了解投资结果的驱动因子。

需要说明的还有，模型预测透明度是否真的重要也绝非众口一词。Geoffrey Hinton 是深度学习的发明者之一，他认为人类作出决定的原因往往是模糊的，也许机器就应该根据它们的结果来评估，就像我们对投资经理所做的那样。

23.2　实际交易中的机器学习

当你继续将众多的工具和技术集成到投资与交易过程中时，你可以集中精力做很多事情。如果你的目标是作出更好的决定，那么你应该根据目前的技能选择现实而又雄心勃勃的项目。这将帮助你开发一个高效的工作流程并获得实际经验。

我们将简要地列出一些工具，这些工具对于扩展本书所述的 Python 生态系统大有裨益。其中包括大数据技术，这些技术最终将成为大规模实施机器学习驱动的交易策略所必需的武器。我们还将列出一些基于 Python 实现交易策略的平台以及数据源、机器学习算法和库。

23.2.1　关键数据管理技术

数据在 ML4T 过程中的核心角色要求熟悉一系列大规模存储、转换和分析数据的技术，包括使用基于云的服务，如 Amazon Web services、Microsoft Azure 和 Google Cloud。

1. 数据库系统

数据存储意味着数据库的使用，通常是**关系型数据库管理系统（RDBMS）**，它们使用 SQL 以定义好的表格存储和检索数据。其中包括来自商业提供商（如 Oracle 和 Microsoft）的数据库，以及开放源代码实现（如 PostgreSQL 和 MySQL）。最近还出现了非关系型的替代方案，它们通常被统称为 NoSQL，区别如下：

- 键值存储：对对象的快速读/写访问，如我们在第 2 章中介绍了 HDF5 格式，它有助于快速访问数据帧。
- 列式存储：利用列中数据的同质性来促进压缩和更快地基于列的操作，如聚合。这在流行的 Amazon Redshift 数据库解决方案、Apache Parquet、Cassandra 和 Google 的 Big Table 中被广泛使用。
- 文档存储：用于存储不符合 RDBMS 要求的严格模式定义的数据，使用 JSON 或 XML 格式的

Web 应用程序十分广泛，我们曾在第 4 章中遇到过如 MongoDB 中的使用。

● 图数据库：用于存储有节点和边的网络，专门用于查询网络指标和关系，在 Neo4J 和 Apache Giraph 中使用。

对于关系型数据库管理系统所建立的约定已经有了一些趋同，正如整本书所示，Python 生态系统促进了与许多标准数据源的交互，并提供了快速的 HDF5 和 Parquet 格式。

2. 大数据——从 Hadoop 到 Spark

数以千兆字节或更大规模的数据管理需要使用组成集群的多台机器来并行执行读/写和计算操作。换句话说，我们需要一个以集成的方式在多台机器上操作的分布式系统。

Hadoop 生态系统应运而生，它是一款使用谷歌开发的 MapReduce 编程模型分布式存储和处理大数据的开源软件框架。在 Apache Foundation 的支持下，这个生态系统已经变得多样化，目前已包括了许多覆盖了大规模数据管理不同方面的项目。

Hadoop 中的关键工具如下：

● Apache Pig：一种数据处理语言，由 Yahoo 开发，用于使用 MapReduce 实现大规模**提取—转换—加载（ETL）**管道。

● Apache Hive：基于 Facebook 开发，提供 PB 数据进行交互式 SQL 查询标准。

● Apache HBASE：用于实时读/写访问的 NoSQL 数据库，可线性扩展到数十亿行和数百万列。可以使用各种不同的模式组合数据源。

Apache Spark 已经成为集群上最流行的交互式分析平台。MapReduce 框架支持并行计算，但需要从磁盘重复读/写操作以确保数据冗余。由于**弹性分布式数据（RDD）**结构支持高度优化内存计算，Spark 极大地加速了大规模计算。这包括优化所需的迭代计算，如许多机器学习算法需要的梯度下降。幸运的是，Spark 数据帧接口的设计考虑到了与 pandas 的兼容性，方便我们的学习"一致而百虑，殊途而同归"。

23.2.2 机器学习工具

在本书中，我们介绍了许多 Python 生态系统库。事实上，Python 已经发展成为数据科学和机器学习的首选语言，开源库集在 NumPy 和 SciPy 上不断发展壮大。

2020 年 1 月，流行的 pandas 库发布了 1.0 版本，更使得 Python 在数据科学中的普及使用如虎添翼。scikit-learn 界面已经成为专门的机器学习库（如 XGBoost 或 LightGBM）的标准，这些库经常与在本书中反复使用的工作流自动化工具（如 GridSearchCV 和 Pipeline）交互使用。

下面一些供应商可以帮助你优化促进机器学习工作流：

● H2O.ai 提供了 H2O 平台，将云计算与机器学习自动化相结合，允许用户将数千个潜在的模型与数据相匹配，探索数据中的模式，支持 Python 以及 R 和 Java 接口。

● Datarobot 旨在通过提供一个平台在云上或本地快速构建和部署预测模型，实现模型开发过程的自动化。

● Dataiku 是一个协作数据科学平台，旨在帮助分析师和工程师探索、原型化、构建和交付自己的数据产品。

在 Python 生态系统的基础上，也有一些由公司主导的开源项目，具体如下：

● 量子对冲基金 TwoSigma 为 Bikerx 项目下的 Jupyter 笔记环境提供了定量分析工具。

● 彭博社（Bloomberg）已将 Jupyter 笔记集成到其终端中，以便于对其财务数据进行交互式分析。

23.2.3 网络交易平台

开发使用机器学习的交易策略的主要选择是在线平台，这些平台经常会寻找并真实配置资本来实现成功的交易策略。流行的解决方案包括 Quantopian、QuantConnect 和 QuantRocket。最近成立的 Alpha Trading Labs 则专注于高频交易。此外，交互式经纪人（IB）提供了一个 Python API，我们也可以使用它来开发自己的交易解决方案。

1．Quantopian

我们介绍了 Quantopian 平台，也演示了如何利用其研究和交易环境对历史数据进行分析与测试交易策略，Quantopian 使用 Python 并同时提供了大量的教学材料。

Quantopian 还举办大量竞赛，目的是为其众包对冲基金投资组合"招募"算法，并为获胜的算法提供了资本。虽然从 2017 年 9 月起，实时交易功能不再开放，但该平台仍提供大量历史数据，这一点吸引了活跃的开发人员和交易员社区，如果你想讨论想法或者向他人学习，Quantopian 无疑是一个不错的平台。

2．QuantConnect

QuantConnect 是另一个开源的、社区驱动的算法交易平台，与 Quantopian 彼此竞争。QuantConnect 还提供了一个 IDE，可以使用 Python 和其他语言对策略进行回测与实时交易。

QuantConnect 拥有一个来自世界各地的充满活力的全球社区，同时支持股票、期货、外汇和加密货币等多种资产类别的访问。QuantConnect 还提供与各种经纪人的实时交易集成，如 IB、OANDA 和 GDAX。

3．QuantRocket

QuantRocket 也是一个基于 Python 的平台，用于研究、回溯测试和运行自动量化交易策略。它提供数据收集工具、多个数据供应商、一个研究环境和多个回测引擎，可以通过 IB 进行实时和模拟交易。

QuantRocket 支持多个自己的 Moonshot 引擎，也支持用户选择第三方引擎。虽然 QuantRocket 没有传统的 IDE，但可以与 Jupyter 很好地集成运用。QuantRocket 提供了一个免费版本，可以访问样本数据，但在 2020 年年初撰写本文时，访问样本数据还不是免费的，这些样本数据定价为每月 29 美元。

23.3 本章小结

数字数据的爆炸式增长和机器学习已然成为作为投资和交易策略的战略性能力。这种趋势也是金融以外的全球商业和技术趋势，而且会继续下去，不会停滞，更不会逆转。许多投资公司刚刚开始利用各种人工智能工具，个人投资者正在强化这些技能，各类业务流程则正在适应这些创造价值的新机会。

机器学习在交易中的应用也有许多令人兴奋的发展，这些发展又很可能进一步推动当前的势头。在未来的几年里，机器学习过程的自动化、合成训练数据的生成以及量子计算的出现交互发展。这一领域的非凡活力意味着，仅此一点就可以填满一本书，这还不够令人兴奋吗？

附录 A

阿尔法因子库

我们描述了如何基于市场、基本面和另类数据开展特征工程，从而建立机器学习模型并生成交易策略信号。特征的巧妙设计（包括适当的预处理和去噪）通常是有效策略设计的源头。这个附录主要是总结特征工程的一些经验教训，并提供一些其他重要信息。

在第 4 章中，我们总结了研究人员和从业人员在可靠预测资产回报方面数十年的努力，有信息识别，也有变量研究。这些研究让我们的旅程从单因子资本资产定价模型启航，一直到"新因子动物园"（Cochrane，2011），在"园中"，我们可以看到 1970 年以来几乎所有的数百家公司特征与异常波动相关的重要统计预测指标（Green、Hand 和 Zhang，2017）。

在第 4 章中，我们还根据这些因子所代表的潜在风险以及投资者将从中获得高于市场基准的回报来对因子进行分类，包括价值、增长、质量和情绪、波动性、动量和流动性等，本书中，我们使用了许多指标来捕捉这些风险因子。附录在书正文的例子上进行了扩展，同时也收集了一些时下流行的指标，方便你在策略设计中参考或启发你的灵感。另外，还将展示部分指标的计算过程和评估步骤。

也正因此，我们将特别关注指标基于 TA-Lib 的实现（见第 4 章和 Kakushadze 2016 年的 *101 Formulaic Alphas*），文中 Kakushadze 为我们展示了用于平均持有期 0.6～6.4 天的真实量化交易因子。为了便于复制，我们将对基于现成市场数据的指标进行审查。需要说明的是，尽管有这种限制，但海量且不断发展的潜在数据源和数据范围意味着这种概述远远不够全面，这一点一定要慎之又慎。

本附录中，我们将用 P_t 表示 t 时刻的收盘价，用 V_t 表示 t 时刻的交易量。必要时，用如 P_t^{high} 或 P_t^H 这样的上标区分开盘价、最高价、最低价或收盘价，用 r_t 表示时刻持有期内的收益。

$P_{t-d,\ t} = \{p_{t-d}, p_{t-d+1}, \cdots, p_t\}$ 和 $R_{t-d,\ t} = \{r_{t-d}, r_{t-d+1}, \cdots, r_t\}$ 分别代表从 $t-d$ 到 t 时刻内价格时间序列和收益时间序列。

A.1 基于 TA-Lib 的常见阿尔法因子

TA-Lib 库被交易软件开发者广泛用于金融市场数据技术分析，TA-Lib 包括多个类别 150 多个流行指标，从重叠研究（包括移动平均线和布林带等）到线性回归等统计函数，主要类别见表 A.1。

表　A.1

函　数　组	指标个数
重叠研究	17
动量指示器	30
音量指示器	3
波动性指标	3
价格转换	4
循环指标	5
数学运算符	11
数学变换	15
统计函数	9

TA-Lib 还包含有 60 个旨在识别烛台模式的图表视觉检查功能，这一点在交易员中广受欢迎。考虑到预测能力的交互混合（Horton，2009；Marshall、Young 和 Rose，2006）和本书已经涵盖的机器学习算法用例，本附录将重点关注表 A.1 中列出的类别。具体来说，我们将重点关注移动平均线、重叠指标、动量、成交量、流动性、波动性和基本面风险因子。

有关 TA-Lib 指标的代码示例和其他实现细节，请参阅笔记 common_alpha_factors。我们将演示如何为单只股票以及 2007—2016 年期间 500 只交易最多的美国股票样本选定计算指标，后者的数据集准备请参阅笔记 sample_selection。

A.1.1　关键构建模块——移动平均线

许多指标都可以使用不同类型的移动平均线（MA）计算，它们在平滑系列和应对新发展之间作出了不同的权衡。可以将它们用作自己的指标的构建模块，也可以通过改变 MA 类型修改现有指标。表 A.2 列出了可用的移动平均线类型、相应的 TA-Lib 函数以及用于传递给其他指标而选择的给定类型的编号。

表　A.2

移动平均线	函　数	编　号
简单	SMA	0
指数	EMA	1
加权	WMA	2
双重指数	DEMA	3
三重指数	TEMA	4
三角	TRIMA	5
考夫曼自适应	KAMA	6
梅萨自适应	MAMA	7

在本节的其余部分中，我们将简要概述这些指标并对其进行可视化处理。

1. 简单移动平均线

对于窗口长度为 N 的价格序列 P_t，t 时刻简单移动平均线（SMA）对窗口内每个数据点的权重相等，公式如下：

$$\text{SMA}(N)_t = \frac{P_{t-N+1} + P_{t-N+2} + P_{t-N+3} + P_t}{N} = \frac{1}{N}\sum_{i=1}^{N} P_{t-N+i}$$

2. 指数移动平均线

对于窗口长度为 N 的价格序列 P_t，t 时刻指数移动平均线（EMA）EMA$_t$ 定义为当前价格和最近的前一个 EMA$_{t-1}$ 的加权平均，权重分别为 α 和 $1-\alpha$，公式如下：

$$\text{EMA}(N)_t = \alpha P_t + (1-\alpha)\text{EMA}(N)_{t-1}$$

$$\alpha = \frac{2}{N+1}$$

3. 加权移动平均线

对于窗口长度为 N 的价格序列 P_t，t 时刻的加权移动平均线（WMA）计算为每个数据点的权重对应其窗口内的指标[1]，公式如下：

$$\text{WMA}(N)_t = \frac{P_{t-N+1} + 2P_{t-N+2} + 3P_{t-N+3} + NP_t}{N(N+1)/2}$$

4. 双重指数移动平均线

t 时刻价格序列 P_t 双重指数移动平均线（DEMA）旨在对价格变化作出更快的反应。在数学上，DEMA 可以计算为当前 EMA 的两倍与应用于当前 EMA 的 EMA（记作 $\text{EMA}_2(N)_t$）的差，公式如下：

$$\text{DEMA}(N)_t = 2\times\text{EMA}(N)_t - \text{EMA}_2(N)_t$$

因为需要计算 EMA_2，所以 DEMA 需要 $2N-1$ 个样本。

5. 三重指数移动平均线

t 时刻价格序列 P_t 三重指数移动平均线（TEMA），记作 TEMA$_t$，也是基于均线移动平均线计算的，目的是对价格变化作出更快的反应并表明短期价格方向。表示为当前 EMA 与 EMA_2 之差的三倍加上应用于 EMA_2 的 EMA(Y)的和，记作 $\text{EMA}_3(N)_t$，公式如下：

$$\text{TEMA}(N)_t = 3\times\left[\text{EMA}(N)_t - \text{EMA}_2(N)_t\right] + \text{EMA}_3(N)_t$$

因为需要计算 EMA_2，所以 DEMA 需要 $3N-2$ 个样本。

6. 三角移动平均线

t 时刻窗口长度为 N 的价格序列 P_t 的三角移动平均线（TRIMA），记作 TRIMA(N)$_t$，是最近 N 个 SMA(N)$_t$ 值的加权平均。换句话说，它将 SMA 应用于 SMA 值，公式如下：

$$\text{TRIMA}(N)_t = \frac{1}{N}\sum_{i=1}^{N}\text{SMA}(N)_{t-N+i}$$

---

[1] 译者注：加权移动平均线的加权基于移动平均线中最近一日的收盘价对未来价格波动的影响最大，因此赋予它较大的权重。一般主要包括末日加权移动平均、线性加权移动平均、梯形加权移动平均和平方系数加权移动平均。

7. 考夫曼自适应移动平均线

考夫曼自适应移动平均线（KAMA）旨在考虑市场波动的变化，笔记中的资源链接解释了一些稍微复杂的计算细节。

8. 梅萨自适应移动平均线

梅萨自适应移动平均线（MAMA）也是一种指数移动平均线，MAMA 基于希尔伯特变换判别器测量相位的速率变化适应价格运动（参见 TA-Lib 文档）。除了价格序列，MAMA 还有两个额外的参数——fastlimit 和 slowlimit，分别用于控制计算 MAMA 时的最大 EMA 值和最小阿尔法值。

9. 移动平均线视觉比较

图 A.1 说明了不同移动平均线在平滑时间序列和适应近期变化方面的不同表现，所有时间序列都是一个 21 天的移动窗口内计算（详情和彩色图像见笔记）。

图 A.1　AAPL 收盘价格的移动平均线视觉比较

A.1.2　重叠指标研究——价格和波动趋势

TA-Lib 包含几个旨在捕捉最近趋势的指标，见表 A.3。

表 A.3

函　　数	指标名称
BBANDS	布林带
HT_TRENDLINE	希尔伯特变换-瞬时趋势线
MAVP	可变周期移动平均线
MA	移动平均线
SAR	抛物线 SAR
SAREXT	扩展的抛物线 SAR

MA 和 MAVP 函数涵盖了上述各种 MA，本节我们将重点介绍几个示例。可以参阅笔记获取更多信息和相关的 MA 的可视化结果。

1. 布林带

布林带将 MA 与代表移动标准差的上带和下带结合起来。我们可以通过提供一个输入价格序列、移动窗口的长度、上下波段的乘数和 MA 类型来得到这三个时间序列，代码如下：

```
s = talib.BBANDS(df.close,    # 周期数(2 ~ 100000)
                 timeperiod=20,
                 nbdevup=2,    # 下波段偏差乘数
                 nbdevdn=2,    # 上波段偏差乘数
                 matype=1)     # default: SMA
```

对于 2012 年 AAPL 收盘价布林带，可以利用如下代码绘制结果。

```
bb_bands = ['upper', 'middle', 'lower']
df = price_sample.loc['2012', ['close']]
df = df.assign(**dict(zip(bb_bands, s)))
ax = df.loc[:, ['close'] + bb_bands].plot(figsize=(16, 5), lw=1);
```

结果如图 A.2 所示。

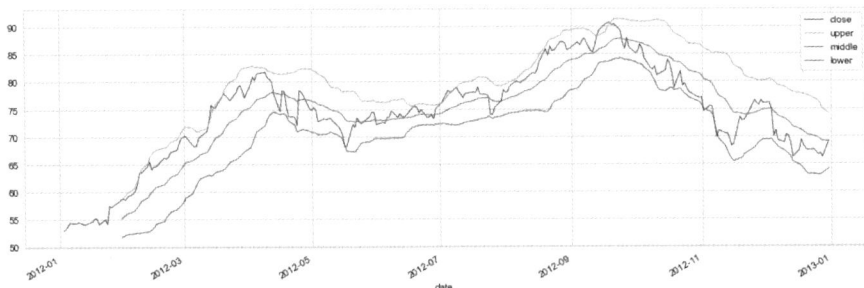

图 A.2　2012 年 AAPL 收盘价布林带

这一概念的发明人 John Bollinger 还根据这三条线与当前价格之间的关系定义了 20 多条交易规则。例如，外层带之间的距离越小，最近的价格波动就越小，反过来，这又可以解释更大的波动和未来的价格变化。

我们可以通过计算上带、下带以及每一个带与收盘价之间的比率来对布林带证券特定值进行归一化处理，代码如下：

```
fig, ax = plt.subplots(figsize=(16,5))
df.upper.div(df.close).plot(ax=ax, label='bb_up')
df.lower.div(df.close).plot(ax=ax, label='bb_low')
df.upper.div(df.lower).plot(ax=ax, label='bb_squeeze')
plt.legend()
fig.tight_layout();
```

图 A.3 显示了标准化后的时间序列, 即归一化布林带指标。

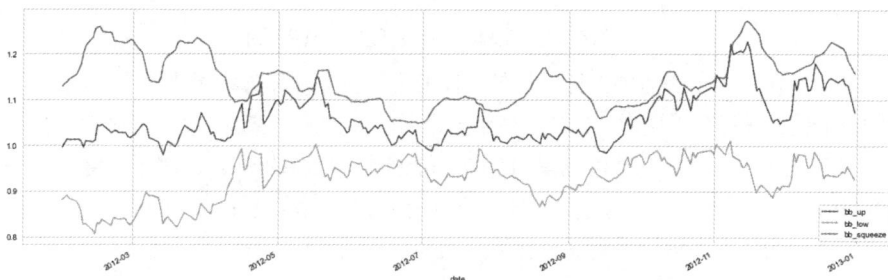

图 A.3　归一化布林带指标

compute_bb_indicators()函数可以与 pandas 库的 groupby()和 apply()方法一起使用, 从而计算 500 只股票的更大样本指标, 代码如下:

```
def compute_bb_indicators(close, timeperiod=20, matype=0):
    high, mid, low = talib.BBANDS(close,
                                  timeperiod=20,
                                  matype=matype)
    bb_up = high / close -1
    bb_low = low / close -1
    squeeze = (high - low) / close
    return pd.DataFrame({'BB_UP': bb_up,
                         'BB_LOW': bb_low,
                         'BB_SQUEEZE': squeeze},
                        index=close.index)
data = (data.join(data
                  .groupby(level='ticker')
                  .close
                  .apply(compute_bb_indicators)))
```

图 A.4 绘制了 500 只股票中每个指标的值分布(在第 1 和第 99 个百分点处进行剪切, 因此在图中出现了峰值)。

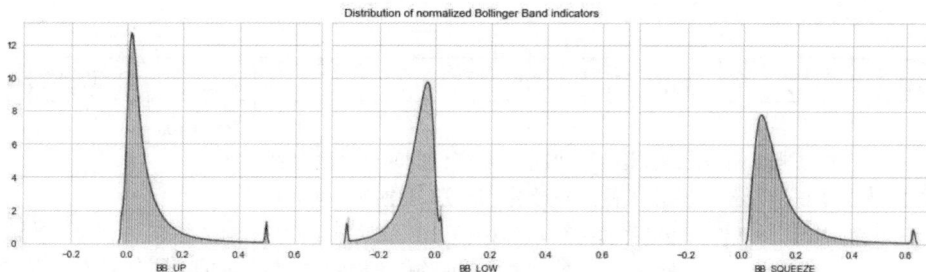

图 A.4　布林带指标归一化分布

2．抛物线 SAR

抛物线 SAR 用于识别趋势反转，SAR 代表"停止和反转"，这是一个趋势跟踪（滞后）指标，可用于设置跟踪止损或确定入市或出市点。它通常在价格图表中表示为价格条附近的一组点。一般来说，当这些点高于价格时，它预示着下跌趋势；当这些点低于价格时，则预示着上涨趋势。这些点的方向的变化可以被理解为一种交易信号。然而，在市场持平或窄幅波动的情况下，该指标就不那么可靠了。计算公式如下：

$$\text{SAR}_t = \text{SAR}_{t-1} + \alpha(\text{EP} - \text{SAR}_{t-1})$$

极值点（EP）是在每一个趋势中保持的记录，代表了当前上升趋势中价格达到的最高值或下降趋势中价格达到的最低值。在每个周期内，如果观察到一个新的最大值（或最小值），则 EP 将以该值更新。

α 值代表加速因子，通常初始值设置为 0.02。每记录一个新的 EP，该因子就增加 α。然后，该速率将加快到 SAR 向价格趋同的一个点。为了防止它变得太大，通常设置加速度因子的最大值为 0.2。

我们可以对我们的样本收盘价系列进行计算并绘制示意图，代码如下：

```
df = price_sample.loc['2012', ['close', 'high', 'low']]
df['SAR'] = talib.SAR(df.high, df.low,
                      acceleration=0.02, # common value
                      maximum=0.2)
df[['close', 'SAR']].plot(figsize=(16, 4), style=['-', '--']);
```

上述代码生成图 A.5。

图 A.5　2012 年 AAPL 抛物线 SAR

A.1.3　动量指标

第 4 章中已经介绍过动量是历史上表现最好的风险因子之一，并列出了几个旨在识别相应价格趋势的指标。这些指标包括相对强弱指数（RSI）、价格动量指数和价格加速指数，见表 A.4。

表　A.4

指标名称	描　述	计算公式
相对强弱指数（RSI）	相对强弱指数通过比较近期股票价格变化的幅度来确定股票是超买还是超卖。较高的相对强弱指数（通常高于 70）表明超买，较低的相对强弱指数（通常低于 30）表明超卖。它首先计算前 d（通常是 14）个交易日的平均价格变化	$\text{RSI} = 100 - \dfrac{100}{1 + \dfrac{\Delta_p^{\text{Up}}}{\Delta_p^{\text{Down}}}}$ 其中：其中 Δ_p^{Up} 表示股价向上波动的幅度大小，而 Δ_p^{Down} 表示股价向下波动的大小

指标名称	描 述	计算公式
价格动量指标	价格动量指标计算给定前 d 个交易日的总回报。在学术文献中，由于经常观察到短期反转效应，通常使用于除最近一个月外的最近 12 个月。当然，较短的周期也被广泛使用	$\mathrm{Mom}^d = \dfrac{P_t}{P_{t-1}} - 1$
价格加速指标	价格加速指标计算价格趋势梯度，具体使用线性回归系数 β 的时间计算日内价格多空趋势，如 1 年和 3 个月的交易日，然后比较斜率变化来衡量价格加速情况	$\dfrac{\beta_{63}}{\beta_{252}}$

TA-Lib 实现中包括 30 个动量指标，最重要的一些指标见表 A.5。我们将介绍几个特定例子，其他信息请参阅笔记 common_alpha_factors。

表 A.5

函 数	指 标 名 称
PLUS_DM/MINUS_DM	正/反方向运动
PLUS_DI/MINUS_DI	正/反方向指示器
DX	定向运动指标
ADX	平均方向性运动指标
ADXR	平均方向性运动指标评级
APO/PPO	绝对/比例价格振荡器
AROON/AROONOSC	阿隆指标
BOP	能量均衡指标
CCI	顺势指标
CMO	钱德动量摆动指标
MACD	移动平均收敛发散指标
MFI	现金流动指标
MOM	动量指标
RSI	相对强弱指数
STOCH	随机振荡器
ULTOSC	终极振荡器
WILLR	威廉指标

如下所示，这些指标中有几个是密切相关的，甚至是在彼此的基础上创建的。

1. 平均方向性运动指标

平均方向性运动指标（ADX）是正向和负向指标（PLUS_DI 和 MINUS_DI）的结合体，这两项指标反过来又建立在正向和负向运动（PLUS_DM 和 MINUS_DM）的基础上，具体可以查看笔记了解更多细节。

2. 上升方向和下降方向

对于一个包含每日高位 P_t^H 和每日低位 P_t^L 的价格系列 P_t，方向运动跟踪了 T 时间段内价格移动的绝对规模，公式如下：

$$\mathrm{Up}_t = P_t^H - P_{t-T}^H$$

$$\mathrm{Down}_t = P_{t-T}^L - P_t^L$$

$$\mathrm{PLUS\_DM}_t = \begin{cases} \mathrm{Up}_t, & \mathrm{Up}_t > \mathrm{Down}_t \text{ and } \mathrm{Up}_t > 0 \\ 0, & \text{otherwise} \end{cases}$$

$$\mathrm{MINUS\_DM}_t = \begin{cases} \mathrm{Down}_t, & \mathrm{Down}_t > \mathrm{Up}_t \text{ and } \mathrm{Down}_t < 0 \\ 0, & \text{otherwise} \end{cases}$$

计算并绘制 2012—2013 年 AAPL 两年价格序列的相关指标，代码如下：

```
df = price_sample.loc['2012': '2013', ['high', 'low', 'close']]
df['PLUS_DM'] = talib.PLUS_DM(df.high, df.low, timeperiod=10)
df['MINUS_DM'] = talib.MINUS_DM(df.high, df.low, timeperiod=10)
```

图 A.6 显示了可视化的时间序列。

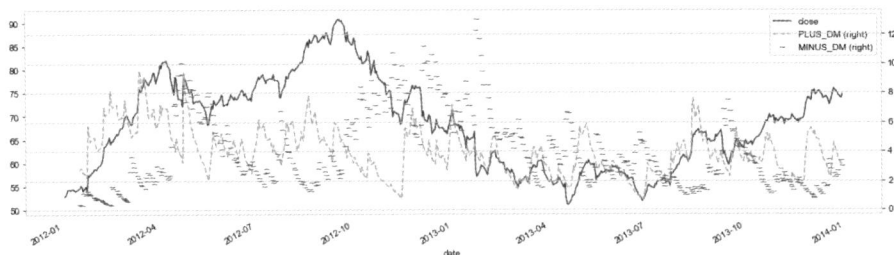

图 A.6　AAPL PLUS_DM/MINUS_DM

3. 上升方向线和下降方向线

上升方向线和下降方向线分别简称为+DI 和-DI[1]，PLUS_DI 和 MINUS_DI 分别是 PLUS_DM 和 MINUS_DM 的简单 MA 除以平均真实范围（ATR），更多细节参阅本章后面的波动率指标部分。

简单 MA 在给定的周期内计算，ATR 是真实范围的平滑平均值。

4. 平均方向指数

平均方向指数 ADX 是 SMA 乘以 PLUS_DI 和 MINUS_DI 的差除以二者之和的绝对值，公式如下[2]：

$$\mathrm{ADX} = 100 \times \mathrm{SMA}(N)_t \left| \frac{\mathrm{PLUS}_D I_t - \mathrm{MINUS}_D I_t}{\mathrm{PLUS}_D I_t + \mathrm{MINUS}_D I_t} \right|$$

其值在 0～100 振荡，见表 A.6。

---

[1] 译者注：+DI、-DI 的实际含义就是价格多/空方向变动在全部变动中所占的比例。哪个数值更高，就代表目前的趋势向哪个方向发展。

[2] 译者注：ADX 指标在应用时，主要是分析上升指标+DI、下降指标-DI 和平均方向指数 ADX 三条曲线的关系，其中+DI 和-DI 两条曲线的趋势关系是判断出入市的信号，ADX 则是对行情趋势的判断信号。

表 A.6

ADX 值	趋 势 强 度
0～25	不存在或弱
25～50	强
50～75	非常强
75～100	极强

类似于前面的例子，评估股票样本计算 ADX 时间序列的代码如下：

```
df['ADX'] = talib.ADX(df.high,
                      df.low,
                      df.close,
                      timeperiod=14)
```

图 A.7 显示了 2007—2016 年期间的结果。

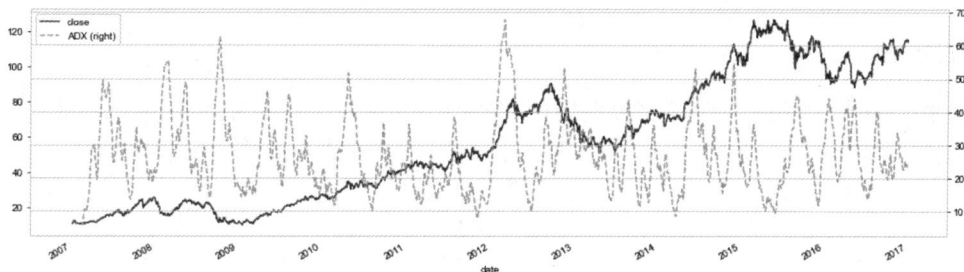

图 A.7　AAPL 序列 ADX

5.　阿隆指标

阿隆指标测量一段时间内高点和低点之间的时间，计算 AROON_UP 和 AROON_DOWN 指标的公式如下[1]：

$$AROON\_UP = \frac{T - \text{Periods since } T \text{ period High}}{T} \times 100$$

$$AROON\_DOWN = \frac{T - \text{Periods since } T \text{ period low}}{T} \times 100$$

阿隆指标振荡器其实就是 AROON_UP 和 AROON_DOWN 指标之间的差，范围为–100～100，如图 A.8 所示的 AAPL 价格序列[2]。

6.　能量均衡指标

能量均衡指标（BOP）旨在通过评估每一方对价格的影响衡量市场中买方相对于卖方的实力，计算

---

[1] 译者注：实际上，阿隆指标通过计算当前 K 线距离前最高价和最低价之间的 K 线数量帮助交易者预测价格趋势与趋势区域的相对位置关系变化，核心思想是有多少个周期价格在近期高/低点之下，辅助预测当前趋势是否会延续，同时衡量当前趋势的强弱。

[2] 译者注：有一种参考做法是（不构成交易建议），当 Aroon_UP 大于 Aroon_DOWN，并且 Aroon_UP 大于 50 时，多头开仓；当 Aroon_UP 小于 Aroon_DOWN，或者 Aroon_UP 小于 50 时，多头平仓；当 Aroon_DOWN 大于 Aroon_UP，并且 Aroon_DOWN 大于 50 时，空头开仓；当 Aroon_DOWN 小于 Aroon_UP，或者 Aroon_DOWN 小于 50 时，空头平仓。

方法为收盘价与开盘价之差除以最高价与最低价之差，公式如下：

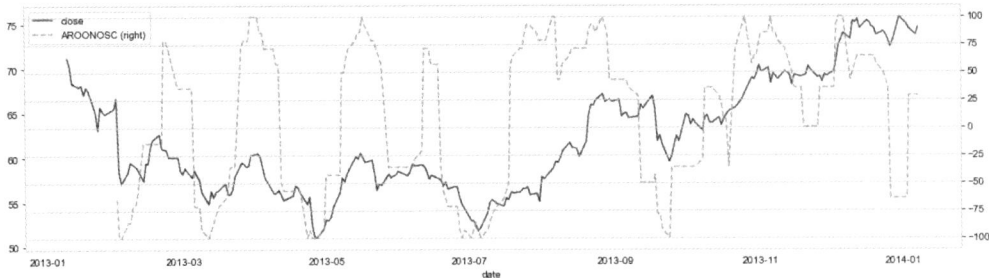

图 A.8　评估 AAPL 价格序列 Aroon 指标

$$BOP_t = \frac{P_t^{\text{Close}} - P_t^{\text{Open}}}{P_t^{\text{High}} - P_t^{\text{Low}}}$$

7. 顺势指标

顺势指标（CCI）衡量当前典型价格与历史平均价格之间的差异，前者需要计算当前最低价、最高价、收盘价的平均值[1]。正（负）CCI 表示价格高于（低于）历史平均水平，公式如下：

$$\overline{P}_t = \frac{P_t^H + P_t^L + P_t^C}{3}$$

$$CCI_t = \frac{\overline{P}_t - \text{SMA}(N)_t}{0.15 \sum_{t=i}^{T} \left| \overline{P}_t - \text{SMA}(N)_t \right| / T}$$

8. 移动平均收敛发散指标（MACD）

MACD 是一个非常流行的趋势跟踪（滞后）动量指标，用于显示一个证券价格的两个 MA 之间的关系，计算方法是用 12 期均线减去 26 期均线。

TA-Lib 实现返回 MACD 值及其信号线，也就是 MACD 的 9 天均线，此外，MACD 直方图（MACD-Histogram）则测量指标与其信号线之间的距离，结果如图 A.9 所示。

9. 随机相对强弱指数

随机相对强弱指数（STOCHRSI）基于本节开始描述的相对强弱指数（RSI），旨在识别交叉、超买和超卖情况，STOCHRSI 将给定时间段 T 内当前 RSI 到最低 RSI 的距离与该时间段内 RSI 假设的最大范围的距离进行比较，公式如下：

$$STOCHRSI_t = \frac{RSI_t - RSI_t^L(T)}{RSI_t^H(T) - RSI_t^L(T)}$$

---

[1] 译者注：也有其他计算方法，如 CCI(N 日)=(TP-MA)/MD/0.015，其中，TP=(最高价+最低价+收盘价)/3，MA=最近 N 日收盘价的累计之和/N，MD=最近 N 日(MA-收盘价) 的累计之和/N。

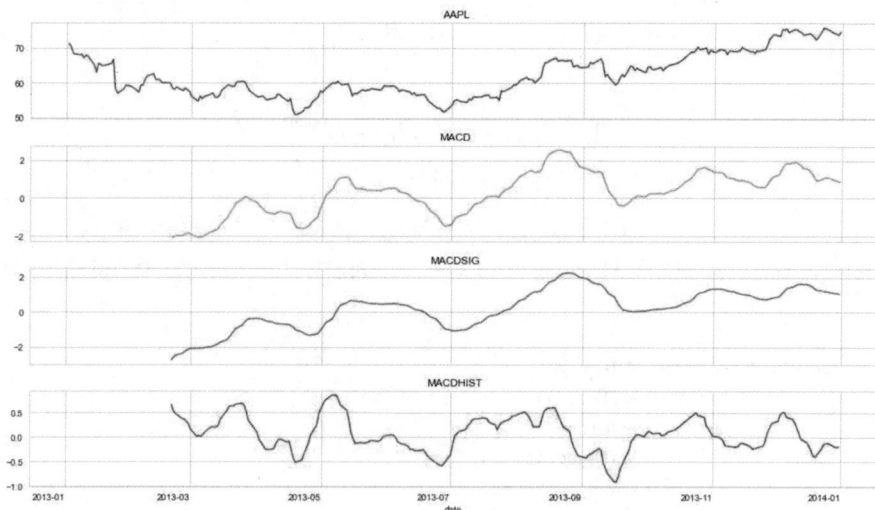

图 A.9　AAPL 三个 MACD 序列

STOCHRSI 最初由 Kroll 和 Chande 于 1993 年提出并描述，TA-Lib 比 STOCHRSI 提供了更多的灵活性，如果你对此并不是特别了解，只需要保持 timeperiod 和 fastk_period 相等即可。

fastk 的返回值是非平滑 RSI，fastd_period 用于计算平滑 STOCHRSI，返回 fastd。如果你不关心 STOCHRSI 平滑，只需设置 fastd_period 为 1，而忽略 fastd 输出即可，代码如下：

```
fastk, fastd = talib.STOCHRSI(df.close,
                              timeperiod=14,
                              fastk_period=14,
                              fastd_period=3,
                              fastd_matype=0)
df['fastk'] = fastk
df['fastd'] = fastd
```

图 A.10 绘制了 AAPL、平滑和非平滑的 STOCHRSI。

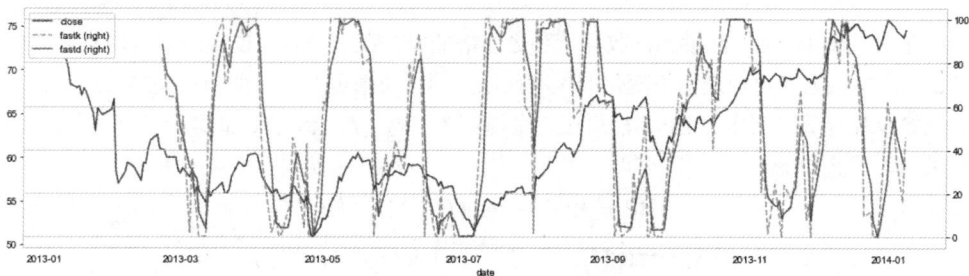

图 A.10　AAPL、平滑 STOCHRSI 和非平滑 STOCHRSI

10. 随机振荡器

随机振荡器是一种将证券的某一特定收盘价与一定时期内的价格范围进行比较的动量指标。随机振荡器的核心观点是收盘价应该证实趋势，在 STOCH 中有四种不同的线，即 K^{Fast}、D^{Fast}、K^{Slow} 和 D^{Slow}，D 表示对应 K 函数上的信号线：

$$K^{\text{Fast}}(T_K) = \frac{P_t - P_{T_K}^L}{P_{T_K}^H - P_{T_K}^L} * 100$$

$$D^{\text{Fast}}(T_{\text{FastD}}) = \text{MA}(T_{\text{FastD}})[K^{\text{Fast}}]$$

$$K^{\text{Slow}}(T_{\text{SlowK}}) = \text{MA}(T_{\text{SlowK}})[K^{\text{Fast}}]$$

$$D^{\text{Slow}}(T_{\text{SlowD}}) = \text{MA}(T_{\text{SlowD}})[K^{\text{Slow}}]$$

$P_{T_K}^H$ 和 $P_{T_K}^L$ 表示最近 T_K 周期的极值，K^{Slow} 和 K^{Fast} 在相同周期内是相等的，代码如下，结果如图 A.11 所示。

```
slowk, slowd = talib.STOCH(df.high,
                           df.low,
                           df.close,
                           fastk_period=14,
                           slowk_period=3,
                           slowk_matype=0,
                           slowd_period=3,
                           slowd_matype=0)
df['STOCH'] = slowd / slowk
```

图 A.11　AAPL STOCH 序列

11. 终极振荡器

终极振荡器（ULTOSC）测量当前收盘价和之前最低价格在三个时间框架内的平均差值（默认值为 7、14 和 28），从而避免对短期价格变化的过度反应，同时考虑短期、中期和长期的市场趋势。

ULTOSC 首先计算购买压力 BP_t，然后在三个周期 T_1、T_2、T_3 上求和，此处通过真实范围（TR_t）进行归一化处理，公式如下：

$$\text{BP}_t = P_t^{\text{Close}} - \min(P_{t-1}^{\text{Close}}, P_t^{\text{Low}})$$

$$\text{TR}_t = \max(P_{t-1}^{\text{Close}}, P_t^{\text{High}}) - \min(P_{t-1}^{\text{Close}}, P_t^{\text{Low}})$$

也就是通过将购买压力总和相加并将其除以同一时间段的真实量程总和，终极振荡器计算的最后一步是将加权平均值相加，公式如下：

$$\text{Avg}_t(T) = \frac{\sum_{i=0}^{T-1} \text{BP}_{t-i}}{\sum_{i=0}^{T-1} \text{TP}_{t-i}}$$

$$\text{ULTOSC}_t = 100 \times \frac{4\text{Avg}_t(7) + 2\text{Avg}_t(14) + \text{Avg}_t 28}{4 + 2 + 1}$$

结果如图 A.12 所示。

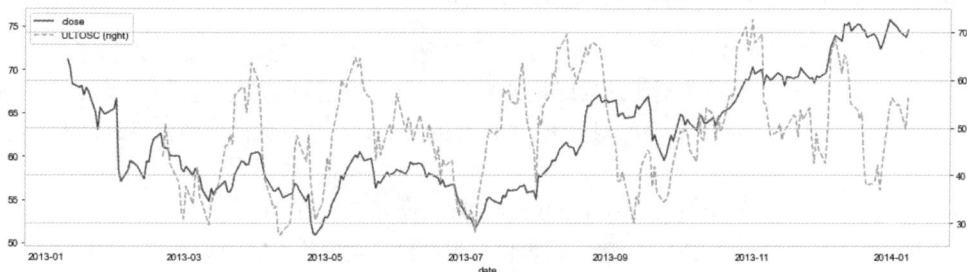

图 A.12　AAPL ULTOSC 序列

12. 威廉指标

威廉指标（Williams %R 或 W%R）是衡量超买和超卖水平的动量指标，取值范围为-100～0。类似于随机振荡器，通过衡量多空双方创造出的峰值（最高价）距每天收市价的距离与一定时间内（如 7 天）的股价波动范围的比例，提供趋势反转信号指标计算，公式如下：

$$\text{WILLR}_t = \frac{P_T^{\text{High}} - P_t^{\text{Close}}}{P_T^{\text{High}} - P_t^{\text{Low}}}$$

结果如图 A.13 所示。

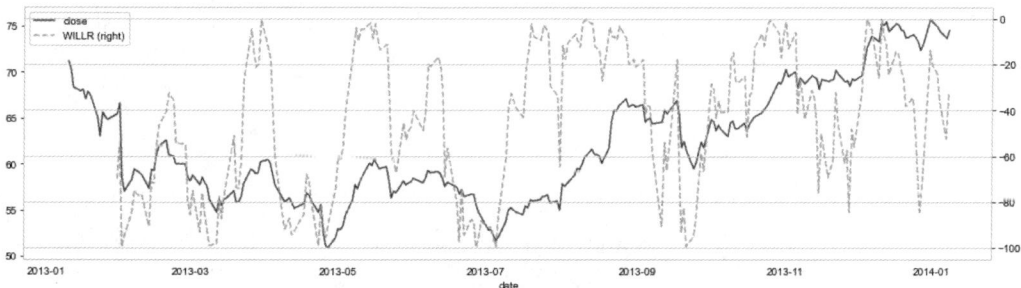

图 A.13　AAPL WILLR 序列

A.1.4　成交量指标和流动性指标

关注成交量和流动性的风险因子包含了成交量、成交额或市值等。TA-Lib 实现涵盖三个指标，见表 A.7，其中前两个指标是密切相关的。

表　A.7

函　　数	指标名称
AD	Chaikin 累积/派发线
ADOSC	Chaikin 累积/派发振荡器
OBV	能量潮

也可以参考第 20 章，当时我们使用了 Amihud 非流动性指标来衡量绝对回报和交易额之间的滚动平均比率。

1. Chaikin 累积/派发线、Chaikin 累积/派发振荡器

Chaikin 累积/派发线（A/D 线）是一个基于成交量的指标，旨在衡量累积资金流入和流出。该指标假定买卖压力的程度可以由收盘价相对于这段时期的高点和低点的位置来决定，当一只股票在一个时期范围的上（下）一半收盘时，会有买（卖）压力。A/D 线的目的是在指标偏离证券价格时发出方向变化的信号。

A/D 线是每个时期的总资金流（MFV）的运行总数。计算步骤如下：

（1）计算资金流量指标（MFI），确定收盘价与最高价、最低价之间的关系。

（2）用 MFI 乘以周期内的成交量 V_t 得到 MFV。

（3）计算总资金流（MFV）运行总数得到 AF，公式如下：

$$\mathrm{MFI}_t = \frac{P_t^{\mathrm{Close}} - P_t^{\mathrm{Low}}}{P_t^{\mathrm{High}} - P_t^{\mathrm{Low}}}$$

$$\mathrm{MFV}_t = \mathrm{MFI}_t \times V_t$$

$$\mathrm{AD}_t = \mathrm{AD}_{t-1} + \mathrm{MFV}_t$$

Chaikin 累积/派发振荡器（ADOSC）可以理解为应用 A/D 线的 MACD。ADOSC 旨在预测 A/D 线的变化。它是根据 A/D 线的 3 日均线和 10 日均线的差值进行计算的，如图 A.14 所示。

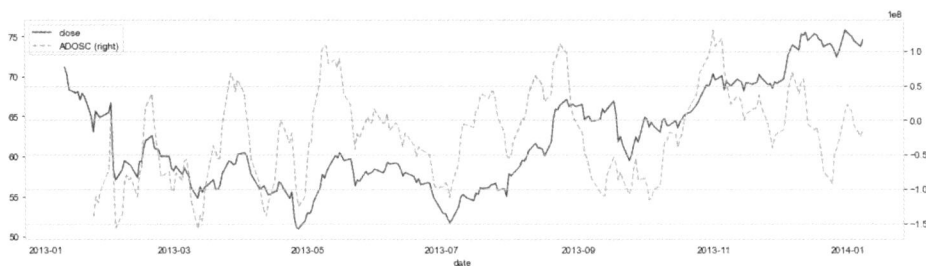

图 A.14　AAPL ADOSC 序列

2. 能量潮

能量潮（OBV）也称平衡成交量法，OBV 是一个将成交量与价格变化联系起来的累积动量指标。核心观点是假设 OBV 的变化先于价格的变化，主要理论基础指市场价格的变化必须有成交量的配合，股价的波动与成交量的放大或缩小有着密切的关联性，聪明的资金可以通过一个上升的 OBV 看到资金流入某一股票，之后当大量投资者跟风时，股价和 OBV 都会上升。

当当前收盘价高于或低于上一个收盘价时，当前 OBV_t 基于前一个 OBV_{t-1} 加上（或减去）当量成交量得出，公式如下：

$$\mathrm{OBV}_t = \begin{cases} \mathrm{OBV}_{t-1} + V_t, & P_t > P_{t-1} \\ \mathrm{OBV}_{t-1} - V_t, & P_t < P_{t-1} \\ \mathrm{OBV}_{t-1}, & \text{其他} \end{cases}$$

A.1.5　波动率指标

波动率指标包括特定股票的指标，如资产价格和回报滚动（归一化）标准差，还包括更广泛的市场指标，如芝加哥期权交易所（CBOE）波动率指数（VIX），VIX 基于标准普尔 500 指数的隐含波动率计算。TA-Lib 实现了归一化和平均真实范围指标。

1. 平均真实范围

平均真实范围（ATR）也称平均真实波幅，由 Wilder 于 1978 年提出，自那以后一直被用作众多其他指标的组成部分。ATR 的目的是预测趋势的变化，即指标值越高，趋势变化的概率越高；指标值越低，则当前趋势越弱。

ATR 计算为在一个真实区间（TRANGE）的 T 周期内的简单移动平均线，以最近最大交易区间的绝对值衡量波动率，公式如下：

$$\text{TRANGE}_t = \max[P_t^{\text{High}} - P_t^{\text{low}}, \| P_t^{\text{High}} - P_{t-1}^{\text{Close}} |, | P_t^{\text{low}} - P_{t-1}^{\text{Close}} |]$$

结果如图 A.15 所示。

图 A.15　AAPL ATR 序列

2. 标准化平均真实范围

TA-Lib 还支持计算标准化平均真实范围（NATR），该指标对不同资产进行比较，公式如下：

$$\text{NATR}_t = \frac{\text{ATR}_t(T)}{P_t^{\text{Close}}} \cdot 100$$

标准化使得 ATR 更适合于价格大幅变化的长期分析和跨市场或跨证券比较。

A.1.6　基本面风险因子

常用的风险测量包括资产回报的风险暴露到代表基本面因子的投资组合回报。我们介绍了 Fama 和 French（2015）的五因子模型，并在第 7 章中展示了如何使用 Fama- macbeth 回归来估计因子暴露和风险因子溢价。

为了估计证券价格与包括公司规模、价值增长动态、投资政策、盈利能力以及广阔市场在内的五因子模型中的因子之间的关系，我们可以使用 Kenneth French 数据库提供的投资组合收益作为滚动线性回归中的外生变量。

下面使用 pandas_datareader 模块访问数据（见第 2 章），计算出窗口为 21、63 和 252 个交易日的回归系数，代码如下：

```
factor_data = (web.DataReader('F-F_Research_Data_5_Factors_2x3_daily',
'famafrench', start=2005)[0].rename(columns={'Mkt-RF': 'MARKET'}))
factor_data.index.names = ['date']
factors = factor_data.columns[:-1]
t = 1
ret = f'ret_{t:02}'

windows = [21, 63, 252]
for window in windows:
    print(window)
    betas = []
    for ticker, df in data.groupby('ticker', group_keys=False):
        model_data = df[[ret]].merge(factor_data, on='date').dropna()
        model_data[ret] -= model_data.RF

        rolling_ols = RollingOLS(endog=model_data[ret],
                                 exog=sm.add_constant(model_data[factors]),
                                 window=window)
        factor_model = rolling_ols.fit(params_only=True).params.rename(
            columns={'const':'ALPHA'})
        result = factor_model.assign(ticker=ticker).set_index(
            'ticker', append=True).swaplevel()
        betas.append(result)
    betas = pd.concat(betas).rename(columns=lambda x: f'{x}_{window:02}')
    data = data.join(betas)
```

刚才描述的风险因子是比较常用的，也被称为智能贝塔因子。除此之外，对冲基金已经开始尝试从大规模数据挖掘活动中衍生出来的阿尔法因子，这也是我们下面要介绍的主要内容。

A.2 WorldQuant 的梦想——公式化阿尔法

作为众包投资策略趋势的一部分，我们在第 1 章中介绍了 WorldQuant。WorldQuant 维护着一个虚拟研究中心，在那里，全球的量化专家竞相识别各种阿尔法因子。这些阿尔法因子以计算表达式的形式形成交易信号，帮助预测价格运动，就像之前描述的那些因子一样。

这些公式化的阿尔法因子将从数据中提取信号的奥秘转换为代码，甚至支持单独开发和测试，目的是将这些信号集成到更多的自动化策略中（Tulchinsky，2019）。正如在本书中反复提到的，基于大数据挖掘信号容易产生多种测试偏差，也比较容易产生错误发现。不考虑这些重要的警告，这种方法依然代表了 A.1 节中介绍的更传统的特征的现代化替代方案。

Kakushadze 给出了 101 个这样的阿尔法因子的例子，其中 80%在当时的真实交易系统中使用过。例如，他定义了一系列操作横截面或时间序列数据的函数，这些函数可以通过诸如嵌套形式等组合在一起。

笔记 101_formulaic_alpha 展示了如何使用 pandas 和 NumPy 实现这些函数，还演示了如何计算大约 80 个有输入数据的公式化阿尔法（当然，我们还缺少一些信息，如准确的历史板块信息）。

A.2.1　操作横截面函数和时间序列数据的函数

Kakushadze（2016）提出的公式化阿尔法因子的构建模块都是相对简单的表达式，可以纵向计算时间序列数据，也可以横向计算横截面数据，这些都可以很容易地基于 pandas 和 NumPy 实现。

横断面函数包括排名、缩放以及收益的分组标准化，其中分组基于不同粒度级别的行业信息，我们可以直接将 rank 函数转换为 pandas 表达式，使用数据帧（Dataframe）作为参数，格式为周期数 ×tickers 数，代码如下：

```
def rank(df):
    """"返回横截面百分位数排名
    参数：
        :param df：列中的股票代码，按行排序的日期
    返回值：
        pd.DataFrame：排名值
    """
    return df.rank(axis=1, pct=True)
```

我们可能比较熟悉的时间序列函数见表 A.8。

表 A.8

函　　数	定　　义
ts_{O}(x, d)	操作符 O 应用于过去 d 天的时间序列，d 天转换为 floor(d)的非整数天数
ts_lag(x, d)	d 天前的 x 值
ts_delta(x, d)	介于今天和 d 天前的 x 值
ts_rank(x, d)	在过去 d 天里的排名
ts_mean(x, d)	过去 d 天的简单移动平均线
ts_weighted_mean(x, d)	有线性衰减权重 d,d-1,…,1 的过去 d 天的加权移动平均线（重新调整为和为 1）
ts_sum(x, d)	过去 d 天的滚动总和
ts_product(x, d)	过去 d 天的滚动产品
ts_stddev(x, d)	过去 d 天的移动标准偏差
ts_max(x, d) ts_min(x, d)	过去 d 天的滚动最大值/最小值
ts_argmax(x, d), ts_argmin(x, d)	ts_max(x,d)和 ts_min(x,c)日
ts_correlation(x, y, d)	过去 d 天的 x 和 y 的相关性

这些时间序列函数也可以直接使用 pandas 滚动窗口功能来实现。以滚动加权平均值为例，我们可以像前面那样将 pandas 和 TA-Lib 结合使用，代码如下：

```
def ts_weighted_mean(df, period=10):
    """
    线性加权移动平均线的实现
    :param df：一个 pandas DataFrame
    :param period：LWMA 周期
    :return：一个 pandas DataFrame 和 LWMA
    """
```

```
    return (df.apply(lambda x: WMA(x, timeperiod=period)))
```

为了创建滚动相关函数，我们在列中提供了两个包含时间序列的 Dataframe，代码如下：

```
def ts_corr(x, y, window=10):
    """
    用包装函数估计滚动相关性
    :param x, y: pandas DataFrames
    :param window: 滚动窗口
    :return: 具有过去 window 天的时间序列最小值的 DataFrame
    """
    return x.rolling(window).corr(y)
```

此外，正如我们在介绍公式化阿尔法时将看到的那样，这些表达式使用公共运算符，每个阿尔法组合了前面几个函数。

A.2.2 公式化阿尔法表达式

为了演示阿尔法表达式的计算，我们需要使用 A.1 节中 2007—2016 年交易最频繁的 500 只股票的样本创建输入表（数据准备详细信息请参阅笔记 sample_selection）。每个表包含单个股票时间序列的列，见表 A.9。

表 A.9

变 量	描 述
returns	每日 close-to-close 回报
open, close, high, low, volume	每日价格和成交量数据的标准定义
vwap	每日成交量加权平均价格
adv(d)	过去 d 天的日均美元成交量

我们的数据不包括许多阿尔法表达式所要求的每日成交量加权平均价格。为了能够证明相关计算，我们粗略使用每日开盘价、最高价、最低价和收盘价的简单平均数来近似这个值。

与通用阿尔法不同，公式化阿尔法并不附带其所代表的风险暴露的经济解释。接下来，我们将演示几个简单编号的实例。

1. 阿尔法 001

第一个阿尔法表达式如下：

```
rank(ts_argmax(power(((returns < 0) ? ts_std(returns, 20) : close), 2.), 5))
```

三元运算符 a？b：c 表示，如果 a 的值为 True，则执行 b，否则执行 c。也就是说，如果日收益为正数，则是 20 天滚动标准差平方；否则，它是当前收盘价的平方。然后，它继续按显示该值的最大值的当天指数对资产进行排序。

使用 c 和 r 表示收盘价和收益输入，使用前面的函数和 pandas 方法将阿尔法载入 Python，代码如下：

```
def alpha001(c, r):
    """(rank(ts_argmax(power(((returns < 0)
        ? ts_std(returns, 20)
        : close), 2.), 5)) -0.5)"""
```

```
    c[r < 0] = ts_std(r, 20)
    return (rank(ts_argmax(power(c, 2), 5))).mul(-.5)
            .stack().swaplevel())
```

对于 500 只股票的 10 年样本，阿尔法 001 分布及其与一天预期收益的关系如图 A.16 所示。

图 A.16 中显示信息系数（IC）相当低，但在-0.0099 处具有统计学意义，互信息（MI）估计为 0.0129（实现细节详见第 4 章和笔记 101_formulaic_alpha）。

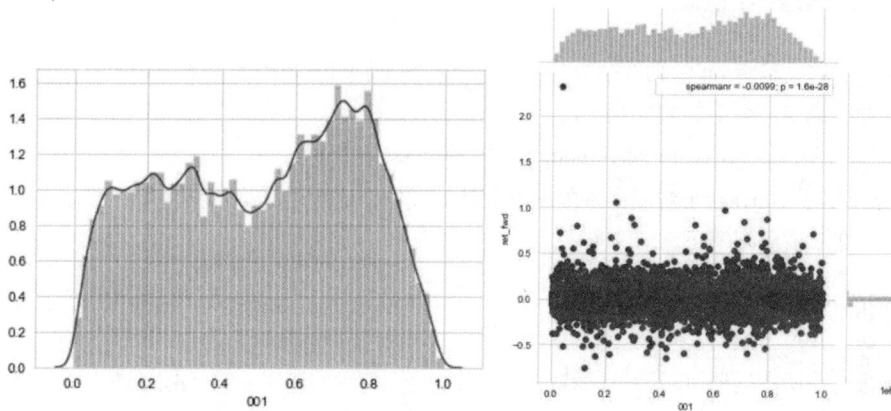

图 A.16　阿尔法 001 直方图和散点图

2. 阿尔法 054

第二个表达式是最低价和收盘价之差与最低价和高价之差之比，分别乘以开盘价和收盘价的 5 次方，如下所示：

```
-(low - close) * power(open, 5) / ((low - high) * power(close, 5))
```

同样，载入 pandas 也很简单。使用 o、h、l 和 c 表示包含 500 列中每个报价器各自价格系列的 DataFrame：

```
def alpha054(o, h, l, c):
    """-(low - close) * power(open, 5) / ((low - high) * power(close, 5))"""
    return (l.sub(c).mul(o.pow(5)).mul(-1)
            .div(l.sub(h).replace(0, -0.0001).mul(c ** 5))
            .stack('ticker')
            .swaplevel())
```

在该例中，IC 在 0.025 时显著，而 MI 在 0.005 时较低。

下面我们从双变量和多变量的角度看一下是如何比较这些不同类型的阿尔法因子的。

A.3　双变量和多变量因子评估

为了评估众多因子，我们依赖于引入的各种性能衡量标准。

本书包括以下内容：

- 因子信号内容与一天预期回报双变量测量。

● 对梯度提升模型的特征重要性进行多元度量，该模型训练有素，可以使用所有因子预测未来一天的收益。

● 基于 Alphalens 因子分位数评估投资组合表现。

我们将首先讨论双变量指标，然后转向多变量指标，最后通过比较结果得出结论。有关相关代码示例和其他如因子相关性等探索性分析请参阅笔记 factor_evaluation，这里不再赘述。

A.3.1 信息系数和互信息

我们将使用信息系数（IC）和互信息（MI）双变量指标，两者我们都在第 4 章中介绍过，具体如下：
● IC 通过斯皮尔曼等级相关指标。
● MI 得分基于 scikit-learn 使用 mutual_info_regression 计算。

MI 得分使用了 100 000 个观测样本限制近邻计算成本。这两个指标都很容易计算，而且会被反复使用，有关实现细节请参阅笔记。

A.3.2 特征重要性和 SHAP 值

为了测量给定所有其他可用因子的特征的预测相关性，我们基于 LightGBM 训练一个带有默认设置的梯度提升模型，使用所有（大约）130 个因子预测未来收益。该模型利用 8.5 年的数据通过早停法训练 104 棵树。对去年的数据进行预测，得出整体 IC 为 3.40，日平均值为 2.01。

然后继续计算特征重要性和 SHAP 值，这一点我们在第 12 章中曾经讲过，也可以参考笔记。图 A.17 中的影响图突出了 20 个最重要特征值相对于模型的默认输出如何对模型预测产生积极或消极的影响，就 SHAP 值而言，阿尔法 054 和阿尔法 001 都位列前 5 名。

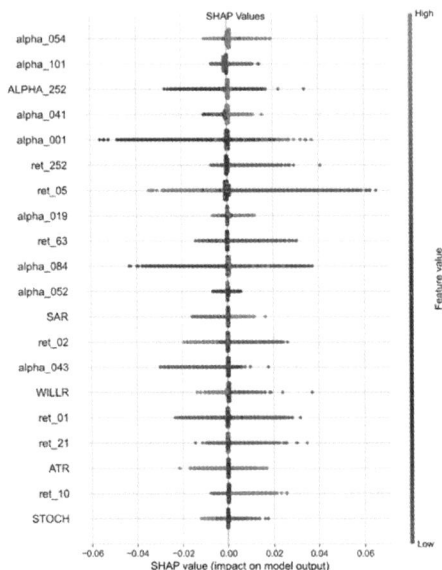

图 A.17　常见阿尔法和公式化阿尔法 SHAP 值

A.3.3　比较——每个指标的前 25 个特征

作为特征对模型损失函数的加权贡献，SHAP 值与传统特征重要性之间的秩相关在 0.89 处很高。在 SHAP 值和两个单变量指标之间也有很大差异，大约在 0.5 左右。

但有趣的是，MI 和 IC 在功能排名上存在显著差异，相关性仅为 0.16，如图 A.18 所示。

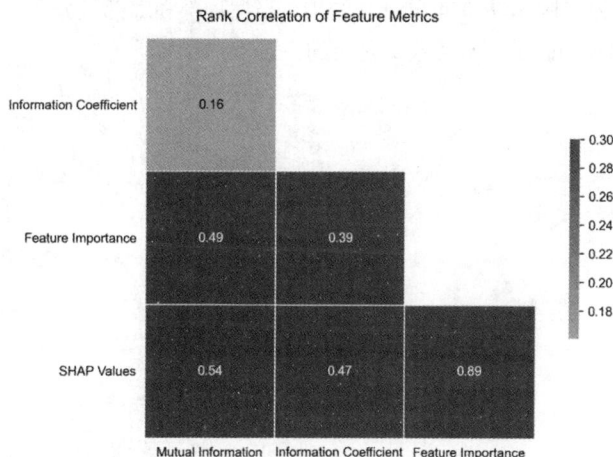

图 A.18　性能指标秩相关性

图 A.19 显示了每个指标的前 25 个特征。除了更偏向"常见"阿尔法因子的 MI 的得分外，阿尔法 054 和阿尔法 001 特征排名都很高。

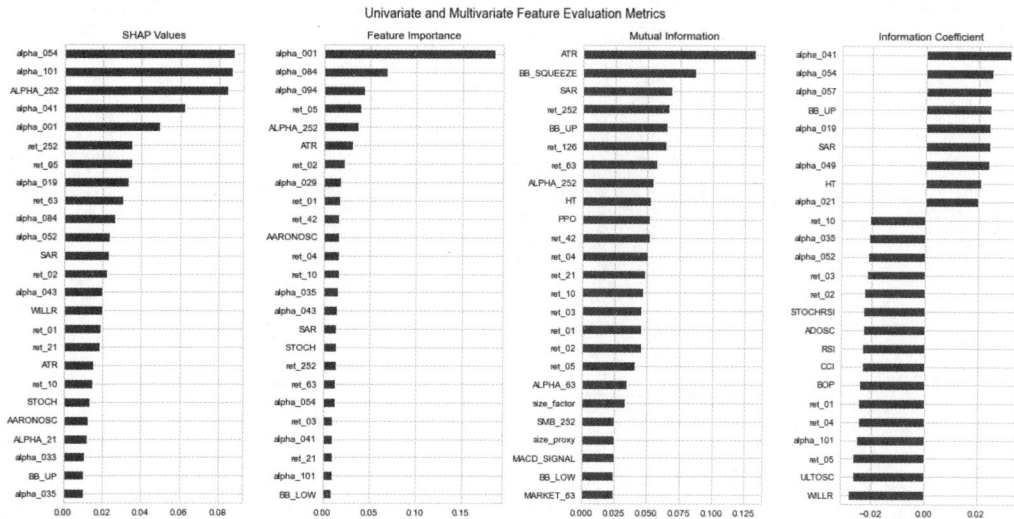

图 A.19　每个指标的前 25 个特征

目前还不太清楚 MI 为何与其他指标不一致，以及为何对应高分的特征中很少在梯度提升模型中发挥重要作用。一种可能的解释是，计算只使用了 10%的样本，而且得分似乎对样本大小很敏感。

A.3.4　财务绩效——Alphalens

最后，我们主要关心由阿尔法因子发出的交易信号的价值。正如我们在第 4 章中介绍并反复证明的，Alphalens 在独立的基础上评估因子性能。

笔记 alphalens_analysis 可以帮助我们选择一个单独的因子，并根据因子分位数表现计算给定的时间范围内投资组合的方式。

图 A.20 中的例子显示了阿尔法 054 的计算结果，虽然顶部和底部五分之一的投资组合确实可以达到每日 1.5bps，但多空投资组合的累计收益却是负的。

图 A.20　阿尔法 054 的 Alphalens 性能指标

当然，也可以随意使用笔记作为模板，从而更加系统地评估样本因子或其他因子。